谨以此书

献给检察机关恢复重建30周年

中國檢察若干问题研究

朱孝清◎著

中国检察出版社

自 序

今年是我国改革开放三十周年，也是检察机关恢复重建三十周年，还是我迈入高等法学学府西南政法学院（今西南政法大学）学习法学三十周年。三十年来，特别是一九八二年参加检察工作以来，出于对“文化大革命”的反思，出于对国家民主法制建设的关注，出于做理论上明白人的追求，出于当本职工作行家里手、提高工作主动性、预见性的愿望，我围绕检察制度与检察工作，学习相关知识，追踪理论前沿，探求工作规律，求解实践难题，偶有所得且有兴致时，写成文章以自慰，先后共出版专著三部、合著一部，发表论文一百余篇。这些论著在全国法学论著的浩瀚沧海中虽然仅是一粟，却记载了一位检察人对法学特别是检察学探索的足迹，反映了一位检察人对法制昌明的执著追求和对检察事业的无比热爱。

值此检察机关恢复重建三十周年与本人学习法学三十周年之际，我在友人的建议下，萌生了将以往发表的有关检察的论文结集出版的念头。在收集整理以往论文时，引起我对各篇论文有关背景的回忆。我穿过时间的隧道，深深感受到了这三十年我国法治建设和检察事业的巨大发展与进步。如在法治建设方面，确立了依法治国方略，实现了我们党执政理念、执政方式的重大转变；加强了立法、执法和司法，总体上做到了有法可依、有法必依、执法必严、违法必究；深化了司法体制改革，司法体制、机制进一步完善；勃兴了法学研究、教育，初步建立了有中国特色的社会主义法学理论体系，造就了一大批法治建设人才；开展了普法教育，公民法治观念和法律素质明显增强。与法治建设的发展进步相适应，作为我国政治、法律制度重要组成部分的检察制度也不断发展完善；检察机关保障法律统一正确实施、维护社会公平正义的作用日益彰显；检察理论体系初步建立，基本回答了什么是中国特色社会主义检察制度、为什么要建立这一制度以及怎样发展完善这一制度等问题。我为自己直接见证并参与了这三十年法治建设与检察事业的伟大历史进程而自豪；同时，也因为法治建设和检察事业的巨大发展进步，使得以今天的眼光来看过去的论文，有的在理念上有些陈旧，有的在理论上过于肤浅，有的因为法律的重大修改而成了废纸，这与以今天的眼光来看当年提出的某些改革开放举措显得十分普通平常同出一理。为了对读者负责，我没有将这些过时的论文收入本书①——这对我研究成果的汇集来说是个缺憾，但我得到的是对法治建设和检察事业发展进步乃至国家富强、民族振兴的无比感奋和由衷喜悦！

本书以“中国检察若干问题研究”为题，内容分检察制度研究、检察实务研究、检察理论研究、域外考察四个部分。收入的文章多数属于应用研究的范畴，它与专门研究人员的研究成果相比，具有贴近实践、针对性强的特点，但有些文章的理论厚重感

① 收入本书的文章，有的局部观点也已过时，有些也难免存在历史的局限性。

不够。盖在“知”与“行”的关系上，实务部门重在求“行”，它往往需要把复杂问题简单化；而研究部门重在求“知”，它往往需要把简单问题复杂化。实务部门的这种特点及所占有理论资料、所能自由支配时间的局限，使得搞理论性强、所需时间较多的研究特别是基础理论研究往往力有不逮。同时，实务人员研究问题往往具有被动性，即遇到什么研究什么，它不允许选择，因而较难做到自己想研究什么就研究什么，加上实务工作所涉专业往往较杂，难以独钻一门，因而所写文章缺乏体系。

在整理本书的论文时，我对有些论文的具体文字作了点修改，但对观点的修改则持慎重态度，除对一篇与人合著文章的个别观点作过修改外，其他都保持原样，即使在现在看来未必正确或带有局限性的观点。因为这是历史唯物主义所要求的，我不应该也没有必要为自己饰美与掩丑。对有的文章，为了使读者了解背景或当时的法律规定，我用“*”为标记在页脚加以说明，以示与写文章时的注解相区别。

光阴易逝，人生苦短。三十年在人类历史长河中只是短暂的一瞬，但在人生中，却几近一半。就我来说，这三十年是最可宝贵的时光。当年尚属青年的我而今早已过知天命之年。生有涯而学无涯。记得清末著名学者王国维如此论述治学的三种境界：一是“昨夜西风凋碧树，独上高楼，望尽天涯路”；二是“衣带渐宽终不悔，为伊消得人憔悴”；三是“众里寻他千百度，蓦然回首，那人却在灯火阑珊处”。我不敢奢望达到这三种境界，但愿在有生之年以此自勉！

是为自序。

朱孝清

2008 年 9 月

目 录
Catalogue

职务犯罪侦查与反腐败研究

罪刑研究

法律适用与修改研究

检察队伍建设研究

第三部分 检察理论研究

第四部分　域外考察

第一部分　检察制度研究

中国检察制度的几个问题

充满生机和活力的中国特色社会主义检察制度

坚持中国特色检察制度　服务小康社会全面建设

对检察制度若干争论问题的回应

中国检察制度的几个问题

近几年来，特别是在司法体制改革过程中，对我国检察机关的性质、职能等问题提出质疑的声音时有所闻。它与广大人民群众要求强化法律监督的呼声和党中央把强化法律监督作为司法体制改革重要内容的精神形成强烈反差，需要我们高度重视、认真研究，并作出理性回应。为此，本文试就一些人的质疑，主要从应然的角度，对中国检察制度中的若干问题略书管见，以求教于同仁。

一、中国为什么要设法律监督机关

中国要不要设立包括法律监督机关在内的专门的监督机关，这是一些人提出质疑的首要问题。有观点认为："为什么中国历代的监督制度如此发达，而又难以产生廉明高效的政府呢？为什么在没有监督制度的欧美法治国家却不必像我们这样担心政治权力的膨胀呢？"其根本原因，就在于监督与法治不能兼容。故应以法治的方式即以分权制约和正当程序为原则，对传统的监督模式进行改造。[①] 还有的认为，通过设立专门机构实施监督，不仅

① 参见孙笑侠、冯建鹏："监督，能否与法治兼容"，载《中国法学》2005年第4期，第13～24页。

其效果差于分权制约，而且造成机构重叠，效率低下。因此，改革的出路就是实行分权制约，取消专门的监督机构。

笔者认为，在我国设立法律监督机关，既不是共和国开国领袖们的心血来潮，也不是宪法制定者的任意，而是我国的国体、政体、国情和制度传统使然。

（一）我国一元分立的权力架构决定了要设立法律监督机关

权力不受监督必然导致腐败，这是颠扑不破的真理。因为“一切有权力的人都容易滥用权力，这是万古不易的一条经验”。[①] 为了防止权力的腐败，各国实行了不同形式的监督制约机制。资本主义国家一般采取“分权制约＋非权力监督”的模式对权力进行制约监督。所谓“分权制约”，就是在国家权力架构上多元分立，在分立的诸权中间互相制约（制衡）。这种权力架构有以下特点：（1）权力平行分工。国家权力按其性质和功能一般分为立法、行政、司法三种，它们一般不受制于同一个上位权力。（2）权力互相牵制。每个权力在行使时或在内容上具有不完整性，或在程序上具有非终局性，或在效力上具有附条件性，[②] 从而使三权中任何一方的权力错用或滥用都将受到其他一个或两个方面的制约。（3）权力之间的制约是双向的。以作为三权分立典型的美国为例，其立法、行政、司法三权分别由国会、总统、法院行使，其权力制约情况是：国会对总统的制约有：总统必须向国会两院提出国情咨文；国会参议院有权就总统提交的高级法官及法官任命名单提出意见并予批准；总统签署的对外条约须国会参议院批准；国会有权对总统及高级官员、法官等提出弹劾并予裁决；国会与总统同享对外宣战权等。总统对国会的制约体现在：国会通过的法案须经总统签署批准；总统对国会通过的法案拥有

---

① ［法］孟德斯鸠：《论法的精神》（上册），商务印书馆 1961 年版，第 154 页。

② 参见陈正云：“试论我国法律监督架构及其属性”，载《人民检察》2006 年第 3 期，第 18 页。

否决权。法院对国会、政府的制约则表现为对国会所通过的法律及政府的行政决策、命令、行为等是否违宪作出裁决。国会和总统对法院的制约体现在：联邦法官需经总统提名、参议院同意后任命。除了三权之间的制约外，资本主义国家一般还有国会两院之间的制约。

除了分权制约外，还有“非权力监督”。所谓“非权力监督”，是指对权力的监督来自于非权力部门。它与“分权制约”的区别主要在于“分权制约”中的“制约”来自于权力部门，故该“制约”是一种“权力”；而“非权力监督”中的“监督”则来自于非权力部门，故该“监督”是一种“权利”。在资本主义国家，这种“非权力监督”主要表现在以下几个方面：一是选民的监督。选举民主是现代民主的重要形式，选民监督是对权力实施民主监督的重要措施。任何党派及其代表人物只有得到选民的拥护和支持，在选举中取得胜利，才有可能执政。执政党如果政策失当，就会在选举中丧失政权。二是在野党的监督。在野党虽然没有在台上执政，但仍然活跃在政治生活中，时刻盯住执政党，对执政党的政策提出批评和意见，对执政党领导人中个人的作风、品质等问题更是揪住不放。三是新闻舆论的监督。新闻媒体有灵敏快捷、覆盖面广的特点，它披露要闻，评论时政，臧否得失，对发现的政治丑闻、腐败事件则盯住不放，穷追猛打，从而使国家的政治活动和政治人物的言行变得相对公开透明，也对权力运行起到重要的监督作用。① 上述三方面的监督虽然都有其局限性，有的也往往被政治集团、利益集团所操纵，但对国家权力运行确能起到较为明显的监督作用。可见，多元分立国家没有专门负责监督的机构，并不等于不存在监督，正像一些学者所说：“建立有效的监督制度是西方国家民主制度中重要的组成部分……在西

① 参见吴孟栓：“论侦查权与法律监督”，载《检察论丛》（第2卷），法律出版社2001年版，第210页。

方国家政治权力运作中，有各种不同的权力监督机制在发挥作用，有体制内的，也有体制外的，基本形成立体的监督体系。”①

值得我们注意的是，西方不少国家在三权分立的政体下也设立专门的监督机构。瑞典于1809年创建了监察专员制度，监察专员独立于政府，直接对议会负责，其职责主要是对法院和政府所有官员履行职责、执行法律法规等情况实施监督。监察专员有权接受公民投诉，有权出席任何法院或行政机关的会议包括秘密会议，查阅他们的会议记录和其他文件，采取一切必要的调查手段进行调查。任何法院或行政机构以及国家或市政当局的公务员都应向监察专员提供其所需要的情况和报告，违者，监察专员有权处以不超过1000瑞典克朗的罚金。监察专员经调查发现监督对象违反纪律的，有权要求有关部门进行纪律处分；构成犯罪的，有权要求公诉机关起诉或自行起诉。瑞典监察专员制度后为芬兰、丹麦、挪威、新西兰、英国等近60个国家所仿效。② 在澳大利亚新南威尔士州，设有专门对公职人员实施监督的“廉政公署”和专门对警察实施监督的“皇家警察反腐败委员会”，该公署和委员会享有广泛的侦查权，可以运用有别于英美法系诉讼程序和制度的特殊程序和制度对公职人员的职务犯罪实施侦查。在澳大利亚联邦和其他州，也有类似的机构设置。在美国，根据1978年通过的《监察长法》，在近60个内阁各部和联邦独立机构设立监察长一职。监察长由总统提名、参议院批准，负责审计、调查其所在部门的舞弊、浪费、低效和滥用职权等问题，提出改进该部门工作、增强效益的建议。监察长每半年向国会递交一份监察报告，使国会充分而及时地了解联邦政府部门和机构的活动、存在的问

---

① 唐晓、王为、王春英：《当代西方国家政治制度》，世界知识出版社2005年版，第8页。

② 参见［瑞典］本特·维斯兰德尔：《瑞典的议会监察专员》，程洁译，清华大学出版社2001年版。

题以及项目实施情况，由此成为国会监督政府的“看门狗”。[①] 在英国，为了加强对警察的监督，防止警察违法和专横，2004 年公布的《警察改革法案》决定成立“英国投诉警方独立监察委员会”，该委员会有权调查处理所有对警方的投诉，如果认为警察涉嫌犯罪，该委员会有权实施侦查和逮捕，案件侦查后提请检察机关向法院起诉。可见，在西方国家，并非不设立负责监督的专门机构，只不过这种机构不属于与三权并列的国家层面的机构罢了。

为了防止权力腐败，我国也需要对权力进行监督。与西方国家不完全相同的是，我国主要采取“权力监督 + 权力制约 + 非权力监督”的模式。所谓“权力监督”，指最高权力机关和专门监督机关的监督。所谓权力制约，指最高权力机关对其下辖权力的某些制约，行政权、审判权、检察权之间的某些制约，检察机关法律监督中实际存在的制约，等等，由我国制约监督的模式所决定，这种制约比较有限。所谓“非权力监督”，主要指政协监督、新闻舆论监督、人民民主监督等。之所以采取这种监督模式而不是采取西方“分权制约 + 非权力监督”的模式，主要基于我国的国体和政体。我国是工人阶级领导的以工农联盟为基础的人民民主专政的社会主义国家。同这一国体相适应，在政党制度上，实行共产党领导的多党合作和政治协商制度；在政体上，实行民主集中制的人民代表大会制度。这是历史形成的，是全国各族人民通过自身的政治经验进行选择的结果。它符合广大人民的根本利益，是实现人民当家做主权利的保证，是具有中国特色的社会主义民主政治的体现，也是区别于一些资本主义国家的多党竞争、议会民主和三权分立的最大特点和优势之所在。为了实现对国家的管理，我国也对国家的权力进行分工，但中国共产党的领导权

① 唐晓、王为、王春英：《当代西方国家政治制度》，世界知识出版社 2005 年版，第 213 页。

和人民代表大会代表人民统一行使国家权力的权力是不容分割的。因此，我国的分权，只能也必须是在坚持共产党掌握完整的领导权和人民代表大会享有完整的国家权力前提下的权力分工，其制度安排是：将权力进行职能分工，并以人民当家做主的制度形式来监督其所分工的各项权能。因此，我国实行的是一元分立的权力架构，即在一元权力——人民代表大会下，分出立法权、行政权、审判权、检察权、军事权，其中立法权留给人民代表大会自己直接行使，而将行政权、审判权、检察权、军事权分别授予行政机关、审判机关、检察机关、军事机关行使，这些机关都由人民代表大会产生，向人民代表大会负责。在这种权力架构下，人民代表大会及其常委会固然有权对由其产生与下辖的诸权能实施监督，但这种监督只能是宏观的监督和对国家、社会重大事项的监督，而不可能是经常的、具体的监督。在人民代表大会下辖的诸权能之间，虽然也有一定的制约，但比较有限，且诸权能对人民代表大会也不存在反监督关系。[①] 总之，这种制约监督主要是人民代表大会对其下辖的诸权能的单向的、宏观的监督，而不是各权能间双向的、经常的、具体的制约监督。毋庸讳言，这种制约监督与多元分立权力架构下的制约监督相比，是不普遍、不充分的。为了弥补制约监督的不足，防止权力腐败和被滥用，保证国家权力在法治的轨道上正确运行，就必须在人民代表大会下设立专司监督的法律监督权能，并将该权能赋予某一机关，使其成为专门的法律监督机关。此外，还在共产党内部设立党的纪律检查委员会，在政府内部设立行政监察部门，从而形成对权力的监督网络。因此，设立包括法律监督机关在内的专门的监督机关，是我国一元分立权力架构下对权力进行制约监督的必然选择。如果说中国实行共产党领导和人民代表大会制度是历史的必然、人

---

① 这里的“监督”指的是作为监督权力的监督，而非作为监督权利的监督，因为作为监督权利的监督，任何机关、公民均享有。

民的选择，那么，中国设立法律监督机关同样具有历史的必然性和现实的合理性。

（二）中国的国情决定了要设立法律监督机关

“徒法不足以自行。”法的运行由立法、守法、执法、司法、法律监督（护法）等环节构成。其中，“法律监督是法律运行不可或缺的构成性机制”,[①] 也是保证法律统一正确实施、维护法律权威和尊严的重要环节。而影响法律统一正确实施、损害法律权威和尊严的情况越突出，法律监督的必要性就越大。在我国，由国情所决定，在相当长的时期内，还存在诸多影响法律统一正确实施、损害法律权威和尊严的因素：

1. 封建思想残余影响法律统一正确实施。

我国有两千多年封建社会历史，封建社会的人治、等级、特权思想和重权轻法、重言轻法、重情轻法的观念根深蒂固，且至今仍有广泛而深刻的影响，致使现实生活中以言代法、以权压法、以情扰法、有法不依、执法不严、违法不究的情况仍然比较突出。清除封建思想残余是一项长期而艰巨的任务，需要几代、几十代人的艰苦努力。因此，在相当长的时间内，封建思想残余对法律统一正确实施的影响不可低估。

2. “潜规则”影响法律的统一正确实施。

“潜规则”是指在明文规定的各种正式制度之外，实际存在且获得广泛认同的潜在规矩。“潜规则”是人治社会的产物，其根源是对制度、规则的蔑视和对权力的崇拜。封建社会是“潜规则”盛行的社会。解放后，由于种种原因，“潜规则”在我国一些地方一些时候仍然较有市场。不少人认为，规则是死的，人是活的，任何规则都可以变通，关键在于你有没有本事去变通或获得变通。在这种观念的支配下，严格按规则办事的官员往往被指

① 张文显主编：《法理学》，高等教育出版社2003年版，第287页。

责为“死板”，遵守规则的公民往往被认为“无能”。于是，“潜规则”在政治生活、社会生活中屡见不鲜。例如，国家要求按德才兼备原则选拔干部，严禁跑官要官，但一些人却认为“生命在于运动，当官在于活动”，“不跑不送，原地不动；只跑不送，同级调动，又跑又送，提拔重用”；中央要求宏观调控要令行禁止，但一些地方干部则认为“谁老实谁吃亏”；国家规定在经济往来中严禁暗中送收回扣，但不送钱难以承包到工程、不给回扣难以推销掉药品在一些地方是不争的事实；国家要求照章办事，严禁搞不正之风，但一些搞不正之风者左右逢源，办成一件件按照规则不可能办成的事的事实，使不少人认为不能相信那些规章制度；法律要求遵守交通规则，“红灯停、绿灯行”，但不少人认为那样做是“呆子”，等等。“潜规则”是对各种制度（包括法律）的直接背离，它必然严重影响法律权威的树立和法律的统一正确实施。

3. 经济、文化不发达且不平衡影响法律统一正确实施。

我国处于并将长期处于社会主义初级阶段。经济、文化不发达且发展不平衡，是社会主义初级阶段的一个显著特征。根据国际货币基金组织（IMF）公布的2005年按汇率法计算的世界180个国家和地区国内生产总值和人均生产总值的统计结果，我国2005年GDP总量虽位居世界第4位，但仅占世界的5%，占美国的17.8%，占日本的48.7%。我国人均GDP为1703美元，居第110位，占卢森堡的2.3%，占美国的4%。[①] 同时，城乡之间、地区之间很不平衡，其中城镇居民的可支配收入是农村的3.2倍；人均GDP最高的省份（上海）是最低省份（西藏）的7.4倍。[②] 据中国科学院可持续发展战略课题组的研究和测算，最先跨入现代化的省区（上海）与最后跨入现代化的省区（西藏）要相差

① 参见任晓燕：“2005年中国国内生产总值跃居世界第四位”，载《中国统计》2006年第6期，第58页。

② 参见国家统计局官方网站：《全国年度统计公报》和《地方年度统计公报》。

75年。在文化方面，我国一般大众人口的文化素质、领导层人口的文化素质、执行层人口的文化素质、司法人员的职业学历都与发达国家存在明显的差距，在国内省与省之间也呈现明显的不平衡性。经济是法治的基础，文化与法治关系也十分密切，法律本身就是一种特殊的文化。“穷国无法治，愚昧无法治。”一国的法治水平，总是与该国的经济文化水平大致相适应的。我国经济、文化不发达且发展不平衡，不仅制约着立法，而且制约着法律的统一正确实施。例如，办案经费紧张、侦查装备落后、执法人员素质不高，使得不少案件得不到及时有效的查处，还使得一些执法机关受利益驱动，为钱办案、办案抓钱、以罚代刑。

4. 地方和部门利益刚性影响法律统一正确实施。

在我国，广大干部群众要求发展经济、改变地方面貌的迫切愿望，地区间相互竞争的压力，上级领导对干部政绩的考核评价体系，分级包干的财政管理体制等，都使地方利益具有刚性。由于我国是政府主导的发展经济模式，地方政府在发展当地经济中的作用举足轻重、责任重大，因而地方利益刚性既有力地促进了地方政府发展经济的积极性，也诱发了地方保护主义和某些违法违纪，如以邻为壑、互设樊篱；贸易壁垒、画地为牢；搞“上有政策、下有对策”和“闯红灯”；对某些违法犯罪怂恿庇护等。实践中，一些地方假冒伪劣、偷税漏税、非法开采、侵犯知识产权以及“黄赌毒”等违法犯罪屡禁不止，都与地方利益刚性不无关系。而现行以地方为主的人事、经费管理体制，又使司法机关难以对地方保护主义形成有效制约，有的反而成为地方保护主义的帮凶。此外，我国不少地方允许部门自搞福利的做法，使得一些部门、单位以权谋利，搞部门保护主义，如利用权力违法经营、有案不送以罚代刑以及乱收费、乱罚款、乱摊派、乱提留等。而单位“账外账”、“小金库”的大量存在，又诱发了不少贪污贿赂、侵占挪用犯罪。当年，列宁在批评地方主义时说：“地方影响对于确立法制原则与文明性来说，即令不是唯一有害的障碍，也是最有害的障碍之一。"[①] 如今，在社会主义初级阶段的中国，地方和部门利益刚性对法制的影响同样不可低估。

5. 执法犯法影响了法律统一正确实施。

在初级阶段，执法人员的素质和水平不能不受初级阶段的局限，而封建主义和资产阶级思想的影响，金钱、美色的诱惑，说情、请客、送礼风的侵蚀，人、财、物管理体制的影响，有关方面的压力，执法者基于个人或单位、团体利益的考虑等，都有可能影响执法人员对法律规则的把握、对证据的采信和对案件的正确处理，并导致一些执法人员有法不依、执法不严、违法不究，甚至贪赃枉法、徇私舞弊、失职渎职。

由于上述多方面影响法律统一正确实施的因素的存在，设立专门的法律监督机关，用以监察、督促国家权力的依法运行，保证法律的统一正确实施，就成了当然的制度选择。

（三）我国正反两方面的经验教训证明要设立法律监督机关

我国检察机关经历了解放初设立、20 世纪 50 年代后期因"左"的思想影响受到波折、"文化大革命"期间被撤销、"文化大革命"结束后拨乱反正被重建、改革开放新时期勃兴的曲折发展历程，与社会主义民主法制具有同兴同衰的命运。五十多年的经验教训证明，我国什么时候重视法律监督，什么时候社会主义民主法制就发展，什么时候削弱以至取消法律监督，什么时候社会主义民主法制就受到损害以致破坏；反之亦然。在我们这样一个影响法律统一正确实施的因素严重存在的国家，如果没有专门的法律监督机关，就难免出现有法不依、执法不严、违法不究等违反法制原则的现象，社会主义民主也就失去了法制的保障，"文化大革命"所造成的严重后果就是最典型的例证。"文化大革命"结束后的 1977 年，中共中央在征集宪法修改意见时，全国

---

① 《列宁论苏维埃国家机关工作》（中译本），人民出版社 1957 年版，第 246 页。

有19个省、自治区、直辖市和人民解放军8大军区，35个中央直属机关、国家机关及军事机关，都提出了“重新设立人民检察院”的建议。在中央修改宪法小组召集的各地区、各部门领导人和民主党派负责人、社会知名人士的座谈会上，各方面也纷纷要求重新设立人民检察院。[①] 这充分说明重新设立检察机关是中国人民在总结历史的经验和教训特别是“文化大革命”血的教训后提出的一致要求，说明“鉴于同各种违法乱纪行为作斗争的极大重要性”，[②] 在国家政权体制中设置检察机关，对于加强社会主义民主法制建设、保障人民民主权利所具有的重大意义。

（四）设立专门的法律监督机关符合中国的制度传统

我国自秦汉以来，历朝封建统治者无论是汉族还是其他民族，都设立御史等监察制度，对官吏实施监督，并在两千多年的封建历史中长盛不衰，不断完善。御史有多项职能，但纠察百官、追究官吏犯罪是其基本职能之一。他们拥有侦查、逮捕、审判等广泛的权力，具体如驱磨点检（审查各级官府文卷案牍为“驱磨”，清点各级政府库场为“点检”）、微行暗察、风闻奏事、越级弹奏、便宜行事（大事奏裁，小事立决，特殊情况下可以先斩后奏）等。封建社会的监察制度虽然没有也不可能改变封建社会覆灭的命运，但它对于维护封建社会纲纪，遏制官吏违法犯罪，缓和阶级矛盾，维护封建统治，无疑起到了重要的作用。

辛亥革命时期，孙中山先生主张国家权力分为“五权”，即立法权、行政权、司法权、考试权、纠察权，分别由五院即立法院、行政院、法院、考试院和监察院行使，主张制定“五权宪法”。孙中山作为熟知西方政治制度的中国资产阶级革命家，并

---

① 参见李士英主编：《当代中国的检察制度》，中国社会科学出版社1987年版，第183页。

② 这是叶剑英委员长1978年在五届人大一次会议上作《关于修改宪法的报告》中，对为什么要重新设置作为法律监督机关的人民检察院所做的说明。

没有主张照搬西方三权分立的政治制度，而主张把封建社会的监察制度继承下来，使之与西方政治制度的“三权”“中西合璧”，这不是出于一时的心血来潮，而是因为他“曾将美国宪法仔细研究，研究的结果，觉得他那不完备的地方很多，而且流弊不少”。他在阐述专管监督弹劾的纠察权时说：“现在立宪各国，没有不是立法机关兼有监督的权限，那权限虽然有强有弱，总是不能独立，因此生出无数弊病。比如美国纠察权归议院掌握，往往擅用此权，挟制行政机关，使他不得不俯首听命。因此常常成为议院专制……况且照正理上说，裁判人民的机关已经独立，裁判官吏的机关却仍在别的机关之下，这在论理上是说不过去的，故这机关也要独立。”[①] 可见，设立专门监督机构以监督官吏，是孙中山先生研究中国制度传统和总结西方宪政制度经验教训得出的结论。

有人认为，设立专门的监督机关还要解决监督者谁来监督的问题，致使机构叠床架屋，徒增制度成本，且“难以产生像欧美法治国家那样廉洁高效的政府”，因而主张以三权分立的“民主政体”代替人民代表大会制度。笔者认为，第一，如前所说，很多三权分立国家实际上设有专司监督的机构，说三权分立国家没有监督机构是一种误解。第二，与不设监督机构的国家相比，设立专门监督的机构似乎增加了制度成本，但从全局看，即从国家权力架构及其运行情况看，却未必。因为多党制、议会制、三权分立的政治模式的成本是惊人的，仅以美国竞选总统、议员为例，美国2004年总统竞选费用近40亿美元，竞选一名参议院议员的平均费用是251.875万美元，最高达3148.8821万美元。[②] 至于互相掣肘、无休止争吵、你争我斗等，则更是司空见惯，这不仅增

① 参见孙中山：“五权宪法之讲解”，载《孙中山文集》，团结出版社1997年版，第29、539页。

② 参见李振通：“如何看待西方的民主制度”，载《求是》2006年第1期，第55页。

加了成本，而且严重影响效率。正像邓小平同志所说："资本主义国家的多党制有什么好处？那种多党制是资产阶级互相倾轧的竞争状态所决定的……这使它们每个国家的力量不可能完全集中起来，很大一部分互相牵制和抵销。"① "社会主义国家有个最大的优越性，就是一件事情，一下决心，一做出决议，就立即执行，不受牵制……这方面是我们的优势，我们要保持这个优势，保证社会主义的优越性。"② 至于设立专门监督机构的反腐败效果，也未必比分权制约的差，因为一国腐败的多少，是由该国经济和社会发展阶段、民主法制发展水平等多种因素决定的。民主政治体制并不必然是腐败的绝缘体，也不必然带来社会的公平和公正。例如，在实行民主政体的英美，都曾有过腐败严重期。在英国，曾出现过被学者称为"寻租社会"的时期，在这一时期，腐败行为普遍存在于政府机构的各个层次和部门之中，出现了全面而具有系统性的腐败，甚至蔓延到它的北美洲诸殖民地。如18世纪到19世纪初，英国议员选举中贿选盛行，几乎每一个议员都是靠花钱买到的。议员进入议会后，又指望政府再花钱收买他们。而政府也靠封官晋爵、行贿收买议员，从而控制议会多数。在19世纪中后期的美国，随着工业化、城市化以及移民的加速，发生了大规模的"机器政治腐败"。尤其是新移民的大量涌现，他们急切需要摆脱卑微的身份而纷纷参加到当地的选举这一权力或利益分配过程。一些职业政党活动家随即利用移民的这一心理，以提供就业机会、住房、公民证为诱饵收买选民，并借此使自身执政地位得到维持和巩固，而且通过出售特许经营权获取利益，从而使政党、市政权力和大企业形成了利益共同体，一些原本无党派的组织迅速蜕变成政党分肥的操作机器。又如在"冷战"后"第三波"民主化浪潮中转型过渡的许多"新兴民主国家"，它们不但

① 《邓小平文选》（第2卷），人民出版社1994年版，第267页。

② 《邓小平文选》（第3卷），人民出版社1993年版，第240页。

没有因实行“民主制”而摆脱腐败和贫困，实现经济增长和社会发展；相反，大多数国家还出现了经济凋敝、社会动荡、政府功能萎缩和腐败更加猖獗的现象。国外透明国际组织在过去8年中所公布的世界各国行受贿指数排行榜上，最腐败的国家中丝毫不罕见所谓民主国家。① 澳大利亚的腐败也是在民主政体下日趋严重，而在建立专门的监督机构后逐步得到遏制的。我国回归前的香港地区也是在设立专事监督的机构即廉政公署后遏制住腐败的。因此，那种认为设立专门监督机构的反腐败成效差于分权制衡，因而主张改革我国政体，以三权分立取代人民代表大会制度，并取消专门监督机关的观点是缺乏根据的，也是站不住脚的。

根据以上分析，可以得出以下结论：(1) 在我国，设立专门的法律监督机关，是由我国的国体、政体和国情决定的，且符合我国的制度传统，具有客观必然性。它充分反映了我国宪政制度下加强对权力监督制约的客观要求，是体现中国共产党和中国人民政治智慧的科学选择，也是中国特色社会主义政治制度的重要特征之一，因而是不依人们的意志为转移的。(2) 为了防止权力的异化和变质，无论是多元分立的权力架构还是一元分立的权力架构，都存在制约监督机制，所不同的仅是在多元分立的权力架构下，大多不设立专门的监督机关，而采取“分权制约 + 非权力监督”的模式；而在一元分立的权力架构下，则要设立专门的监督机关，采取“权力监督 + 权力制约 + 非权力监督”的模式。而无论是“分权制约 + 非权力监督”还是“权力监督 + 权力制约 + 非权力监督”，都是对权力实施制约监督的表现形式。(3) 一国实行何种权力架构以及采取何种制约监督形式，取决于该国政治、经济、文化、历史传统等因素，正像很难评价大陆法系与英美法

① 参见李友梅、汤艳文：“廉政建设评估的国际比较”，载《理论动态》第1742期，第14~16页；郝铁川：“当代中国法制的阶段性与超越性——与19世纪英美法制之比较”，载《中国法学》2007年第2期，第32页。

系孰优孰劣一样，不同权力架构及制约监督形式也很难说孰优孰劣，关键在于其是否适合某国的实际，并较有效地预防和治理权力腐败问题。

二、中国为什么要把检察机关作为法律监督机关

既然中国根据国体、政体及国情需要设立专门的法律监督机关，那么，为什么要将检察机关而不是别的什么机关作为法律监督机关？

这是因为检察机关与法律监督存在高度的契合。

（一）检察机关的刑事公诉具有监督属性

世界各国的检察制度不尽相同，其职权范围也存在较大差异，但至少有一项职权是相同的，即都负责刑事公诉。而刑事公诉，具有监督的属性。

1. 从公诉制度产生的初衷来看。

公诉制度发端于中世纪的法国。当时，法国处于封建割据状态，各封建领主、教会领地和城市都设有自己的法庭，对领地的居民行使司法权。国王法院只能管辖王室领地内的案件。诉讼采取私诉方式。私诉方式具有明显的弊端，它要受加害和被害双方力量对比关系、举证能力等影响。比如，加害方势力强大，被害方担心抗争不过而放弃诉讼；被害方举证不力，不仅打不赢官司，而且成了“诬告”；侵害公益等案件无人过问，等等。司法权的分散、割据和私诉，都影响了法律的统一实施和司法的公正。为了弥补诉讼的缺陷，加强中央集权，原先仅代表国王私人处理与诸侯发生涉及财政、税务和领土方面纠纷的“国王的律师和代理人”，逐渐具有了以政府公诉的身份听取私人告密，进行侦查，提起诉讼，在法庭上支持控诉，以及抗议法庭判决并代表国王监督地方行政当局等职能。从菲力普四世（1285—1314 年）时起，“国王的律师和代理人”成为专职的国家官员。至 17 世纪路易十

四时，将其定名为检察官，现代意义上的公诉制度由此产生。现代公诉制度起源表明，“公诉制度是为了消除封建割据状态下法制不统一对追诉犯罪活动带来的影响”和监督法院审判，维护国王制定法律的统一实施而问世的。①

2. 从公诉制度的继承和发展看。

在公诉制度发展的过程中，有一个情况耐人寻味并值得我们深思：资产阶级夺取政权后，随着现代警察制度的建立，在警察统一行使刑事案件侦查权后，资产阶级如从完成刑事控诉任务考虑，那完全可以在废除封建制度时，一并废除封建社会如法国等国所实行的由检察官提起公诉的制度，改由警察将刑事案件直接向法院起诉。因为这不仅可以减少诉讼环节、节省司法资源，而且可以提高诉讼效率。然而，资产阶级没有这样做，他们废除了封建制度，却将封建社会如法国等国由检察官公诉的制度继承下来，且各国无一例外地都先后建立了检察官公诉制度，并予以发展与完善。这是为什么？是因为在资产阶级及各国统治者看来，在警察与法官之间插入检察官这个“楔子”，虽增加了司法成本，降低了诉讼效率，却能收一举多得之效。我国台湾学者林钰雄认为，它一可透过诉讼分权模式，以法官与检察官彼此节制的方法，保障刑事司法权行使的客观性和正确性；二可以严格法律训练和法律约束的公正客观的官署，控制警察活动的合法性，摆脱警察国家的梦魇；三可让检察官守护法律，使客观的法意旨贯通整个刑事诉讼程序，以追诉犯罪，保障民权。② 总之，在警察与法官间揳入检察官这个“楔子”，就是为了让检察官充当法律守护神，即保证法律的统一正确实施，以避免法官的擅断和警察的恣意，

---

① 参见王桂五主编：《中华人民共和国检察制度研究》，法律出版社 1991 年版，第 4～5 页。

② 参见林钰雄：《检察官论》，台北学林文化事业有限公司 1999 年版，第 16～17 页。转引自孙谦：《检察：理念、制度与改革》，法律出版社 2004 年版，第 186～187 页。

从而实现对国家权力的双重控制，维护公平正义。由此也说明，在各国资产阶级及其统治者看来，刑事公诉不是目的，对警察和法官权力进行双重控制、维护公平正义才是目的，刑事公诉仅仅是实施这种控制的手段。

3. 从公诉权的内容来看。

公诉不仅仅指提起公诉，而是指检察机关为依法指控犯罪、请求法院开庭审判并追究其刑事责任而进行的一系列诉讼活动的总称。世界上多数国家的公诉权包括审查起诉权、决定起诉和不起诉权、公诉变更权、出庭支持公诉权和抗诉权。其中审查起诉需要审查警察移送的案件是否符合起诉条件、犯罪嫌疑人是否构成犯罪、所认定的罪名是否正确、有无遗漏罪行和其他应当追究刑事责任的人、警察侦查活动是否合法等内容，这些审查活动无疑体现了对警察侦查活动的监督。检察机关审查后，如果作出不起诉决定，则体现了对警察侦查结果的否定和侦查程序的控制；如果作出起诉决定，则表明对警察侦查结果的认可，并启动了刑事审判程序，限定了刑事审判的范围，法院只能就检察院起诉的案件、被告人及其犯罪事实进行审判，而不得对检察院没有起诉的事实及其他案件行使审判权。公诉变更权一般包括撤回起诉、追加起诉、补充起诉、变更起诉等权力，这些权力的行使，既是对检察机关自身原起诉决定的修正，也是对警察侦查和法院审判的双重制约。出庭支持公诉既对被告人履行控诉职能，又负有监督法院审判活动是否合法的职责，特别是大陆法系国家的检察官普遍负有该职责。如在法国，最高检察长的主要职责是“对国家整体执法活动进行监督”，其中当然包括对法院审判活动的监督。德国检察官“在法庭审理阶段，充任国家公诉人，同时监督审判程序是否合法”。因此，“检察官在法庭上既是公诉人，又是法律监督者”。[①] 抗诉是检察院对法院确有错误的裁判提出异议，并要求上一级法院予以纠正的活动，它更体现了对法院的法律监督。虽然被告人也可以对其认为错误的裁判提出上诉，但其上诉的内容是要求从轻判处或者改判无罪，上诉的目的是为了自己的利益。而检察院抗诉则既可以“抗轻”（认为原判太轻，要求从重判处），也可以“抗重”（认为原判决太重或完全错误，要求从轻判处或改判无罪），既可以提出不利于被告人的抗诉，也可以提出有利于被告人的抗诉；抗诉的目的并非为了一方的利益，更不是为了自己的利益，而是为了维护法律的正确实施。因而不能因为被告人也拥有上诉权而怀疑或否定检察院抗诉所体现的监督属性。

有观点认为，公诉所具有的控诉功能，也具有自诉所不具有的法律监督性质，因为公诉与自诉相比，二者在起诉的目的、起诉的原因、诉讼立场、追求的诉讼结果等方面均不同，“公诉权除了具有自诉权启动刑事审判程序的作用外，还具有自诉权所不具有的维护法律被切实遵守、保障法律实施的作用”。[②] 笔者认为，该观点具有创新的意义，也有一定的道理。但是，与检察院公诉取代被害人自诉相适应，在刑事案件的调查取证上，人类社会也经历过由当事人自己调查取证到由警察统一调查取证（即侦查）的过程，目前英美法系国家所奉行的当事人主义诉讼方式，以及不少国家所保留的对部分案件的自诉，就是由此而来。如果因公诉不同于自诉而认为公诉的控诉功能具有法律监督性质，那么，警察侦查代替私人调查是否意味着警察的侦查也具有法律监督性质？因为警察侦查同私人调查相比，在侦查的目的、原因、诉讼立场、追求的诉讼结果等方面也都不相同，似乎也具有当事

---

① 宋英辉、陈永生：“英美法系与大陆法系国家检察机关之比较”，载《检察论丛》（第1卷），法律出版社2000年版，第547～553页。

② 孙谦：《检察：理念、制度与改革》，法律出版社2004年版，第433～435页。

人调查所不具有的“维护法律被切实遵守、保护法律实施”的作用，此其一。其二，检察机关法律监督的对象，主要是公权力，即对公权力行使合法性的监督，其目的主要是为了保证国家权力在法治轨道上正确运行。我国现行法律赋予检察机关的诸项权力，莫不以此为界。如果把控诉犯罪也视为法律监督，那就把公民遵守法律的情况也纳入了检察机关的监督范围，照此思路，那凡是对在法的遵守中出现的违法犯罪进行查处的活动，如公安机关的侦查活动、行政执法机关的执法活动都是法律监督了，这就难免混淆了检察机关监督的对象和其他执法机关执法对象的界限，从而使法律监督泛化。可见，说公诉的控诉功能属于法律监督，虽有一定的道理，但有牵强之嫌。

根据上述，可以得出如下结论：(1) 世界各国的公诉都具有两个功能：控诉功能和监督功能，即一方面，将犯罪嫌疑人诉至法院，要求法院判处刑罚；另一方面，通过审查起诉、决定起诉或不起诉、变更起诉、出庭公诉、抗诉等活动，控制侦查程序和审查侦查结果，启动审判程序和限定审判范围，监督侦查活动和审判活动。这两个功能不可分割，统一于公诉之中，是一个事物的两个方面，就像一枚硬币的两个面一样。当然，就某一具体案件来说，如果检察机关经过审查作出不起诉决定，则该案的公诉只有监督功能而无控诉功能；如果审查后作出起诉决定，则该案件的公诉必然既有控诉功能又有监督功能。可见，在具体案件中，只有无控诉但有监督的公诉，却无没有监督而仅有控诉的公诉，那种认为只有控诉而无监督的公诉是根本不存在的。(2) 既然公诉同时具有控诉功能和监督功能，而检察机关又是因公诉而产生的，因此，监督是检察机关与生俱来的固有的属性。(3) 在公诉的控诉功能与监督功能间，控诉是手段，监督是目的，各国之所以不由直接负责侦查的警察向法院起诉，而宁可牺牲一定的司法资源和诉讼效率，由检察机关向法院起诉，其目的就是为了实现对警察侦查权与法官审判权的双向监督。(4) 各国检察机关之所以要对警察侦查权和法官审判权实施监督，是因为在大陆法系国家，检察机关是“法律的守护神”，在英美法系国家，检察机关是“国家和公共利益的代表”，为了法律利益或者国家和公共利益实施监督，是其职责所在。

（二）检察机关除公诉之外的职能也大多具有监督属性

各国检察机关除了公诉具有监督属性外，还拥有其他一些具有监督性质的职权，如指挥、监督侦查权，监督判决执行权，监督监所权，对涉及公共利益的民事、行政诉讼提起和参与诉讼权等。其中大陆法系国家的职权则更为广泛。如在法国，检察机关除在刑事诉讼中行使侦查、起诉、支持公诉和指挥刑事裁判的执行等职能外，还对下列事项行使广泛的监督权：“（1）监督司法辅助人员；（2）监督检察书记官；（3）监督司法救助制度的营运；（4）监督户政官员；（5）对私立教育机构的监督；（6）对公立精神病院的监督；（7）对开设咖啡店、酒店等特种营业的资格审查；（8）对新闻、杂志等定期刊物进行审查，等等。”① 德国检察机关除对刑事诉讼的侦查、审判和执行有广泛监督外，“对律师执法活动的合法性，也负有一定的监督职责”。② 葡萄牙检察机关的权限有：“……7. 监督司法官员的工作；在自身权限内，维护法庭的独立，并监督司法职能依照宪法和法律进行。……9. 在监督司法职能进行时，依据宪法和法院组织法的规定，可向宪法法院提出上诉。10. 监督常规法律的合法性。共和国检察长可请求宪法法院对任何违宪进行宣布……”③ 在英美法系的英国，根据1985年《犯罪起诉法》的规定，检察机关拥有对警察侦查行为一

① 王然冀等：《当代中国检察学》，法律出版社1989年版，第70页。

② 中国检察考察团：“德国的检察制度”，载《人民检察》1994年第11期，第55页。

③ 参见陈健民：“葡萄牙《检察署组织法》简介”，载《人民检察》1996年第4期，第58页。

定的监督和建议权：（1）为了防止警方对应当提起诉讼的案件不予提起诉讼，警察局长应当将本辖区内的每一严重犯罪通知检察官。（2）检察机关在侦查阶段要给予警察必要的司法建议，指导警察收集和发现充分的能证明案件事实的证据。美国联邦总检察长有权侦查政府官员的犯罪行为，有权监督司法行政管理、监狱和其他惩办机关。除对刑事诉讼领域实行监督外，多数国家的检察机关还广泛地干预涉及国家利益和公共利益的民事、行政诉讼，如英国、美国、日本、德国、意大利、比利时、希腊、瑞典、澳大利亚、巴西、阿根廷、荷兰、委内瑞拉、哥斯达黎加、斯里兰卡、布隆迪、乌干达、突尼斯等国，都在法律或判例中确认了检察机关参与民事诉讼的内容。①

由于各国检察机关承担的公诉职能具有监督属性，同时，除公诉外，还拥有较为广泛的带有监督性质的权力，因此，有的学者将英美法系国家的检察机关界定为"诉讼机关"，将大陆法系国家的检察机关界定为"法律监督机关"②；还有学者则将西方国家的检察机关界定为"司法监督机关"③。笔者认为，对资本主义国家检察机关无论作何界定，它们都具有对有关诉讼机关执行法律的行为实施监督的属性则是无可争议的事实；其中说大陆法系国家的检察机关是"法律监督机关"似也不为过。试想，"对国家整体执法活动进行监督"、被称为"法律守护人"的机关，难道还不可以称为"法律监督机关"吗？至于这些国家没有将其界定为"监督机关"或"法律监督机关"，这既有法律语言习惯的原因，更有受三权分立政体所限的原因。

---

① 宋英辉、陈永生："英美法系与大陆法系国家检察机关之比较"，载《检察论丛》（第1卷），法律出版社2000年版，第556页。

② 宋英辉、陈永生："英美法系与大陆法系国家检察机关之比较"，载《检察论丛》（第1卷），法律出版社2000年版，第547～548页。

③ 参见王桂五主编：《中华人民共和国检察制度研究》，法律出版社1991年版，第12页。

正因为世界各国检察机关所承担的公诉职能及其他职能都具有监督的属性，因而我国在借鉴前苏联检察制度和批判地继承我国封建社会监督制度的基础上，将外国以公诉（内含监督）为主体、以其他监督职能为补充的检察制度进行适当的改造，即除了承担各国都具有的公诉职能外，再对外国监督的职能进行适当扩充与系统化，赋予检察机关公诉、审查批捕、职务犯罪侦查、诉讼监督等职能，[①] 并将检察机关定位为法律监督机关。因此，各国检察制度中公诉及其他职能所具有的监督属性，是我国将检察机关定位为法律监督机关的合理性基础。

三、检察机关的法律监督是否会破坏控辩平等、损害审判权威

有人认为，检察机关的法律监督定位，使其集法律监督职能与公诉职能于一体，这种“检诉合一”的诉讼机制，使“本来已经足够强大的国家公诉机关如虎添翼，‘平等武装’成为泡影，必然会导致控辩双方力量呈现严重不均衡，控辩平等原则就形同虚设，被告人的宪法性权利就没有任何保障可言”。同时，还“使检察官身兼了运动员和裁判员两种互相矛盾的法律角色于一体”，使“检察机关实际拥有了高于审判机关的法律地位和权力效能，检察官成为地地道道的‘法官之上的法官’，直接导致审判不独立、裁判不终局，司法权威先天受到贬抑”。[②]

笔者认为，这是对检察机关法律监督的误解。

（一）法律监督不仅不会破坏控辩平等而且有利于控辩平等

“控辩平等”是指刑事审判中控诉和辩护双方“在形式上保

---

① 其实，这些职能或多或少地为其他国家所具有，只不过我国出于法律监督的需要，而将它们系统化罢了。

② 郝银钟：“评‘检诉合一’诉讼机制”，载《法制日报》2006年8月3日“法学前沿”专刊。

持平等对抗的格局”。[①] 它主要包括以下内容：（1）控辩双方诉讼地位对等，即都是诉讼主体，都享有诉讼权利，并承担诉讼义务，而不应一方是诉讼主体，另一方是诉讼客体。（2）控辩双方诉讼权利对等，即对双方给予平等武装和平等保护。所谓“平等武装”，是指刑事诉讼法应当赋予控辩双方对等的攻防手段；所谓“平等保护”，是指法院应当给予控辩双方平等的参与机会，对双方的主张、意见和证据给予平等的尊重和关注。（3）控辩平等的目的在于防止控方权力过于强大而对辩方合法权益造成损害，从而实现诉讼的客观、公正。[②] 据此，笔者认为，从实然角度来说，我国现行刑事诉讼法并未确立控辩平等原则，故不存在法律监督是否破坏该原则的问题；从应然角度来说，我国刑诉法即使应当确立控辩平等原则，法律监督也不仅不会破坏而且有利于实现该原则。

1. 监督是各国检察机关与生俱来的固有属性，不唯我国检察机关独有。

如前所说，在世界各国检察制度中，控诉与监督是公诉所必然具有的两种功能，二者统一于公诉之中，只要对案件实施控诉，监督就相伴而生，故只有控诉而没有监督的公诉是不存在的。既然如此，为什么其他国家没有认为公诉所隐含着的监督不会破坏控辩平等，而我国的法律监督就会破坏控辩平等呢？质疑者只知

① 参见宋英辉：《刑事诉讼原理导读》，法律出版社2003年版，第69页。

② 目前学界对“控辩平等”有多种理解，如有的认为它不仅适用于审判阶段，而且适用于整个刑事诉讼过程；有的认为它是指控辩双方法律地位平等，即都是诉讼当事人。如照此理解，那么，控辩平等在西方资本主义大国也未实现，而仅是美好的愿望而已。例如，在法律地位上，即使是在当事人主义诉讼模式的美国，检察官的角色也不是当事人，而是“公诉律师”；在诉讼权利（力）上，大陆法系国家追求实体真实为目标的职权主义诉讼模式比较重视对侦控机关权力的配置，而对辩方权利限制较多，使得平等难以实现；平等保护要以法官中立为前提，但大陆法系各国的法官为追求实体真实，可依职权主动讯（询）问被告人、证人，并采取必要的调查措施，故平等保护也难以真正实现。

道外国的检察机关是公诉机关，却不知道让检察机关提起公诉的初衷就是为了监督，公诉仅是监督的手段。其把公诉与法律监督对立起来的观点，就如同把人的手与人对立起来一样不符合逻辑。

2. 法律监督有利于校正检察机关的片面控诉倾向，从而有利于控辩平等。

如前所说，控辩平等原则是为了使犯罪嫌疑人、被告人的合法权益免遭追诉机关的不法侵害，保障诉讼的客观公正，而不是为了使犯罪嫌疑人、被告人逃脱法网，获得不正当利益。据此，检察机关究竟是作为单纯的公诉机关①时片面控诉倾向大，还是作为法律监督机关时片面的控诉倾向大？我想答案是不言而喻的。如果检察机关仅是公诉机关，那公诉成了其唯一任务和追求，显然，其片面的控诉倾向就会大一些。而当检察机关是法律监督机关时，维护法律统一正确实施和社会公平正义成了其宗旨和价值追求，公诉仅是其诸多职能中的一项职能，是其实施法律监督的一个手段。显然，检察机关在履行公诉职能时，必然要受其整体性质的制约，以整体的价值追求为追求，而不可能只顾公诉职能的需要而不顾整体，就像人的个别器官必然要受大脑指挥，服从人的整体需要一样。例如，人的嘴巴的功能是辨别食味和摄取食物，如仅从嘴巴自身的欲望出发（假设嘴巴能思维），那可能遇有美味佳肴就会暴吃暴饮。但嘴巴作为人体的一个器官，必然要受消化系统承受能力和人体健康需要的制约，不仅不能遇有美味佳肴就暴吃暴饮，而且有时还要吃些嘴巴并不喜欢甚至讨厌的食品、苦药。因此，当检察机关作为法律监督机关而存在时，其履行公诉职能也必须恪守法律监督性质，以维护法律统一正确实施和社会公平正义为宗旨和价值追求，而不可能为控诉犯罪而不择手段。

---

① 其实，西方国家的检察机关也不是单纯的公诉机关，笔者在这里仅是按照质疑者的观点提出的一种假设。

在实际的公诉工作中，检察机关为了使其整体价值追求落到实处，采取了若干有力措施：一是严格依照法定条件起诉。我们知道，我国刑事诉讼法规定的刑事起诉在事实证据方面的条件与法院作有罪判决的条件是相同的，即都是“事实清楚，证据确实充分”，这就要求检察机关以法院作有罪判决的条件来要求起诉，防止把一些只有定罪判刑可能但无定罪判刑把握的案件诉至法院。而在外国，刑事起诉条件大多低于法院定罪判刑条件，如德国起诉的条件是“有足够事实根据”；[①] 美国相关判例说明的起诉条件是“有合理的理由认为被告人已实施了法律规定的犯罪行为”；[②] 英国的起诉条件是“预期可予定罪”，即“被指控的被告人定罪的可能性远远大于不定罪的可能性”。[③] 因此，我国检察机关只要严格依照法定起诉条件起诉，就比外国更有利于防止片面的追诉倾向，从而更有利于维护犯罪嫌疑人的合法权益。二是建立判无罪案件分析总结制度和案件质量考评制度。既然法律对刑事起诉条件的规定与判决一致，那检察机关和社会上就自然要以法院的判决情况作为衡量起诉质量的一个依据。为此，我国检察机关建立并完善了判无罪案件分析总结制度和起诉质量考评制度，并以此作为考核公诉人的工作质量、水平的一个重要依据。对检察机关实行的这两个制度尽管有不同的评价，但它有利于促使办案人员客观公正地履行公诉职责，防止片面的追诉倾向，严把案件事实关、证据关、定性关、起诉关，从而确保办案质量，却是不争的事实。而在外国特别是英美法系国家，检察机关不仅没有判无

---

① 参见《德国刑事诉讼法典》第 152 条，李昌珂译，中国政法大学出版社 1995 年版，第 72 页。

② 参见李学军主编：《美国刑事诉讼规则》，中国检察出版社 2003 年版，第 306 页。

③ 参见 1994 年《英国皇家检察官条例》第 5.2 条，载［英］迈克·麦康威尔，岳玲选编：《英国刑事诉讼法：选编》，中国政法大学刑事法律研究中心编译，中国政法大学出版社 2001 年版。

罪案件分析总结制度和起诉质量考评制度，而且连案件起诉后判无罪数、判无罪率也不作统计。在中外互访交流中，当中方问及这方面情况时，他们往往只能提供一个估计的大概数据。因为在他们看来，检察机关依法起诉，法院依法审判，各有各的职责，如果去统计法院判无罪率，并以法院判无罪情况作为评价起诉质量的一个依据，就会使检察官承受不必要的思想压力，不利于检察官依法指控犯罪。只要检察官认为罪该依法起诉，该起诉就是正确的，至于法院判无罪，那是法院的权力。在这种思想指导下，一些国家特别是英美法系国家的无罪判决率往往较高，有的高达百分之二三十。与此相适应的是，这些国家的百姓对高无罪判决率能够容忍，不会指责检察官“办错案”，检察官也不会受到舆论的压力。而在我国，无罪判决率无疑是社会评价检察院起诉水平和质量的重要依据，有的案件还会因判无罪而指责检察院乱起诉，并掀起轩然大波，检察院因此承受巨大的压力。可见，我国不仅在法律上规定起诉标准与审判标准相一致，而且在办案制度上、社会评价上也促使检察院严格依法办案，坚持客观公正，防止片面的追诉倾向，从而把法律规定真正落到实处。由于我国检察机关在公诉工作中恪守法律监督机关性质，以维护法律统一正确实施和社会公平正义为价值追求，故起诉案件的无罪判决率一般仅占0.05%左右，比一些国家特别是英美法系国家要低得多。这说明，与一些国家相比，我国检察机关的法律监督性质避免了不少案件的不当起诉，更有利于控辩平等和保护犯罪嫌疑人的合法权益。

3. 法律监督在审判程序中并不必然地不利于辩方。①

（1）在审判程序中的法律监督对被告人来说是中性的。因为在法庭上，公诉人不仅负有指控犯罪之责，而且还负有根据事实

---

① 由于控辩平等原则主要适用于法院审判阶段，故这里着重就法律监督在审判程序中的情况进行分析。

和法律公正地阐述被告人罪轻或法定从轻、减轻的事实和情节，并且负有对法庭损害被告人合法权益的问题进行法律监督的职责；庭审后，公诉人不仅要对有罪判无罪、重罪轻判的判决提出抗诉，而且要对轻罪重判的判决或损害被告人合法权益、违反程序的判决提出抗诉或者提出违法纠正意见，从而确保司法公正，维护被告人的合法权益。① （2）检察机关在审判程序中的监督权辩方均对等地具有。检察机关在审判程序中的法律监督主要是审判监督，它主要体现在以下两个方面：一是监督法庭的审判活动，发现违反法定程序有权提出纠正意见；二是监督法院判决，发现确有错误有权提出抗诉。而在这两方面，被告人均具有对等的权利，即监督庭审活动，发现违反法定程序并侵犯自己合法权益的有权提出意见；监督法院判决，不服判决的有权提出上诉或者申诉。所不同的仅是检察机关所拥有的是法律监督权，被告人所拥有的是监督权；检察机关所拥有的法律监督权是权力，被告人所拥有的监督权是权利；检察机关实施法律监督的目的是保证法律统一正确实施，维护社会公平正义；被告人实施监督的目的是维护自己的合法权益。② 而被告人所拥有的上述两方面权利，并不会因检察机关的法律监督而丧失。至于检察机关所拥有的之所以是权力而不是权利，是因为履行职责所需，不能因此而认为破坏了控辩平等。正如宋英辉教授所说："检察机关对法庭活动是否合法提出意见，对其认为错误的裁判有权抗诉，是其承担的诉讼职能所要求，并不能因此就认为检察机关的诉讼地位优越于辩护方或凌驾于辩护方之上。"③

4. 法律监督权仅是程序性的权力，它不可能对被告人的合法

---

① 孙谦：《检察：理念、制度与改革》，法律出版社2004年版，第445页。

② 参见张智辉、黄维智："控辩平等与法律监督"，载《法学》2006年第8期，第143页。

③ 参见宋英辉：《刑事诉讼原理导读》，法律出版社2003年版，第171页。

权益造成损害，也不可能使法院屈从监督而作出不利被告的判决。

由于该观点在后一问题中还要作具体阐述，故这里不作展开。

（二）法律监督不会损害审判权威，也不会使检察官成为裁判员

1. 检察院对法院的监督是平等主体间的监督，而非“上对下”的监督。

在我国，监督有多个角度，体现多种功能，如体现管理职能的上级对下级的监督；体现制约功能的平等主体间的监督；体现民主权利实现功能的公民、下级及社会组织对国家机关、国家公职人员和上级的监督，等等。检察机关的法律监督，则是体现制约功能的平等主体间的监督，而非“上对下”的监督。因此，那种认为检察院对法官实施法律监督使得检察官成为“法官之上的法官”的观点，是把监督的角度和功能单一化了的结果，因而是站不住脚的。

2. 法律监督权是程序性的权力，而非实体处分权。

检察机关对法院实施法律监督的直接作用体现在两个方面：(1) 启动程序。如对案件提起公诉是启动一审程序；提起抗诉则是启动二审程序或审判监督程序。(2) 提出意见。即当发现审判活动违法时提出纠正意见。而这两种作用，都只具有程序的意义，检察机关启动程序后法院怎么判决，提出纠正违法意见后法院是否接受、是否纠正及怎样纠正，都由法院自己依法独立自主地作出决定，检察机关无权要求法院必须怎么判和怎么纠正。包括检察院对涉嫌职务犯罪的法官实施侦查并起诉，也仅是启动追诉程序和审判程序而已，法院对其是否判罪以及判处何种刑罚，也是全由法院自己依法独立作出决定。因此，刑事诉讼中的裁判员始终都是法院，而不是检察院。试想，如果认为检察院启动了程序、提了意见就是裁判员，那么，被告人在审判中不服法院判决提出上诉，对法院审判活动提出意见，运动员在体育竞技中对裁判员

的裁判提出不同意见，岂不是也都成了裁判员？

有人认为，检察院的法律监督，特别是职务犯罪侦查会对法官产生威慑力，从而使法官作出不公正的判决。笔者认为，第一，世界上多数国家的检察官都拥有对职务犯罪包括法官职务犯罪实施侦查的权力，为什么其他国家没有人认为这会影响法官公正判决，而在我国就会影响法官公正判决呢？第二，法律监督只会促使法官将这种外在的监督内化为清廉自持、谨慎用权、公正执法的信念和行动，从而促进裁判公正。第三，法律监督对法院及其审判人员来说，都不存在产生威慑力问题，“这就如同在大街上，迎面走来一队巡逻警察，一般的路人与其擦肩而过，并不会产生恐惧感，唯有做了坏事的人才心惊肉颤一样”。[①] 对于实施了职务犯罪的审判人员来说，他熟悉法律，深知法律的威力，如果有恐惧感的话，则是在其准备或着手实施犯罪时就有，然而他之所以仍然实施犯罪，是因为他自以为作案及逃避追究的手段高明。故其对法律和法律监督的恐惧往往转化为千方百计使犯罪不留痕迹和逃避追究上，而不会转化为屈从监督作出枉法裁判上。当然，如果某检察官发现法官职务犯罪的证据，而以检举揭发或查处相要挟，使该法官作出枉法裁判的可能性也不能完全排除，但在这种情况下，该检察官的行为仅是其个人行为而非职务行为和法律监督行为，它与检察机关的法律监督权并无必然联系。第四，迄今为止，我们还未曾发现法官因屈从于检察机关的法律监督而枉法裁判的案例，而法官因徇私、贪赃等个人原因而枉法裁判的案件却并不鲜见。因此，说法律监督会影响法官公正判决的命题，仅是一些人简单的线性思维和片面理论推导的结果，是一个缺乏理论和实践依据的伪命题。

3. 法律监督形式不同并不意味着检察官既是运动员又是裁

---

① 参见张智辉、黄维智：“控辩平等与法律监督”，载《法学》2006 年第 8 期，第 143 页。

判员。

检察机关有多项监督权，如职务犯罪侦查、公诉、侦查监督、审判监督、刑罚执行和监管活动监督、民事审判和行政诉讼监督等，然而其表现形式则主要是两种：一种是制约型监督，即法律监督是诉讼的必经环节，非经检察机关的审查不能进入下一诉讼环节，如审查批捕、审查起诉即属此。另一种是督察型监督，即法律监督并非诉讼的必经环节，检察机关在诉讼之外，对监督对象进行审视督察，一旦发现违法犯罪，即启动监督程序，并进入诉讼之内，如职务犯罪侦查和某些诉讼监督即属此。制约型监督使检察机关深入诉讼程序，身临其境，亲历亲为，有利于发现诉讼中存在的问题，增强法律监督的实效。但这种监督有其不足，即监督权不能主动行使，必须以前一诉讼环节的提请或移送为前提，因而具有被动性。督察型监督有利于以较少的力量监督较大的面，监督权可以主动行使，并不以他人提请或移送为前提，具有主动性。其不足是检察院不进入诉讼程序，不亲历亲为，因而不利于发现问题，从而有可能使一些违法犯罪逃避监督。这种制约型监督和督察型监督、诉讼程序内的监督和诉讼程序外的监督、被动监督和主动监督的结合，使得不同监督的优势得以互补，并由此构成了检察机关法律监督的特色。正因为这两种监督各有利弊，因而需要结合行使，使其互相补充、互相促进，例如，通过审查批捕和审查起诉（制约型监督），有助于发现侦查、审判活动中的违法行为和司法人员的职务犯罪线索，从而为侦查活动、审判活动合法性监督和职务犯罪侦查（督察型监督）提供线索；而督察型监督的结果，又会使一些案件进入制约型监督程序，从而使法律监督循环往复，在深度和广度上不断推进。

制约型监督和督察型监督的确把检察机关的业务人员分为两部分：一部分进入诉讼程序，通过行使批捕、审查起诉职能实现对犯罪的控诉和对侦查活动、审判活动的监督；另一部分在诉讼程序外，对诉讼领域及其他领域进行督察，通过行使某些诉讼监

督和职务犯罪侦查职能，对诉讼活动和国家权力运行的合法性进行监督。检察业务人员的这种布局，使得一些人误认为进入诉讼程序内的是运动员，在诉讼程序外的是裁判员，且在诉讼程序内的运动员又拥有监督的权力，因而其又是裁判员。其实，判断检察人员是不是裁判员，不在于他是在场内还是场外，也不在于他是否具有监督提意见的权力，而在于其是否具有裁判职权。如前所说，检察机关的法律监督只具有启动程序和提出意见的作用，而无裁决的权力，因此，诉讼中的裁判员始终是法院，而非检察院。

4. 对审判权进行制约监督和限制是各国的通行做法，法律监督只会有利于树立而不会损害审判权威。

认为法律监督会损害审判权威的观点，是把监督与权威对立起来的绝对权力的思想。在持论者看来，要监督就难以树立权威，要树立权威就不允许有监督。其实，这种绝对权力只有在专制国家才有，在民主法治国家根本不可能有。即使是在标榜“司法独立”的西方三权分立国家，法官的权力也要受多方面的制约、监督和限制：（1）对法官的产生进行制约。大多数国家的法官由国家元首或议会或政府首脑任命产生。如美国联邦法院法官由总统提名，经参议院同意后任命；德国联邦最高法院法官由联邦司法部长与法官选举委员会共同推选，总统任命；日本最高法院院长由内阁提名，天皇任命。（2）对法院案件管辖范围进行限制。一是规定法院不能审理政治性案件。如美国马歇尔首席大法官在1803 年“马伯里诉麦迪逊案”中指出，有一类宪法案件联邦法院是不能审查的，因为“所涉及的问题是政治性的”。并由此创立了“政治问题理论”。根据该理论，外交事务、国家安全事务、战争权力的行使等政治性问题，法院不得审理。[①] 二是规定司法

① 参见［美］杰罗姆·巴伦、托马斯·迪恩斯：《美国宪法概论》，刘瑞祥等译，中国社会科学出版社 1995 年版，第 36～40 页。

权是消极被动的权力。即使是属于法院管辖范围的事项，法院也不能主动地行使职权，非因当事人或有关机关的请求，不得启动司法程序，运用司法权力。（3）对法院的权力进行分解，使法官在有限的范围内行使职权。一是将某些本该属于法院管辖的事项划归政府管辖和裁决。如法国由于对三权分立近于苛刻的理解和对传统司法机关的不信任，将法院分为普通法院和行政法院两个系统，普通法院属于司法机关，行政法院属于行政机关。最高行政法院院长由法国政府总理担任。当两个法院系统发生管辖权纠纷时，由以司法部长为主席、最高法院和最高行政法院人数相等的法官参加的权限争议法庭裁决，当权限争议法庭表决票数相等时，司法部长投最后一票。[①] 二是将法院的案件分解给不同的法院管辖，规定某一类法院只能审理某一方面案件。如有的将法院分为普通法院、行政法院、劳动法院等法院；有的将法院分为重罪法院、轻罪法院、违警罪法院；有的将法院分为审判法院、预审法院、治安法院；等等。三是将法院审判权的主要部分分割给陪审团行使。一些国家规定，对某些案件，判定是否有罪的权力属于陪审团，法官只有量刑权。如美国联邦宪法第 3 条规定："除弹劾案以外，对所有犯罪的审判都应当由陪审团进行。"[②] 凡陪审团审判的案件，陪审团负责判定是否有罪，法官只负责量刑。（4）对法院判决实施制约监督。主要表现为：一是立法权对审判权的制约监督。如英国上议院同时又是英国民刑事案件的最高上诉法院即终审法院，有权重审高等法院和上诉法院已经审理过的

---

① 参见中外民商裁判网："法国司法制度"，载 http://www.cfcjbj.com.cn/list.asp?unid=133。

② 美国的司法实践与此制度不尽一致，根据美国联邦最高法院判例，陪审团审判只适用于重罪案件以及可能判处 6 个月监禁以上的轻罪案件，不适用于更轻微的刑事案件。同时，被告可以放弃由陪审团审判。参见宋英辉等：《外国刑事诉讼法》，法律出版社 2006 年版，第 169 页。

任何案件。[①] 二是检察权对审判权的制约监督。多数国家的检察机关有对法院错误的刑事判决提起抗诉或上诉、要求予以纠正的权力。其中大陆法系国家基于职权主义的传统和发现真实的需要，检察官对法院裁判大多拥有广泛的上诉权。如法国、日本的检察官都不仅可以对法院未生效的裁判提出上诉，而且可以对法院已生效的裁判提出上诉（日本称"非常上告"），且上诉的理由不受限制，既可以因认定事实错误提出上诉，也可以为了法律利益提出上诉；既可以提出不利于被告人的上诉，也可以为了被告人的利益提出上诉。[②] 英美法系国家基于一事不再理以及禁止重复追诉原则的要求，对检察机关上诉权的范围、理由一般限制较严，但对审判权也具有一定的监督职责。如在美国，对犯有可诉罪恶的被告人宣告无罪释放时，总检察长有权对案件的法律问题提请联邦参议院复议；地方检察官也有权就法院判决中的法律错误要求原审法院复议。[③] 英国在 1988 年《英国刑事审判法》颁布后，总检察长具有对被告量刑过轻的上诉权。[④]（5）对法官进行纪律约束。为了保证审判公正，西方各国都以法律明确规定法官纪律，用以规范法官行为，如规定不得兼任行政职务，不得兼任议员，不得从事教学以外的营利性职业，也不得有政党身份或从事政治活动，并规定了对违纪法官的惩戒措施。可见，权力不受制约监督必然导致腐败的原理同样适用于法院，对法院权力进行制约监督与限制是各国的通行做法。美国大法官爱德华兹说："美国法

---

① 唐晓、王为、王春英：《当代西方国家政治制度》，世界知识出版社 2005 年版，第 325 页。

② 参见《法国刑事诉讼法典》，余叔通、谢朝华译，中国政法大学出版社 1997 年版，第 168、183、193 页；《日本刑事诉讼法》，宋英辉译，中国政法大学出版社 2000 年版，第 81～101 页。

③ 参见刘兆兴："两大法系国家检察机关在刑事诉讼中的职权比较"，载《外国法译评》1995 年第 3 期。

④ 参见金明焕主编：《比较检察制度概论》，中国检察出版社 1991 年版，第 224 页。

院之所以拥有巨大的权力，是因为我们总是仔细地限制这些权力。”“如果没有限制，社会公众肯定会担心法官的权力过大……对法官权力的限制一开始好像削弱了对法官的权力，但最终却形成了全社会对司法行为合法性的信任。”① 爱德华兹的话，从一个侧面说明了对法官权力进行制约监督、限制与树立审判权威之间的辩证统一关系。

审判的公正是审判权威的源泉，不公正的审判绝无权威可言。正如培根所说：“一次不公正的审判比十次犯罪危害更大，因为犯罪只是污染了水流，而不公正的审判却真正污染了水源。”审判是否有权威，不在于是否有人对审判提出意见，而在于它是否公正，以及发现不公正后能否予以纠正。因为不公正的审判不管是否有人提出意见，也不管法院是否承认，它都像秃子头上的虱子——明摆着，并被案件当事人及周围群众真切地感受到，只有把它纠正了，才能恢复已被损害的审判权威，树立人民法院的公正形象。审判公正包括审判程序公正和审判结果公正，检察机关的法律监督，一方面通过审判活动合法性监督，纠正审判中的违法行为，实现审判程序公正；另一方面通过对确有错误裁判提起抗诉，纠正错误判决，实现审判结果公正，从而恢复已被个别审判人员损害的审判权威。同时，法律监督不仅仅有利于纠正已然的审判程序不公和审判结果不公，更为重要的是，还有利于防止未然的审判程序不公和审判结果不公的出现。因为审判人员并非圣贤，也不具有天然的免疫力，如同其他权力一样，审判权如果不受监督，也必然导致腐败。法律监督的存在和良好运行，可以警戒审判人员中的极少数试图以身试法者，并促使广大审判人员谨慎用权，清廉自守，公正审判，从而树立审判权威。

---

① 许身健：“司法独立与司法公正之间并非正相关关系”，载《检察日报》2006年11月22日第5版。

四、检察机关行使批准或决定逮捕权是否合理

根据我国宪法和刑事诉讼法规定，逮捕除由法院决定外，均由检察院批准或者决定，[①] 而世界上大多数国家的批捕权是由法院或法官行使的。为此，一些学者对我国检察机关行使批捕权的正当性和合理性提出质疑，其主要理由是：批捕是具有裁判性质的权力，批捕权与检察机关所承担的控诉职能存在内在的矛盾和冲突，检察机关的追诉倾向使其不能保持超然态度，很容易漠视或纵容诉讼中出现的刑讯逼供等违法行为，打破控辩平衡，使程序正当性缺失。而诉讼中控辩双方之外的中立的第三方即法院行使批捕权，有利于体现控辩平衡的刑事诉讼机理，保证批捕的客观性和公正性。[②]

笔者认为，单从一般的诉讼机理角度来看，上述对我国批捕权配置的质疑有一定的道理，但根据我国的宪政制度和司法制度，批捕权由检察院行使，却比由法院行使具有更多的合理性。

（一）批捕的法律监督性质决定了检察机关行使批捕权具有合理性

批捕具有法律监督性质，可以从以下三个方面加以说明：

1. 从批捕的内容来看。

检察机关受理侦查机关提请批捕后，首先要进行审查，审查的内容主要是：犯罪嫌疑人是否涉嫌犯罪并符合法定的逮捕条件，有无遗漏犯罪嫌疑人及案件，侦查活动是否合法等。这些审查，都体现了对侦查机关侦查活动及结果的法律监督。

---

① 根据法律规定，检察机关的逮捕权包括对公安等机关侦查案件的审查批准逮捕权和对直接受理侦查案件的决定逮捕权。为叙述方便，本文将这两种权力简称为“批捕权”。故本文中的“批捕权”包括批准逮捕权和决定逮捕权。

② 参见陈卫东：《程序正义之路》（第1卷），法律出版社2005年版，第226～228页；（第2卷），第328～329页。

2. 从批捕的功能来看。

批捕对侦查活动的功能是放行、引导、叫停和纠错。“放行”，是指检察机关如批捕，就体现对侦查活动的认可，并允许对犯罪嫌疑人进行羁押审查。“引导”，是指检察机关如不批准逮捕并提出补充侦查意见，则体现了在个案上对侦查活动的引导；同时，多个案件批捕或者不批捕的结果，都促使侦查机关在提请批捕时将所掌握的定罪标准和证据标准与检察机关对接，这又体现了在类案上对侦查活动的引导。“叫停”，是指检察机关如认为不构成犯罪而作出不批捕决定，则体现了对侦查活动的叫停。“纠错”，是指发现侦查活动中的违法行为要求侦查机关纠正。

3. 从批捕的作用来看。

批捕是对侦查机关提请批捕案件的过滤和控制，从而防止侦查机关滥用逮捕权，保证逮捕决定的合法性和合理性，从而实现保障诉讼顺利进行与保障人权的统一。

以上都说明，批捕是对侦查活动的法律监督。根据机关性质决定机关职能的原理，既然批捕的性质是法律监督，而检察机关是法律监督机关，批捕权就应该由检察机关行使。

（二）由检察机关行使批捕权符合批捕权的法理要求①

世界上多数国家的批捕权由法官行使，但这并不意味着世界各国的批捕权都只能由法官行使，也不意味着各国由法官行使批捕权都具有合理性。这是因为各国的宪政制度、司法制度、诉讼制度有别，各国应当也完全可以根据自己的国情和相关制度安排来决定包括批捕权在内的各项权力的归属。批捕权归属的关键不在于批捕权的行使者是个什么机关，而在于这个机关能否符合批捕权的法理要求。根据批捕权的一般理论，批捕权的法理要求一般是：第一，行使批捕权的主体应当独立和中立；第二，通过批

① 检察机关对直接受理案件行使决定逮捕权与法理要求不尽相符，此问题将在后文论及。

捕权的行使，能够实现对侦查权的控制；第三，行使批捕权的主体与行使审判权的主体应当互相独立，以使审判权对批捕权进行有效制约。

世界上多数国家的批捕权之所以不由检察机关行使而由法院行使，其原因就是认为检察院仅仅符合上述要求中的第三个要求，而法院却全部符合。因为：(1) 世界各国的警察机关都属于政府的一个职能部门或直属机构，而多数国家的检察机关也被认为属于政府序列，因而由检察机关批捕被认为难以保持独立和中立。而法院却独立于政府，在刑事诉讼中超脱于侦查和起诉，属于中立的第三方。(2) 批捕的目的是为了实现对侦查的控制和对人权的保障，而大陆法系国家检察机关与警察机关的关系是“警检一体”，检察机关直接领导或指挥警察机关侦查，是侦查权的主体。如由检察机关负责批捕，那检察机关就集侦查与批捕于一身，难以实现对侦查权的有效控制和对犯罪嫌疑人合法权益的有效保护。而法院由于处于独立与中立地位，因而由其批捕能实现对侦查权的控制和对人权的保障。(3) 在外国，批捕权一般由治安法官或预审法官行使，刑事审判则由审判法官负责，而治安法官、预审法官与审判法官分属不同的法院，且无论何种法官，都依法独立行使职权，故由法院行使批捕权能够符合批捕权与审判权主体相互独立、审判权要对批捕权实行有效制约的条件。

但是，我国检察机关由于其在国家权力架构中的地位及性质不同于世界上多数国家，因而能够符合或基本符合批捕权的法理要求。首先，我国检察机关是独立于行政机关和审判机关并与之相并列的法律监督机关，有权依法独立行使权力而不受行政机关、团体和个人的干涉，而不像多数国家那样属于政府的一个部门。因而符合逮捕权主体必须独立的要求。其次，我国司法制度是警检分立和检审分立，由检察机关行使批捕权，既能实现对侦查权的有效控制，又能实现审判权对批捕权的有效控制，并由此在批捕中形成检察机关、警察机关、犯罪嫌疑人的三角关系和在刑事诉讼中形成侦查权、检察权、审判权互相制约的格局。再次，检察机关基本符合批捕权主体应当中立的要求。就世界上多数国家来看，公诉是检察机关的基本职责，因而检察机关被认为难以保持中立。我国检察机关虽然也担负公诉职责，但有关制度和机制却能将公诉中的控诉倾向降至最低直至消解。这是因为：（1）我国检察机关是法律监督机关，维护法律统一正确实施和社会公平正义是其宗旨，公诉仅是其职能之一，且公诉不是目的，而仅是实现宗旨的手段。因此，检察机关的宗旨决定了其必须保持中立；检察机关多种职能的价值追求相互作用的结果也使检察机关趋于中立。（2）批捕和公诉分别由检察机关内部不同的部门负责，由于批捕在前，起诉在后，故批捕部门在办理审查批捕案件时，其思想是超脱的。如果说他们存在受公诉部门追诉倾向的影响而放宽批捕标准的可能性，那么，他们同样存在怕案件批捕后诉不出去、判不了罪因而提高批捕标准的可能性，而这两种可能性相互作用的结果，是使他们保持中立和公正。（3）如前所说，批捕仅是侦查与起诉、审判之间的中间环节，要分别受侦查机关提出复议复核、检察机关公诉部门决定不起诉和审判机关判决无罪的制约。对侦查机关提出复议复核后改变原不捕决定的案件、捕后被不诉或判无罪的案件，检察机关要进行剖析，并把该捕不捕或不该捕而捕的情况作为考核、评价批捕质量和奖惩干部的一个重要依据。这无疑会促使批捕部门坚持中立和公正立场，依法认真履行批捕职责。（4）从实际情况来看，我国 2005 年批捕后被撤案、不诉、判无罪数合计占批捕总数的 1.54%，其中批捕后被判无罪的案件仅占批捕总数的 0.02%，这主要是由于批捕仅是一种强制措施，一些案件捕后事实证据发生了变化。当然，批捕时就搞错了的也有，但数量很少，况且在由法官批捕的国家，也有错捕案件。因此，那种认为检察机关因承担公诉职能就会放松批捕条件造成滥捕的观点是没有事实根据的。至于由检察机关行使批捕权“会漠视或者纵容刑讯逼供等违法行为”的观点，则更是没有根

据。检察机关是法律监督机关，纠正侦查中的违法行为、查处刑讯逼供犯罪是其职责所在。由负有这一职责的机关行使批捕权倒不利于遏制侦查中的违法行为，而由不负有这一职责的机关行使批捕权反而有利于遏制侦查中的违法行为，这一“逻辑”无论如何都难以说通！至于当前侦查中刑讯逼供屡禁不止的问题，是由多种因素造成的，如刑事诉讼制度中有效遏制刑讯逼供的机制缺失，侦查机关案多人少矛盾突出，侦查装备落后，少数侦查人员素质不高，等等。把它算到检察机关行使批捕权的账上是不公平的。

总之，虽然我国检察机关履行公诉职能，但由于我国宪政制度、诉讼结构、检察机关的性质及内部办案机制不同于他国，故能够在批捕时把片面控诉倾向降至最低直至消解，从而符合批捕权的法理要求。同时，联合国《公民权利与政治权利公约》第9条第3款规定：“任何因刑事指控被逮捕或者拘禁的人，应当被迅速带见审判官或者其他经法律授权行使司法权力的官员，并有权在合理的时间内受审判或者被释放。”《欧洲人权公约》第5条第3款也作了基本相同的规定。可见，根据国际公约，批捕权既可以由法官行使，也可以由“其他经法律授权行使司法权力的官员”行使。既然我国检察机关行使批捕权符合批捕权法理，又被宪法授权，还同法院一样属于司法机关，那么，由其行使批捕权是合理的。

（三）在我国，由法院负责批捕比由检察院负责批捕存在更多的弊端

纵观外国批捕权的归属，凡由法院行使必须具备两个制度前提：一是法官独立；二是批捕、审判由不同法院的法官负责。[①]个别的虽不由不同的法官负责，但由于实行陪审制度，案件是否

① 外国的批捕一般由治安法院的治安法官或预审法院的预审法官负责，审判由审判法院的法官负责。

有罪由陪审团说了算，法官只负责量刑，故也不会因批捕而先入为主，影响对案件正确处理。而我国这两个制度条件都不具备。我国是法院独立而非法官独立，法官在院长领导下依法履行职责，凡审判委员会决定的案件法官必须服从。我国并无独立于审判法官的预审法官或治安法官的设置，也无陪审团制度。在这样的情况下，如由法院负责批捕，那负责批捕的法官和负责审判的法官都在同一个法院，在同一个院长领导下工作，其弊端会比检察院负责批捕可能存在的弊端还要大。

1. 由法院负责批捕不利于法院居中审判。

主张由法院负责批捕的理由之一是检察院负责公诉，批捕时不可能保持中立，而法院是中立机关。然而，如由法院负责批捕，如果说其在批捕时尚能中立的话，那在审判该案时就难以保持超然和中立了，因为他所审判的是自己批捕的案件。而审判不中立所产生的危害比批捕不中立所产生的危害更大。

2. 由法院负责批捕会使法官产生预断，与庭审改革的初衷相悖。

我国庭审改革的初衷是防止法官预断和庭审形式化，使法官处于中立地位，依法公正审判。为此，1996 年刑事诉讼法修改时，改革了检察院向法院移送案卷及法官主动行使职权的一些做法，增强了控辩之间的对抗性。如由法院负责批捕，审判时对案件的预断就难以避免，而这不仅有违庭审改革的初衷，而且会使庭审结构失衡。

3. 由法院负责批捕不利于对错捕案件的纠正。

有人认为，检察院负责批捕不利于起诉时对错捕案件的纠正。如果该观点能够成立，那么，由法院负责批捕就更不利于对错捕案件的纠正了。因为由检察院负责批捕，发生错捕后还可通过审查起诉和法院审判这两个环节加以纠正。而由法院负责批捕，错捕后由法院自己纠正自然会更加困难，加上刑事赔偿委员会设在法院，这就更使当事人司法救济无路。

4. 由法院负责批捕不利于对侦查活动的监督。

由检察院负责批捕，有利于检察院直接介入诉讼程序，发现并核查侦查机关在侦查活动中刑讯逼供等违法犯罪行为，从而纠正违法，惩治犯罪，保障诉讼证据的客观性，保障诉讼参与人包括犯罪嫌疑人、被告人的合法权益。如由法院负责批捕，由于法院不具有监督调查侦查活动中违法犯罪行为的职权，因而既不利于检察院侦查监督工作的开展，又难以较好地纠正侦查中的违法犯罪行为，保障诉讼参与人在侦查中的合法权益。

总之，如果说检察院负责批捕存在弊端的观点能够成立，那么，在我国，由法院负责批捕则弊端更大：它以负责审判的法官的预断代替了负责起诉的检察官的预断，以庭审结构失衡代替了控辩结构失衡，并使可能发生的错捕案件更难以得到纠正。因此，在我国，由法官行使批捕权不符合法理，不具有合理性。

这里需要说明的是，检察机关行使批捕权具有合理性，是就批捕公安等机关侦查并提请批捕的案件而言，而对于检察机关直接受理侦查的职务犯罪案件的逮捕，其合理性则存在缺陷。虽然职务犯罪案件的侦查和批捕由检察机关不同的部门、不同的人员、不同的分管检察长负责，但他们毕竟都在一个检察院内，在同一个检察长领导之下。它虽然也能对侦查权起到制约作用，但这种自己对自己的制约较之对其他机关的制约，其效果总要差一些。为此，检察机关采取了以下两条措施：一是建立直接受理侦查案件的逮捕报上级检察院备案制度。对下级院的备案，上级检察院要认真审查，发现逮捕错误的，要立即通知纠正。二是建立人民监督员制度。凡犯罪嫌疑人对检察机关的逮捕决定不服的，决定逮捕的原承办部门应当重新审查，认为应当维持原逮捕决定的，必须将案件提交三名以上总人数为单数的人民监督员进行监督评议，人民监督员要按少数服从多数的原则提出表决意见，然后将该表决意见与案件承办部门的审查意见一并提交检察长或检察委员会决定。人民监督员对检察长和检察委员会的决定有异议的，可以要求上一级人民检察院复核。笔者认为，这两条措施把上级检察院监督与人民民主监督结合起来，弥补了由检察机关行使直接受理侦查案件决定逮捕权所存在的缺陷，有效地提高了逮捕的质量。虽然，这与逮捕的法理要求尚有一定差距，但是世界上不符合法理的非此一例，例如，英美法系国家的法官有造法权，使法官集立法权与司法权于一身；英国上议院既是立法机关，又是刑、民事案件的最高审判机关，不仅行使立法权，而且行使终审裁判权；法国的预审法官既行使侦查职能，领导和指挥对现行重罪轻罪案件的侦查，有权按照法律规定进行一切他认为有助于“查明案件事实真相”的侦查活动，又行使司法职能，批准拘留、逮捕、司法管制和临时羁押，对刑事案件进行预审。[①] 法国等国的行政法院、劳动法院属于政府，政府总理兼任法院院长；中国的法院既是刑事赔偿义务机关，又是刑事赔偿的最终决定机关；中国等国的法院负责基本属性是行政权而非裁判权的民事判决执行；等等。因此，从某种意义上说，关于机构设置和职权划分的一般法理及根据，都只有相对的意义，各国完全可以根据一般规律，结合本国的权力架构、司法体制、诉讼制度以及法律传统等情况作出规定，使之既体现规律性，又呈现多样性。

为了弥补检察机关决定逮捕直接受理侦查案件的缺陷，有人认为，应当使检察机关决定逮捕的案件具有可诉性，即案件当事人对检察机关的逮捕决定不服的，除要求人民监督员监督外，还可向法院申请重新审查，法院经审查认为不应当逮捕的，有权释放犯罪嫌疑人。笔者认为，这可以作为一种思路加以研究，但是，正如一些人担忧检察机关行使批捕权会因控诉倾向而影响批捕的公正性，或因案件已经逮捕而先入为主影响起诉的公正性一样，如果法院经审查裁决犯罪嫌疑人应当逮捕，那法院在审判该案时也存在先入为主

---

① 参见程味秋：“法国刑事诉讼法简介”，载《法国刑事诉讼法典》，余叔通、谢朝华译，中国政法大学出版社 1997 年版，第 4 页。

影响公正判决的可能性。这种既增加了诉讼程序，又难以克服弊端，只不过以一种弊端代替另一种弊端的思路，其可行性究竟如何，需要我们慎重把握。

五、检察机关行使职务犯罪侦查权是否合理和必要

一些人认为，检察机关行使职务犯罪侦查权，与其作为法律监督机关的性质不相契合，因为侦查本身不是法律监督，而是法律监督的对象，如果检察机关自己搞职务犯罪侦查，又自己搞监督，那么，这种自己监督自己的制度设计“不符合我国刑事诉讼中分工负责、互相制约的原则”。①

笔者认为，职务犯罪侦查与法律监督是契合的，检察机关行使职务犯罪侦查权具有合理性和必要性。

（一）职务犯罪侦查的性质是法律监督，理应由法律监督机关负责

职务犯罪是国家公职人员在行使国家管理权过程中滥用或误用权力所构成的犯罪。由于这种犯罪的主体（系国家公职人员）和客观行为（滥用、误用权力）的特殊性，故其危害性高于普通犯罪。它鲸吞国家财产，破坏公共管理秩序，败坏政府形象和声誉，直接危及政权和社会稳定，成为不少国家社会动荡和政权更替的一个重要原因。因此，古今中外的统治者及其思想家都苦苦地寻求对其预防和惩治的对策。在纷呈的对策中，较具共性的是根据权力不受制约监督必然导致腐败的原理，对公职人员的职务行为实施制约监督。例如，在我国两千多年的封建社会里，统治者都贯彻“明君治吏不治民”的指导思想，通过设立自上而下、自成体系的御史制度，并赋予某些特殊的权力，来“纠察百官，整肃纲纪”，对各级官吏实施监督。西方资本主义国家根据其思

① 参见蔡定剑：“司法改革中检察职能的转变”，载《政治与法律》1999 年第 1 期，第 26 页。

想家分权制衡的学说，通过对国家权力作必要的分工，实现权力的平衡和对权力的制约。新中国则根据马克思、列宁、毛泽东等革命导师关于“公众监督”、“人民监督”的思想，逐渐构建起对国家公职人员职务活动的监督体系。这个监督体系有三个层次：第一个层次是道德监督，即对国家工作人员职务活动是否遵守社会主义道德实行监督。它用社会舆论、道德谴责的办法监督职务活动中的道德失范行为，是保障职务合法性的第一道防线。第二个层次是党的纪检机关和国家监察机关的纪律监督，即对国家工作人员职务活动是否遵守党纪、政纪实行监督，它以党纪、政纪处分的办法监督职务活动中的违反党纪、政纪行为，是保障职务活动合法性的第二道防线。第三个层次是检察机关的法律监督，即对国家工作人员职务活动是否执行和遵守法律实行监督，它用追究刑事责任这一最严厉最极端的办法监督职务活动中触犯刑律、构成职务犯罪的行为，是保障职务活动合法性的最后一道防线。这三个层次的监督，其监督主体、监督内容、监督办法、监督后果均不同，其中，检察机关的法律监督较典型地体现了用权力（法律监督权）制约权力（国家工作人员的管理权），用法律手段防止和制裁权力滥用、误用的权力制衡的特点。[①] 因此，检察机关对职务犯罪的侦查，是一种法律监督，即用刑事追诉或曰司法弹劾的办法，对国家工作人员违反法律、构成犯罪的职务行为所实行的监督，它是检察机关履行法律监督职能的重要方式和手段，在本质上是用法律监督权制约国家工作人员的各项管理权，用法律手段防止和制裁权力的滥用和误用，保障国家公职人员职务活动的合法性。

有人认为，世界各国行使职务犯罪侦查权的主体不尽相同，如有的由检察机关行使，有的由警察机关行使，由外国的检察机关（俄罗斯等国除外）行使或由警察机关行使就不是法律监督，

① 参见孙谦主编：《职务犯罪监督论》，中国检察出版社 1994 年版，第 2 页。

而由中国检察机关行使就成了法律监督，这在逻辑上是说不通的。笔者认为，无论在什么国家，对国家公职人员滥用或误用权力的犯罪行为进行查处，都应具有监督的性质，这除了上面所说的理由外，还可从以下几个方面得到证明：首先，从国家公职人员的特殊性来看，国家公职人员不同于普通公民，其特殊性表现为受人民委托行使国家权力，从而使个人的行为代表国家的行为。而在普通公民那里，个人行为就是个人所为，不可能成为国家行为。公职人员的这种特殊性，就为其滥用权力、以权谋私提供了便利。公职人员在接受人民委托前，人民是主人，权力是否委托以及委托给谁，都由人民说了算；而当权力委托给有关人员使之成为公职人员后，公职人员是否始终按人民的意志行使权力，就存在着变数，一些公职人员就蜕变成为主人，而人民却成了他的仆人，人民赋予公职人员的权力成了公职人员谋取私利和压迫人民的工具。有人形象地说：当人民把权力赋予某人前，人民是老子，该人是儿子，而当人民把权力赋予某人后，该人就成了老子，人民就成了儿子。为了防止公职人员的蜕变和权力的异化，人民唯一有效的办法就是对公职人员实施制约监督，具体措施如批评、检举、质询、撤换、罢免、弹劾、查处等。“不受制约监督的权力必然导致腐败”这一名言，就说明了制约监督是防止权力腐败的唯一途径。故对职务犯罪实施侦查属于对国家权力行使合法性的一种监督，当无异议。① 同时，这也是为什么对普通公民违法犯罪的查处不是监督而对公职人员违法犯罪的查处是监督的原因所在。其次，从无产阶级革命导师的有关论述来看。马克思、列宁、毛泽东在论述防止权力变质的办法时，使用的都是“监督”一词，如马克思赞扬巴黎公社以“在公众监督下进行工作的”、“随时可以罢免的勤务员代替了骑在人民头上作威作福的老爷们”的

① 广义的监督包括制约，前已述及，检察机关的监督包括制约型的监督与督察型的监督。

做法，强调无产阶级国家必须建立社会监督机制，以保证国家真正成为社会的公仆，公职人员真正成为人民的勤务员。[①] 列宁提出要以“多种多样的自上而下的监督形式和方法，来杜绝毒害苏维埃政权的一切可能性，反复不倦地铲除官僚主义的莠草”。[②]毛泽东在回答黄炎培关于共产党领导的国家能否跳出封建王朝兴亡周期率的提问时，提出以民主的新路即让人民来监督政府的办法来跳出这种周期率。再次，从相关单位的情况来看，我国党的纪律检查机关负责对党组织和党员遵守党纪情况的监督，行政监察机关负责对行政机关和公务人员遵守政纪情况的监督，他们查处案件的性质分别是党纪监督和政纪监督，对此，任何人都没有提出过异议。既然如此，为什么检察机关对国家公职人员滥用、误用权力所构成的职务犯罪进行查处就不可以是“法律监督”呢？

因此，应当说，世界各国对职务犯罪的侦查都有监督的性质，至于一些国家没有称其为“监督”或“法律监督”，这既有制度传统的原因，也有语言习惯的原因，还有是否认为有必要把事物内在的性质揭示出来的原因。多数国家没有把检察机关定位为法律监督机关，当然也就不需要去揭示对职务犯罪的侦查是否属于法律监督，而习惯于按刑事诉讼阶段的名称，将普通犯罪侦查和职务犯罪侦查都叫“侦查”。但是，世界上多数国家之所以将破坏社会秩序的普通刑事犯罪交由警察机关侦查，而将违反职务活动合法性的职务犯罪交由检察机关侦查，就是因为犯罪性质不同，因而侦查性质也不同。因此，多数国家没有将职务犯罪侦查定性为法律监督，并不等于其内在的法律监督属性就不存在。

（二）由检察机关行使职务犯罪侦查权既是我国的一贯分工，也是多数国家的通行做法和国际法律文件的明确要求

新中国成立初期，我国就把侦查权特别是职务犯罪侦查权赋

---

① 参见《马克思恩格斯选集》（第3卷），人民出版社1972年版，第414页。

② 参见孙谦主编：《职务犯罪监督论》，中国检察出版社1994年版，第8页。

予了检察机关。1949年12月20日颁布的《中央人民政府最高人民检察署试行组织条例》规定，检察机关的职权之一是“对刑事案件实行侦查，提起公诉”。1950年8月，最高人民检察署李六如副检察长在第一届全国司法会议所作的报告中，就提出检察机关首先要“注意检察贪污案件”，“注意检察违法乱纪侵犯人权案件”。这实际上初步指明了检察机关侦查的范围是职务犯罪。[①] 1954年颁布的第一部《人民检察院组织法》规定检察机关职权之一是“对于刑事案件进行侦查”。“文化大革命”后检察机关重建，1978年，叶剑英委员长在五届人大一次会议上作《关于修改宪法的报告》中说明检察机关重建的理由是“鉴于同违法乱纪行为作斗争的极大重要性”，这里的“违法乱纪行为”指的主要是公职人员违法犯罪。1979年7月1日，全国人大五届二次会议通过的《人民检察院组织法》将原来的“对于刑事案件进行侦查”改为“对于直接受理的刑事案件，进行侦查”。与《人民检察院组织法》同时通过的1979年《刑事诉讼法》则进一步明确了检察机关立案侦查案件的范围主要是职务犯罪。可见，对职务犯罪实行侦查，历来是我国检察机关的一项职权。

世界上多数国家根据侦查权从属于、服务于公诉权的诉讼理论，赋予了检察机关对刑事犯罪特别是职务犯罪的侦查权。其中有的是法律规定检察机关对一切犯罪具有侦查权或者指挥侦查权，如日本、法国、德国、意大利等；有的是法律明确规定检察机关侦查的范围是职务犯罪等犯罪，如俄罗斯、韩国、越南、罗马尼亚、南非、芬兰、匈牙利、印度尼西亚等；有的是法律没有明确规定检察机关侦查的范围，但实践中检察机关可以直接侦查公务

① 参见朱孝清：《职务犯罪侦查学》，中国检察出版社2004年版，第37页。

员腐败等犯罪，[①] 如美国在尼克松总统“水门事件”后，“为了应对公众对水门事件及地方公务员腐败行为泛滥的不满，联邦检察院加强了对白领犯罪以及政治腐败的刑事追诉，位于合众国大都市的联邦检察院开始重视对案件的侦查，许多地方的联邦检察院也开始将一些原由警察进行侦查的案件变为由自己直接侦查”。[②] 此外，有关的国际法律文件也对检察机关的侦查权特别是职务犯罪侦查权做了规定。如1998年联合国《国际刑事法院罗马规约》第54条“检察官在调查方面的义务和权力”规定：检察官应当查明真相，调查一切有关的事实和证据，以评估是否存在本规约规定的刑事责任。1990年9月第八届联合国预防犯罪和罪犯待遇大会通过的《关于检察官作用的准则》第15条规定：“检察官应适当注意对公务人员所犯的罪行，特别是贪污腐化、滥用权力、严重侵犯人权、国际法公认的其他罪行的起诉和依照法律授权或当地惯例对这种罪行的调查。”[③] 可见，我国检察机关行使职务犯罪侦查权，与世界上多数国家的做法和国际法律文件的要求是一致的。

（三）检察机关行使职务犯罪侦查权具有明显的优势

1. 检察机关所具有的独立性有利于对职务犯罪实施侦查。

职务犯罪是掌握着公共权力的人利用职务实施的“强势犯罪”，具有关系网密、保护层厚、干扰阻力大、反侦查能力强等特点，需要侦查主体能够依法独立行使职权。我国检察机关正是具有这种独立性的机关，它依法独立行使职权而不受行政机关、

---

① 参见邱学强：“检察体制改革”，载《检察论丛》（第8卷），法律出版社2004年版，第15页；刘立宪、张智辉等：“检察机关职权研究”，载《检察论丛》（第2卷），法律出版社2001年版，第112页。

② 参见王云海：《美国的贿赂罪》，中国政法大学出版社2000年版，第105～106页。

③ 参见孙谦主编：《中国检察制度论纲》，人民出版社2004年版，第136～137页。

团体和个人的干涉，从而有利于排除阻力干扰，冲破关系网、保护层，秉公查办案件。而如由公安机关、监察机关等行政机关负责侦查，则不具有这种独立性，加上行政机关是掌握公共权力比较集中、其工作人员在整个国家机关工作人员中占据多数、其人员的职务犯罪在整个职务犯罪中占有较大比重的机关，如由他们负责侦查，不利于对行政权的监督和对行政人员所涉职务犯罪的公正查处。

2. 检察人员所具有的相对较高素质有利于对职务犯罪实施侦查。

职务犯罪是高隐蔽型、高智能型犯罪，犯罪主体具有较高学历和理论素养、具有丰富的社会经验，大多熟悉国家政策，了解国家法律，有不少还是某些方面的专家。这就需要侦查主体有较高的文化素养、较丰富的社会经验，熟悉国家政策法律，能够讲究政策，文明执法，善于同犯罪分子用谋斗智。而检察队伍是素质相对较高的一支队伍，在文化程度、法律素养、讲究政策、文明执法、用谋斗智等方面，都具有一定的优势。

3. 检察人员丰富的侦查积累有利于对职务犯罪实施侦查。

侦查工作需要素质，更需要积累。自检察机关成立以来，特别是我国改革开放以来，检察机关在查处职务犯罪方面，经历了从解放初的“三反”、“五反”、到改革开放初的“打击严重经济犯罪”、再到20世纪80年代以来的“反腐败”等全过程，积累了丰富的侦查经验，造就了一支政治坚强、业务精通、作风过硬、敢打硬仗的侦查队伍，涌现了一大批侦查能手和专家。同时，积极探索侦查规律，研究侦查理论，初步建立了职务犯罪侦查理论体系。这些都无疑为进一步行使好职务犯罪侦查权奠定了良好的技能基础、组织基础和理论基础。

4. 由检察机关行使职务犯罪侦查权有利于职务犯罪侦查与其他法律监督工作互动发展。

一方面，检察机关其他的法律监督工作如审查批捕、审查起诉、诉讼监督有助于发现职务犯罪特别是司法领域的职务犯罪线索，从而促进职务犯罪侦查工作的开展；另一方面，职务犯罪侦查可以为其他的各项监督提供有力的保障和推动，因为公安、司法机关在诉讼中该立案不立案、错漏提请批捕、错漏移送起诉、错误起诉与不起诉、错误判决以及错误减刑、假释等执法不公行为，有些就是由于公安、司法人员贪赃枉法、徇私舞弊、滥用职权、玩忽职守等滥用、误用司法权力的职务犯罪所造成的，只有对这些犯罪实施侦查，予以揭露和惩处，才能震慑犯罪分子，促进广大公安、司法人员恪尽职守，依法办案，从而有效地防止司法权被滥用和误用，保障各项诉讼监督职能的权威性和有效性。实践证明，检察机关的诉讼监督权必须以职务犯罪侦查权为后盾，否则，就会软弱无力，起不到应有的作用。①

（四）检察机关在职务犯罪侦查中存在的一些问题已经或正在通过深化改革、强化监督等工作加以解决

由于职务犯罪案件的审查批捕、审查起诉和侦查活动监督由检察机关自己负责，这种自己对自己的控制和监督与来自外力的监督相比，其效果要差一些，这主要表现为少数职务犯罪案件质量不够高，侦查中执法不公、违法办案问题时有发生。② 为此，检察机关采取了一系列措施：一是完善人民检察院对职务犯罪侦查的内部制约机制。其基本精神是人民检察院对职务犯罪案件的查处工作由不同内设机构承办，互相制约。主要内容是：反贪污贿赂侦查部门和反渎职、侵权部门分别负责贪污贿赂、渎职、侵权犯罪案件的侦查工作，举报中心统一受理、管理人民检察院直

---

① 参见朱孝清：《职务犯罪侦查学》，中国检察出版社2004年版，第24页。

② 职务犯罪侦查中存在的有些问题与检察机关“自己监督自己”的体制有关，而有些问题则与检察机关“自己监督自己”的体制无关，因为在其他机关的侦查工作中也存在同样问题。因此，对职务犯罪侦查中存在的问题要注意分析和区别，不能把它们都算在“自己监督自己”这一体制的账上。

接受理侦查的职务犯罪案件线索，实行侦查工作与案件线索的受理、审查工作相分离；侦查监督部门承担对人民检察院直接受理侦查的职务犯罪案件的犯罪嫌疑人是否决定逮捕的审查工作，实行侦查工作与审查决定逮捕工作相分离；公诉部门承担对人民检察院直接受理侦查案件的犯罪嫌疑人是否提起公诉、不起诉的审查工作，实行侦查与审查起诉相分离；控告申诉检察部门承担有关案件或个人不服人民检察院的不立案、撤案决定的复议、复查工作，实行侦查工作与对不立案、撤案决定的复议、复查工作相分离；财务部门统一管理侦查部门办案中扣押的款物，实行侦查工作与扣押款物管理工作相分离；纪检、监察部门承担侦查部门违法违纪案件的查处工作，实行侦查工作与监察、监督工作相分离；建立侦查工作集体决策机制，实行侦查工作办理权与决定权相分离。二是建立人民监督员对职务犯罪侦查工作进行监督的制度。即从机关、团体、企事业单位和基层组织中经过民主推荐，选任一批人民监督员，对检察机关查办职务犯罪中的“三类案件”（即犯罪嫌疑人不服逮捕决定的，拟撤销案件的，拟不起诉的）和“五种情形”（即应当立案而不立案或者不应当立案而立案的，超期羁押的，违法搜查、扣押、冻结的，应当给予刑事赔偿而不依法予以确认或者不执行刑事赔偿的，检察机关在办案中有徇私舞弊、贪赃枉法、刑讯逼供、暴力取证等违法违纪情况的）实行监督。其中对“三类案件”的监督还列入检察机关办理职务犯罪案件的必经程序。当有该三类案件时，就在人民监督员中随机确定三名以上总人数为单数的人民监督员对案件进行集体评议和表决，按照少数服从多数的原则提出监督意见，然后将人民监督员监督意见与检察机关承办部门的意见一并提交检察长或检察委员会决定。人民监督员如果不同意检察长或检察委员会决定，有权提请上一级人民检察院复核。今后，人民监督员制度还将向法制化方向发展，以进一步提高人民监督员的监督效果。三是建立职务犯罪案件立案、逮捕报上一级人民检察院备案制度和拟作撤案、不诉处理的职务犯罪案件报上一级人民检察院批准制度，以加强上级人民检察院对下级人民检察院职务犯罪侦查工作的具体监督和控制。四是加强侦查工作规范化建设，完善侦查机制和办案流程，加强对侦查过程的监督和控制。五是强化对职务犯罪侦查队伍的教育、管理和监督，预防和及时查处违法违纪。通过上述制度和工作，职务犯罪案件的质量有了明显提高。据统计，职务犯罪案件的撤案率、不诉率分别由 2002 年的 7.3% 和 20.4% 下降到 2005 年的 3.2% 和 11.4%，侦查人员违法违纪明显减少，社会上对职务犯罪侦查工作的意见明显减少，职务犯罪侦查工作的公信力明显增强。实践证明，只要不回避问题，敢于面对，深化改革、强化监督，职务犯罪侦查监督方面存在的缺陷是可以得到弥补的。

六、为什么检察制度屡受质疑

从以上分析可知，中国设立法律监督机关十分必要；将检察机关定位为法律监督机关，并由其行使公诉权、批捕权、职务犯罪侦查权、诉讼监督权是科学合理的，其个别不尽合理之处完全可以通过深化改革、完善体制机制来解决，改革的总体方向是强化法律监督，而不是有些人所说的削弱或者取消法律监督。

那么，一些人为什么屡屡对我国检察制度提出质疑呢？

笔者认为，对我国检察制度提出质疑的，大多是为了推进我国司法体制改革，完善我国司法制度和诉讼制度。但也有极少数人存在着思想方法片面、研究方法脱离中国实际、动机目的不够端正的问题。

（一）片面的思想方法

马克思主义要求看问题要客观全面，防止主观片面。但极少数质疑检察制度者的思想方法有片面性，比如：（1）只看到中国与多数国家的检察制度不同，却不分析为什么不同。一些人看到

我国检察制度不同于多数国家，就觉得我国的检察制度太“另类”，需要削足适履，以便与多数国家“看齐”，而不去分析这种不同的原因在于国体、政体与国情不同。（2）只知道世界各国检察机关都承担公诉职能，却不知道由检察机关承担公诉职能的初衷就是为了实现对警察侦查权和法院审判权的双向监督，不知道监督是各国检察机关与生俱来的固有属性，并提出了把公诉与法律监督对立起来的悖论。（3）只看到各国检察机关都承担公诉职能，而看不到其所承担的其他职能，特别是看不到大陆法系国家检察机关所承担的大量与监督有关的职能，并简单地把外国检察机关与公诉机关画等号，认为外国检察机关仅是公诉机关，而既然仅是公诉机关，就必然有强烈的片面控诉倾向。（4）只看到检察机关仅是公诉机关时的价值追求，而看不到检察机关作为监督机关或者法律监督机关时价值追求的变化。（5）只看到中国检察机关是法律监督机关而外国检察机关大多不是法律监督机关这一区别，而看不到各国检察机关都有监督属性这一共同点。（6）对法律监督作片面的理解。如有的将监督仅理解为上级对下级的监督这一种形式，而看不到监督形式的多样性，进而认为检察机关如对审判机关进行监督就使检察官成了“法官之上的法官”，成了“裁判员”，从而否定对审判机关的监督；有的片面理解法律监督的法律效果，没有看到法律监督效果的程序性和有限性，认为法律监督侵犯了审判的终局性；有的“把监督看做是一种超然的单向的活动，认为检察机关自身是执法机关，需要接受监督，因而没有资格成为法律监督的主体”。①

（二）不从中国实际出发的研究方法

理论联系实际是马克思主义的学风；一切从实际出发，具体情况具体分析是马克思主义活的灵魂。理论研究既要放眼世界，

---

① 参见前引刘立宪、张智辉等：“检察机关职权研究”，载《检察论丛》（第2卷），法律出版社2001年版，第105页。

学习借鉴世界各国的先进文明成果，同时又必须立足国情，从中国的实际出发，为建设中国特色社会主义服务。但在一些人看来，马列主义的上述基本原理，都已经成了需要研究和值得质疑的问题。如有的认为，理论要保持自身的纯粹性和完美性，而没有必要联系实际；有的认为，法学家只管设计法律制度，至于该制度是否行得通，做得到，那是实际部门考虑的事；有的在法学研究中言必称英美，而忘记了自己是在中国，常常批评中国的法律制度这也不对那也不好，似乎法学研究的主要任务就是批判中国法律制度，宣传外国特别是英美的法律制度；还有的片面强调与国际接轨，离开中国国情，主张对外国特别是英美国家的司法制度和法律制度不加分析地照搬照抄，等等。这种不从实际出发特别是不从中国实际出发的研究方法，反映在司法制度、检察制度研究上，就是以西方三权分立下的检察制度来评判和裁剪中国的检察制度。西方三权分立国家将国家权力划分为立法权、行政权、司法权，分别由立法机关、行政机关、司法机关行使，且司法机关仅指法院，检察权既不属于立法权，也不属于司法权，因而只能属于行政权，且其基本职能是对刑事案件提起公诉。据此，一些人就根本不考虑我国国体、政体与外国的区别，更不去分析为什么会存在这些区别，认为既然外国的检察权属于行政权，且其主要职能是对刑事案件提起公诉，那么，中国的检察制度也应如此，即检察权只能属于行政权，检察机关只能是公诉机关而不应是法律监督机关，除公诉权之外的权力，检察机关都不应该有。

（三）不端正的动机目的

主要有以下几种情况：（1）本位主义思想作祟。极少数人总想使自己的权力成为“绝对权力”，只想握有权柄而不愿接受监督，因而千方百计地找理由反对和排斥检察机关的监督。而反对和抵制的最好的办法就是“釜底抽薪”，即对检察机关的法律监督地位和检察职权的合理性和科学性提出质疑，进而主张取消检

察机关的法律监督地位和检察职权，从而达到随心所欲行使权力而无人监督的目的。(2) 畸形的出名观。理论研究贵在创新。但少数人将理论创新理解为标新立异，认为如果坚持主流的思想观点，法学研究很难搞出名堂，为了使自己“搞出名堂”，早出名，就竭力标新立异，不惜离经叛道，以吸引眼球，挑起争论，制造轰动效应。有的甚至认为思想观点越出格越好，越容易出名。在这种畸形出名观的支配下，少数人就选择最与外国存在差异的东西作为质疑的对象，因为最与外国存在着差异的东西，最容易提出质疑，文章也不难写。于是，在司法制度中，与外国存在明显差异的我国检察制度就成了一些人对质疑对象较为理想的选择。(3) 别有用心。当前我国正处在改革发展的关键时期，社会情况正在发生复杂而深刻的变化，西方敌对势力通过多种途径加紧进行思想和文化渗透，千方百计地推销他们的意识形态、价值观念、政治制度和司法制度；国内各种思想交流激荡，思想领域的矛盾和斗争错综复杂。在这样的大背景下，极少数人竭力宣扬西方的价值观念、政治制度和司法制度，挑战马列主义在我国的指导地位，质疑甚至诋毁我国的政治制度、司法制度。不过与改革开放初期和 1989 年出现的公然否定“四项基本原则”情况有所不同的是，近些年法学界极少数人把攻击矛头主要指向我国人民代表大会制度及司法制度，并以此影射、诋毁共产党的领导。如有的主张以三权分立政体代替人民代表大会制度，鼓吹“三权分立不是资本主义的专利品”，“应当成为我国政治体制改革的首要选择”。有的宣传“法院至上”，影射党的领导和人民代表大会制度，认为“只要有一个社会主体站在法院之上，它事实上就是站在法律之上，站在人民之上”。有的则顾忌公然否定共产党领导和人民代表大会制度太过直白，因而把攻击的目标放在与共产党领导和人民代表大会制度有密切联系、作为我国政治制度有机组成部分的检察制度上。因为在他们看来，攻击检察制度，既可避开直接攻击共产党领导和人民代表大会制度的政治风险，又能起到诋毁我国政治制度和司法制度，削弱以至取消党对司法领域监督权的作用。于是，极少数人借我国司法体制改革之机，竭力质疑我国检察制度，攻击我国检察机关的法律监督地位，毫无事实根据地、恶狠狠地攻击检察制度“阻碍国家权威的生成，助长冤假错案，危及社会稳定，损害国家利益”，并提出要“取消法律监督机关”。在持论者看来，由中国宪法所规定、被中共中央第一代领导集体决定建立、第二代领导集体决定重建，并在此后的中共中央有关文件中多次指示应当予以加强与完善的检察制度，简直是一个祸国殃民、罪大恶极、早该寿终正寝的制度！这除了说明其别有用心外，恐无其他合理的解释了。

本文结语

作为现代检察制度之缘起和基本职能的公诉，是控诉功能和监督功能的有机统一，检察机关通过对犯罪的控诉，实现对警察侦查权和法官审判权的双向监督，维护公平正义，故监督是检察机关与生俱来的固有属性。中国检察制度是从中国国体、政体和国情出发，在吸收中国历史上政治法律制度的精华、总结社会主义民主法治建设正反两方面经验教训、借鉴其他国家检察制度的基础上建立和发展起来的，是马列主义基本原理同中国具体实际相结合的产物，也是中国特色社会主义政治制度和司法制度的重要特征。其法律监督的性质，批准和决定逮捕、公诉、职务犯罪侦查、诉讼监督等项职能，既体现了世界各国检察制度的共性，又体现了中国的特殊性，较好地反映了中国宪政制度下对国家权力监督制约、以保证权力在法治轨道上运行的客观要求，因而具有科学和先进的内在品质。对中国检察制度有不同认识是正常的，检察制度也有不完善之处，在司法体制改革中，要坚持马克思主义在政法意识形态领域的指导地位，坚持百花齐放、百家争鸣的方针，在不同观点的争鸣中互相启迪，创新理论，正本清源，澄清模糊认识，以促进中国特色检察制度的进一步完善。但对不符

合社会主义核心价值体系的观点则应予以重视，对极少数借司法体制改革之机，企图通过否定检察制度来否定我国基本政治制度与基本司法制度的错误观点，则应保持应有的警惕。

（原载《中国法学》2007 年第 2 期）

充满生机和活力的中国特色社会主义检察制度

今年是检察机关恢复重建三十周年。三十年前的1978年，中国共产党和中国人民在总结“文化大革命”血的教训后，决心加强社会主义民主法制建设，并在该年3月五届全国人大一次会议通过的《中华人民共和国宪法》中规定重新设置人民检察院。三十年来，我国检察制度伴随着国家改革开放的推进而完善，检察工作伴随着国家经济发展和民主法制进步而加强。“三十年的奋斗历程，是检察制度恢复发展、不断完善的过程，是检察工作与时俱进、改革创新的过程，是检察人员恪尽职守、无私奉献的过程。”[①] 检察机关恢复重建三十年的实践充分证明，中国特色社会主义检察制度充满生机与活力！

一、三十年来的显著成绩证明中国特色社会主义检察制度充满生机和活力

三十年来，检察机关坚持以马克思主义中国化的最新成果为指导，根据党在各个历史时期的路线、方针、政策和国家宪法、

① 参见周永康：“在深入贯彻党的十七大精神，全面加强和改进检察工作座谈会上的讲话”，载《检察日报》2008年7月10日第1版。

法律，团结一心，奋力进取，锐意改革，开拓创新，不断开创检察工作新局面，取得了显著成绩。一是职能作用全面彰显。紧紧围绕党和国家中心工作，忠实履行法律监督职能，依法打击刑事犯罪活动，深入查办和预防职务犯罪，不断加强对刑事诉讼、民事审判和行政诉讼活动的法律监督，为维护社会和谐稳定，促进国家民主法制建设，保障改革开放和现代化建设顺利进行，作出了重要贡献。二是体制机制不断完善。检察职能有了拓展，从原先的刑事诉讼领域拓展到民事、行政诉讼领域；检察组织体系不断健全，先后组建了举报中心、反贪污贿赂局等内设机构，在一些地区设置了派出检察院；工作机制不断完善，建立了内部制约、讯问职务犯罪嫌疑人全程同步录音录像、检察工作一体化、执法规范化、检务公开、检务督察、专家咨询、特约检察员、人民监督员等一系列机制和制度，促进了执法的规范、透明和公正。三是履职能力日益增强。以政治坚定、业务精通、作风优良、执法公正为目标，加强检察队伍的思想政治建设、领导班子建设、专业化建设、职业道德建设和纪律作风建设，提高了队伍的素质；积极争取中央和各级党委、政府重视支持，不断增加经费投入，加强科技装备建设，提高检察工作科技含量，增强了履行法律监督职责的能力。四是工作经验渐趋丰富。通过探索，积累了做好检察工作的宝贵经验：必须坚持党对检察工作的统一领导，确保检察工作坚定正确的政治方向；必须坚持检察机关依法独立行使职权与自觉接受各级人大和人民群众的监督相结合，确保严格公正文明执法；必须坚持检察机关的宪法定位，确保国家法律监督机关的职能得到充分发挥；必须坚持把人民满意作为检察工作的根本标准，确保人民群众对检察机关的新要求和新期待不断得到满足；必须坚持用社会主义法治理念武装检察干警的头脑，确保检察队伍建设这一根本始终得到加强。这些基本经验，是检察工作必须始终遵循的重要原则，也是最为宝贵的精神财富。总之，“检察机关恢复重建三十年的实践充分证明，我国检察制度是符合我国国情的，有利于保证宪法和法律的统一正确实施，有利于维护社会的公平正义，有利于促进社会和谐稳定，为保障和促进中国特色社会主义事业发展进步发挥了重要作用”。[①] 它以雄辩的事实证明，中国特色社会主义检察制度充满生机和活力。

二、中国特色社会主义检察制度的科学性、优越性决定了该制度充满生机和活力

检验某一制度是否具有生机、活力，既要看该制度的实践成效，更要看该制度是否具有科学和先进的内在品质。中国特色社会主义检察制度之所以充满生机和活力，最根本的是由其科学性和优越性决定的。

中国检察制度的科学性可以该制度的历史必然性和必要性来说明。中国检察制度是以权力制约监督理论、人民民主专政理论、人民代表大会制度理论等为理论基础，根据我国国情，在吸收中国历史上政治法律制度精华，总结社会主义民主法制建设正反两方面经验教训，借鉴其他国家检察制度的基础上逐步形成和发展起来的，是马列主义基本原理同中国实践相结合的产物。首先，建立这一制度是在我国宪政制度下对权力制约监督的必然要求。权力不受监督必然导致腐败。为了防止权力腐败，资本主义国家一般通过党派对立竞争和“三权分立”来实现权力制衡。我国是人民民主专政的社会主义国家，同这种国体相适应的政权组织形式是人民代表大会制度。人民代表大会作为国家最高权力机关，有权对由其产生的诸权力实施监督，但这种监督是宏观的监督和对国家、社会重大事项的监督，而不是经常的具体的监督，这就需要在人民代表大会下设立专司法律监督的检察机关，对国家权力运行中违反法律、构成犯罪的行为和有关机关执法、司法活动

① 参见周永康：“在深入贯彻党的十七大精神、全面加强和改进检察工作座谈会上的讲话”，载《检察日报》2008 年 7 月 10 日第 1 版。

中的违法行为实施监督，以保障国家权力在法制轨道上运行。其次，建立这一制度是在我国国情下维护法律统一正确实施的需要。"徒法不足以自行。"法律监督即护法是保障法律运行不可或缺的构成性机制，也是保证法律统一正确实施、维护法律权威和尊严的重要环节。我国有两千多年封建社会的历史，人治、等级、特权思想和重权轻法、重言轻法、重情轻法的观念至今仍有广泛而深刻的影响，轻视规则、注重"关系"、讲究"变通"的潜规则在一些地方盛行，加上经济文化不发达且发展很不平衡，以及实际存在的地方和部门保护主义等，都会严重侵蚀国家法治的肌体，影响法律的统一正确实施。因而必须设立专司法律监督的检察机关，以保证法律的统一正确实施。再次，建立这一制度是总结我国正反两方面经验教训得出的结论。我国检察机关与我国民主法制建设乃至整个国家具有同兴同衰的命运，新中国成立后近60年的经验教训说明，法律监督是加强民主法制建设、实现国家长治久安的重要保证。"文化大革命"期间"无法无天"所造成的恶果就是生动例证。也正因为如此，中国共产党和中国人民在总结"文化大革命"血的教训后，"鉴于同各种违法乱纪作斗争的极大重要性"①，纷纷要求并最终决定重新设立检察机关。② 总之，正如周永康同志所说，"我国宪法规定设置人民检察机关，并把检察机关确立为法律监督机关，专门承担法律监督的职能，是我们党和国家为加强社会主义民主法治建设而采取的重大举措。检察机关的这一宪法定位，对于维护社会主义法制的统一、尊严和权

---

① 这是叶剑英委员长在1978年3月五届人大一次会议上作《关于修改宪法的报告》中，对为什么要重新设置检察院所作说明中的一句话。

② "文化大革命"结束后的1977年，中共中央在征集宪法修改意见中，全国有19个省、自治区、直辖市和人民解放军8大军区，35个中央直属机关、国家机关及军事机关，都提出了"重新设立人民检察院"的建议。在中央修改宪法小组召集的各地区、各部门领导人和民主党派负责人、社会知名人士的座谈会上，各方面也纷纷要求重新设立人民检察院。

威，对于保证司法、执法机关严格、公正、文明、清廉执法，对于维护社会公平正义，具有十分重要的意义，我们要毫不动摇地坚持我国检察机关的职能定位”。①

中国特色社会主义检察制度具有明显的优越性：它坚持党的领导、人民当家做主和依法治国的有机统一，这就为检察工作的发展提供了坚强的政治保证；它规定检察机关是国家法律监督机关，担负着维护法律统一正确实施和社会公平正义的职责，并赋予其一系列具体职能，这就为检察机关在国家政治、经济和社会生活中充分发挥作用提供了广阔的空间和必要的手段；它明确检察机关在国家机构体系中并列并独立于国家行政机关和审判机关，强调行政机关、社会团体和个人不得干涉检察活动，这就为依法独立公正行使检察权提供了制度保障；它规定检察机关上下级的领导关系，并接受同级人大监督，这既有利于形成纵向指挥有力、横向协作紧密、反应快速灵敏、运转高效有序的工作机制，从而形成同违法犯罪作斗争的强大的整体力量，又有利于检察机关坚持人民属性，实现执法为民；它实行检察长领导与检察委员会民主集中制相结合的领导体制，这既有利于提高决策效率，又有利于防止个人专断，保证重大决策的慎重和正确。

三、检察理论体系指导着中国特色社会主义检察制度充满生机和活力

中国特色社会主义检察制度之所以充满生机和活力，还在于它有科学的世界观、方法论即中国特色社会主义理论体系这一马克思主义在中国的最新理论成果作指导，此外，还有作为中国特色社会主义理论体系重要组成部分的中国特色社会主义检察理论体系的指导。

---

① 参见周永康：“在深入贯彻党的十七大精神，全面加强和改进检察工作座谈会上的讲话”，载《检察日报》2008年7月10日第1版。

中国特色社会主义检察理论体系是以中国特色社会主义理论体系为指导，在中国检察制度和检察工作实践基础上逐渐发展起来的，是关于中国特色社会主义检察制度系统化的理论。它基本回答了什么是中国特色社会主义检察制度、为什么要建立这一制度以及怎样发展完善这一制度的问题，其基本内容包括检察制度发展史理论、检察制度原理、检察机关组织结构理论、检察权理论、检察活动理论、检察管理理论等方面。这个理论体系具有科学性、民族性、综合性和开放性等特点。这个理论体系是科学的，它以科学的世界观和方法论作指导，以检察制度及其发展规律为研究对象，是马克思主义法学思想和中国特色社会主义理论在中国检察领域的具体化；这个理论体系是民族的，它植根于中华民族沃土和国情，既继承了古代政治法律制度精华，又借鉴了世界优秀的司法文明成果，与中国特色社会主义政治、司法制度相适应；这个理论体系是综合的，它属于法学的一个分支，又与政治学、管理学、社会学等有密切的联系，是以法学为主、多学科交叉的综合性的科学；这个理论体系是开放的，它具有与时俱进的品格和开放包容的气度，充分吸收世界各国检察制度的优秀成果，在检察实践和检察改革中不断积累理论新成果，开拓理论新境界，从而不断地发展和完善。

理论是制度的根基，系统化的制度理论是制度成熟的重要标志。中国特色社会主义检察理论体系的形成，标志着中国特色社会主义检察制度的成熟。它作为中国特色社会主义理论大厦的重要组成部分，是引领检察事业发展进步的科学指南，它与中国特色社会主义理论体系的其他理论一起，指导着中国特色社会主义检察制度充满生机和活力。

四、检察机关有信心和决心使中国特色社会主义检察制度永葆生机和活力

当前，中国特色社会主义检察事业站在了新的历史起点上，

面临着前所未有的大好发展机遇：改革开放三十多年的国家经济社会发展和民主法制进步，以及检察机关恢复重建三十年来取得的成绩、积累的经验、构建的理论体系，为检察制度的进一步完善和检察职能的进一步发挥奠定了雄厚的物质基础和坚实的法制基础、工作基础及理论基础；党的十七大关于高举中国特色社会主义伟大旗帜，坚持中国特色社会主义道路和中国特色社会主义理论体系的基本精神，中央领导同志关于中国特色社会主义司法制度和检察制度的历史必然性和优越性的重要论述，在理论上进一步正本清源，促进了社会各界特别是法学界对我国检察制度的理论认同和思想认同，为发展、完善中国特色社会主义检察制度创造了很好的理论环境和制度环境；党中央提出的科学发展观、社会主义法治理念和“三个统一”、“三个至上”、“三个效果”等思想①，为检察工作进一步发展明确了指导思想；随着社会主义民主政治不断发展和依法治国方略深入实施，人民群众对维护社会公平正义、推进国家民主法制建设的要求越来越迫切，检察工作在党和国家大局中的地位日显重要，这必将为检察制度营造更好的氛围和条件；随着司法体制改革的深入，影响检察权依法独立公正行使的体制性、机制性、保障性障碍的解决，检察队伍素质和法律监督能力的不断提高，检察机关自身将拥有更好的发展基础和条件；检察国际交流和司法合作的扩大与加强，为检察机关合理吸收人类司法文明成果提供了较好的借鉴。面对大好形势，检察机关决心继续高举中国特色社会主义伟大旗帜，以邓小平理论和“三个代表”重要思想为指导，深入贯彻科学发展观，坚定不移地坚持并不断发展完善中国特色社会主义检察制度，在

---

① “三个统一”是指我国政治发展道路中的“党的领导、人民当家做主与依法治国的有机统一”，政法机关的“党性、人民性与法律性的有机统一”，检察制度的“政治属性、人民属性、法律监督属性的有机统一”。“三个至上”是指政法机关要坚持“党的事业至上、人民利益至上、宪法和法律至上”。“三个效果”是指“法律效果、政治效果、社会效果的有机统一”。

新的历史起点上继续解放思想、实事求是、与时俱进、开拓创新，不为任何风险所惧，不被任何干扰所惑，奋力开拓中国特色社会主义检察事业更为广阔、灿烂的发展前景，永葆中国特色社会主义检察制度的生机和活力！

（原载《中国法学》2008 年第 5 期）

坚持中国特色检察制度
服务小康社会全面建设*

党的十七大是在我国改革发展关键阶段召开的一次十分重要的大会。胡锦涛总书记在大会上所作的报告，回顾总结了我国改革开放以来的伟大历史进程和宝贵经验，作出了“高举中国特色社会主义伟大旗帜最根本的就是要坚持中国特色社会主义道路和中国特色社会主义理论体系”的重要论断，深刻阐述了科学发展观，并对今后一个时期全面建设小康社会的各项工作作出了部署。学习十七大报告，我深受教育，体会颇多，其中之一就是：坚持中国特色检察制度，服务小康社会全面建设。

中国特色社会主义检察制度的“中国特色”主要体现在：人民检察院由人民代表大会产生，并向人民代表大会负责，在国家机构中与国家行政机关、审判机关相并列；人民检察院是国家的法律监督机关，通过履行检察职能保障国家法律的统一正确实施，维护公平正义；人民检察院在党的领导和人大的监督下，依法独立行使检察权，不受行政机关、社会团体和个人的干涉；最高人

* 此文系作者在中国法学会于2007年10月29日在人民大会堂召开的“首都法学界、法律界学习贯彻党的十七大精神座谈会”上的发言。

民检察院领导地方各级人民检察院和专门人民检察院的工作，上级人民检察院领导下级人民检察院的工作；各级人民检察院设立检察委员会，检察委员会实行民主集中制，等等。

之所以要坚持中国特色社会主义检察制度，是因为：

第一，坚持中国特色社会主义检察制度是坚持中国特色社会主义政治制度的题中应有之义。坚持中国特色社会主义道路，首要的是要坚持中国特色社会主义的政治制度。中国特色社会主义政治制度的最主要特征，一是共产党领导，二是实行人民代表大会制度。而人民代表大会制度作为国家政体，其主要内容就是人民代表大会代表人民统一行使国家权力；在人民代表大会下设立行政机关、审判机关、检察机关、军事机关，分别行使国家行政权、审判权、检察权、军事权。人民代表大会下之所以要设立作为法律监督机关的检察机关，是基于对权力制约监督的需要。因为根据政治学原理，权力不受制约监督必然导致腐败。对权力制约监督可以有多种形式：在西方一些国家，对权力的制约监督主要是通过三权分立、分权制衡来实现的；我国实行人民代表大会制度，不搞三权分立式的分权制衡，必须设立专门的法律监督机关，对权力实行制约监督，以保证国家权力沿着法治轨道运行。因此，中国特色社会主义检察制度是中国特色社会主义政治制度下对权力进行制约监督的一项重要制度，它构成了中国特色社会主义政治制度的有机组成部分。因此，坚持中国特色社会主义政治制度，就应当坚持中国特色社会主义检察制度。

第二，坚持中国特色社会主义检察制度是全面落实依法治国基本方略的现实需要。十七大报告指出："全面落实依法治国基本方略，加快建设社会主义法治国家。"依法治国就必须保证法律的统一正确实施，维护法制的统一、尊严和权威。从实际情况看，我国处于并将长期处于社会主义初级阶段。在这个阶段，封建思想的残余、经济文化发展不平衡、地方和部门保护主义、执法和司法的体制不完善、各种背离法律和道德的潜规则等因素，都会妨碍法律的统一正确实施，损害法制的统一、尊严和权威。检察机关作为保障法律统一正确实施的专门的法律监督机关，对于维护社会主义法制的统一、尊严和权威，担负着重要的使命。因此，全面落实依法治国基本方略，加快建设社会主义法治国家，就必须坚持中国特色社会主义检察制度，充分发挥检察机关在维护社会主义法制的统一、尊严和权威方面的职能作用。

第三，坚持中国特色社会主义检察制度是构建社会主义和谐社会的必然要求。十七大报告指出，“社会和谐是中国特色社会主义的本质属性”，社会主义和谐社会的总要求是民主法治、公平正义、诚实友爱、充满活力、安定有序、人与自然和谐相处。检察机关在构建社会主义和谐社会中负有重要的责任，通过对批捕、起诉、职务犯罪侦查、诉讼监督等法定职能的正确有效行使，对于惩治犯罪，保障人权，维护社会稳定和公平正义，促进经济社会发展和民主法制建设，实现和谐社会的总目标，都具有重要的作用。因此，构建社会主义和谐社会，就必须坚持中国特色社会主义检察制度，充分发挥检察机关在构建和谐社会中的职能作用。

总之，中国特色社会主义检察制度是在马列主义的指导下，从中国的国体、政体和具体国情出发，借鉴其他国家检察制度的基础上建立和发展起来的，是马列主义基本原理同中国具体实际相结合的产物，也是中国特色社会主义政治制度和司法制度的重要特征。它较好地反映了在中国宪政制度下对权力制约监督，以保证权力在法治轨道上运行的客观要求，因而具有科学和先进的内在品质。因此，检察机关学习贯彻十七大精神就必须以中国特色社会主义理论体系为指导，坚持中国特色社会主义检察制度。

检察机关应当怎样坚持中国特色检察制度，服务小康社会的全面建设呢？根据党的十七大精神，笔者认为应当着重从以下三方面入手：一是要认真履行法律监督职责，充分发挥检察机关在全面建设小康社会中的职能作用。中国特色社会主义检察制度科

学、先进的内在品质，最终要用检察工作的实际成效来体现和证明，因此，要坚持中国特色社会主义检察制度，首先就要发挥好检察机关的职能作用。要努力践行“强化法律监督，维护公平正义”的检察工作主题，按照“加大工作力度，提高执法水平和办案质量”的总体要求，认真履行批捕、起诉、职务犯罪侦查、诉讼监督等职能，并用十七大精神推动各项工作的发展，不断用法律监督工作的新成效赢得广大人民群众对中国特色社会主义检察制度的认同、理解、关心和支持。二是要全面加强检察队伍建设，确保严格、公正、文明执法。好的队伍是坚持中国特色社会主义检察制度的组织保证。要以学习贯彻十七大精神为契机，进一步加强检察队伍的思想政治建设、领导班子建设、纪律作风建设和专业化建设，把检察队伍建设成政治坚强、业务精通、作风过硬、执法公正的优秀队伍。三是要深入推进检察改革，完善中国特色社会主义检察制度。完善检察制度是坚持检察制度的题中应有之义，完善是为了更好地坚持。要以马克思主义为指导，加强中国特色检察理论研究，完善中国特色检察理论体系，为检察改革提供理论支持。要根据十七大关于“优化司法职权配置，规范司法行为，建设公正高效权威的社会主义司法制度”和“完善制约监督机制，保证人民赋予的权力始终用来为人民谋利益”等要求，在党中央的统一领导下，制定改革规划，落实改革措施，推进检察体制和工作机制的改革，从而使中国特色社会主义检察制度更加完善，永葆生机和活力。

（原载《检察日报》2007 年 10 月 31 日第 3 版）

对检察制度若干争论问题的回应*

各国的司法体制既有共性，又有特殊性。有共性，是因为司法体制存在某些共同的规律。有特殊性，首先是因为司法体制是政治体制的重要组成部分，它首先要取决于本国的政治体制，例如，西方一些国家采取立法、行政、司法三权分立的政体，这就决定了检察权不可能并列于行政权、司法权，而只能从属于行政权，与此相适应，这些国家的司法体制及相关机关的职权配置就必须按照这样的权力架构来安排。而我国实行的是人民代表大会下"一府两院"的政体，检察权是并列于行政权和审判权并对它们实行监督制约的一种权力。与此相适应，我国的司法体制及相关机关的职权配置就必须按照这样的权力架构来安排。此外，各国的司法体制还要受本国社会历史背景、法制传统、法律文化、经济社会发展水平等因素的制约。因此，我国的司法体制改革既要面向世界，遵循司法规律，积极借鉴一切国家的司法文明成果；又要立足中国，从中国国情出发来研究和谋划。

我们都知道，党的十七大作出了"高举中国特色社会主义伟大旗帜，最根本的就是坚持中国特色社会主义道路和中国特色社

* 本文系作者于 2008 年 5 月 10 日在中国政法大学诉讼法学研究院举办的"我国司法制度改革研讨会"上的即席发言，后经追记、整理而成。

会主义理论体系”的论断。嗣后，胡锦涛总书记、吴邦国委员长、周永康同志分别在党的十七届二中全会、十一届全国人大常委会第一次会议和全国政法工作会议上，就我国的社会主义政治发展道路、人民代表大会制度和司法制度等问题作了重要讲话，归纳起来，其基本精神是：选择什么样的政治发展道路和体制模式，必须从我国国情出发，充分考虑我国的社会历史背景、经济文化发展水平等重要因素；要充分认识我国政治制度和人民代表大会制度的必然性，充分认识我国司法制度的优越性，坚定不移地走自己的路；我们需要借鉴人类政治文明包括法治文明的优秀成果，但绝不以西方的政治制度模式和法律制度模式来评判我国的政治制度模式和法律制度模式，更不照搬西方的政治制度模式和法律制度模式。毫无疑问，中央领导的上述重要论述应当作为我国司法体制改革的重要指导思想。

刚才听了一些专家、学者的发言，有很多观点我深表赞同，但也有某些观点我存有异议。就个人关系而言，我与在座的许多专家是好朋友，但并不妨碍我们各自保留自己的观点，也不妨碍我们相互争鸣、相互切磋和相互讨教。下面，我就以下四个问题即席谈点个人看法，因时间所限，手头也没有文字材料，故只能讲个提纲，讲个大概意思。

一、关于司法机关的范围问题

刚才，有观点认为，对司法，应作中国化的解读，在我国，检察机关属于司法机关；也有观点认为，界定司法机关的范围不能以中央文件和中央领导同志的讲话为依据，而应遵循司法规律，司法具有独立性、中立性、被动性、终局性、权威性等特征，检察机关不具备这些特征，故不属于司法机关。

我认为，严格地说，独立性、中立性、被动性、终局性、权威性等，是审判权的特征。由于美国等三权分立国家的审判权就是司法权，二者是同一概念，因此，审判权的上述特征同时就成了司法权的特征。但是，不少词语要注意它的语境，语境不同，词义就可能不同，“司法”这一概念就是如此。我国不实行三权分立，审判机关与司法机关并不能画等号，宪法中并无“司法机关”的明确规定，而仅有审判机关、检察机关等规定，在法律及党和国家的文件上，也无关于审判机关即司法机关或司法机关即审判机关的规定或类似的语意表达。相反，在党和国家的众多文件上，却都规定审判机关和检察机关都是司法机关；在表述审判机关（或审判权）和检察机关（检察权）时，都将二者相并列，而从未将检察机关（检察权）与司法机关（或司法权）相并列。由于我国的审判权和司法权不能画等号，我们就不能以美国等三权分立政治体制下司法权的特征为范式和标准，来衡量和判别我国政治体制下的检察机关是否属于司法机关。美国等三权分立国家司法权的特征实质上是审判权的特征，以他们司法权的特征作标准来衡量中国的检察机关是否属于司法机关，那实质上是以他们审判权的特征作标准来衡量中国的检察机关是否属于司法机关。显然，检察机关怎么可能具备审判权的特征呢？这当然只能是“左衡右量都不是”了！

世界是多样化的，各国的政治制度、司法制度也是多样化的，即使同样是三权分立的国家，司法体制也是多种多样的，因而不能用一个模式去套。纵观世界各国的政治、司法体制，一些被资本主义国家通常认为具有规律性的东西，在许多国家也存在不少例外。比如，资产阶级思想家孟德斯鸠认为，立法、行政、司法三权必须分开行使，否则，就贻害无穷。如果司法权不同立法权和行政权分立，自由就不存在；如果司法权与立法权合二为一，那将对公民的生命和自由构成专断的权力，因为法官就是立法者；如果立法权与行政权合二为一，就会制定专制的法律，以专横的方式付诸实施。然而，就在以孟氏学说为理论基础建立三权分立政体的某些国家，也存在一些违反该学说的情况，例如，英美法系国家的法官既有司法权，又有造法权；英国上议院既是立法机

关，又是刑、民事案件的最高审判机关；法国的预审法官既行使侦查职能，领导和指挥对重罪与轻罪案件的侦查，有权按照法律规定进行一切他认为有助于“查明案件事实真相”的侦查活动，又行使司法审查权，批准拘留、逮捕；法国等国的行政法院属于政府，政府总理兼任法院院长，等等。被认为具有规律性的东西尚且可以存在多样性，可以有例外，更不用说“司法机关的范围”这种非规律性的东西了。事实说明，不同政治体制、司法体制下“司法”一词概念的内涵和外延是不一样的，如以特定国家的模式去套，是不符合政治体制和司法体制多样化的现实和“具体问题具体分析”哲学原理的。打个不恰当的比方，中国南方的茄子是长形的，北方的茄子是圆形的，长形、圆形都是茄子的表现形式，这是由植物表现形式的多样性决定的。如果有南方的同志认为茄子是长形的，你北方这圆形的东西就不应当是茄子，或者有北方的同志认为茄子是圆形的，你南方这长形的东西就不应当是茄子，这不是很滑稽可笑吗？

二、关于公诉与法律监督的关系问题

有观点认为，检察机关的公诉职能与法律监督职能存在矛盾，检察官身兼公诉与法律监督两种职能，一是会使检察官存在角色冲突，因为公诉职能要求检察官积极主动地控诉犯罪，谋求胜诉，而法律监督职能则要求检察官超然、中立；二是会使本就强大的控诉方力量更加强大，从而影响控辩平衡，同时，还会使法官慑于法律监督而影响中立。

我认为，公诉与法律监督，既有相矛盾的一面，更有相协调一致的一面。第一，公诉制度是中世纪的法国为了消除封建割据状态下法制不统一和私诉的不公正以及监督法院审判而问世的，其产生的动因就是为了维护国王制定的法律的统一实施。第二，请大家思考一个问题：资产阶级夺取政权后，为什么把发端于中世纪法国的检察官公诉的制度继承下来并予以发扬光大，而没有从节省诉讼资源、提高诉讼效率出发，把公诉权直接交给警察行使？大家知道，资产阶级是很讲效率的，为什么在公诉问题上却变得大方起来，宁可牺牲一些诉讼成本和效率，也要在警察和法官之间插进一个楔子，增加一个环节，由检察官提起公诉呢？就是为了对警察侦查权和法官审判权进行双向节制：一方面可以以检察官这个经过严格法律训练、受到法律约束的客观公正的机构控制侦查活动，防止警察恣意；另一方面可以监督审判活动，防止法官擅断，从而保障整个刑事诉讼程序依法运行和客观公正。因此，在资产阶级看来，由检察官起诉是手段，对警察侦查权和法官审判权实施监督是目的。第三，公诉权的内容包括审查起诉、决定起诉与不起诉、公诉变更、出庭支持公诉、抗诉等权能，这些权能都包含着对警察或者法官制约监督的性质。有人认为抗诉权是公诉权的组成部分，不属于监督权。事实上，在不少国家，抗诉既可以“抗轻”，也可以“抗重”，如果说“抗轻”还可解释为公诉的组成部分的话，那“抗重”则又作何解释？

可见，公诉是控诉功能和监督功能的有机统一，这两个功能是公诉的两个方面，就像硬币的两个面一样。因此，我认为，监督是公诉与生俱来的固有属性，没有监督的公诉是不存在的。也正因为如此，世界上许多国家特别是大陆法系国家如法国、德国、意大利、日本、俄罗斯等国家的检察机关除承担公诉职能外，还担负有不少其性质属于法律监督的职责。试想，如果公诉本身不具有监督的属性，或者认为公诉与监督只存在矛盾的一面，而不存在兼容的一面，那又如何理解这些国家都把法律监督的一些职责同时配置给检察机关这种制度安排呢？又如何理解检察机关在大陆法系国家是“法律守护神”，在英美法系国家是“国家和公共利益代表”这种定位呢？

至于认为法律监督影响控辩平等和法官中立的观点，同样是大可商榷的。因为第一，检察机关公诉负有客观公正性义务，而绝不能为了胜诉而不择手段；检察机关同时承担法律监督职责，

更会促使其以维护法律统一正确实施为天职，以维护社会公平正义为价值追求。显然，同时担负法律监督职责的检察机关比仅担负公诉职责的检察机关更有利于在公诉中追求客观公正，从而更有利于维护犯罪嫌疑人的合法权益。第二，检察机关对审判机关的监督是平等主体间的监督而非上对下的监督；其权力仅是程序性的而非实体性的，监督的作用仅是启动程序（如抗诉引起再审）与提出意见（如提出纠正违法意见）而已。检察机关监督后，法院是否改变原判和纠正违法行为，全由法院独立自主地作出决定，检察机关无权要求法院必须怎么判和怎么纠正。因此，检察机关拥有法律监督权并不会使法官慑于其职权而影响中立性。

三、关于侦查职务犯罪是否属于法律监督的问题

有观点认为，检察机关侦查与公安机关侦查适用的都是侦查程序，为什么前者是法律监督后者就不是法律监督？在我国，职务犯罪归检察机关侦查就属于法律监督，而在有的国家，职务犯罪归警察侦查，就不是法律监督了，这在逻辑上是说不通的。

为了回答这一问题，我先提出几个问题，请大家思考。

第一，纪委查处领导干部腐败案件是不是属于监督？既然纪委查处领导干部腐败案件属于监督，那为什么检察机关查处领导干部腐败案件就不属于监督了呢？

第二，资产阶级思想家说，权力不受监督必然导致腐败。马克思曾赞扬巴黎公社的领导人是在公众监督下进行工作的、人民随时可以罢免的公务员，并强调无产阶级国家必须建立社会监督机制，以保证国家真正成为社会公仆，公职人员真正成为人民勤务员。列宁提出要以多种多样的监督形式和方法来铲除苏维埃政权中的官僚主义莠草。毛泽东当年在回答黄炎培先生关于共产党领导的国家能否跳出封建王朝兴亡周期率的提问时，提出的解决方法是让人民监督政府。为什么无论是资产阶级思想家还是无产阶级革命导师，在论述防止权力腐败的方法这一问题时，使用的

都是“监督”这个词？为什么很少听到对杀人、放火、盗窃、抢劫等犯罪“要实行监督”这种说法？

第三，世界上多数国家都将职务犯罪交由检察机关侦查，而将普通刑事犯罪交由警察机关侦查，这是为什么？难道仅是偶然的巧合或是盲目跟风？

下面，我试图对质疑职务犯罪侦查是法律监督的观点作些正面回答。国家公职人员与普通公民相比，其特殊性表现为，受人民委托代表国家行使公共权力。因此，公职人员的职务行为就是国家行为，而普通公民的行为则只能是自己个人的行为，永远也不可能成为国家行为。国家公职人员的这种特殊性，就为其滥用公共权力、以权谋私提供了便利。公职人员在接受人民委托掌握公共权力前，人民是主人，而当接受人民委托掌握公共权力后，有的就蜕变成了人民的老爷，他不把人民赋予的公共权力用来为人民服务，而是把公共权力异化为为自己谋取私利的工具。正像有人比喻的，人民把权力交给他之前，人民是老子，他是儿子；当人民把权力交给他之后，人民就成了儿子，他成了老子，人民有事只好去求他，他有问题人民只有监督而已。因此，为了防治国家公职人员的蜕变和权力的异化，人民唯一有效的办法，就是对公职人员实施监督，具体措施有谴责、批评、检举、质询、撤换、罢免、弹劾、查处等。这种监督分三个层次：第一个层次是道德监督，即由社会舆论通过道德谴责的方法对国家公职人员职务活动中违反道德的行为所进行的监督，其目的是，保障公务活动合道德性，维护社会主义道德；第二个层次是纪律监督，即由纪检监察部门通过纪律追究的方法对国家公职人员职务活动中违反纪律的行为所进行的监督，其目的是保障公务活动合纪律性，维护党和公职人员纪律；第三个层次是法律监督，即由检察机关通过刑事追诉的方法对国家公职人员职务活动中违反法律涉嫌犯罪的行为所进行的监督，其目的是保障公务活动的合法性，维护国家法律。总之，职务犯罪侦查所体现的是对国家公共权力行使中出现的违反法律涉嫌犯罪行为的监督，所要协调的是国家主人

与公仆之间出现的对立关系。这种监督的性质，无论是在中国还是在外国，也无论该侦查权由哪个机关行使，都是客观实际存在的。至于一些国家由于种种原因没有将这种性质加以揭示和用语言表达，那是另外一回事，没有去揭示和用语言表达出来，并不等于监督的性质就不存在。至于公安机关侦查普通犯罪，如杀人、放火、盗窃、抢劫等，它不涉及国家公共权力，不存在协调国家主人和仆人关系的问题，因而就不能说是“监督”了。

四、关于检察机关自侦案件批捕权的归属问题

有观点认为，在中国的法治体制下，由检察机关行使批捕权在很大程度上体现了权力制衡以及权力保障的要求，同时也与中国国情相符。但检察机关直接受理立案侦查的“自侦”案件，由检察机关自己决定逮捕，缺少相互制约，应当改由法院批捕。

我完全赞同自侦案件由检察机关自侦自捕、缺少相互制约的观点。尽管目前检察机关内部对自侦案件采取了一些相互制约的措施，但其效果与来自外部的制约总会存在差别。但是，对持论者提出的解决这一问题的方法——改由法院批捕，我又不表示赞同，这绝不是我屁股指挥脑袋，为检察机关一己之私，而是基于法理。

我们知道，世界上多数国家的批捕权是由法官行使的，但行使批捕权的法官，一般是预审法官或治安法官，而绝不是负责审判的法官，加上这些国家实行法官独立审判的制度，而不存在法官判案要服从组织决定或上级决定的问题，因而能有效地阻隔批捕权与审判权之间的相互影响和干扰。如果我国也建立预审法院且该法院与现行的审判法院不属于一个系统①，那我不仅赞成将

① 由于我国不实行法官独立审判制度，法官要服从审判委员会的决定，加上实际存在的下级法院向上级法院的案件请示制度，法官还要服从上级法院的决定，故即使在法院内设立预审法官或在现行的基层法院之外设立预审法院，也难以有效阻隔批捕权与审判权之间的相互影响和干扰，因而必须使新设立的预审法院与现行的审判法院不属同一系统。

自侦案件的批捕权划归预审法院，而且赞成将所有案件的批捕权都划归预审法院。但如果不另设独立于审判法院的预审法院，而是将批捕权划归现行的审判法院行使，实行法院自捕自判，则“害莫大焉”：一是法院自捕自判会使法官产生预断，影响法官居中审判，从而与庭审改革的初衷相悖。二是法院自捕自判不利于对错捕案件的纠正。因为在由检察院批捕的情况下，如果捕错了，即使审查起诉时未能得到纠正，那在审判环节也较能得到纠正。而如由法院负责批捕，如果捕错了，由法院自己纠正就会更加困难，加上刑事赔偿委员会又设在法院，这就更会使当事人司法救济无门。因此，自侦案件改由法院批捕的害处，将会比由检察院批捕的害处要大得多。司法体制改革应当越改越符合法理，如果以大害换小害，越改越不符合法理，越改越不利于保障人权和维护公正，则是与改革的初衷相悖的。

那么，应当如何解决对自侦案件的逮捕权制约不足的问题呢？我认为，有两个方案可供选择：方案一是除坚持逮捕决定报上一级检察院备案审查外，实行人民监督员制度，即由人民监督员对当事人不服逮捕决定的案件进行评议，如果人民监督员认为不应逮捕，则作出逮捕决定的检察院应将此案提请检察委员会讨论决定；如果人民监督员对检察委员会的决定仍有不同意见，则由人民检察院报请上一级人民检察院决定。当然，人民监督员制度需要深化改革，要使人民监督员的监督成为检察机关体制外的一种监督，并纳入法制的轨道。方案二是由上一级检察院负责批捕。这虽然会增加一些诉讼成本，但与新设立独立于审判法院之外的预审法院所花的制度成本要小得多。

（原载《人民检察》2008年第13期）

第二部分　检察实务研究

侦查监督研究

职务犯罪侦查与反腐败研究

罪刑研究

法律适用与修改研究

检察队伍建设研究

侦查监督研究

强化侦查监督　维护公平正义

侦查监督工作是检察机关法律监督工作的重要组成部分。它既是检察机关打击犯罪的前沿阵地，又是诉讼监督的前沿阵地，在打击犯罪，保障人权，维护稳定，促进公正，构建和谐社会中责任重大。长期以来，全国各级检察机关依法开展侦查监督工作，取得了重大成绩和良好效果。在当前新的形势下，侦查监督工作必须进一步明确指导原则与任务，提高办案质量和监督实效，深化改革，加强领导，努力开创新局面。

一、认清形势，明确任务，从维护公平正义、构建和谐社会的高度，增强做好侦查监督工作的责任感、使命感

近五年来，全国各级检察机关侦查监督部门在邓小平理论和“三个代表”重要思想指引下，紧紧围绕党和国家的工作大局，按照“强化法律监督，维护公平正义”的检察工作主题和“加大工作力度，提高执法水平和办案质量”的总体要求，认真履行审查逮捕、立案监督和侦查活动监督三项职责，在任务重、人员少的情况下，较好地完成了各项工作任务。总的看，这五年，是侦查监督工作取得显著成绩，为维护社会稳定与公正、促进经济社会发展作出积极贡献的五年；是业务领域依法拓展，工作格局初步开创，职能定位从审查逮捕向侦查监督转变的五年；是队伍素质不断提高，侦查监督能力进一步增强的五年。在这五年中，全国广大侦查监督工作人员克服困难，开拓进取，团结拼搏，无私奉献，付出了艰苦努力，作出了突出贡献。实践证明，侦查监督队伍是党和人民可以信赖的队伍，是有战斗力的队伍。

当前，侦查监督工作面临新的形势。首先，党中央、最高人民检察院工作思路的新发展对侦查监督工作提出了新的更高的要求。以胡锦涛同志为总书记的党中央继承和发展了邓小平理论和“三个代表”重要思想，提出了树立和落实科学发展观、加强党的执政能力建设、构建社会主义和谐社会等一系列新的执政理念。党的十六大报告强调尊重和保障人权，要求社会主义司法制度必须保障在全社会实现公平和正义。宪法修正案明确规定“国家尊重和保障人权”。新一届最高人民检察院党组确立了“强化法律监督，维护公平正义”的工作主题和“加大工作力度，提高执法水平和办案质量”的总体要求，并要求加强法律监督能力建设。最近中央政法委员会召开电视电话会议，部署在全国开展“规范执法行为，促进执法公正”专项整改活动。这些都对侦查监督工作提出了新的更高的要求。特别是中央明确提出构建社会主义和谐社会的重大任务，具有重大的理论意义和实践意义。根据胡锦涛总书记明确指出的社会主义和谐社会的特征，认真实施依法治国基本方略，努力维护社会公平和正义，正确处理新形势下的人民内部矛盾，切实保持社会稳定，都是构建和谐社会的基本要求。侦查监督工作在构建社会主义和谐社会中担负着重大的责任。其次，当前和今后一个时期，维护社会稳定与公正的任务十分艰巨。当前我国经济持续快速增长，各项社会事业全面发展，社会大局保持稳定，总的形势很好。但维护社会稳定与公正的工作面临着严峻的挑战。国际经验表明，人均国内生产总值在1000美元至

4000 美元之间，通常是一个国家的社会结构变动最剧烈，各种矛盾最为突出的时期。目前，我国人均 GDP 已经超过 1000 美元，正处于这样一个特殊的历史时期，呈现出人民内部矛盾凸显、刑事犯罪高发、对敌斗争复杂的新特点。与此同时，执法机关执法不公、执法违法现象仍然比较突出，随着依法治国方略的深入推行和人民群众民主法治意识的增强，人民群众对严格执法、公正执法、文明执法的要求日益高涨，要求加强法律监督的呼声越来越强。最后，侦查监督工作还存在不少问题和困难。一些侦查监督干部执法理念陈旧，有的领导同志对侦查监督职能的认识不够全面；履行“三项职责”不平衡，一些地方重办案、轻监督，重配合、轻制约，立案监督和侦查活动监督仍是薄弱环节，监督重点不突出，监督效果不明显；少数案件质量不高，存在不该捕而捕和该捕不捕的情况；侦查监督部门人员少、任务重、装备差的矛盾突出，特别是一些干部的素质还不适应形势发展的要求。总之，我们既要充分肯定取得的成绩，又要正确估量存在的问题和不足；既要看到大好形势和有利条件，又要清醒地看到面临的压力和挑战，进一步增强政治意识、大局意识、忧患意识和责任意识，以强烈的事业心和责任感去迎接挑战，以饱满的热情和良好的精神状态去完成新形势下侦查监督工作的任务。

按照新形势对侦查监督工作提出的新要求，当前和今后一个时期侦查监督工作的指导思想和主要任务是：以邓小平理论和“三个代表”重要思想为指导，牢固树立和落实科学发展观，坚持“立检为公、执法为民”的执法思想，围绕“强化法律监督，维护公平正义”主题，以实现公平正义、构建和谐社会为目标，以强化法律监督为主线，以提高办案质量和监督实效为基本要求，以改革完善工作制度和机制为动力，以提高队伍侦查监督能力为保障，努力开创侦查监督工作新局面。

要完成好上述任务，侦查监督工作必须坚持以下四个指导原则：

（一）坚持贯彻“双重”方针与区别对待、少捕慎捕政策的统一

对严重刑事犯罪从重从快、对严重经济犯罪从重从严，和对有法定从轻条件的依法从宽，是我国刑事方针政策的两个方面，二者相辅相成，缺一不可。必须全面贯彻，做到该严则严，当宽则宽，宽严相济。一方面，维护社会政治稳定是构建和谐社会的前提和必然要求，侦查监督工作必须始终把维护稳定作为首要的任务，而“双重”方针是保持对严重犯罪活动高压态势，遏制犯罪上升，维护社会稳定的有效方针，因而必须长期坚持，毫不动摇。要防止离开我国将长期处于社会主义初级阶段、社会转型期维护稳定形势严峻这一实际，片面强调“轻刑化”和“低羁押率”。要继续重点打击危害国家安全的各种犯罪活动、“三股势力”的分裂破坏活动、暴力恐怖活动和“法轮功”等邪教组织的犯罪活动；严重暴力犯罪、毒品犯罪、黑恶势力犯罪以及有组织犯罪；严重危及群众安全感的多发性侵财犯罪；金融、财税、证券期货等事关国家经济安全的严重经济犯罪；非法集资等事关群众切身利益、影响社会稳定的严重经济犯罪；生产、销售伪劣商品、走私、商业欺诈、侵犯知识产权等破坏市场经济秩序的严重犯罪；贪污受贿等严重职务犯罪。另一方面，慎捕少捕，对具有法定从轻条件的依法从宽处理，也是构建和谐社会的题中应有之义。因此，要坚持逮捕的“谦抑性”原则，对轻微犯罪慎用逮捕强制措施，可捕可不捕的坚持不捕，以尽量化解社会矛盾，减少社会对立面。当前，要特别注意处理好以下三类案件：一是群体性事件。群体性事件往往参与者的合理诉求与不合法的手段交织，多数人的合理诉求与少数人的无理取闹交织，群众的自发行为与别有用心者的插手、利用交织，一般性的聚集活动与极少数坏人打、砸、抢等暴力活动交织，问题十分复杂。必须正确区分两类不同性质的矛盾，坚持分化、瓦解和打击少数、教育团结多数的

原则。对极少数插手群体性事件，策划、组织、指挥闹事的敌对分子，以及借机打、砸、抢的犯罪分子，要适时依法严厉打击；对一般参与者，要立足于教育，不要轻易逮捕。二是对因人民内部矛盾引发的案件，如因邻里纠纷引起的轻伤害等案件，要本着冤家宜解不宜结的原则，慎用逮捕措施。对加害方和受害方已经和解，或者加害方真诚悔罪、积极赔偿并得到受害方谅解的轻微犯罪案件，不要适用逮捕措施。三是对未成年人犯罪、主观恶性较小的初犯、偶犯和过失犯罪，要立足于教育挽救，慎用逮捕措施；对于法律、政策界限不明确，以及犯罪情节轻微，可捕可不捕的，不要逮捕。

（二）坚持打击犯罪与保障人权的统一

准确及时地打击犯罪，是司法机关的职责；尊重和保障人权，同样是司法机关的职责，也是司法文明进步的重要标志。侦查监督工作的“三项职责”，都体现了打击犯罪与保障人权的有机统一。审查逮捕的任务，一是保证准确有力地打击犯罪；二是防止错捕无辜，保障公民权利包括犯罪嫌疑人的合法权益不受侵害。立案监督的目的是使有罪的人受到刑事追究，无罪的人免受刑事追究。侦查活动监督的目的是保证侦查活动依法进行，既有保证准确打击犯罪的任务，也有保证公正、严格执法、防止侵犯人权的职责。特别是逮捕，它是刑事诉讼中最为严厉的强制措施，是一把双刃剑，准确适用可以有力地打击犯罪，用得不准则会侵犯人权。必须在惩罚犯罪与保障人权上寻求最佳结合点，达到二者的有机统一。在当前刑事犯罪严重、社会治安形势严峻的情况下，打击犯罪的力度必须加大。同时，又要防止和克服重打击轻保护的观念，从落实宪法关于“国家尊重和保障人权”的规定和实现社会公平正义的高度，确保无辜者不被追究，切实保障人权包括犯罪嫌疑人的合法权益，维护司法公正。

（三）坚持数量、质量、效果的统一

无论是审查逮捕还是立案监督、侦查活动监督，都要坚持数量、质量、效果的有机统一和协调发展，这是科学发展观对侦查监督工作的必然要求。加大侦查监督力度，必然表现为一定的数量，没有一定的数量，也就没有质量和效果；同时，质量又是侦查监督工作的生命，只有以质量作保证的数量，才能产生打击犯罪、保障人权、维护稳定、实现公正、促进社会和谐的作用，否则，就有可能适得其反，不仅浪费司法资源，而且不利于和谐社会的构建；效果既是数量、质量的综合反映，又是开展侦查监督工作的出发点和归宿。因此，必须把数量、质量、效果三者统一起来，整体加以把握，防止相互割裂，顾此失彼，一讲加大力度就片面追求数量，一讲提高质量就减小工作力度，一讲讲究效果就偏离事实、法律或检察职能。当前，我们既有某些方面工作力度不大、数量不够的问题，更有片面追求数量而忽视质量和效果的问题，这都不符合科学发展观的要求，必须加以纠正。

（四）坚持监督、制约与配合的统一

公、检、法三机关互相配合、互相制约，是刑事诉讼的一项基本原则。一方面，打击犯罪是公、检、法三机关的共同职责，只有加强配合，才能形成合力。同时，检察机关的监督需要在配合中开展，监督措施也往往需要侦查机关配合才能落实。另一方面，刑事诉讼是对既往案件事实的回复、审查和认定，其思维具有逆向性，需要对案件事实作多角度的审视。侦、诉、审分离，对某些侦查措施实行司法控制，正是根据诉讼的这一特点而创设的，因而必须加强监督制约。我国检察机关是专门的法律监督机关，因而更要注重监督制约。侦查监督是检察机关的一项重要职责，必须把“监督”作为主线，贯穿于审查逮捕、立案监督和侦查活动监督的全部工作之中，其中立案监督和侦查活动监督自不待言，审查逮捕所体现的是对侦查活动的司法控制，也应以监督

为主线。因此，既要防止重监督制约轻配合，更要防止重配合轻监督制约。要进一步加大监督制约的力度。在监督制约中，既要重视实体监督，也要重视程序监督；既要加强对公安等机关侦查活动的监督，又要加强对检察机关自侦活动的制约。

二、全面履行侦查监督职责，努力提高办案质量和监督实效

（一）进一步提高审查逮捕案件的质量

审查逮捕是侦查监督的首要职责，是开展立案监督、侦查活动监督的重要基础，也是侦查监督工作为构建和谐社会服务的重要途径。案件质量是审查逮捕的生命，审查逮捕所具有的打击犯罪、保障人权、维护稳定、促进公正、服务和谐社会建设的功能，必须通过提高案件质量来实现，审查逮捕贯彻“双重”方针和区别对待政策，也要通过案件质量来体现。

1. 正确掌握逮捕条件。

对逮捕的三个条件要全面把握，整体衡量，其中“有证据证明有犯罪事实”这一条件，要以“证据所证明的事实构成犯罪”为原则，“证据所证明的事实基本构成犯罪”为例外。“基本构成犯罪”确需逮捕的，一是现有证据所证明的事实必须基本构成犯罪，即要达到“八九不离十”的程度；二是根据现有证据综合分析，案件经过进一步侦查，能够取到定罪所必需的证据。此外，还必须符合逮捕的可能处刑条件和社会危险性条件。为了保证这类案件的逮捕质量，在批捕时，要采取两条保障措施：一是要给侦查机关发补充证据通知书，并跟踪掌握其补证情况；二是对侦查机关经过努力仍然难以取到证明构成犯罪的充足证据的，要及时撤销批捕决定。

2. 强化责任，认真审查把关。

案件承办人、部门负责人和检察长都应高度负责地对待每一起案件，并对案件的事实证据、定性、适用法律和捕或不捕意见

负全部责任，其中承办人侧重于对事实证据负责，部门负责人侧重于对关键性证据、承办人提出的问题和捕或不捕意见负责，检察长侧重于对部门负责人提出的问题和捕或不捕决定负责。承办人是确保审查逮捕质量的基础，“基础不牢，地动山摇”，承办人必须把好第一道关，特别要认真审查、鉴别、比对、认定证据，对案件中存在的问题要及时发现，并在《审查逮捕案件意见书》中认真分析，需要提请负责人注意和把握的要明确提出；部门负责人和检察长要对下属提出的问题和捕或不捕意见特别是重大疑难复杂案件、基本构成犯罪案件、拟不捕案件的捕或不捕问题认真审查把关。承办人对案件中的问题未能发现，或虽已发现但未予重视，因而造成错案的，承办人负主要责任；部门负责人、检察长对下属提出的问题未予重视，或对捕或不捕不认真审查把关，因而造成错案的，部门负责人或检察长负主要责任。

3. 做好讯问犯罪嫌疑人工作。

在审查逮捕阶段讯问犯罪嫌疑人，有利于防止错捕，保证办案质量，有利于全面履行侦查监督职能，及时发现和纠正侦查活动中的违法行为，有利于保护犯罪嫌疑人的合法权益。因此，要尽可能每案讯问犯罪嫌疑人。案多人少矛盾突出、难以每案讯问的地方，对下列四类案件必须讯问犯罪嫌疑人：一是有疑点的案件，包括，罪与非罪界限不清、捕与不捕难以确定的，刑事责任年龄不清的，犯罪嫌疑人供述前后矛盾或供述违背常理的，据以定罪的主要证据存在矛盾的。二是特殊案件，包括命案（指杀人案或者被告人可能被判处死刑的案件）等重大、疑难、复杂案件，未成年人犯罪案件，争议较大的案件。三是犯罪嫌疑人要求讯问的案件。四是侦查活动可能违法的案件。对其他案件，应尽量扩大讯问的范围，确实难以全部讯问的，要给犯罪嫌疑人送达《听取辩解告知书》，以便与审查案卷结合起来，决定是否需要讯问。在讯问中，既要认真听取犯罪嫌疑人的有罪供述，也要重视其无罪或罪轻的辩解。犯罪嫌疑人提出受到过刑讯逼供的，要立

即认真核查。查证属实的，对刑讯逼供获得的口供要坚决排除，不能作为逮捕的依据；一时无法查清的，要对口供持慎重态度，注意审查其他证据能否据以逮捕。要摒弃重口供轻其他证据的观念。需要注意的是，允许案多人少矛盾突出的地方对部分案件不讯问，其目的是为了集中精力办好重大、疑难、复杂案件，确保办案质量，防止出现重大冤错案。

4. 认真履行对自侦案件的审查逮捕职责。

既要积极配合自侦部门工作，依法及时逮捕应当逮捕的职务犯罪嫌疑人，又要认真落实最高人民检察院关于加强内部制约的规定，防止因为是自侦案件而放松要求，防止因院领导已有意向而放弃职守，以切实保证职务犯罪案件的逮捕质量。根据职务犯罪案件的特点，对主要靠言词证据定案而口供又尚未固定的案件，侦查部门认为不讯问为宜的，侦查监督部门在审查逮捕时可以不讯问犯罪嫌疑人，但应当派员旁听侦查人员对犯罪嫌疑人的讯问，或者观看审讯同步录像。凡是实行人民监督员制度试点的地方，职务犯罪嫌疑人不服逮捕决定的，审查逮捕工作要认真接受人民监督员的监督。

5. 加强与侦查机关（部门）的沟通联系，统一执法思想，研究解决办案工作中遇到的问题。

要经常将不批准逮捕和批捕后撤案、不起诉、判无罪的数据、情况分析等与侦查机关（部门）沟通，使侦查机关（部门）充分认识正确收集证据的重要性，切实提高侦查取证质量。要及时沟通协商个案、类案或某方面问题存在的分歧，增进共识。要共同加强对刑事政策的研究，统一执法思想和宽严尺度。要通过召开联席会议、开展联合调研、制定规范性文件等形式，研究提出提高办案质量的措施。总之，要通过沟通联系，增进共识，减少分歧，提高办案质量。

6. 坚持服从党的领导和依法办案的统一。

检察机关办理审查逮捕案件，要严把事实关、证据关、法律关和程序关。要本着对党和人民负责、对案件的事实和证据负责、对法律负责的精神，依据事实和法律，表明如何处理案件的意见，为党委当好参谋助手。此外，要正确对待群众舆论和媒体的涉案报道，坚持依法独立行使检察权，依据事实和法律处理案件。

7. 坚持捕、诉分离。

捕、诉分离是诉讼规律的利学总结，也是国际通行做法。目前一些地方进行的所谓捕诉合一“改革”，削弱了捕诉两个环节的相互制约，不利于保证办案质量，也不利于加强监督制约。因此，必须坚持捕诉分设的正确方向。

（二）强化立案监督和侦查活动监督

立案监督和侦查活动监督总的要求是：加大力度，突出重点，提高实效。其中，加大力度是前提，突出重点是关键，提高实效是目的。“实效”所体现的是监督过程与监督结果的统一，数量、质量和效果的统一，加大力度和突出重点最终都要体现在实效上。

1. 立案监督要加大力度，突出重点，提高所监督案件的有罪判决率和重刑率。

目前，立案监督还存在重点不突出、跟踪监督不到位等问题。今后，应把立案监督的重点放在社会危害大、影响大和违法立案造成严重后果的案件上，并加强对立案后侦查情况的跟踪监督，对立而不侦、久侦不结的，要适时发出《立案监督案件催办函》；对犯罪嫌疑人在逃的，应督促公安机关尽快抓捕。要拓宽立案监督的领域，既要监督该立不立，又要监督不该立案而立案；既要监督公安机关管辖的案件，又要监督检察机关管辖的案件；要加大对经济领域犯罪案件的监督力度，加强对行政执法机关不依法移送、公安机关不依法立案的案件的监督。

2. 加强对逮捕执行情况的监督。

逮捕执行监督有较明确具体的法律依据，要切实开展。要逐案跟踪批捕或不批捕决定的执行情况及变更、撤销逮捕的情况，

对不执行批捕或不批捕决定以及违法变更、撤销逮捕的，要及时监督纠正。对因事实不清、证据不足而不予批捕并附补查提纲的，要加强对公安机关补查情况的跟踪监督，及时催办，发现问题及时纠正并查明原因，防止案件流失。

3. 加强对侦查活动合法性的监督。

要重点抓好对徇私枉法、刑讯逼供、暴力取证、非法动用侦查手段、违法取保候审等违法行为的监督。要通过开展专项监督活动，监督纠正或查处一批刑讯逼供违法犯罪案件，并建立健全发现、纠正和查办刑讯逼供等违法侦查行为的长效工作机制。

4. 侦查监督工作要与查办职务犯罪形成良性互动机制。

立案监督、侦查活动监督和审查逮捕都要着力发现执法违法、执法不公背后的涉嫌职务犯罪的案件线索，及时移送反贪、渎检部门依法查办。如线索性质不明，侦查监督部门可以开展初步调查，发现涉嫌犯罪后，再移送有关职能部门。

（三）结合侦查监督职能，做好疏导化解矛盾纠纷和预防犯罪工作

在侦查监督工作中，既要依法打击犯罪，监督纠正违法，又要结合侦查监督职能，做好疏导化解矛盾纠纷和预防犯罪工作。这是构建和谐社会对侦查监督工作提出的新要求。一要根据党委的要求，参与处理突发事件，做好平息事态工作。二要把疏导化解矛盾贯穿在侦查监督工作的各个环节、各个方面，防止因侦查监督工作不当或不周，而出现新的矛盾纠纷或涉法上访，着眼于社会的和谐稳定和国家的长治久安。三要坚持侦查监督环节社会治安综合治理的好经验、好做法，如结合办案开展法制宣传教育、根据党委要求参加平安创建活动、配合有关部门创建优秀“青少年维权岗”等，为构建和谐社会作出积极贡献。

三、完善工作制度和机制，提高工作效率和质量

最高人民检察院正在按照中央关于司法体制和工作机制改

革的初步意见，对司法体制和工作机制改革中涉及检察工作的问题开展研究，其中有的问题涉及侦查监督工作。在改革措施出台之前，应该在现有法律框架内，积极推进侦查监督工作改革，完善工作制度和机制，提高工作效率和质量。

（一）坚持并完善介入侦查制度

检察工作介入重大有影响案件的侦查，既有利于引导侦查机关收集、完善证据，提高侦查质量，从快批捕，又有利于发现侦查活动中的违法情况，加强监督，在实践中发挥了积极的作用。当前，需对介入侦查的原则、范围、方式、程序等进一步作出规定。

（二）继续深化审查逮捕方式改革

当前，侦查监督工作案多人少的矛盾较为突出。为了在确保案件质量的前提下提高工作效率，可根据案件的不同情况，对《审查逮捕案件意见书》的制作实行繁简分流。凡是事实清楚、证据充足，对犯罪嫌疑人明显应当逮捕的，文书可以适当从简。其他案件仍要按照原有规定办理，但要提高分析和说理水平，减少不必要的摘抄。

（三）继续推进主办检察官办案责任制试点

目前已经开展主诉检察官办案责任制试点的单位，具备条件的，都可开展侦查监督主办检察官办案责任制试点工作；尚未进行主诉检察官办案责任制试点，但具备条件又有必要的，也可进行试点。选任主办检察官必须坚持标准，保证质量。同时，要健全与主办检察官办案责任制相配套的激励机制和监督机制。要参照主诉检察官的待遇标准，认真落实主办检察官的有关待遇。要加强对主办检察官行使权力的监督制约，防止权力的滥用。我国法律明确规定，逮捕权由检察长或者检察委员会行使。在试点中，不能将逮捕权授予主办检察官，已经授予的，要依法收回。

（四）完善捕、诉衔接机制

侦查监督部门要加强与公诉部门的沟通联系，相互通报办案情况，交流办案经验，研究解决办案中存在的问题。对批准逮捕的案件，侦查监督部门要注意了解案件的起诉、判决和作其他处理的情况；公诉部门要将起诉、不起诉和判决情况及时通报侦查监督部门。特别是对立案监督的案件，公诉部门拟作不诉的，要及时通知侦查监督部门。要在捕、诉之间建立“预警通道”，对批准逮捕但需要补充证据的案件，侦查监督部门要将补查提纲副本移送公诉部门，公诉部门审查起诉时，应核查侦查机关的落实情况，共同提高批捕案件的起诉率和起诉案件的有罪判决率。

（五）运用现代科学技术，建立业务工作、队伍建设和信息化建设相结合的长效管理机制

推进侦查监督工作的办公办案现代化，改变人工抄写的落后方式，有利于提高工作效率，有利于规范化管理，也有利于捕、诉工作的衔接。有条件的地方，应推进与公安机关、行政执法机关的数据信息共享。

四、加强对侦查监督工作的领导，提高侦查监督能力

侦查监督工作不仅很重要，而且业务种类多，技能要求高，工作难度大。各级检察长要进一步重视侦查监督工作，给予更多的关心、理解和支持，特别要转变那种认为侦查监督工作就是单纯审查批捕的片面认识，真正从保证公正司法、构建和谐社会的高度，充分认识强化侦查监督工作的重要意义，采取有力措施切实加强对侦查监督工作的领导。

（一）明确思路，抓住重点

要根据新的形势和任务，把侦查监督工作置于构建和谐社会的大目标和改革、发展、稳定的大局之中，摆上重要的位置，紧紧围绕检察工作的主题和总体要求，结合各地的实际，确定侦查

监督工作的思路。要及时了解当地集中打击、重点整治的部署，组织侦查监督部门积极参与，提高工作的预见性和主动性；要经常听取侦查监督工作情况的汇报，及时掌握薄弱环节和倾向性问题，提出强化和改进侦查监督工作的措施；对重大疑难复杂的案件，要抓住不放，认真审查把关或亲自组织调查，直接指挥侦查监督部门及时准确地办理，从而带领侦查监督部门全面履行宪法和法律赋予的职责，努力开创侦查监督工作的新局面。

（二）协调内外，完善保障

侦查监督工作协调任务重，对外涉及公安、海关及其他行政执法机关，内部与公诉、自侦、控申举报、监所检察等部门的工作有相互衔接、配合的问题，各级检察长要加强组织协调，与有关部门建立协调、沟通机制，以统一思想，减少分歧，共同研究解决存在的问题。要根据侦查监督工作的需要，加强和完善人财物保障。

（三）建设队伍，提高能力

要根据贾春旺检察长在全国检察长会议上关于提高法律监督能力的要求，努力提高侦查监督队伍的侦查监督能力，主要包括五个方面的能力：及时准确地打击犯罪，维护社会稳定的能力；敢于监督、善于监督、规范监督，促进严格执法和公正司法的能力；化解矛盾纠纷，促进社会和谐的能力；正确执行法律和刑事政策的能力；探求侦查监督规律，加强业务建设的能力。各级检察长要围绕上述目标，大力加强侦查监督队伍建设。一要提高侦查监督队伍的政治素质。要抓住目前开展的保持共产党员先进性教育活动的有利契机，加强侦查监督队伍的思想政治建设，使全体侦查监督干部树立正确的执法思想、执法理念，最根本的是要努力实践“三个代表”重要思想，坚持“立检为公、执法为民”，真正从思想上解决“为谁执法、为谁服务”的问题，牢固树立正确的世界观、人生观和价值观。要增强侦查监督干部的政治意识、

大局意识、忧患意识和责任意识，提高服务大局的自觉性。要通过加强教育管理、完善程序制度、强化监督制约、严格责任追究等措施，使干部自觉恪守检察职业道德和检察纪律，永远忠实于案件事实真相，忠实于宪法法律，忠实于党和人民利益，自觉抵制说情、请客、送礼风的侵蚀和金钱、美色的诱惑，最大限度地降低违法违纪的发生率。二要提高侦查监督干部的业务素质。侦查监督工作业务种类多，涉及知识领域广，技能要求高，法律法规专业性强。要教育引导干部认真学习科技、经济、金融、财税、股票、证券、期货等方面知识，加强知识储备，以满足办案之需。要教育引导干部认真学习侦查学，掌握侦查基本知识和技能，以便在监督中问题能发现，意见提得准；认真学习相关法律法规和刑事政策，刻苦钻研业务，开展岗位练兵和技能培训，总结正反两方面的典型经验特别是办错案的教训，探索工作规律，加强理论研究，使干部人人成为侦查监督工作的行家里手，并从中涌现出一批专家、权威。三要关心侦查监督干部的健康成长。要加强对优秀干部的培养，在侦查监督系统造就一支政治上靠得住、工作上有本事、作风上过得硬的带头人队伍。

（原载《人民检察》2005 年第 6 期）

关于逮捕的几个问题

修改后的刑事诉讼法（以下简称“刑诉法”）实施已近一年，但有关方面对逮捕的若干问题的认识仍很不一致，影响了法律的正确实施和刑事诉讼的顺利进行，故很有加以研究的必要。

一、如何理解“有证据证明有犯罪事实”

刑诉法第60条将逮捕的第一个条件由原来的“主要犯罪事实已经查清”修改为“有证据证明有犯罪事实”，这是适应收容审查不再使用后的侦查工作之需要在强制措施方面所作的一个重要修改。如何理解“有证据证明有犯罪事实”？一般认为应包含以下两个内容：一是有证据证明犯罪事实已经发生；二是有证据证明该犯罪事实系犯罪嫌疑人或被告人所为。但对如何理解和把握其中的“有证据”，即证据应达到什么程度，则颇有分歧。主要有以下三种观点：第一种观点认为只要有证据即可，一个两个证据就是“有证据”。[①] 第二种观点认为要有“确实的两个以上能

① 这种观点具体有几种提法，之间略有差异，但较接近，故笔者将其归为一种。

够互相印证的证据，而不能是孤证”;[①] “要有相当的证据”[②] 或“相当的确实证据”[③]，而不要求达到充分的程度。第三种观点认为要有确实、充分的证据，即有证据证明该犯罪事实确实为犯罪嫌疑人或被告人所为，或者说，犯罪嫌疑人、被告人已构成犯罪。[④]

笔者认为，上述第一种观点即“只要有证据”的观点明显不当。只有当证据与“犯罪事实已经发生”、“该犯罪事实系犯罪嫌疑人或被告人所为”这两个证明对象有关联且能证明时，才符合逮捕条件。否则，如无关联，或虽有关联且有一定证明作用，但尚未达到“能证明”的程度，就不符合条件。第二种观点即“要有确实的两个以上能够互相印证的证据”或“有相当的确实证据”的观点，均意在说明证据不必达到“充分”或嫌疑人、被告人已“构成犯罪”的程度，并试图对证据的证明力作出界定，有相当的合理性。但是，首先，证明犯罪事实的证据是质和量的统一，“确实”这一证据的质，必须以“充分”这一证据的量作保证，离开了“充分”，“确实”就不是真正的“确实”；离开了“确实”，也就无所谓“充分”。同时，证据的“确实”是一个由表及里、去伪存真和互相甄别的过程。在诉讼过程中，特别在侦查过程中，有的证据当时被认为是“确实”的，但随着侦查的深入，可能瞬即变成不确实甚至虚假的。因此，“有确实的两个以上能够互相印证的证据”或“相当的确实证据”，未必能保证证据的“确实”。例如，案例一，犯罪现场留有某甲的指纹（留在

---

① 参见最高人民检察院：《人民检察院实施〈中华人民共和国刑事诉讼法〉规则》及其研究室的有关材料。

② 樊崇义：《刑事诉讼法学》，中国政法大学出版社 1996 年版，第 186 页。

③ 参见中国政法大学刑事法律研究中心：“在京部分教授关于刑事诉讼法实施问题的若干建议”，载《政法论坛》1996 年第 6 期。

④ 参见苏玉华、杨善良：“两种逮捕条件的把握”，载《人民检察》1997 年第 8 期。

茶杯上)、鞋印和物品，但经查，是由于犯罪分子陷害。案例二，有两个人指认某乙从犯罪现场出来，但经查，某乙无作案时间，犯罪分子是一与某乙相像者。案例三，某女深夜熟睡中被人强奸，惊醒后呼救，邻居某丙闻讯急往救之，罪犯夺路而逃，该女惊恐中抓住某丙并指认为强奸犯，丙被闻讯赶来的人“现场抓获”。这三个案件起初都有两个或两个以上被认为“确实”的证据，但如据此予以逮捕，容易失之过宽。其次，这种观点未能就证据对犯罪事实的证明程度作出界定。如能研究提出一个证明犯罪事实的“度”，那两个以上证据也好，相当的确实证据也好，都把它们放在这个“度”前加以衡量，达到这个“度”的，予以逮捕；达不到的，证据再多也不能捕。由于未能提出这个“度”，因而实际操作很难把握。第三种观点即“要有确实、充分的证据”的观点则要求太高，因为案件侦查终结、起诉、审判对证据的要求就是“确实、充分”，如果案件只有一个犯罪事实，证据确实、充分了才逮捕，那与侦查终结、起诉、审判对证据的要求已无区别，逮捕就失去了作为强制措施应有的作用。

那么，究竟该如何理解和把握“有证据证明有犯罪事实”中的“有证据”？我认为，这里的“有证据”是指有基本确实、充分的证据。证据基本确实、充分了，犯罪事实也随之基本清楚了，并能证明犯罪事实基本上为犯罪嫌疑人或被告人所为了。据此，“有证据证明有犯罪事实”应理解为：起点犯罪的事实基本清楚，证据基本确实、充分，[①] 犯罪事实基本上为犯罪嫌疑人所为（以下简称“三个基本”）。具体地说，首先，在犯罪事实的量上，这里的“犯罪事实”不是主要犯罪事实或全部犯罪事实，而是起点犯罪的事实。它既可以是单一犯罪行为的事实，也可以是数个犯

---

① “事实基本清楚，证据基本确实、充分”，不同于“基本事实清楚，基本证据确实充分”，后者是侦查终结、起诉、审判的标准，与“事实清楚，证据确实、充分”在本质上无异。

罪行为中任何一个犯罪行为的事实。其次，在犯罪事实的质上，它不是原刑诉法“主要犯罪事实已经查清”的犯罪事实，也不是现行刑诉法对侦查终结、起诉、审判要求的“犯罪事实清楚”的犯罪事实，而是“基本清楚”的犯罪事实。再次，在证据的质和量上，它不是立案时仅能证明有犯罪“嫌疑”、拘留时能证明系“重大嫌疑”的证据，也不是侦查终结、起诉、审判要求的“确实、充分”的证据，而是“基本确实、充分”的证据。复次，在犯罪事实和证据与犯罪嫌疑人、被告人的联系上，它不是仅能证明“可能”系嫌疑人、被告人所为的事实和证据，也不是能证明“确实”系嫌疑人、被告人所为的事实和证据，而是能证明基本上为嫌疑人、被告人所为的事实和证据。总之，这样的犯罪事实和证据，是在起点犯罪上已分别接近“清楚”和“确实、充分”，但又存在一点距离的事实和证据；是八九不离十，基本上不会捕错的事实和证据。

提出以上观点的主要依据是：

（一）从刑事诉讼的任务和逮捕功能来看

准确及时惩罚犯罪与保障人权，是我国刑事诉讼的根本任务，也是刑诉法修改的一个指导思想。理解和把握逮捕的第一个条件，必须贯彻这一根本任务和指导思想，在惩罚犯罪与保障人权间寻求最佳结合点，以达到二者的有机统一。逮捕是刑事诉讼中的一种强制措施，而不是案件的最终处理，其功能是剥夺犯罪嫌疑人、被告人的人身自由，防止其串供、毁证、自杀、逃跑和继续犯罪，保障刑事诉讼的顺利进行。逮捕后，案件事实还有待于进一步查清，证据有待于进一步调取，被逮捕者最终是否构成犯罪还存在或然性，故不能保证被逮捕者都构成犯罪。当前，我国社会治安形势严峻，常成为人民群众关注的热点，理解和把握逮捕条件不能脱离这一实际。如果把逮捕的条件设置得太高，保险系数留得过大，逮捕就会失去强制措施的功能，从而影响惩罚犯罪。但同时，逮捕又是最严厉的强制措施，其本质属性是对人身自由的剥夺，加上中国传统观念对被逮捕人有普遍的否定评价，认为“被抓过的非好人”，从而可能影响其一生及家庭，故逮捕必须严格条件，审慎运用。宪法和刑诉法规定任何公民非经人民检察院批准或者决定或者人民法院决定并由公安机关执行，不受逮捕，刑诉法对逮捕规定了一系列严格的程序，我党还制定了“慎捕少捕”、“可捕可不捕的不捕”等刑事政策，都是基于“严格、慎重”的指导思想。因此，必须保证被逮捕者绝大多数构成犯罪。如达不到这一点，就会侵犯较多人的人身权利，与刑事诉讼目的相悖。“只要有证据即可”的观点和“要有确实、充分证据”的观点，不适当地降低或提高了逮捕条件，其结果不是影响保障人权就是影响惩罚犯罪，均难以实现二者的有机统一。而“三个基本”的观点则既能适应惩罚犯罪的需要，又能保证被逮捕者绝大多数构成犯罪，因而较好地实现二者的统一，是二者比较理想的结合点。

（二）从逮捕条件修改的初衷来看

原刑诉法规定的逮捕的第一个条件是“主要犯罪事实已经查清”，但在十几年的司法实践中，政法机关一般并没有严格照此执行，而是自行放宽了条件，只要起点犯罪的事实清楚，证据确实、充分，嫌疑人已构成犯罪，即认为符合条件，予以逮捕；还有少数案件出于侦查工作的需要，起点犯罪的事实尚未查清，证据尚未达到确实、充分的，也逮捕了。然而，尽管自行放宽了逮捕条件，刑事强制措施仍不能满足侦查破案的需要，而不得不大量使用收容审查这一非刑事强制措施。[①] 修改刑诉法时，针对这一实际，为了适应收容审查不再使用后侦查破案的需要，决定适当放宽逮捕条件。因此，逮捕条件的这一放宽，不仅是对原法定

① 造成大量使用收容审查的原因较多，但刑事强制措施不适应是原因之一。

条件“主要犯罪事实已经查清”的放宽，而且是对政法机关原来实际掌握的条件即“起点犯罪事实清楚，证据确实、充分，嫌疑人已构成犯罪”的放宽。只有这样理解，才理解了逮捕条件修改的初衷。正如在京的一些法学教授所说，如果把“有证据证明有犯罪事实”仅仅理解为“已经有证据证明某一犯罪事实确实是该犯罪嫌疑人所为”，那与以前的逮捕条件相比就一点也没有放宽。[①]“三个基本”的观点在政法机关原实际掌握的逮捕条件的基础上作了有限度的放宽，因而是符合刑诉法修改的初衷的。固守原实际掌握的逮捕条件的同志认为，刑诉法第65条、第133条规定，对需要逮捕而证据还“不充足”的，可以取保候审或者监视居住。据此，逮捕条件必须“证据充分”。笔者认为，第一，法律规定的是“不充足”而不是“不充分”，这不可能是立法的疏忽，我们没有理由将它们作同义理解；第二，这里的“不充足”是相对于逮捕条件而言，而不是相对于“事实清楚，证据确实、充分”而言，它是指证据离逮捕条件要求的程度还不充足，证据证明犯罪事实的证明力还不充足，而不能理解为“证据要充分”。

（三）从逮捕在刑事诉讼中所处的环节和逮捕条件的科学性、可操作性来看

根据刑诉法规定，立案的条件是“发现有犯罪事实或犯罪嫌疑人”，拘留的条件是有“重大嫌疑”，侦查终结、起诉、审判的条件是“事实清楚，证据确实、充分”。只要留心就会发现，上述的“嫌疑”、“重大嫌疑”、“清楚”和“确实、充分”所反映的都不是证据本身，而是证据所能证明的“度”。本文开始时所介绍的第二种观点根据逮捕所处的环节及法律规定的逮捕条件，试图从证据的质和量上提出一个高于立案和拘留，低于侦查终结、起诉、审判条件的标准，但可惜的是，未能像法律界定立案、拘

① 参见中国政法大学刑事法律研究中心：“在京部分教授关于刑事诉讼法实施问题的若干建议”，载《政法论坛》1996年第6期。

留和侦查终结、起诉、审判的条件那样，就证据对犯罪事实所能证明的“度”作出界定。因为证据不在于多少，而在于对犯罪事实的证明力，从证据对犯罪事实所能证明的“度”方面设置标准，比仅仅就证据讲证据并以此设置标准更为科学，在实践中也更易把握，可操作性更强。而“三个基本”的观点，就证据对犯罪事实所能证明的度作出了一个高于立案和拘留、低于侦查终结、起诉、审判标准的界定。也许有人认为，“三个基本”中的“基本”是模糊语言，把它用于逮捕标准不妥。其实，模糊科学告诉我们，在不少情况下，模糊判断往往比表面上精确的判断更科学与准确。在刑事诉讼过程中，在案件事实没有查清之前，证据的质和量均具有易变性，证据对犯罪事实所能证明的程度也有相对性，故想以精确语言界定逮捕的标准是不现实的。“基本”这一模糊用语，恰恰符合这一环节证据易变性和证明力相对性的特点，因而倒是较为准确而科学的。

必须说明的是，“三个基本”的标准，是逮捕的最低标准，在实际执行中，多数案件会高于这一标准，达到证明“起点犯罪”的事实确实系犯罪嫌疑人或被告人所为，该犯罪嫌疑人或被告人已构成犯罪的程度。对未达该程度的其余案件，只要按“三个基本”的标准认真把握，是不会出现在逮捕后有较多的案件不构成犯罪这一结果的。

二、如何理解和把握“特殊的逮捕条件”

刑诉法第 56 条规定：“被取保候审的犯罪嫌疑人、被告人违反前款规定，[①] 已交纳保证金的，没收保证金，并且区分情形，责令犯罪嫌疑人、被告人具结悔过，重新交纳保证金、提出保证人或者监视居住、予以逮捕。”第 57 条规定：“被监视居住的犯

① 指被取保候审的犯罪嫌疑人、被告人应当遵守的四项规定。

罪嫌疑人、被告人违反前款规定,[1] 情节严重的，予以逮捕。”这两条有关逮捕的规定与刑诉法第60条是什么关系，即对违反法定义务的取保候审、监视居住者“予以逮捕”是否必须同时具备刑诉法第60条规定的条件，也就是说，逮捕是仅刑诉法第60条规定的一种条件，还是包括刑诉法第60条和第56条、第57条分别规定的两种条件？有的认为，被取保候审、监视居住者大多不符合逮捕条件，如果认为有两种逮捕条件，就等于逮捕条件在第60条已放宽的基础上作进一步放宽，这是不符合刑诉法修改关于进一步保障人权的指导思想与“慎捕、少捕”政策的，故刑诉法第60条规定的条件是逮捕的唯一条件。也有的认为，刑诉法第56条、第57条把可能变更为逮捕作为强制被取保候审、监视居住者严格遵守法定义务的保障措施，而该两条法律并无关于“予以逮捕”必须同时符合第60条的逮捕条件的规定，故显而易见，修改后的刑诉法规定了两种逮捕条件：一种是第60条规定的条件，它适用于一般案件，故称一般逮捕条件；一种是第56条、第57条规定的条件，它仅适用于某些违反取保候审、监视居住的法定义务者，故称特别逮捕条件。笔者同意后一种意见。其理由是：

（一）特殊逮捕条件在法律中有明确规定

根据刑诉法第51条、第60条、第65条的规定，以下四种犯罪嫌疑人、被告人，可以取保候审或者监视居住：(1) 可能判处拘役、管制或者独立适用附加刑的（第51条第①项）；(2) 可能判处有期徒刑以上刑罚，适用取保候审、监视居住不致发生社会危险性的（第51条第②项）；(3) 应当逮捕但患有严重疾病或者妇女正在怀孕、哺乳自己婴儿的；(4) 被拘留的人需要逮捕而证据不充足的。在这四种情形中，第3种本来就符合逮捕条件；第2种符合逮捕的事实证据条件和可能处刑条件，而不符合社会

① 指被监视居住的犯罪嫌疑人、被告人应当遵守的五项规定。

危险性条件，但由于其违反法定义务，使得社会危险性条件也已具备。对这两种情形予以逮捕，是符合第 60 条规定的逮捕条件的。第 1 种情形却不符合第 60 条的可能处刑条件，第 4 种情形则不符合第 60 条的事实证据条件。然而，刑诉法第 56 条、第 57 条却明确规定对违反法定义务的“予以逮捕”，这绝不可能是立法者的疏忽，它明白无误地说明，法律规定了一个“特殊逮捕条件”。有人认为，刑诉法第 57 条规定的被监视居住的犯罪嫌疑人、被告人“违反前款规定，情节严重的，予以逮捕”中的“情节严重”，应包含同时符合刑诉法第 60 条规定的逮捕条件之意。笔者认为，这样理解未免过于牵强，因为这里的“情节严重”，是指违反应遵守的规定情节严重，而绝无包含“符合第 60 条规定”之意。

（二）规定特殊逮捕条件是收审不再使用后完善强制措施体系、惩罚犯罪的需要

为了适应收审不再使用后惩罚犯罪的需要，修改后的刑诉法完善了强制措施体系，对违反取保候审、监视居住法定义务的“予以逮捕”，是其中的一个方面。强制性是法律的一个特征，取保候审、监视居住者违反了法定义务，理应给予相应的法律后果；否则，如果束手无策，听之任之，那么，人民民主专政的国家机器未免过于软弱无能，刑事诉讼就难以顺利进行，犯罪分子也难免会被放纵。因此，必须对他们采取更有效的措施，包括采取逮捕这一最严厉的措施。

（三）规定特殊逮捕条件有助于实现少捕

规定特殊逮捕条件，不仅对已经违反法定义务者是一种惩戒，而且对尚未违反法定义务者是一种威慑，它有助于促进被取保候审、监视居住者严格遵守有关规定，老老实实接受审查，有效实现取保候审、监视居住功能，从而有助于扩大取保候审、监视居住的适用，减少逮捕的适用。古人有“以刑去刑”的刑罚思想，

特殊逮捕条件则体现了以逮捕减少逮捕的策略思想。虽然，它会使少数案件突破第 60 条规定的一般逮捕条件，付出了一定的代价，但能换取较多的案件不适用逮捕的结果，从而减少诉讼成本。

规定两种逮捕条件，并不意味着执行时可以互相割裂，各行其是。既然特殊逮捕条件是普通逮捕条件的一种例外和补充，是“不得已而为之”，故执行特殊逮捕条件一要贯彻“从严掌握，慎用少用”的原则；二要以一般逮捕条件的立法原意和立法精神作指导。据此，对取保候审的犯罪嫌疑人、被告人违反法定义务的，应依法“区分情形”，尽量采取具结悔过、重新交纳保证金、提出保证人、监视居住等措施。少数必须“予以逮捕”的，一般限于以下几种情形：已符合一般逮捕条件的；严重犯罪的重大嫌疑人，不捕有放纵严重犯罪之虞的；有犯罪重大嫌疑，且可能发生新的社会危险性或严重妨碍诉讼进行的。对监视居住的犯罪嫌疑人、被告人违反法定义务的，法律规定必须“情节严重”才能逮捕。所谓“情节严重”，主要指：严重违反法定义务的；违反法定义务，经执行机关批评教育仍不改正的；具有社会危险性的；已经造成严重后果的。同时，为了保证逮捕案件质量，除符合“情节严重”要件外，还应以一般逮捕条件的立法原意和立法精神作指导，审查嫌疑人涉嫌罪行是否较重或犯罪嫌疑是否重大。对涉嫌轻微犯罪，处刑可能很轻的，或者证据十分欠缺，仅有一般嫌疑的，原则上不能逮捕。因为这两种情形与一般逮捕条件相差太远，如予以逮捕不符合逮捕的立法原意和立法精神。

适用特殊逮捕条件的逮捕由谁决定？有的认为，“这里的逮捕应由决定监视居住的机关作出”。[①] 笔者认为，逮捕必须经人民检察院批准或者决定或者人民法院决定，这是宪法和刑诉法规定的原则，故该种逮捕也需严格照此执行。如果决定监视居住的是

① 赵汝琨：《〈关于修改中华人民共和国刑事诉讼法的决定〉学习纲要》，中国检察出版社 1996 年版，第 76 页。

公安机关，那公安机关应写出提请逮捕意见书，提请检察机关批准。

三、如何界定“错捕”

什么叫错捕？当前主要有三种观点。第一种观点认为，要以案件处理的最终结果为标准。但具体又有两种不同认识：一种认为要看案件处理结果是否符合逮捕条件，如果逮捕后不构成犯罪，或判处徒刑以下刑罚，或判处徒刑缓刑，均为错捕；一种认为逮捕后不构成犯罪的为错捕。第二种观点认为，要以批准或决定逮捕当时的案件事实和证据是否符合逮捕条件为标准，当时符合逮捕条件，即使后来不构成犯罪，也不属错捕。第三种观点认为，要以国家赔偿法规定为标准，该法第 15 条第 2 项规定，“对没有犯罪事实的人错误逮捕的”，受害人有取得赔偿的权利。据此，只有对没有犯罪事实的人逮捕才是错捕。由于对“错捕”标准认识不一，影响了对逮捕条件的理解和把握，影响了逮捕质量的评价和国家赔偿法的正确贯彻。

上述三种观点，实际是对两个问题认识不一所致：第一个是前提条件问题，即犯罪嫌疑人、被告人被逮捕后，出现什么样的结果，才可能涉及“错捕”；第二个是标准问题，即在具备前提条件的情况下，以什么标准界定错捕。现分别予以研究。

关于前提条件问题，较一致的看法是时间上以诉讼终结为前提。但对案件的诉讼结果，则有三种观点：（1）诉讼结果与逮捕预期不符。认为逮捕是依据刑诉法第 60 条规定的三个条件进行对照衡量后所作出的决定，故逮捕的预期就是嫌疑人、被告人构成犯罪，判处徒刑以上刑罚且不是缓刑。如果诉讼结果与该预期的任何方面不符，即可能涉及错捕。（2）诉讼结果不构成犯罪。（3）诉讼结果没有犯罪事实。

笔者认为，错捕即为错案，是错案的一种表现形式，故错捕的成立，必须以诉讼结果不构成犯罪或没有犯罪事实为前提，而

不应包括判处徒刑以下刑罚与徒刑缓刑，因为后者不在错案之列。那么，究竟以“不构成犯罪”为前提还是以“没有犯罪事实”为前提？我认为，以“没有犯罪事实”为前提较为妥当。理由如下：第一，刑诉法第60条规定的逮捕的首要条件是“有证据证明有犯罪事实”，国家赔偿法第15条规定的刑事赔偿范围之一是“对没有犯罪事实的人错误逮捕的”，故以“没有犯罪事实”为前提有法律依据；第二，某些案件虽不构成犯罪但不属错案。如有的实为犯罪，但因犯罪情节轻微而作不起诉处理（刑诉法第142条第2款）；有的有犯罪行为，但依法不追究刑事责任（刑诉法第15条第2、3、4、5、6项）；有的有犯罪嫌疑甚至重大嫌疑，但因证据不足而撤案、不起诉或判无罪（如刑诉法第140条第4项、第162条第3项）；有的属严重危害社会的行为，但因不符合犯罪构成的主体或主观方面条件而不构成犯罪（刑法第16条、第17条第4项、第18条）。因此，以“不构成犯罪”作为错捕成立的前提不妥，而以“没有犯罪事实”作为前提则是妥当的。当查明被逮捕者没有犯罪事实而被撤案、不起诉或判无罪时，即应考虑该逮捕是否为错捕。

再来研究标准问题。具备了错捕的前提后，以什么标准界定错捕？主要有两种观点：（1）“当时说”。即以批准或决定逮捕的当时的事实和证据是否符合刑诉法第60条“有证据证明有犯罪事实”这一条件为界定标准。当时就不符合的，为错捕；当时符合，即使后来查明没有犯罪事实，也不属错捕。如有的认为：“犯罪事实的存在是人民检察院批准逮捕的最基本条件，没有证据证明或现有证据不足以证明某人实施了犯罪行为，就批准逮捕的，是错捕。因错捕造成损害的，受害人有权请求国家赔偿。”“对有证据证明有重大犯罪嫌疑的人进行逮捕，如果后来查明被逮捕人没有犯罪事实，不能认为是错捕，也不能要求国家赔偿。"[①]（2）"诉讼结果说"。即以诉讼最终结果作为界定错案的标准。当诉讼结果为"没有犯罪事实"而被撤案、不起诉、判无罪后，错捕即告成立。持这种观点者认为，"没有犯罪事实"，既是错捕成立的前提，又是错捕界定的标准。

笔者认为，从逮捕是诉讼过程中司法人员对犯罪嫌疑人、被告人是否符合逮捕条件所作的阶段性的评断这一角度看，"当时说"是合理的，而"诉讼结果说"则似有值得商榷之处。因为"当时说"反映了逮捕作为对案件阶段性评断的特点。在诉讼过程中，逮捕所依据的"犯罪事实"是需要进一步查证的，经进一步查证后，多数案件能被进一步查实，但也不能完全排除极少数案件被否定的可能。因此，不能以诉讼结果倒回去评价诉讼过程中对案件所作的阶段性的评断是否正确。据此，当时的事实、证据不符合逮捕的事实、证据条件却予逮捕，后来又查明没有犯罪事实的，是错捕；当时的事实、证据符合逮捕条件而予逮捕，即使最终没有犯罪事实，也不属错捕。因为依据当时的事实、证据符合逮捕条件的案件予以逮捕，其逮捕的决定是正确的；其批准或决定逮捕的行为是依法办案。如果仅因后来证据的变化就认为是办了错案，这对批准或决定逮捕的机关及其承办人来说，是难以理解和接受的。

然而，从实体法角度看，"诉讼结果说"又有其合理性。因为任何案件办得是否正确，都要接受最终诉讼结果或客观事实的检验，逮捕这一强制措施亦然。当被逮捕的犯罪嫌疑人、被告人最终被查明没有犯罪事实而被撤案、不起诉、判无罪时，如果司法机关依"当时说"认为不是错捕，不是错案，那当事人是无论如何难以理解和接受的：我明明没有犯罪事实，是个无辜者，却

---

① 胡康生：《〈中华人民共和国国家赔偿法〉释义》，法律出版社 1994 年版，第 44 页。

被逮捕关押，蒙了冤，受了屈，是个地地道道、货真价实的错案，怎能认为“不是错捕”、“也不能要求国家赔偿”[①] 呢？你司法机关不是在强词夺理吗？同时，国家赔偿法第 15 条第 2 项明确规定，刑事赔偿范围之一是“对没有犯罪事实的人错误逮捕”。这里的“没有犯罪事实”应理解为客观上没有犯罪事实，或者诉讼结果没有犯罪事实，而不能理解为依逮捕当时的证据“没有犯罪事实”。前面“当时说”中所引的两种说法，实属对此误解所致。因此，对没有犯罪事实的人予以逮捕的，就是错捕。

既然“当时说”与“诉讼结果说”各有其成立的理由，那么如何协调这两个标准的关系呢？笔者认为，这两个标准虽然差异甚大，但均应作为判定是否错捕的标准，因为它们分别从不同的角度对错捕作出了界定，均有其合理性，但应适用于不同的场合。前一个标准中的“当时的事实、证据”，虽属实体性质，但由于该标准运用于诉讼过程之中，相对于案件的客观事实和诉讼结果来说，它又是程序性的，故为了跟后一个标准相区别，可称为程序性的错捕标准。后一个标准则纯属实体的性质，故称为实体性的错捕标准。区分这两种标准的意义在于：（1）正确界定两种错捕标准的内涵和外延，防止理论和实践的混乱和混淆。（2）指明两个标准不同的作用：程序性错捕标准的作用是评价司法机关批准或决定逮捕的工作质量，为工作考核提供依据。根据这一标准，凡逮捕当时的案件事实和证据就不符合逮捕条件的，原逮捕是错捕，它表明检察机关办了错案。实体性错捕标准的作用是检验案件的最终质量，为刑事赔偿提供依据。根据这一标准，凡诉讼结果查明案件没有犯罪事实的，原逮捕是错捕，如被逮捕人不具有免赔情形，国家应予赔偿。当然，无论是用于评价工作质量还是用于刑事赔偿，均能促进司法机关提高执法办案水平。总之，这

---

① 参见中国政法大学刑事法律研究中心：“在京部分教授关于刑事诉讼法实施问题的若干建议”，载《政法论坛》1996 年第 6 期。

两个标准各有其理，各有其用，共同构成了科学而完整的错捕标准。我们既不能互相混淆，又不能互相代替。

附带提及，根据国家赔偿法第17条关于免赔的规定，以实体性标准界定的错捕，不一定都予刑事赔偿。由于该内容不属本文范围，故在此不展开论述。

（原载《法学研究》1998年第2期）

逮捕，必须实现惩罚犯罪与保障人权的有机统一

——就逮捕问题答《检察日报》记者李国明、晏向华问

一、降低或提高逮捕标准均会影响刑事诉讼任务的实现

《检察日报》：在全国第二次侦查监督工作会议上，您就如何正确把握“有证据证明有犯罪事实”这一逮捕的首要条件，提出了自己的观点，指出：“有证据证明有犯罪事实，要以证据所证明的事实构成犯罪为原则，证据所证明的事实基本构成犯罪为例外。”并说：所谓“基本构成犯罪”，就是“八九不离十”。从而进一步明确了逮捕在证据上的最低标准。请问：您为什么要阐述这一问题？

朱孝清：审查逮捕，是检察机关的一项重要职责，它关乎惩罚犯罪与保障人权这一刑事诉讼根本任务的实现。只有正确理解和把握逮捕条件，才能实现惩罚犯罪与保障人权的有机统一。我国刑事诉讼法第60条规定了逮捕的三个条件，一是有证据证明有犯罪事实；二是可能判处徒刑以上刑罚；三是采取取保候审、监视居住等方法尚不足以防止发生社会危险性，而有逮捕必要。司法实践中对于后两个条件争议不大，而对何为“有证据证明有犯罪事实”则存在分歧，如有的认为只要“有一定的证据证明有犯罪事实”即可，有的则认为只有“构成犯罪”即有确实、充分的证据证明有犯罪事实才可以逮捕。而如果对“有证据证明有犯罪事实”理解和把握不准，就会人为地降低或者提高逮捕条件，其结果，不是影响保障人权，就是影响惩罚犯罪，有的还会造成错案。可以说，错捕或错误不捕的案件，大多与对其理解、把握不准有关。

《检察日报》：记得1998年1月19日，最高人民法院、最高人民检察院、公安部、国家安全部、司法部、全国人大法工委就已对“有证据证明有犯罪事实”联合作过解释，为什么实践中仍然存在理解、把握不准的情况？

朱孝清：这可能与刑诉法对逮捕条件规定的角度有关。我们知道，刑诉法规定的立案条件是“认为有犯罪事实需要追究刑事责任”；拘留的条件之一是“重大嫌疑”；侦查终结、起诉和审判的条件是“事实清楚，证据确实、充分”。综观上述规定，刑诉法都是从证据对犯罪所能证明的程度这一角度来规定有关条件的，因而实践中相对容易理解和把握。而作为逮捕首要条件的“有证据证明有犯罪事实”，却不是从证据所能证明的程度而是从证据的状态的角度加以规定的。而理解和把握“状态”，比理解和把握“程度”要困难得多，加上“有证据证明”中的“有证据”，其弹性确实较大，因而造成理解上的分歧和把握上的困难。

《检察日报》：我们明白了，您提出的“以证据所证明的事实构成犯罪为原则，证据所证明的事实基本构成犯罪为例外”、“基本构成犯罪就是八九不离十”的观点，就是想从证据所能证明的程度的角度，对“有证据证明有犯罪事实”提出把握意见。

朱孝清：是的。

《检察日报》：您能为我们介绍一下这样把握的理由吗？

朱孝清：首先，这样把握与刑事诉讼的任务和逮捕功能相吻合。准确及时地惩罚犯罪与保障人权，是我国刑事诉讼的根本任

务，也是刑诉法修改的一个指导思想，理解和把握“有证据证明有犯罪事实”，必须贯彻这一根本任务和指导思想。逮捕是刑事诉讼中的一种强制措施，而不是案件的最终处理，其功能是通过剥夺犯罪嫌疑人、被告人的人身自由，防止其串供、毁证、自杀、逃跑和继续犯罪，保障刑事诉讼的顺利进行。逮捕后，案件事实还有待于进一步查清，证据有待于进一步调取，被逮捕者最终是否构成犯罪有的还存在或然性，故不能保证被逮捕者全部都构成犯罪。当前，我国社会治安形势严峻，维护稳定的任务十分艰巨，理解和把握逮捕条件不能脱离这一实际。如果把逮捕的条件设置得太高，保险系数留得过大，逮捕就会失去强制措施的功能，从而影响惩罚犯罪。但同时，逮捕又是最严厉的强制措施，其本质属性是对人身自由的剥夺，故逮捕必须严格条件，审慎运用。因此，逮捕条件既不能为了惩治犯罪而人为降低，也不能为了防止捕后判无罪案件的发生而人为提高。理论和实践中存在的“只要有一定的证据即可逮捕”的观点或“要有确实、充分证据才能逮捕”的观点，都是不适当地降低或提高了逮捕条件，其结果不是影响保障人权就是影响惩罚犯罪，均难以实现二者的有机统一。而上述把握意见则既能适应惩罚犯罪的需要，又不会使逮捕措施被滥用，可以较好地实现二者的统一，是二者比较理想的结合点。

其次，这样把握符合逮捕条件修改的初衷。原刑诉法规定的逮捕的第一个条件是“主要犯罪事实已经查清”，但在十几年的司法实践中，往往“主要犯罪事实”尚未查清、案件刚刚构成犯罪就逮捕了，也有个别的因确有逮捕必要，证据有所欠缺也逮捕了。尽管如此，刑事强制措施仍不能满足侦查破案的需要，而不得不大量使用收容审查这一非刑事强制措施。修改刑诉法时，针对这一实际，为了适应收容审查不再使用后侦查破案的需要，决定适当放宽逮捕条件，将“主要犯罪事实已经查清”改为“有证据证明有犯罪事实”。从这两种不同的表述中我们可以看出，刑诉法修改时，对逮捕条件作了有限度的放宽。上述把握意见与刑诉法修改逮捕条件的初衷是相符的。

最后，这样把握符合逮捕在刑事诉讼中所处环节的特征，更具科学性和可操作性。如前所说，刑诉法关于立案、拘留、侦查终结、起诉、审判条件的规定，所反映的都不是证据本身，而是证据对犯罪所能证明的“度”。在刑事诉讼过程中，当案件事实没有查清之前，证据的质和量均有可变性，证据的证明程度也有相对性。在单一犯罪行为的案件中，如果“证据确实、充分”才逮捕，那就与侦查终结、起诉、审判的条件没有区别了。所以，在批捕环节，用“基本构成犯罪”这样一个高于立案和拘留，低于侦查终结、起诉、审判标准的“度”，恰恰符合这一诉讼环节证据可变性和证明力相对性的特点，因而是科学的，同时也具有较强的可操作性。

《检察日报》：看来，这一把握意见符合诉讼规律，相信在司法实践中更容易理解和把握，但是“八九不离十”毕竟不等同于十，在这种情况下，如何保证批捕质量，如何避免错捕？

朱孝清：首先我要说明的是，基本构成犯罪的标准，是逮捕在证据上的最低标准，在实际执行中，绝大多数案件会高于这一标准，达到起点犯罪的事实清楚，证据确实、充分，犯罪嫌疑人已构成犯罪的程度。“证据所证明的事实基本构成犯罪”，且符合逮捕另外两个条件，确需逮捕的，还应当是：根据已有证据综合分析，经过捕后进一步侦查，能够取到定罪所必需的证据。因为如果后续侦查工作不可能深入，不可能取到定罪所必需的证据，当然不能逮捕，这是逮捕的可能处刑条件（判处有期徒刑以上刑罚）的题中应有之义。

总之，对“证据所证明的事实基本构成犯罪”予以逮捕的，只能是案情重大、复杂、根据侦查工作需要必须逮捕的极少数案件。同时，为了保证这种案件的逮捕质量，批捕时还必须采取两条措施：一是要给侦查机关发补充证据通知书，并跟踪掌握其补证情况；二是对侦查机关经过努力仍然难以取到证明构成犯罪的

充足证据的，要及时撤销批捕决定。

二、违反取保候审、监视居住规定，情节严重，应直接批捕

《检察日报》：刑诉法第 60 条规定了逮捕的条件，而该法第 56 条、第 57 条规定，被取保候审、监视居住的犯罪嫌疑人、被告人违反应当遵守的规定，情节严重，予以逮捕。请问，对被取保候审、监视居住的人违反应当遵守的规定，情节严重，是直接批捕还是要同时达到刑诉法第 60 条规定的三个条件才予批捕？

朱孝清：根据刑诉法的有关规定，以下四种犯罪嫌疑人、被告人，可以取保候审或者监视居住：(1) 可能判处拘役、管制或者独立适用附加刑的；(2) 可能判处有期徒刑以上刑罚，适用取保候审、监视居住不致发生社会危险性的；(3) 应当逮捕但患有严重疾病或者妇女正在怀孕、哺乳自己婴儿的；(4) 被拘留的人需要逮捕而证据不充足的。在这四种情形中，第三种本来就符合刑诉法第 60 条规定的逮捕三条件；第二种符合逮捕的事实证据条件和可能处刑条件，而不符合社会危险性条件，但由于其违反法定义务，使得社会危险性条件也已具备。所以这两种情形既符合刑诉法第 56、57 条规定的逮捕条件，也符合刑诉法第 60 条规定的逮捕条件。第一种情形不符合第 60 条的可能处刑条件，第四种情形不符合第 60 条的事实证据条件。然而，刑诉法第 56 条、第 57 条却明确规定对违反法定义务情节严重的“予以逮捕”。同时，2000 年 8 月 28 日最高人民检察院、公安部《关于适用强制措施的规定》第 6 条、第 9 条、第 15 条也对此作了明确规定。这些都明白无误地说明，对上述情形可直接予以批捕，而无须同时达到第 60 条规定的三个条件。

《检察日报》：就是说，逮捕并不仅限于刑诉法第 60 条规定的一种情形。那么，刑诉法第 56 条、第 57 条与第 60 条之间是什么关系？

朱孝清：刑诉法规定了两种逮捕条件：一种是第 60 条规定的

条件，它适用于一般案件，可称之为一般逮捕条件；一种是第56条、第57条规定的条件，它仅适用于某些违反取保候审、监视居住的法定义务者，可称之为特别逮捕条件。这两者之间并不是法条上的竞合关系，而是针对不同情况作出的不同规定。

《检察日报》：这样理解的理论根据何在呢？

朱孝清：第一，强制措施的目的在于保障刑事诉讼活动的顺利进行，而强制性是刑事强制措施的一个基本特征。被取保候审、监视居住者违反了法定义务，理应承担相应的法律后果，如果对其听之任之，取保候审、监视居住就难以发挥应有的作用，刑事诉讼就难以顺利进行。因此，必须对他们采取更有效的措施，包括采取逮捕这一最严厉的措施。

第二，对违反法定义务的取保候审、监视居住者予以逮捕是为了最终实现少捕。对违反法定义务者予以逮捕，可以警示更多的被取保候审、监视居住者严格遵守有关规定，接受侦查、起诉和审判，从而有效实现取保候审、监视居住的功能，并有助于扩大取保候审、监视居住的适用，减少逮捕的适用。古人有“以刑去刑”的刑罚思想，特别逮捕条件则体现了以逮捕减少逮捕的策略思想。虽然，它会使少数案件突破第60条规定的一般逮捕条件，付出一定的代价，但能换取较多的案件不适用逮捕，从而减少诉讼成本。

《检察日报》：对这种情形适用逮捕要注意些什么呢？

朱孝清：刑诉法修改后，国家赔偿法未随着修改，因而存在着二者不相协调的情况。为了防止或减少逮捕后最终定不了罪从而导致赔偿情况的发生，对这种情形中不符合刑诉法第60条事实证据条件的人，适用逮捕要从严把握。首先，要审查其本来是否符合取保候审、监视居住条件。如果本来就不符合，就谈不上转捕。其次，要严格按刑诉法第56条、第57条规定办事。对违反取保候审规定的，刑诉法第56条规定了责令具结悔过、重新交纳保证金、提出保证人、监视居住、逮捕等多种措施，执行时应尽

量适用前几种措施，严格控制适用逮捕措施；对违反监视居住规定的，刑诉法第57条规定要“情节严重的”才予以逮捕，执行时必须按此条件，并结合考虑侦查前景能否取得定罪所必需的证据，从严掌握。再次，对极个别确需逮捕的，应当采取第二次侦查监督会议规定的两条保证质量的措施，即给侦查机关发补充侦查通知书，并跟踪掌握补证情况；对侦查机关经过努力仍难以取到证明构成犯罪的充足证据的，要及时撤销逮捕决定。

三、“错捕”有两种含义和两种界定标准

《检察日报》：有些检察机关批捕部门之所以人为地提高逮捕标准，是出于这样的顾虑：如果证据未达到“确实、充分”就批捕了，此后万一判无罪，岂不是要被认定为错捕并予刑事赔偿？那么，我们应该怎样界定错捕呢？

朱孝清：错捕即为错案，是错案的一种表现形式。结合刑诉法第60条规定的逮捕条件和国家赔偿法第15条规定的刑事赔偿范围，错捕的成立，必须以“没有犯罪事实”为前提，当查明被逮捕者没有犯罪事实而被撤案、不起诉或判无罪时，即应认定该逮捕是错捕。

对于错捕，应区分为国家赔偿提供依据的错捕和评价办案质量的错捕。这两种错捕的界定标准并非同一。为国家赔偿提供依据的错捕，应当从实体上来把握，我这里称之为界定错捕的实体性标准，也就是从“诉讼结果”来把握是否错捕。当被逮捕的犯罪嫌疑人、被告人最终被查明没有犯罪事实而被撤案、不起诉、判无罪时，司法机关应当确认为是错捕，对不具有法定免赔情形的，应当给予国家赔偿。否则，当事人明明没有犯罪事实，却被逮捕关押，蒙了冤，受了屈，还被认为“不是错捕”，“不能要求国家赔偿”，这怎么能服人呢？又怎么能谈得上对人权的保障呢？

《检察日报》：那么，评价办案质量的错捕标准应当如何把握？

朱孝清：评价办案质量的错捕标准要从程序上来把握，我这里称之为界定错捕的程序性标准。由于逮捕是诉讼过程中司法人员对犯罪嫌疑人、被告人是否符合逮捕条件所作的阶段性的评断，在诉讼过程中，逮捕所依据的"犯罪事实"是需要进一步查证的，经进一步查证后，绝大多数案件能被进一步查实，但也不能完全排除极少数案件被否定的可能。因此，不能以诉讼结果倒回去评价诉讼过程中对案件所作的阶段性的评断是否正确，而只能从"诉讼当时的事实和证据"来把握。当时的事实、证据不符合逮捕条件却予逮捕，后来又查明没有犯罪事实的，是错捕；当时的事实、证据符合逮捕条件而予逮捕，即使最终作出无罪认定，也不能认为是错捕。如果仅因后来证据的变化就认为是捕错了，办错案了，这既不符合认识规律，也不符合诉讼规律，承办人心里也不服：我明明是依法审查批捕，怎么能说是错捕呢？

需要说明的是，"诉讼当时的事实和证据"不是指公安机关移送的事实和证据，而是指批捕时检察机关审查认定的事实和证据。如果公安机关移送的言词证据系刑讯逼供得来，检察办案人员未能审查发现并予排除；或者应当讯问嫌疑人而没有讯问，致使通过讯问能够发现的问题未能发现，导致逮捕的，即使公安机关移送的材料似乎符合逮捕条件，也应当界定为错捕。

《检察日报》：区分两种错捕的原因是什么呢？

朱孝清：之所以要区分两种错捕，其原因在于逮捕具有双重属性：一方面，逮捕作为诉讼中的强制措施，具有程序性，故是否错捕只能以批捕当时的事实证据来衡量；另一方面，逮捕的结果是对犯罪嫌疑人（被告人）的羁押，具有一定的实体性，故是否错误羁押只能按案件最终处理结果来衡量。对没有犯罪事实的人羁押了，其羁押当然是错的，不具有法定免赔情形的，应当给予赔偿。国家赔偿法规定需要赔偿的"错误逮捕"，实质上指的

是“错误羁押”。因此，在国家赔偿法修改时，如将“错误逮捕”修改为“错误羁押”，就没有必要区分两种“错捕”了。

《检察日报》：出现错误逮捕，就要追究办案人员责任吗？

朱孝清：确认是错捕，不意味着必然追究办案人的责任。首先，只有程序性错捕，才有追究办案人责任的可能。其次，根据最高人民检察院《人民检察院错案责任追究条例（试行）》的规定，是否追究办案人责任，要看其主观上是否有重大过错（故意或者重大过失）。程序性错捕的承办人如果主观上没有重大过错，就不应该追究其责任。

《检察日报》：您能否为我们介绍一下区分两种错捕标准的意义？

朱孝清：从上面的介绍可以知道，错捕（无论是实体性错捕还是程序性错捕）一定是错案，但错案不一定是错捕（指程序性错捕）。区分这两种错捕的意义在于：（1）正确界定两种错捕标准的内涵和外延，防止理论和实践的混乱。（2）指明两个标准不同的作用：实体性标准的作用是检验案件的质量，为刑事赔偿提供依据，解决的是给不给当事人赔偿的问题。程序性标准的作用是评价司法机关批准或决定逮捕的工作质量，为工作考核提供依据，它解决的是批捕承办人工作质量高低及是否负责任的问题。

总之，这两个标准各有其理，各有其用，共同构成了科学而完整的错捕标准。我们既不能将之互相混淆，又不能互相代替。

（本文系《检察日报》记者李国明、晏向华同志就逮捕的有关问题采访我后写的采访录，原载《检察日报》2005年8月16日第3版）

批捕工作的制度创新

附条件逮捕，是最高人民检察院为了准确贯彻执行刑事诉讼法关于逮捕条件的规定，实现惩治犯罪与保障人权的平衡，于2005年要求全国检察机关执行的一项工作制度。我国刑事诉讼法规定逮捕有三个条件：一是事实证据条件，即“有证据证明有犯罪事实”；二是可能处刑条件，即“可能判处徒刑以上刑罚”；三是社会危险性条件，即“采取取保候审、监视居住等方法尚不足以防止发生社会危险性，而有逮捕必要”。而对逮捕的第一个条件“有证据证明有犯罪事实”，尽管有关方面作出了一些解释，但无论是法学界还是实务界都觉得较难把握，加上刑事诉讼法原来的规定是“主要犯罪事实已经查清”，不少检察院在把握上仍停留在原来的规定上，只有当案件的事实证据已经构成犯罪的情况下，才考虑批捕。显然，照此把握，一是不符合法律规定，因为“有证据证明有犯罪事实”与“有证据证明构成犯罪”并不能画等号；二是使一些本应逮捕的案件不能采取逮捕措施，影响对犯罪的打击；三是公安机关也有意见。但是，如果条件把握过松，使大量尚未构成犯罪的案件加以逮捕，捕后一旦证据没有发展，案件诉不出去，判不了罪，势必不利于保障人权，对有关当事人的声誉、家庭所造成的消极影响将不可低估。因此，在逮捕的事实证据条件的把握上，检察机关必须确保批捕的案件绝大多数构

成犯罪。否则，如果批捕后很多人定不了罪，我们对国家、对社会、对人民都不好交待。而附条件逮捕，就是既符合刑诉法的规定、又能达到这一目标的一项制度。

我们以审查批捕时案件是否已经构成犯罪为标准，将“有证据证明有犯罪事实”的案件分为“已构成犯罪”与“尚未构成犯罪”两种情形，对事实证据已经构成犯罪、又符合逮捕第二个、第三个条件的案件，无条件地予以批捕；对事实证据尚未构成犯罪的案件，则必须符合一定的条件才能批捕，这些条件是：第一，案件事实证据已基本构成犯罪。所谓“基本构成犯罪”，就是证据离定罪的要求虽然有欠缺，但已很接近，“八九不离十”。第二，根据现有事实、证据分析，案件在批捕后经过进一步侦查，能够取得定罪所必需的证据。第三，必须是有逮捕必要的重大有影响案件。这三个条件，实际上是刑诉法规定的逮捕三条件在证据尚未构成犯罪的案件上的具体化，其中第一个条件，是逮捕第一个条件“有证据证明有犯罪事实”的具体化；第二个条件，既是逮捕的题中应有之义，也是逮捕第二个条件的必然要求；第三个条件，则是逮捕第二个、第三个条件的具体化。

除了规定符合上述三个条件才能批捕之外，附条件逮捕制度还规定了对这类案件批捕后的后续措施：一要给侦查机关发补充侦查意见书，以引导取证，取到定罪所必需的证据；二要跟踪监督，督促侦查机关积极取证，如果发现侦查工作难有进展，难以取得定罪所必需的证据，就要及时撤销逮捕，以保障犯罪嫌疑人的合法权利。

上述三个条件、两项后续措施，是附条件逮捕制度的基本内涵。

上述情况说明：

1. 附条件逮捕是检察机关在审查批捕中的一项工作制度（工作措施），而不是法律制度。

2. 附条件逮捕中的“附条件”，是指对事实证据尚未构成犯罪的案件予以批捕应附的条件，而不是刑诉法规定的逮捕条件之外再附加什么条件。

3. 附条件逮捕所回答的是，事实证据尚未构成犯罪的案件，应当具备哪些条件才能予以批捕、批捕后还要采取哪些后续措施的问题。

4. 设立附条件逮捕制度的目的，是为了正确地贯彻执行刑诉法关于逮捕条件的规定，准确适用逮捕措施。

5. 设立附条件逮捕制度的意义，一是准确贯彻执行刑诉法关于逮捕条件的规定，防止把握过严或过松；二是使逮捕既能最大限度地满足侦查犯罪的需要，又能最大限度地保障人权，确保逮捕质量，从而实现打击犯罪与保障人权的统一；三是体现了检察机关对侦查活动的监督和对取证的引导，也体现了检察机关对侦查机关的配合与制约，从而实现检察机关对侦查工作配合支持与监督制约的统一。

总之，附条件逮捕是检察机关审查批捕工作的一项制度创新，它对于准确适用逮捕措施，强化对侦查活动的监督制约，对于打击犯罪，保障人权，维护社会稳定和公平正义，具有重要意义。

附条件逮捕经过全国检察机关三年多的实践，积累了丰富的经验，同时，也提出了一些需要进一步完善的问题，例如，附条件逮捕的案件范围如何掌握；检察机关批捕后如何督促公安机关侦查并及时掌握进展情况，会同公安机关建立相关的工作机制和制度；检察机关的侦查监督部门如何与公诉部门建立衔接机制，使公诉部门做好附条件逮捕案件的审查起诉工作；附条件逮捕在名称上怎么称呼为好，使之既准确反映内涵，又有利于外界明白和认同，等等。我相信，通过这次研讨会，一定会使附条件逮捕制度更加完善。

（本文系2008年8月29日在北京市人民检察院及其二分院与中国社会科学院法学研究所举办的附条件逮捕制度理论研讨会上的讲话节选）

职务犯罪侦查与反腐败研究

试论职务犯罪侦查思路的转变

第八届全国人大第四次会议于1996年3月17日对原刑事诉讼法作了重大修改，使得检察机关原来的职务犯罪侦查思路遇到了严峻的挑战，必须加以转变。本文试图在简要回顾我国职务犯罪侦查思路转换历程的基础上，围绕如何根据刑事诉讼法的修改，进行职务犯罪侦查思路转变的问题作些探索。

一、我国职务犯罪侦查思路转换历程的简要回顾

新中国成立初期，就把侦查职务犯罪的职责赋予了检察机关。1949年12月，经中央人民政府毛泽东主席批准的《最高人民检察署组织条例》就规定了检察机关“对刑事案件实行侦查，提起公诉”的职能。1950年8月，最高人民检察署李六如副检察长在第一届全国司法会议所作的报告中，就提出检察机关首先要“注意检察贪污案件”，“注意检察违法乱纪侵犯人权案件”，这实际上已初步指明了检察机关侦查的范围是职务犯罪。

从1951年末开始，检察机关职务犯罪侦查工作结合全国开展的“三反”（反贪污、反浪费、反官僚主义）、“五反”（反行贿、

反偷税漏税、反盗窃国家资产、反偷工减料、反盗窃国家经济情报)、保卫粮食统购统销、“一化三改”(实现社会主义工业化和对农业、手工业和资本主义工商业实行社会主义改造)等运动,侦查了前天津地委书记刘青山、专员张子善等一大批国家工作人员、基层干部和企业人员利用职务实施的贪污公共财产,侵犯公民人身权利、民主权利的案件,为保卫新生的国家政权,保障过渡时期总路线的顺利贯彻,起了重要作用。20 世纪 50 年代后期,由于“左”倾思想的影响,检察机关职务犯罪侦查因被认为“矛头对内”受到错误批判而逐渐萎缩。“文化大革命”中,检察机关的职务犯罪侦查工作因检察机关被撤销而不复存在。

1978 年,检察机关“鉴于同违法乱纪行为作斗争的极大重要性”(叶剑英在《关于修改宪法的报告》中语)而重建。党的十一届三中全会后,法制建设得到加强,职务犯罪也随着改革开放政策的实施而明显增多。职务犯罪侦查工作出现了前所未有的大好局面。各级检察机关不断加强侦查业务建设和组织建设,完善侦查制度和机制,以党政机关、司法机关、行政执法机关和经济管理部门的案件和大案要案为重点,依法查处了一大批身居要职的领导干部,这对于纯洁国家工作人员队伍,保证国家工作人员为政清廉,维护国家机关正常活动和社会主义法制,保障改革开放和社会主义现代化建设,起了重大的作用。

从新中国职务犯罪侦查历程的简要回顾可知,职务犯罪侦查从 1951 年“三反”、“五反”运动中发端至今(除“文化大革命”期间检察机关被撤销外),已经走过了近四十年不平凡的历程。若以侦查思路作为划分的根据,该四十年大致可以分为以下三个历史发展阶段:

第一阶段从职务犯罪侦查发端到“文化大革命”前,这是职务犯罪侦查的初创时期。这一时期的职务犯罪侦查,伴随着旨在建立和巩固新的政治、经济制度的一系列运动而开展。侦查思路的主要特点是群众运动和半法制化:(1)专门机关调查与群众运

动相结合是职务犯罪侦查的基本方法；（2）党委领导下由检察机关为主或参加的联合调查组、专案组是职务犯罪侦查的基本组织形式；（3）联合调查组或专案组提出建议、党委拍板决定是职务犯罪侦查的基本决策方式。这一侦查思路形成的主要原因是：新中国成立初期政权初创，斗争复杂，大规模的急风暴雨式的阶级斗争尚未结束，加上50年代后期指导思想的偏差，群众运动成了被用来解决党内和社会问题的主要形式；法制建设严重滞后，侦查程序缺乏法律依据。

第二阶段从1978年检察机关重建到1996年原刑事诉讼法的修改，这是职务犯罪侦查在法制的轨道上大发展的时期。“文化大革命”后，中国人民在邓小平理论指引下，在深刻总结历史经验教训的基础上，实行工作重点转移和改革开放，推进社会主义民主和法制建设，全面开始了建设中国特色社会主义的伟大实践。在这样的大背景下，职务犯罪侦查伴随着改革开放和社会主义法制建设的进程同步开展和深入发展，在1979年7月1日第五届全国人大二次会议通过的刑事诉讼法的规范下运作。这一时期的侦查思路，除了依法独立侦查取代了过去的群众运动和党委批案外，还有以下特点：（1）侦查观念重视惩治犯罪和执行实体法，而对保障人权和执行程序法重视不够；（2）侦查重心放在讯问犯罪嫌疑人、获取口供上，待取得口供后，再核查取证，故侦查模式是由供到证；（3）侦查方法特别是讯问方法偏重于强攻硬取打疲劳战；（4）侦查决策基本上属于无风险决策，即多数案件是在犯罪嫌疑人已作供述，且证据已基本到位、确已构成犯罪的情况下才决定立案、拘留的，其决策是稳稳当当、没有风险的；（5）侦查机制以二三人为一组分兵单独作战为主。这一侦查思路的形成主要基于以下三个原因：一是刑事诉讼民主化、法制化是一个渐进的过程，在民主化、法制化的起步阶段，传统的观念仍有广泛而深刻的影响。二是原刑事诉讼法对传唤、拘传、监视居住没有严格的时间、地点限制，侦查人员在对犯罪嫌疑人拘留前可以拘传、监视居住等形式较长时间限制其人身自由和进行讯问。三是检察机关侦查的多数职务犯罪案件的侦查进路是由人查事，特别是贿赂等案件，主要靠言词证据定案，口供在诉讼中居于重要地位，加上我国官本位思想严重，在犯罪嫌疑人供述犯罪事实前对其立案、拘留，往往存在较大风险。因此，这一侦查思路适应了当时的社会历史背景，也在一定程度上适应了职务犯罪案件的侦查特点，具有一定的合理性，且为惩治职务犯罪作出了巨大的贡献。但是，这一侦查思路也存在一些不足，主要是：侦查模式单调，使原本千变万化、生动活泼的侦查活动公式化了；过于倚重口供，通过监视居住等措施实际剥夺犯罪嫌疑人人身自由的时间往往过长，容易发生侵犯犯罪嫌疑人人身自由权、不文明办案及侦查事故等问题，不符合诉讼民主化的大趋势。

第三阶段始于 1996 年 3 月 17 日第八届全国人大四次会议对刑事诉讼法的修改和 1997 年 1 月 1 日修改后的刑事诉讼法实施。这是检察机关职务犯罪侦查进一步重视诉讼当事人权利保障的时期。引起这次侦查思路转换的直接动因是刑事诉讼法的修改，而深层次的原因则是社会历史的发展和犯罪情况的变化：市场经济体制的逐步建立和以公有制为主体多种所有制共同发展的经济制度要求法律平等地保护各种不同身份的市场主体和多种所有制经济主体在诉讼中的权利；依法治国方略的提出，社会主义民主政治建设的稳步推进，使得民主法制观念进一步深入人心，且经济全球化的发展和国际政治斗争的需要也促使我国进一步发展社会主义民主，健全社会主义法制，加强人权保障；职务犯罪情况、规律和特点的变化使得原刑事诉讼法和原侦查思路已不适应。总之，“势易时移”，修改在改革开放前计划经济条件下制定的刑事诉讼法就提上了第八届全国人大四次会议的议程。随着刑事诉讼法的修改，检察机关职务犯罪侦查思路也必须随之转变。

上述职务犯罪侦查思路转换的历程说明，一个时期采取怎样的侦查思路，既不是基于法学家或立法者的任性，也不是基于检

察机关的主观意志，而是依据当时社会的政治、经济、文化及民主法制条件和职务犯罪的客观实际，因而是社会发展的客观规律和客观条件使然。因此，把握时代前进的脉搏和趋势，顺应时代潮流，使侦查思路与时俱进，是检察机关侦查的理论研究者和实务者的重大使命。

二、本次职务犯罪侦查思路转变的主要内容

修改后的刑事诉讼法顺应了改革开放的历史潮流，显示了依法治国的时代特征，借鉴和吸收了国际刑事诉讼立法的一些成功经验，在诉讼科学化、民主化方面迈出了重要的步伐。首先，在修改的指导思想上，不再片面强调打击犯罪，而是强调打击犯罪和保护人权的统一，并在具体制度和程序上加强了对被害人、犯罪嫌疑人、被告人诉讼权利的保障；其次，针对原刑事诉讼法存在的缺陷和司法实践中存在的问题，比较集中地解决了一些长期没有解决和难以解决的问题，如收容审查、免予起诉、检察机关侦查的范围、庭审走过场、疑案处理等问题，完善了诉讼机制，有利于实现司法公正；再次，在立足于国情的同时，吸收了外国的一些立法经验，如无罪推定原则、律师在侦查阶段介入诉讼、增设简易程序、文明执行死刑等，从而使我国刑事司法制度与国际通行做法更加协调。[①] 这些修改，无疑对职务犯罪侦查带来了广泛而深刻的影响。一方面，它为职务犯罪侦查提供了一些有利条件，如赋予检察机关刑事拘留决定权；适当放宽了逮捕条件；适当延长了某些案件的侦查羁押期限；增加规定了“视听资料”这一新的证据形式；等等。另一方面，也给职务犯罪侦查提出了新的更高的要求，侦查工作的难度明显加大。这些困难主要表现在：(1) 缩小了检察机关侦查的案件管辖范围，使得在侦查工作

① 参见陈光中主编：《刑事诉讼法实施问题研究》，中国法制出版社 2000 年版，第 1 ~ 2 页。

中通过其他案件以案隐案或通过其他案件深挖领导干部犯罪案件的条件和机会减少；（2）传唤、拘传时间限定在12小时，使得犯罪嫌疑人的心理稳定性明显增强，侦查人员利用传唤、拘传进行讯问的力度减弱，使政策攻心、促使犯罪嫌疑人心理转化和角色转换工作较难在传唤、拘传期限内完成；（3）犯罪嫌疑人在被侦查机关第一次讯问后或者采取强制措施之日起，可以聘请律师为其提供法律服务，使得侦查由封闭变为开放，这不仅会增强犯罪嫌疑人的抗审心理，而且难免出现犯罪嫌疑人及其家属利用少数素质低、职业道德差的律师进行反侦查活动的情况。刑事诉讼法的这些修改，使得传统的侦查思路失去了继续运行的法律依据，迫使检察机关原来的侦查思路在侦查观念、侦查重心、侦查方法、侦查决策、侦查机制等方面进行以下转变：

（一）侦查观念从偏重于打击犯罪转变为打击犯罪和保障人权相统一，从偏重于实体法转变为实体法和程序法并重

我国法律文化缺少民主、平等的传统和个人的独立价值，国家本位的观念根深蒂固。解放后，这种观念没有得到消除，而且受前苏联式的制度结构和意识形态的影响得以强化，认为法律仅仅是统治阶级的意志，公安、司法机关仅仅是统治阶级对阶级敌人实行专政的工具。这种观念反映在刑事侦查中，突出表现在重打击轻保护、重实体轻程序上。它片面地强调打击犯罪是对广大人民权利的最大的保护，而对打击犯罪过程中保护诉讼参与人包括犯罪嫌疑人的权利重视不够；片面强调侦查的破案功能，认为程序法仅仅是实体法的工具，只要能破获案件，程序上违反一点算不了什么。当刑事诉讼法摈弃了上述观念，并对该法律中的一系列制度、规定作了修改后，上述观念的不适应性就凸显了出来，影响了修改后刑事诉讼法在侦查人员思想上的顺畅接受和在侦查中的正确实施，也影响了侦查思路的转变和侦查水平的提高。为此，转变侦查思路首先要转变侦查观念。

1. 转变重打击轻保护的观念，树立打击犯罪与保障人权相统一的观念。

打击犯罪本身是对广大人民合法权益的保护，同时，在打击犯罪过程中还要依法保护诉讼参与人包括犯罪嫌疑人的合法权益，如果不能有效地保护甚至侵犯后一种人员的合法权益，那这些人员及他们的关系网络辐射所及的人员累计相加的结果就绝不是少数，这样，以保护广大人民合法权益为出发点的侦查工作就会违反初衷，造成损害一批人合法权益的结果。

2. 转变重实体轻程序的观念，树立实体法与程序法并重的观念。

首先，严格遵守程序法是保证办案质量，实现实体公正的要求。刑事诉讼法是办理刑事案件的操作规程，这些规程的设置，是长期司法实践经验的总结，是一个严密的科学体系。它服务于实体法，但本身又具有体现法律公平正义的独立价值。只有严格依照法定程序侦查，实现程序公正，才能保证办案质量，实现实体公正。绝不能以牺牲程序的合法性为代价去追求实体的所谓真实。否则，就有可能牵连无辜，伤及好人，甚至发生冤假错案。必须明确，刑事诉讼法对诉讼各方都是权利与义务的统一，绝不能认为犯罪嫌疑人只有义务没有权利，侦查人员只有权力没有义务，只要有利于侦破案件，侦查人员就可以不择手段。可以说，刑事诉讼法就像一个“笼子”，它规范了诉讼各方的行为，侦查人员必须增强“笼子”的观念，应当也只能在“笼子”的空间范围内开展侦查活动，来演出一幕幕有声有色、惊心动魄的侦查剧。其次，严格遵守程序法是检察机关性质和职能的要求。任何侦查主体的侦查活动都必须严格遵守程序法，检察机关作为监督国家法律统一正确实施的机关，更应模范地遵守法制，如果违法办案，无论对国家法制，还是对检察机关的声誉，都会造成严重损害。再次，严格遵守程序法是职务犯罪侦查活动本身的要求。职务犯罪侦查的对象有较高的文化水平、较强的人格尊严和自我权利保护意识，对程序法也较为了解甚至熟悉，侦查人员如果违法办案，不文明办案，方法简单粗暴，不仅不能突破其心理防线，而且会强化其抵触和对抗心理，其结果不但会影响侦查工作的顺利进行，而且不利于罪犯认罪服法。总之，遵守法定程序，是现代侦查法制的必然要求，检察机关绝不可有丝毫的马虎和轻视。

（二）侦查重心从讯问犯罪嫌疑人获取口供，转变为正面接触、讯问前的秘密调查

传统的侦查思路把讯问犯罪嫌疑人、获取口供作为侦查的重心，侦查的模式是“由供到证”。刑事诉讼法修改后，必须将侦查重心前移，放在正面接触犯罪嫌疑人前的秘密调查上，待取得相当的证据，确信嫌疑人有犯罪事实后再正面接触，突破口供，侦查模式是“由证到供”。

把秘密调查作为侦查重心的理由是，第一，根据修改后的刑事诉讼法，侦查人员一旦正面接触、讯问犯罪嫌疑人，就会面临12 小时的传讯时限和律师介入的问题，12 小时届满后，如不能对犯罪嫌疑人拘留，侦查工作的回旋空间就较小。因此，将侦查重心前移至正面接触犯罪嫌疑人之前，开辟秘密调查的广阔空间，是适应修改后刑事诉讼法的必然选择。第二，职务犯罪分子行动诡秘，反侦查能力强，且关系网密，保护层厚，一旦察觉侦查机关对其调查，就会进行串供、毁证、逃跑等反侦查活动，并调动其关系网阻挠对其查处，故要尽可能采取秘密方法调查取证。第三，不少案件线索经调查后不存在违法犯罪事实，因此，秘密调查有利于维护被调查人的声誉，使其免受不必要的损害。第四，秘密调查是整个侦查工作的基础。只有做好这一工作，才能使正面接触犯罪嫌疑人和采取强制措施有坚实的基础，才能使侦查员和指挥员坚定信心，敢于决策，推进侦查向纵深发展。如不重视秘密调查，侦查工作就只能是无源之水，无本之木，且会走上单一的讯问之路，造成以拘代侦，以捕代侦，从而侵犯诉讼参与人

特别是犯罪嫌疑人的合法权利。

秘密调查的方法很多，如接谈察访法、借车行路法、以案隐案法、化装调查法、耳目内线法、秘录音像法、张网布控法等。一切能够在隐蔽侦查意图的条件下依法获取证据的方法都可以使用。

（三）侦查方法特别是讯问方法从偏重于强攻硬取打疲劳战，转变为运用谋略和科技手段获取证据

这一转变的核心是提高谋略和科技在侦查中的含量，以智取胜，以科技取胜。

之所以强调以智取胜，以科技取胜，是因为：首先，职务犯罪是智能型犯罪，当事人有权有势，见多识广，经验丰富，侦查人员必须以智斗智。其次，证据是侦查的核心，侦查的过程是侦查人员与犯罪嫌疑人间围绕取证与反取证（匿证、串证、毁证等）展开激烈斗争的过程，在这场斗争中，主要不是靠体力，而是靠智力，因为职务犯罪嫌疑人以暴力正面对抗的可能性较小，而主要是运用智能进行对抗；同时，职务犯罪案件物证少，言词证据地位突出，而犯罪嫌疑人对自己的口供具有可控性，即他是否交代犯罪事实，相当程度上取决于其意志，他清醒地意识到，如果交代了犯罪事实，就意味着党籍、职务、地位顷刻间化为乌有，从“人上人”变为阶下囚。因此，必须运用谋略，使其在认识和判断上产生错误，从而在趋利避害的心理支配下，在走从宽处理之路还是走从严处理之路的权衡比较中，交代犯罪事实。诚然，政策教育是审讯的基本策略和方法。但政策教育只有在犯罪嫌疑人认为办案人员已掌握了证据，不如实交代就会被从严处理的情况下，才会起作用。再次，科学技术是第一生产力。当前，以信息技术、生命科学技术等为代表的科技革命风起云涌，科学技术在发展生产力中的作用越来越大，科技水平越来越成为国与国之间竞争的重要内容。与此相适应，科学技术也越来越多地运

用于犯罪和对犯罪的侦查，侦查中科技含量的高低，将越来越成为衡量侦查能力和水平的重要标志。因此，在犯罪手段高科技化的条件下，必须发挥科学技术在收集、固定、鉴别证据，侦破案件中特有的作用。

一般来说，如果秘密调查工作做到家，讯问得法，谋略和技术运用得当，犯罪嫌疑人是会交代犯罪事实的。因为犯罪嫌疑人有趋利避害的心理，有自私自利和机会主义倾向。“博弈论”中著名的“囚徒困境”案例就说明了这一点：假定有两个犯罪嫌疑人甲和乙被分隔在两个监房里进行审讯。假定两人都不坦白，那由于证据不很充分，各判刑二年；如果两人都坦白，那证据确凿，各判刑五年；如果一人坦白，另一人不坦白，则坦白者判一年，不坦白者判十年。试想，如果两人是合作博弈，都选择不坦白，那各判刑二年，二人总刑期只有四年；如果非合作博弈，都选择坦白，则每人各判刑五年，二人总刑期十年，二者利弊是很分明的。但事实上，由于人的机会主义倾向，二人都会选择坦白。因为甲会这样想：如果乙不坦白，那么我坦白的结果（一年）比不坦白（二年）更有利；如果乙坦白了，那么我坦白（五年）比不坦白（十年）同样更有利。故无论如何，坦白比不坦白好。同理，乙也会作这样的分析和决策。所以，两人都试图作出对自己最有利的决策，却带来了总体上最不利的结果（二人总刑期十年）。[①] 因此，我们应该根据犯罪嫌疑人的机会主义倾向，设计和运用谋略。侦查中的谋略主要有投石问路、打草惊蛇、虚张声势、声东击西、冒名顶替、制造错觉、调虎离山、引蛇出洞、欲擒故纵、挑拨离间等。侦查人员只要摸清有关情况，并勤于思索，善于总结，就能“眉头一皱，计上心来”，巧施谋略。

必须指出，以智取胜是以已获取的有关证据为前提、在对客

---

① 黄亚钧、姜伟：《微观经济学教程》，复旦大学出版社 1995 年版，第 174 ~ 175 页。

观事实正确分析判断基础上的谋略运用，其要点是讯问人员不点明犯罪的具体事实、情节、数额，让犯罪嫌疑人自然供述，其目的是为了还案件事实以本来面目。这与诱使犯罪嫌疑人承认虚假事实的套供、诱供有本质的区别。《孙子兵法》“计篇”云：“兵者，诡道也。故能而示之不能，用而示之不用；近而示之远，远而示之近；利而诱之，乱而取之；实而备之，强而避之；怒而扰之，卑而骄之；佚而劳之，亲而离之；攻其不备，出其不意。此兵家之胜，不可先传也。”其意思是说：“用兵打仗是一种诡诈的行为。所以，能打而装作不能打，要打而装作不要打；要从近处打而装作从远处打，要从远处打而装作从近处打；敌人贪利就用利去引诱他，敌人混乱就趁机去夺取他；敌人力量充实就要谨慎防备他，敌人力量强大就要设法避开他；敌人暴躁易怒就要故意不断地扰乱他，敌人谨慎小心就要千方百计使他骄傲自大；敌人安逸就要设法使他疲劳，敌人团结就要进行离间；要在敌人没有准备的情况下举行攻击，要在敌人意想不到的情况下采取行动。这些都是军事家用兵的奥妙，是不能事先说定的。”① 打仗是这样，侦查也是这样。对狡猾的犯罪分子，绝不能采用毛主席当年批评过的宋襄公那样的蠢猪式的作战方式。②

关于提高侦查工作中科技含量以科技取胜问题，着重要加强先进侦查装备的建设和使用，做到跑得快（交通）、联得上（通讯）、录得下（收集证据）、定得牢（固定证据）、辨得清（检验

---

① 唐满先：《孙子兵法今译》，江西人民出版社 1985 年版，第 11 页。

② 《毛泽东选集》（第 2 卷），人民出版社 1991 年版，第 492、518 页。宋襄公是公元前 7 世纪春秋时期宋国的国君。公元前 638 年，宋国与强大的楚国作战，宋兵已经排列成阵，而楚兵正在渡河。宋国有一个官员认为楚兵多宋兵少，主张利用楚兵渡河未毕的时机出击。但宋襄公说：不可，因为君子不乘别人困难的时候去攻打人家。楚兵渡河以后还未排列成阵，宋国官员又请求出击。宋襄公又说：不可，因为君子不攻击不成阵势的队伍。一直等到楚兵准备好了以后，宋襄公才下令出击。结果宋兵大败，宋襄公自己也受了伤。

鉴别证据)。要明确以下观点：(1) 技术装备作为人类文明成果，没有阶级性和专属性，既可以为资本主义国家的侦查机关使用，也可以为社会主义国家的侦查机关使用；既可以为普通犯罪侦查服务，也可以为职务犯罪侦查服务。因此，绝不能自设思想障碍，作茧自缚，同时，又要严守规矩，按有关规定使用，防止侵犯当事人的合法权益。(2) 不仅要装备静态中使用的录音录像等设备，而且要装备在动态中使用的微型录音录像等设备 (如遥控式录音机、隐蔽式摄像机、夜视仪等)。因为侦查工作是动态的，随着侦查重心前移，用技术设备收集、固定证据工作也要前移。即不仅要固定与犯罪嫌疑人正面接触后的有关证据，更要收集和固定秘密调查中的证据。(3) 不仅要充分运用检察机关自己的技术设备，还要善于运用其他部门的技术设备如邮电通信设备、电脑网络等为职务犯罪侦查服务。

(四) 侦查决策①从无风险决策转变为风险决策

刑事诉讼法修改前，由于对传唤犯罪嫌疑人的时限、监视居住的地点均无严格限制，检察机关可以通过较长时间的传唤、监视居住来突破犯罪嫌疑人的口供，查明是否确有犯罪事实。故大多数案件是在口供已经突破、证据已经基本到位，在案件能否成立、犯罪嫌疑人是否有罪的问题上没有风险后才决定立案、拘留的。刑事诉讼法修改后，由于对传唤的时限、监视居住的地点作了严格的限制，因而许多案件特别是贿赂案件，往往需要通过拘留讯问才能确定案件能否成立和犯罪嫌疑人是否有罪，因而在决定立案、拘留时，案件最终能否成立，犯罪嫌疑人最终能否构成犯罪，还存在一定的风险。因此，过去那种稳稳当当、没有风险的决策模式已失去继续存在的基础，必须调整为风险决策。以拘留决策为例，拘留前 12 小时的传唤时限犯罪嫌疑人心知肚明，一

① 这里主要指立案、拘留的决策。

顶就过去了。再者，根据犯罪心理学原理，犯罪嫌疑人从开始被讯问到交代问题，一般要经过抵触、试探、动摇、交代这四个阶段，要在12小时内走完这四个阶段，不大符合心理学一般规律。有的犯罪嫌疑人即使愿意交代，一般也要等到过了12小时，看侦查机关采取什么样的侦查措施之后。因此，要在12小时内突破口供，多数案件难度较大，而要着眼于12小时以后。12小时过后，如果侦查机关对符合拘留条件的依法果断予以拘留，犯罪嫌疑人看到你下了决心，就会分析认为检察院肯定掌握了相当的证据。同时，拘留后，他就不知道外面的变化，比如，不知道赃款有没有被起获，有关人员有没有交代。在这种情况下，他的心理就动摇了。故多数犯罪嫌疑人口供的突破不在12小时之内，而在过了12小时转为拘留之后。如果无风险决策的模式不调整，拘留这一步跨不出去，就很难办出案子。在当前侦查实践中，运用拘留强制措施总的说谨慎有余，主要原因有二：一是秘密调查工作做得不充分，侦查机关和侦查人员心里没底，不敢下决心；二是无风险决策的思维惯性。

这里特别需要指出的是，“风险决策”是相对于过去那种无风险决策即证据已证明犯罪嫌疑人构成犯罪的情况下才决定立案、拘留的决策模式而言的，而不是指在不符合立案、拘留法定条件的情况下，冒风险分别予以立案、拘留。风险决策的目的，是为了实现依法定条件决策，因为立案的条件是“认为有犯罪事实需要追究刑事责任”，侦查后是否确有犯罪事实需要追究刑事责任，还有一定的或然性，也即一定的风险，拘留的情况亦然。因此，风险决策就是为了改变过去那种不严格依照法定条件立案、拘留的决策模式，把决策模式回归到依照法定条件决策上来。

侦查决策由无风险决策转变为风险决策，并不意味着可以不顾风险大小，盲目决策，而是要把风险降到最低限度。为此，要把握以下三点：

1. 对案件要分析透，判断准。

毛泽东说："指挥员的正确的部署来源于正确的决心，正确的决心来源于正确的判断，正确的判断来源于周到的和必要的侦察，和对于各种侦察材料的联贯起来的思索。"① 因此，在决定是否拘留前，要把案件的线索、秘密调查获取的证据及信息综合起来，加以透彻的分析，对犯罪嫌疑人是否肯定有犯罪事实、决定拘留后突破案件有无把握等问题作出准确的判断。

2. 要把握好风险的度。

比如决定拘留，至少要同时具备三个条件：一是秘密调查搞得充分，根据所取的证据确信存在犯罪事实。二是根据已获证据和各种情况判断，拘留后突破口供的把握性大。三是即使不能突破口供也不至于赔偿，不至于引起大的被动。这三条，第一条是拘留的证据条件，第二条是把握程度，第三条是风险的底线。

3. 要该进则进，该退则退。

作各种决策（包括拘留）都要如此，而不能勉强从事。勉强从事只会造成被动。比如，对犯罪嫌疑人传唤或拘传后，根据证据已具备拘留条件的要果断拘留；不具备拘留等强制措施条件的要主动放人，放人不等于放弃，有的可以长期经营，有的可以暗中监控，在动态中收集再生证据。通俗地说，就是要"没有证据就放人，有了证据再抓人"。"魔高一尺，道高一丈"，只要犯罪嫌疑人确有问题，就"逃得了初一，躲不过十五"。同时，要懂得进与退之间的辩证关系，审时度势，灵活地决定进退，依法活用、巧用各种强制措施和其他侦查措施，而不能死板。

（五）侦查机制从分兵单独作战为主转变为整体作战

刑事诉讼法修改后，由于严格限制传唤时间和允许律师介入，造成诉讼的开放性，办案的时间性、紧迫性大大增强，许多侦查

① 毛泽东："中国革命战争的战略问题"，载刘扬名主编：《马克思主义著作选编》甲种本（下册），中共中央党校出版社 1996 年版，第 729 页。

工作，如讯问同案人及询问证人、外围调查、搜查、追赃、追捕同案犯等工作，往往需要在正面接触犯罪嫌疑人的同时同步进行，故以往那种以二三人为一组分兵单独作战为主的侦查机制必须调整。同时，近年来，职务犯罪特别是贪污贿赂犯罪情况发生了很大变化：一是犯罪领域全国化、国际化。随着经济全球化程度的加深和市场经济的发展，经济活动打破了区域界限乃至国界，国内国际市场越来越联成一体。与此相适应，职务犯罪也打破了区域界限以至国界。如一案涉及多个地域，一个受贿人收受不同地域多个人的贿赂，一个行贿人分别向不同地域多个受贿人行贿，或者甲地作案，乙地实现犯罪目的，本地作案，异地躲藏、匿赃，等等。这就需要争取国内以至国际有关方面的支持配合。二是犯罪形态多样化。以窝案、串案为特征的群体性、团伙性犯罪已呈普遍现象，案中有案，案外有案，纵横交错，侦查时往往涉及许多地区，投入大量力量，有的甚至要组织多地区参加的大兵团作战，需要有关地区有关方面的支持配合。三是犯罪种类多样化。某些职务犯罪往往与走私、贩毒、虚开税票、洗钱及黑社会犯罪等普通犯罪交织；在侦查职务犯罪中又可能涉及伪证、包庇、窝赃等犯罪。同时，职务犯罪又往往与违法违纪相交织。因而需要各个司法机关及有关执法执纪部门的支持配合。四是犯罪手段和逃避侦查的手段现代化。随着现代化科学技术日新月异地发展，贪污贿赂罪也日趋智能化、现代化。利用计算机等高新技术手段作案不断增多，犯罪得手更加隐秘、快捷；现代化的联行系统和环球金融电信网，可以将赃款在几秒钟之内转移到异地或境外；现代交通可以使犯罪分子藏身于千里之外。同时，借助现代化通信等技术，犯罪人员特别是群体犯罪人员的反侦查能力也进一步增强。不依靠整体协作，就难以有效地控制犯罪人员，及时侦破案件。

为了应对刑事诉讼法的修改和职务犯罪情况的变化，必须建立整体作战的机制。它有利于打破部门、行业、地域的界限，形成与职务犯罪作斗争的合力；有利于不同地区侦查资源的集中使用和优化配置，集中优势人力、物力对付职务犯罪；有利于各部门、行业、地区协同动作，从而形成纵向指挥有力、横向协作紧密、反应快速灵敏、运转高效有序的侦查机制。

整体作战有五个层次：一是专门机关与广大人民群众整体作战；二是检察院内部整体作战；三是全国检察系统整体作战；四是检察机关与其他执法执纪部门整体作战；五是检察机关与国际侦查机构整体作战。在该五个层次中，第一个层次是基础，因为离开群众支持，检察机关侦查就没有根基，就会失去活力和力量源泉。第二个层次是最基本最主要的层次，因为它是对职务犯罪实施侦查的基本单位。后三个层次则是在第二个层次基础上范围的扩大。

根据整体作战的思路，要建立或健全以下机制：一是统分结合的侦查力量配置机制。在初查时，可以分兵单独作战，正面接触犯罪嫌疑人后则全局、全院甚至更大范围统一调配，集中力量，分工配合，突击作战。二是侦查指挥协调机制。地市级以上检察院要建立侦查指挥中心，以强化上级检察院的侦查指挥协调功能。同时，提倡地市级检察院建立侦查机动支队，以利于集中全市的优势兵力侦破重点案件，利于开展秘密调查，避免本地人相互认识给秘密调查带来的不便，利于排除阻力干扰。三是侦查协作机制。各检察机关侦查部门要做好协查、协控、协助拘捕等工作。同时，还应加强国际侦查协作工作。四是侦诉配合机制。侦查部门要把证据取到位，不留空隙，为起诉打下坚实的基础。起诉部门要协助做好加固证据、堵塞漏洞的工作，使证据万无一失。要建立侦诉部门碰头沟通制度，邀请侦查人员一起研究出庭方案制度。五是与其他执法执纪部门配合协作的机制。重点要处理好与纪检部门的关系。我国反腐败的领导体制和工作机制是“党委统一领导，党政齐抓共管，纪委组织协调，部门各负其责，依靠群众支持参与”，因此，检察机关要支持和服从纪委的组织协调，

并与纪委密切配合，各负其责。要防止两种倾向：一种是密切配合不够，难以实现“优势互补，形成合力”；另一种是混淆职能，过于依赖纪委，从而影响了检察机关侦查功能的发挥。要在党委统一领导和纪委组织协调下，走依法独立办案的路子。

上述五个方面的转变虽不是侦查思路转换的全部内容，但基本上包括了主要的方面。

三、转变侦查思路的措施

要实现侦查思路的上述转变，应当从以下三个方面入手：

（一）大胆探索，勇于实践

有探索才有创新，才有前进；有实践才能发现真理，检验真理。自从刑事诉讼法修改以来，我国检察机关的广大侦查人员就开始了探索和实践新的法律框架下新的侦查思路的艰苦历程，从而逐步和初步地总结出了上述新的侦查思路。而要使该侦查思路成为普遍的现实，并得到发展和完善，同样必须依靠广大侦查人员的探索和实践。只有把广大侦查人员的积极性调动起来、创造性发挥出来，敢于创新而不因循守旧，勇于实践而不消极等待，才能闯出一条适应修改后刑事诉讼法要求和职务犯罪新特点的侦查路子。为此，要采取多种措施，激励侦查人员投身于转变侦查思路的探索和实践。二要为转变侦查思路的探索和实践提供宽松的环境。因为侦查工作本来就有风险，有风险就会有失败，而要探索新路，失败以至失误的可能性就更大。因此，要严格区分工作失误与违法违纪的界限，对违法违纪，要严肃查处，绝不手软；对工作失误，重在总结教训。

（二）坚持不懈，持之以恒

转变侦查思路将是一个长期而复杂的过程。因为第一，新侦查思路五个方面的转变，所涉及的都是根本的大的方面，而不是枝节，它不仅与检察机关侦查人员的素质密切相关，而且与国家所能提供的物质装备条件密切相关，还与整个社会的思想观念、法律文化密切相关。因为如前所述，任何一种侦查思路的转换，既不取决于法学家或立法者的任性，也不取决于侦查人员的主观意志，而是依据当时社会的政治、经济、思想文化和民主法制条件；要使新的侦查思路变成现实，同样需要社会政治、经济、文化及民主法制条件，因而非数日之功所能实现。第二，立法既要立足于现实，反映现实的需要，又不能拘泥于现实，而应当具有一定的前瞻性；既要立足于中国的国情，又要吸收世界各国的文明成果，对联合国有关法律文件所确立的刑事司法准则和西方国家一些有借鉴价值的做法有所体现，努力做到二者的统一。① 而要使其中具有前瞻性的规定和吸收、借鉴的联合国刑事司法准则及西方国家有价值的做法，在我们这样一个封建思想观念广泛存在、经济文化比较落后的国家得到切实有效的实施，必然需要一个过程，有些甚至需要经过相当长的时间。因此，转变侦查思路必须坚持不懈，持之以恒，既要防止急于求成，因短期内未能实现有效转变而反过来怀疑修改后刑事诉讼法的科学性和新侦查思路的正确性；又要防止消极等待，认为反正转变侦查思路是一个长期复杂的过程，因而可以慢慢来。要充分认识转变侦查思路的现实紧迫性。因为第一，侦查思路的转变是一种质变。要实现这种质变，需要量变的积累，需要不断取得阶段性成果。没有量变和阶段性成果的积累，质变就只能是一句空话。第二，职务犯罪侦查工作每天都在进行，侦查人员不是执行正确的侦查思路，就是执行错误的侦查思路，如果执行错误的侦查思路，其结果不是违规操作、违法办案，就是办不出案件、办不好案件。因此，它不允许消极等待和慢慢来。

---

① 参见陈光中主编：《刑事诉讼法实施问题研究》，中国法制出版社 2000 年版，第 2 页。

（三）提高素质，造就专家

转变侦查思路，关键在人。要把提高侦查人员政治、业务素质摆到重要位置，培养和造就一大批职务犯罪侦查专家，包括秘密调查专家、审讯专家、侦查谋略专家、侦查技术专家和分类案件的侦查专家，并充分发挥他们的“领头雁”作用。要通过开展优秀侦查员评比活动、褒奖业务尖子、选贤任能等多种措施，激励侦查人员刻苦钻研侦查业务，营造业务尖子光荣的氛围，创造有利于业务尖子脱颖而出的机制；要重视侦查经验的总结、交流，取长补短；要开展对典型案件侦查情况的点评活动，明确侦查工作的利弊得失，以利总结提高。

（本文原题目为“论反贪侦查思路的转变”，载《人民检察》1999年第10期，收入本书时略有增删与修改）

职务犯罪侦查谋略研究

侦查谋略是指侦查机关及其侦查人员在刑事侦查中，为了发现、揭露、证实犯罪，查获犯罪人而策划、实施的计谋和策略。职务犯罪侦查谋略，特指检察机关及其侦查人员在职务犯罪侦查中策划、实施的计谋和策略。

谋略在刑事侦查中具有重要作用。职务犯罪是智能型犯罪，侦查人员必须以智对智，故谋略在职务犯罪侦查中就显得尤为重要。本文试就职务犯罪侦查谋略的有关问题作些研究。

一、职务犯罪侦查谋略概说

马克思主义认为，物质资料的生产是人类最基本的实践活动，是推动历史进步的决定性力量。在物质资料生产中，人类大脑的机能也得到发展。一部人类社会发展史，就是体力劳动在物质资料生产中的比重逐步下降，脑力劳动在物质资料生产中的比重逐步提高的历史，三次社会分工的相继出现，工业化时代的到来，知识经济的发端，就是上述演进规律作用的结果。脑力劳动比重的提高主要体现在文化科学技术的发展上，同时，在有对抗性斗争（竞争）的领域，如军事、刑事侦查、商业、体育等领域，还体现在谋略的发展上。二者的发展又形成了互动关系，即文化科

学技术的发展为谋略的发展不断提供新的动力和内容，谋略的发展又推动了科学技术的不断进步。

侦查谋略源于军事谋略。人类社会自从有战争以来，就开始研究和运用谋略，以便在战争中打败对方，保存自己。一部战争史，也是军事谋略的发达史。我国历史上各个时期的“兵法”，就是该时期战争规律的总结和军事谋略的结晶。由于刑事侦查中侦查主体与侦查对象之间的对抗性类似于战争，因而人们逐渐把军事谋略运用于刑事侦查，而古代军事长官和司法长官的合一制度，又为把军事谋略运用于刑事侦查提供了条件。谋略一旦运用于侦查，就为侦查增添了活力，而侦查实践的发展又促进了侦查谋略的发展。

（一）谋略在职务犯罪侦查中的地位

1. 谋略是职务犯罪侦查的关键。

“用兵之道，以计为首，以谋取胜。”“三军之事，莫重于谋。”“上兵伐谋。”① 这都说明了谋略在军事上的关键地位。最典型的事例是《三国演义》中的刘备，刘系“一代枭雄”，志向宏大，且有关羽、张飞、赵云等一批名将，然奋斗多年，仍无立足之地，在困厄彷徨之际，三顾诸葛亮于茅庐。诸葛亮在隆中的一席话，就为其指明了战略思想和方针、策略（即战略性谋略），使刘备“茅塞顿开”；出山后，又提出了许多战役性、战术性谋略，辅佐刘备屡战屡胜，成就了帝业。在职务犯罪侦查中，谋略同样处于关键地位，因为职务犯罪是智能型犯罪，在犯罪的预谋、犯罪的手段以及犯罪后反侦查的行为上，都表现出明显的智能性特点。他们在人身危险性上，往往比一般刑事犯罪小，但在用智用谋上，却明显超过一般刑事犯罪，故侦查人员更要善于用智用谋，以智对智，以谋克谋。特别是贿赂等案件，侦查对象的口供

① 《孙子兵法·谋攻篇》，转引自唐满先：《孙子兵法今译》，江西人民出版社1985年版，第22页。

是定案的重要依据，但由于侦查对象对自己口供所带来的利与害有透彻而深刻的了解，因而一般是不会交代犯罪事实的，这就非得运用谋略不可。在侦查实践中，有些案件久侦不破，一旦用了谋略，即顷刻破案；在审讯中，有的侦查人员久问无获，换了个侦查人员，即迅速突破口供，这样的情况屡见不鲜。因此，侦查人员不仅要有“勇”，即能够不怕疲劳，连续作战，勇猛顽强，敢于斗争；更要有“谋”，即善于开动脑筋，施谋用策，以智取胜。侦查人员侦查水平的差异，既反映在体力和“勇”上，更反映在脑力和“谋”上，也就是说，能否运用谋略是衡量侦查人员侦查水平高低的决定性因素。

2. 谋略是侦查措施的灵魂。

侦查是运用法律赋予的各种侦查措施收集证据、证实犯罪和查获犯罪人的活动，侦查的过程就是运用各种侦查措施的过程。侦查主体只有通过侦查措施的运用，才能达到侦查目的，因此，侦查措施是侦查主体实现侦查目的的中介。但是，侦查措施必须以侦查谋略为指导、为灵魂，否则，再好的侦查措施也只能成为一种盲目的侦查行动。侦查措施就那十几种，但在侦查实践中却能变化无穷，这是因为这些侦查措施可以有不同的排列组合，而这种不同的排列组合是根据不同的侦查谋略而进行的；侦查措施对每个侦查人员是人人平等的，但运用的结果却往往大相径庭，这除了所侦查案件的差异外，主要原因在于侦查人员侦查水平的差异，而侦查人员侦查水平的差异，又主要表现为运用谋略以及以谋略指导侦查措施的水平的差异。因此，侦查谋略是侦查措施的灵魂，侦查措施则是实现侦查谋略的手段。

（二）谋略在职务犯罪侦查中的作用

谋略是职务犯罪侦查中无形的战斗力，是克敌制胜的法宝。其作用主要表现在以下四个方面：

1. 促使暴露。

在职务犯罪侦查活动中，侦查主体要揭露和证实犯罪，查获

犯罪人，侦查对象要掩盖犯罪，对抗侦查，双方充满着揭露与反揭露、侦查与反侦查的激烈斗争。这种斗争围绕犯罪事实或犯罪人两个方面展开。而运用谋略，可以促使犯罪事实或犯罪人的暴露。如通过谋略调动、诱惑侦查对象进行活动，使其露出马脚或产生再生证据；通过谋略瓦解侦查对象的心理防线或迷惑侦查对象的思想，使其吐露真情，暴露罪证，等等。

2. 致敌失误。

侦查主体与侦查对象双方的尖锐对立，使得一方力量或主动权的消长与另一方具有反向关系，即一方的失误意味着另一方力量的增强或主动权的增加。但是，侦查对象作为理智正常的人，一般是不会自动发生失误的，检察机关侦查的对象作为高智商的人群，自动发生失误的概率就更低。而侦查谋略的功能之一，就是通过侦查主体的外力作用，如采取引诱、迷惑等方法，使侦查对象产生错觉，并实施错误的行为，从而迅速改变侦查活动双方力量或主动权的对比关系，使侦查主体实现侦查目的。

3. 赢得主动。

在相互对立的侦查双方中，谁取得主动权，谁就能取得斗争的胜利。就力量而言，侦查主体一方一般占有优势，因为他们代表正义，且有国家政权做后盾，有广大人民群众的支持。但就主动权而言却不尽然，因为任何案件总是作案在前，侦查在后，侦查活动能否取得确实、充分的证据，能否查清犯罪事实，要受多种因素的制约，而不完全随侦查主体的主观意志而转移。一般而言，侦查活动深入的过程，就是侦查主体的斗争主动权逐步增加的过程；反过来，侦查主体的斗争主动权每一次大的增加，都意味着侦查活动大的突破。因此，侦查主体能否取得斗争主动权，是衡量侦查活动能否取得胜利的基本标志。而侦查谋略能够在不增加人力物力的情况下，使侦查主体较快地取得斗争主动权，使侦查对象较快地失去斗争主动权。

4. 提高效益。

侦查活动要花费人财物和时间等成本，通过这些成本的投入，侦破案件，取得收益。侦查效益是指侦查收益与侦查成本的比例关系，是反映惩治犯罪、保护人民的能力与水平的重要标志。而侦查谋略对于提高侦查效益具有十分重要的作用，因为谋略能通过人脑智能的发挥，大大节省人财物和时间的投入，使相同的成本破获更多的案件，或破获同样的案件只需较小的成本。在实践中，一个攻心谋略有时能促使一大批犯罪分子投案自首，一个调动型谋略能使踏破铁鞋未能获得的证据轻松得到，迷惑性的寥寥数语能使坚不吐实的犯罪嫌疑人迅速缴械，等等，这样的例子不胜枚举。

（三）职务犯罪侦查谋略的特点

1. 智能性。

谋略是人类高级的思维活动，是智慧的结晶，其本质是运用斗智的方法，以智取胜。因此，谋略制定和实施的过程，就是人们运用智慧的过程；谋略的质量和效果，也直接取决于制定者和实施者的智慧水平。所谓“谋生于智”、“神机妙算”、“运筹于帷幄之中，决胜于千里之外”、“眉头一皱，计上心来”，等等，都生动地说明了谋略的智能性的特点。

2. 诡诈性。

诡诈是一切谋略的理论基础，是谋略万变不离其宗的规律。《孙子兵法》云：“兵者，诡道也。”① 常言道：“兵不厌诈。”都是说谋略所具有的诡诈的特点。所谓“兵者，诡道也”，意即用兵打仗是诡诈的行为。《孙子兵法》对“诡道”作了如下的列举性的解释：“能而示之不能，用而示之不用；近而示之远，远而示之近；利而诱之，乱而取之；实而备之，强而避之；怒而挠之，

① 《孙子兵法·计篇》，转引自唐满先：《孙子兵法今译》，江西人民出版社1985年版，第11～12页。

卑而骄之；佚而劳之，亲而离之；攻其不备，出其不意。”[①] 其意思是说：能打而装作不能打，要打而装作不要打；要从近处打而装作从远处打，要从远处打而装作从近处打；敌人贪利就用利去引诱他，敌人混乱就趁机去夺取他；敌人力量充实就要谨慎地防备他，敌人力量强大就要设法避开他；敌人暴躁易怒就故意不断地扰乱他，敌人谨慎小心就千方百计使他骄傲自大；敌人安逸就要设法使他疲劳，敌人团结就要进行离间；要在敌人没有准备的情况下举行进攻，要在敌人意想不到的情况下采取行动。[②] 可见，诡诈性的实质是以制造错觉、迷惑对方等形式，促使犯罪分子自我暴露和被侦查主体制伏。

需要指出的是，谋略的诡诈性与刑事诉讼法所禁止的以引诱、欺骗的方法收集证据有本质的区别。谋略的运用必须建立在根据已获取的证据正确分析判断案件事实的基础之上，其目的是为了还案件事实以本来面目。运用谋略必须遵守一个规则，即侦查人员在取证中不得先于取证对象说及案件的具体事实和情节，而应让取证对象自然地陈述。否则，如果先于取证对象说及案件事实和情节，就不是运用谋略，而是套供、诱供；如果侦查人员进而以虚假的承诺或虚假的案件事实和情节诱使取证对象承认，那就是以引诱、欺骗的方法收集证据。只要划清上述界限，遵守上述规则和刑事诉讼程序，就不必心存顾虑。反腐败是关系到我们党和国家生死存亡的严重的政治斗争，而职务犯罪则是腐败中的极端表现。为了有效地揭露和证实职务犯罪，保护国家和人民的根本利益，诡诈性谋略不仅允许使用，而且应当多用，用得越多、越诡诈越好，而绝不能像毛泽东当年批评过的宋襄公那样采用

① 《孙子兵法·计篇》，转引自唐满先：《孙子兵法今译》，江西人民出版社 1985 年版，第 11～12 页。

② 唐满先：《孙子兵法今译》，江西人民出版社 1985 年版，第 14 页。

"蠢猪式"的作战方法。①

3. 奇特性。

谋略只有在不被对方识破的前提下才能发挥作用，因而必须具有奇特性。"凡战者，以正合，以奇胜。故善出奇者，无穷如天地，不竭如江河。"② 因此，谋略只有具有奇特性，才能出奇制胜。谋略的奇特性主要表现在三个方面：一是创新，即跳出习惯思维和常规做法的框框，进行创造性思维。"兵无常势，水无常形"，一些侦查谋略在长期的侦查实践中尽管已形成相对稳定的形式，但在具体运用中，也应当赋予新的内容，注入新的活力，使之在常规运用中永放异彩，常用常新，不断发展，永具魅力。二是逆向，即与习惯思维的方向相反或表面行为与真实意图相反。在军事上，前者如诸葛亮的"空城计"，按习惯思维，敌人来犯时，城内空虚应闭门坚守，但诸葛亮却大开城门；后者如"能而示之不能，用而示之不用"，"虚虚实实，虚则实之，实则虚之"。在侦查中，前者如"以迂为直"，即以迂回的办法代替直线进攻；后者如"明撤暗侦"，即表面上撤兵撤案不查，暗地里继续进攻。三是不意。即乘对方不备或出乎对方意外用谋。毛泽东曾经指出："什么是不意？就是无准备。优势而无准备，不是真正的优势，也没有主动。"③ 如果谋略在对方意料之中，或一眼就能被识破，那就不具有奇特性，所谓的谋略也就不是真正的谋略，难以发挥应有的作用。

① 参见《毛泽东选集》（第2卷），人民出版社1991年版，第492页。宋襄公是公元前7世纪春秋时期宋国的国君。公元前638年，宋国与强大的楚国作战，宋兵已经排列成阵，楚兵正在渡河。宋国有一个官员认为楚兵多宋兵少，主张利用楚兵渡河未毕的时机出击。但宋襄公说：不可，君子不乘人家困难的时候发动进攻。楚兵渡河后还未排列成阵，宋国官员又请求出击。宋襄公又说：不可，君子不攻击不成阵势的队伍。一直等到楚兵准备好了以后，宋襄公才下令出击，结果宋兵大败，宋襄公自己也受了伤。

② 《孙子兵法·势篇》，转引自唐满先：《孙子兵法今译》，江西人民出版社1985年版，第34页。

③ 《毛泽东选集》（第2卷），人民出版社1991年版，第492页。

4. 隐秘性。

“谋成于密，败于泄。”隐秘性包括隐蔽和保密两个方面。隐蔽是把谋略隐藏在人们习以为常、司空见惯的行为、活动之中，而不暴露意图，使对方在不知不觉之中陷入圈套。保密是指谋略内容不得泄露。秘密是谋略的生命，谋略如果不能保密，不管水平多么高超，也会分文不值，而且还会被对方利用，从而导致被动和失败。隐蔽与保密，保密是基础，只有保住了密，隐蔽才有意义；隐蔽是在保密的基础上用假象对谋略进行掩护，目的是为了更好地保密。

二、职务犯罪侦查谋略的种类

职务犯罪侦查谋略以运用范围为根据，可以分为战略性谋略、战役性谋略和战术性谋略三个层次。战略性谋略又称宏观谋略，是从职务犯罪侦查全局和长远出发运筹生成的谋略；战役性谋略又称中观谋略，是从一个区域或一个战役出发运筹生成的谋略；战术性谋略又称微观谋略，是主要基于个案侦查活动运筹生成的谋略。这里所讲的谋略主要是战术性谋略。

战术性侦查谋略大致可以分为五大类，即调动类谋略、利用类谋略、攻心类谋略、诱惑类谋略和密探类谋略。每一类谋略中又有若干种。现分述如下：

（一）调动类谋略

调动类谋略是指对隐藏不动或其所处位置、环境不利于开展侦查活动的犯罪嫌疑人，采取场景诱导、组织安排等方式，调遣、左右其行动的一类侦查谋略。这类谋略的关键是使犯罪嫌疑人认为自己被“调动”是对自己有利或合乎常情的。运用这类谋略的目的是争取主动，促使暴露，获取证据。调动类谋略主要有以下几种：

1. 调虎离山。

调虎离山的本义是指设法让老虎离开高山。这里所讲的

“虎”是指犯罪嫌疑人；所讲的“山”是指对犯罪嫌疑人有利的环境条件或岗位、处所。犯罪嫌疑人占据有利的环境条件和岗位、处所，显然会对侦查工作带来不利，为了变被动为主动，就必须使用调虎离山之计调动犯罪嫌疑人离开原来的环境条件或岗位、处所，从而为实施侦查排除干扰，铺设条件，或实施密取、密捕等。在侦查实践中，通常由发案单位或上级主管部门以安排外出学习、开会、出差、疗养等名义，使犯罪嫌疑人离开原来的环境条件或岗位、处所，必要时还派人一同前往对其进行监督和牵制。调虎离山的“调”必须调得自然合理，使其不产生怀疑，即使在“虎”归“山”后，对侦查意图和行动也毫无察觉。

2. 引蛇出洞。

引蛇出洞是与调虎离山相类似的一种侦查谋略。所不同的是：(1) 调虎离山主要用于占据有利的环境条件或岗位、处所的犯罪嫌疑人，目的是为侦查工作排除干扰或创造有利条件；引蛇出洞主要用于隐藏不动的犯罪嫌疑人，目的是使其暴露。(2) 调虎离山的“调”可以采用行政性措施，而引蛇出洞的“引”却不能采用行政性措施，而是在“洞”的外面设置一定的情境与诱饵，造成有利于其活动的假象，从而引诱犯罪嫌疑人自动地出“洞”，进行活动或“表演”。

3. 赶（引）鸟归巢。

赶鸟归巢是指用驱赶或引诱等方法使侦查对象回到原来的处所或其他特定地点的一种侦查谋略，它与引蛇出洞作用相似，但使侦查对象行动方向相反。赶（引）鸟归巢谋略大多用于缉捕犯罪嫌疑人的侦查活动，检察机关一方面采用由公安机关发布、张贴通缉令，组织侦查人员追捕等措施，使犯罪嫌疑人在外惶惶不可终日；另一方面采取敦促投案自首，由犯罪嫌疑人父母、配偶教育、召唤，侦查人员设计以谈业务、做生意等名义引诱等方法，敦促、吸引或引诱犯罪嫌疑人回到原来处所或指定地点，使犯罪嫌疑人归案接受侦查。这一谋略往往与蹲点守候的侦查措施结合使用。

4. 打草惊蛇。

打草惊蛇原谓惩罚甲而使乙有所警惕，后多比喻做事不秘，使对方有所察觉，预作防备。刑事侦查以“密”和“不意”为要，因而一般要避免打草惊蛇，但由于打草惊蛇具有使蛇“游动”起来从而使其暴露的功能，因而可用它来调动犯罪嫌疑人，使其露证、露赃或露人。实施时，一般根据案情，采取放出风声、传递信息、旁敲侧击等方法，使犯罪嫌疑人受到刺激而惊慌不安，然后或找同案犯、行贿人联络密谋，或转移赃款赃物，或向有关部门投石问路以至投案自首，而侦查人员则于暗中监视，并采取相应手段，张网以待，从而获取罪证、赃款赃物或查获犯罪人。

（二）利用类谋略

利用类谋略是侦查人员利用犯罪嫌疑人的弱点、犯罪同伙之间的矛盾或犯罪嫌疑人所设置的骗局，为我所用，从而达到分化瓦解、获取证据或查获犯罪人目的的一类侦查谋略。这类谋略的特点是巧借敌力，因势利导。如利用犯罪嫌疑人的弱点再扩大弱点或乘弱而入；利用犯罪同伙之间的矛盾再制造矛盾；利用犯罪嫌疑人设置的圈套再设置圈套，从而置犯罪嫌疑人于被动境地。利用类谋略主要有以下几种：

1. 舍强用弱，避实击虚。

这是避开案件强、实之处，利用或攻击薄弱环节的一种侦查谋略。任何案件或犯罪嫌疑人都有其强、实之处，也有其弱点或薄弱环节，侦查人员要抓住弱点或薄弱环节做文章：一是要利用弱点，如对多疑的犯罪嫌疑人要加以迷惑，以加重其怀疑；对细心的犯罪嫌疑人要善于用语言、神态、动作进行暗示，使其产生联想或猜测；对急躁的犯罪嫌疑人要故意拖延时间，使其在急不可耐中交代犯罪事实；等等。二是要攻击薄弱环节。孙子兵法曰：“水之形，避高而趋下，兵之形，避实而击虚”；“进而不可御者，

冲其虚也”。[①] 案件的薄弱环节，往往就是案件的突破口，攻击薄弱环节，就能打开缺口，使犯罪嫌疑人无法设防。运用舍强用弱、避实击虚谋略，关键要找准犯罪嫌疑人的弱点和案件的薄弱环节，找得不准，就有可能弄巧成拙。

2. 利用矛盾，分化瓦解。

这是侦查行受贿案件、共同犯罪案件以及有关联的群体性“窝案”、“串案”中常用的一种谋略。犯罪成员之间一方面有共同的利害关系，有对抗司法机关侦查的共同愿望，有些还订立过攻守同盟，因而容易结成反侦查的共同体；另一方面又存在着各种矛盾，存在着自私自利的机会主义倾向以及与此相伴而生的互相猜疑心理。因此，侦查人员只要注意发现、利用并扩大犯罪成员之间的矛盾，就能动摇他们抱团抗拒的心理，形成“我不供他人会供，与其迟供不如早供”的互相猜疑、争相交代的情势，从而达到打破攻守同盟、分化瓦解犯罪人的目的。运用这一谋略的前提，在于侦查人员要善于发现矛盾，找准矛盾，分析矛盾产生的原因，然后才能顺势利用矛盾。必要时，侦查人员可以采取暗中离间、两头调唆、旧事重提、旧仇新忆等方法制造矛盾，并推动矛盾的激化和爆发。

3. 顺水推舟，将计就计。

这是顺应犯罪嫌疑人的阴谋诡计巧设良计，从而使犯罪嫌疑人中计的一种侦查谋略。这一谋略的实质是把对方的诡计借过来为我所用；实施的关键在于识破对方的诡计，因势利导，在对方诡计之外再设一计，而表面上却假装中了对方之计，在对方实施其预定计谋时落入我之圈套。如受贿人约行贿人密谋对抗侦查的方法，侦查人员在做好行贿人工作的基础上让其与受贿人进行“控制下串供”，从而获得有关受贿及串供情况的录音资料；犯罪

---

① 《孙子兵法·虚实篇》，转引自唐满先：《孙子兵法今译》，江西人民出版社1985年版，第40页。

嫌疑人托人向侦查人员说情或打听案情，侦查人员借机向说情人散布真真假假的信息，使犯罪嫌疑人得到信息后产生错觉，实施有利于侦查的行为；审讯时犯罪嫌疑人编造谎言抵赖犯罪事实，或表白没有问题，侦查人员假装相信，让其充分表演，然后用迂回包抄的方法断其退路，并揭露其供词的矛盾，迫使其交代犯罪事实；等等。

（三）攻心类谋略

人的行为是由思想指挥的，而人的思想是可以改变的。攻心类谋略就是根据人的思想的可变性，运用心理学原理，以适度的心理刺激，促使犯罪嫌疑人改变心理定式，瓦解抗拒心理，从而主动投案自首或坦白交代的一类侦查谋略。“攻心为上”。攻心谋略可以不付或少付代价，战胜对手，有的甚至可以取得“不战而屈人之兵”的效果，因而被军事、刑事侦查广泛采用。运用攻心类谋略的前提条件是要吃透案情，掌握犯罪嫌疑人的性格和心理特点，然后才能针对性地进行攻心，从而“乱其心、丧其胆、泄其气、涣其志、松其防”，在利弊权衡中缴械投降。攻心类谋略主要有以下几种：

1. 敲山震虎。

这是针对犯罪嫌疑人作案后做贼心虚的心理，通过施加强大的心理压力，促使其投案自首、坦白交代，或跳出来进行串供、毁证等反侦查活动，从而自我暴露的一种侦查谋略。敲山震虎中的“山”是指隐藏犯罪嫌疑人或犯罪事实的环境条件，或案件的其他涉案人员；“虎”是指犯罪嫌疑人；“敲”就是制造一定的声势、气氛和压力，以此震慑犯罪嫌疑人。“敲”的方法主要有：拘捕涉案的其他人员；召开一定范围的群众大会，点明存在的主要问题，表明深入反腐败的决心，号召投案自首、检举揭发，造成兵临城下的声势和气氛。这种谋略一般适用于反侦查经验不很丰富、罪行不很严重的作案分子；使用时要注意防止其逃跑、自杀、毁证。

2. 先声夺人。

意为先造成声势以破坏敌人的士气。这是一种首先大张自己的声威，威慑压倒对方，或是在舆论上抢先一步、争取主动的一种侦查谋略。职务犯罪侦查的对象有不少是领导干部，平时受人尊敬，保持着干部的尊严，有的甚至颐指气使。受审时，往往难以接受现实，官架子十足，一副不屑一顾、徒奈我何的样子。如不打掉其威风，拉下其架子，他就不可能以正确的态度对待审查，更不可能交代犯罪事实。因此，侦查人员必须首先在心理上、气势上压倒对方，以严肃的态度和有分量的言辞，打掉其威风，拉下其架子，使他摆正位置，真正认识到自己在这里已不是领导干部，而是犯罪嫌疑人，从而以正确的态度接受审查。实施先声夺人谋略，必须与训斥、不文明言行严格区分开来，因为后者只会增加犯罪嫌疑人的抵触心理，并造成不良影响，因而必须严格禁止。

3. 刚柔相济。

这是针对犯罪嫌疑人都存在的抗拒和坦白这两种矛盾心理，采用威慑、施压与关心、引导相结合的办法对犯罪嫌疑人进行讯问的一种方法。它是政治范畴中“恩威并用”、“拉打结合”方法在讯问中的运用。“刚”就是以“坦白从宽、抗拒从严”的政策和《刑事诉讼法》第46条的规定及从严惩处的典型案例等，以震慑和威严对受审人造成强大的心理压力，使其感到罪行严重，法网难逃，只有坦白交代，才是唯一出路。没有“刚”这一手，受审人一般不会如实交代，特别是那些欺软怕硬的。“柔”就是运用法律、政策、从宽处理的典型案例以及示以关心、心理温暖等，对犯罪嫌疑人晓之以理，动之以情，进行开导感化，教育挽救，唤起良知，指出希望。没有“柔”这一手，往往会使讯问陷入僵局，特别是那些吃软不吃硬的。使用刚柔相济法要注意以下三点：(1) 要掌握受审人的性格特点、弱点、不交代的症结所在

以及心理需求，因人施策，对症下药，该刚则刚，该柔则柔，制其相宜。(2)要掌握好度，防止感情用事。超过一定的度，无论是“刚”还是“柔”都不能达到促使思想转化的目的，反而会增加受审人的对抗情绪或侥幸心理。(3)“刚”要讲文明，“柔”要有原则，都不能背离政策，讲过头话。

4. 迫敌就范。

这是侦查人员选择特殊的时机、环境和条件，对犯罪嫌疑人采取侦查措施，从而对其产生强大心理压力，使其没有回旋余地，不得不缴械投降的一种侦查谋略。比如在犯罪嫌疑人“不意”或“不备”时采取侦查措施（即“出其不意，攻其不备”）；选择特殊的时机、环境和条件拘传、拘捕犯罪嫌疑人。

（四）诱惑类谋略

诱惑类谋略是指侦查人员使用诡诈之术引诱、迷惑侦查对象，使其产生错觉并作出错误判断和行动的一类侦查谋略。运用这类谋略的基本方法是隐真示假，但“示假”并非都是假，而是真中有假，假中有真，使人真假难辨。对其中假的情节，要假得符合情理，以防被对方识破，弄巧成拙。运用这类谋略的目的，是为了使侦查对象产生错觉，具体地说，有的是为了隐蔽侦查行动和意图，使侦查对象松懈警惕；有的是为了引诱侦查对象进行反侦查活动，从而为侦查人员提供再生证据；有的是为了摧垮侦查对象的心理防线和侥幸心理，促使其投案自首或坦白交代犯罪事实；等等。诱惑类谋略主要有以下几种：

1. 明修栈道，暗度陈仓。

明修栈道，暗度陈仓，原义是比喻以明显的行动迷惑、麻痹对方，暗中却采取另一种行动以达到目的。作为职务犯罪侦查的谋略，它是指在秘密调查时，为了隐蔽侦查（初查）行动和意图，不以检察机关名义，而以别的公开身份和合乎情理的公开形式，开展调查、获取证据的一种侦查谋略。这种谋略大多在立案前的初查时运用，一般请纪委、审计、银行、税务、工商、公安等机关或调查对象的上级主管部门出面，或检察机关以他们的身份，借党风调查、年度例行审计、监督贷款管理使用、核税、盘点、治安管理等名义，收集、提取与案件线索有关的物证、书证和证人证言。与这种谋略相类似的谋略还有“声东击西”等。由于这种谋略既能防止打草惊蛇，又能获取案件证据，因而在秘密调查时经常使用。

2. 内紧外松，明撤暗攻。

这是采取表面上撤案不查，实际上加紧调查的方法，使侦查对象产生错觉从而自我暴露的一种侦查谋略。它主要用于侦查对象沉底不动或已做好充分的反侦查准备，侦查工作一时难以进行下去或久侦未破、屡查未果的案件。侦查人员表面上偃旗息鼓或放风撤案不查，实际上以静制动，静观其变，暗中监控，寻找战机。侦查对象以为风头已过，因而懈于防备，或频繁联络，或转回赃款赃物，从而为侦查破案提供新的契机。

3. 欲擒故纵，放线钓鱼。

这是麻痹侦查对象、调动侦查对象暴露的一种侦查谋略。这种谋略，“纵”不是放纵不查，而是变换后的一种侦查形式。其目的是为了迷惑侦查对象，诱使其进一步暴露，然后再行擒获。它多适用于以下情形：一是已对侦查对象采取强制措施，但案件难以深入，处于僵持状态；二是在行受贿案件或共同犯罪案件中，少数或次要的侦查对象已被采取措施，但多数或重要的侦查对象一时难以归案。对前者，通过“纵”可以诱使侦查对象放松警惕，在弹冠相庆、得意忘形之余大胆活动，充分暴露；对后者，通过“纵”可以诱捕、全歼全案的侦查对象。运用这一谋略，要注意“纵”得自然合理，以诱使其大胆活动；同时，“纵”后不能失去控制，防止其串供、毁证、逃跑等反侦查活动得逞。

4. 虚张声势，以虚击实。

这是以大造声势、渲染气氛的方法，表明检察机关侦查决心，

诱使侦查对象以为检察机关证据在握，从而主动投案或坦白交代的一种侦查谋略。它主要适用于侦查人员掌握的证据还不多，或虽有一些证据但缺乏过硬证据的案件。具体做法是抓住侦查对象供述中的矛盾或作案手法上的破绽大肆攻心，并运用模糊语言、点而不破、暗示等办法，使其不知虚实而被迫交代；或者在侦查对象能感知的场所同时询（讯）问涉案有关人员，摆开破釜沉舟、深查到底的架势，同时设法让侦查对象产生有关人员已作交代的错觉，从而瓦解其思想防线，交代犯罪事实。运用虚张声势、以虚击实谋略要注意所“虚张”的声势要符合法律、情理，且留有余地，使案件可进可退，即使侦查对象最终仍不交代也不会造成被动。

5. 虚虚实实，兵不厌诈。

诱惑类的上述四种谋略都是采取隐真示假的方法诱惑侦查对象产生错觉的谋略。虚虚实实、兵不厌诈是指诱惑类谋略中除上述四种谋略之外的用虚虚实实的方法，诱惑侦查对象产生错觉，从而作出错误判断和行动的谋略。犯罪分子作案后，既想抗拒交代，蒙混过关，又害怕已被司法机关掌握证据，陷入被动，因此，他们对侦查人员的言谈举止、证据一类的材料、家属、子女及涉案其他人员的动态等都十分关注和敏感，以此来分析判断案件侦查情况及自己的处境，并决定相应的对策。针对侦查对象的这一特点，用虚虚实实、真假莫辨的办法使其产生错觉的谋略就可大行其道。如根据犯罪嫌疑人拿钱收物时其配偶、子女往往知情的特点，使其产生亲属已作交代的错觉；根据贪污贿赂案犯经济反常的特点，使其产生赃款赃物等罪证已被起获的错觉；根据案件有人知情或有同案犯的情况，使其产生知情人或同案人已作交代，自己被“出卖”的错觉；根据贿赂案件的行贿人为了防止事后说不清楚，在送钱送物时让第三者“跟踪”作证或进行录音等情况，使其产生“把柄”已被抓住的错觉；根据犯罪嫌疑人不了解侦查进程的情况，使其产生检察机关调查已久、掌握材料较多、

证据已较充分的错觉。使侦查对象产生错觉的方法很多，如对说情的逆用（对前来的说情人散布隐真示假的信息）；派人冒充有关人员给在看守所内的犯罪嫌疑人或其在所外的家属送假信息；以犯罪嫌疑人家属给犯罪嫌疑人送日常用品、水果等名义，在日常用品、水果中夹带冒充其家属写的字条；给犯罪嫌疑人放其他涉案人员的简短供词、证词（内容必须不涉及案件的具体事实，而仅表明交代或作证的态度）；侦查人员在当面或用通讯工具报告、传递办案信息中故意报告、传递事先谋划的虚假信息且让犯罪嫌疑人隐约感知；讯问时运用模糊语言和暗示方法；等等。运用虚虚实实谋略，一要注意掌握犯罪嫌疑人的性格特点和心理需求；二是所用的“虚”要虚得符合情理、足以乱真、不露马脚，同时要留有余地，以免造成被动。

（五）密探类谋略

密探类谋略是指用秘密力量或秘密方法探知有关犯罪事实和犯罪嫌疑人动态的证据、情报的一类侦查谋略。运用间谍刺探情报，历来被军事、政治斗争所重视，孙子称“用间”为“兵之要，三军之所恃而动也”，指出明君贤将之所以一出兵就能战胜敌人，其原因就在于事先了解敌情，而要事先了解敌情，就必须运用间谍。因此，“三军之事，莫亲于间，赏莫厚于间，事莫密于间”。① 在侦查中，情报同样至关重要，有关犯罪事实的情报，其本身就是侦查行为所苦苦寻找的；有关犯罪嫌疑人动向的情报，是侦查人员制定侦查计划、采取侦查措施、运筹奇谋良策的依据。而使用密探是获取情报的一个基本手段。运用密探类谋略必须注意两点：（1）不能暴露密探手段和执行密探任务的人；（2）获取的证据材料，不能作为证据使用，如要使用，必须转化为公开证据。密探类谋略主要有以下几种：

---

① 《孙子兵法·用间篇》，转引自唐满先：《孙子兵法今译》，江西人民出版社1985年版，第92页。

1. 冒名顶替。

这是假冒特定人员与犯罪嫌疑人及有关人员进行活动，以获取证据、情报的一种侦查谋略。犯罪嫌疑人及有关人员对犯罪事实等情况，在侦查人员面前往往讳莫如深，但对他们的亲友及他们认为信得过的“自己人”就少有防备，有的还会直言相告。因此，冒名顶替就成了侦查人员获取证据、情报的一种重要谋略。具体形式有：假冒犯罪嫌疑人的亲友贴靠另一犯罪嫌疑人进行情报活动；假冒犯罪嫌疑人的亲友、律师与同案人、行贿人及其他知情人共商“反侦查对策”以探取真情；假冒已外逃的犯罪嫌疑人的朋友探问犯罪嫌疑人的下落；等等。在用通讯工具与犯罪嫌疑人联络时，有时可利用有些犯罪嫌疑人在社会上认识的人多而一时又不一定记得起来的特点，假冒当地同名者较多的名字，以套取真情。

2. 化装调查。

自古以来，化装调查（侦查）被广泛用于侦查活动。传说中的包公利用旧社会人们相信迷信的心理，多次以神、鬼的名义审案，使案犯吐露真情；《十五贯》中的况钟，利用一些人相信命运的心理，化装成算命先生，查明了真凶。在职务犯罪侦查中，凡商品购销、工程发包、资金拆借等经济活动中的贿赂案，一般可以化装调查，即以客户谈业务为名，赢得对方信任，从中巧妙地套取与案件有关的第一手材料，掌握各种名义的回扣、好处费的犯罪交易内幕。化装调查要注意以下几点：（1）要充分准备。侦查人员要熟悉特定行业的业务、市场行情、游戏规则，使人感到是行家里手；要商定所扮的身份及其单位，印制好名片；要设计应变方案，防止“露馅”。（2）在与对方接触交谈中要沉得住气，掌握主动权，言谈举止要有神秘感，使对方放心、信任。

3. 内线获取。

这是指通过从外部打入或物色内线人员获取证据与情报信息的一种侦查谋略。“堡垒最容易从内部攻破。”内线获取就是从敌营内部攻破堡垒的一种好谋略。它通过深入敌营内部，掌握某些证据及布防情况，达到“知彼”的目的，从而为正面攻击奠定可靠的基础。内线获取主要有三种方法：一是侦查人员隐蔽身份，巧借名义，乔装打扮进入犯罪嫌疑人的活动圈子，赢得其信任，在常态下获取证据与情报信息；二是物色可靠的知情人、举报人贴近犯罪嫌疑人，由其按侦查意图及时、准确地提供证据、情报及犯罪嫌疑人的活动情况；三是采用“狱侦”方法，即在看守所内物色可靠人员（可以是其他犯罪嫌疑人或已决犯，也可以由侦查人员化装），贴近犯罪嫌疑人，赢得其信任，使其暴露思想顾虑和犯罪事实。

4. 控制下“串供”。

这是指指派经教育后愿意为我服务的同案人或其他知情人同犯罪嫌疑人当面或运用通讯工具进行“串供”（交谈犯罪事实，谋划反侦查措施），并在“串供”时秘录音像的一种侦查谋略。这里所说的“控制”有的是现控，有的是遥控。这里所说的“串供”，串供是假，通过“串供”回复案件事实、秘录音像是真。该谋略多运用于贿赂案件，因为贿赂案件主要靠言词证据定案，行、受贿双方的口供具有重要地位，通过运用控制下“串供”谋略，获取有关贿赂犯罪事实及双方串供的音像资料，可以帮助检察机关正确而大胆地作出侦查决策，并为正面攻击、侦破案件奠定坚实的基础。与控制下“串供”相似的是控制下交付，一般用于受贿人听到风声或被触动后将赃款赃物退给行贿人的场合。侦查人员根据情报信息或行贿人的报告，暗中潜伏于预定地点，在行、受贿双方交付赃款赃物时一举破案，做到人赃俱获。控制下“串供”必须以做好去“串供”的人的思想工作，使其真心愿意为我服务为前提，同时，实施过程中要加强对其控制，防止其“反水”和捣鬼。

上述五类共二十种谋略，仅是侦查谋略中常用和主要的部分。它们既可以单独使用，也可以数类、数种谋略同时使用。在侦查

实践中，为了取得好的侦查效果，一个案件往往要同时或先后运用多种谋略。

还要说明的是，上述“类”和“种”的划分并无绝对的标准，况且，许多侦查谋略是相互联系、相互渗透的，因此，上述划分仅具有相对的意义，其目的仅仅是为了归类和梳理，以便于使用而已。

三、运用职务犯罪侦查谋略的一般原则

根据职务犯罪侦查工作的要求和一些地方的实践经验，运用职务犯罪侦查谋略必须遵循以下原则：

（一）客观性原则

侦查谋略作为侦查人员的一种决策，属于主观认识的范畴，它必须依据于案件客观实际，并与案件客观实际相符。否则，如果脱离案件客观实际制定和运用侦查谋略，必然招致侦查工作的失败。而要使谋略与案件客观实际相符，就必须深入调查研究。《孙子兵法》云：“知彼知己，百战不殆。”[①] 毛泽东说：“指挥员的正确的部署来源于正确的决心，正确的决心来源于正确的判断，正确的判断来源于周到的和必要的侦察，和对于各种侦察材料的联贯起来的思索。”[②] 刘伯承说，作战指挥上神机妙策，首先要弄清楚任务、敌情、我情、时间、地形这“五行”，“五行不定，输得干干净净”。[③] 上述精辟论断都说明了调查研究的极端重要性。遵循客观性原则，深入调查研究，主要包括三方面内容：一是吃透案情，即弄清已获取哪些证据及这些证据所能证明的犯罪事实。

---

① 《孙子兵法·谋攻篇》，转引自唐满先：《孙子兵法今译》，江西人民出版社1985年版，第23页。

② 毛泽东：“中国革命战争的战略问题”，载刘扬名主编：《马克思主义著作选编》甲种本（下册），中共中央党校出版社1996年版，第729页。

③ 邓小平：“悼伯承”，载《邓小平文选》（第3卷），人民出版社1993年版，第186～187页。

已掌握哪些线索及情报、信息，并在此基础上对案情发展态势作出分析预测。二是充分了解侦查对象个性特点和心理状态，包括性格、智力水平、心理弱点和对各种侦查措施所可能产生的心理变化及可能采取的反侦查对策等。三是侦查主体运用谋略的能力、水平和条件。上述三个方面不可或缺，其中第一方面是谋略的案情依据，第二方面是谋略使用对象的心理依据，第三方面是谋略使用人的条件依据，三者共同构成侦查谋略的客观性依据。

侦查谋略遵循客观性原则，并不意味着可以不需要侦查人员的主观能动性。因为，第一，侦查人员主观能动性的发挥程度，影响着对客观实际的认识程度即对客观性原则的遵循程度；第二，侦查谋略本身，就是侦查人员在遵循客观性原则的基础上，发挥主观能动性的结果，如不发挥主观能动性，就不可能有侦查谋略产生；第三，侦查人员主观能动性发挥得好坏，决定着侦查谋略的质量。因此，侦查谋略是案件的客观性与侦查人员主观能动性相结合的结果，也是侦查工作客观规律性与侦查人员主观能动性相结合的结果。

（二）针对性原则

客观性原则所要解决的是侦查谋略的依据问题，坚持客观性原则，并不会自然而然地使侦查谋略具有针对性，它只是为侦查谋略具有针对性提供了可能。要使侦查谋略具有针对性，就必须使侦查谋略的主观设计与案件客观实际高度统一。否则，如果不符合客观实际，就会像刘伯承所说的“烧香找错了庙门”、“蚊子叮泥菩萨，看错了对象”,[①] 其结果必然招致侦查谋略使用的失败。在《三国演义》中，诸葛亮之所以敢对司马懿用空城计，就是因为司马懿心细且知道诸葛亮小心谨慎，认为诸葛亮绝不会冒险。如果对李逵式的将军，那诸葛亮断不会下此谋。在赤壁之战

---

① 邓小平：“悼伯承”，载《邓小平文选》（第3卷），人民出版社1993年版，第187页。

中，诸葛亮之所以叫关羽违反常规在华容道上放炊烟，以引诱曹操，就是因为曹操熟谙兵法且生性多疑，会根据“虚则实之，实则虚之”的谋略原则，作出有炊烟的路上没有敌人的判断。因此，侦查人员在制定和运用谋略时，既要考虑侦查工作的一般规律，更要重视特定案件、特定的侦查主、客体在特定的时间、环境、条件下的特殊性，以上述各特定的因素而转移，做到因案、因人、因时、因地、因情施谋，切忌生搬硬套，经验主义，按经验或常规办事，把侦查谋略公式化、模式化。如某检察院在侦查中了解到，犯罪嫌疑人很眷念家庭，很爱妻子。为了促使犯罪嫌疑人尽早交代犯罪事实，检察院决定采用“刚柔相济”这一攻心谋略中“刚”的这一手，对已列为侦查对象的他的妻子采取强制措施。但出乎该检察院意料的是，该犯罪嫌疑人不但不作交代，而且态度变得更坏，因为他对检察院的做法十分反感。原来，该犯罪嫌疑人性格较为刚强，逆反心理重，吃软不吃硬。后来，检察院调整了谋略，改用“刚柔相济”中“柔”的这一手，运用感情催化的方法才使犯罪嫌疑人转变态度，供述了犯罪事实。可见，对这个犯罪嫌疑人起作用的谋略，对另一个犯罪嫌疑人就未必起作用，施谋用策必须因案而异，因人制宜，具有针对性。

（三）优选原则

不同的侦查谋略适用于同一个侦查对象，其针对性有强弱之分，质量有高低之别，使用效用也会有大小之异，因此，要根据案件的具体情况，尽可能多设计几种侦查谋略，在此基础上，进行认真的分析、比较，从若干种备选方案中选择出最优的谋略来。比较和优选的依据是：（1）看是否符合运用侦查谋略的原则（即客观性原则、针对性原则和将在后文阐述的合法原则）及符合的程度。（2）看侦查效益的高低，即能否以最小的代价（消耗最少的人力、物力、财力和时间，冒最小的风险），取得最佳的侦查效益。（3）看对全案的作用如何。在案件侦查特别是对共同犯罪案件、窝案、串案的侦查中，往往要针对多个问题使用多个谋略，有些对局部、眼前有利的谋略，对全局和长远未必有利，因此，要从全案的利益出发来比较、选择谋略，绝不能为抓一个从犯而惊跑主犯，为侦破一案而丢掉多案。（4）看与侦查措施的搭配关系，即侦查谋略与侦查措施能否实现合理配置和和谐统一。

（四）合法原则

侦查谋略具有诡诈性和奇特性等特点，这并不意味着运用谋略可以随心所欲，恣意妄为，而必须严格遵守党的政策和国家法律。这是由我国人民民主专政的性质决定的，由职务犯罪侦查的法律监督属性决定的。因此，在运用谋略时，必须严禁使用违反党的政策和国家法律的非法手段，严禁使用诱供逼供、诱人犯罪、借刀杀人、美人计、无原则地许愿以及侮辱人格、有伤风化等谋略方法。否则，一旦发现，就要严肃处理；触犯刑律的，要依法追究刑事责任。

（原载《检察论丛》（第4卷），法律出版社
2001年12月出版，编入本书时有删改）

职务犯罪侦查措施研究

犯罪的种类按性质划分，一般可以分为普通犯罪、职务犯罪、特种犯罪三大类。普通犯罪是以破坏社会秩序为主要特征的犯罪，如杀人、抢劫、盗窃、诈骗等犯罪；职务犯罪是国家公职人员利用职权或亵渎职责，以破坏国家管理职能和职务行为勤勉廉洁性为特征的犯罪①，如贪污、贿赂、渎职、侵权等犯罪②；特种犯罪是以危害国家安全为特征的犯罪，如间谍、特务等犯罪。上述三种犯罪既有共性，又各有特殊性，因而法律在设置侦查措施时，既要考虑其共性，又要充分考虑各自的特殊性，以特殊应对特殊，只有这样，侦查措施才能满足其揭露和证实不同类型犯罪的需要。然而，我国现行的侦查措施，包括强制措施和侦查取证措施，总体上是根据普通犯罪的特点来设置的，基本上没有考虑职务犯罪的特点，因而难以适应揭露和证实职务犯罪的需要，致使侦查工作常常陷入困境，特别是对较高职务领导干部的职务犯罪，往往

---

① 职务犯罪有广义和狭义之分。广义的职务犯罪，是指负有管理职能的人员利用管理职权或者亵渎管理职责所实施的犯罪；狭义的职务犯罪则如上述。本文所说的职务犯罪指狭义的职务犯罪。

② “侵权犯罪”是国家公职人员利用职权侵犯公民人身权利、民主权利犯罪的简称，它不包括非职务的侵权犯罪。

不得不依赖纪检监察机关的等非诉讼措施，严重影响了法定侦查机关侦查职能的发挥和对职务犯罪及时、有力地惩处。因此，研究职务犯罪侦查措施，对于适应职务犯罪侦查的需要，提高职务犯罪的侦查能力，推进惩治职务犯罪和反腐败斗争的深入，都具有十分重要的意义。

一、职务犯罪侦查的特点

辩证唯物主义告诉我们：矛盾的特殊性，是“世界上诸种事物所以千差万别的内在原因”。“如果不研究矛盾的特殊性，就无从确定一事物不同于他事物的特殊的本质，就无从发现事物矛盾运动发展的特殊规律。”① 因此，研究职务犯罪侦查措施，就应当从研究职务犯罪的特殊性和职务犯罪侦查的特殊性入手。

职务犯罪较之普通犯罪的特殊性主要表现在：(1) 犯罪主体是国家公职人员。在我国，职务犯罪主体绝大多数是国家工作人员或者国家机关工作人员，少数犯罪（如行贿、介绍贿赂犯罪）的主体虽不一定是国家工作人员或国家机关工作人员，但是，他们所实施的犯罪与国家工作人员或国家机关工作人员为主体的犯罪具有密切的联系。而普通犯罪的主体是一般公民，大多不具有特殊的身份。职务犯罪主体的这种特殊性决定了他们一般具有较高的学历和智商、丰富的社会阅历和经验，犯罪时工于心计，善于谋划，因而属于智能型犯罪。(2) 犯罪行为与职务具有密切的联系。职务犯罪在客观方面表现为，犯罪行为与犯罪主体的职务有着密切的联系，这种联系表现为行为人利用职务之便实施犯罪行为，或者亵渎职责，给国家和人民利益造成重大损失。正因为该类犯罪具有这一特点，所以被称为“职务犯罪”。而普通犯罪在客观方面虽然表现形式多样，但都与职务没有直接的联系。职

① 毛泽东：“矛盾论”，载《毛泽东选集》（第1卷），人民出版社1991年版，第309页。

务犯罪行为的这种特殊性，使得其犯罪行为可以凭借职务行为作掩护或利用职权加以掩盖，因而属于高隐秘型犯罪。职务犯罪这两方面的特殊性，决定了职务犯罪侦查也有别于普通犯罪侦查，具有以下几方面的特点：①

（一）案件一般不会自行暴露

普通犯罪案件一般有具体的被害人，有较明确的能够被人的感官感知的犯罪现场、犯罪痕迹或者犯罪结果，犯罪一般会因被害人报案、控告或被人发现而暴露，所以，普通犯罪侦查一般不需要研究案件的发现问题。而职务犯罪案件侵害的大多数是国家、社会的公共利益，除刑讯逼供、非法拘禁等侵犯公民人身权利、民主权利等犯罪外，暴力色彩淡薄，一般没有具体被害的自然人，不直接涉及个人的切身利益，公民控告、作证的积极性、主动性不像普通犯罪案件那样高；犯罪行为与权力相结合，作案手段狡猾隐蔽，再加上犯罪的社会危害性隐伏期较长，难以及时发现，因而犯罪行为与犯罪结果一般不会自行暴露，属于“隐性犯罪”。正由于这一特点，使得客观上是否发生了职务犯罪案件、发生了多少职务犯罪案件，都难以被人们和检察机关所掌握，因而会出现群众认为职务犯罪严重而检察机关却无案可办的情况。

（二）侦查进路一般是“由人查事”

由于普通犯罪案件容易自行暴露，犯罪事实比较明确，只是犯罪人不明，故其侦查进路一般是“由事查人”，即从已经存在的犯罪事实入手，一步一步追查犯罪嫌疑人。而职务犯罪案件的侦查一般先有明确的犯罪嫌疑人，但由于举报者、控告者受多方面的限制，往往难以提供更具体的情况，有的甚至只能提供诸如“某某家中暴富，财产收支明显不符”、“某件事情不正常”等疑

① 以下参见朱孝清：《职务犯罪侦查学》，中国检察出版社2004年版，第19～22页。

点，至于是否有犯罪事实、有什么样的犯罪事实，则不清楚。因而对职务犯罪的侦查，只能从所掌握的案件线索和犯罪嫌疑人的职务行为入手，广泛收集有关证据，查出犯罪事实，故侦查进路一般是“由人查事”。

（三）物证少，言词证据、书证地位突出

普通犯罪案件大多以具体的人或物为侵害对象，因而大多有犯罪现场和犯罪痕迹，并且存在有形的危害后果，故在犯罪证据方面，物证（如指纹、脚印、凶器、毛发、唾液、烟蒂、精斑、伤口等）的地位突出。与此相适应，侦查中的现场勘查、侦查技术中的痕迹鉴定和同一认定占有重要地位。而职务犯罪案件大多不以具体的人或物为侵害对象，因而大多没有可供勘查的犯罪现场，也很少留有实物证据，即使存在某些实物证据，犯罪人也有充分的时间，并利用手中的权力将其毁灭或者掩盖，这就使得职务犯罪很少留下实物证据。职务犯罪的事实主要通过证人证言、会议记录、账册中的记录以及犯罪嫌疑人的口供等证据予以证明，如贪污犯罪案件中的账目、单据，贿赂犯罪案件中的行贿、受贿双方的口供等言词证据，渎职犯罪案件中有关知情人或有关文书对犯罪嫌疑人职务行为是否正当的回忆和记载，等等。因此，在证据体系中，言词证据、文书证据的地位突出；在侦查行为上，询问证人、讯问犯罪嫌疑人以及收集文书材料就显得十分重要。

（四）犯罪嫌疑人反侦查能力强

职务犯罪是特殊主体的智能型犯罪，有些主体还熟悉法律，懂得侦查技能，加上有一定的职权和社会地位，因而其反侦查能力特别强。主要表现在：作案前精心谋划、充分准备；作案时手段狡诈隐蔽，不留痕迹；作案后采取种种伎俩对抗侦查，如伪造毁灭证据，采取“洗钱”手段将赃款“合法化”，与同案人订立攻守同盟，利用职权威胁、阻挠知情人检举揭发，贿赂讨好有关领导或司法干部，以编织关系网加厚保护层，制造谣言散发材料

诽谤侦查人员，动用新闻工具施加压力，调动关系网或煽动群众阻挠查处，等等。

（五）外界干扰大，证据收集和固定难

由于职务犯罪嫌疑人有地位、有权势，社会关系盘根错节，有些甚至与一些人结成荣辱与共的政治、经济利益共同体，一旦对其实施侦查，就会遇到其关系网的阻抗，说情干扰、威胁恐吓、打招呼、使绊子等就会纷至沓来，使得侦查十分困难。同时，由于地方或部门保护主义的庇护，一些官员从局部、部门利益或个人声誉出发，对职务犯罪行为知情不报，有的甚至百般阻挠依法查处，使得侦查工作得不到配合，有些证据无法调取。此外，职务犯罪除侵权犯罪外，侵犯的多为国家和社会利益，个人没有切肤之痛，加上职务犯罪嫌疑人位高权重，一些证人慑于权势，怕打击报复而不愿作证，即使勉强作证，也容易产生反悔心理，证据具有明显的不稳定性；有些则因职务犯罪得到了好处（如贿赂罪、渎职罪中的受益者）而“知恩图报”，拒绝作证。即使有的证人作了证，但其证言作为言词证据，其客观性、准确性和稳定性也远差于物证，造成固定、采信困难。

总之，由于职务犯罪侦查具有上述特点，使得职务犯罪的侦查比一般刑事犯罪的侦查存在更大的困难，因而要有效地侦破职务犯罪，就应当赋予职务犯罪侦查更多的措施和手段。

二、国外职务犯罪侦查的有关措施

针对职务犯罪和职务犯罪侦查的特殊性，为了保证职务犯罪侦查的顺利进行，有效打击腐败犯罪，世界各国除了赋予职务犯罪侦查机关以逮捕、羁押、讯问（询问）、勘验、检查、搜查、扣押、查封等常规侦查措施外，一般还赋予了一些特殊的侦查措施和有关的保障措施，这些措施虽然大多不仅仅适用于职务犯罪侦查，但却反映了职务犯罪的特点，适应了职务犯罪侦查的需要。

归纳起来，这些措施主要有：

（一）诱惑侦查措施

即侦查人员设计某种诱发犯罪的情境，或者为实施犯罪提供条件或机会，诱使他人实施犯罪，进而侦破案件并将其拘捕的一种侦查手段。根据所起作用的不同，诱惑侦查一般分为两类：一类是机会提供型诱惑侦查，即侦查对象本已存在犯罪意图和倾向，侦查人员的诱惑行为仅是提供了有利于其实施犯罪的机会或条件；另一类是犯意诱发型诱惑侦查，即侦查对象本无犯罪意图和倾向，由于侦查人员实施积极的诱惑，因而产生犯意并进而实施犯罪。一般认为，机会提供型诱惑侦查是合法的，而犯意诱发型诱惑侦查则是非法的，因而为各国所不许。从国外情况看，诱惑侦查通常是指合法的诱惑侦查，即机会提供型诱惑侦查。诱惑侦查的特点一是主动性。因为一般的侦查措施都是在犯罪后实施，具有被动性，而诱惑侦查一般是在犯罪前实施，其目的在于促使诱惑对象实施犯罪并暴露，从而使侦查人员获取证据，并将其缉获，因而其侦查具有主动性。二是顺向性和直接性。凡被动侦查，其思维都具有逆向性，即通过收集证据，去“回复”和“再现”既往的犯罪事实；侦查人员认识犯罪事实必须通过证据这一中介，具有间接性。而诱惑侦查的犯罪事实及犯罪过程却能直接展现在侦查人员面前，使侦查人员能够像一般案件的证人那样，顺向而直接地认识犯罪事实和过程。[①] 正因为诱惑侦查具有这些优点，因而被不少国家用于侦查隐秘性强且无明显被害人的犯罪。由于职务犯罪具有隐秘性强且无明显被害人的特点，因而诱惑侦查除适用于侦查某些普通犯罪外，当然也适用于侦查职务犯罪。例如，在美国，根据有关法律规定，诱惑侦查不仅适用于侦查卖淫、赌博、贩毒、恐怖犯罪、有组织犯罪等普通犯罪，而且适用于侦查

① 参见朱孝清：“论诱惑侦查及其法律规制”，载《人民检察》2004年第1期。

行贿、受贿、贪污等职务犯罪。[①] 如1980年初，美国联邦调查局一名侦查人员化装成阿拉伯石油大亨，向一些国会议员行贿，请托他们利用职权在国会里代为“活动”，使1名参议员和6名众议员入彀。联邦调查局还曾派人化装成刑事案件的被告人，向佛罗里达州的一名法官行贿，并将其送上被告席。联邦调查局还曾在调查洛杉矶警察局缉毒组9名警察涉嫌贪污罚没款的案件中，与当地司法机关联合导演了一场假贩毒行为，并在被警察“查获”后秘密摄录下警察私吞钱款的经过。上述案件都在美国引起了很大震动。在意大利，诱惑侦查不仅可以使用于普通犯罪，而且还可以使用于职务犯罪，如意大利20世纪90年代掀起的反腐风暴，使一批高官纷纷落马，溯其起源，则是米兰市检察院派线人以要求承包工程为名，向米兰养老院院长基耶萨行贿。当基耶萨将贿金放入抽屉后，检察官和司法警察一拥而入，人赃俱获。基耶萨被捕后，反贪风暴由此拉开序幕，使得一大批高官落马。[②] 在德国，1994年修改的《刑事诉讼法典》也规定了诱惑侦查措施。由此可见，对于某些难以取证的特殊犯罪（包括某些职务犯罪），许多国家允许采取诱惑侦查措施。

（二）技术侦查措施

即侦查人员利用现代科技手段，秘密收集犯罪证据，查明犯罪嫌疑人的各种侦查措施的总称。技术侦查措施一般包括麦克风侦听、电话监听、电子监控、秘密拍照或录像、邮件检查等专门技术手段。[③] 技术侦查措施与普通侦查措施不同，具有侦查工具的技术性、侦查方式的秘密性、认识犯罪事实的直接性和对侦查

① 参见陈学权：“程序法视野中的诱惑侦查”，载《中国刑事法杂志》2004年第2期，第82页。

② 参见何家弘、龙宗智：“诱惑侦查与警察圈套”，载何家弘主编：《证据法论坛》（第3卷），中国检察出版社2001年版，第186～187页。

③ 参见宋英辉：“刑事程序中的技术侦查研究”，载《法学研究》2000年第3期。

对象民主权利特别是隐私权的损害性等特点，因而是一种“特殊侦查手段”。[①] 技术侦查措施在国外普遍使用，不仅使用于普通犯罪案件，而且也使用于职务犯罪案件。例如在美国，1968 年《综合犯罪控制与街道安全法》第 3 条明确规定，对于间谍罪、叛国罪、谋杀罪、绑架罪、敲诈勒索罪、贿赂罪、金融诈骗罪、有组织犯罪、毒品犯罪等严重犯罪案件，可以采取秘密监听和秘密录音录像的侦查措施。[②] 在英国，根据有关判例法，在犯罪侦查包括职务犯罪侦查中遇到常规侦查手段难以获取证据或线索时，可以使用秘密窃听、电话监听等技术侦查手段。在意大利，根据刑事诉讼法典第 266 条规定，侦查重罪（包括职务犯罪中的重罪）案件，允许对谈话、电话和其他形式的电讯联系进行窃听。在澳大利亚，对于重要犯罪案件（包括重要职务犯罪案件）的侦查，可以采取多种技术侦查措施，例如使用电话监听装置监听犯罪嫌疑人的电话；使用窃听装置记录犯罪嫌疑人与其他人进行交易时的谈话；使用监控设施跟踪犯罪嫌疑人的行踪等。[③] 在德国，技术侦查措施也广泛适用于职务犯罪案件的侦查。《德国刑事诉讼法典》第 100c 条、第 110b 条等规定，在采取其他侦查方法将成果甚微或者难以取得成果的情况下，可以采取电讯监听、秘密拍照或录像、窃听等技术侦查手段。[④] 在日本，根据《关于犯罪侦查中监听通讯的法律》第 3 条规定，检察官或者司法警员认为有

---

① 联合国《打击跨国犯罪公约》和《反腐败公约》中都使用了“特殊侦查手段”一词。一般认为，“特殊侦查手段”或“特殊侦查措施”包括诱惑侦查措施、技术侦查措施和派遣秘密侦查员的侦查措施三类。

② 参见梁国庆主编：《国际反贪污贿赂理论与司法实践》，人民法院出版社 2000 年版，第 615 页。

③ 参见中国政法大学诉讼法学研究中心：“澳大利亚司法考察报告”，载陈光中主编：《21 世纪域外刑事诉讼立法最新发展》，中国政法大学出版社 2004 年版，第 369 页。

④ 参见《德国刑事诉讼法典》，李昌珂译，中国政法大学出版社 1995 年版，第 34、38 页。

充分理由足以怀疑嫌疑人将进行犯罪的通讯时，可以依据令状对与犯罪相关联的通讯进行监听。在俄罗斯联邦，2001 年《俄罗斯联邦刑事诉讼法典》第 186 条第 1 款规定："如果有足够的理由认为，犯罪嫌疑人、刑事被告人和其他人的电话和其他谈话可能含有对刑事案件有意义的内容，则在严重犯罪和特别严重犯罪案件中允许监听和录音。"① 这里的"严重犯罪"和"特别严重犯罪"也包括严重职务犯罪。联合国《反腐败公约》也允许在侦查腐败犯罪中采取技术侦查措施，如该公约第 5 条第 4 款规定："法律应当为腐败犯罪的侦查活动规定适当的手段。这些手段在严重的案件中可以包括秘密侦查以及窃听通讯。"第 50 条第 1 项规定："为有效打击腐败，各缔约国均应当在其本国法律制度基本原则许可的范围内并根据本国法律规定的条件在其力所能及的情况下采取必要措施，允许其主管机关在其领域内酌情使用控制下交付和在其认为适当时使用诸如电子或者其他监视形式和特工行动等特殊侦查手段，并允许法庭采信由这些手段产生的证据。"② 由此可见，技术侦查措施是国外侦查严重职务犯罪的一种常用侦查措施。

（三）秘密侦查措施

即侦查机关派遣秘密侦查员或利用线人等，以隐瞒身份的方式收集有关犯罪证据的一种特殊侦查措施，包括卧底侦查、贴靠侦查、狱内侦查、线人侦查等。这也是许多国家所采取的一种特殊侦查措施，例如在美国，对于贪污贿赂案件的侦查，除了采取查阅有关人员的财产情况外，还经常利用耳目收集破案线索和证

---

① 《俄罗斯联邦刑事诉讼法典》，黄道秀译，中国政法大学出版社 2003 年版，第 145 页。

② 陈光中主编：《21 世纪域外刑事诉讼立法最新发展》，中国政法大学出版社 2004 年版，第 48 页。

据，派遣特工人员进行化装侦查等。[①] 在英国，根据有关判例法，在犯罪侦查包括职务犯罪侦查中，遇到常规侦查手段难以获取证据或线索的情况时，可以使用化装侦查、布设耳目等特殊侦查措施。在德国，根据《德国刑事诉讼法典》规定，对于严重犯罪（包括公职人员严重犯罪）案件，在采取传统侦查措施或技术侦查措施难以取得成果的情况下，可以采取侦查员卧底侦查、线人等措施。[②] 在澳大利亚，对于某些隐秘型犯罪包括职务犯罪的侦查，除了可以使用技术侦查措施外，还可以使用线人或卧底侦查措施等。[③]

（四）暂停公职措施

即为了顺利侦查有关公职人员涉嫌的犯罪行为，侦查机关有权暂时停止该公职人员职务的一种措施。例如在俄罗斯联邦，根据《刑事诉讼法典》第114条规定，在公职人员作为刑事被告人被追究时，如果需要暂时停止其公职时，则调查人员、侦查人员经检察长同意，报请审前调查进行地的法院批准后，可以对该公职人员采取暂停公职措施。如果被追究的刑事被告人是俄罗斯联邦主体的最高公职人员（俄罗斯联邦主体最高国家行政机关的领导人）并已经对他提起实施严重犯罪或者特别严重的犯罪的指控，需要暂停其公职的，俄罗斯联邦总检察长应当向俄罗斯联邦总统提交上述人员停职的报告，经俄罗斯联邦总统决定后，可以

---

① 参见梁国庆主编：《国际反贪污贿赂理论与司法实践》，人民法院出版社2000年版，第632页。

② 线人与卧底者不同，线人扮演局外的告发者角色，他一般不在犯罪圈子之内，但又与犯罪圈子的成员有良好的私人关系，可以凭借该层可信赖的私人关系，进入该犯罪圈子。线人受侦查机关的信赖，愿意充当耳目，通过收集信息，领取奖金。

③ 参见中国政法大学诉讼法学研究中心："澳大利亚司法考察报告"，载陈光中主编：《21世纪域外刑事诉讼立法最新发展》，中国政法大学出版社2004年版，第369页。

对上述人员采取暂停公职的侦查措施。[①]

（五）测谎措施

即为了判断犯罪嫌疑人的陈述是否真实，侦查人员通过测谎仪对犯罪嫌疑人进行检测的一种侦查方法。在犯罪侦查中，犯罪嫌疑人的陈述作为证据之一，始终被侦查人员所重视。而犯罪分子受逃避打击的本能所驱使，难免在陈述中存在谎言。因此，为了查明案件事实，侦查人员的重要任务之一就是识别谎言，与谎言作斗争，正如现代犯罪侦查学的创始人、奥地利学者汉斯·格罗斯博士所说："从某种意义上讲，侦查员的绝大部分工作只不过是和撒谎作斗争。"[②] 为了识别谎言，测谎措施就应运而生。测谎措施所使用的测谎仪是将心理学、生理学、医学、生物电子学等多种学科知识融为一体，能对人说谎所引起的生理指标的变化情况进行检测，以推断被测者是否说谎的一种科学仪器。自从1921 年测谎仪在美国研制成功以来，测谎措施在世界各国如美国、加拿大、日本、土耳其、韩国、以色列、俄罗斯、波兰、罗马尼亚等国都越来越多地将其运用于各种犯罪侦查中。如美国，将测谎措施列入侦查机关犯罪调查的常规程序，仅 1982 年，就进行了 22597 次测谎仪检测。1983 年，里根总统曾颁布一项命令，要求联邦政府更加广泛地使用测谎仪来进行有关保护国家安全的调查，以防止雇员们向新闻界泄露机密情报。到 1988 年 7 月，联邦法院和 23 个州的法院都承认测谎仪的测试结果可以成为证据。[③] 20 世纪 90 年代以来，测谎仪被广泛运用到各国的司法实践中，并取得了一定的成果。由于职务犯罪案件的言词证据地位突

① 《俄罗斯联邦刑事诉讼法典》，黄道秀译，中国政法大学出版社 2003 年版，第 88 ~ 89 页。

② 转引自何家弘、杨迎泽主编：《检察证据实用教程》，法律出版社 2002 年版，第 504 ~ 505 页。

③ "要案评说五：测谎仪的结果的法定效力性"，载《检察日报》2003 年 6 月 26 日。

出，为了鉴别言词证据的真伪，测谎措施被广泛地适用于职务犯罪侦查。

（六）强制证人作证、强制犯罪嫌疑人提供证据措施

强制证人作证措施，是指以刑事处罚为后盾，强制证人到场作证的措施。证人到场的义务是大陆法系国家直接言词原则、英美法系国家反对传闻证据规则的要求，它包括证人在侦查、审查起诉阶段的到场义务和在审判阶段的到庭义务两方面内容。证人的到场义务表现为证人的可被强迫性，即可以强迫证人作证，如果证人拒绝出庭、拒绝进入证人席、拒绝宣誓或者郑重陈述以及拒绝回答依法向其提出的问题，则可以藐视法庭罪对其进行处罚。强制证人作证是许多国家法律规定的一项重要侦查措施，例如在美国，大陪审团有两种调取证据的措施：一是提交证据令，即责令任何人和单位提交与调查有关的某些特定文书和其他物品；二是作证令，即要求知情人和被调查人到场经过宣誓作证。如果收到以上两种令状的个人或者单位无正当理由故意拒绝提交指定的文书或者物品的，或者拒不到场的，将受到“蔑视法庭罪”的处罚；如果作伪证的，要受到伪证罪的处罚。澳大利亚1995年《证据法》第12条规定：“除本法另有规定的以外：（a）每个人都具有作证的适格性，并且（b）对于某事实具有作证适格性的人可以被强迫作证。”① 《意大利刑事诉讼法典》第198条第1款规定：“证人有义务应法官的传唤出庭，遵守法官根据诉讼要求而作出的规定，并且有义务如实回答法官的发问。”② 《法国刑事诉讼法典》第109~111条规定，任何被传唤到庭作证的人，均应当出庭、宣誓并作证。如果不到庭，预审法官可以采取传讯措施，通过警察强制其到庭，并处第五级违警罪的罚款；如果证人出庭

---

① 转引自王进喜：《刑事证人证言论》，中国人民公安大学出版社2002年版，第59页。

② 《意大利刑事诉讼法典》，黄风译，中国政法大学出版社1994年版，第70页。

但拒绝宣誓作证的，预审法官也可以对其处以同样的刑罚。对任何公开声称认识某种重罪或轻罪的犯罪人而又拒绝回答预审法官为此向他提出问题的人，应判处11天至1年的监禁和375至2万法郎的罚款。[①] 德国、日本的刑事诉讼法，也都有类似的规定。

为了消除证人的后顾之忧，有效获得证人证言，许多国家和联合国建立了证人保护制度和证人作证豁免制度。证人保护制度的内容包括对证人的身份和住址保密或者不让证人公开作证、证人及其家属的人身和财产保护、住所转移、更换身份或整容等特殊保护。例如美国1970年《有组织犯罪法》第501条规定："在任何人被指控参与有组织犯罪活动的法律程序当中，授权美国检察长为政府证人、潜在的政府证人以及政府证人和潜在的政府证人的家庭提供安全保护。"对于特殊证人，可以进行紧急迁居、长期迁居、变更身份、整容等特殊保护。在英国，法律规定了对证人及其家人的人身安全予以保护、证人可以不公开作证。[②] 在德国，《刑事诉讼法典》第68条明确规定："如果告诉住所则证人、其他人员将受危险之虞的，可以许可证人不回答住所问题，而是告诉他的就业、公务地点或者其他一个可以传唤的地址。在审判中，如果公开了证人的身份、住所或者居所则对证人或者其他人员的生命、身体或者自由造成危险之虞的，审判长可以许可证人不对个人情况问题作出回答或者只是告诉以前的身份。可以确定证人身份的文件要存放在检察院保管。只有当危险消除时，才能将它们纳入案件档案。"[③] 联合国有关文件对证人的保护也作出了明确规定，例如联合国《反腐败公约》第32条规定："各缔约国均应当根据本国法律制度并在力所能及的范围内采取适当的

---

① 参见《法国刑事诉讼法典》，余叔通、谢朝华译，中国政法大学出版社1997年版，第54页。

② 参见"洛克比空难案特殊证人今日现身"，载搜狐网2000年9月26日。

③ 参见《德国刑事诉讼法典》，李昌珂译，中国政法大学出版社1995年版，第20页。

措施，为就根据本公约确认的犯罪作证的证人和鉴定人并酌情为其亲属及其他与其关系密切者提供有效的保护，使其免遭可能的报复或者恐吓。在不影响被告人权利包括正当程序权的情况下，本条第一款所述措施可以包括：（一）制定为证人和鉴定人提供人身保护的程序，例如在必要和可能的情况下将其转移，并在适当情况下允许不披露或者限制披露有关其身份和下落的资料；（二）规定允许以确保证人和鉴定人安全的方式作证的取证规则，例如允许借助于诸如视听技术之类的通信技术或者其他适当手段提供证言。缔约国应当考虑与其他国家订立有关本条第一款所述人员重新定居的协定或者安排。”联合国 1990 年通过的《预防和控制有组织犯罪准则》第 11 条规定：“保护证人免遭暴力和恐吓的办法在刑事侦查和审讯过程中及打击有组织犯罪的执法工作中越来越重要。此办法包括为掩护证人身份以免被告人及其律师获悉的方法、提供受保护的住所的人身保护、转移住所和提供资金援助。”等等。

证人豁免制度包括两方面内容：一是“罪行豁免”，即不得就与证人证言有关的任何犯罪来起诉证人；二是“使用豁免”，即在证人被豁免后任何从证人那里获得的证言都不得在正在进行或随后进行的起诉中用来反对该证人。英国、美国、加拿大、澳大利亚、德国等国家都对证人豁免做了规定，例如英国《1981 年最高法院法》第 72 条规定：“任何人在依据法律规定或者法院命令在特定程序中所作的陈述或者自认，不得在追究有关联的犯罪或者进行有关联的处罚程序中，用做不利于陈述人或者其配偶的证据，但陈述人因伪证或者藐视法庭而受追究时，不在此限。”美国《刑事程序统一规则》第 732 条和《证人豁免法》第六章第 2 条规定，法院强迫证人回答或者提供信息时，如果证人遵从了法院的命令，该证人不得因其遵从该命令而进行的回答或者提供的信息所涉及的任何行为或者事项而受到起诉或者刑事处罚，有关机构也不得根据证人提供的任何证言或者其他信息在任何刑事

案件中用于反对该证人，但证人因伪证、藐视法庭而受到刑事追究除外。[①] 由此可见，证人豁免可以用来对抗证人反对被迫自我归罪的特权，强迫证人作证，获得有关证人证言，特别是污点证人的证言，以便查明其他人特别是严重犯罪人的犯罪事实。因此，证人豁免制度是司法机关侦破和打击重大犯罪的重要措施。

强制犯罪嫌疑人提供证据措施，是指以刑事处罚为后盾，强制犯罪嫌疑人提供各种证据的措施。在英美法系国家，基于注重人权保障的诉讼理念，实行当事人主义的诉讼方式，并规定犯罪嫌疑人享有沉默权。随着社会矛盾的加剧和有组织犯罪、恐怖等暴力犯罪、商业欺诈等经济犯罪、公职人员腐败犯罪的增多，人们越来越认为原有的诉讼制度不利于查明案件事实真相和惩治严重犯罪，必须加以调整，以实现惩治犯罪和保障人权的平衡，于是强制犯罪嫌疑人提供证据措施就应运而生。强制犯罪嫌疑人提供证据措施仅适用于严重犯罪；使用主体在美国为大陪审团，在英国为反严重欺诈局，在澳大利亚为廉政公署等负责侦查公职人员腐败的机构；提供证据的范围为对犯罪事实的陈述和其他一切证据。该措施的特点是：（1）以刑事处罚为后盾。犯罪嫌疑人收到传票后如果拒绝到指定地点，或者虽到指定点但拒绝提供证据或提供虚假证据的，以藐视法庭等罪追究其刑事责任，如英国《1987 年刑事司法法》规定，任何人没有合理理由而未按本节规定的要求提供证据的，处 6 个月以下监禁，单处或并处罚金；因故意或疏忽大意作虚假陈述或误导侦查，情节较重的，处 2 年以下监禁，单处或并处罚金，情节较轻的，处 6 个月以下监禁，单处或并处罚金；伪造、隐瞒、损毁或以其他方式处置可能被调查的文件，情节较重的，处 7 年以下监禁，单处或并处罚金，情节较轻的，处 6 个月以下监禁，单处或并处罚金。（2）优先于沉默

① 转引自王进喜：《刑事证人证言论》，中国人民公安大学出版社 2002 年版，第 151 ~ 155 页。

权和禁止强迫自证其罪。当侦查人员对其讯问时，不得以沉默权和禁止强迫自证其罪特权来对抗讯问，而必须如实交代。（3）采取大陆法系国家职权主义的侦查方式，而不采取原来的当事人主义的诉讼方式。侦查人员有较广泛的侦查权力，可以依法采取各种侦查措施，而犯罪嫌疑人及辩护律师的权利则受到较多限制。

（七）侦查配套措施

即对职务犯罪侦查起到帮助或辅助作用的有关制度或措施。这些制度和措施虽然不属于刑事诉讼法规定的职务犯罪侦查措施，但却能转化为职务犯罪侦查措施或者为职务犯罪侦查提供方便和帮助。从国外情况看，这方面的侦查配套措施主要有以下两种：

1. 推定犯罪措施。

即对职务犯罪采取一系列侦查措施后，虽然未收集到直接有关的犯罪证据，但是发现其所有的财产明显超过其合法收入，且当事人不能说明其财产来源是正当的，就可据此推定其有罪的一种措施。这是某些国家所采取的一种对付职务犯罪的兜底性的手段。例如在新加坡，其《防止贿赂法》设立了两种推定犯罪措施：贿赂罪推定措施和巨额财产来源不明罪推定措施。即该法第8条规定，依本法被追诉的人，当其被证明在政府或者公共机构供职中的任何报酬，是来自于与政府或者公共机构签订契约的人或者其代理人，该报酬应当视为本法认为的为了诱导或者回报而贿赂地支付、给予或者接受。如果被告人不能圆满地说明其拥有的财产与其已知的财产相符，或者不能圆满地说明这些财产的来源，即可被法庭作为证据证明任何证人在审判或者调查中提供的关于被告人接受或者取得任何报酬的真实性，从而被法庭定罪。在意大利，法律规定，经过侦查后发现，某公职人员的财产如果数额巨大，且不能证明财产的合法来源，其财产就会被没收或者

被处以监禁。而为财产来源作假证明的，可处 2 年至 6 年有期徒刑，[①] 等等。

2. 金融保障措施。

即为了有效防止不正当的现金交易、非法收取他人钱物等，而制定的有关金融制度。这是现代许多发达国家控制有关犯罪的重要金融制度，因而也成为查处公职人员犯罪的一种重要保障措施。从国外情况看，金融保障措施主要有以下三项：

一是限制大额现金交易制度。即国家法律规定，如果交易的资金超过一定数量时，禁止进行现金交易，而只能通过其他形式进行交易的制度。美国、英国、意大利、俄罗斯联邦等国家都建立了这种制度。例如在意大利，为了防止犯罪分子通过洗钱的手段将非法收入合法化，法律严格限制在交易中使用大额现金和无记名债券，为洗钱提供方便的，要处以 2 年至 6 年有期徒刑。在俄罗斯联邦，《反贪污贿赂法》规定，财产交易额超过法定最低工资额 100 倍的，不得用现金结算。违反这一规定的，财产交易将被宣布无效，双方所获得的收入应上缴国库。同时，除在外国履行国家职能者外，禁止国家职员在国外银行有账户。在韩国，《公务员道德法》规定，为了防止资金外流，每次 3000 美元以上，每年 1 万美元以上的海外资金流动，应当向国税厅通报并接受检查。同时还规定，1993 年 8 月 12 日以后的所有不动产交易，都要接受国税厅的资金来源调查。[②] 由于确立了该项制度，在一些发达国家，进行现金交易的较少，且大额现金交易比较困难，一般多采取支票、信用卡、信用证等方式通过银行系统进行交易，这样就会在银行系统留下交易的记录，为侦查取证、侦破有关犯

---

① 参见梁国庆主编：《国际反贪污贿赂理论与司法实践》，人民法院出版社 2000 年版，第 144、453 页。

② 参见梁国庆主编：《国际反贪污贿赂理论与司法实践》，人民法院出版社 2000 年版，第 374、453 页。

罪案件提供了有力的保障。

二是财产申报制度。即国家公职人员每年应当定期向有关机关申报其本人、配偶、子女等的财产状况的制度。这是许多国家所采取的一项制度，它包括两方面的内容：一是一定范围的“公职人员”必须申报财产；二是拒绝或不实申报者要受到定罪处罚。例如在美国，1978 年颁布的《政府道德法》确立了政府官员财产申报制度。按照该法的规定，包括总统、副总统、国会议员、联邦法官在内的立法、司法、行政机关中一定级别以上的官员，都必须按时申报其财产收入，包括可估价财产和不可估价财产，还包括其配偶和子女的财产收入。该法还规定了政府官员财产申报资料的保管方法、保存期限、公开方式、查阅手续，以及对拒绝申报和虚假申报的处罚办法。在意大利，为了防止和及时发现贪污贿赂等犯罪行为的发生，制定了详细的财产申报制度，对不按时申报收入者，可处 3 年以下有期徒刑或者拘役，并处 2000 万里拉以下罚金。在韩国，1993 年颁布的《公务员道德法》规定，政府要员、议员、法院、军人、学校、国家投资机关和地方自治团体的 4 级以上的公务员需要登记其财产，一级以上的官员需要公开其财产。拒绝财产登记者，要处以 1 年以下有期徒刑或者 1000 万元以下罚款等。① 财产申报制度的建立，不仅有助于抑制非法收入，而且也为职务犯罪侦查取证提供了方便。

三是存款实名制度。即所有公民在银行存款必须使用自己的真实姓名的一项制度。这是许多国家所采取的一项金融制度，例如在韩国，金泳三于 1993 年 8 月 12 日宣布在金融机关实行存款实名制度，要求在银行进行交易的公民必须持居民登记证，以前在银行用假名进行的交易必须改为真名，否则给予一定的处罚。存款实名制还规定 30 岁以上的成年人财产超过 5000 万元、20 岁

---

① 参见梁国庆主编：《国际反贪污贿赂理论与司法实践》，人民法院出版社 2000 年版，第 70～71、453、610 页。

至30岁的成年人财产超过3000万元、20岁以下未成年人财产超过500万元者，均需接受国税厅的财产调查。在澳大利亚，1991年建立了个人税号制度，规定每个公民可以在税务当局申请一个税号（税务档案号码），申请时必须提供个人有关身份证明。如果公民没有税号，则将以47%的最高税率从该公民的收入中扣除税金（有税号的税率为17%），外加1.5%的福利保险税。每个公民在银行开户都要报自己的税号，不论在银行开多少个账户，都只能有一个税号，如果违反上述规定，都将受到严厉的惩罚。[①] 由此可见，存款实名制度有利于查对每个人的存款数额，因而可以为侦查机关确认公职人员及其配偶、子女的财产状况提供有力的制度保障。

总之，根据职务犯罪侦查的特点，许多国家设置了严密的侦查措施，以破解职务犯罪发现难、取证难、鉴证难和处理难：第一，为了有助于发现职务犯罪，规定了禁止大额现金交易、财产申报和存款实名等制度。第二，为了能够在职务犯罪过程中收集证据，侦破案件，设置了诱惑侦查措施。第三，为了保障在职务犯罪后有效收集证据，除规定了搜查、扣押、强制证人作证等普通侦查措施外，还设置了技术侦查、秘密侦查、强制犯罪嫌疑人提供证据、暂停公职等侦查措施。第四，为了鉴别言词证据的真伪，设置了测谎措施。第五，在通过上述各种侦查措施不能收集到充分证据的情况下，还设置了兜底的推定有罪措施。这些措施和制度基本上适应了职务犯罪的特点，满足了职务犯罪侦查的需要，从而在侦查法律制度上为及时有效地侦破职务犯罪提供了有力的保障。

---

① 参见梁国庆主编：《国际反贪污贿赂理论与司法实践》，人民法院出版社2000年版，第70~71、677页；厦门市国际人才交流协会："厦门市国税局赴澳大利亚税收培训成果总结报告"，载 http：//www. caiep. org/trainpro/content. php? id = 504，2005年5月12日访问。

三、我国职务犯罪侦查措施的缺陷

我国现行犯罪侦查措施具有单一性、不规范性和欠透明性的特点。所谓单一性，就是刑事诉讼法典只规定了常规的侦查措施，包括拘传、取保候审、监视居住、拘留和逮捕五种强制措施和讯问犯罪嫌疑人、询问证人、勘验、检查、搜查、扣押物证书证、鉴定和通缉八种侦查取证措施，而未对特殊侦查措施作出规定。所谓不规范性，就是除常规侦查措施外，某些特殊侦查措施（如技术侦查措施）仅在《人民警察法》和《国家安全法》中作出授权性规定，其具体内容则在侦查机关的内部文件中加以原则规定，而有的侦查措施（如诱惑侦查等）则根本没有规定。同时，在侦查实践中，特殊侦查措施的使用也很不规范。所谓欠透明性，就是除常规侦查措施外，其他侦查措施均不公开透明，具有神秘感，检察机关也无法对其实施监督。至于职务犯罪侦查，我国法律则只赋予了常规侦查措施，而未根据其特殊性规定针对性的侦查措施。这是我国职务犯罪侦查措施在立法上的总体缺陷。具体地说，我国职务犯罪侦查措施的缺陷主要表现在以下几方面：

（一）缺乏有效发现职务犯罪线索的措施

职务犯罪的侦查始于对职务犯罪线索的发现，而职务犯罪线索的发现则有赖于一定的手段或措施。在当前侦查实践中，职务犯罪线索主要来自群众举报控告、有关部门移送、当事人自首以及检察机关深挖“案中案”等途径，其中最主要的来源是举报和控告。据不完全统计，仅 1988 年至 1998 年的 10 年间，我国检察机关受理的各类职务犯罪案件线索，有 80% 来自群众举报，个别地方高达 90% 以上。[①] 由此可见，检察机关作为职务犯罪侦查的主管机关，其自己主动发现的职务犯罪线索比率较低，导致检察

---

① 参见刘立宪主编：《新世纪反贪污对策研究》，中国方正出版社 2001 年版，第 46 页。

机关的职务犯罪侦查受制于群众举报的积极性或者其他机关的执法情况，影响了检察机关惩治腐败犯罪的能力。出现这种情况的原因在于，法律没有赋予检察机关主动发现职务犯罪线索的以下措施：（1）机动侦查权与措施。即为了发现职务犯罪线索，检察机关应当有权对其他与职务犯罪具有牵连关系的犯罪行为进行侦查并采取有关措施。因为不少职务犯罪是与其他犯罪相交织的，如贪污贿赂罪与偷税、制售伪劣商品、洗钱、商业贿赂、职务侵占等罪，徇私枉法罪与前罪[①]等。而要发现和查处职务犯罪，往往需要事先查清与其有牵连关系的其他犯罪行为。如果就职务犯罪查职务犯罪，则往往难以如愿。同时，侦查职务犯罪的规律是：从外向内查、从下往上查。即从非国家工作人员犯罪入手向职务犯罪进行侦查，从级别较低的国家工作人员职务犯罪向级别较高的国家工作人员职务犯罪进行侦查。例如要侦查受贿，往往需要从侦查行贿入手。而要侦查行贿，又往往需要先查行贿人其他的违法犯罪问题，以便促使其交代行贿犯罪事实。[②] 而行贿人大多为非国家工作人员，其他的违法犯罪问题多为赌博、嫖娼、制售伪劣商品、偷税等，这些违法犯罪则属公安机关管辖。检察机关为了侦查某职务犯罪，固然可以建议公安机关对其有关违法犯罪进行调查，但公安机关往往由于人员紧张、任务繁重等原因不能及时进行调查，因而影响了行贿犯罪的发现。职务犯罪侦查的上述特点，需要检察机关有侦查相关犯罪的权力，即机动侦查权，但是，我国法律却没有赋予检察机关以机动侦查权，致使检察机关职务犯罪侦查出现“孤岛现象”。而在国外，由于检察机关有权对所有犯罪案件进行侦查，或者有权对警察的侦查活动进行指

① 前罪，即徇私枉法罪的罪犯所枉法的那个罪，例如某人为使一强奸罪犯逃避法律追究而徇私枉法，则该强奸罪为徇私枉法罪的前罪。由于该罪在徇私枉法罪之前，是徇私枉法罪得以产生的罪，所以称其为前罪。

② 行贿大多没有物证、书证可查，而有赖于行贿人本人的交代。而查到行贿人其他的违法犯罪问题，是促使行贿人交代行贿事实的一个基本途径和策略方法。

导，因而不存在这种“孤岛现象”。（2）使用线人等特殊措施。使用线人、卧底等特殊措施，是发现某些公职人员犯罪的有效措施，但是，由于我国法律没有明确规定检察机关可以使用线人、卧底等特殊侦查措施，因而影响了检察机关对职务犯罪线索的发现。（3）情报信息共享措施。在现代信息社会，通过各个机关的信息共享，是发现职务犯罪线索的一种有效途径，但我国目前还没有这种制度和机制。例如，我国法律规定了不移交刑事案件罪，但是，由于立法上没有规定相应的保障措施，检察机关无法知晓行政执法机关所查的行政违法案件中有多少涉嫌犯罪以及有无移送，因而影响了检察机关对不移交刑事案件这种职务犯罪线索的发现。总之，由于检察机关缺乏主动发现职务犯罪线索的法定途径和措施，因而制约了检察机关对职务犯罪线索的发现和获取。

（二）控制职务犯罪嫌疑人的措施不适应突破职务犯罪案件的需要

职务犯罪的特点决定了职务犯罪特别是贿赂犯罪的认定在相当程度上要依赖口供（行贿人的口供、受贿人的口供等），因而口供在职务犯罪侦查中就显得比普通犯罪侦查更为重要。而侦查经验表明，绝大多数职务犯罪嫌疑人只有在其与外界被隔绝一段时间之后，才会交代犯罪事实。这是因为：

（1）心理规律使然。犯罪心理学原理告诉我们，犯罪嫌疑人从被讯问到交代犯罪事实，一般要经过抵触—试探—动摇—交代四个心理阶段，从一个阶段过渡到另一个阶段，都需要一定的时间，有时还会出现反复，因而要使犯罪嫌疑人走完这四个心理变化周期，往往需要若干天的时间。

（2）趋利避害权衡的需要。趋利避害是人的本能，职务犯罪嫌疑人更不例外。在整个侦查过程中，职务犯罪嫌疑人都在进行趋利避害的权衡，不会轻易交代罪行，因为职务犯罪嫌疑人都清楚地知道，如果交代了犯罪事实，就意味着职位的丧失，从“人

上人”沦为阶下囚，这是其绝对不愿意的，因而其策略总是能拖就拖，能顶就顶，绝不会轻易交代。只有在他与外界被隔绝一段时间，当他不知道外面情况的变化、有关人员是否已经交代、赃款赃物等证据是否已经被查获，并对种种情况进行综合分析，认为检察机关已经掌握了其相当的犯罪证据，如果不交代就会陷入被动、交代才能赢得主动的情况下，才会在趋利避害心理的驱使下交代犯罪事实。[①] 而要作出这种权衡与艰难抉择，也需要相当的时间。总之，职务犯罪侦查的特殊性表明，职务犯罪的侦查需要有一种能够有效控制职务犯罪嫌疑人一定时间，以防止其与外界进行信息交流，从而为突破案件创造必要条件的强制措施。

那么，我国现行法律规定的控制犯罪嫌疑人的强制措施能否满足职务犯罪侦查的上述需要呢？让我们逐一地进行分析。目前我国刑诉法规定了五种控制犯罪嫌疑人的侦查措施，即拘传、取保候审、监视居住、拘留和逮捕。其中逮捕是对犯罪嫌疑人控制力最强的措施，法定的适用条件较高，一般需要在案件基本构成犯罪之后才能使用，故不能满足职务犯罪侦查的上述需要。而取保候审和监视居住这两种侦查措施，由于它们对职务犯罪嫌疑人的人身自由限制较小，在交通、通讯设备较为发达的今天，难以有效防止职务犯罪嫌疑人串供以及指使他人串供毁证，因而也不能满足职务犯罪侦查的上述需要，实践中也一般将它们作为证据获取并固定后的措施加以使用，而很少用作获取证据。那么，可供选择的就只有拘传和拘留两种强制措施了。就拘传来说，根据法律规定，拘传的最长时间为 12 小时，而 12 小时的拘传往往只能起到讯问人与被讯问人互相摸底、了解情况的作用，职务犯罪嫌疑人一般不可能在 12 小时内交代问题。就拘留来说，检察机关要适用拘留措施，往往会遇到很大的风险和压力，因为犯罪嫌疑

---

① 以下参见朱孝清：《职务犯罪侦查学》，中国检察出版社 2004 年版，第 163 ~ 164 页。

人被拘传12小时后，一般尚未交代犯罪事实；拘留之后，犯罪嫌疑人能否肯定交代犯罪事实，侦查人员并无绝对把握，因为犯罪嫌疑人对口供具有可控性，在侦查实践中，像张春桥那样拒不交代犯罪事实的人也并非个别。而一旦拘留后不能获取口供以及其他证据，就会导致案件难以侦破而不得不放人，从而出现“抓抓放放”，即犯罪嫌疑人拘留后因侦查无法深入而释放。对公职人员特别是领导干部“抓抓放放”，我国的承受力与西方国家存在很大差异，在西方国家，“抓抓放放”是司空见惯的事情，即使案件起诉后被判无罪的比率高达20%至30%，人们也不认为有什么问题，反而会认为是“司法独立”和“保障人权”的体现。而我国由于受几千年封建法律文化、等级特权观念和官本位思想的影响，人们往往难以接受，甚至提出种种指责，因而检察机关要承担巨大的风险和压力。同时，如果检察机关职务犯罪侦查出现错案，不仅影响到职务犯罪嫌疑人的前途和命运，而且也直接影响到检察机关乃至党与政府的形象和声誉，这无疑给检察机关使用拘留措施带来远大于公安机关使用拘留措施的风险和压力。因此，拘留措施也难以满足有效控制职务犯罪嫌疑人，从而为突破案件创造条件的需要。由此可见，我国目前法律规定的控制职务犯罪嫌疑人的各种强制措施均难以为检察机关讯问并获取口供创造必要的条件，因而极不适应职务犯罪侦查的需要。这种立法状况在实践中导致两种后果：一是职务犯罪案件的突破往往依赖于纪委的“两规”、“两指”措施，致使党的纪检部门承担了限制人身自由的风险，也导致了检察机关侦查功能的萎缩。二是有的检察机关为了有效打击腐败犯罪，搞超时限拘传讯问或违法适用监视居住，这样不仅破坏了法律的正确实施，而且也侵犯了公民的合法权利。

（三）缺乏有效收集、固定、鉴别职务犯罪证据的措施

由于职务犯罪的言词证据地位突出，而言词证据又具有当事

人可控性和易变性以及虚假可能性大等特点，因而收集、固定、鉴别证据更加困难。据此，法律应当赋予检察机关更多的收集、固定、鉴别职务犯罪证据的措施和手段。对照外国立法，我国主要缺乏以下有效收集、固定、鉴别职务犯罪证据的措施：(1) 技术侦查措施。我国《人民警察法》第 16 条和《国家安全法》第 10 条分别规定了公安机关、安全机关因侦查犯罪的需要，根据国家有关规定，经过严格的批准手续，可以采取技术侦查措施。从对侦查措施的需要讲，检察机关侦查的职务犯罪同公安、安全等机关侦查的普通犯罪和危害国家安全犯罪相比，其隐秘性和侦查难度更大，更需要技术侦查措施，但是现行法律却没有规定检察机关可以运用技术侦查措施。(2) 诱惑侦查措施。诱惑侦查措施作为一种特殊侦查措施，主要适用于证据难以取得的高隐秘型犯罪（包括职务犯罪）。在我国，由于人们担心诱惑侦查措施可能被滥用，陷人入罪，特别是运用在职务犯罪中可能使国家工作人员产生“人人自危”的政治恐慌心理，影响国家的形象和政治稳定，因而法律没有规定诱惑侦查措施。(3) 强制证人作证和犯罪嫌疑人提供证据措施。强制证人作证和犯罪嫌疑人提供证据是获取言词证据的有效措施，但我国法律只是号召性地规定所有证人都有作证的义务，而没有规定强制证人作证和犯罪嫌疑人提供证据的措施，这必然影响对言词证据依赖较大的职务犯罪的侦查。(4) 测谎措施。测谎措施是审查判断言词证据真伪的有效措施，但由于我国立法尚未对其作出规定，加上一些人对其尚存疑虑，以及测谎措施需要高科技的测谎仪、科学的测谎程序、专业的测谎人员等，因而基本上没有将其运用于职务犯罪侦查。

（四）缺乏完善的职务犯罪侦查保障措施

根据职务犯罪的特殊性，侦查职务犯罪还必须有相应的保障措施。虽然我国刑法规定了特定情况下的推定有罪措施（巨额财产来源不明罪），对职务犯罪侦查起到一定的保障作用，但是尚缺乏其他一些职务犯罪侦查保障措施，因而也影响了职务犯罪的侦查能力。这些保障措施包括：(1) 暂停公职措施。暂停公职措施可以有效防止公职人员实施犯罪后再利用职权进行妨碍或破坏侦查的活动，并有利于动员群众大胆检举揭发，保障职务犯罪侦查的顺利进行。但是，我国法律目前却没有规定暂停公职措施。(2) 金融保障措施。我国虽然制定了一些金融制度，如限制大额现金交易制度、存款实名制度等，但是由于限制大额现金交易制度和存款实名制度规定不严并缺乏有效的监督机制，大额现金提取和交易均较为方便，冒名存款尚缺乏处罚措施，因而导致这些制度对职务犯罪侦查起不到应有的保障作用。

四、完善我国职务犯罪侦查措施的立法建议

在依法治国的新形势下，要在全社会实现公平正义，促进广大公职人员勤政廉政，就必须加大反腐败的力度，有效打击职务犯罪。因此，必须对职务犯罪的侦查措施在法律上加以补充和完善。根据职务犯罪侦查的特点，借鉴国外的有益经验特别是反腐败公约等联合国文件的有关内容，我国应当从立法上建立和完善以下几方面的职务犯罪侦查措施：

(一) 增设发现职务犯罪线索的措施

发现职务犯罪线索是有效打击职务犯罪的前提和基础，要保证及时发现职务犯罪线索，就必须建立可靠、有效的措施和手段。根据我国职务犯罪侦查的需要，应当建立以下发现职务犯罪线索的措施：(1) 赋予检察机关以机动侦查权。即为了发现和查处职务犯罪，检察机关具有对与职务犯罪具有牵连关系的其他犯罪进行侦查的权力，以解决目前发现和查处职务犯罪的“孤岛现象”。同时，为了防止机动侦查权的滥用，法律应当明确规定检察机关行使机动侦查权的范围和严格的审批程序。(2) 秘密调查措施，如派遣秘密调查员、使用线人、耳目进行调查等。从立法上规定

秘密调查措施，是加强检察机关对职务犯罪线索的收集、分析和运用，增强检察机关侦查能力的有效措施。我国刑事诉讼法第83条赋予了检察机关发现职务犯罪事实或犯罪嫌疑人并进行侦查的职责，故赋予检察机关秘密调查等发现职务犯罪线索的措施和手段，是十分必要的。（3）信息共享措施。随着网络技术的发展，利用网络信息发现职务犯罪的情报或线索显得十分重要。因此，法律应当明确规定职务犯罪相关信息共享措施，即检察机关有权与纪检监察、工商、审计、税务、金融等执法执纪部门或经济管理部门共享职务犯罪相关信息，建立信息共享机制，以保证检察机关能够及时掌握有关部门在执法执纪活动中涉嫌职务犯罪的线索。

（二）完善控制职务犯罪嫌疑人的措施

如前所述，我国现行法律还缺乏能够有效防止职务犯罪嫌疑人串供、毁证等妨碍侦查行为，并为突破案件特别是获取犯罪嫌疑人口供创造条件的控制措施。为此，我国刑诉法应当建立和完善以下强制措施：

1. 将拘传职务犯罪嫌疑人的时限由现在的12小时延长到48小时。

主要理由是：（1）这是侦查职务犯罪的需要。如前所说，职务犯罪物证很少，如果没有犯罪嫌疑人的口供，一般难以对犯罪嫌疑人采取其他强制措施，而现行12小时的期限太短，有必要适当延长拘传的期限。（2）借鉴国外的经验。国外对犯罪嫌疑人的一次传唤、拘传的时间，一般可分为24小时、36小时和96小时三个层次。[①] 例如《德国刑事诉讼法典》第135条规定：“拘传时，应当将被指控人立即解送法官予以讯问。不允许依据拘传令将被指控人扣留超过拘传后的第二日结束。”所谓“第二日结

① 参见王建明等：“论检察机关的职务犯罪侦查权”，载《司法改革报告——中国的检察院、法院改革》，法律出版社2004年版，第100页。

束”，即依据拘传令限制被指控人的人身自由时最多不得超过48小时。[①]《日本刑事诉讼法》第59条规定：“已经拘传的被告人，应当自带到法院之时起24小时以内释放。但在该时间内已经签发羁押证的，不在此限。”[②] 根据我国侦查能力较低的客观实际情况，参照上述国家的立法，有必要借鉴德国的做法，将拘传的时限延长到48小时。（3）与我国有关法律规定相衔接的需要。我国2005年8月28日通过，2006年3月1日起施行的《治安管理处罚法》第83条规定，对违反治安管理行为人，公安机关传唤后应当即时询问查证，询问查证的时间不得超过8小时；情况复杂，依照本法规定可能适用行政拘留处罚的，询问查证的时间不得超过24小时。对尚未构成犯罪的尚且可以“询问查证”24小时，对涉嫌犯罪的，拘传时限为48小时是适当的。

2. 增强监视居住的“监视”力度。

从侦查职务犯罪需要看，我国现行法律缺乏一种强制程度介于拘传与拘留之间、能够有效防止职务犯罪嫌疑人串供、毁证等妨碍侦查行为，从而为突破案件创造条件的强制措施。虽然现行的监视居住措施与所需要的这种措施有点接近，但由于其对犯罪嫌疑人的监视力度不够，难以有效防止犯罪嫌疑人串供、毁证，因而有必要对现行的监视居住措施进行“改造”。另一方面，从目前我国查处职务犯罪中广泛使用“两规”措施来看，虽然目前“两规”措施有其必要性和合理性，但从民主法制建设需要看，将限制人身自由的“两规”措施交由司法机关行使，比交由党的纪检机关行使更为合适。因而也有必要对“两规”措施进行改革，具体思路是：将目前“两规”措施中非限制人身自由的那部分，继续由党的纪检机关行使，而将“两规”措施中限制人身自由的那部分交由司法机关行使。由于监视居住与“两规”措施具

① 《德国刑事诉讼法典》，李昌珂译，中国政法大学出版社1995年版，第62页。

② 《日本刑事诉讼法》，宋英辉译，中国政法大学出版社2000年版，第16页。

有相似性，因而可以将限制人身自由的“两规”措施纳入监视居住中，以改革和完善目前的监视居住措施。这样不仅可以增强检察机关查处职务犯罪的力度，而且可以避免“两规”未经司法程序而限制人身自由的现象，从而收一举两得之效。

根据上述思路，需从以下三方面对监视居住措施进行修改和完善：(1) 扩大监视居住的适用地点。即除了可以对犯罪嫌疑人住处或居所执行监视居住外，可以根据职务犯罪的特殊性，赋予检察机关为被监视居住人指定固定地点进行监视的权力，即将“两规”措施中限制人身自由的内容纳入监视居住措施。应当注意的是，这种改造后的监视居住不同于羁押，所指定监视居住的地点虽为固定场所，但不应当是看守所、拘留所等场所，而应当是既能对其人身自由起到一定的限制作用，从而有效防止其串供、毁证，又能保证被监视居住人正常生活的居住场所。(2) 增设电子监控手段。现行的监视居住难以实现其应有的“监视”作用。在科技发达的今天，光靠人力进行监视是远远不够的，也是落后的做法。要真正发挥监视居住的“监视”作用，有必要充分利用现代科技手段，增设电子监控手段，这是许多发达国家的共同做法。(3) 缩短监视居住的期限。在增强监视居住“监视”力度的同时，为了有效保护被监视居住人的权利，应当缩短目前监视居住的期限。从司法实践看，监视居住的期限一般可以规定为 15 天，必要时经过批准，可以延长 5 天。

3. 增加取保候审的附带条件。

为了提高取保候审的控制力，借鉴国外的立法，应当增加以下附带条件：(1) 在必要时，保证人担保和保证金担保可以同时适用；(2) 保证金可以由犯罪嫌疑人本人亲自缴纳，也可以由其他自然人、法人或非法人团体代为缴纳，以鼓励专业担保公司的建立和发展；(3) 保证金的形式可以是现金，也可以是有价证券或不动产；可以是人民币，也可以是可兑换的外币；(4) 除刑诉法第 56 条规定的附带条件外，在必要时，还可以附带其他条件，如不得实施新的犯罪，不得接触本案被害人，不得妨碍本案鉴定人客观公正地进行鉴定，禁止出入娱乐场所或特定场所，上交机动车（船）驾驶证，上交护照或其他可供出入境使用的有效证件，每天定时向执行机关报告活动情况等。

4. 增设限制出境措施。

即检察机关发现被调查对象或犯罪嫌疑人有重大犯罪嫌疑又可能出境，但凭已有证据还无法对其采取强制措施的情况下，有权收缴其出境证件，以防止其出逃的措施。限制出境是许多国家和地区采取的一种措施，例如文莱 1982 年制定的《防止贿赂法》第 23 · c 条、我国香港特别行政区《防止贿赂条例》第 17 · a 条等，都有这方面的规定，其主要内容包括：凡涉嫌犯贪污贿赂之罪的人员，其旅行证件可以被收缴；收缴旅行证件由调查机关申请，治安法官发出收缴通知；如果犯罪嫌疑人接到通知后不立即交出旅行证件，可以将其拘留或逮捕。[①] 近年来，我国加强了对党政机关人员出境管理，党中央、国务院于 2003 年 8 月 2 日颁发了《关于党政机关、司法公安部门人员出境、出国通行证、护照管理措施》，要求对县处级以上干部出境通行证、出国护照，实行由上级组织部门统一管理。但从司法实践看，由于管理不严，或者涉嫌犯罪人员有多个出境通行证、出国护照等原因，职务犯罪嫌疑人携款潜逃境外的现象仍时有发生。由于检察机关担负侦查职务犯罪的职责，也具备及时了解职务犯罪嫌疑人动态的一定条件，因而赋予检察机关限制职务犯罪嫌疑的人员出境措施是十分必要的。

（三）扩大收集职务犯罪证据的有效措施

针对目前实践中检察机关取证难的问题，应当从以下几方面扩大检察机关收集职务犯罪证据的措施：

---

① 参见最高人民检察院反贪污贿赂法研究起草小组编：《惩腐反贪，各国政府关注的焦点——中外反贪法分解比较》，经济科学出版社 1995 年版，第 152 页。

1. 增设诱惑侦查措施。

合法的诱惑侦查措施能否适用于职务犯罪案件的侦查，目前法学界主要有两种意见：一种意见认为，一些职务犯罪特别是贿赂犯罪无直接的被害人，且犯罪行为极其隐秘，证据往往“一对一”，缺乏旁证，更缺乏物证，因而凭常规侦查措施往往难以发现和揭露。诱惑侦查措施可以使原本极其隐秘的犯罪行为及其过程直接暴露在侦查人员面前，并被收集、固定为铁的证据，因而可以适用。另一种意见认为，职务犯罪与社会人员犯罪存在较大区别，如果允许适用诱惑侦查措施，难免会使许多意志不坚定者陷入犯罪，并有可能使国家工作人员产生“人人自危”的恐慌心理，从而影响政权的形象和稳定，因而不宜适用。我们认为，诱惑侦查措施是对付隐秘型犯罪的有效手段，既然隐秘型的普通犯罪案件可以适用诱惑侦查措施，那么就没有理由将高隐秘型的职务犯罪排除在诱惑侦查措施适用范围之外。但是，由于职务行为的特殊性，因而在适用诱惑侦查措施时应当给予更加严格的限制，除必须是机会提供型诱惑侦查、经过严格的审批程序、由合法主体实施外，还必须注意以下几点：（1）诱惑侦查措施的适用对象必须是已经立案侦查的犯罪嫌疑人。诱惑侦查措施作为诱人犯罪的一种特殊的侦查措施，一旦适用，就可能损害被查对象的权利和名誉，因而必须立案后才能适用。这里需要指出的是，“立案”必须要有证据，必须符合立案的法定条件，绝不能为了适用诱惑侦查措施而进行假立案。（2）诱惑侦查措施只能作为揭露既往职务犯罪的侦查措施。虽然诱惑侦查措施可能揭露新的犯罪，但是适用诱惑侦查措施的目的不在于此，而在于揭露既往的职务犯罪。也就是说，将诱惑侦查所收集的证据，作为突破职务犯罪嫌疑人的心理防线，促使其交代以往的犯罪事实的手段。（3）一般不应当将犯罪嫌疑人因诱惑侦查措施而实施的犯罪事实作为定罪量刑的事实依据。对于普通犯罪来说，犯罪嫌疑人因诱惑侦查措施而实施的犯罪事实可以作为定罪量刑的事实依据。而对于职务犯罪来说，一般不应当将其作为定罪量刑的事实依据。这是因为：职务犯罪属于智能型犯罪，犯罪嫌疑人经验丰富、工于心计，善于伪装，因而在适用诱惑侦查措施时，其是否有犯罪意图和倾向，有时较难认定，从而导致诱惑侦查究竟是机会提供型还是犯意诱发型，有时难以区分，因而不将因诱惑侦查而实施的犯罪事实作为定罪量刑的依据，比较保险，从而使案件经得起历史检验；需要适用诱惑侦查措施的职务犯罪主要是贿赂等犯罪，犯罪事实往往由多次、多笔构成，不将该次犯罪事实作为定罪量刑的事实依据也无碍大局；对职务犯罪的处理应当持更加慎重的态度，不将因诱惑侦查措施而实施的犯罪事实作为定罪量刑的依据，有利于防止非议，减少阻力干扰，促进反腐败斗争的健康、深入开展。

2. 增设技术侦查措施。

我国 1993 年颁布的《国家安全法》和 1995 年颁布的《人民警察法》赋予了国家安全机关和公安机关使用技术侦查措施的权力。但是，法律对人民检察院的职务犯罪侦查能否使用技术侦查却没有规定。① 按照“公权力法无授权不得为”、“私权利法无禁止可以为”的法治原则，人民检察院对职务犯罪不能使用技术侦查措施。但是，从我国反腐败斗争的需要看，应当完善有关法律规定，增加检察机关职务犯罪侦查中可以使用技术侦查措施的规定，其理由如下：(1) 赋予检察机关以技术侦查措施是同职务犯罪作斗争的需要。侦查实践证明，技术侦查措施是掌握犯罪动态、侦破技术型和隐秘型犯罪的有效手段。同时，技术侦查“是在被追诉者及一般公众均不知晓的情况下进行的，因而能避免来自犯罪嫌疑人的反侦查措施，所获取的证据也通常比较真实可靠，还

---

① 虽然 1989 年最高人民检察院、公安部《关于公安机关协助人民检察院对重大经济案件使用技侦手段有关问题的通知》中规定：“对经济犯罪案件，一般地不要使用技术侦查手段。对于极少数重大经济犯罪案件主要是贪污贿赂案件和重大的经济犯罪嫌疑人必须使用技术侦查手段的，要十分慎重地经过严格审批手续后，由公安机关协助使用。”但该通知不是法律，从严格意义上讲，不具有法律效力。

能比较有效地防止给最终被证明无罪的犯罪嫌疑人的名誉带来不必要的负面影响，避免给其所从事的本职工作带来不必要的损失”。[①] 职务犯罪是高智能型、高隐秘型犯罪，职务犯罪侦查中发现难、取证难、固定证据难的问题十分突出，运用通常的侦查措施往往难以奏效。为了改变这种状况，提高职务犯罪的侦查能力，有效打击和遏制职务犯罪，有必要使用集秘密性、技术性以及收集证据的顺时性和直接性于一体的技术侦查措施。（2）赋予检察机关以技术侦查措施是实现控制犯罪与保障人权平衡的较佳选择。侦查是国家以强制力为后盾的职能活动，采取侦查措施必然存在着控制犯罪与保障人权的冲突。允许在职务犯罪侦查中使用技术侦查措施，既有利于提高侦查职务犯罪的能力，有效打击职务犯罪，也有利于防止实践中因检察机关侦查措施和手段不足而借用“两规”、“两指”措施或者违法监视居住或超期羁押等侵犯犯罪嫌疑人合法权益的现象，从而实现控制犯罪与保障人权的平衡。（3）侦查职务犯罪案件不能使用技术侦查措施的观点不能成立。有的同志认为，“党内不准搞技术侦查”，职务犯罪大多发生在党内，因而查处职务犯罪不能搞技术侦查。我们认为，“党内不准搞技术侦查”是指在党内路线斗争、政治斗争、派别斗争和调查违纪案件中，不准搞技术侦查，而不是指共产党员实施职务犯罪之后，因为其是共产党员而不得对其搞技术侦查。如果因为职务犯罪分子是共产党员就不适用技术侦查措施，无异于给他们以特殊的保护，这不仅会影响对腐败犯罪的打击力度，而且不符合法律面前人人平等的原则。因为任何侦查措施的使用，都应看其是否符合使用条件，而不应看其是否具有什么身份，这是任何一个法治国家的通行规则，作为向依法治国大步迈进的我国自然也不

① 陈光中、宋英辉主编：《刑事诉讼法实施问题研究》，中国法制出版社2000年版，第109页。

应例外。[①]

为了保证技术侦查措施的正确适用，法律必须对技术侦查措施的以下内容作出明确规定：（1）技术侦查措施的内涵、种类、名称及各种措施的定义；（2）适用范围（可以界定为严重犯罪）；（3）各种技术侦查措施的适用条件、期限；（4）各种技术侦查措施的审批和适用程序；（5）技术侦查措施所得材料或信息的保存、使用、销毁程序；（6）技术侦查所得证据的法律效力；（7）非法使用技术侦查措施的证据排除规则及相关人员的法律责任等。

3. 增设测谎措施。

测谎措施作为人类社会的文明成果和现代科技侦查手段，具有帮助审查言词证据真伪、确定侦查方向和范围、提供证据线索等作用，已被许多国家的司法实践证明是一种有效的侦查措施。在我国目前实践中，虽然一些地方的公安机关和检察机关在试用测谎措施，但是由于缺乏法律上的认可，因而测谎措施尚不能作为职务犯罪侦查的法定措施。由于职务犯罪的言词证据地位突出，而言词证据因拒供而难获取、因假供而难辨别、因翻供而难固定，这已经成为阻碍职务犯罪侦查活动有效进行的突出问题，因而法律应当在职务犯罪侦查中增设测谎措施。为了保证测谎措施的正确行使，借鉴国外经验，法律应当对测谎措施明确规定以下内容：（1）适用测谎措施的条件。根据我国的文化传统，对于职务犯罪嫌疑人适用测谎措施的条件要严格把握，即进行测谎检查的必须是已经立案的重大案件中犯罪嫌疑人本人同意且其身心条件允许适用测谎措施的案件。（2）适用测谎措施的程序。适用测谎措施必须经过检察长批准；操作测谎仪的主体必须是经过专门训练的测谎专业人员。（3）测谎结论的证明力。从国外情况看，测谎结

① 参见朱孝清："试论技术侦查在职务犯罪侦查中的适用"，载《国家检察官学院学报》2004 年第 1 期。

论属于鉴定结论的范畴，一般用作审查判断证据的依据。借鉴国外的经验，我国也可以将测谎结论列入鉴定结论的范畴，并将其限定在“有限采用”的范围之内，以防止不适当地扩大其在侦查和证明犯罪中的作用。

4. 增设强制证人作证和犯罪嫌疑人提供证据措施。

职务犯罪实物证据很少，言词证据居于重要地位。强制证人作证措施是获取证人证言的有效措施，因而对职务犯罪侦查具有特别重要的意义。虽然我国刑诉法规定，“凡是知道案件情况的人，都有作证的义务”，但是从司法实践看，证人不提供证言、拒绝出庭作证的现象十分普遍，据典型调查，证人出庭作证率只有5%左右。[①] 究其原因，除了证人的法律意识淡漠、法律规定的证人保护制度不健全等原因外，法律没有相应规定强制证人作证措施是一个非常重要的原因。因此，要保证有效获得证人证言，及时侦破职务犯罪案件，有必要增设强制证人作证措施，即检察机关在职务犯罪侦查中，可以采取拘传等措施强制证人到场作证。同时，为了保证证人能够提供证言，还应当建立和完善以下法律制度：（1）法律责任制度。即法律应当明确规定证人拒绝到场和拒绝作证的法律责任，这是证人作证义务的必然要求。从我国情况看，证人如果拒绝到场或拒绝作证，可以给予一定的罚款，情节严重的，可以以犯罪论处。为此应当在刑法中增设证人拒不作证罪。（2）证人保护制度。虽然我国刑诉法规定，司法机关应当保障证人及其近亲属的安全，对证人及其近亲属威胁、侮辱、殴打或者打击报复，应当追究其法律责任，实践中也有对证人进行

---

① 参见武鼎之：“证人拒证，良策何在”，载《人民检察》1999年第3期。

保护的典型案例。[①] 但由于法律规定的证人保护制度过于原则，影响了实践中对证人的有效保护。因此，应当借鉴国外的经验，建立专门性的证人保护组织，明确规定具体的保护措施，如审前安全措施、庭审安全措施（设立独立的证人候审区域等）、不公开作证（证人在另一房间通过电视或电讯方式作证等）、对证人的身份和地址等个人信息保密以及必要时变更身份、转移居所等。（3）证人豁免制度。由于职务犯罪案件特别是受贿案件具有很强的隐秘性，取证十分困难，因而获取行贿人和介绍贿赂人（污点证人）的供词至关重要。为了促使行贿人或介绍贿赂人作证，目前检察机关往往以酌定不起诉为交换条件。但是，由于酌定不起诉具有其局限性，难以完全消除污点证人的顾虑，促使其如实、彻底地交代有关问题。[②] 因此，为了彻底消除污点证人的顾虑，有效获取其证言，有必要借鉴国外的经验，在我国建立证人豁免制度。

犯罪嫌疑人对自己有无实施和实施了何种犯罪事实最清楚，犯罪嫌疑人本人的口供又往往是认定职务犯罪特别是贿赂犯罪的必要证据。出于趋利避害、逃避打击的本能，不少职务犯罪嫌疑人拒不交代犯罪事实，并经常出现“抗拒从严，回家过年”的尴尬。以在诉讼中特别注重保障人权著称的英美国家，出于平衡打击犯罪与保障人权的需要，对职务犯罪等严重犯罪一改当事人主

---

① 例如1998年11月，广州市中级人民法院对由花都市人民检察院侦破、经广州市人民检察院起诉的一起重大职务侵占案进行开庭审理时，要求该案的主要证人出庭。该案主要证人是香港商人，他在接到开庭通知后要求检察机关对其人身安全进行保护。花都市人民检察院为此组成了证人保护小组，从证人进入罗湖口岸起即对其进行保护。证人出庭作证完毕后，由保护小组护送证人顺利出关返回香港。

② 从司法实践看，酌定不起诉在促使污点证人作证方面的局限性主要是：（1）酌定不起诉存在着对污点证人起诉的可能性，不能完全消除污点证人的思想顾虑；（2）酌定不起诉的适用条件“犯罪情节轻微”和“依照刑法规定不需要判处刑罚或免除刑罚”适用范围有限，难以满足司法实践的需要；（3）司法实践中如果过多且不适当地对污点证人作酌定不起诉处理，会遭致对行贿犯罪、介绍贿赂犯罪打击不力的责难。

义的诉讼方式和沉默权等制度，规定强制犯罪嫌疑人提供证据制度，其思路和做法值得我国深思和借鉴。我国当前腐败现象仍然十分严重，发生多、揭露少、打击不力是客观事实，有必要借鉴英美法系的做法，设立强制犯罪嫌疑人提供证据制度，对有一定证据证明有犯罪事实，但拒不提供证据或提供虚假证据的，追究其刑事责任。

（四）建立和完善有关职务犯罪侦查的保障措施

为了有效侦查职务犯罪，除了具备完善的职务犯罪侦查措施外，还应当具有相应的保障措施。根据我国职务犯罪侦查的需要，应当建立和完善以下职务犯罪侦查的保障措施：

1. 增设暂停公职措施。

职务犯罪侦查的特殊性表明，职务犯罪的高隐秘性与职务犯罪嫌疑人利用职权掩盖其罪行具有密切的关系，因而在职务犯罪侦查中，及时暂停职务犯罪嫌疑人的公职，是减小职务犯罪侦查的阻力，提高人民群众检举揭发的积极性，保障职务犯罪侦查顺利进行的重要措施。我国职务犯罪侦查中虽然对某些职务犯罪嫌疑人也可以由组织部门暂停其公职，但其仅是组织措施而非法律措施。为了防止职务犯罪嫌疑人利用职权进行掩盖或破坏侦查的活动，保障职务犯罪侦查的顺利进行，我国应当在法律上规定暂停公职措施。

2. 完善有关的金融保障措施。

我国目前虽然制定了一些有助于查处职务犯罪的金融保障措施，但执行得并不理想。例如我国制定的国家公职人员财产申报制度在实践中基本上没有执行；限制大额现金交易制度和存款实名制度也由于缺乏有效的监管机制而难以起到明晰国家公职人员财产状况、限制非法收入和便于检察机关查明有关职务犯罪嫌疑人财产状况的作用。因此，要保证有效侦破职务犯罪，加大我国反腐败的力度，应当借鉴国外的有益做法，完善金融监管机制，明确监管的主体及其权力和责任，明确违反者的法律责任等，以发挥有关金融制度在职务犯罪侦查中应有的保障作用。

3. 完善财产转移监控措施。

2002年以来，中国人民银行、公安部及国家外汇管理局等有关部门陆续建立了反洗钱工作机构，如2004年6月建立了金融情报中心（FIU）——中国反洗钱监测分析中心，集中分析有关大额和异常资金活动；2004年12月制定了《个人财产对外转移售付汇管理暂行办法》，明确了个人财产对外转移所涉及的外汇管理政策。[①] 但是，从司法实践看，由于管理和执行措施不完善，一些贪污贿赂犯罪分子利用各种途径将贪污贿赂所得的赃款进行洗钱，并将大量黑钱转移到境外，给国家带来了巨大损失。为了防止这种现象的发生，国家金融部门应当完善有关制度，加大对个人大额财产转移的监控力度，特别是加大个人向国外转移大额资金的监控力度，以防止国有资产的外流。同时，检察机关在职务犯罪侦查中一旦发现可能转移财产的信息，应当及时通知有关金融部门进行监控，以发挥检察机关作为我国反洗钱机构之一的应有作用，推动我国反腐败斗争的深入发展。

（原载《中国法学》2006年第1期）

---

① 2006年10月31日全国人大常委会通过《中华人民共和国反洗钱法》，对进一步加强反腐败斗争，遏制洗钱犯罪和相关犯罪等产生了积极的作用。本文发表时该法律尚未颁布。

试论讯问的策略方法

讯问即讯问犯罪嫌疑人，它是指侦查人员为了查明案情和其他有关问题，依照法定程序，以言词方式对犯罪嫌疑人进行审问的一种侦查措施。它对于查清案件事实、扩大案件线索，保障无罪的人不受法律追究，具有重要意义。讯问是侦查主体与侦查对象面对面短兵相接、斗智斗勇的活动，其策略方法尤为重要。本文试就讯问职务犯罪嫌疑人的策略方法作些探讨。

一、职务犯罪嫌疑人被讯问时的心理特点及其变化规律

讯问是侦查人员与犯罪嫌疑人之间面对面的心理战，只有掌握犯罪嫌疑人被讯问时的心理特点及其变化规律，才能在讯问中有的放矢地采用一定的策略方法。故研究讯问的策略方法，必须先研究犯罪嫌疑人被讯问时的心理特点及变化规律。

犯罪嫌疑人由于趋利避害的自卫本能，被讯问时一般存在两种互相矛盾的心理：一种是“抗拒”心理，一种是“坦白”心理。产生这两种心理各有其原因。抗拒心理产生的主要原因是：(1) 侥幸。犯罪嫌疑人自恃作案手法诡秘高明，或者迷信攻守同盟，迷信关系网、保护层，因而以为不会案发，即使案发，也能逢凶化吉。(2) 畏刑。犯罪嫌疑人一般有一定的职务、地位和较

优越的条件，一旦交代了犯罪事实，这一切就会顷刻化为乌有，而且沦为阶下囚，这是犯罪嫌疑人最不愿意看到并千方百计要去防止的。(3) 抵触。犯罪嫌疑人一般有一定的职务和社会地位，有的甚至职高位尊，很受人尊敬。突然受审，形成强烈反差，难以接受这一现实。坦白心理产生的原因主要是：(1) 心虚。担心东窗事发，怕"若要人不知，除非己莫为"的古训在自己身上得到体现。(2) 推测。由被传唤讯问或拘留这一事实，推测人民检察院已经掌握一定的证据。(3) 恐慌。因被限制人身自由，与外界隔绝，信息不通，难以知晓检察机关侦查工作进展情况和掌握证据情况，难以知晓有关涉案人员有没有交代，家中有没有被搜查，因而产生恐慌心理。

犯罪嫌疑人的上述两种心理使得他们一方面妄图以拒供、少供或假供逃避罪责，另一方面又害怕检察机关确已掌握了证据，如不交代会招致更重的处罚。这两种心理此消彼长，当抗拒心理占主导地位时就坚不吐实，当坦白心理占主导地位时就供述交代。因此，讯问的过程，就犯罪嫌疑人来说，是这两种心理相互斗争、相互转化的过程；就侦查人员来说，则是促使犯罪嫌疑人由抗拒心理向坦白心理转化的过程。

随着讯问工作的推进，犯罪嫌疑人的心理变化一般呈现以下四个阶段：

(一) 抵触对抗阶段

犯罪嫌疑人从自由人甚至发号施令的人一下子成为接受讯问的人，心理落差很大，对现实一时难以接受，对审讯环境一时难以适应。因此，面对审讯人员的讯问，他们或再三表白，以示廉洁尽责；或百般狡辩，喊冤叫屈；或守口如瓶，拒绝回答；或蛮不讲理，激烈对抗，从而常使审讯处于僵持状态。

(二) 试探摸底阶段

当犯罪嫌疑人对审讯环境稍稍适应后，便会慢慢冷静下来，

进行思考分析，并集中全力对付审讯。由于讯问直接关系到个人的前途和命运，因而他既想抗拒审讯，守住可守的“每一寸土地”，又从被传讯的现实中估摸出已经东窗事发，侦查人员已经掌握了一定的证据，但又不清楚在哪个环节上出了问题，侦查人员已掌握了哪些证据，因此，便千方百计向侦查人员试探、摸底，以便摸清情况后决定对策。

（三）犹豫动摇阶段

由于审讯中政策攻心、使用证据、制造错觉等策略的运用，加上与外界一段时间的隔绝，使受审人赖以抗拒的主客观基础和谎言逐个被揭露和驳斥，犹豫动摇的心理会逐步上升。他们既想继续顽抗，侥幸过关，又怕拒不交代、按证据定罪反而受到从重处罚，因而处于十分矛盾的心理状态。这个阶段是受审人思想斗争最激烈的时候，也是预审取得成功的关键阶段。

（四）交代供述阶段

受审人经过前三个阶段后，深知其犯罪事实已经败露，侦查人员已经掌握了其犯罪的证据，加上经过较长时间的较量，想尽早摆脱被审讯的困境，因而开始供述自己所犯的罪行。但由于畏刑心理和侥幸心理作怪，往往出现讲小不讲大、讲轻不讲重、讲显不讲隐等避重就轻的现象，甚至还会出现时供时翻等情况。这时，侦查人员则应乘胜追击，穷追不舍，使审讯取得彻底胜利。

需要说明的是，上述四个阶段，是就一般情况而言的，有些犯罪嫌疑人不一定都走过这四个阶段，也有的在次序上有颠倒。

研究职务犯罪嫌疑人被讯问时的心理特点和变化规律，目的在于使侦查人员掌握这些特点和规律，有的放矢地做好讯问工作。一般说来，如果讯问前的秘密调查工作做到家，讯问时掌握犯罪嫌疑人的心理，方法策略得当，犯罪嫌疑人大多是会交代犯罪事实的。

二、讯问犯罪嫌疑人的一般策略方法

针对犯罪嫌疑人被讯问时的矛盾心理，要促使其由抗拒心理向坦白心理转化，就要正确地使用策略方法。

讯问犯罪嫌疑人的策略方法可分为一般的策略方法和分类的策略方法。一般的策略方法是指讯问中常用的不局限于某一类犯罪嫌疑人的策略方法，它所研究的是矛盾的普遍性。根据侦查实践，一般的策略方法主要有以下几种：

（一）教育攻心法

这是侦查人员通过思想教育和心理刺激，促使犯罪嫌疑人消除对立，转变思想，如实供述的一种讯问方法。“攻心为上”，教育攻心法是讯问中最常用的一种方法。采用教育攻心法首先要摸准犯罪嫌疑人不愿坦白交代的心理障碍或赖以抗拒的精神支柱，在此基础上，有针对性地采取思想教育、错觉刺激以及疏导、例证、亲友规劝（写信、放录音）等方法，排除其心理障碍或摧毁其精神支柱。例如，对心存侥幸的要消除其幻想；对畏罪惧刑的要晓之以利害；对悲观失望的要指明其前途；对蛮横对抗的要打掉其锐气。采取教育攻心法要注意以下几点：（1）要消除对立，取得信任。为此，侦查人员态度上既要严肃又要诚恳，心理上既要相对又要相容，要晓之以理，动之以情，从而形成“威慑下的和谐”的氛围。（2）思想教育要入耳入脑，防止空洞说教。（3）要把思想教育与运用谋略制造错觉进行心理刺激结合起来，防止单打一。（4）讲解政策法律要实事求是，注意分寸，不能言过其实，随便许诺、“打保票”，或利用政策搞变相诱供骗供。总之，运用教育攻心法要使犯罪嫌疑人感到侦查人员可畏、可信、可敬。可畏是指侦查人员坚持原则秉公执法，其正义之气令狡猾的犯罪嫌疑人望而生畏，不敢与之对抗；可信是让犯罪嫌疑人感到侦查人员讲政策说法律实事求是，不讲大话空话，言而可信，并相信能实事

求是地对待他的问题。可敬是让犯罪嫌疑人对侦查人员循循善诱的开导和晓之以理、动之以情的教育表示佩服和敬重。[①]

（二）情感催化法

这是通过拨动心弦、激发情感的办法促使犯罪嫌疑人供述的一种讯问方法。它与前述的教育攻心法的区别是，教育攻心法是通过转变思想来促其交代，情感催化法则是通过激发情感来促其交代。情感催化的具体方法一般有：（1）回忆历史法。职务犯罪嫌疑人特别是其中的领导干部大多有值得其自豪的光荣历史。侦查人员如在讯问的适当时机引导他回忆其光荣历史，恰如其分地肯定他过去的成绩，并将它与现在的不良行为进行对比，扬抑结合，唤起其荣誉感和罪责感，往往能取得好的效果。（2）示以关心法。犯罪嫌疑人在沦为审讯对象的情况下，如能示以关心，满足其某些方面的合理要求，往往能使其产生感激心理，从而交代犯罪事实。（3）意气相投法。即在摸清犯罪嫌疑人的性格、脾气、嗜好、弱点的前提下，侦查人员通过某些言语或行为，使犯罪嫌疑人觉得与其意气相投，从而交代犯罪事实。情感催化法的核心是让犯罪嫌疑人觉得侦查人员值得尊重和信赖，因此，运用时言语、动作要掌握好分寸，不失侦查人员的身份和堂堂正正形象。

（三）制造错觉法

这是指用虚虚实实、真假难辨的方法使讯问对象产生错误判断，从而瓦解其心理防线，交代犯罪事实的讯问方法。犯罪嫌疑人作案后，既想抗拒交代，蒙混过关，又怕犯罪证据已被侦查人员掌握，不交代会陷入被动。因此，他们对讯问人员的言谈举止、证据材料、家属子女及涉案其他人员的动态等都十分关注和敏感，以此来分析判断案件侦查情况及自己的处境，并决定相应的对策。

① 王传道：《侦查学原理》，中国政法大学出版社2001年版，第273页。

针对讯问对象的这一特点，用虚虚实实、真假莫辨的办法使其产生错觉的策略方法可收到事半功倍之效。如根据犯罪嫌疑人拿钱收物时其配偶、子女往往知情的特点，使其产生亲属已作交代的错觉；根据贪污贿赂案犯经济反常的特点，使其产生赃款赃物等罪证已被起获的错觉；根据案件有人知情或有同案犯的情况，使其产生知情人或同案人已作交代，自己被“出卖”的错觉；根据贿赂案件的行贿人为了防止事后说不清楚，在送钱送物时让第三者“跟踪”作证或进行录音等情况，使其产生“把柄”已被抓住的错觉；根据犯罪嫌疑人不了解侦查进程，使其产生检察机关调查已久、掌握材料较多、证据已较充分的错觉，等等。运用这种策略方法，一是要注意掌握犯罪嫌疑人的性格特点和心理需求；二是所用的“虚”要虚得符合情理、足以乱真、不露马脚，同时要留有余地，以免造成被动。

（四）单刀直入法或迂回包抄法

这是提问时相对立的两种方法。单刀直入法是直截了当地向犯罪嫌疑人提出关键性问题，并且穷追不舍的一种讯问方法。这种方法开门见山，直击要害，往往能使讯问工作取得势如破竹的效果。这种方法一般运用于案情比较简单，掌握的证据材料比较确实可靠的案件和反侦查能力不强、被讯问前尚未被惊动的犯罪嫌疑人。迂回包抄法是有意识地迂回提问而暂不触及要害问题的讯问方法。侦查人员首先讯问与犯罪事实似乎较远的问题，使犯罪嫌疑人消除对立，松弛警惕，乐于回答；然后由浅入深，由远及近，逐步缩小包围圈，堵住其退路；最后，选择有利时机，直接提出案件的核心问题，使犯罪嫌疑人猝不及防，陷于欲退无路的被动境地，不得不交代犯罪事实。迂回包抄法一般运用于那些案情较为复杂，侦查人员虽掌握了一定证据但无过硬证据的案件。运用该办法对所提问题事先要精心设计，使其由浅入深，前后连贯，环环相扣，诱使犯罪嫌疑人在不知不觉中吐露真情；如果犯

罪嫌疑人有意说谎，就会为回答后一个问题造成被动，从而前后矛盾，无法自圆其说，最后不得不交代犯罪事实。

（五）稳扎稳打法或秋风卷席法

这是推进讯问进程时相对立的两种方法。稳扎稳打法是先对突破口上的问题问清敲实，然后步步为营地把讯问推向纵深的讯问方法。稳扎稳打法要先选择掌握得比较扎实的证据或犯罪嫌疑人容易开口的问题为突破口，一旦犯罪嫌疑人回答这一问题，就把有关要件、情节问清楚，然后再乘势向前推进。这种方法的好处是已交代的犯罪事实细节详尽，犯罪嫌疑人翻供难度大。它一般适用于有明显的薄弱环节作为讯问突破口的案件，或必须以讯问所得的犯罪事实作为侦查决策依据的案件。秋风卷席法是“扫荡式”的讯问方法，侦查人员对犯罪嫌疑人的每一件事的交代不作细问，有时装作不屑一顾，催促犯罪嫌疑人交代所有问题，特别是大的问题。待扫荡一遍后，再逐个问题问细敲实。这种方法的好处是气势大，能较快地突破犯罪嫌疑人全部犯罪事实的口供，明了案件的概貌。它一般适用于犯罪嫌疑人有多个、多笔犯罪事实且侦查人员已掌握一定证据的案件。在讯问中，是采取稳扎稳打法还是秋风卷席法，要根据案件的具体情况和该次讯问所要达到的目的以及讯问的“火候”而定。

（六）先发制人法或后发制人法

这是讯问中发起进攻的时间先后上相对立的两种讯问方法。先发制人法是先将审讯的目的底牌亮出，抢先发起进攻，迫使犯罪嫌疑人交代的讯问方法。先发制人法的好处是先发制“敌”，攻其不备，使犯罪嫌疑人在凌厉的攻势下，在猝不及防中交代犯罪事实。它一般适用于侦查人员已获取的情报信息较为准确，掌握情况较为全面，审讯的退路已经找好的案件。否则，如果情况不明，踩了空挡，就会陷入被动或者僵局。后发制人法是先问轻松的话题，待犯罪嫌疑人的弱点和矛盾充分暴露后，再抓住弱点和矛盾发起进攻的讯问方法。后发制人法的好处是能诱使犯罪嫌疑人暴露弱点和矛盾，为发起进攻、突破案件确定突破口。它一般适用于侦查人员掌握的证据有限，情况不甚明了的案件。

（七）避实击虚法或直击要害法

这是在讯问突破口选择上相对立的两种方法。避实击虚法是指避开犯罪嫌疑人重点防御的环节，而以其薄弱的防御环节作为突破口的讯问方法。犯罪嫌疑人的防御体系的主观性与犯罪事实的客观性必然存在尖锐的矛盾，犯罪嫌疑人又受信息不足的限制，因而其防御体系难免存在许多薄弱环节。侦查人员只要找准薄弱环节，乘虚而入，一般能取得好的效果。直击要害法是以案件的要害问题作为突破口的讯问方法。要害问题往往对突破全案具有至关重要的影响，突破了它，就能彻底摧毁犯罪嫌疑人的心理防线，而使讯问势如破竹。因此，当某一重要的犯罪事实已有充分的证据证明，即使犯罪嫌疑人抵赖也无济于事时，侦查人员以此犯罪事实为突破口，犯罪嫌疑人就会感到大势已去，与其抗拒落个从严处理的下场，还不如坦白求得从宽发落，从而交代全部犯罪事实。

（八）引而不发法或使用证据法

这是在是否提示事实和使用证据方面相对立的两种方法。引而不发，原指拉满了弓却不把箭射出去，讯问中的引而不发，是指侦查人员摆出证据在握、成竹在胸的样子，但不点具体的犯罪事实和证据，使犯罪嫌疑人产生罪行已经完全败露的错觉，从而如实供认的一种讯问方法。在贪污、贿赂等职务犯罪案件侦查中，犯罪嫌疑人往往有多笔犯罪事实，但又不知道哪一笔或哪几笔已被侦查人员掌握，为了多隐瞒少交代，他们往往要试探摸底，以“忘了”、“想不起来”等为借口，要求侦查人员“提示”和“指点”，以便采取对策。这时，侦查人员如果予以提示和指点，就会中其奸计。相反，如果引而不发，以虚对实，犯罪嫌疑人就会

心里发虚，抗拒的心理就会发生动摇。因此，引而不发是在证据掌握不多的情况下常用的讯问策略方法。使用证据法，是指针对犯罪嫌疑人抗拒讯问的心理，有计划地使用证据，促使犯罪嫌疑人如实供述的讯问方法。使用证据法的作用，不仅仅是让犯罪嫌疑人承认证据所证明的问题，而是以证据为“炮弹”，突破一点，打开局面，给犯罪嫌疑人施加不可抗拒的压力，从而令其交代犯罪事实。使用证据的原则，一是要真实，即向犯罪嫌疑人出示的证据必须事先经过甄别，判断为真实后才能使用。二是要经济，即以尽量少的证据，取得尽量大的“收益”，因此，单个证据的要分解使用，多个证据的要适量使用，要做到弹不虚发。出示证据时语言表述一般要含蓄。三是要递进，即先用证明力弱的，再用证明力强的；先用次要的，后用关键的。四是要适时，即出示证据的时机要适当。一般可在以下时机出示：犯罪嫌疑人存在严重侥幸心理，态度顽固，拒不交代，对侦查人员是否掌握证据持怀疑态度时；犯罪嫌疑人对其所犯罪行抵赖狡辩，乃至鸣冤叫屈时；经过政策攻心，犯罪嫌疑人的思想开始动摇，但还犹豫不决，处于交代与不交代的十字路口时；犯罪嫌疑人开始交代问题，但由于畏罪思想严重，又准备后缩时。但是，在对犯罪嫌疑人第一次讯问时和犯罪嫌疑人经政策教育开始交代并愿意继续交代问题时，一般不宜使用证据。[1]

（九）利用矛盾法

这是利用犯罪嫌疑人自己口供中或同案犯利害关系上的矛盾，揭露犯罪嫌疑人的虚假供述和辩解，离间同案犯之间的关系，促其端正态度，如实交代犯罪事实的讯问方法。讯问中可以利用的矛盾通常有：犯罪嫌疑人口供前后的矛盾；犯罪嫌疑人口供与历史事实、自然条件、风俗习惯、规章制度等客观事实之间的矛盾；

---

① 参见李永军：“讯问中的证据运用原则”，载《人民检察》1997 年第 5 期，第 26 页。

犯罪嫌疑人口供同科学常识或技术鉴定之间的矛盾；犯罪嫌疑人口供同其他已查证属实的证据之间的矛盾；犯罪嫌疑人口供与其他同案犯口供之间的矛盾；犯罪嫌疑人与同案犯、利害关系人之间的矛盾；等等。运用利用矛盾法首先要发现并抓准可供利用的矛盾，比如，对犯罪嫌疑人口供中的矛盾，发现后应不动声色，不要打断其陈述，让其充分表演，在关键问题上还可顺水推舟，反复问上几遍，让其陈述得更加明确、具体，然后适时予以揭穿，使之理屈词穷，最后不得不交代犯罪事实。又如，犯罪嫌疑人与同案犯之间既有相互勾结的一面，又有互不信任的一面，怕自己首先被对方出卖，怕对方推卸罪责。如果侦查人员能伺机抓准矛盾，离间关系，就能促使分化瓦解，交代犯罪事实。

（十）暗示法

这是指用语言、动作、表情、物品等影响犯罪嫌疑人的心理，促使其供述犯罪事实的一种讯问方法。它与明示相对立，不需作明确表示，也不付诸压力，而是采取含蓄的方法，使被暗示者产生分析、联想和心理变化。运用暗示法讯问的客观依据在于，被侦查中的职务犯罪嫌疑人由于处于特殊的地位和环境，因而对侦查人员的言行举动特别关注和敏感，并会据此作出各种联想、分析和判断。运用暗示法的目的是使犯罪嫌疑人认为侦查人员已掌握其犯罪事实和证据，从而打消侥幸心理，交代犯罪事实。暗示主要有语言暗示、物品暗示、情景暗示，其中较常用的是语言暗示，即用暗示性的语言或发问方式暗示被暗示者。语言暗示的要点是：（1）语言要含蓄、模糊、双关，让被暗示者凭自己的知识与阅历去想象和揣度；（2）暗示必须以一定的客观事实作基础；（3）暗示要有针对性，即针对暗示对象的个性特点和心理需求；（4）暗示要把握好时机和度，从而进退自如，以免被动。

（十一）刚柔相济法

这是针对犯罪嫌疑人都存在的抗拒和坦白这两种矛盾心理，

采取威慑施压与关心引导相结合的办法对犯罪嫌疑人进行讯问的一种方法。它是政治范畴中“恩威并用”、“拉打结合”方法在讯问中的运用。“刚”就是运用“坦白从宽、抗拒从严”的政策和刑事诉讼法第46条的规定及从严惩处的典型案例等，以震慑和威严对受审人造成强大的心理压力，使其感到罪行严重，法网难逃，只有坦白交代，才是唯一出路。没有“刚”这一手，受审人一般不会如实交代，特别是那些欺软怕硬的。“柔”就是运用法律、政策、从宽处理的典型案例以及示以关心、给予心理温暖等，对犯罪嫌疑人晓之以理，动之以情，进行开导感化，教育挽救，唤起良知，指出希望。没有“柔”这一手，往往会使讯问陷入僵局，特别是那些吃软不吃硬的。使用刚柔相济法要注意以下两点：(1) 要掌握受审人的性格特点、弱点、不交代的症结所在以及心理需求，因人施策，对症下药，该刚则刚，该柔则柔，制其相宜。(2) 要掌握好度，防止感情用事。超过一定的度，无论是“刚”还是“柔”都不能达到促使思想转化的目的，反而会增加受审人的对抗情绪或侥幸心理。“刚”要讲文明，“柔”要有原则，都不能背离政策，讲过头话。

需要指出的是，“兵无常形，文无定法”，讯问犯罪嫌疑人并无固定的方法，上述十一种方法仅是择要而言，需要侦查人员根据案件和犯罪嫌疑人的实际情况，因案制宜，因人施策，灵活决定讯问的方法。同时，讯问往往需要运用多种方法，而不应单打一，因此，要注意讯问方法的有机组合；即便是上述第四种至第八种讯问方法中每一种讯问方法内部相对立的两种方法，在讯问中有时也是交替运用的，如稳扎稳打法和秋风卷席法，有时为了给决定拘留或逮捕提供事实依据，先采用稳扎稳打法，待问明并核实这一犯罪事实、取得决策依据后，又改用秋风卷席法；有时先用秋风卷席法，待交代到重大犯罪事实时，又改用稳扎稳打法，具体问清这一重大犯罪事实后，又改用秋风卷席法“扫荡”前进。

三、讯问的分类策略方法

讯问的分类策略方法是指针对不同类别犯罪嫌疑人适用的策略方法，它研究的是矛盾的特殊性（但相对于各个具体的犯罪嫌疑人来说，它仍属矛盾普遍性的范畴）。根据侦查实践，分类的策略方法主要有以下几种：

（一）对不同性情的犯罪嫌疑人的策略方法

犯罪嫌疑人是具有不同性情的，而性情对接受讯问具有重要的影响。因此，对不同性情的犯罪嫌疑人应采取不同的讯问策略和方法。例如，对性情急躁的犯罪嫌疑人，一般应采用激将法和后发制人交叉并用的张弛结合法，首先挫其锐气；然后利用这类人供述中往往漏洞较多的把柄，以其之矛攻其之盾，揭穿其谎言，使其陷入不能自圆其说的窘境；进而动之以情，晓之以理，化对立情绪为合作态度，以柔克刚。对性情脆弱抑郁的犯罪嫌疑人，一般应先采用自由交谈的方法消除其紧张心理，然后利用其脆弱的感情唤起其亲情观念和罪责感，适时辅以使用证据消除其猜疑，促使其交代。对性情沉静的犯罪嫌疑人，要注意掌握节奏，沉着耐心，防止急躁冒进，然后循序渐进地择机施压，以刚克柔。对性情活泼的犯罪嫌疑人，首先要慢条斯理地向其冷静发问，有意消磨其快速敏锐的反应能力和防御能力，松懈其戒备心理；然后针对这类人兴趣分散、坚持性差的弱点，声东击西，跳跃发问，进一步转移其注意力和打乱其心理防线；继而针对其心理防线的缺口和心理变化状态，乘虚而入，步步紧逼，后发制人。对于兼具上述性情特点中的两种或三种的混合型性格的人，则综合采用与之相适应的两种或三种讯问方法。

（二）对不同年龄段和经历的犯罪嫌疑人的策略方法

一般来说，年轻的犯罪嫌疑人在其犯罪行为被揭露后，多数悲观情绪重，认为已毁了前程，认不认罪都一样，容易破罐子破

挫，拒不认罪。但他们抗审的韧劲一般不足，经验也不够丰富，审讯人员只要方法得当，他们一般会交代犯罪事实。为此，要启发其上进心，指明出路，教育其看到今后长远的人生道路，正确对待人生挫折，鼓励其跌倒了再爬起来，争取新的前途。中年犯罪嫌疑人在家中上有老下有小，在单位担任一定领导职务，加上年富力强，有较为丰富的社会阅历和经验，因而畏刑心理和侥幸心理往往都比较重，讯问时难度一般较大。为此，要教育其明确在家庭中的地位和作用，对自己负责，对家庭负责，走坦白从宽之路；同时，要动员其父母、配偶通过书信、录音等形式，做其思想工作，规劝其尽早讲清问题，或通过设计施谋，使犯罪嫌疑人认为知情的父母、配偶已作交代或同案人已作供述，从而打消其畏刑心理和侥幸心理。年龄较大的犯罪嫌疑人一般为党和人民做过一些有益的工作，有些还有光荣的历史，他们大多很爱面子，对受审的处境一下子难以接受，希望得到尊重，同时，怕交代犯罪事实会前功尽弃，名誉扫地，加上他们经验丰富，因而抗审的韧劲较强。但这些人由于受传统的教育较深，因而讯问的难度一般不像中年犯罪嫌疑人那样大。对此，要在进行法律、政策教育的同时，启发他们回忆自己走过的路程和党的培养教育，恰如其分地肯定他们过去所取得的成绩，以唤起他们的荣誉感和悔罪心理，动摇其抗拒心理，并鼓励他们珍惜过去，面对现实，以认罪服法的实际行动争取从宽处理。

（三）对共同犯罪嫌疑人的策略方法

共同犯罪嫌疑人有共同的利害关系，极易结成命运共同体，加上一般订立过攻守同盟，因而会给讯问带来一定的困难。但是，由于自私自利心理和机会主义倾向所驱使，各共同犯罪人之间往往心存猜疑，生怕同伙先于自己供述犯罪事实。讯问开始时，他们往往按事先统一的口径来陈述；当发现攻守同盟蒙骗不了审讯人员，预筑的攻守防线守不住时，他们又往往把关键的情节和责任推给别人，自己则避重就轻；当得知别人已坦白交代时，其思想防线就会崩溃，在“人家不仁，我也不义”的心理驱使下，出现争相交代的情景，使攻守同盟土崩瓦解。根据这一规律，讯问的策略方法是：（1）要选准突破口。选择在案件中责任较小、胆子较小、社会阅历较浅的人作为突破口，对其晓以利害，讲明政策，指明出路，促使其道明内情，从而为突破所有犯罪嫌疑人的口供奠定基础。（2）要对各共同犯罪嫌疑人同时分别讯问，以防止相互串供，并在讯问中发现矛盾，形成可用来进攻其他犯罪嫌疑人的“交叉火力”。（3）要善于利用矛盾和制造矛盾。在讯问开始时，各共同犯罪人往往按事先统一的口径来陈述。当审讯人员发现他们的口供基本雷同，似出一人之口时，可令他们陈述细节。因为任何串供，都只能串供主要情节，而不可能串供所有的过程和细节。要他们陈述细节，各犯罪嫌疑人的口供必然出现矛盾。审讯人员要对矛盾的供词进行分析，辨别其真伪，并对作虚假供述的犯罪嫌疑人发起攻势；同时，利用各犯罪嫌疑人相互猜疑的心理，设计施谋，制造矛盾，使有的犯罪嫌疑人误以为其他犯罪嫌疑人已作交代，自己已被出卖，从而动摇其心理防线，如实交代犯罪事实。

（四）对有侥幸心理的犯罪嫌疑人的策略方法

侥幸心理是犯罪嫌疑人自信可以逃避罪责的一种心理状态。他们有的自恃犯罪手段高明，行为诡秘，不易发现；有的迷信攻守同盟，低估检察机关办案能力；有的自恃关系网多或后台硬，藐视检察机关。侥幸心理是犯罪嫌疑人对抗审讯、拒绝供认的精神支柱，它以犯罪嫌疑人自认为的一定的客观情况为基础。因此，破除侥幸心理、促使坦白交代的最好的办法就是摧毁侥幸心理据以存在的基础，或使犯罪嫌疑人认识到侥幸心理据以存在的基础实际并不存在或根本不起作用。具体地说：（1）对于自认为犯罪手段高明、行为诡秘，不供认就“无奈我何”的犯罪嫌疑人，最

有效的办法是使其认识到犯罪证据已被掌握。为此，侦查人员要加强心理攻势，使其懂得“若要人不知，除非己莫为”的客观真理和没有相当的犯罪证据就不可能对其立案侦查和讯问的法律常识，并适时出示或暗示部分证据，动摇其侥幸心理，敦促其权衡利弊，尽早供述，争取从宽处理。（2）对于自认为关系网多、后台硬的犯罪嫌疑人，一方面，要教育其明白凡货真价实的犯罪分子谁也救不了的道理，并表明检察机关坚持法律面前人人平等，坚决把案件查办到底的决心，敦促其尽早丢掉幻想；另一方面，要用实际行动冲破关系网，顶住压力，敢于碰硬，对干扰阻挠办案，构成犯罪的，依法采取果断措施，使犯罪嫌疑人看到其所寄予希望的关系网和后台根本不起作用，从而放弃侥幸心理，如实供述犯罪事实。许多案例表明，对这一类犯罪嫌疑人，侦查人员的形象十分重要，如果侦查人员铮铮铁骨，一身正气，凛然不可侵犯，犯罪嫌疑人就会心存畏惧，其侥幸心理往往不战自消；反之，如果侦查人员自身不正或不敢碰硬，犯罪嫌疑人就会觉得有隙可乘，其侥幸心理就会滋长。（3）对迷信攻守同盟的犯罪嫌疑人，最有效的办法就是使其认识到其他人并没有信守同盟，其攻守同盟已被打破。具体讯问方法与前述的共同犯罪嫌疑人的讯问方法基本相同，这里不再重复。

（五）对有畏刑心理的犯罪嫌疑人的策略方法

畏刑心理是犯罪嫌疑人害怕犯罪行为被揭露后受到法律制裁的心理状态。具有畏刑心理的人往往担心个人地位、前途、名声、家庭、亲人等受到损害，因而在审讯中通常表现为对立拒供、蛮横狡辩、避重就轻、翻供无常，妄图以此逃避罪责。畏刑心理是趋利避害心理的反映，如前所说，其后面隐含了“求生”、“求轻”的心理，这种“求生”、“求轻”心理又能成为犯罪嫌疑人向交代心理转化的催化剂：当其认为司法机关还没有掌握必要的证据，通过拒供、翻供就能达到逃避罪责目的时，就拒供翻供；当

认为司法机关已掌握必要的证据，拒供翻供不可能逃避罪责时，就避重就轻；当认为避重就轻也无济于事时，就选择坦白。因此，对付畏刑心理最有效的方法是使犯罪嫌疑人认识到犯罪证据已被掌握，任何拒供、翻供、避重就轻都无济于事，从而促使其思想在趋利避害心理的支配下向供述方面转化。首先，要让犯罪嫌疑人明白犯罪事实和证据并不因拒供抵赖而不复存在，犯罪手段不管怎样狡猾隐蔽，都会留下蛛丝马迹而被检察机关所掌握。其次，要通过出示证据等方式让犯罪嫌疑人认识到其犯罪证据确已被掌握，拒供抵赖等做法并不能逃避法律追究，相反只能得到从重处理。再次，通过坦白从宽、抗拒从严的政策教育和有关案例教育，使其明白争取从宽处理的唯一出路是面对现实，如实交代犯罪事实。此外，对于十分眷恋父母、配偶、子女或怕配偶提出离婚，怕被家庭抛弃的犯罪嫌疑人要做好其家属工作，动员他们通过书信、录音等形式，对犯罪嫌疑人进行规劝，解除其思想顾虑，促使其交代问题，争取宽大处理。对于畏刑心理严重，产生轻生念头的犯罪嫌疑人，要对其正确阐明政策法律，适当缓解其思想压力，使其认识到只有坦白交代才是对自己、对家庭的最佳选择。

（原载《人民检察》2001 年第 10 期）

论诱惑侦查及其在职务犯罪侦查中的适用

一、诱惑侦查的概念及其特点

诱惑侦查，是指侦查人员用设置诱饵或提供条件的方法诱使他人进行犯罪活动，并进而将其拘捕的一种特殊侦查措施。诱惑侦查与“侦查陷阱”或“侦查圈套”并非同义，诱惑侦查有合法与非法之分，其中非法的诱惑侦查即犯意诱发型诱惑侦查（后文论及）与“侦查陷阱”、“侦查圈套”同义，因而都在禁止之列。

诱惑侦查是诱惑类谋略在侦查措施上的运用。作为一种特殊的侦查措施，其具有与一般侦查措施不同的特点：

（一）主动性

侦查与犯罪的时间关系一般是犯罪在前，侦查在后。侦查针对已经发生或正在发生的犯罪而开展，具有被动性。而诱惑侦查却不然，它与犯罪的时间关系一般是诱惑在前，犯罪在后，其中有的是行为人本无犯罪意图，由于诱惑侦查而产生犯罪决意，进而实施犯罪；有的是行为人本有犯罪意图，由于诱惑侦查而使其犯罪意图转化为犯罪行为；也有的是本有犯罪行为，由于诱惑侦查而继续犯罪。无论是哪种情形，其基本的公式是：诱惑——→犯罪——→暴露——→缉获。即诱惑的目的是促使犯罪，促使犯罪的目的是促其暴露，促其暴露的目的是将其缉获。因此，诱惑侦查具有主动性。

（二）关联性

诱惑侦查与犯罪具有紧密的联系，这种联系主要有两种情形：一种是行为人本无犯罪意图，由于侦查人员的诱惑而产生犯罪决意，进而实施犯罪。另一种是行为人本有犯罪意图或已实施过犯罪，由于侦查人员提供犯罪环境或犯罪条件方面的诱惑，促使行为人实施犯罪。上述第一种情形，诱惑是犯罪的原因；第二种情形，诱惑是犯罪的条件。因此，诱惑侦查与犯罪的关联或是原因与结果的关联，或是条件与结果的关联。

（三）顺向性与直接性

凡被动侦查，其思维都具有逆向性，即通过收集证据，去“回复”和“再现”既往的犯罪事实；侦查人员对犯罪事实的认识具有间接性，即必须通过证据这一中介。而诱惑侦查的犯罪事实及犯罪过程却能直接展现在侦查人员面前，而被侦查人员所直接感知。也就是说，侦查人员能够像被动侦查案件中的证人那样，顺向而直接地认识犯罪事实及过程。当然，顺向性和直接性都是对诱惑后发生的犯罪事实而言，对诱惑前就已存在的犯罪事实，其认识仍具有逆向性和间接性。

二、诱惑侦查的分类及区分界限

根据诱惑行为所起作用的不同，诱惑侦查一般可分为两类：一类叫机会提供型诱惑侦查，其特点：一是侦查对象本已存在犯罪意图和倾向，侦查人员的诱惑行为仅是提供了有利于其实施犯罪的机会或条件；二是侦查人员的目的是诱使潜在的犯罪分子暴露而不是诱人犯罪。例如，曾经吸毒被公安机关发展为特情的某甲，找到贩毒的某乙，问有没有“白粉”，某乙说现在没有，但

一周后有货。二人谈好交易的价格、数量和交付时间。货物交付时，在暗中监控的公安人员将其人赃俱获。在该案中，某乙本属贩毒人员，某甲的行为仅是为其继续贩毒和出手毒品提供了机会和条件。另一类叫犯意诱发型诱惑侦查，其特点：侦查对象本无犯罪意图和倾向，由于侦查人员实施积极的诱惑，如鼓动、劝说、诱导等，因而产生犯意并进而付诸实施。例如，公安特情某甲找到曾贩毒的某乙，问有没有“白粉”。某乙说自己早已洗手不干。某甲反复劝说，还许诺以高于他人的价格购买，并预付毒金 1 万元。某乙经不住劝说，再次参与贩毒活动。二人在交付毒品时被公安机关抓获。在该案中，侦查对象的犯意并非本来就有，而是侦查人员诱导的结果，如无侦查人员的诱导，某乙不会实施该次贩毒犯罪。这类诱惑侦查，客观上与教唆他人犯罪无异。

一般认为，机会提供型诱惑侦查为合法的诱惑侦查，因为在这种诱惑侦查中，即使侦查机关没有提供条件和机会，侦查对象仍会在其犯罪意图的支配下，制造条件，寻找机会，最终实施犯罪。犯意诱发型的诱惑侦查为非法的诱惑侦查，因为它引诱本无犯罪意图的人犯罪，违背了侦查机关惩治、控制犯罪的职责和维护公平正义的价值取向及职业道德。所以，划分两种类型的诱惑侦查合法与否的界限，在于是否诱人犯罪，即侦查对象的犯罪意图是因侦查人员的诱惑而“暴露”，还是因为侦查人员的诱惑而“产生”或“植入”。

虽然从概念上区分两种类型的诱惑侦查合法与否似乎并不困难，而要对千差万别的案件正确地加以区分却非易事，需要研究提出科学合理且具有可操作性的具体标准。

对此，国外学术界和司法界作过长期的探索，先后提出了“主观标准说”和“客观标准说”两种标准。主观标准说认为，判断诱惑侦查是否合法，应以被诱惑者在遇到诱惑前是否已经具有犯罪意图或倾向为标准。如美国 1932 年的索勒斯违反禁酒法案，该案发生在美国禁酒法时期。当时，装扮成旅行者的侦查员在与索勒斯交谈中，得知二人在“一战”时曾在同一部队，于是便借战友情谊再三纠缠索勒斯，要求其提供威士忌酒。索勒斯虽极不情愿，但碍于战友情面，最终提供了威士忌酒，索勒斯旋即被逮捕和起诉。一审和二审法院均对索勒斯作出有罪判决，但联邦最高法院却认为，“决定本案的关键在于国家是否应处罚由于侦查人员的行为而制造的原本清白的市民所实施的犯罪，如果本案属实，那么认可被告人所作的辩解，才是正义所在”。[①] 于是，作出了撤销原判、发回重审的判决。

但是，要查明被诱惑者在遇到诱惑前是否已经具有犯罪意图或倾向有时也不那么容易。在美国，往往把被诱惑者是否具有同类犯罪行为的前科作为一个重要依据。但这容易陷入“天生犯人”或“犯人无法矫正”的犯罪论误区，致使一些有前科劣迹但已改邪归正的人受到不公正对待。于是，美国联邦最高法院的一些法官根据“合法诉讼”的理念，又提出了“客观标准说”，认为判断诱惑侦查是否合法，应以诱惑侦查本身是否具有诱发他人产生犯罪意图的性质为标准。因为如果诱惑侦查本身没有诱发他人产生犯罪意图的性质，则与合法诉讼原则相合；如果诱惑侦查本身具有诱发他人产生犯罪意图的性质，则与合法诉讼原则相悖。1978 年，美国联邦第三巡回法院在审判托戈制造毒品案时，首次运用合法诉讼原则和上述标准进行裁判。托戈制造毒品案的案情为：侦查机关的情报员在与有制毒前科的友人托戈交往时，共谋制造毒品。之后，又由侦查机关提供制造器材、原料和制毒场所，当托戈与该情报员共同提炼出 6 磅毒品后，托戈被逮捕、起诉。该案侦查机关不仅诱人制毒，而且积极提供犯罪帮助，与被诱惑者共同制毒，其诱惑行为明显超出合理限度。联邦第三巡回法院判决指出，从被告人因诱惑而参与制造毒品，而且制造毒品的原

① 马跃：“美、日有关诱惑侦查的法理及论争之概况”，载《法学》1998 年第 11 期，第 16 页。

料等必需品均由侦查机关的情报员一手经办等情节可以看出，本案侦查中的诱惑行为完全是以起诉虽犯有前科但过着平静生活的被告人为目的的。根据合法诉讼原则，“我们不能容忍执法机关所实施的行为及对由这一行为诱发的犯罪所作的起诉”。①

笔者认为，单纯的主观标准说或客观标准说都有片面之虞，根据主客观相统一的原则，把主观方面与客观方面结合起来，似不难作出较为准确的区分。具体地说，同时具备以下两个原则的，可以认定为机会提供型诱惑侦查即合法诱惑侦查：

（一）“对象非特定性原则”或“特定对象的犯罪倾向性原则”

对象非特定性原则是指机会提供型诱惑侦查所针对的对象应是不特定的多数人即社会公众，而不是某一具体特定的人。之所以要以针对不特定的多数人为原则，是因为社会生活中的诱惑本来就时时存在，人们每天都在经受各种诱惑，在不特定的多数人都能经受住诱惑的情况下，如果个别人经受不住诱惑，那该个别人不是原本就有明确的犯罪意图，就是遇有机会就会以身试法的不稳定分子，他不在侦查人员提供机会的情况下实施犯罪，也会在其他的机会甚至自己寻找机会实施犯罪，因而该个别人的犯罪意图就不是因侦查人员的诱惑而产生的。在这里，“对象非特定性原则”是与后面所说的“行为适度性原则”中以“正常的普通人”不产生犯罪意图作为诱惑行为适度的一个标准是相协调的。针对不特定多数人的诱惑侦查，如甲市某偏僻路段常发生歹徒袭击下夜班女工的性犯罪案件，侦查机关就派出年轻的女侦查员为“诱饵”，于夜间路经此地，当歹徒对其袭击时将其抓获。在该案中，女侦查员的诱惑对象是包括正常普通人和歹徒在内的不特定的多数人，但正常的普通人经受住了诱惑，歹徒则经受不住诱惑，

① 马跃：“美、日有关诱惑侦查的法理及论争之概况”，载《法学》1998年第11期，第17～18页。

因为歹徒如不袭击该女侦查员，也会袭击其他女性，女侦查员只是为歹徒实施性犯罪提供了机会和条件。

不过，机会提供型诱惑侦查也不一定全都针对不特定的多数人实施，在具备特殊条件的情况下，也能针对特定的人实施，这里所说的“特殊条件”，就是有证据证明该特定的人具有明显的犯罪意图或倾向，我们将该原则称为“犯罪倾向性原则”。毋庸讳言，某人主观上是否有犯罪意图是较难分析判断的，但是，主观犯意总会通过一定的言行表现出来，如在言语中流露出明确的犯罪预谋或计划；进行犯罪的准备活动；有同类犯罪行为或前科的人正在准备继续犯罪或再犯罪等。当侦查人员获取了上述犯罪倾向的证据后，就可对该特定的人实施诱惑侦查。因为，侦查人员对该特定的人实施诱惑，同样不过是为其实施犯罪提供机会和条件，即仅仅是将可能在其他时间、其他地点、对其他对象实施的犯罪行为，变为在侦查人员预设的时间、地点、对侦查人员实施而已，因而同样符合机会提供型诱惑侦查的条件。当然，这里需要强调的是，说某人具有明显的犯罪意图或倾向，必须有证据证明，而不能仅凭侦查人员的主观分析或臆断。

上述对象“非特定性原则”与“犯罪倾向性原则”之间，属于选择关系，即在通常情况下，诱惑侦查应针对非特定对象实施，只有在有证据证明某特定对象具有犯罪意图或倾向的情况下，才能针对该特定对象实施。

（二）“行为适度性原则”

即机会提供型的诱惑侦查，其诱惑行为的强度必须控制在合理的限度内。这是因为人总有人性的弱点，诱惑行为如果超过合理的限度，就可能使正常的普通人也经不住诱惑而下水。行为适度原则包括以下两个具体的原则：一是诱饵适当原则。即侦查人员所暗示的实施某种犯罪行为可能得到的利益是适当的，这个“适当”应以不使原本没有犯罪意图和倾向的人产生犯意为限。

这里的“人”也是指具有一般认识能力和意志能力的正常的普通人，而不是指认识能力和意志能力超常的道德高尚者或认识能力和意志能力低于一般水平的素质低下者。根据诱饵适当原则，诱惑侦查不能使用那些犯罪收益大、犯罪成本小、刺激性强、具有一般认识能力和意志能力的正常的普通人难以抵御的诱惑，而只能使用那些犯罪成本、收益及刺激性均为一般、具有一般认识能力和意志能力的正常的普通人能够抵御的诱惑。① 二是消极行为原则。即侦查人员的诱惑行为应当是消极的而不应是积极的，也就是说，侦查人员的诱惑行为仅仅是消极地为被诱惑者实施犯罪提供机会或条件而已，而不应积极地动员、鼓励、劝说甚至强迫，此其一。其二，当被诱惑者上钩着手实施犯罪后，其犯罪进行到什么程度和犯罪之轻重大小，应由被诱惑者自己独立作出决定，侦查人员不能积极地帮助其推进犯罪。如当被诱惑者本意是要实施程度较轻的犯罪行为时，侦查人员不应积极地诱使其深化犯罪；被诱惑者的犯罪危害本来较小时，侦查人员不应积极地促使其扩大危害；被诱惑者要中止犯罪时，侦查人员不应促使其继续实施；等等。以前述女侦查员诱使歹徒实施性犯罪案件为例，根据消极行为原则，女侦查员只要以平常的衣着打扮，在夜间正常地路过该偏僻地段即可，而不应衣着过于性感暴露，更不应见到男性就积极主动地上前搭腔挑逗，刺激对方实施性行为。

三、诱惑侦查的法律规制

要使诱惑侦查发挥其应有的作用，而不致产生不必要的侵害，除了对诱惑侦查作上述分类和界定，以便正确运用外，还要对机会提供型诱惑侦查进行法律规制。在这方面，世界上一些发达国家已经建立了较为完备的法律制度。我国侦查实践中虽然运用了

---

① 周晶：“论诱惑侦查的实施原则”，载《福建公安高等专科学校学报》1996年第6期，第52页。

诱惑侦查，但有关立法却付之阙如，需要加强对诱惑侦查的研究。

参考外国关于诱惑侦查的理论和立法，我国对诱惑侦查的法律规制，除了对诱惑侦查严格区分机会提供型和犯意诱发型外，还要对允许使用的机会提供型诱惑侦查坚持以下原则：

（一）主体合法原则

侦查是特定主体依法进行的专门调查工作和采取有关强制性措施，只有侦查机关指派的侦查人员，才能从事侦查。诱惑侦查作为秘密侦查的一项措施，其主体同样只能是侦查人员。当然，在实施诱惑侦查时，侦查人员可以根据需要，指派某些特殊人员如特情、耳目等在诱惑侦查中担任某种角色，但这必须由侦查人员主持进行，而不能由这些人员自行决定，否则，诱惑侦查的主体就不合法。

（二）范围限定原则

由于诱惑侦查存在一定的风险，因而用普通侦查措施能够查明的犯罪，就不能使用诱惑侦查，只有使用普通侦查措施成效渺茫或难以奏效，必须使用诱惑侦查的案件才能使用诱惑侦查。笔者认为，诱惑侦查的适用范围以限定于下列三类犯罪为宜：

1. 无明显被害人的犯罪。

这类犯罪因无直接的被害人而不易被检举、告发，发现和揭露都很困难。如毒品犯罪、假币犯罪、非法制造销售枪支弹药犯罪、某些职务犯罪（后文论及）等。

2. 有组织犯罪。

这类犯罪因其内部组织严密，管理手段残忍，且具有极强的反侦查能力，而使侦查人员很难掌握其内部关系和获取犯罪证据，如黑社会性质犯罪、集团性犯罪。

3. 在发案时间和地点上有较强规律性的系列犯罪。

这类犯罪一般基于利益或贪欲的驱使，重复发案的概率大，

容易被诱惑上钩，如抢劫、盗窃犯罪、性犯罪等。[①]

（三）司法审查原则

诱惑侦查作为一种特殊的秘密侦查措施，其运用必须经过司法审查。各国一般需报经法官或检察官批准。如德国规定侦查机关派遣包括用于诱惑侦查在内的秘密侦查员的审批程序为：（1）必须经过检察院批准，在延误就有危险并且不能及时得到检察院的决定时，警察机关也可以先派遣，然后提请检察院批准，但如果检察院在3日内未予批准的，警察机关必须取消派遣。（2）如果是针对特定的嫌疑人派遣的，或者是秘密侦查员在执行任务时需要进入不允许公众出入的住所的，必须经过法官批准，但紧急情况下可以由检察院批准。在不能及时得到检察院的决定时，警察机关可以先派遣，然后提请法官批准，法官在3日内未予批准的，警察机关必须撤销派遣。（3）检察院或法官批准派遣秘密侦查员必须采用书面形式，并且附上期限，但只要派遣的实质要件继续存在，原来限定的期限可以延长。法国规定诱惑侦查应分别情况报检察官或预审法官批准。[②] 美国规定由侦查机关的长官批准，但对特定对象实施诱惑侦查的，由“秘密侦查审查委员会”批准。参考外国的立法例，结合我国刑事诉讼法关于其他侦查措施司法审查的规定，我国针对非特定对象的诱惑侦查可由县以上侦查机关的主要领导批准，针对特定对象的诱惑侦查，应由检察机关书面批准。检察机关职务犯罪侦查中要使用诱惑侦查的，由检察机关侦查监督部门审查，报检察长决定。侦查机关（部门）报批时，必须随报证明侦查对象有犯罪意图或倾向的证据以及必须使用诱惑侦查的理由。

---

① 袁春鹏：“论诱惑侦查”，载《政法论丛》2003年第2期，第41页。

② 艾明：“反思与重构：论我国诱惑侦查制度的法治化”，载《湖南公安高等专科学校学报》2003年第1期，第57～58页。

（四）控制、监督原则

合法诱惑侦查的目的不是为了产生犯罪并对社会造成危害，而是为了使潜在的犯罪暴露并予惩处，因而必须对因诱惑侦查而发生的犯罪实行有效的控制，防止弄巧成拙。其中一是对被诱惑者犯罪行为的控制，以该犯罪行为刚达到刑事追究为已足，防止其进一步推进，更防止对社会产生真正的危害；二是对被诱惑者即犯罪行为人的控制，防止其实施犯罪后逃跑躲匿。鉴于诱惑侦查本身合法与否较难把握，因而除了对因诱惑侦查而发生的犯罪实行有效控制外，还要对诱惑侦查进行必要的监督。我国检察机关是法律监督机关，负有监督侦查活动是否合法的职责，应将诱惑侦查列入其监督范围。发现诱惑侦查违法或不符合有关规制的，检察机关应予制止，造成严重后果的，要追究或建议有关部门追究有关责任人员的责任。

四、诱惑侦查的法律后果

既然诱惑侦查分为机会提供型和犯意诱发型两种类型，因而诱惑侦查的法律后果也应分别加以讨论。如前所述，机会提供型诱惑侦查是可予使用的侦查措施，如果又符合上述规制，则属合法合规的侦查措施，其法律后果与其他侦查措施的法律后果无异，即通过这种诱惑侦查措施揭露和证实的犯罪，依法该怎么处理就怎么处理，故不必具体讨论。需要讨论的是犯意诱发型诱惑侦查这种应在侦查活动中排除的非法性侦查措施的法律后果，它主要涉及被诱惑者的法律责任、诱惑侦查所获取证据的效力以及诱惑者（即侦查人员）的法律责任等问题。现分别加以讨论：

（一）非法诱惑侦查中被诱惑者的法律责任

非法诱惑侦查中的被诱惑者实施了侦查人员所诱惑的犯罪行为，是否应当负刑事责任，这是一个两难的选择：如果负刑事责任，则有认可侦查机关违法侦查之嫌；如果不负刑事责任，则有

放纵犯罪之虞。

对此，世界上一些国家根据本国法律文化和诉讼理念，提出了适合该国的处理办法。如美国经过长期争论和研究，形成了“陷阱之法理”的理论，该理论的基本观点是：“犯意诱发型诱惑侦查是侦查机关诱导犯罪的陷阱，掉入陷阱的被诱惑者可以提出陷阱之无罪抗辩。”美国联邦最高法院以一系列判例确认了这一理论，并判决因这类诱惑侦查而实施的行为无罪。日本几十年来既有由于这类诱惑侦查而实施的行为不以犯罪论的判例，又有这类诱惑侦查不影响犯罪成立的判例；在理论界则更是众说纷纭，有“有罪说”、“无罪说”、“免诉说”、“驳回公诉说”等理论。①

参考外国的做法，结合我国实际，笔者认为，对于犯意诱发型诱惑侦查所诱导的犯罪，原则上应免予追究刑事责任，但对诱惑者诱惑行为情节较轻而被诱惑者犯罪严重的，则应追究刑事责任，但应当减轻处罚。其理由是：

1. 法律原则上不应认可非法侦查的结果。

犯意诱发型诱惑侦查属于非法侦查，它陷人入罪，违反了侦查机关惩治和控制犯罪的职能；导致侦查权恶性扩张，破坏公平正义，沦丧司法道德，毁坏国家法制基础，故侦查活动中应予严格禁止。对这种应予严格禁止的非法侦查所取得的结果，法律理应不予承认，否则，就会陷入悖论之中。

2. 个案千差万别，处理应有差异。

犯意诱发型诱惑侦查和由此产生的犯罪，是诱惑者和被诱惑者双方共同作用的结果，需受双方主客观方面的制约，因而在各个具体案件上必然存在差别包括重大差别，如在诱惑行为的力度和情节上有的只是稍作点拨，有的则是反复劝说、诱导、鼓动甚至威胁；在诱惑者介入犯罪上，有的诱惑者除言语诱惑外别无介入犯罪的行为，有的诱惑者则积极支持、参与，如提供犯罪资金、

① 吴丹红、孙孝福：“论诱惑侦查”，载《法商研究》2001 年第 4 期，第 29 页。

工具、设备，参与实施犯罪行为等；在被诱惑者所实施的犯罪上，有的是轻罪，有的是重罪，有的情节较轻，有的情节严重，等等。对上述千差万别的案件不加区别地作相同的免予刑事处分的处理，不符合实事求是、具体问题具体分析的原则。诱惑行为情节较轻而犯罪严重的案件，诱惑者对犯罪所起的作用较小，被诱惑者对犯罪应负的责任较大，因为被诱惑者在他人稍作点拨后就积极实施犯罪，说明其具有一定的犯罪思想基础，他在是否犯罪问题上自由意志并未受到多大的干扰；且实施严重犯罪是任何人在任何情况下都不应越过的道德底线和法律底线。被诱惑者稍经诱惑就越过这一底线，其主观思想和客观行为都具有可罚性。

3. 需定罪的被诱惑者具有减轻处罚的情节。

对犯意诱发型诱惑侦查中诱惑行为情节较轻而犯罪严重的案件，虽具有刑事可罚性，但应当减轻处罚。首先，被诱惑者本无犯意，其犯意的产生缘于侦查人员的诱惑，因而其主观恶性比原本具有犯意的要小。其次，基于诱惑侦查而实施的犯罪在犯罪过程的形态上属于不能犯未遂。因为根据刑法规定，犯罪是否得逞，是区分犯罪未遂与既遂的界限。在诱惑侦查的案件中，案件相对人不是真正的犯罪相对人而是侦查人员，被诱惑者对犯罪存在事实认识上的错误，其犯罪始终在侦查人员控制之下，案件往往以“人赃俱获”而告破，刑法规定的某一犯罪构成要件所要求的危害结果没有发生也不会发生，因而符合不能犯犯罪未遂的特征。我国《刑法》第 23 条规定，对于未遂犯可以比照既遂犯从轻或者减轻处罚。鉴于诱惑侦查所造成的犯罪具有上述两个从轻情节，因而对其作减轻处罚是适当的。

（二）非法诱惑侦查所获取证据的效力

犯意诱发型诱惑侦查所获取的证据是否适用非法证据排除规则？从世界各国立法来看，对使用非法方法获取的言词证据，一般都予以排除；但对使用非法方法所获取的物证是否予以排除，

各国规定不一：一般来说，在处理惩治犯罪与保障人权、追求实体真实与追求程序公正的关系上，注重惩治犯罪，追求实体真实的国家，一般对其持宽容的态度；而注重保障人权、追求程序公正的国家，则予以严格排除，如美国的“毒树之果”理论就认为：非法方法是毒树，使用非法方法所获取的证据是毒树上长出的果子，因其有毒而不得使用。我国《刑事诉讼法》第43条规定：“严禁刑讯逼供和以威胁、引诱、欺骗以及其他非法的方法收集证据。”《人民检察院刑事诉讼规则》第265条规定：“严禁以非法的方法收集证据。以刑讯逼供或者威胁、引诱、欺骗等非法的方法收集的犯罪嫌疑人供述、被害人陈述、证人证言，不能作为指控犯罪的证据。”最高人民法院《关于执行〈中华人民共和国刑事诉讼法〉若干问题的解释》第61条也规定：“严禁以非法的方法收集证据。凡经查证属实属于采用刑讯逼供或者威胁、引诱、欺骗等非法方法取得的证人证言、被害人陈述、被告人供述，不能作为定案的根据。”从“两高”司法解释看，我国对使用非法方法收集的证据采取区别对待的态度，即对使用非法方法所收集的言词证据一律予以排除，但对使用非法方法所收集的物证，则未规定排除。据此，对犯意诱发型诱惑侦查所收集的言词证据应予排除，而物证则仍具证据效力。也正由于物证具有证据效力，才使非法诱惑侦查中诱惑情节较轻而犯罪严重的案件的定性和处理有证据的依据。

（三）非法诱惑侦查中诱惑者的法律责任

犯意诱发型诱惑侦查中诱惑者的法律责任问题，各国规定不一，如美国认为警察是国家权力的行使者，不承担刑事责任。而英国则采取有限原则，规定如果同时具备以下三个条件，警察不负刑事责任：（1）犯罪行为的实行者没有造成不可挽回的显著损害；（2）警察没有实际参与犯罪活动；（3）这个行为事先得到警察局长同意。除同时具备上述三个条件者外，警察要承担“教

唆”的责任。[1] 笔者认为，犯意诱发型诱惑侦查是侦查权恶性扩张的表现，是一种滥权毁法的权力之恶，对其实施者不予一定的处理，显然与法治原则格格不入。具体可参考英国的做法作出规定，对具备一定条件的，可不予追究，否则，要依法追究滥用职权的责任；对于非法诱惑行为经过侦查机关领导同意的，则应追究有关领导滥用职权的责任。这里之所以要以滥用职权定性而不以“教唆”定性，是因为其特征与“教唆”不尽相符：教唆犯罪中教唆者的目的是使被教唆者实施所教唆之罪，其主观心理状态是希望该罪危害结果的发生；而非法诱惑侦查中诱惑者的目的是为了使被诱惑者入我彀中，从而将其抓获，追究其刑事责任，其主观心理状态并不希望危害结果的发生，所以滥用职权罪的特征完全与之相符。

五、诱惑侦查与职务犯罪侦查

合法的诱惑侦查能否运用于职务犯罪侦查？目前学者探讨甚少，主要有两种意见：一种意见认为，一些职务犯罪特别是贿赂犯罪无直接的被害人，且行为极其隐秘，“天知地知你知我知”，证据上“一对一”，缺乏旁证，更缺乏物证，因而发现、揭露十分困难。使用诱惑侦查，并辅之以技术监控措施，就能使原本极其隐秘的犯罪行为及其过程直接暴露在侦查人员面前，并被收集、固定为铁的证据，因而可以使用。另一种意见认为，职务犯罪与社会人员的犯罪存在较大区别，如果允许使用诱惑侦查，难免会使较多的意志不坚定者陷入犯罪，并有可能使国家工作人员产生“人人自危”的恐慌心理，从而影响政权的形象和稳定，因而不宜使用。

在外国，不乏将诱惑侦查运用于职务犯罪侦查的立法和案例。如美国从20世纪70年代起就将诱惑侦查运用于贿赂犯罪。1980

---

① 储槐植：《美国刑法》，北京大学出版社1996年版，第132页。

年初，美国联邦调查局一名侦查人员化装成阿拉伯石油大亨，向一些国会议员行贿，请托他们利用职权在国会里代为“活动”，使1名参议员和6名众议员入彀。联邦调查局还曾派人化装成刑事案件的被告人，向佛罗里达州的一名法官行贿，并将其送上被告席。意大利前些年掀起反贪风暴，使一批高官落马，溯其起源，则是意大利米兰检察院派线人以要求承包工程为名，向米兰养老院院长基耶萨行贿。当基耶萨将贿金放入抽屉后，检察官和司法警察一拥而入，人赃俱获。基耶萨被捕后，交代了其所在的执政党中高级官员在政府工程中大肆受贿的部分情况，反贪风暴由此拉开序幕，使得一大批高官落马。①

笔者认为，合法的诱惑侦查既然可以适用于如前所说的“无明显被害人”犯罪的侦查，那就没有必要将符合“无明显被害人”这一条件的某些职务犯罪排除在外。但是，由于诱惑行为在职务犯罪侦查中大多针对特定对象行使，加之职务行为的特殊性，因而在使用上应当给予更严格的限制，除诱惑侦查必须是机会提供型诱惑侦查，且符合前述的法律规制内容外，还要坚持以下几点：

首先，诱惑侦查的适用对象必须是已经立案侦查的犯罪嫌疑人。职务犯罪初查必须坚持不限制初查对象人身权利原则，凡限制人身权利的侦查措施，必须在案件立案后才能适用。诱惑侦查作为诱人犯罪的一种特殊的秘密侦查措施，一旦使用，就有可能损害被查对象的权利和名节，因而必须立案后才能使用。这里需要指出的是，“立案”必须有证据依据，必须符合“认为有犯罪事实需要追究刑事责任”的法定条件，而绝不能为了使用诱惑侦查措施而搞假立案，对此，在报批时必须严格审查。

其次，要把诱惑侦查作为揭露既往犯罪的侦查措施。对职务

---

① 何家弘、龙宗智：“诱惑侦查与警察圈套”，载《证据法论坛》2001年第3期，第186~187页。

犯罪，诱惑侦查应当主要为了揭露既往的犯罪。当然，它也必然要揭露新的犯罪，但揭露新犯罪的目的，并不是为了处罚该罪行本身，而是为了以此为突破口，揭露和证实其既往的职务犯罪事实。将诱惑侦查作为揭露既往犯罪的侦查措施的意义在于，职务犯罪特别是贿赂犯罪侦查中，常有这样的情形：侦查机关经初查认为被查对象有重大犯罪事实需要追究刑事责任并决定立案，但难以找到突破口，这时，如不正面接触、讯问犯罪嫌疑人，侦查工作就无法深入；如果正面接触、讯问，又有可能久攻不下，陷入僵局，从而使侦查工作进入两难的境地。而诱惑侦查就有可能为破解这一难题提供一个有效的途径：如果犯罪嫌疑人经诱惑上钩，则一方面可以验证侦查机关对其既往犯罪事实的分析判断，从而进一步坚定信心；另一方面可以该犯罪行为为突破口，深查其既往的犯罪事实。由于犯罪嫌疑人在诱惑侦查中经不起诱惑，把柄被抓，证据被握，惊魂未定，因而心理防线比较容易崩溃。侦查人员只要抓住机遇，大举进攻，就能长驱直入，大大加快侦查进程，迅速查清其既往犯罪事实，并取得好的侦查效果。

再次，一般不要把犯罪嫌疑人因诱惑侦查而实施的犯罪事实作为定罪量刑的事实依据。对普通犯罪，因诱惑侦查而实施的犯罪事实可以作为定罪量刑的依据；而对职务犯罪，则一般不把它作为定罪量刑依据为宜。这并不是说将它作为定罪量刑依据绝对不可以，而是说这样做比较稳妥和主动。因为第一，职务犯罪属智能型犯罪，嫌疑人经验丰富、工于心计，善于审时度势，精心把握实施犯罪的时机和方式，同时，他过去有同种犯罪的嫌疑，不一定现在就有该种犯罪意图和倾向，因而在使用诱惑侦查时其是否还有犯罪意图和倾向有时较难认定，从而导致该次诱惑侦查究竟是机会提供型的合法诱惑侦查还是犯意诱发型的非法诱惑侦查有时较难区分。第二，需要使用诱惑侦查的职务犯罪主要是贿赂等连续犯罪，犯罪事实由多次、多笔构成，诱惑侦查时所实施的该次犯罪，数额也不至于很大，罪行也不至于很重，不把它作

为定罪量刑依据无碍大局。第三，对职务犯罪持更慎重的态度，不把因诱惑侦查而实施的犯罪事实作为定罪量刑的依据，有利于防止非议，减少阻力干扰，促进反腐败斗争的健康、深入开展。

（原载《人民检察》2004 年第 1 期）

试论技术侦查在职务犯罪侦查中的适用

技术侦查是一些国家用来侦查职务犯罪特别是重大职务犯罪的常用措施。我国由于对技术侦查措施能否用来侦查职务犯罪存在认识误区，致使在实践中裹足不前。为了强化职务犯罪侦查工作，加大反腐败力度，本文试就技术侦查在职务犯罪侦查中的适用问题作些探讨。

一、技术侦查的特点

技术侦查简称“技侦”，是指侦查机关运用现代科技设备秘密地收集犯罪证据、查明犯罪事实和犯罪嫌疑人的强制性侦查措施的总称。技术侦查的种类一般包括麦克风侦听、电话监听、电子监控、秘密拍照或录像、邮件检查等。技术侦查主要有以下特点：

（一）秘密性

犯罪侦查按侦查活动的透明度划分，可分为公开侦查和秘密侦查。公开侦查，是指在公众或当事人知晓的情况下所进行的侦查。秘密侦查，是指在公众或当事人不知晓的情况下所进行的侦查。技术侦查首先是一种秘密侦查，必须秘密进行，而不让当事人知情，因而有的人称其为“秘密侦查”。其实这一说法并不准

确，因为技术侦查仅是秘密侦查中的一种，它除秘密性外，还具有下文所说的若干特点。

（二）技术性

技术侦查要运用自然科学的理论和成果即现代科技设备。麦克风侦听、电话监听、电子监控、秘密拍照或录像自然需要科技设备；邮件检查中的密写检验也需要科技设备。

（三）顺向性和直接性

由于技术侦查兼具秘密性和技术性的特点，因而能够在当事人不知晓的情况下，通过某些科技设备直接收集到与犯罪嫌疑人及犯罪事实有关的真实可靠的声、形、物等证据信息，它与通常侦查措施要通过证据逆向间接认识事物具有很大区别。如侦查人员通过电话侦听掌握了某犯罪嫌疑人与他人串供的事实，侦查人员对该串供事实是即时顺向直接认识的，而不是通过收集证据逆向间接认识的（当然，当以此串供事实去证明其犯罪事实时，该认识过程又是逆向的）。因此，技术侦查具有获取证据信息的顺向性和直接性。

（四）强制性

侦查措施分强制性侦查措施和任意性侦查措施。强制性侦查措施是指不由当事人自愿配合，其实施会对当事人权益造成重大影响的侦查措施，如逮捕、搜查等。任意性侦查措施是指由当事人自愿配合，其实施不会对当事人权益造成重大损害的侦查措施，如询问证人、讯问犯罪嫌疑人。技术侦查措施的实施当事人不知情，更谈不上“自愿配合”，且必然对当事人的自由权利特别是隐私权利造成侵害，具有明显的强制性。

二、对职务犯罪使用技术侦查的必要性

我国 1993 年颁布的《国家安全法》第 10 条规定：“国家安全机关因侦查危害国家安全行为的需要，根据国家有关规定，经

过严格的批准手续，可以采取技术侦查措施。”1995年颁布的《人民警察法》第16条规定：“公安机关因侦查犯罪的需要，根据国家有关规定，经过严格的批准手续，可以采取技术侦查措施。”但法律对人民检察院侦查职务犯罪能否使用技术侦查却没有规定。按照“公权力法无授权不得为”、“私权利法无禁止可以为”的法制原则，人民检察院对职务犯罪不能使用技术侦查。但是为了加强同严重职务犯罪作斗争，根据1989年最高人民检察院、公安部《关于公安机关协助人民检察院对重大经济案件使用技侦手段有关问题的通知》的精神对经济犯罪案件，一般不使用技术侦查手段。对于极少数重大经济犯罪案件主要是贪污贿赂案件和重大的经济犯罪嫌疑分子必须使用技术侦查手段的，要十分慎重地经过严格审批手续后，由公安机关协助使用。在实际工作中，由于某些思想障碍，职务犯罪侦查中技术侦查很少使用。因此，从理论上阐明对职务犯罪使用技术侦查的必要性，排除某些思想障碍，具有重要的意义。

（一）使用技术侦查是适应职务犯罪特点的需要

马克思说：“罪犯不仅生产罪行，而且还生产刑法……生产全体警察和全部刑事司法、侦探、法官、刽子手、陪审官等等。”[①] 侦查作为惩治犯罪的重要措施，是伴随着犯罪的产生而产生，伴随着犯罪的发展变化而发展变化，针对犯罪的不同特点而采取不同的对策措施的。20世纪二三十年代，由于社会矛盾的增多和科学技术的发展，一些国家的犯罪出现了组织化、技术化、隐秘化的特点，这既给侦查工作造成了极大困难，又迫使侦查机关努力寻求侦查方式的变革和突破。于是，秘密性和技术性兼具的技术侦查便应运而生。半个多世纪侦查实践证明，技术侦查有着一般侦查措施无法替代的作用，它是掌握犯罪动态、扩大案件

① 《马克思恩格斯全集》（第26卷），人民出版社1957年版，第415页。

线索的重要手段，是获取犯罪证据的捷径，是同严重犯罪作斗争的利器。同时，技术侦查“是在被追诉者及一般公众均不知晓的情况下进行的，因而能避免来自犯罪嫌疑人的反侦查措施，所获取的证据也通常比较真实可靠，还能比较有效地防止给最终被证明无罪的犯罪嫌疑人的名誉带来不必要的负面影响，避免给其所从事的本职工作带来不必要的损失”。① 正是由于技术侦查等侦查措施的使用，从而使侦查工作总体上适应了犯罪组织化、技术化、隐蔽化的变化，维护了犯罪高涨期社会秩序的稳定。正如美国社会学家格雷·马克斯在评价技术侦查手段时说：“由于出现了新的犯罪方法，那些通过公开的方式不易获得证据的犯罪类型，获得了更大的采取秘密手段的优先权力。技术的改进增强了社会控制的威力。”②

职务犯罪是高智能型、高隐秘型犯罪，犯罪行为有职务作掩护，通常没有直接的被害人，加上痕迹物证少，因而侦查中发现难、取证难、固定证据难的问题十分突出，运用通常的侦查措施往往难以奏效。特别是贿赂等犯罪，犯罪行为往往“一对一”，即天知、地知、你知、我知；认定犯罪主要靠行贿人的交代和受贿人的供述，换言之，很大程度上取决于行、受贿人是否老实交代，行、受贿人如拒不交代，侦查工作往往难以深入；而法律关于传唤不得超过12小时的规定，又常使检察机关在传唤时限届满后，面临放人则可能放纵犯罪、抓人则可能犯罪难以认定这种两难的选择。这不能不说是我国现行侦查制度的遗憾。为了改变现行侦查制度的窘境，实现职务犯罪侦查既加大惩治力度又确保办案质量的理想目标，必须变革现行的侦查方式，适度使用集秘密

---

① 陈光中、宋英辉主编：《刑事诉讼法实施问题研究》，中国法制出版社2000年版，第109页。

② 转引自王琳：“论刑事诉讼中的‘监听’”，载《人民检察》2002年第9期，第7页。

性、技术性、强制性以及收集证据的顺时性和直接性于一体的技术侦查措施。可以说，职务犯罪的特点决定了对其使用技术侦查比对普通犯罪更具必要性。

（二）适度使用技术侦查是在控制犯罪与保障人权冲突中取得平衡的最佳选择

侦查是国家以强制力为后盾的职能活动，采取侦查措施特别是强制性侦查措施，必然存在控制犯罪与保障人权的冲突，因而在侦查措施的立法设计和实践运用时必须把握二者的平衡。对职务犯罪适度使用技术侦查，是在控制犯罪与保障人权的冲突中取得平衡的最佳选择。

1. 职务犯罪使用技术侦查是由职务犯罪的严重性质决定的。

“职务犯罪破坏政治体制的正常运转和国家政策的实施，扰乱社会秩序和资源的合理配置，破坏社会公平和正义的原则，侵蚀社会道德和人们的精神世界。”① 我们同职务犯罪的斗争是关系到党和国家生死存亡的斗争。只有使用强有力的侦查措施包括必要的技术侦查措施，才能使被职务犯罪侵害的国家和社会利益得到修复，使广大公民的权利得到复归，也才能实现控制犯罪与保障诉讼当事人人权的平衡。

2. 对职务犯罪使用技术侦查是改变目前对职务犯罪打击不力状况的需要。

当前，对职务犯罪打击不力，是众所周知的事实。“我们查处的这些腐败案件，只是实际存在的腐败问题中的很少一部分，有很多问题还没有揭露出来，有的即使揭露出来也没有得到应有的查处，还有的七扣八扣，不了了之。”② 造成这一状况的原因很多，其中侦查措施和侦查制度不能适应反腐败的需要，不能不说

---

① 江泽民在第七届世界反贪大会上的讲话，载第七届国际反贪污大会文集：《反贪污与社会的稳定与发展》，红旗出版社 1996 年版，第 3 页。

② 尉建行于 2002 年 4 月考察福建时的讲话。

是一个重要的原因。适度使用技术侦查措施，有利于改变目前对职务犯罪打击不力、在控制犯罪与保障当事人人权间严重失衡的状况。

3. 对职务犯罪使用技术侦查是促进执法办案活动进一步规范化、法制化的需要。

在当前腐败现象仍然相当严重，而国家赋予侦查机关的手段却明显不足的情况下，为了改变对职务犯罪打击不力的状况，维护必要的社会政治秩序，纪检监察机关不得不实际承担了司法机关的某些侦查职能，并较多地适用“两规”、“两指”[①]措施，一些司法机关则采取违反规定延长传唤时限和羁押期限、违反规定监视居住等违规办案的措施。事实证明，为了维护必要的社会政治秩序，保障国家机器的正常运转，有关职能部门对职务犯罪总要采取必要的措施，不是采取这些措施就是采取那些措施；不是采取法律赋予的措施就是采取法律之外的措施。而在法律不能反映职务犯罪侦查规律，所赋予的措施明显不足以惩治犯罪的情况下，就完全可能突破法律，采取法律之外的措施包括一些违法措施。这是国家政权出于自卫本能的反应。这就提出了一个问题：在惩治职务犯罪中，是让纪检监察机关承担司法机关的某些侦查职能，并较多地适用“两规”、“两指”等实际限制人身自由的措施，或者让司法机关突破法律规定、违规办案好呢，还是使法律反映职务犯罪侦查规律，通过立法赋予司法机关必要的侦查措施包括技术侦查措施好？答案是显而易见的。

（三）技术侦查是当今多数国家通行的侦查措施

为了有效地控制犯罪包括某些职务犯罪，世界上多数国家都

---

① “两规”，是指《中国共产党纪律检查机关案件检查工作条例》第28条规定的“调查组有权按照规定程序”，“要求有关人员在规定的时间、地点就案件所涉及的问题作出说明”。“两指”，是指《行政监察法》第20条规定的“监察机关在调查违反行政纪律行为时，可以根据实际情况和需要”，“责令有违反行政纪律嫌疑的人员在指定的时间、地点就调查事项涉及的问题作出解释和说明”。

重视运用科技手段包括技术侦查手段。如美国1968年《综合犯罪控制与街道安全法》明确规定，贿赂政府官员罪可以使用秘密监听手段。德国1994年修改颁布的《刑事诉讼法典》第8章，用了40多个条款对各种技术侦查手段适用的对象、范围和程序等作了具体规定，其中包括适用于贪污贿赂犯罪的侦查。法国1991年第646号法律在原刑事诉讼法中增加了“电讯的截留”一节，规定在重罪或轻罪案件中，如果可能判处的刑罚为2年或2年以上监禁，预审法官为了侦查的必需，可以决定截留、登记和抄录邮电通讯，其适用范围包括某些职务犯罪。意大利1988年《刑事诉讼法典》第266条至第271条，用了6个条款专门规定了“谈话或通讯窃听”的技术侦查手段。日本1999年专门制定了《关于犯罪侦查中监听通讯的法律》，对监听对象、要件，有权决定和执行的机关程序，监听材料的使用及被监听人的权利，作出了明确的规定。新加坡有关法律规定，调查法官按命令规定的方式调查案件，可以依法对国家任何工作人员跟踪监视。①

（四）认为对职务犯罪不能使用技术侦查的观点不能成立

技术侦查作为在侦查中运用的人类文明成果，其本身并没有阶级属性，资本主义国家可以用，社会主义国家也可以用；侦查普通的犯罪可以用，侦查职务犯罪也可以用。但多年来，一些同志却设立禁区，不允许技术侦查措施在职务犯罪侦查中使用，其理论根据就是“党内不准搞技术侦查”。这种观点认为，党内不准搞技术侦查，职务犯罪大多发生于党内，因而查处职务犯罪不能搞技术侦查。笔者认为，“党内不准搞技术侦查”的提出，有其特定的含义和背景。“党内不准搞技术侦查”的含义是，在党内的路线斗争、政治斗争、派别斗争和调查违纪案件中，不准搞

① 樊崇义：“论反贪秘密侦查及其证据力”，载《人民检察》1996年第11期；万毅：“西方国家刑事侦查中的技术侦查措施探究”，载《中国人民公安大学学报》1999年第4期。

技术侦查，而不是指共产党员犯了严重罪行后，因其是共产党员而不得对其所犯罪行搞技术侦查。提出“党内不准搞技术侦查”的背景是：（1）我党曾长期集中精力于对敌斗争。在夺取政权前，集中精力于为夺取政权的武装斗争；在夺取政权后的一段时间内，又还存在为巩固政权而开展的土改、剿匪反霸等阶级斗争；加上我国长期被帝国主义封锁包围，充满着颠覆与反颠覆的斗争，因而技术侦查主要用于对敌斗争，是对敌斗争的锐利武器。（2）我党的发展充满曲折。在相当长时间内，由于“左”、右倾机会主义的干扰和破坏，党内充满各种矛盾和斗争，两类不同性质的矛盾也曾被一些人混淆，如“左”倾机会主义就认为党内的错误思想比敌人还危险，因而主张“残酷斗争、无情打击”。在解放后的较长时间内，由于指导思想上的失误，又大搞政治运动。在这样的背景下，技术侦查是很容易被误用于党内的。因此，提出“党内不准搞技术侦查”且经常地被强调，是完全正确的和必要的。

然而，“党内不准搞技术侦查”丝毫也不能得出对职务犯罪不准使用技术侦查措施的结论。因为第一，我党早已从革命党成为执政党，我国的工作重点也早已从阶级斗争转为经济建设。在新形势下的国内，危害社会政治稳定的主要因素已不是传统意义上的“阶级敌人”，而是各类严重犯罪包括严重职务犯罪。为了给经济建设创造稳定的社会政治环境，我们不仅要防止国外敌对势力的武装入侵和颠覆渗透，而且要严厉打击各种严重犯罪包括严重职务犯罪。因此，技术侦查措施除继续适用于对敌斗争外，还要适用于对严重犯罪包括严重职务犯罪的斗争。第二，执政后，我党掌握了广泛的权力，共产党员特别是身居领导岗位的共产党员，已经成为最有条件犯错误、最有条件进行职务犯罪的群体。事实也证明，共产党员的职务犯罪占了职务犯罪中的绝大多数。这些实施了职务犯罪行为的共产党员是披着共产党员外衣的犯罪分子，是共产党员中的败类。如果因为职务犯罪分子披着共产党员的外衣，就不能适用技术侦查措施，那就违反了法律面前人人平等的宪法原则，无异于给共产党员中的这些败类以特殊的保护，其结果，中央关于加大对职务犯罪的惩处力度的要求也就难以有效落实。再说，在刑事诉讼程序上，根据法律面前人人平等的原则，任何侦查措施的使用，都只看其是否符合使用条件，而不看其是否具有什么身份，这是任何一个法制国家的通行规则，作为向依法治国大步迈进的我国自然也不应例外。第三，技术侦查要按严格的要求和程序进行，可以使用技术侦查的一般是涉嫌严重职务犯罪、被司法机关立案侦查、成为“犯罪嫌疑人”的人，且必须经过严格的审批手续。对这样的犯罪嫌疑人使用技术侦查，与党内搞技术侦查完全是两码事。

三、技术侦查的使用原则

技术侦查能增强国家控制犯罪的能力，也不可避免地会对公民权利特别是隐私权造成损害。参考外国的立法，为了防止技术侦查的过度使用和对公民权利的过度损害，我国在职务犯罪侦查中使用技术侦查应坚持以下原则：

（一）重罪原则

即只有对严重的犯罪才能使用技术侦查。从各国立法看，重罪原则主要通过两种方式加以规定：一种是规定可能判处一定刑罚的犯罪才能使用技术侦查。如《法国刑事诉讼法典》第100条规定截留邮电通讯的条件是“可能判处二年或二年以上监禁”的犯罪。《意大利刑事诉讼法典》第266条规定，电讯监听的条件是无期徒刑或者5年以上有期徒刑的非过失罪。另一种是规定某些种类的犯罪才能使用技术侦查。如美国《综合犯罪控制与街道安全法》规定，监听只能适用于间谍、叛国、谋杀、绑架、抢劫、贿赂政府官员、贩毒等12种犯罪。但无论以何种方式加以规定，使用技术侦查都是基于以下两个原因：一是重罪社会危害性

大；二是某些犯罪如隐秘化、技术化、组织化犯罪发现难取证难，不使用技术侦查就较难揭露和惩治。

根据重罪原则，我国使用技术侦查的职务犯罪以可能判处5年有期徒刑以上刑罚的犯罪和可能深挖出大案要案线索的犯罪为宜。

（二）必要性原则

即只有在一般侦查措施难以达到侦查目的时，才能使用技术侦查措施。这是因为技术侦查措施较之一般侦查措施对公民自由权利损害较大，如果使用一般侦查措施能达到侦查目的，就应当使用一般侦查措施，只有在一般侦查措施难以奏效的情况下，才使用技术侦查。如美国《综合犯罪控制和街道安全法》规定，预审法官在批准电子邮件监控命令之前必须认定，如合理原因使人相信只有使用某种专门的窃听装置才能从某种犯罪中获得需要的信息，以及对某一案件来说一般的侦查方法都已试过，并且是不成功的，或者一旦执行起来一般地说有很大的危险性。这里需要注意的是，“只有在一般侦查措施难以达到侦查目的时才能使用技术侦查”，这并不是说使用技术侦查措施都必须以先采取一般侦查措施为前提。因为对使用一般侦查措施能否奏效的问题，有的案件根据案情就能直接作出判断，有的则难以直接作出判断，需先采取一般侦查措施。如果不加分析地一律要求先采取一般侦查措施，就会使部分案件贻误战机。当然，对未经采取一般侦查措施的案件，应当提出直接采取技术侦查措施的充分理由。

（三）相关性原则

相关性原则是指技术侦查的对象只能针对犯罪嫌疑人及其相关人员，技术侦查的范围只限于与侦查目的有关的内容。前者如《德国刑事诉讼法典》第100条a第5项规定：“命令监视、录制电讯往来时，只允许针对被指控人，或者针对基于一定事实可以推断他们为被指控人代收或者转送他所发出信息的人员，或者针对被指控人在使用他们的电话线的人员作出命令。”后者如美国《综合犯罪控制和街道安全法》中规定：在实行监控时要尽量减少对与侦查无关的通讯的监听。《德国刑事诉讼法典》第 98 条 b 第 1 款规定，法官决定排查、传送数据，必须限制在具体案件所需的数据与审查要件之内。这里需要强调的是，上述的“相关人员”和“有关内容”，需有相当的理由和证据说明其确与本案相关，以防止侦查人员的主观随意性。各国法律之所以遵循相关性原则，同样是因为技术侦查侵犯公民自由权利，必须把它严格限定在侦查犯罪所必需的范围内。

（四）审批原则

即使用技术侦查必须书面报经享有侦查控制权的机关批准，取得载明技术侦查的对象、范围、时间、期限等内容的司法令状。世界各国的技术侦查大多报经法官批准，也有的报经检察官批准。如《德国刑事诉讼法典》规定，监听必须由法官决定，在延误就有危险时可由检察官决定，但检察官决定后，应当不迟延地提请法官确认，三日内未得到法官确认的，决定便失去效力。对包括技术侦查在内的强制性侦查措施实行司法审查，是世界各国的通例，其目的是为了对侦查权实行制约监督，以防止侦查权的扩张和对公民权利造成不必要的损害。

根据我国司法体制，技术侦查以由检察机关审批为宜。因为检察机关是国家法律监督机关，负有对刑事诉讼实行法律监督的职责。《刑事诉讼法》第 137 条规定：人民检察院在审查案件的时候，必须查明侦查活动是否合法。可见，对侦查活动进行监督是人民检察院法律监督的重要内容之一，也是刑事诉讼过程中不可缺少的环节。根据刑事诉讼法的规定，侦查活动的内容包括专门调查工作和有关的强制性措施。技术侦查作为刑事诉讼上的一种强制性侦查措施，对其行使审查批准权在本质上属于侦查监督的内容，因此，由检察机关审批技术侦查，是与我国的司法体制

相适应的。至于检察机关自行侦查的职务犯罪案件使用技术侦查，根据分权制约的原理，应由检察机关的侦查监督部门审查后，报经分管该部门的检察长批准。

四、技术侦查所获证据资料的效力

在我国，根据有关规定，技术侦查所获取的证据资料不能直接作为证据使用，也不能在法庭上出示，只能作为侦查取证的线索，通过适用刑事诉讼法规定的侦查措施将其转化为法定的证据形式，才能作为证据使用。因此，在材料归档上，技术侦查所获证据资料只能归入侦查内卷，而不能归入随诉讼程序移送的案卷。

笔者认为，在过去技术侦查主要适用于对敌斗争，技术侦查法律规范不健全的情况下，对技术侦查所获证据资料的效力作上述界定是有道理的，但从依法治国的要求和发展的形势看，上述界定应当改变，并赋予技术侦查所获证据资料以证据的效力。因为：第一，程序法定是法治原则的必然要求，技术侦查作为会损害公民自由权利的强制性侦查措施，应当将其纳入法制轨道，补充规定入刑事诉讼法。而技术侦查一旦在刑事诉讼法中明确规定，技术侦查所取得的成果就理应取得可以公开使用的证据形式，而不应当存在技术侦查措施在刑事诉讼法中有明确、公开的规定，而技术侦查的成果却在刑事诉讼之外暗暗地使用的不正常状况。第二，技术侦查所获证据资料有些可以通过法定侦查取证措施转化为证据，有些则由于种种原因难以实现这种转化，如果认为未经转化的证据资料不能作为认定案件的证据，那技术侦查在该案中就失去了应有的作用。第三，目前世界各国除英国规定电话监听所得的证据不能在法庭上提出之外，其他国家都规定可以作为证据使用。

当然，技术侦查所获证据资料作为证据使用，必须以有明确详尽的技术侦查立法为前提。因此，我国必须加强技术侦查立法。立法的要点为：（1）技术侦查的内涵、种类、名称及各种措施的定义；（2）技术侦查的适用范围；（3）各种技术侦查措施的适用条件（包括实体条件和程序条件）、期限；（4）技术侦查的审批及其具体内容与程序；（5）技术侦查所获材料、信息的保存、使用、销毁程序；（6）技术侦查执行机关及其人员的权利和义务；（7）技术侦查使用对象的权利和义务；（8）技术侦查所获证据的效力；（9）非法使用技术侦查措施的证据排除规则及有关责任人员的责任。

（原载《国家检察官学院学报》2004 年第 1 期）

体制改革与创新是遏制腐败根本之策

改革开放以来，特别是1993年中纪委十四届二次会议以来，我国的反腐败工作取得了很大成绩，不仅揭露和查处了一大批腐败分子，纠正了不少不正之风，而且探索和形成了新形势下反腐败的工作原则、格局、路子和方法，为社会政治稳定和改革建设作出了巨大贡献。但是，当前腐败现象仍然相当严重，蔓延的势头还没有遏制住，涉案的领导干部的人数在增多，级别在提高，犯罪金额在增大，而且犯罪领域逐步由经济领域向政治领域转移，令人触目惊心。这不能不引起我们高度重视和反思。

反复出现的问题，就要从规律上找原因；普遍出现的问题，就要从体制上找原因。腐败现象难以有效遏制的原因很多，但某些体制（含具体制度，下同）不合理、不完善或阙如，不能不说是一个带根本性的原因。因此，必须深化体制改革与创新，即改革那些易于滋生腐败或不适应遏制腐败需要的原有体制或制度；进一步完善基本适合遏制腐败需要但某些方面还有不完善之处的原有体制或制度；新建一些原本没有而遏制腐败所迫切需要的体制或制度。

一、为什么体制改革与创新是遏制腐败的根本之策

体制改革与创新之所以是遏制腐败的根本之策，从经济学角

度分析，主要有以下原因：

（一）体制改革与创新有利于对腐败产生硬约束

腐败在本质上是一种以公权谋私利的行为，是权力运作过程中发生的异化和失控现象。由于腐败毒化风气，危及政权，因而古今中外的统治者都采取各种措施来遏制腐败，总结其经验，主要是使人不能腐败（制度严密，无孔可钻）、使人不敢腐败（重刑治腐，得不偿失）、使人不用腐败（高薪养廉，不屑腐败）、使人不想腐败（提高觉悟，根除贪心）这四个方面。我国在长达两千多年的封建社会里，各朝代统治者都采取了道德教化、制度防范、法律惩治等措施对腐败进行遏制，但相比较而言，他们更重视道德教化，即所谓“德主刑辅”、“以教为本，以刑为用”，主张“修身”是“齐家、治国、平天下”的基础。新中国成立后，我们党和国家发扬了中华民族的传统和共产党的政治优势，一直重视思想教育和道德塑造。在党的十一届三中全会前，这种教育主要以“七八年又来一次”的运动的形式开展；十一届三中全会后，则以集中性的教育活动和经常性的教育相结合的方法进行。必须肯定，思想教育对于广大党员干部树立正确的人生观、价值观，增强拒腐防变意识，提高防微杜渐的自觉性，具有重大的作用。在相同的条件下，有些党员干部经不住诱惑，利用职权违法犯罪，而另一些党员干部却可以做到两袖清风，一尘不染，就说明思想教育可以使一些人将这种教育内化为良好的素质并反作用于客观物质条件。因此，在反腐败斗争中，思想教育具有其他措施不能代替的作用，必须坚持、改善和加强。但是，相比之下，长期以来，我们对制度方面的建设却显得较为薄弱。就以政治领域中党的建设为例，我们在民主集中制的贯彻上，主要依赖领导人的个人素质及其作风，而较少依靠制度和法治的作用；在对领导人的监督上，主要依靠领导人接受监督的“自觉性”以及自查自纠的一类方法，却没有形成不以领导人个人意志为转移的监督

机制；在干部选拔上，习惯“伯乐相马”式的只靠少数人选人和在少数人中选人的格局，没有真正形成公开、平等、竞争、择优的选人机制；等等。而制度在反腐败中具有思想教育所不能代替的功能，它能对腐败产生普遍、稳定而持久的硬约束。因为：第一，思想教育必须通过受教育者对所教内容的消化和认同才能产生作用，而受教育者对所教内容的消化和认同，既要受受教育者的理解能力、思想水平、道德修养、价值观念等的影响，又要受施教者的品行（如是否以身作则）以及施教的形式、方法的影响，还要受社会上与所教内容相对立的行为所遭受的命运的影响，因为人有从众心理和利己倾向，如果制度不健全，腐败的机会多，腐败后得不到揭露和惩治，其结果必然产生反面示范效应，使更多的人不认同廉洁自律的教育，而趋向于腐败。因此，不同的受教育者对同一教育内容的消化和认同往往存在重大的差异：有的不消化不认同，不产生作用；有的半消化半认同，产生一半作用；有的全消化全认同，产生全部作用。思想教育虽然可以做到普遍教育，“一个不落”，但思想教育的效力却不具有普遍性，往往只对部分人产生效力，其余的人则可能将教育当做耳边风，我行我素。当前，一些人学风不正，言行不一，表里不一，更影响了思想教育的真正作用。而体制或制度则是一种公共产品和公共规则，任何人都得普遍一体地服从，其效力具有普遍性。第二，思想教育不具有强制性，受教者是否接受这种教育，均出于自愿。而制度一旦制定，就通过强制起作用，具有强制性。第三，思想教育的成效具有可变性，在一定的条件下，一些人原已形成的高的觉悟和良好的素质有可能演变，已根除的贪心也有可能复萌。无数案例表明，很多腐败分子并非一开始就坏的，也并非淡忘了党的多年教育和不知道党纪国法，而是在发现拿钱太容易、被揭露和惩治的概率又很低的情况下，受“不拿白不拿”、“有权不用，过期作废”的思想和侥幸心理的驱使，走上腐败犯罪的。而制度作为公共产品，则具有稳定性，不因个人意志而提供或毁灭，也不因当事人思想的改变而改变，它能对人的行为产生持久、稳定的约束。总之，在反腐败中，思想教育与制度建设二者都不可或缺，各有其不能互相代替的功能。就具体的人来说，觉悟、品德固然重要，但还是制度更靠得住些。著名的“分粥”故事生动地说明了这一点。该故事梗概为：七人吃粥，每人每天轮流负责分粥，开始时分得还公平，但后来每人都在轮到分粥时，给自己及与自己关系好的人分得多些。其间，众人愤愤不平，施以舆论谴责，领导人也多次进行思想教育，但终不见效。为此，众人决定改变分的办法，推举了一位办事公道、品德高尚的人负责分。开始时该人果然不负众望，分得公平，但后来奉承拍马送礼者纷纷而来，该人逐渐变质，给自己及曾向其拍马送礼者分得多些。于是，众人再次决定改变分的办法：每人轮流负责分，但碗不固定到人，分好后，让其他人先拿，分者拿其他人剩下的最后一碗。结果，众人在轮到分时都不敢不公，因为如果不公，分最少的一碗就自己吃。该故事虽然简单，但颇耐人寻味，它生动地说明了制度的重要性。在一定的条件下，一项好的制度的创设，不仅有可能胜过千百人苦口婆心的思想工作，而且能从根本上遏制腐败。正如邓小平同志所说：“我们过去发生的各种错误，固然与某些领导人的思想、作风有关，但是组织制度、工作制度方面的问题更重要，这些方面的制度好可以使坏人无法任意横行，制度不好可以使好人无法充分做好事，甚至走向反面。”“制度问题更带有根本性、全局性、稳定性和长期性。”①

（二）体制改革与创新有利于抑制人的机会主义倾向

马克思主义认为，由于受个人需要和物质生活条件的制约，“每个人的出发点总是他们自己”，“每个人过去和现在始终是从自己出发的”。② “把人和社会联贯起来的直接纽带就是人的需要

---

① 《邓小平文选》（第2卷），人民出版社1991年版，第333页。

② 《马克思恩格斯选集》（第1卷），人民出版社1957年版，第119、135页。

和个人利益。"[①] "'思想'一旦离开利益，就一定会使自己出丑。"[②] 在这里，马克思肯定了个体以自己为一切活动的出发点和个人利益的现实合理性。邓小平也说："不讲多劳多得，不重视物质利益，对少数先进分子可以，对广大群众不行，一段时间可以，长期不行……革命是在物质利益的基础上产生的，如果只讲牺牲精神，不讲物质利益，那就是唯心论。"[③] 西方经济学则认为，每一个人都是有利己心的"经济人"，人们所作的任何决定，都包含着对该决定的成本、收益的核算，从而追求自身的利益最大化。在经济领域，市场机制之所以能优化资源的配置，归根结底是因为置身于市场经济的商品生产者和经营者都有明确的追求自身利益最大化的内在动力，这种内在动力和市场竞争的外在压力形成一种客观强制，迫使每一个商品生产者和经营者去改进技术，改善管理，节约成本，在优胜劣汰中促进技术进步和劳动生产率的提高。否则，如果市场主体没有追求自身利益最大化的目标，漠视自身利益，不关心价格信号和利润状况，市场这只"看不见的手"就难以发挥优化资源配置的作用。在政治领域，公职人员也并不因为拥有公职人员身份、受人尊敬的头衔或处于高官的位置，就改变其"经济人"的本性。面对多种备选方案，"公仆"们大多会选择对自己成本最小而收益（经济利益、政治利益、精神利益）最大的那种方案。这是权力行使的动力源泉。革命导师和西方学者的上述论述都表明：无论在经济领域还是政治领域，只要私有制和私有观念还没有消失，私欲和利己是人性的一般特点。

利己心的不当发展，就是机会主义。经济学中的机会主义也是一种基本的人性假设，指的是人所具有的随机应变、投机取巧、

① 《马克思恩格斯全集》（第1卷），人民出版社1957年版，第439页。

② 《马克思恩格斯全集》（第2卷），人民出版社1957年版，第103页。

③ 《邓小平文选》（第2卷），人民出版社1991年版，第146页。

不惜牺牲他人利益而为自己谋取最大化利益的倾向。如在交易中违背契约，进行欺诈；在协作中“免费搭便车”；在集体劳动中偷懒等。它与一般的“利己心”的区别在于：（1）当事人谋取利益的手段是不正当、不道德或违法的；（2）当事人谋取自身利益最大化的行为给其他人的利益造成了损害。人的这种机会主义倾向并不等于全社会每个人都是机会主义者，但总会有许多人采取机会主义的方式为自己谋取私益。制度经济学告诉我们，人的机会主义倾向是制度产生的根源之一，因为机会主义的存在，使得个体之间的交易和协作隐含着某些无法估计的风险，人们就不可能对他未来的行为作出有把握的预期，经济主体之间的竞争和合作将无法进行，于是，制度就应运而生，人们通过制定制度，来抑制人的机会主义倾向，规范市场主体的行为，从而使交易活动秩序化。因此，防止人的利己心的恶性膨胀，抑制人的机会主义倾向，是制度的天职和基本功能。换言之，制度是抑制人的机会主义倾向的最有力武器。

人的利己心及其由利己心发展而来的机会主义倾向，是腐败的根源之一，利己心和机会主义倾向存在于管理活动中，就有可能产生腐败。对于人的利己心及其机会主义倾向，我们过去的一度做法，一是进行“斗私批修”式的批判；二是进行思想教育，要求人们先公后私、先人后己，将应当提倡的品德作为普遍要求，而很少考虑从人性的一般弱点和社会主义初级阶段的实际出发，制定制度加以约束。其结果，不仅一些人的私欲和机会主义倾向未能遏制，而且影响了生产力的发展。事实证明，加强思想教育和道德修养，固然可以增强人的自律性，但不能保证人们主观上持久不变地抑制利己的本性和机会主义倾向，因为就多数人来说，与生俱来的利己心和机会主义倾向是无法通过思想道德教育根除的，而只能通过制度化的理性力量给予刚性的遏制。西方一些发达国家的管理经验，就是针对人性的上述弱点，制定严密的制度（含法律），以制度规范人的行为，充分发挥利己心的正面作用，

抑制其反面作用，以防止人性的弱点给国家和社会造成损害。西方的这一经验作为人类的文明成果，值得我们借鉴。我国改革的出发点之一也是鉴于此，同时，改革所取得的巨大成效也有力地证明了制度对于抑制人的机会主义倾向的作用。仅以作为经济体制改革发端的农业生产承包责任制为例，生产承包责任制一实行，就迅速解决了我国解放三十年来未曾解决的吃饭问题（1984 年就出现了卖粮难），并促使乡镇企业“异军突起”。其中最典型的是开创承包责任制先河的安徽省凤阳县小岗村，该村自农业合作化以来从未向国家交过一斤粮，且每年有大量的人外出讨饭，是“吃粮靠返销、花钱靠救济，生产靠贷款”的“三靠队”。1978 年 12 月，该村农民冒着生命危险，私自实行承包责任制，结果 1979 年粮食产量就像变魔术般地由原来的 3 万多斤猛增到 12 万多斤，并第一次向国家交了公粮，还了贷款。原先，当地干部对小岗村的心没有少操，大会小会没有少开，思想工作没有少做；土地承包后，还是那个天，还是那些土地和人，变化如此之快之大，就是因为针对人在集体生产协作中容易偷懒和“免费搭便车”的机会主义倾向，进行生产制度的改革与创新，变“大锅饭”为经济责任制，使农民个人收入与其个人生产状况直接挂钩。我国体制改革的成效特别是小岗村的事实表明，体制所确定的规则，决定了人的利益实现方式的选择。在社会中，人们是勤是懒，是积极进取还是碌碌无为，是随心所欲、胡作非为，还是奉公守法、努力奉献，既是教育的结果，更是制度引导和约束的结果，是在现行制度下基于利益最大化原则而作的理性选择的结果。

（三）体制改革和创新有利于加大腐败成本

腐败分子实施腐败行为的目的是为了获取利益，因而他们对利益必然十分关注，实施腐败行为时必然要对腐败的成本与收益情况进行核算。腐败的成本指的是腐败行为人因实施腐败行为所承担的物质性、精神性支出，它由心理成本、行为成本和可能受惩罚成本三部分构成。心理成本是腐败行为人实施腐败行为受社会道德谴责和可能受法律惩罚的恐惧所造成的心理压力；行为成本是腐败行为人实施腐败行为所必需的物质性、精神性支出，如预谋策划时的支出，为请托人办事的支出等；可能受惩罚的成本是腐败行为可能被发现后受到处罚所造成的人身自由、名誉、权力以及经济上的损失，其大小等于腐败行为被揭露的概率乘以被处理所造成的损失。在腐败成本中，腐败行为被揭露的概率是一个很重要的变量，它不仅直接影响可能受惩罚成本的大小，而且直接影响心理成本的大小。腐败收益是指腐败行为人实施腐败行为所得到的利益，这种利益有的表现在政治上，如花钱所买得的官运亨通；有的表现在经济上，如金钱等财富；有的表现为精神上的，如感官的愉悦和精神上的享受。腐败收益减去腐败成本的差额就是腐败的利润。行为人在实施腐败行为前，当经过一番核算发现收益大于成本有利可图时，便会决意实施腐败行为，且其实施的坚决程度，也取决于预期利润的大小，预期的利润越大，实施腐败行为的态度就越坚决；反之，经过核算发现成本大于收益或成本收益相当、无利可图时，便会放弃实施腐败行为。可见，腐败的成本、收益状况直接影响着腐败的数量和程度。据此，国家的对策之一，就是设法加大腐败成本，改变其与腐败收益的对比关系，以便减少腐败行为的发生。

当前，我国的腐败成本处于很低的水平。一是心理成本不高。腐败行为人因信仰的动摇、价值观的蜕变、道德的沦丧而对腐败行为不以为耻；在腐败之风严重的大背景下，从众心理使他们认为“他人可为我为何不可为”，从而对其腐败行为心安理得；腐败行为被揭露的概率低，使腐败行为人害怕惩罚的心理压力小。二是行为成本很小。腐败分子“寻租”的空间很大，机会很多，不需花费多少成本就能轻易得逞，且动辄数十数百上千万。三是处罚成本低下。不仅腐败行为被揭露的概率低，而且揭露后处理

得轻。表现在：被举报的腐败行为仅是客观实际存在的一部分；举报后被证实的又仅是举报的一部分；被证实后，又被“护”一批（庇护）、“代”一批（以罚代刑、以纪代法）、“缓”一批（判处缓刑）、“放”一批（减刑、假释、保外就医），真正在监管场所改造的又仅是被证实的一小部分，这就像剥大白菜，剥掉一圈又一圈，硕大的白菜最后只剩下一点点菜心。过低的腐败成本对腐败行为人不仅难以产生应有的震慑，而且强化了其侥幸心理，成了腐败愈演愈烈的原因之一。而通过体制改革和创新，有利于加大腐败的难度，提高腐败行为被揭露的概率和惩处的严厉程度，从而加大腐败的心理成本、行为成本和可能受惩罚成本。

（四）体制改革与创新有利于堵塞“寻租”空间

“租金”一词，在经济学的早期阶段，是指由于某些资源（首先是土地资源）因供给弹性不足而产生的超过社会平均利润的那部分收入。20 世纪 70 年代以来，一些西方学者运用经济学理论分析某些国家的某些腐败活动，发现根本的问题在于政府运用行政权力对企业和个人的经济活动进行干预和管制，这种干预和管制妨碍了市场竞争的作用，就创造了少数有特权进行不平等竞争的人凭借权力取得超额利润的机会。从美国经济学家克鲁格发表《寻租社会的政治经济学》一文时起，人们开始把这种超额收入叫做“租金”，而把谋求得到这种权力以取得租金的活动叫做“寻租”。因此，寻租是指那些借助政府的力量来追求自身经济利益的非生产性活动。寻租活动的特点，是利用合法或非法手段，如游说疏通、找后台、送贿赂等，得到占有租金的特权，取得高额收入。寻租理论告诉我们，政府对微观经济的管制和干预是腐败的供给源，政府对微观经济管制和干预的权力越大，寻租空间也就越大，腐败也就越多。

我国处在建立市场经济的过程中，市场发育程度还不高，计划经济的惯性十分强大，行政权力对微观经济活动仍有广泛的影响，因而寻租的空间仍较为广大。据有人匡算，我国 1988 年因控制商品、银行贷款、外汇价格双轨制所造成的价差就高达 3569 亿元，占当年国民收入的 30%①。这就意味着，如果能得到国家计划价格的控制商品、贷款和外汇，就地一倒，就能大发横财。在巨额租金的诱惑下，一些企业和个人就会不惜以巨额贿赂收买掌握控制商品等审批权的国家工作人员。因此，加快市场化进程，深化体制改革与创新，缩小政府的权力，减少政府对微观经济的管制和干预，有利于堵塞寻租空间，减少腐败。

需要说明的是，说体制改革与创新是遏制腐败的根本性措施，并不意味着其他的反腐败措施就不重要或可有可无。腐败是十分复杂的社会现象，反腐败是一项系统工程，在进行体制改革与创新的同时，必须综合采取各种行之有效的措施，才能把腐败遏制在最低限度。

二、当前影响腐败现象有效遏制的若干体制性因素

当前，影响腐败现象有效遏制的体制性因素不少，这些因素，有的属于经济体制，有的属于政治体制，有的属于法律制度，也有的属于数种体制的交叉。择其要者，有以下几个方面：

（一）权力过分集中且失去制约

我国在解放后相当长时间里，实行的是政治上高度集权、经济上高度集中的体制。改革开放后，经济体制有了很大改变，但高度集中的政治体制并无多大改变。这种政治体制的表现形式之一，就是权力过于集中于党委、集中于少数人，特别是集中于一把手。同时，许多权力缺乏职责权限的规定和行使程序的规定，缺乏相应的制约、监督。“一切有权力的人都容易滥用权力，这是万古不易的一条经验，有权的人使用权力一直遇到界限的地方

① 胡和立：“1988 年我国租金价值的结算”，载《腐败寻根：中国会成为寻租社会吗》，中国经济出版社 1999 年版，第 43 页。

才休止。”[①] “权力容易导致腐败，失去监督和制约的权力将导致绝对的腐败。”邓小平同志指出：“权力过分集中于个人或少数人手里，多数办事的人无权决定，少数有权决定的人负担过重，必然造成官僚主义，必然要犯各种错误。”[②] 权力过于集中且失去监督，难免出现少数领导人滥用权力和不法分子用金钱美色收买权力的问题，从而引发腐败。

（二）党企、政企不分

在计划经济条件下，企业是政府的附属物。改革后，这种状况有了很大改变。但是，老体制的惯性依然存在；企业改革尚未到位；“经济建设是中心”，作为后发型的由计划经济转轨而来的市场经济国家的党委、政府抓经济建设究竟抓什么、怎么抓，怎样界定党委、政府与企业的职责、正确处理与企业的关系，既无现成道路可走，也无成功经验可循。所以，党企、政企不分仍然是普遍的现象。一些党政干部习惯于插手企业具体事务；企业遇到问题也往往不找市场而找党政领导以便取得“特许通行证”。在此过程中，有的领导人乘机弄权索贿；一些企业为了在计划、项目、资金、贷款、进出口许可证、土地划拨与批租、工程承包等问题上寻求支持，就向党政干部送钱送物，腐败由此而生。“一将成名万骨枯”，说的是战争年代将军的成长要以千万人战死为代价；如今，大量案例表明，一些企业的发展和“企业家”的成长，也是以一批干部被拉下水为代价的，揭露和查处了一名惯于送礼行贿的厂长、经理，就有可能带出一串领导干部犯罪案件。

（三）“诸侯经济”

改革前，我国财政由中央统收统支。改革后，曾一度实行

① ［法］孟德斯鸠：《论法的精神》（上册），商务印书馆1982年版，第154页。

② 邓小平：“党和国家领导制度的改革”，载《邓小平文选》（第2卷），第329页。

"分灶吃饭"的财政体制。它调动了地方发展经济的积极性，但也强化了地方主义，使各财政单位成为具有浓厚地方主义色彩的利益主体。1996年，我国实行分税制，但税收的返还仍以原先的包干数为基数。面对地区间在发展速度、经济实力、工资水平等方面的竞争压力。一些地方领导为了追求地方利益和所谓"政绩"，不惜损害全局利益和国家利益，从而引发各种腐败。有的各自为政，搞地区封锁、贸易壁垒；有的"上有政策，下有对策"，"遇到红灯绕道走"，变通政策法律；有的搞"地方保护主义"，破坏政策法律统一正确实施；有的"跑部钱进"，贿赂公行；有的怂恿、庇护甚至直接组织或参与某些违法犯罪活动。近年来，一些地方假冒伪劣、行贿受贿、黄赌毒、虚开税票、走私贩私、枉法裁判等违法犯罪有增无减，触目惊心，其中不少与"诸侯经济"所造成的地方利益刚性有密切关系。

（四）"审批经济"与要素市场发育程度不高

审批是计划经济条件下政府管理经济的基本方式，通过审批，政府实现对社会资源的计划配置。从这个角度讲，计划经济就是审批经济。随着市场经济进程的推进，行政审批事项已大为减少。但从市场经济的要求看，目前审批事项仍然太多，范围太广。据统计，现行的行政审批制度中，中央和中央各部门颁布的各种审批规定就有2500余项，至于地方政府及其部门的审批项目，数量也不在此之下[①]。同时，审批的环节多、周转长、透明度低。一个小小的项目，往往要跑数十个单位，盖上百个图章，耗时数月甚至数年。多一个审批环节就多一道收费，也多一层腐败的可能性。企业商机稍纵即逝，"时间拖不起，精力花不起"，为了求得较快批准（也有的为了违规批准），一些申请人就给经办人送钱送物，从而产生腐败。

---

① 参见《报刊文摘》2000年11月13日第1版。

与“审批经济”相关的是要素市场发育程度不高，它表现为政府对某些生产要素的控制。应当承认，随着市场经济进程的推进，我国商品的市场化程度已经较高，绝大多数商品已由市场调节，但生产要素市场化程度仍然不高，政府及有关经济管理部门还掌握着许多重要的生产要素和稀缺资源，在进口许可证及配额、投资和贷款、土地使用权转让、基建工程发包、股票发行上市、减免税、特别优惠政策等方面，行政干预仍居主导或重要地位。这样，具有分配生产要素、干预微观经济活动权力的部门及有关人员，就成为各利益主体竞相“寻租”的对象；与此同时，一些手握实权的行政领导和管理人员，则借机“设租”，与经济主体搞权钱交易。以基建工程发包为例，据东南沿海某省对两个市的典型调查，在1993年至1996年近9000个基建工程中，实行招投标的仅占27.1%，而且其中有些是一对一设标，实际上无异于直接发放。基建工程承包市场化程度低，使工程建设项目由哪个单位承包主要不是由市场决定，而是由掌握实权的领导干部决定，这就违反了公开、公平、公正的原则，失去了制约监督，使得基建领域一直是腐败高发领域。又如土地使用权出让，东南沿海某省在1997年土地使用权有偿出让中，通过市场公开拍卖的比例仅为2.05%，致使该领域腐败高发，一些开发商通过行贿手段获得低价土地后，不作任何投资就转手倒卖谋取暴利；一些党政主管领导则借机索贿受贿。

（五）分配不公

收入分配是社会再生产的一个重要环节，收入分配体制改革是经济体制改革的一个重要方面。经过20多年的改革，我国收入分配制度发生了根本性的变化，出现了以按劳分配为主体，多种分配方式并存的多元化的收入分配格局。然而在由传统的计划经济体制向社会主义市场经济体制转轨的过程中，由于旧的分配格局还没有完全打破，与社会主义市场经济相适应的新的体制还没有建立起来，收入分配领域出现了一系列问题，如收入差距过大，少数垄断行业收入分配过分向个人倾斜，国有企业经营者缺乏有效的激励和约束机制，党政机关工作人员收入分配不规范，对非公有制企业从业人员以及其他高收入者的收入调节力度不足，非法收入严重，等等。这些问题有不少与分配不公有关。分配不公主要表现在两个方面：一是各阶层之间收入差距过大。收入差距的扩大有些是改革的正效应和勤劳致富的结果，但也有些是不合理的分配政策造成的，如国民收入分配过于向某些行业和个人倾斜，偏低的赋税等各项优惠政策，负盈不负亏的承包方式，流通领域和证券领域的高额利润，等等，还有些是国家对经营中的违法违纪监管不力造成的。二是行业之间的收入差距过大。高收入行业基本上是垄断行业，它们的高收入不是在市场竞争条件下通过改进技术、加强管理、提高劳动生产率形成的，而是靠行政垄断形成的。况且有的垄断行业还违反国家规定滥发奖金福利，职工收入与企业经济效益脱节，不能准确反映企业经营状况、劳动贡献和风险程度。

分配不公一方面使一些人纷纷要求调入高收入行业，从而诱发了高收入行业的寻租活动；另一方面加剧了公职人员的不平衡心理，有些人觉得与改革开放前相比，贫困感反而有所增加，特别是与那些高收入阶层相比，更处于相对贫困的地位。随着金钱在社会生活中的作用越来越明显，随着房改、子女上学、医疗等方面开支的增加，一些人对未来的利益前途感到忧虑，削弱了政治上的责任感、对党和国家的忠诚感和全心全意为人民服务的思想，萌发了利用权力捞一把的“补偿心理”。

（六）机关创收

机关创收既是分配不公的一个原因，又是社会上分配不公的一个结果。近年来，机关创收已成为公开的事实，创收的办法五花八门，不一而足：有的利用行政拨款建饭店、宾馆或所谓的

“培训中心”；有的办报纸、刊物然后利用职权强制推销、变相摊派；有的把职责范围内的服务项目当做商品，或滥用行政手段，搞乱收费、乱罚款、乱摊派；有的利用职权经商办企业；等等。创收所得有的用于干部福利，有的进入单位“小金库”，而“小金库”又往往成为少数人挥霍浪费、送礼行贿的钱袋。机关创收虽有利于缓解机关经费困难，增加干部收入，但危害甚烈：一是“三乱”盛行，加重企业和人民群众负担；二是官商一体，垄断经营，破坏公平竞争；三是分配不公，使机关干部待遇三六九等，增加不平衡心理；四是以公权谋私利，促使权力变质，败坏党和政府声誉。事实证明，机关创收已成为腐败的一个动力和源头。

（七）税费并行

我国公共收入除税收外，还有五花八门的“费”。后者不列入财政预算，称为“预算外资金”。预算外资金是统收统支财政体制的产物，在统收统支情况下，中央为了给地方政府一点机动财力，下放了一些零星的收费项目，并规定这些收入不列入预算，由各地自收自支。当时，这一块数量有限，比例不大。改革开放后，预算外资金不仅没有因税制改革后其存在根据的消失而取消，而且由于放权让利的改革主体思路而激增，许多地方的预算外资金已超过预算内。由于“费”的收取没有像“税”那样规范和透明，随意性大，致使巧立名目的乱收费问题屡禁不止，有些收费项目还与收费部门的利益和干部福利直接挂钩，使乱收费更具有原动力；在“费”的支出上，随意性大且难以监督，难免出现乱投资、重复建设、楼堂馆所建造过多以及挥霍浪费、腐败等问题，从而削弱政府宏观调控能力，加剧产业结构失衡和腐败现象蔓延。

（八）国有企业缺乏必要的监督约束，造成内部人控制

企业的所有权与经营权分离是现代企业制度的基本特征，所有者委托经理从事经营和管理，二者之间形成委托、代理关系，所有者为委托人，经理为代理人。所有者如何加强对经营者的监

督和约束，是企业制度中的一个难题，即使在发达国家，这个问题也比较突出，从而产生“内部人控制”的现象。其原因在于：一是利益不一致。委托人和代理人都要追求自身利益最大化，在追求自身利益最大化的过程中，双方可能一致，更可能不一致，较难实现激励相容，因而代理人就有可能为了自己的利益侵犯委托人的利益。二是信息不对称。因为企业的经营结果是由经理的行动和一些不确定的因素共同决定的，但所有者却不能直接观察到经理的行动和不确定的因素，而只能由所观察到的经营结果来推测经理的行动，因此，所有者关于经理行动即努力程度的信息是不完全的，这导致所有者无法准确地辨别企业的经营结果是由于经理的努力程度所造成还是由经理所不能控制的因素所造成。同时，我国的国有企业，委托人对代理人的监督约束更为乏力。一是出资者缺位。企业改制前，国有资产是“人人有份、人人不管”的一种财产；改制后，一些国有资产经营组织也未能对国有资产实行真正有效的监督。二是委托代理链条长。我国的有些国有资产是通过层层委托才到达企业的，委托代理的链条长，这种链条越长，所有人监督的难度越大。三是即使是改制的企业，企业的机制尚未根本改变，法人治理结构也很不健全，“新三会”未能有效地发挥各自的功能。四是企业间存在不公平竞争。公平竞争的作用在于它能提供有关经理的努力程度和经营绩效的信息，即提供一个对经理行为的评估体系，竞争越充分越激烈，该评估体系就越有效。而在政府掌握企业的大量权力、存在超经济强制、不能展开公平竞争的情况下，信息就会被扭曲，企业的经营状况就不能客观地反映经理的工作努力程度，市场竞争就不再能提供一个有效的评估体系，且竞争越不公平，信息被扭曲的程度就越大。五是国有企业经理的分配制度不合理，不能根据经营绩效取得薪金，赏罚不明，有的经营不好的反而易地为官，因而难以对经理产生有效的激励和约束。因此，我国国有企业“内部人控制”的情况就更为严重，企业贪污贿赂等腐败现象十分突出，一

些国有企业比较集中的地方，国有企业贪污受贿犯罪案件占当地贪污受贿犯罪案件总数的70%以上。

（九）执法执纪部门的领导体制难以保证依法依纪办事

我国党的纪检机关、政府的监察机关和国家检察机关均实行双重领导、块块为主的领导体制，人财物都掌握在块块手里；一些领导干部对反腐败存在种种模糊认识，如怕影响经济建设，影响政绩，影响声誉，等等，有的领导干部法制、纪律观念不强，习惯于以言代法（纪），以权压法（纪），等等，都影响了纪检监察机关、检察机关依纪依法办案，影响了反腐败的力度和成效，减小了腐败行为人的腐败成本。

（十）某些法律制度不完备或脱离实际，难以操作

1996年与1997年，我国先后对刑事诉讼法、刑法作了修改，使之适应改革开放后的新形势。但是，这次修改也存在许多不足，就与反腐败工作有关的方面而言：一是某些规定脱离了社会主义初级阶段的实际，可操作性差；二是对某些腐败案件（如贿赂）证据的特殊性考虑不够，比如，刑事诉讼法关于传唤犯罪嫌疑人的时间限于12小时的规定，不符合贿赂犯罪的证据特点（一般没有物证和第三者证明，主要靠口供定案）和犯罪心理规律（犯罪嫌疑人从被传唤时起，一般要经过“抗拒”、“试探”、“动摇”这三个阶段后，才会交代犯罪事实，12小时内一般难以走完这三个阶段），难以对犯罪嫌疑人造成应有的思想压力，从而如实交代犯罪事实，严重束缚了侦查机关的手脚；行贿罪“为谋取不正当利益”的主观要件过严且难以界定，不利于打击行贿犯罪；受贿罪“为他人谋取利益”的要件较难界定，不利于打击受贿犯罪；没有实行公务员财产申报制等制度，使“巨额财产来源不明罪”难以适用；没有制定证人强制作证制度和证人保护制度，难以使证人如实作证；等等。

上述十个方面，前八个方面是引发腐败的土壤，土壤不除，

腐败现象和腐败分子就会像韭菜，被割了一茬又长出一茬；后两个方面是反腐败的制约因素，它制约了反腐败查办大要案工作的开展。只有坚决改革，铲除滋生腐败的土壤，排除制约反腐败的因素，才能进一步加大反腐败力度，标本兼治，有效遏制腐败。

三、体制改革与创新的若干设想

有关反腐败的体制改革与创新，根据铲除滋生腐败的土壤、强化对权力的制约监督、加大腐败成本的思路来设计，其内容十分广泛，需要有计划地逐步开展。根据先易后难的原则，当前，可先从以下方面入手：

（一）深化市场经济体制改革，建立和完善社会主义市场经济体制

1. 改革审批制度，加快生产要素市场化进程。

要坚决改革现行不合理的行政审批制度，最大限度地减少行政无偿拨款的范围、项目和额度，对必须保留的行政审批事项要严格限定条件，减少审批环节，规定审批时限，并建立政府办事大厅，把有关承担审批职能的政府机关所派人员都集中在办事大厅办理审批事项，以方便群众，提高权力运行的效率和透明度，防止“暗箱操作”，滋生腐败。对核准可以解决问题的事项一律实行核准制；对一般管理的事项实行备案制；对营利性项目、额度和指标，采用招标、拍卖等市场化管理方式进行。同时，要进一步加快计划、投资、信贷、证券、工程发包、土地批租、出口许可证、股票发行上市等领域改革的步伐，广泛而充分地引入市场机制，将生产要素市场化，尽量减少和堵塞“寻租”空间，防范和抑制权力进入市场，从体制上减少党政机关干部和企业之间发生权钱交易的可能性。当然，由于市场会失灵，因而无论在什么条件下，一定的行政管制总是存在的。如对特殊行业的行政管制、对稀缺资源的配置，等等。为了防止这些行政管制滋生腐败

现象，应当按照市场经济的原则，通过公开竞争和将租金收入国有化的途径，公平合理地加以分配，以遏制权钱交易的腐败现象。

2. 加快建立现代企业制度，加强对国有企业的监督约束。

要在产权改革的基础上，在企业内部建立起所有权、经营权、监督权三权分立、互相制衡的治理机构，使企业从传统的行政附属物转变成为自主经营、自负盈亏、自我约束、自我发展的法人实体和真正的市场竞争主体，从体制上解决国有企业“内部人控制”问题。董事会要实行集体领导，重大决策必须按照少数服从多数的原则作出决定，防止由于企业内部权力过分集中、缺少监督制约，而造成一些国有企业领导人不负责任、奢侈浪费、以权谋私等消极腐败现象的发生。要完善经理年薪制度，发挥其激励、约束功能。要推行厂务公开。与此同时，要通过向国有企业派出监事会主席和国有资产股权代表等，加强对企业财务管理和资金运行的监控，实行国有资产产权人格化，建立健全国有企业的监督约束机制，防止国有资产流失和腐败现象的滋生。要针对一些企业的法人代表把国家在境外投资所形成的资产以个人名义注册，并把资产或赢利的一部分转化为个人所有的情况，强化对海外投资的管理和监督，防止一些不法分子侵吞海外的国有资产。

3. 进行税费改革，统一政府财政，保证国家预算的完整。

统一政府收支是国家的基本职能。实行税费改革，对于规范收入分配秩序，减轻企业负担，推进依法行政，遏制腐败现象，增强政府宏观调控能力，都具有重要意义。要按照统筹规划、精心准备、认真试点、全面推开的工作思路，积极稳妥地推进车辆、农村、社会保障、城建、教育、环保等方面的税费改革，将分散的政府财政性质的资金纳入预算。对少数必须保留的政府基金和收费，应尽快纳入预算进行规范化管理。暂时不能纳入的，也必须进入财政专户，实行“收支两条线”管理，以加强财政对资金的管理和监督。

4. 理顺分配关系，减少因分配不公带来的心理失衡而引发的消极腐败现象。

一要加强对收入分配的宏观调控。坚决保护合法收入，取缔非法收入，整顿不合理收入，调节过高收入。二要加强对国有垄断行业的宏观调控。制定垄断行业职工收入指导线，严格执行国有垄断企业工效挂钩制度和职工收入浮动比例，清理整顿行政垄断行业不合理的工资和收入，查处不合法的工资和收入。国家应对垄断行业征收因垄断地位带来过高收入的垄断税。同时，除少数关系国计民生的行业需要继续实行国家垄断外，其余的都要引入竞争机制，通过竞争形成平均利益，消除垄断利润。三要禁止机关创收，并较大幅度提高公务员工资，设立公务员廉洁保证金。要在前几年禁止军队、政法机关经商办企业的基础上，禁止所有机关创收搞福利活动，使公务员收入平等。同时，较大幅度提高公务员工资，逐步实现以薪养廉。还要把提高工资与建立对公务员的激励约束机制结合起来，从拟提的工资中划出一大部分，与现行的公积金合在一起，作为公务员廉洁保证金，按月记入个人账户，至退休或正常离职时一次性提取，如果发现违法违纪，则全部没收上缴国库。

（二）深化政治体制改革，加强对权力的制约监督

1. 结合机构改革，进一步明确政府职能。

必须严格界定政府职能，把政府职能限定在经济调节、市场监管、社会管理、公共服务这四个方面，从而把政府对经济的干预和管制限制在绝对必要的范围之内。凡通过市场能解决的问题一律由市场解决，只有市场不能解决的问题，才由政府负责。要在政府与企业之间设立一些隔离带，对政府职能和企业职能容易交叉的，要划出界限；对需要政府支持、帮助的微观企业的某些经济行为，也要规定范围和支持方式，防止随意性的个案审批和插手具体事务，从面引发权钱交易。

2. 推行政务公开，增加权力运行的透明度。

除确需保守的国家秘密外，政府有责任及时、全面、真实地

将与群众有关的行政事务向社会公开。所有企事业单位和公民个人都有权查阅、复印有关内容。在推行政务公开的基础上，要严格界定每一个公务人员的职责和义务，明确每一项具体行政事务的办理条件、办理时限，尽量减少公务人员行使行政权力的自由度和弄权营私的可能性。

3. 分解权力。

要对重要部门和重要岗位实行职能交叉、权力分解、岗位轮换，合理配置权力，避免因权力过大过于集中，减少以权谋私、权钱交易的机会。当前，可对机关权力实行四个方面的分离：一是罚执分离。即罚款的决定权与执行权分离，执法部门的所有罚款决定，均由财政部门执行。二是收支分离。即对行政执法机关和司法机关实行严格的“收支两条线”，这些机关行使权力的各种收入均进入财政，它们的必要开支则由财政予以保证，而不与收入的多少挂钩。三是机关与会计核算分离。即在各级机关建立该级机关统一的会计结算中心，所有机关的财务都由该中心核算，实行财政统一收付。现行的会计制度是会计人员的行政关系在各单位，其升迁、福利、生老病死均由各单位管理，使得会计的监督职能难以有效发挥。为此，有的地方实行会计统派制度，但派出的会计时间长了也有可能被单位收买，结成“利益共同体”，故不如建立会计结算中心来得彻底。从试点情况看，建立会计结算中心不仅能对各单位的财务实行严格有效的监督，确保会计法的贯彻，防止一些腐败的滋生，而且能节省会计人员，值得推广。四是机关用品购用分离，即实行政府采购制度。以招标的方式进行政府采购，是国际通行的惯例，也是国际世贸组织的规则要求，它具有信息充分、竞争公平、透明度高的特点，不仅能有效地杜绝商品交易中的幕后交易、“暗箱操作”等腐败现象，而且可以有效地节约资金。我国每年有7000多亿元的政府采购额，如按国际公认的10%节约率推算，一年可节约700亿元的财政支出。因此，应抓紧立法，培养市场，培训人才，使这一改革措施得以实施。

4. 开展经济责任审计，强化对领导干部的经济监督。

对中央、省、地、县四级党委管理的机关、团体、企业、事业单位主要领导开展经济责任审计，是对领导干部进行监督的有效措施。它对于客观反映领导干部的实绩，公正评价使用干部，促进领导干部廉洁自律，加强党风廉政建设，都有重要的作用。东南沿海某省政府于1996年制定了《领导干部经济责任审计办法》，1997年至1999年共对3903名领导干部（其中厅级干部40名，县处级干部270名）进行了经济责任审计，结果有289名干部受到各种组织处理和纪律处分，其中诫勉83名，降级、免职和党政纪处分137名；查出违规金额21亿多元，查出应上缴财政金额1亿多元，罚款金额104万元。审计可分任期责任审计和常规审计两种，以任期责任审计为主。审计的内容主要是：预算执行情况和决算或财务计划的执行情况，预算外资金的收入、支出和管理，债权、债务，国有资产的管理、使用及保值增值，各项经济指标的完成情况，其他需要审计的事项。

5. 实行公务员财产申报制度，强化对公务员的财产监督。

实行公务员财产申报制，有助于提高公务员财产的透明度，强化国家对公务员财产的监督，及时发现和揭露腐败，也使“巨额财产来源不明罪”的适用有坚实的基础。但是，实行公务员财产申报制度必须在储蓄实名制和全社会金融电网化的基础上才能取得好的效果，当前，储蓄实名制已经实施，但全社会金融电网化还有待时日。金融电网化可使结算方式由现金结算转变为转账，大大减少现金流通，这不仅有利于资金周转的安全、快捷，有利于抑制假币泛滥，而且有利于发挥银行的监督功能，从查资金的银行走向入手，及时发现和查清洗钱、贿赂等犯罪。故应积极创造条件，尽快实行。

6. 推行巡视制度，加强对各级领导班子特别是“一把手”的监督。

中国封建社会贯彻“明君治吏不治民”的指导思想，通过设立御史大夫等制度，并赋予“逢官高级、先斩后奏”的极大权力，对百官进行监督。应借鉴其合理精神，在前几年试点的基础上，普遍推行巡视制度，以加强对各级领导班子特别是“一把手”的监督。我们知道，对“一把手”的监督，既是重点，又是难点，难就难在其同级不敢监督，其上级则因“天高皇帝远”不能及时掌握实情而实施有效监督，即所谓“上级监督太远，同级监督太软，下级监督太难”。而巡视制度则是解决这一矛盾的较好办法。巡视员的职责主要是：了解、反映社情民意；巡视党的路线方针政策和国家法律在各地执行情况，保证其统一正确贯彻实施，防止政治上的腐败；巡视民主集中制和干部选拔任用监督管理制度的贯彻情况，防止组织上的腐败；巡视勤政廉政情况，防止经济和作风上的腐败，等等。巡视员应由上一级党委派出，上一级纪委具体管理，并赋予其列席党委常委会、对线索进行初步调查等较大的权力。

7. 加快新闻立法，强化新闻舆论监督。

新闻监督是人民群众监督政府及其官员的一种重要形式，是督促官员检点言行、约束贪欲从而遏制腐败的有力武器，有时比行政监督更及时、有效。因为“群众是真正的英雄”，任何腐败行为，无论其手法多么狡猾隐蔽，都逃不过群众的眼睛，而新闻监督是经由新闻媒体传播的社会监督，因而具有公众性、国民性和民主性的特点。同时，新闻监督快捷、覆盖面广，能迅速将不廉洁行为公之于众。它既是行政监督、司法监督的先导，又是扩大行政监督、司法监督成效的武器。因此，要把新闻监督提高到发扬人民民主、建设社会主义民主政治的高度来认识。同时，随着互联网络的迅速发展，主动开展新闻监督就更为紧迫。绝不能因“怕出乱子”而因噎废食，裹足不前。只要坚持新闻准确性原则，处理好揭露与歌颂、新闻自由与维护稳定的关系，把握好总体导向，就能使新闻监督兴利避害，在反腐败中发挥应有的作用。

（三）改革监督机关的领导体制和某些法律制度，增强揭露腐败的能力，加大腐败成本，减少反腐败成本

1. 改革纪检、监察和检察机关的领导体制。

参照银行、国税、海关、工商行政管理等系统的做法，将现行的双重领导体制改为垂直领导或省以下垂直领导体制，避免因地方人财物的制约所导致的对监督的掣肘，从制度上保证纪检、监察、检察机关秉公执纪、秉公执法。

2. 修订法律，使之成为惩治腐败的有力武器。

社会主义初级阶段是我国的最大实际。腐败现象严重、不安定因素多、民主法制水平低，是初级阶段的重要特征。法律制度的设计必须从这一实际出发，防止超前和不切实际。法律所设定的民主、法律水平固然有高低之分，但具体到某一国家，却不一定越高越好，只有与该国实际相适应才是好，这与生产关系不一定越高越好，只有适合生产力水平才算好同属一理。因此，要从初级阶段实际出发，把握立法中惩治犯罪与保障人权、借鉴外国与重视本土化的关系。要本着有利于惩治腐败、加大腐败成本的精神，修订法律。具体地说，要适当放宽刑事诉讼法中的传唤时限和刑事强制措施条件，以加大对犯罪嫌疑人的审查力度；建立证人强制作证制度和证人保护措施，以保证证人如实作证；允许运用刑事技术等特殊侦查手段侦查贪污贿赂犯罪案件，以利于获取证据；要在刑法中适当放宽行贿、受贿犯罪的犯罪构成要件，以加大对受贿犯罪的打击力度；加重财产刑，规定资格刑，以增强刑罚的震慑力，等等。

（本文原为两篇文章，即原载《法学》2000 年第 5 期的《改革是遏制腐败的根本性措施》和原载《法学》2001 年第 5 期的《体制改革与创新是反腐败的根本之策》，在编入本书时合并修改成一文。）

罪刑研究

论贪污贿赂罪的几个问题

刑法修改已经一年，但有关方面对贪污贿赂罪中的一些问题颇存争议，影响了对一些案件的正确认定和处理。本文试从理论和实践的结合上，对其中的五个问题作些探讨。

一、“经济往来”中的贿赂罪问题

我国《刑法》第385条第2款规定：“国家工作人员在经济往来中，违反国家规定，收受各种名义的回扣、手续费，归个人所有的，以受贿论处。”第389条第2款规定：“在经济往来中，违反国家规定，给予国家工作人员以财物，数额较大的，或者违反国家规定，给予国家工作人员以各种名义的回扣、手续费的，以行贿论处。”第387条单位受贿罪、第391条对单位行贿罪、第393条单位行贿罪中，也均有类似的规定。由于这些贿赂罪发生于“经济往来”中，故为了与一般贿赂罪相区别，姑且称它为经济往来中的贿赂罪，简称“经济贿赂罪”。

经济贿赂罪构成要件与一般贿赂罪是否相同？具体地说，经济受贿罪是否必须“利用职务上的便利”？收受型的经济受贿罪

是否必须“为他人谋取利益”？经济行贿罪是否必须“为谋取不正当利益”？一种意见认为，刑法与反不正当竞争法对经济贿赂罪均作了有别于一般贿赂罪的规定，它们各有独立的构成要件，经济贿赂只要符合自身的法定要件，即发生于“经济往来中”；给予或收受回扣、手续费“违反国家规定”；收受回扣、手续费“归个人所有”（指经济受贿），即已构成犯罪，而不必以一般贿赂罪的特征来要求。以经济行贿罪为例，认为“适用本条款认定行贿罪不以‘谋取不正当利益’为必要条件。不论行为人谋取的利益是否正当，只要具备给被行贿人以数额较大的财物或者违反国家规定给被行贿人以回扣、手续费其中一种行为的，即构成行贿罪”。[①] 这种观点叫“独立要件说”。另一种意见认为，经济贿赂是特定领域、特殊形式的一种贿赂，本身还不具备完整的构成要件，故必须符合贿赂罪的一般要件才构成犯罪。这种观点叫“非独立要件说”。

笔者同意“非独立要件说”。其理由是：

（一）“独立要件说”不符合法律含义

根据立法知识，有些犯罪由于领域的广泛性和形式的多样性，法律除对一般情况作出一般规定外，还对某些特定领域或特殊形式的该种犯罪加以专门的规定。当这种专门规定与一般规定不在同一条文时，法律需对各自不同的特征加以完整的表述（如诈骗罪与各种不同形式的金融诈骗罪、生产销售伪劣产品罪与生产销售各种特定的伪劣产品罪就属此类）；当专门规定与一般规定在同一条文时，为了法律语言的简洁，往往将某些一般特征省略，而只将其特殊点予以表述。法律对经济贿赂的规定就是后一种情形。有关法条在分别规定受贿、行贿等贿赂犯罪的定义和一般要件后，紧接着以第2款的形式规定“经济往来中”的贿赂，自然

① 高西江主编：《中华人民共和国刑法的修改与适用》，中国方正出版社1997年版，第838页。

不必将一般要件全部复述一遍。如果孤立地抽取经济贿赂这一款，容易造成“独立要件说”的误解，但只要对整个条文作互相联系的全面理解，就会得出正确的结论。以第389条行贿罪为例，该条第1款规定了行贿罪的定义，即“为谋取不正当利益，给予国家工作人员以财物的，是行贿罪”。第2款规定了经济往来中的行贿。第3款规定行贿罪的除外情形，即“因被勒索给予国家工作人员以财物，没有获得不正当利益的，不是行贿”。第3款是对第1、2两款的除外，还是仅对第1款的除外？答案显然是前者，即无论是一般行贿还是经济行贿，因被勒索给予国家工作人员以财物，没有获得不正当利益的，都不构成行贿罪。如果仅是对第1款一般受贿罪的除外，那该款应紧放在第1款之后，而不能放在第2款（经济行贿罪）之后。该除外条款说明，经济行贿与一般行贿一样，都必须以“为谋取不正当利益”为要件。有人认为，经济贿赂罪是以特殊要件代替一般要件，故只要具备特殊要件即构成犯罪，而不必同时具备一般要件。笔者认为，法律规定经济往来中收受或给予财物或回扣、手续费必须“违反国家规定”，是因为在国际贸易中根据国际惯例可以按规定支付或收取一定比例的回扣、手续费；规定收受回扣、手续费必须“归个人所有”才构成犯罪，是因为我国反不正当竞争法允许“明示入账”归单位所有的回扣，而仅禁止“账外暗中”归个人所有的回扣。因此，作上述规定是为了区别于合法的回扣、手续费，从而使给予或收受回扣、手续费的行为具备了部分犯罪构成要件，而要具备全部构成要件，还必须符合贿赂犯罪的一般要件。故特殊要件并不能代替一般要件。还有，有的经济贿赂犯罪本就蕴涵了一般贿赂罪的某些要件，故法律不必对已蕴涵的要件再予列出。例如，经济受贿必然利用职务之便进行，故法律不必再将“利用职务上的便利条件”这一要件予以重复；经济活动中收受贿赂自然要为对方谋取利益，故也不必将“为他人谋取利益”的要件再予规定。可见，对有些经济贿赂来说，法律没有对有的要件列出，

是因为这类犯罪本就蕴涵有关要件，而不是不需要这些要件。

（二）“独立要件说”会造成经济贿赂与一般贿赂处理上的不平衡

经济贿赂发生于经济活动中，一般不直接危害政权，而一般贿赂如官吏腐败、司法腐败等则发生于政治、行政等活动中，会直接危害政权。因而一般地说，经济贿赂的社会危害性要小于一般贿赂。但如果认为经济贿赂可以不具备贿赂罪的一般要件，例如，经济受贿罪可不以“利用职务之便”为要件，经济行贿罪可不以“为谋取不正当利益”为要件，那就意味着对其处理反而比一般贿赂要严，从而出现同样的给予或收受财物行为，在政治等领域不构成犯罪，在经济领域却构成犯罪这种很不公平的现象，这是有悖于法律面前人人平等原则和各种犯罪（犯罪形式）间定罪和处刑协调平衡原则的。

二、公共财产的认定问题

贪污罪侵犯的财产必须是公共财产，侵犯非公共财产的不构成贪污罪。故要正确认定贪污等犯罪，就必须正确认定公共财产。根据我国刑法第 91 条的规定，公共财产的范围为：国有财产，劳动群众集体所有的财产，用于扶贫和其他公益事业的社会捐助或者专项基金的财产，在国家机关、国有公司或企业、集体企业和人民团体管理、使用或者运输中的私人财产。党的“十五大”报告指出：“公有制经济不仅包括国有经济和集体经济，还包括混合所有制经济中的国有成分和集体成分。”以上都是从所有制角度对公共财产的界定。然而，在市场经济体制下，为了优化资源配置，包括公共财产在内的各种生产要素冲破了不同所有制的藩篱，进行自由流动和优化组合，从而使很多企业的经济成为多种所有制的混合体。特别是党的“十五大”后，企业改革进程大大加快，随着改革的到位，国有、集体独资企业将为数不多，更多

的将是包含公有资产的混合型经济。这种混合型经济使所有权与法人财产权发生了分离，出资者享有终极所有权，企业享有法人财产权。这样，执法就遇到了一个难题：法律界定公共财产的依据是所有制和终极所有权，而执法者面对的是经营方式和法人财产权。如何从混合型经济中正确认定公共财产就成了一个难题。对此，第一种意见认为，根据刑法规定，公共财产必须以终极所有权为标准，在混合型经济中必须按国有、集体的股份或出资比例认定公共财产。第二种意见认为，根据“十五大”关于股份制“关键看控股权掌握在谁手中，国家和集体控股，具有明显的公有性”的指示，国有、集体控股企业的财产，应全额认定为公共财产，不控股的企业按股份或出资比例认定。第三种意见认为，只要有公有资产的混合型经济，如果发现了贪污，其侵犯的财产就应全额认定为公共财产。

笔者认为，法律规定的是有终极所有权的公共财产，但在经营方式多样化的形势下，执法者必须敢于面对实际，从经营方式和法人财产权角度认定公共财产，即有公有资产的混合型经济应全额认定为作为贪污罪对象的公共财产。

（一）从经营方式和法人财产权角度认定公共财产是保护公共财产的需要

法人财产权是现代企业制度的基础，它使企业成为独立享有民事权利和独立承担民事义务的法人；成为自主经营、自负盈亏、自我积累、自我发展的市场主体；使企业对财产享有占有、经营、使用和处置的权力，而财产的所有者则仅享有终极所有权，并据此享有收益权。在有公有资本投入的情况下，法人财产权使企业成了公共财产的责任机构和责任人。从某种意义上说，法人财产权的权能要比终极所有权大得多，公共财产一旦投入企业，其命运如何，是保值增值，还是亏损灭失，完全取决于法人财产权的行使。因此，建立在以公有制为主体、各种所有制共同发展基础上的法律，必须对有公有资本企业的法人财产以特殊的关注和保护，当法人财产被贪污、侵占或挪用时，应全额认定为公共财产，从而对实施上述行为的国家工作人员适用较重的罪和刑，并以此警戒其他人不敢侵犯这些财产。这不仅是保护公共财产的需要，也是保护国有、集体企业改革成果的需要。

（二）从经营方式和法人财产权角度认定公共财产有一定的法律政策依据

早在企业改革开始不久的1985年，“两高”就从经营方式角度，对集体经济作出适应改革新形势的解释，指出，“生产资料、资金全部或基本上为集体经济组织所有，交由个人或若干人负责经营的，应视为集体经济组织的经营层次”，对其中的管理人员利用职务侵占财物的，应“以贪污论处”。1989年“两高”《关于执行〈关于惩治贪污罪贿赂罪的补充规定〉若干问题的解答》，在解释贪污罪主体的“其他经手、管理公共财物人员”时，将“全民所有制、集体所有制企业的承包经营者，以全民所有制和集体所有制企业为基础的股份制企业经手、管理财物的人员，中方是全民所有制或集体所有制企业性质的中外合资经营企业、中外合作经营企业中经手、管理财物的人员”均包括其中。虽然，这里解释的是贪污罪的主体，但也隐含对“公共财产”作扩大解释之意，司法机关据此认定贪污罪时，其犯罪数额一般也不剔除非公有部分。同理，刑法将“国家机关、国有公司、企业、事业单位委派到非国有公司、企业、事业单位、社会团体从事公务的人员”（以下简称“委派人员”）规定为国家工作人员，也有隐含对“公共财产”作扩大解释之意。特别值得注意的是，刑法第271条第2款、第272条第2款规定，国有公司、企业或者其他国有单位委派到非国有公司、企业以及其他单位从事公务的人员有前款行为的（指侵占单位财物、挪用单位资金行为），依照本法第382条、第384条的规定（指贪污罪、挪用公款罪）定罪处罚。对此，有的同志认为，既然以贪污

罪、挪用公款罪定罪处罚，就必须符合犯罪对象系公共财产的构成要件，对不属于公共财产的部分应从犯罪数额中剔除；也有的同志认为，这一规定说明贪污罪、挪用公款罪的对象可以不全是公共财产。本人认为，这一规定并不是说明贪污罪、挪用公款罪的对象必须是从所有制角度界定的公共财产，也不是说明贪污罪、挪用公款罪的对象可以不全是公共财产，而是说明有公共资产的混合型财产均可认定为公共财产。

（三）从经营方式和法人财产权角度认定公共财产有利于解决适用法律难的问题

对混合型财产，如固守从终极所有权角度认定公共财产，会使适用法律遇到困难。例如，当国家工作人员利用职务侵犯了混合型财产时，对真正属于公共财产的部分以贪污罪或挪用公款罪论处，对非公共财产部分则只能以职务侵占罪或挪用资金罪论处，从而出现将一人一行为分割为两个罪的怪事。同时，如按此办法，对混合型经济的企业多级投资参股的，公共财产就更难认定，例如某企业国有股占30%，该企业又将资产投入第二个企业，投入额占第二个企业资产的40%；第二个企业又将资产投向第三个企业，等等。如按终极所有权作为认定公共财产的标准，那办案时首先要对企业的各种资产“寻根查源”，直至源头，以搞清公共财产的数额，这是件很不容易的事；同时，这样计算，第二、第三个企业的公共财产将十分有限，从而使适用贪污罪、挪用公款罪遇到很大困难。其实，无论公共财产在企业中占多大份额，也无论资产中有几种所有制成分，企业财产都是一个完整的不可分割的整体；“委派人员”所管理的是整个企业的全部资产，而非委派单位所参股的那部分公共财产，因此，对他所管理的资产全额认定为公共财产，是符合法人财产权理论和财产管理的实际的。

最后需要指出的是，从经营方式和法人财产权角度认定公共财产，仅是对有公有财产的混合型资产的一种推定，其目的仅仅是为了解决以公共财产为要件的贪污罪、挪用公款罪的适用问题。因此，它与刑法关于公共财产的规定和党的“十五大”有关精神并不矛盾，而恰恰是为了从实际出发贯彻好刑法和“十五大”精神。

三、间接受贿“利用职权或者地位形成的便利条件”的理解问题

《刑法》第388条规定：“国家工作人员利用本人职权或者地位形成的便利条件，通过其他国家工作人员职务上的行为，为请托人谋取不正当利益，索取请托人财物或者收受请托人财物的，以受贿论处。”如何理解上述规定中的“利用职权或者地位形成的便利条件”？第一种意见认为，是利用“行为人与被利用的国家工作人员间存在职务上的制约关系”的便利条件，“这种制约关系具体可分为两类：一是纵向的制约关系，即上级领导对下级国家工作人员在职务上的制约关系；二是横向的制约关系，即不同部门、单位的国家工作人员之间职务上的制约关系”。[①] 第二种意见认为，是利用“本人职权或地位形成的能够制约、影响其他国家工作人员的关系”的便利。[②] 第三种意见认为，间接受贿与一般受贿的区别之一，是间接受贿在行为人与被利用的国家工作人员间不存在职务上的制约关系，而一般受贿则存在职务上的制约关系。[③]

笔者认为，上述第一、二种观点（以下简称“制约关系说”）值得商榷，第三种观点比较合乎法律规定。首先，从刑法规定间接受贿的初衷来看。刑法除了第385条规定了一般受贿外，之所以又以第388条专条规定间接受贿这种受贿罪的特殊形式，是因为现实生活中存在一般受贿的条文尚难以涵盖，而又必须以刑法调整的情

---

① 参见赵秉志主编：《新刑法全书》，中国人民公安大学出版社1997年版，第1265页。

② 参见张穹主编：《修订刑法条文实用解说》，中国检察出版社1997年版，第516页。

③ 参见陈兴良：《刑法疏议》，中国人民公安大学出版社1997年版，第635页。

况，从而解决法无明文的问题。因此，凡符合一般受贿要件能适用一般受贿条文的，就应适用一般受贿条文，而不能相反。行为人与第三人存在职务上的制约关系的案件，无论该制约关系是纵向的还是横向的，在刑法未规定间接受贿前，包括1989年“两高”《关于执行〈关于惩治贪污罪贿赂罪的补充规定〉若干问题的解答》将间接受贿解释为受贿罪的特殊形式前，一直都是按受贿罪处理的，并不存在争议，故它并非法无明文，也不属于一般受贿条文难以涵盖而必须新设专条的问题。因此，“制约关系说”是不符合刑法规定间接受贿的初衷的。其次，从“制约关系”的实质来看。在行为人与被利用的国家工作人员（以下简称“第三人”）职务间存在制约关系的情况下，第三人利用职务之便为请托人谋取利益，其动力之源在于行为人的职务：一方面，是行为人的职务支配、推动其利用职务为请托人谋取利益；另一方面，如果第三人不按行为人的要求去做，行为人就有可能利用职务给他带来不利的后果。也就是说，第三人的职务行为是行为人的职务所使然，因而归根结底是基于行为人的职务。因此，它应当也只能属于一般受贿，而不属于间接受贿。再次，从间接受贿的构成要件来看。单位受贿作为受贿罪的特殊形式，具有不同于一般受贿的特征。间接受贿与一般受贿的关系，不同于第一论题中经济贿赂与一般贿赂的关系，经济贿赂不具备独立而完整的犯罪构成，与一般贿赂是属种关系，而间接受贿则在一般受贿的第一个要件上都有自己相对应的要件，具有独立而完整的犯罪构成：除职务方面的差异外，一般受贿只要为请托人谋取利益即可，至于利益是否正当则在所不论，而间接受贿则必须为请托人谋取不正当利益；一般受贿中索取贿赂的不以为请托人谋取利益为必要，而间接受贿无论是索取贿赂还是收受贿赂，都必须为请托人谋取不正当利益。可见，两种受贿形式各有其构成要件（且间接受贿的要件严于一般受贿），各有其质的规定性，它们之间有严格而明确的界限，是受贿罪中相互并列的两种犯罪形式，二者构成并列关系，而不是属种关系或交叉关系。正因为如此，一些学者认为间接受贿是独立的犯罪，而不能与一般受贿同一个罪名。因此，不可能存在某一行为既可以定一般受贿又可以定间接受贿的情况。既然行为人与第三人之间存在职务上的制约关系的案件符合一般受贿的要件，就应定一般受贿，而不能定间接受贿，否则，就有可能把一批本应定一般受贿的案件认为属间接受贿而开脱于法网之外，因为间接受贿构成犯罪的要件严于一般受贿。

持“制约关系说”的论者可能认为，一般受贿与间接受贿的区别，主要不在于职务要件，而在于有没有通过第三人的职务行为。没有通过第三人职务行为的是一般受贿，通过第三人职务行为的是间接受贿。其实，一般受贿与间接受贿的区别，在于是“利用职务上的便利”，还是“利用职权或者地位形成的便利条件”，而不在于有没有通过第三人的职务行为。因为间接受贿必须通过第三人的职务行为，一般受贿也可以通过第三人的职务行为，那种认为凡通过第三人职务行为的就是间接受贿的观点是站不住脚的。

基于以上分析，在职务方面区分一般受贿与间接受贿的标准应当是：（1）行为人仅利用了自己的职务之便而没有通过第三人职务行为的，是一般受贿；（2）行为人既利用了自己的职务之便，又通过第三人职务行为的，仍是一般受贿；（3）行为人没有利用自己的职务之便，而仅利用职权或地位形成的便利条件，通过第三人职务行为的，是间接受贿。

理清了一般受贿与间接受贿在职务方面的界限，“利用职权或者地位形成的便利条件”就不难理解和界定。首先，“利用职权或者地位形成的便利条件”必须以职务为基础。因为“职权”和“地位”都建立在职务之上，离开了职务，“职权”和“地位”就无从谈起。其次，“利用职权或者地位形成的便利条件”不是利用“职权”或“地位”本身，而是利用由职权或者地位所形成的便利条件，其落脚点是“便利条件”，这种“便利条件”一般表现为身份或影响。它与“利用职务之便”的区别在于：（1）“利用职务之便”既可直接为请托人谋取利益，也可以通过第三人为请托人谋取

利益；而“利用职权或者地位形成的便利条件”则必须通过第三人才能为请托人谋取利益。（2）在通过第三人的情况下，“利用职务之便”的行为人与第三人之间存在职务上的制约关系，它以行为人的权力为动力，即以权力支配或推动第三人利用职务为请托人谋取利益，如果第三人不按行为人的要求去做，行为人就可以利用职务给其带来不利的结果。而“利用职权或者地位形成的便利条件”的行为人与第三人之间不存在职务上的制约关系，它以行为人的职务身份或职务影响为动力，即以职务身份或职务影响促使第三人利用职务为请托人谋取利益，如果第三人不按行为人的要求去做，行为人一般难以利用职务给其带来不利的结果。正因为间接受贿的行为人没有利用自己的职务，与一般受贿有明显的区别，故刑法规定了比一般受贿更严的条件，只有为请托人谋取不正当利益的才构成犯罪，以防止扩大打击面。再次，利用职权或者地位形成的便利条件不同于利用亲属、友情关系。“利用职权或者地位形成的便利条件”以职务为基础，而亲属、友情关系则分别以血缘、婚姻或感情、友谊为纽带联结而成的关系。对利用亲属、友情关系通过第三人的职务行为为请托人谋取不正当利益，从中索取或收受请托人财物的，不属于间接受贿，不应以受贿罪论处。

四、“不正当利益”的界定问题[①]

我国刑法第388条规定，间接受贿必须“为请托人谋取不正当利益”；第389、391、393条规定，行贿罪（含单位行贿罪、向单位行贿罪）必须“为谋取不正当利益”。可见，如何界定“不正当利益”，直接关系到对该两种犯罪的正确认定。当前，刑法学界和

① 1999年3月4日，“两高”《关于在办理受贿犯罪大要案的同时要严厉查处严重行贿犯罪分子的通知》规定：“‘谋取不正当利益’是指谋取违反法律、法规、国家政策和国务院各部门规章规定的利益，以及要求国家工作人员或者有关单位提供违反法律、法规、国家政策和国务院各部门规章规定的帮助或者方便条件。”本文发表时，“两高”该规定尚未发布。

司法界对以下三种利益属于不正当利益认识较为一致：(1) 非法利益。如通过贪污、盗窃、偷税、走私等违法犯罪行为取得的利益。(2) 违反政策、社会公共规则或社会主义道德规范的不应得利益。如违反客观真实原则的假党员、假残废、假学历、假干部履历、假证据等虚假证明文件的利益。(3) 依法应当履行的义务通过不正当手段得以减免的利益。但是，对不确定的利益是否属于不正当利益则颇有争议。所谓不确定的利益，又称可得利益，是指根据有关政策、法律，任何具备一定条件的人都有可能取得的利益，但究竟能否取得，则是不确定的。这种利益，由其不确定的特点所决定，其取得具有竞争性。[①] 例如，招工时通过向负责招工的国家工作人员行贿的方式取得招工指标；建筑工程招标时，以向负责招标的国家工作人员行贿的方式取得承建权；经济活动中以私自给有关人员"回扣"、"手续费"等方式采购或推销商品[②]等等。对此，一种观点认为，行为人所追求的利益虽然是法律政策所允许的，但这种利益尚处于不确定状态。行为人不是通过正当的竞争，而是通过不正当的手段拉拢腐蚀国家工作人员。不是说行为人根本没有资格取得这种利益，而是在于他要具备一定的条件才能取得这个利益，在此之前他用不正当手段得到这个利益，应属于不正当利益。另一种观点则认为，上述观点在逻辑上难以自圆其说，因为不确定利益本身并非不正当利益，如果将其视为不正当利益，是以取得方式的正当与否决定利益性质的正当与否，否定了利益本身的独立性质，根据这种逻辑，凡用不正当手段取得的利益，就根本没有正当利益可言了，法律在行贿罪中也无须作"不正当利益"的规定了[③]。

笔者认为，要判明不确定的利益是否属于不正当利益，必须研

---

① 参见陈兴良：《刑法疏议》，中国人民公安大学出版社 1997 年版，第 638 页。

② 用回扣、手续费的方式购销商品，有些是为了谋取非法利益或不应得利益，但多数是为了在竞争中取胜，谋取"不确定利益"。——笔者注

③ 参见陈兴良：《刑法疏议》，中国人民公安大学出版社 1997 年版，第 638 ~ 639 页。

究利益的性质与取得利益的手段的关系。

应当肯定，有些利益本身就具有鲜明的性质属性，如上述的假党员、假残废、假学历、假证据等在内容上违反客观真实、实事求是原则的利益。但大多数的利益，其本身并不具有性质的属性，而是由取得该利益的手段的性质所决定的。例如，生存权是人的基本权利，要生存就必须吃饭穿衣，故吃饭穿衣是人的基本需求和利益。当某人以诚实劳动取得饭食、衣物时，该利益就属正当利益；当某人以盗窃、抢劫、欺诈等不正当手段取得饭食、衣物时，该利益就成了不正当利益。同时，以同一手段取得的同一利益，不同的人由于对该手段的不同评价，也会导致对利益的不同评价。例如，中国革命时农民打土豪分田地，共产党人认为这是革命，天经地义；反动政府认为这是严重犯罪。在这里，“利益”就一个，评价却不同。究竟是先对手段的不同评价而导致对利益的不同评价，还是先对利益的不同评价而导致对手段的不同评价？显然是前者。

上面分析的是一般意义上的“利益”。再来分析“不确定的利益”。应当承认，不确定的利益本身并无不正当可言。然而，当它与取得该利益的手段相结合时，利益的性质同样随手段的性质而转移。以跑官、买官为例，某人想当官，这不能说不正当，人有上进心不是坏事，“不想当将军的兵不是好兵”。然而，想当官必须通过正当途径，即以自己的德能勤绩与他人进行公平竞争，由组织按一定的程序选拔，而绝不能跑官、要官甚至采用行贿手段买官。因良好的德能勤绩被提拔的，是正当利益；以跑官、买官的不正当手段被提拔的，则是不正当利益。在这里，同样是被提拔，但性质随手段的不同而不同。同理，建筑工程队想承包工程，企业想采购原料推销产品，待业人员想招工招干等，其本身并非不正当，但如果以给有关人员行贿的不正当手法去获得，其利益也应属不正当。

通过以上分析可知：（1）除少数本身就鲜明地表明性质的利益外，大多数利益本身是中性的，可以为任何人所用，并无是否正当之区分，只有当它与取得该利益的手段相联系时，才反映出性质。(2) 不确定利益的性质，取决于取得该利益的手段的性质。以合法手段取得的不确定利益为合法利益，以非法手段取得的不确定利益为非法利益，以正当手段取得的不确定利益为正当利益，以不正当手段取得的不确定利益为不正当利益。(3) 评价手段的性质的标准，是体现统治阶级意志或反映社会管理规律的法律、政策以及社会公共规则与道德准则。(4) 人们之所以会直接对某些利益做出是否正当的评价，而不必先评价取得该利益的手段，是因为长期受教育熏陶，自觉接受了某些法律、政策、社会公共规则和道德准则，进而成了自觉地用来评价事物（包括利益）的是非观和价值观，并形成了某利益是否正当的心理定式。由于越过手段直接评价利益这一客观情况的存在，使人们产生了所有利益本身即具有性质属性的误解。

需要指出的是，以取得利益的手段评价利益的性质，指的是不确定利益，但非指所有利益，因而不能认为凡使用过不正当手段的利益都是不正当利益。例如，政策、法律规定的“应得利益”，即使在取得的过程中使用过不正当手段，也不属不正当利益，因为该利益的取得是基于政策、法律的明确规定，而不是基于不正当手段。如根据法律、政策规定应当办理的事，办事员就是推诿扯皮拖着不办，行为人只好通过给办事员送礼的不正当手段，以取得法律、政策规定其应得的利益。在这里，政策、法律的明确规定是原因，利益的取得是结果，不正当手段仅是促使结果早点到来的条件。而不确定的利益则不同，取得该利益仅具有可能性，而非必然性，这种可能性仅是取得该利益的条件。如果用行贿的不正当手段取得该利益，不正当手段则是利益取得的原因。

由于某些利益本身具有是否正当的属性，加上“应得利益”这种正当利益的存在，故法律把“谋取不正当利益”作为间接受贿罪和行贿罪的主观要件，从而把“正当利益”排除在外是必要的。因此，不能因本文所持的观点，而认为“逻辑上难以自圆其说”、“法律在行贿罪中无须再作‘不正当利益’的规定”。

五、单位领导人出借公款给个人使用是否涉嫌挪用公款问题[①]

单位领导人出借单位公款给个人使用是否构成挪用公款罪？当前有两种观点：一种观点认为单位领导人有权出借公款，故不构成挪用公款罪；另一种观点认为公款应用之于公，而不许挪之于私，单位领导人将公款借给个人使用，是利用主管财务的职务之便挪用公款，符合法定三种情形之一的（即数额较大，超过三个月未还的；数额较大，进行营利性活动的；进行非法活动的），应以挪用公款罪追究刑事责任。

产生上述两种分歧观点的症结在于：如何区分借用与挪用。笔者认为，区分借用与挪用的界限，在于“借”款行为是否经过合法批准。经过合法批准的，是借用；未经批准手续，或虽经所谓“批准”，但属不合法批准的，是挪用。根据民法通则关于法人代表人的有关规定的精神，单位领导人是单位的代表，其依照有关规定所为的行为，就是单位的行为，而不是个人的行为。故单位领导人依照有关规定同意或决定出借公款，就是该单位同意或决定出借公款。也就是说，借款经过了合法批准。故其行为属借用，而非挪用。但是，单位领导人并非可以随心所欲、为所欲为，其行为要受法律、政策及单位赋予的职权范围的限制。故领导人的行为并非都可视为单位的行为，都由单位负责。对其依照有关规定所为的行为，应由单位负责；对违反有关规定，为单位所为的行为，应由单位和领导人共同负责，对违反有关规定，为个人所为的行为，则一般应全由个人负责。因此，在领导人出借公款问题上，对违反有关规定，为个人利益出借公款的，如自己决定“借”公款给本人使用或为谋取私利而出“借”公款给他人使用的，以个人名义将公款借

① 全国人大常委会于2002年4月28日就挪用公款罪中挪用公款“归个人使用”问题作了立法解释，“两高”也于1998年4月6日至2003年9月18日间就挪用公款罪的法律适用问题分别发布了若干司法解释，本文发表时，上述立法、司法解释都尚未发布。

给他人使用的，其行为就不能视为单位行为，而是领导人滥用职权，故不能视为经过合法批准，其性质应属挪用，而不属借用。

根据上述总的原则，我们来分析领导人出借公款给个人使用行为的性质。从一些地方的案例看，领导人出借公款给个人使用主要有以下三种情形：（1）他人向单位财会等人员借款，财会等人员请示领导后，领导人予以批准的。（2）他人直接向领导人借款，领导人予以同意的。在这种情形中，有的领导人为了谋取私利，有的则不具有此目的。（3）领导人自行决定“借”款给自己使用的。上述第一种情形，除领导人与财会等人员通谋谋取私利外，应属于借用。第二种情形，其中为谋取私利而出借或者以个人名义出借的，应属于挪用，符合挪用公款罪三种情形之一的，应以挪用公款罪认定；对其中不是为了谋取私利的，一般应认定为借用。第三种情形，属利用主管财务职权挪用公款归个人使用，符合挪用公款罪三种情形之一的，应以挪用公款罪追究刑事责任。

（原载《人民检察》1998 年第 3 期）

对贪污贿赂犯罪适用缓刑的思考

当前，一些地方贪污贿赂犯罪适用缓刑的情况相当突出，有的竟占已审判的贪污贿赂案件总数的50%以上。究其原因，有的是指导思想的偏差，有的是对有关法律条文和刑事政策理解不准，有的是执法环境不好。缓刑率高的情况引起了社会各界的关注和广大群众的不满。因此，有必要对贪污贿赂犯罪适用缓刑的几个问题作些探讨。

一、处理贪污贿赂犯罪应坚持怎样的指导思想?

在贪污贿赂犯罪适用缓刑问题上，有些法院先后提出过“对经济犯罪适用缓刑要慎重”和“对经济犯罪可以多判一些缓刑”这两个大相径庭的指导原则。可见，研究贪污贿赂犯罪适用缓刑问题，首先要研究处理贪污贿赂犯罪应坚持怎样的指导思想。

党中央从1982年作出打击经济犯罪的战略部署起，一直强调从重从严惩治经济犯罪。邓小平同志曾为此作了大量精辟的论述，指出：对经济犯罪活动“应该提得更高一点，看得更深一点”。他尖锐地批评了部分同志“遇事手软，下不了手”，指出，“如果我们党不严重注意，不坚决刹住这股风，那么，党和国家确实要发生会不会‘改变面貌’的问题”，“要刹住这股风，一定要从快

从严从重”。为了从重从严惩治经济犯罪，全国人大常委会还专门作出了《关于严惩严重破坏经济的罪犯的决定》。因此，“从重从严”是党和国家对经济犯罪一贯的方针。为什么要“从重从严”？首先，从经济犯罪危害来看，它严重破坏经济秩序，危害改革开放，败坏党和政府的形象和声誉，损害党群关系，其性质属于严重犯罪。只有对其“从重从严”，才符合罪刑相适应原则。其次，从经济犯罪主体来看，多属国家工作人员，其中有不少是领导干部，能否把他们挖出来，予以严惩，关系到党和政府的各级领导权掌握在什么人手中这一重大问题。再次，从经济犯罪现状来看，虽屡经打击，有些方面有所收敛，但总体上仍越来越严重，大要案明显增多，案犯层次越来越高，犯罪数额越来越大，去年以来泰安、无锡、北京等地揭露的少数领导干部的严重犯罪就是明证。经济犯罪越来越严重的原因是各方面的，其中打击不力（如揭露和侦破得不够，包括判缓刑在内的处理不严等）是个重要原因。只有坚决贯彻从重从严的方针，彻底改变打击不力的状况，才有可能遏制经济犯罪越来越严重的势头，并避免更多的干部走上犯罪。因此，“从重从严”是处理经济犯罪唯一正确的方针和指导思想。“对经济犯罪适用缓刑要慎重”的指导原则体现了“从重从严”的方针，是正确的，“对经济犯罪可以多判一些缓刑”的指导原则，背离了“从重从严”的方针，因而是错误的。

二、应如何理解“不致再危害社会”？

根据刑法规定，对犯罪分子适用缓刑的条件，一是被判处拘役、三年以下有期徒刑；二是不予关押确实不致再危害社会。应如何理解“确实不致再危害社会”？笔者认为应把握以下三点：

1. 在“不致再危害社会”的把握性上，必须“确实”不致再危害社会，而不是“估计”、“大概”不致再危害社会；必须是审判机关根据充分的依据“认定”不致再危害社会，而不是“认

为”不致再危害社会；必须是有把握的，而不是“八九不离十”的。只要不达“确实”和“有把握”的程度，就不能适用缓刑。

2. 在“不致再危害社会”的条件上，一是必须真诚悔罪，二是必须有较好的改造环境。两个条件必须同时具备，缺一不可。这是原最高人民法院副院长林准的观点。他指出，认定确实不致再危害社会，从审判实践看，主要应考虑两点：一是犯罪分子真诚悔罪，确有痛改前非、重新做人的决心。这是保证接受改造，不致再危害社会的主观条件。二是把犯罪分子放在社会上，有较好的改造环境。例如，犯罪分子的家庭和所在单位、街道、村镇等积极承担教育改造任务，并有一定条件。这是保证犯罪分子不致再危害社会的客观条件。

这两个条件，我认为，贪污贿赂犯罪绝大多数不能适用缓刑。因为贪污贿赂犯罪属智能型犯罪，他们善于察言观色、窥测方向、看风使舵、审时度势。为求得从轻处罚，有时不惜“委曲求全”，表面装出真诚悔罪、痛改前非的假象，骨子里却仇视举报和办案人员，仇视反腐败斗争，把自己置于社会的对立面。因此，不少犯罪分子的“悔罪”不是真诚的，而是虚假的。同时，更为重要的是，贪污贿赂犯罪主体多为内部人员甚至领导干部，他们被查处前有权有势、威风八面，被查处后如放在社会上，往往“虎”虽死而“威”犹存，神通依然不小，可以凭借过去的关系和影响发号施令，有的甚至比在位时放得更开，肆无忌惮，所在单位、街道、村镇和群众一般不可能对其监督教育改造，更谈不上“有较好的改造环境”。因此，可以说，贪污贿赂犯罪分子特别是原为领导干部的犯罪分子绝大多数不具备“保证犯罪分子不致再危害社会”的客观条件。

3. 在“再危害社会”的表现形式上，要注意贪污贿赂犯罪不同于刑事犯罪的特点，不能用刑事犯罪的表现形式简单机械地套贪污贿赂犯罪。刑事犯罪“再危害社会”的表现形式多为暴力型，如暴力行凶、暴力报复，或者重新犯罪。贪污贿赂犯罪“再

危害社会”则大多利用过去的关系和影响，表现形式多为“余权型”。一是利用过去的关系网对举报、办案人员及亲属打击报复。因为贪污贿赂犯罪分子特别是原为领导干部的犯罪分子被查处前大多有一张权力关系网，其亲朋好友、老上级、老部下或曾受其“恩泽”的人都可成为网上的成员。犯罪分子可调动这张网对举报、办案人员打击报复，使之四面困难，举步维艰。二是违法违纪，突出表现为利用权力的余热和过去的关系违纪发财。这些人权力影响犹在，关系多，比刑事犯罪分子更熟悉政策、制度的空子和违纪发财的门子、路子，因而善于利用各种手段钻空子找门子捅路子进行违法违纪活动，大发其财。据报载，某地 1990 年至 1993 年上半年受到党纪国法处理后违纪发财的原党员领导干部有 125 人，其中原属科局、县处级领导的 83 人，约占 70%；原因贪污受贿、挪用公款等经济违法犯罪而受处理的 110 人，约占 90%。因此，绝不能把“再危害社会”仅仅理解为刑事犯罪分子那样的暴力型危害，并以此简单机械地套贪污贿赂犯罪，认为贪污贿赂犯罪分子一般不会实施暴力而断定其不致再危害社会。

三、刑罚要取得什么样的社会效果？

在审判实践中，不少贪污贿赂犯罪是以“注重社会效果”为由被适用缓刑的，特别是对某些“能人”或有一技之长的人，该理由就更为堂皇。因此，必须研究刑罚社会效果的科学内涵。我认为，好的社会效果，应该是特殊预防和一般预防的统一，政治效果、经济效果和法律效果的统一，必须得到广大群众拥护。

首先，好的社会效果是特殊预防和一般预防的统一。特殊预防就是预防犯罪分子本人再犯罪，即通过对犯罪分子适用刑罚，对其进行惩罚与教育改造，预防其再犯罪。一般预防，就是预防其他人犯罪，即通过惩罚犯罪，威慑和警戒社会上可能犯罪的分子不敢以身试法，同时使更多的人受到社会主义法制教育，增强法制观念，提高同犯罪分子作斗争的积极性。无论是特殊预防还

是一般预防，都必须以犯罪分子受到惩罚，使其受到一定的痛苦和损失为前提。如果适用缓刑过多，将不该适用缓刑的适用了缓刑，犯罪分子没有受到应受的痛苦和损失，犯罪成本太低，特殊预防就无法实现，一般预防更无从谈起。退一步说，即使很多案件从单个看似可适用缓刑，也得考虑缓刑总量和缓刑面，考虑缓刑适用后的整体效果，如果适用面过大，人们就会认为司法机关对贪污贿赂犯罪很宽大，这样，刑罚的威慑和警戒作用就难以发挥，一般预防的目的就无法实现，同时还有可能促使更多的人进行贪污贿赂犯罪。因此，随意放宽缓刑条件是错误的；只注意个案是否符合缓刑条件和特殊预防，而不注意控制缓刑的量和面，不考虑缓刑的总体效果，忽视刑罚一般预防功能也是错误的。只有实现特殊预防和一般预防的统一，才能取得好的社会效果。

其次，好的社会效果是政治效果、经济效果、法律效果的统一。政治效果是指维护政治稳定，促进政治昌明；经济效果是指促进生产力发展；法律效果是指维护法制尊严，树立法制权威。好的社会效果应该是上述三个效果的协调统一，而不能单打一，只顾其一不顾其他。在审判实践中，有的为了局部的经济利益，将某些数额巨大、罪行严重、不符合缓刑条件的犯罪分子，以“小厂能人”、“有技术专长”、“过去有贡献”等为由判处缓刑，其结果，广大群众很不满意，认为“法律面前不平等”、“官官相护”，并对党和政府反腐败的决心表示怀疑，从而损害司法机关乃至党和政府的形象，挫伤广大群众经济建设的积极性，因而不可能有好的政治效果和法律效果。就其所取得的所谓经济效果而言，也是局部的暂时的，而不是真正的。

再次，好的社会效果必须得到广大群众的拥护。群众观点是马克思主义的基本观点。邓小平同志强调要把人民拥护不拥护，人民赞成不赞成，人民高兴不高兴，人民答应不答应作为制定各项方针政策的出发点和归宿。我们也应以此作为检验贪污贿赂犯罪处理效果的一个重要标准，而不能照顾和迁就少数人的要求。

贪污贿赂犯罪特别是领导干部犯罪，往往会有少数有身份的人为其说情与制造舆论，对司法机关施加压力和影响。就司法机关来说，少数有身份人的说情能直接传到耳际，而广大群众的意见则较难直接听到。这就容易使司法人员产生错觉，以为“群众”要求对该案从宽处理。因此，司法机关要正确处理少数人和多数人的关系，对听到的反映要认真分析是代表少数人的还是代表广大群众的，绝不能迁就少数人的要求而违背广大群众的愿望。

四、应如何正确贯彻宽严相济政策?

主张对贪污贿赂犯罪多判缓刑的依据之一是宽严相济政策。宽严相济政策对于敦促犯罪分子自首坦白，促使分化瓦解，具有重要意义，无疑是正确的，问题在于如何正确贯彻。首先，缓刑作为宽严相济中“宽”的一面，必须以“严”为前提。只有“严”这个对立面的存在，“宽”才会产生预期的效果。否则，一味讲宽，其作用就会走向反面。其次，宽和严的比重，要审时度势，从斗争全局上加以把握。当前，打击贪污贿赂犯罪总体上不是过头，而是很不够，具体表现在：已揭露和查处的只是实际存在的一部分或一小部分，就是这一部分或一小部分，还被检察免（免诉）一批，法院缓（缓刑）一批，司法放（减刑、假释、保外就医）一批，实际坐班房的很少。只有加大“严”的分量，才是正确的选择。近几年来，检察系统采取了一系列措施限制免诉的适用，使免诉率降至20%以下，取得了明显成效。建议审判环节也能采取有力措施控制缓刑率，使宽严相济政策得到正确贯彻。

五、应如何正确理解司法经济原则?

主张对经济犯罪多判一些缓刑的又一条理由是它能减轻财政的劳改开支，且有利于解放劳动力，化消极因素为积极因素，因而符合司法经济原则。正确适用缓刑，的确符合司法经济原则。但是，不能片面为了司法经济而不适当地多判缓刑。司法机关特

别是其中的警察、法庭、监狱等，从一开始就是阶级压迫的工具，在中心工作转到经济建设上来的今天，惩治犯罪、维护稳定仍是首要职能。设置司法机关，是国家为了维护政治统治和组织经济建设所必须付出的成本，任何一个明智的统治阶级都不会吝啬这一必要成本的支出。司法经济作为司法机关的原则之一，必须从属于司法机关的性质和任务，只有在保证实现司法机关职能的前提下，司法经济才有积极的意义。否则，片面强调司法经济，就必然削弱司法机关职能，这只能是舍本逐末之举。试想，如果为了司法经济而主张多判缓刑，那么，对经济犯罪不予侦查、审判和监禁不是更经济吗？

六、应如何正确适用刑法第59条第2款？

《刑法》第59条第2款规定："犯罪分子虽然不具有本法规定的减轻处罚情节，如果根据案件的具体情况，判处法定刑的最低刑还是过重的，经人民法院审判委员会决定，也可以在法定刑以下判处刑罚。"由于法律和司法解释对本条款中"案件具体情况"的范围、"法定刑以下判处刑罚"如何掌握等问题缺乏明确规定，因而该条款常被作为对严重贪污贿赂犯罪适用缓刑的依据。根据法律规定，贪污贿赂万元以上的要处5年以上有期徒刑。但某省贪污贿赂万元以上被判处缓刑的竟占已审结的万元以上案件总数的27%，这些案件大多无法定减轻处罚情节，而依据刑法第59条第2款被判处缓刑。这说明，该条款确已被严重滥用了。

应如何正确适用刑法第59条第2款？我认为，首先，它只能适用于极个别具有超出刑法涵盖面之外的特殊情节的特殊案件，必须从严掌握。因为罪刑法定是刑法成熟的标志，也是界定立法权与司法权的边界并使之分权与制约的重要措施，因而是当今世界绝大多数国家普遍采用的一项基本原则，我国制定刑法时，恐立法经验不足而存个别疏漏，故未规定该原则，而规定了两个例外，这就是：在定罪上，实行类推制度（刑法第79条）；在量刑上，规定了刑法第59条第2款。为了控制法外定罪量刑，法律对适用该两个条款在实体上和程序上都作了严格的规定和限制，可见，在立法的指导思想上掌握是很严格的，它是对现行法律尚难涵盖的特殊情况采用的特殊的定罪量刑方法，它只能适用于极个别特殊案件，而不能适用于一般案件。据报载，刑法实施15年来，全国适用类推定案的仅70多例，就充分说明其掌握之严。其次，必须具有与法定减轻处罚情节相当的情节。我国刑法共规定了15种法定“可以”或“应当”减轻处罚情节，如预备犯、未遂犯、中止犯、正当防卫或紧急避险超过必要限度、犯罪后自首等。只有当案件具有与上述法定减轻处罚情节相当的特殊情节，且该情节在立法时又未能预料因而未能包容在现行法律之中时，方可适用刑法第59条第2款。当前有些法院以“认罪态度好”、“积极退赃”、“单位工作需要”等作为适用该条款的理由，这不能不说是滥用。因为这些情节连法定从轻情节都不是，更谈不上“减轻处罚”了。再次，“减轻处罚”只能减轻一格。虽然现行法律和司法解释尚无减轻幅度的直接规定，但是，对类似问题有立法解释，应予比照执行。全国人大法制委在《关于处理逃跑或者重新犯罪的劳改犯和劳教人员的决定》中关于“加重处罚”的说明中指出：“不是可以无限制地加重，而是罪加一等，即在法定最高刑以上一格判处。”“减轻处罚”是相对于“加重处罚”而言的，上述解释完全应予比照执行。据此，减轻处罚也不是可以无限制地减轻，而是罪减一等，即在法定刑以下一格判处。

附带还要指出，刑法第59条第2款赋予法院法外减轻处罚的权力，有很大的副作用。一是使分则每个罪名的法定刑下面都打开了一个缺口，这就降低甚至丧失了设立法定刑的意义；二是模糊了立法权与司法权的边界，使司法权侵犯了立法权，破坏了立法权与司法权分立、制约的原则，也使立法机关对司法工作进行监督带来了困难，其结果必然损害法制权威，导致司法腐败；三是为某些法院擅权开了方便之门。虽然，该条款的初衷是为了实

现司法公正，但却带来了法院擅权的后果，而法院擅权的危害则比个别案件量刑不合理的危害要大得多。总之，刑法第59条第2款弊大于利，修改刑法时应予废除。在废除前，建议通过司法解释，界定“案件具体情况”的范围；参照类推的规定，建立核准制度，规定适用该条款须报请高级人民法院核准，以便综合平衡和控制。由于该内容不属本论题范围，故不展开论述。

（原载《中国检察报》1995年12月23日）

试论承包经济组织中贪污罪的认定*

随着经济体制改革的深入，承包作为经营责任制的一种形式，正在全民、集体经济组织中广泛推广。由于承包种类、方式的多样性和承包方财产构成的复杂性，使得承包经济组织中贪污罪的认定遇到了不少问题。一般地说，当承包方是集体经济组织时，认识还比较一致，而当承包方是个人或合伙时，则很难取得一致意见。本文试就个人或若干人合伙承包（以下简称承包）的经济组织中贪污罪认定问题作些探讨。

一

要正确认定个人、合伙承包的经济组织中的贪污罪，首先要研究这些经济组织中主管、经手、管理财物的人员能否成为贪污罪主体。根据法律及有关规定，贪污罪的主体是国家工作人员、集体经济组织工作人员或其他受国家机关、企事业单位、人民团体委托从事公务的人员。因此，要分析承包中主管、经手、管理财物的人员能否成为贪污罪的主体，就需分析他们是否属受委托从事公务的人员。而所谓“受委托从事公务”，其特征应该是：

---

* 本文系与蒋元清合著。

（1）委托方和受委托方有委托的事实存在；（2）委托方必须是国家机关、企事业单位或人民团体，而不是个人或合伙组织；（3）受委托人代表委托人即国家机关、企事业单位或人民团体进行活动，而不是以自己的名义进行活动；（4）受委托人所从事的是组织、领导、监督、管理的活动，而不是生产劳务性活动。以上四点缺一不可。据此，我们认为，承包中主管、经手、管理财物的人员，只有具备以下条件时，才能成为贪污罪的主体：

1. 发包方必须是全民或集体经济组织。

当前，有的地方出现了一些名为集体（工商机关登记为集体，财税给予享受集体企业的减免税待遇），但实际是由个人集资开办的企业，不能视为集体经济组织，这种企业包给他人经营，承包人不能构成为贪污罪的主体。

2. 必须是承包经营，而不是承揽劳务。

承包经营，是经济体制改革、企业所有权和经营权实行分离的产物，承包人取得经营权后，就对承包企业的财产享有占有、使用、支配、收益权。经营权的最基本的特征，就是承包人通过经营全民、集体经济组织提供的生产资料和资金，使所有权人与承包人都取得收益。因此，承包人接触使用生产资料和资金的过程，是一种经营管理活动。而承揽劳务却并非始于经济体制改革。它通过完成一定的劳务而取得一定的劳动报酬，如承揽某一生产线的设计，承揽某一特定产品的销售，承揽某一建筑工程，等等。承揽人接触、使用生产资料的过程，是一种劳务活动。同时，承包经营所体现的是纵横结合的经济关系。一方面，发包人和承包人双方签订承包合同以自愿为前提，各有其权利和义务，在法律上地位平等（这在招标承包、揭榜承包中反映得更为明显），它所体现的是横向的经济关系。另一方面，由于经营权是由所有权派生的一种权利，它从属于所有权，因而其经营活动必然要受所有权人即发包人的制约、监督和检查，所体现的又是一种纵向的经济关系。因此，不论承包人是发包人单位内部的还是外部的，承包合同一旦缔结，它与发包人之间即具有了经济上的隶属关系。这种因纵向经济关系所产生的经济上的隶属关系，使承包方成了发包方即全民或集体经济组织的一个经营层次，换言之，也成了全民、集体经济生产管理活动的一个重要组成部分。而承揽所反映的则纯粹是一种横向的经济关系，双方当事人遵循自愿平等、等价有偿的原则缔结合同，没有经济上的隶属关系，承揽方不是合同对方的一个经营层次。何况，承包经营合同的双方存在委托和受委托的关系，而承揽双方却不存在委托和受委托的关系，承揽人不能以对方的名义进行活动。基于以上分析，承包经营的有可能成为贪污罪主体，而承揽（承包劳务）的则不能成为贪污罪的主体。

3. 所承包的对象必须是经济组织，而不是集体的某种生产资料。

所谓“经济组织”，既可以是一个独立完整的企业，也可以是企业中某一生产、经营部门，如车间、柜组等；既可以是承包时已经存在的经济组织，也可以是承包时尚不存在，但全民、集体企业提供了生产资料、资金和其他经营条件，由承包人去创建的行将成立的经济组织。之所以承包对象必须是经济组织，是因为只有在承包了经济组织时，承包人才能以发包人的名义进行活动，承包人才可能成为受委托从事公务的人员。而承包某种具体的生产资料进行经营，承包人则不能以发包人的名义进行活动，因而也就不能成为受委托从事公务的人员。因此，农民承包几亩土地、几亩山林、几亩水塘，虽是承包经营活动，但由于土地、山林、水塘仅是具体的生产资料，因而不构成贪污罪的主体。当农民占有经营所得，拒绝履行承包义务时，也不能以贪污论罪。但是，如果农民承包了某一集体茶场、林场、渔场，该农民以该集体茶场、林场、渔场的名义进行经营活动，则可成为贪污罪的主体。

4. 承包的经济组织中生产资料、资金应全部或基本上为全民

或集体经济组织所有。

最高人民法院、最高人民检察院在《关于当前办理经济犯罪案件中具体应用法律的若干问题的解答》（以下简称《解答》）规定："当前，凡生产资料、资金全部或者基本上为集体经济组织所有，交由个人或若干人负责经营的，应视为集体经济组织的经营层次，其主管人员或者管理财物的人员，利用经营之便，以侵吞、盗窃或骗取等手段，将属于集体经济组织的生产资料、资金或应上交集体经济组织的利润非法占为私有的，以贪污罪论处。"据此，对于生产资料、资金大部分或基本上由承包者个人自筹的承包经济组织，或发包方仅提供营业执照、合同纸、证明书等方便条件，生产资料、资金由个人自行解决的经济组织，它们虽可以发包方的名义对外活动，但由于受生产资料所有权所制约，主管、经手、管理财物的人员不能视为受委托从事公务的人员。

在符合上述四个条件的承包经济组织中，有两种人员能否构成贪污罪主体需作进一步探讨。一种是受承包人委托、聘用从事管理工作的人员；一种是承包人将承包标的转包后的第二承包人员。我们认为，第一种人员，由于承包经营的一个重要特征，就是承包人有较大的经营自主权，为了保证有效地进行经营活动，承包人根据发包人授权，一般具有人事任免权，因此，如果承包人是受委托从事公务的人员，那他们在没有超越发包方授予的权限的前提下，委托、聘用来从事管理工作的人员也属受委托从事公务的人员。第二种人员，则要看转包有无经过原发包人同意（包括事后追认），经原发包人同意，并仍以原发包人名义进行经济活动的第二承包人，属受委托从事公务的人员；否则，不能视为受委托从事公务的人员。

二

贪污罪侵犯的对象必须是公共财物。因此，要正确认定承包经济组织中的贪污罪，必须研究该类组织中哪些财产属于公共财产，以及怎样认定这些财产已受到侵犯。根据最高人民法院、最高人民检察院《解答》规定的精神，个人、合伙承包的经济组织中，下列两种财产属于公共财产：（1）发包方提供的属于全民、集体经济组织的生产资料和资金；（2）承包方应上交全民、集体经济组织的利润。符合贪污罪主体的人员利用主管、经手、管理之便将这两种财产加以侵占的，要以贪污论处。

认定侵占发包方提供的生产资料、资金而成立的贪污罪，应注意两点：（1）要注意查明是经营亏损致使发包方的生产资料、资金无法偿还，还是被行为人非法侵占，只有证据证实确被行为人侵占，才能认定为贪污罪。（2）要注意时间界限。由于承包人在承包期间对这些生产资料和资金有使用支配权，因此，一般须在承包期满后行为人拒不偿还时，才能认定。如被告人徐某于1985年初承包了村办水上运输公司，承包期2年。1985年10月，徐擅自将发包方提供的一只水泥船以2000元的价格出售。村民即向检察机关控告，要求追究徐贪污罪责。检察机关审查后认为，徐擅自出卖水泥船是错误的，但在承包期内出卖，尚难以认定其具有非法占有的故意，不宜以贪污认定。我们认为当地检察院的意见是正确的。

对于认定侵占应上交的利润而成立的贪污罪，则比较复杂。由于上交利润的方式是由承包方式决定的，因此，必须根据不同的承包方式加以分析。

根据调查，目前承包经营的方式主要有以下几种：（1）利润包干、全奖全赔（即规定上交利润数，完不成由承包人赔偿，超额完成的，超额部分全归承包人所有，俗称“一脚踢”、“清水包”）。（2）定利润基数、超利分成。（3）除本分成。（4）联产（销）计酬。现对各种承包方式下侵占上交利润的情况分别加以分析：

1. 利润包干、全奖全赔的。

承包人利用主管、经手、管理财物之便侵占承包经济组织财

物，合同期满后拒绝上交利润，或虽未期满，但企业倒闭（不是亏损所致），当事人拒绝上交的，应以贪污论处。如胡××案。胡××于1984年12月26日与县交通建筑工程公司签订承包合同，承包经营该公司所属一水泥预制场。承包合同规定，承包期限自1984年12月至1985年12月，公司提供所有设备和资金，承包人全年上交公司利润和折旧费共2.5万元；实行全奖全赔。在承包期间，胡××采取瞒报销售收入和私设账外账的方法，将承包企业财物计1.79万元落入腰包，然后以经营亏损为由，少交了利润和折旧费1万元。我们认为，对该1万元应以贪污论处。

2. 定利润基数、超利分成的。

承包人如果采取瞒报收入，虚增支出等手法，将经营所得利润占为己有，必然使“超利”部分的数额减少，因而就侵犯了发包人对“超利”中应得的那部分财产的所有权。因此，一旦发现即可查处，不必等承包期满。但认定数额时应扣除承包人应得的部分。如承包人的侵占行为致使利润基数不上交的，则按“一脚踢”承包的处理方法处理。如被告人陈某承包了乡砖瓦厂，合同规定年上交利润2万元，超额部分三七分成（乡里得三，陈某得七）。因经济效益较好，陈即采用“两本账”的手法瞒报收入2万元，从而使该乡减少收入5000元。对陈应认定贪污5000元。

3. 除本分成的。

除本分成也叫利润全额分成。这类企业发生了侵占财物案件，即应以贪污罪追究，但认定犯罪数额时应扣除行为人应得部分。

4. 联产（销）计酬的。

这种合同的特点是承包人的收入根据承包经营的产值、销售额来确定。承包人只能从产值或销售额中按规定分得一小部分作为自己的收入。这种承包方式实质上是一种“计件工资”式的定额管理形式。因此，承包人如果以瞒报收入等手法侵占承包经济组织利润，应以贪污论处。

三

承包作为“两权”分离的一种经营方式，具有许多有别于“两权”合一经营方式的特点。因此，许多“两权合一”经济组织中属于贪污的行为，在承包经济组织中却不一定是贪污犯罪（有的可构成偷税等罪），需要我们审慎地加以区分。貌似贪污实际上不是贪污的主要有以下几种情况：

1. 承包人怕露富招风，如怕发包方毁约，怕别人“红眼病”，怕摊派等，因而采取瞒报收入、虚增开支或账外分红等手段占有应当属于自己所有的财物的。

2. 由于发包方合同不兑现，承包人因而采取不正当手段占有财物，以抵充其应得利润的。

3. 承包合同对利润分配规定不明确，承包人在认真履行合同的同时，采取虚报冒领等手段占有了部分利润的。

（原载《浙江法学》1988 年第 1 期）

斡旋受贿的几个问题

八届全国人大五次会议通过的修订刑法除以第385条规定一般受贿这种受贿罪的一般形式外，还以第388条规定了斡旋受贿这种受贿罪的特殊形式。该法条规定："国家工作人员利用本人职权或者地位形成的便利条件，通过其他国家工作人员职务上的行为，为请托人谋取不正当利益，索取请托人财物或者收受请托人财物的，以受贿论处。"由于对该法条中某些问题的理解不一甚至存在严重分歧，影响了该法条的正确适用和案件的正确处理，故很有加以研究的必要。

一、如何理解"利用本人职权或者地位形成的便利条件"

"利用本人职权或者地位形成的便利条件"，是斡旋受贿的客观要件之一。由于行为人"利用本人职权或者地位形成的便利条件"，是为了"通过其他国家工作人员职务上的行为，为请托人谋取不正当利益"，因此，如何理解"利用本人职权或者地位形成的便利条件"的问题，实际上就是如何理解行为人与其他国家工作人员（以下简称"第三人"）职务之间关系的问题。对此，当前主要有以下三种观点：第一种是"制约关系说"，即行为人利用本人职权或者地位形成的对其他国家工作人员的制约关系，包括纵向的制约关系和横向的制约关系。其中纵向制约关系是指上级领导人员对其下级的国家工作人员在职务上的隶属关系；横向制约关系是指不同单位、部门之间、这一国家工作人员与那一国家工作人员之间存在的职务上的制约关系。[①] 第二种是“制约关系和工作联系说”，即指行为人利用自己的职权或地位形成的对其他国家工作人员的制约关系或工作联系，如上下级之间的隶属关系，或单位与单位之间的工作联系。[②] 这种观点与上述第一种观点的相同点是认同“制约关系”，不同点是除“制约关系”外，还包括“工作联系”，显然，其范围要大于前者。第三种是“非制约关系说”，即认为该条与第385条一般受贿的区别之一，是行为人与被利用的国家工作人员之间不存在职务上的制约关系，而一般受贿则存在职务上的制约关系。[③] 至于“非制约关系”究竟是一种什么关系，则又存在多种认识，如有的认为是“平行职务关系”，有的认为是“工作关系”，还有的认为是“影响关系”等等。可见分歧之大。

笔者认为，“制约关系说”值得商榷。首先，从刑法第385条与第388条所规定的职务要件的逻辑关系来看。刑法第385条的职务要件是“利用职务上的便利”，而第388条的职务要件是“利用本人职权或者地位形成的便利条件，通过其他国家工作人员职务上的行为”。立法原理告诉我们，这两个法条和两个职务要件之所以要并列地加以规定，是因为二者是并列关系，各自有清晰的边界，而非属种关系或交叉关系，否则，就会出现某些行为既可以适用第385条又可以适用第388条的不正常状况。而第385条的“利用职务上的便利”，最高人民检察院《关于人民检

① 赵秉志主编：《新刑法全书》，中国人民公安大学出版社1997年版，第1265页；苏惠渔主编：《刑法学》，中国政法大学出版社1997年版，第876页。

② 郎胜主编：《中华人民共和国刑法释解》，群众出版社1997年版，第515页。

③ 陈兴良：《刑法疏议》，中国人民公安大学出版社1997年版，第635页。

察院直接受理立案侦查案件立案标准的规定》解释道："是指利用本人职务范围内的权力，即自己主管、负责或者承办某项公共事务的职权及其所形成的便利条件。"它可以表现为以下两种情形：一种是行为人利用本人职务直接为行贿人谋取利益。如市长某甲应私营企业主某丙的请托，直接决定批其土地20亩，并从中收受某丙贿赂10万元。另一种是行为人要求与自己职务有制约关系的其他国家工作人员利用职务为行贿人谋取利益。此种情形多是职务高的领导干部，因为职务越高，办事越不需要亲自动手，只要发出指令，他人就会去办。如前述市长某甲指令其下属的一位县长某乙批给私营企业主某丙土地20亩，某甲从中收受某丙贿赂10万元。显然，在上述两个案例中，市长某甲无论是自己直接批给某丙土地还是指令其下属县长某乙批给某丙土地，都是利用了自己职务上的便利，其收受贿赂10万元的行为都应适用刑法第385条。可见，行为人要求在职务上有制约关系的其他国家工作人员为请托人谋取利益，是第385条一般受贿中"利用职务上的便利"的一种表现形式，它既然已被包含在第385条"利用职务上的便利"的外延之内，就不应再一次将其包含在第388条斡旋受贿的"利用本人职权或者地位形成的便利条件"之内。否则，就会出现要求职务有制约关系的其他国家工作人员为请托人谋取利益的行为，既可适用第385条、又可适用第388条这种违反逻辑关系的结果。其次，从"制约关系"的实质来看。在行为人的职务与第三人的职务存在制约关系的情况下，第三人之所以利用职务之便为请托人谋取利益，其动力之源在于行为人的职务：是行为人的职务指挥、命令、支配、左右的结果，如果第三人不按行为人的要求去做，行为人就可以利用职务给他带来不利的结果。在这里，第三人仅是行为人为他人谋取利益的工具，第三人的职务行为是行为人的职务使然，是行为人职务的自然传递或延伸，因而追根究底是基于行为人的职务。因此，它应当也只能适用第385条，而不应也不能适用第388条。再次，从修订刑法增加第

388 条的初衷来看。我们知道，刑法第 385 条与原刑法关于受贿罪的规定完全相同，修订刑法之所以在第 385 条之外，再以第 388 条规定斡旋受贿这种受贿罪的特殊形式，是因为现实生活中存在着刑法第 385 条尚难涵盖、但又必须以刑法调整的情况，从而解决法无明文的问题，其目的是为了严密法网，加大对受贿犯罪的打击力度，把原刑法难以对其实施惩治的斡旋受贿列入刑法惩治范围，从而促进反腐败斗争的深入；同时，修订刑法为了防止打击面不适当地扩大，又把惩处对象限制在“谋取不正当利益”范围之内，而把谋取正当利益的排除在外。行为人与第三人在职务上存在制约关系的案件，在刑法修订前，包括 1989 年最高人民法院、最高人民检察院（以下简称“两高”）《关于执行〈关于惩治贪污罪贿赂罪的补充规定〉若干问题的解答》对“利用职务上的便利”作适度扩张解释前，[①] 一直都是按受贿罪处理的，从来也不存在什么争议，而在刑法修订以后，如按照“制约关系说”，反而要将其纳入第 388 条斡旋受贿的范畴，其结果必然是减小了对受贿罪的打击力度，因为在为他人谋取利益的要件上，第 385 条一般受贿以“为他人谋取利益”为已足，而第 388 条斡旋受贿则必须“谋取不正当利益”；在受贿要件上，第 385 条只要“索取他人财物”即可构成犯罪，而不必“为他人谋取利益”，而第 388 条则无论“索取”还是“收受”财物，都要为请托人谋取不正当利益，才能构成犯罪。这就会使行为人与第三人的职务存在制约关系这种在刑法修订前本可直接按受贿罪惩处的

① 1989 年 11 月 6 日“两高”《关于执行〈关于惩治贪污罪贿赂罪的补充规定〉若干问题的解答》第 3 条第（2）项规定：“受贿罪中‘利用职务上的便利’，是指利用职权或者与职务有关的便利条件，‘职权’是指本人职务范围内的权力，‘与职务有关’，是指虽然不是直接利用职权，但是利用了本人的职权或地位形成的便利条件。”“国家工作人员不是直接利用本人职权，而是利用本人职权或者地位形成的便利条件，通过其他国家工作人员职务上的行为，为请托人谋取利益，而本人从中向请托人索取或者非法收受财物的，应以受贿论处。”

某些案件，在刑法修订后却无法惩处了。同时，如按“制约关系说”，还会出现越是职务高的领导干部受贿，就越是难以惩处的不正常情况，因为如前所说，领导干部职务越高，办事越是不要亲自动手，而只要指挥、命令即可。这显然是不符合刑法增设第388条是为了严密法网，加大对贿赂犯罪打击力度这一初衷的。最后，从斡旋受贿与一般受贿在职务要件上的区别来看。“制约关系说”认为，斡旋受贿与一般受贿在职务要件上的区别在于有没有通过第三人的职务行为，没有通过第三人职务行为的是一般受贿，通过第三人职务行为的是斡旋受贿。其实，斡旋受贿与一般受贿在职务要件上的区别在于是“利用职权或者地位形成的便利条件”，还是“利用职务上的便利”，而不在于有没有通过第三人的职务行为。因为斡旋受贿必须通过第三人的职务行为，一般受贿也可以通过第三人的职务行为，那种认为凡通过第三人职务行为的就是斡旋受贿的观点是站不住脚的。①

从以上分析可知，“制约关系说”难以成立。至于“制约关系和工作联系说”，由于其中的“制约关系”不能成立，且这种观点把“制约关系”与“工作联系”这两种性质不同的关系予以等量齐观，因而也是站不住脚的。

既然“制约关系说”不能成立，根据逻辑学概念关系的原理，“非制约关系说”就符合了法条原意。但是，“非制约关系说”仅从反面对“制约关系”作了排除，而未能从正面阐明行为人与第三人职务之间究竟是什么关系。由于非制约关系范围广泛，如不加以界定，则有扩大化之虞，故有进一步研究的必要。

笔者认为，斡旋受贿的“利用本人职权或者地位形成的便利条件”有以下四个特点：

---

① 这是笔者主张称刑法第388条是“斡旋受贿”而反对称“间接受贿”的原因之一，因为如称“间接受贿”，就容易产生误解：以为凡经过第三人职务行为间接为请托人谋取利益而受贿的就适用刑法第388条。

（一）职务的非制约性

即行为人与第三人不存在职务上的制约关系，包括纵向的制约关系和横向的制约关系。这种“非制约性”，说明请托人的请托事项不在行为人职务可及的范围，即既不在行为人自己可以直接办理的权限范围，也不在行为人可以纵向指挥、命令，横向左右、要挟第三人利用职务之便办理的权限范围，因而他必须求助于第三人。斡旋受贿职务上非制约性的特点，使斡旋受贿与职务上有制约关系的一般受贿相区别。在有制约关系的一般受贿中，如果第三人不按行为人的要求去为请托人谋取利益，行为人就可利用职务之便给第三人带来不利的结果。而斡旋受贿由于行为人与第三人不存在职务上的制约关系，因而如果第三人不按行为人的要求去为请托人谋取不正当利益，行为人一般难以利用职务之便给第三人带来不利结果。

（二）职务行为的依赖性

即行为人利用自己的职务无法为请托人谋取不正当利益，而必须依赖第三人的职务行为。因此，斡旋受贿的职务要件必须由行为人“利用本人职权或者地位形成的便利条件”与第三人“利用职务上的便利”二者联结而成，只有该二者的紧密结合和共同作用，才能实现权与钱的非法交易。但二者在权钱交易中的作用有别，其中前者仅是实现权钱交易的基础，后者则是实现权钱交易的关键。需要说明的是，在有第三人介入的一般受贿中，行为人为他人谋取利益也要通过第三人的职务行为，但其职务要件是行为人“利用职务上的便利”与第三人“利用职务上的便利”的联结；行为人不是“依赖”第三人的职务，而是“指令”第三人实施职务行为；在权钱交易中起关键作用的是行为人的职务行为，第三人的职务行为仅是行为人职务行为的延伸和行为人用来为他人谋取利益的工具。

（三）第三人意志自由的不完全性

一般受贿中行为人与第三人职务上的制约性，决定了第三人在是否按行为人的要求为请托人谋取利益的问题上没有或基本没有意志自由。而在斡旋受贿中，由于行为人与第三人不存在职务上的制约关系，第三人如果不按行为人的要求为职务行为，一般不会带来不利的结果，因此，第三人在是否按行为人要求为请托人谋取不正当利益的问题上，其意志总体上是比较自由的。但是另一方面，“权”与“威”是密切相连的，有权就有威，职务越高，权力越大，其威势也往往越大，这种因职务而产生的威势就是职务影响力。特别是我国官本位、封建等级特权等思想观念严重，公民对权力一般有敬畏感；部分干部的职务和工作岗位变动快，今天与自己没有隶属关系的领导干部说不准明天就成了顶头上司；加之当前某些职务的权力边界不清，因而职务的影响力就更为明显。行为人向第三人提出为请托人谋取不正当利益的要求，难免会给第三人造成思想压力。第三人就是在这一思想压力的推动下，实施为请托人谋取不正当利益的行为的。因此，从这个角度来说，第三人的意志虽有较大的自由，但不具有完全的自由。也正因为行为人以职务影响力推动了第三人为职务行为，并从中索取或收受财物，刑法才能将其规定入以权钱交易为本质的贿赂罪。

（四）权力的可交换性

即行为人与第三人可利用职务互为对方谋取利益。这是斡旋受贿中的行为人和第三人都具有一定的职务所致。诚然，第三人在利用职务为请托人谋取不正当利益时，不一定就想到有何事需求助于行为人，以实现权力互换，但是，行为人与第三人在客观上具有权力的可交换性。这种权力的交换在双方所在地区（单位、部门）上，既可以是不具有制约关系、纵横结合的地区（单位、部门）之间，如省级法院刑事审判庭与县级法院民事审判庭之间[①]，又可以是不具有制约关系的横向地区（单位、部门）之间，如同一单位内部不具有制约关系的不同部门之间，或不具有制约关系但有工作联系的不同地区、单位之间；在双方职务的级别上，既可以是同级的，也可以是非同级的，只要行为人的职务影响力能够促使或推动第三人为职务行为即可；在权力交换的时间上，既可以是即时的，也可以是预期的。行为人与第三人间这种权力的可交换性，把斡旋受贿与利用亲友关系通过第三人为请托人谋取不正当利益的行为严格区分了开来。因为我国受封建思想影响，人们往往重人情，轻法制，人情也会给人造成思想压力。第三人在亲友要求其利用职务为请托人谋取不正当利益的情况下，也会受到一定的思想压力，其意志自由也具有不完全性。但是，这种因人情所致的意志自由的不完全性与斡旋受贿因职务影响力所致的意志自由的不完全性，在法律上具有不同的性质。斡旋受贿中行为人与第三人权力的可交换性，为区分这两种不同性质的意志自由的不完全性提供了依据。

上述四个特点缺一不可，其中“职务的非制约性”和“职务行为的依赖性”是斡旋受贿区别于一般受贿的特征；“权力的可交换性”是斡旋受贿区别于利用亲友关系为他人谋取不正当利益从中收受财物这种非罪行为的特征；由行为人职务影响力所致的“第三人意志自由的不完全性”，是斡旋受贿作为贿赂犯罪并承担刑事责任的依据。

通过以上分析，可以对“利用职权或者地位形成的便利条件”作如下解读：首先，“利用职权或者地位形成的便利条件”必须以职务为基础。因为“职权”和“地位”都必须建立在职务

---

① 省级人民法院与县级人民法院之间为纵向关系，刑事审判庭与民事审判庭之间为横向关系，故属“纵横结合”的关系。

之上，离开了职务，“职权”和“地位”都无从谈起①；同时，离开了职务，行为人的行为也就不能成为职务犯罪。其次，“利用本人职权或者地位形成的便利条件”，是指利用职权或者地位形成的能对第三人施加职务影响的便利条件，其核心内容是职务影响力。它与一般受贿“利用职务上的便利”的区别在于：(1)“利用职务上的便利”既可行为人自己直接为请托人谋取利益，也可通过第三人为请托人谋取利益，而“利用职权或者地位形成的便利条件”则必须通过第三人才能为请托人谋取利益；(2)“利用职务上的便利”的行为人与第三人存在职务上的制约关系，而“利用职权或者地位形成的便利条件”的行为人与第三人则不存在职务上的制约关系；(3)“利用职务上的便利”所指令的第三人没有或基本没有意志自由，而“利用职权或者地位形成的便利条件”所斡旋的第三人则有较大而又不完全的意志自由；(4)“利用职务上的便利”在权钱交易中起关键作用，而“利用职权或者地位形成的便利条件”在权钱交易中仅起基础性作用而不起关键作用。再次，“利用职权或者地位形成的便利条件”不同于利用亲友关系和利用非职务性地位形成的便利条件②，因为“利用职权或者地位形成的便利条件”以职务为基础，而亲友关系以血缘、婚姻、感情、友谊为基础；非职务性地位则以个人的社会名望为基础。

二、如何理解“谋取不正当利益”

“谋取不正当利益”是斡旋受贿的要件之一。对“谋取不正当利益”，有以下问题需要研究：

① 某些作家、艺术家虽无职务，但在社会上也享有较高地位，但该“地位”不同于以职务为基础、在刑法第388条中作为斡旋受贿客观要件组成部分的“地位”。

② 非职务性地位是指非因职务原因在社会上所具有的地位，如某些作家、艺术家、劳动模范所具有的地位。

（一）如何理解“不正当利益”？

“两高”《关于在办理受贿犯罪大要案的同时要严肃查处严重行贿犯罪分子的通知》以及最高人民检察院《关于人民检察院直接立案侦查案件立案标准的规定》规定：“‘谋取不正当利益’，是指谋取违反法律、法规、国家政策和国务院各部门规章规定的利益，以及谋取违反法律、法规、国家政策和国务院各部门规章规定的帮助或者方便条件。”据此，“不正当利益”有两种：一种是“违反法律、法规、国家政策和国务院各部门规章规定的利益”，这种利益的特点是利益本身违法，故可称为“实体违法的利益”；一种是“违反法律、法规、国家政策和国务院各部门规章规定的帮助或方便条件”，这里的“帮助或者方便条件”，笔者认为不应是利益本身，而是指为谋取利益所提供的帮助或者方便条件。因为如果指的是利益本身，那就与前一种不正当利益同义反复了。如果这一理解成立的话，那这种不正当利益的特点是利益本身不违法，但谋取利益的程序（手段）违法，故可称为“程序违法的利益”。程序违法的利益之所以被界定为“不正当利益”，主要是因为程序与实体密切相关，程序合法是利益正当的重要保证。国家工作人员通过违反程序，使请托人得到本来得不到或不一定能得到的利益，同时，使其他合法竞争者失去了本来可以得到或可能得到的利益，故其所谋取的利益就具有不正当性。

（二）行为人是否必须明知所谋取的是不正当利益？

如前所说，“不正当利益”分实体违法的利益和程序违法的利益。实体违法的利益由于本身就能表明其不正当性，行为人在接受请托时便可知悉，却仍斡旋第三人去谋取，因而他对利益的不正当性显然明知。程序违法的利益由于本身并不违法，其不正当性须由第三人谋取利益的程序（手段）所决定，因而行为人难以从利益本身看出其不正当性，而对第三人究竟是用合法还是违法的程序（手段）谋取该利益，行为人可能知情，也可能不知

情。那么，对利益的不正当性不明知的行为人能否构成斡旋受贿犯罪？要回答该问题，就必须搞清斡旋受贿是否以行为人明知所谋取利益的不正当性为条件。

笔者认为，斡旋受贿犯罪必须以行为人明知所谋取利益的不正当性为条件。首先，从主客观相统一原则来看。主客观相统一是刑法学的基本原则，根据该原则，斡旋受贿罪作为故意犯罪，不仅要求行为人通过第三人谋取的利益在客观上确是不正当利益，而且要求行为人在主观上明知通过第三人谋取的利益是不正当利益。否则，如果行为人主观上不明知，仅凭所谋取利益客观上的不正当性而认为符合了“谋取不正当利益”的要件，那就是客观归罪。其次，从犯罪故意的内容来看。刑法规定的犯罪故意，是以“明知自己的行为会发生危害社会的结果”为前提的，而要行为人明知自己的行为会发生危害社会的结果，就必须明知具体犯罪构成要件的客观要素及其性质。在斡旋受贿中，“谋取不正当利益”既是其构成要件的客观要素之一，又是其危害结果的重要方面，行为人当然应当对其明知。否则，如果行为人只知道谋取的是“利益”而非“不正当利益”，那他对“谋取不正当利益”这一客观要素和危害结果就没有“明知”，因而也就不具有“谋取不正当利益”的故意。再次，从责任主义原则来看。刑法中的责任主义原则，是指行为人对自己的意志选择承担责任。在行为人不明知所谋取利益的不正当性的情况下，行为人只有为请托人谋取“利益”的故意，而无谋取“不正当利益”的故意，因而行为人只能对谋取利益的意志选择负责，而不能对“不正当利益”的结果承担责任。

以明知所谋取利益的不正当性为条件，是否会使一些行为人谎称自己不明知而逃避法律制裁？回答是否定的。因为“明知”虽然是一种心理状态，但总要通过一定的客观事实表现出来。因此，对行为人是否“明知”的认定，不能以其口供为依据，而应以客观事实为依据。同时，“明知”包括“已经知道”和“应当知道”。[①]“已经知道”是指有证据证明的知道；“应当知道”是指根据行为人的认知能力和水平等客观事实推定知道。可见，无论是“已经知道”还是“应当知道”，所依据的都是客观事实，而客观事实是不以行为人的虚假口供而转移的。

（三）如何认定“谋取不正当利益”？

在研究一般受贿罪“为他人谋取利益”要件时，理论界有主观要件说、旧客观要件说、新客观要件说三种观点。主观要件说认为，为他人谋取利益只是受贿人的一种心理态度。旧客观要件说认为，为他人谋取利益是指客观上有为他人谋取的行为，而不要求所谋取利益的实现。新客观要件说认为，为他人谋取利益只是受贿人的一种许诺，而不要求客观上有为他人谋取利益的实施行为和结果。新客观要件说的基本理由是受贿罪的直接客体是，职务行为的不可收买性，公务人员在非法收受财物之前或者之后许诺“为他人谋取利益”，就在客观上形成了以权换利的约定，同时使人们产生以下认识：公务人员的职务行为是可以收买的，只要给予财物，就可以使公务人员为自己谋取各种利益。这本身就使职务行为的不可收买性受到侵犯[②]。笔者基本同意新客观要件说，认为一般受贿的“为他人谋取利益”是客观要件，它包括承诺、实施、实现三个阶段的行为，只要具有其中任何一个行为，就具备了“为他人谋取利益”的要件，其中“承诺”是具备“为

---

① 参见“两高”1992年12月11日《关于办理盗窃案件具体应用法律的若干问题的解释》第8条。

② 张明楷：“论受贿罪的客观要件”，载《中国法学》1995年第1期，第80页。

他人谋取利益”要件的起点行为[①]。

那么，在斡旋受贿中，怎样才算具备了“为请托人谋取不正当利益”的要件？如果也像一般受贿那样把“承诺”作为为请托人谋取不正当利益的起点行为，那么，这“承诺”是行为人的承诺还是第三人的承诺？笔者认为，这要分析斡旋受贿与普通受贿职务要件的共性和特殊性。

斡旋受贿和普通受贿在职务要件上的共性在于：它们作为受贿罪中两种不同表现形式的犯罪，侵犯的直接客体都是公职人员职务行为的不可收买性。据此，与普通受贿罪一样，承诺、实施、实现都是“为请托人谋取不正当利益”行为的表现形式，其中“承诺”是认定具备“为请托人谋取不正当利益”要件的起点。

斡旋受贿较之普通受贿在职务要件上的特殊性在于：普通受贿利用的是行为人自己的职务，行为人一旦承诺为他人谋取利益，其职务行为不可收买性就受到了侵犯。同时，只要行为人的承诺不是虚假的，如按正常方向发展，“为他人谋取利益”就会依次进入“实施”、“实现”阶段。而斡旋受贿则不然，行为人利用自己的职务是无法为请托人谋取不正当利益的，而必须斡旋第三人利用职务，离开了第三人的职务行为，“为请托人谋取不正当利益”就根本不可能实现。因此，如果行为人索取或收受财物后仅承诺为请托人谋取不正当利益，而不实施斡旋行为，其与请托人权钱交易的约定仅初步达成但未真正达成；其职务行为的不可收买性受到了一定的侵害，但未受到实质性的侵害。这一方面是由于行为人具有以职务为基础的职务影响力，请托人也是奔着其职

① 笔者观点与新客观要件说也有不同之处：新客观要件说认为，因受贿而进行其他违法犯罪活动构成其他罪的，应当依照数罪并罚的规定处罚。在这里，他已把“为他人谋取利益”中的“实施”、“实现”行为作为了认定其他罪的客观依据，而不作为受贿罪的客观依据。笔者则认为，承诺、实施、实现行为都是为他人谋取利益的表现形式，在因受贿而进行违法犯罪活动构成其他罪的情况下，根据一事不再罚的原则，实施、实现行为不能同时作为认定其他罪的客观依据，因而不适用数罪并罚。

务影响力而来；另一方面是由于仅凭行为人的“权”尚难以为请托人谋取不正当利益，行为人的“职务行为”也不是能为请托人谋取不正当利益的典型意义上的“职务行为”。只有当行为人接受请托，并实施斡旋第三人的行为，且第三人承诺按行为人的要求为请托人谋取不正当利益后，行为人与请托人权钱交易的约定才真正达成，公务人员职务行为的不可收买性才受到了实质性的侵害。同时，第三人承诺后，如按正常方向发展，“为请托人谋取不正当利益”就会依次进入“实施”、“实现”阶段。因此，斡旋受贿的“为请托人谋取不正当利益”，应当包括行为人对“谋取不正当利益”的承诺行为和斡旋行为，以及第三人对“谋取不正当利益”的承诺、实施、实现行为，其中第三人的承诺，是认定具备“为请托人谋取不正当利益”要件的起点行为。总之，“为请托人谋取不正当利益”的行为起于行为人的承诺，终于不正当利益的实现，但第三人承诺就具备了该要件。因此，当行为人索取或非法收受财物并实施斡旋行为，第三人承诺为请托人谋取不正当利益后，斡旋受贿就构成了既遂。

那么，如果行为人非法索取或收受请托人财物并承诺为其谋取不正当利益，但未实施斡旋行为，或虽实施斡旋行为但遭第三人拒绝的，又当如何处理？笔者认为，根据刑法理论，这种情况由于第三人未作承诺，“为他人谋取不正当利益”这一犯罪构成要件尚未完全具备，因而只能根据案件具体情况，分别作犯罪中止或犯罪未遂处理。但是，对其中行为人根本不打算为请托人谋取不正当利益，但作虚假承诺，骗取请托人财物的，则应以诈骗罪认定。

三、对第三人应当如何处理

对斡旋受贿案件中没有索取或者收受财物的第三人如何处理，刑法第388条未作规定。但是，刑法罪名是一个体系，对触犯了其他罪名的，尽管刑法第388条未作直接规定，也应按所触犯的

罪名定罪处罚。笔者认为，对其中国家机关工作人员和其他代表国家机关行使职权的人员①，利用职务上的便利为请托人谋取不正当利益，致使公共财产、国家和人民利益遭受重大损失或者造成其他法定危害后果的，应以刑法第九章规定的渎职罪追究刑事责任；对不构成犯罪的，则应追究纪律责任。下面主要研究追究刑事责任问题。

第三人中符合上述情形的人员之所以应以渎职罪追究责任，是因为：

（一）第三人在斡旋受贿案件中处于关键地位，其行为具有较大的社会危害性

在斡旋受贿中，是行为人职务影响力和第三人职务行为的共同作用，使请托人得到不正当利益，从而完成了权与钱的肮脏交易。在这一肮脏交易中，起关键作用的是第三人，如果离开了第三人的职务行为，不正当利益就不可能谋取，权钱交易就不可能实现。在权钱交易的链条中，行为人这一环节本是可以减少的，只是由于请托人与第三人不熟悉或请托人面子不够等原因，才需要行为人介入并予以斡旋。因此，第三人对权钱交易负有重要的责任，其行为具有较大的社会危害性。由于他没有非法取得财物，因而无法追究以非法受财为要件的受贿罪的责任，但这并不影响以其他相应的罪名对其进行追究。

（二）第三人具有负刑事责任的理论基础

在斡旋受贿中，行为人利用职务影响力进行斡旋的行为，使

① 根据刑法规定，渎职罪的主体是国家机关工作人员。同时，根据2002年12月28日全国人大常委会关于渎职罪主体适用问题的解释，在依照法律、法规规定行使国家行政管理职权的组织中从事公务的人员，或者在受国家机关委托代表国家机关行使职权的组织中从事公务的人员，或者虽未列入国家机关人员编制但在国家机关中从事公务的人员，在代表国家机关行使职权时，均属于渎职罪的主体。但笔者为了叙述方便，下文仍将渎职罪主体简称为“国家机关工作人员”。

第三人受到思想压力，从而在是否利用职务为请托人谋取不正当利益的问题上，其自由意志受到了影响，但是，这种思想压力毕竟不同于一般受贿。因为在一般受贿中，行为人对第三人具有职务上的指挥、命令等制约关系，第三人对行为人的要求一般难以拒绝，必须服从或屈从。也就是说，第三人在是否按行为人的要求为职务行为的问题上，没有选择的余地，即没有意志自由，因而不具有负刑事责任的理论基础。而斡旋受贿中的行为人和第三人没有职务上的制约关系，第三人对行为人的要求并非不能拒绝，他在是否利用职务为请托人谋取不正当利益上，具有较大的意志自由。在这种情况下，第三人却仍然接受行为人的斡旋，利用职务为请托人谋取不正当利益。根据责任主义原则，他应对自己的意志选择承担责任，这就构成了第三人负刑事责任在主观方面的理论基础。

（三）第三人中造成法定危害后果的国家机关工作人员符合渎职罪的构成要件

首先，第三人实施的是渎职行为。第三人作为国家机关工作人员，理应恪尽职守，全心全意为人民服务。然而，却受他人斡旋，利用职务为请托人谋取不正当利益，即谋取违反法律、法规、国家政策和国务院各部门规章规定的利益，以及谋取违反法律、法规、国家政策和国务院各部门规章规定的帮助或者方便条件，其违背并亵渎职责的性质十分明显。其次，第三人的行为侵犯的是国家机关正常的职能活动。第三人不是代表自己而是代表国家机关进行活动，他们正确履行职责，是国家机关得以正常运转、职能得以实现的重要保证。然而，第三人却亵渎职责，为他人谋取不正当利益，其结果必然侵犯了国家机关正常的职能活动。再次，第三人的心理状态符合渎职罪主观方面的特征。渎职罪的主观方面有的是故意，有的是过失。第三人利用职务为请托人谋取不正当利益时的心理状态一般出于故意，即明知自己的行为会造

成危害社会的结果，并且希望或者放任这种结果的发生，故符合渎职罪主观方面的要件。

综上所述，对第三人中致使公共财产、国家和人民利益遭受重大损失或者造成其他法定危害后果的国家机关工作人员，以渎职罪追究责任是适当的。

由于渎职罪是类罪，其具体罪名有35个[①]之多，其中既有一般滥用职权罪、玩忽职守罪、徇私滥用职权罪、徇私玩忽职守罪，又有一系列特定机关工作人员在特别行业的渎职罪，而第三人渎职犯罪的分布也往往较广，会涉及多个罪名，因为从理论上说，凡有国家机关的地方，就存在着发生第三人被斡旋进行渎职犯罪的可能。因此，在追究第三人渎职犯罪的刑事责任时，应当根据各具体犯罪的特征，按相符的罪名定罪量刑。同时，由于第三人的行为是在行为人职务影响力的推动下实施的，其意志自由具有不完全性，因而一般可予酌情从轻处罚。

（原载《法学研究》2005年第3期）

① 现今渎职罪的具体罪名已增加至36个，根据《刑法修正案（六）》第20条和“两高”《关于执行〈中华人民共和国刑法〉确定罪名的补充规定（三）》的规定，增加了枉法仲裁罪，本文发表时该修正案和司法解释尚未颁布。

共同受贿实证研究*

受贿罪是指国家工作人员利用职务上的便利，索取他人财物，或者非法收受他人财物为他人谋取利益的行为。共同受贿是指二人以上共同故意受贿的行为。近年来，在检察机关办理的受贿案件中，有很大一部分案件涉嫌共同受贿，且在具体认定中遇到不少法律问题。本文拟以实证研究的方法，对办理共同受贿案件中的一些疑难问题进行探讨，以期对有关立法、司法的改进与完善有所裨益。

一、共同受贿的分类

共同受贿犯罪根据犯罪主体身份的不同，可以分为国家工作人员与非国家工作人员共同受贿，国家工作人员与公司、企业人员共同受贿，以及国家工作人员与国家工作人员共同受贿。

在共同受贿案件中，国家工作人员与非国家工作人员共同受贿所占的比重最大，也是司法实践中最难以把握的一类受贿犯罪。

* 本文系我与黄生林、麋方强、邓楚开完成的最高人民检察院研究课题，编入本书时有删改。

这类共同受贿还可细分为国家工作人员与家属共同受贿、[①] 国家工作人员与其他非国家工作人员共同受贿。国家工作人员与公司、企业工作人员共同受贿也可分为两种情况：国有公司、企业中从事公务的人员与国有公司、企业中一般工作人员相互勾结，共同受贿，以及国有公司、企业委派到非国有公司、企业中从事公务的人员与非国有公司、企业中不具有国家工作人员身份的人员伙同受贿。国家工作人员与国家工作人员共同受贿根据受贿者是否同属一个单位，可以分为同一单位在职权上有分工的国家工作人员共同受贿和在职权上有联系的不同单位的国家工作人员共同受贿两种形式。

此外，共同受贿根据受贿人在共同受贿中作用的不同，可以分为非国家工作人员教唆或帮助国家工作人员受贿，国家工作人员教唆非国家工作人员受贿，国家工作人员与非国家工作人员共谋受贿，国家工作人员教唆或帮助国家工作人员受贿，以及国家工作人员共同实行受贿；根据收受他人财物时间的不同，共同受贿可分为先谋利后收受或索取财物的共同受贿与先收受或索取财物后谋利的共同受贿；根据收受或索取财物前有无共谋情节，可分为有共谋的共同受贿与无共谋的共同受贿；根据收受财物方式的不同，可分为共分赃物与私收赃物的共同受贿。

① 有些参与共同受贿的国家工作人员的家属自身也是国家工作人员，这种情况下如果都利用了自身职务之便，则属于国家工作人员共同受贿的一种特殊情况；如果只有其中一人利用了职务之便，则在实质上与国家工作人员与非国家工作人员共同受贿相同。

二、共同受贿主体的认定

受贿罪是身份犯，[①] 要求行为主体必须具有国家工作人员身份，因而在共同受贿的主体问题上便存在其他主体能否构成受贿罪共犯的问题，在这方面争议较大的主要有两个问题：一是非国家工作人员能否构成受贿罪的共犯；二是公司、企业人员与国家工作人员共同受贿应否认定为受贿罪的共犯。

（一）非国家工作人员能否构成受贿罪的共犯

［案例1］

被告人武某，原系某县计经委主任兼国有城镇集体企业改革领导小组办公室副主任。

被告人刘某，原系某酒业批发有限公司职工。

1997年8月，武某被任命为县国有城镇集体企业改革领导小组办公室副主任，负责指导国有集体企业改革转制工作，并落实协调有关转制政策。1997年年底，武某、刘某密谋商定，由刘某出面以帮助转制企业解决转制中的有关事宜为名，索取贿赂，由武某利用职权为请托人解决有关申报事宜。1998年3月至7月，刘某以帮助县大衢船舶修造有限公司办理房地产过户及免收税费事宜、县佛顶山电风扇厂出售街面房免收税费事宜为名，收受该两家单位人民币3.9万元，武某随即利用职权审批了这两家单位申报的上述事宜。事后，武某分得1.8万元，刘某分得2.1万元。

此案在审查起诉阶段，对刘某是否与武某构成共同受贿，存

---

① 也有学者认为受贿罪是职务犯而不是身份犯，因为该罪的构成不仅要求行为主体具有国家工作人员的身份，还要求国家工作人员利用职务上的便利，当其并未利用职务上的便利时，即使具有国家工作人员的身份也不能构成受贿罪。将受贿罪看做是职务犯确有一定道理，但不能因此而否定受贿罪是身份犯。因为具有国家工作人员身份是受贿罪在主体上的要求，而利用职务上的便利是受贿罪在客观方面的要求。刑法学意义上的身份是影响定罪量刑的行为主体在法律资格、人身状况等方面的特征，因而在学理上受贿罪是标准的身份犯。

在两种意见。一种意见认为，依照共同犯罪理论，非国家工作人员与国家工作人员能构成共同受贿；另一种意见则认为，受贿罪是身份犯，依照我国现行刑法，非国家工作人员不能构成此罪的共犯。最终，该县人民检察院以被告人武某、刘某共同受贿罪，向县人民法院提起公诉，县人民法院以共同受贿判处被告人武某有期徒刑两年，判处被告人刘某有期徒刑一年六个月，缓刑两年六个月。

该案的症结在于，依据我国现行刑法，非国家工作人员能否构成受贿罪的共犯。

我国刑法规定，受贿罪的主体是特殊主体，即国家工作人员。国家工作人员与国家工作人员一起可以构成共同受贿，对此刑法学界没有争议。但是对不具有国家工作人员这种特殊身份的人能否与国家工作人员一起构成共同受贿，存在两种对立观点，一种观点认为可以构成，另一种观点则认为不能构成。认为不能构成的理由主要是：（1）我国刑法对共同犯罪采取的立法模式是：总则只规定普通共同犯罪，分则对不具有特定身份的人是否与具有特定身份的人构成共犯作出特别规定。我国刑法第 25 条规定，“共同犯罪是指二人以上共同故意犯罪”，这只是对一般意义上的共犯的规定，并没有明确特殊主体与不具备特殊主体资格的人是否构成共同犯罪的问题。对于特殊主体和不具有特殊主体资格的人是否构成共犯，我国刑法不是一概而论，而是有的作共犯处理，有的不以共犯论处，根据具体情况在分则中进行明确，如刑法第 382 条第 3 款对贪污共犯的规定、第 198 条第 4 款对保险诈骗共犯的规定。对于受贿，刑法分则没作这样的特别规定，这不是立法上的疏漏，而是体现了立法的意图——不将非国家工作人员作受贿罪的共犯处理。（2）从我国贪污贿赂立法及司法解释的发展过程来看，现行刑法对参与国家工作人员受贿犯罪活动的非国家工作人员已不作受贿罪的共犯处理。1979 年刑法明确规定受贿罪的主体是“国家工作人员”，没有涉及非国家工作人员的共犯问题；1982 年全国人大常委会制定的《关于严惩严重破坏经济的罪犯的决定》，第一次涉及非国家工作人员构成受贿共犯的问题；1988 年全国人大常委会制定的《关于惩治贪污罪贿赂罪的补充规定》规定，“与国家工作人员、集体经济组织工作人员或者其他经手、管理公共财物的人员勾结，伙同贪污的，以共犯论处”，“与国家工作人员、集体经济组织工作人员或者其他从事公务的人员勾结，伙同受贿的，以共犯论处”；1997 年刑法保留了《关于惩治贪污罪贿赂罪的补充规定》中非国家工作人员构成贪污共犯的规定，而没有保留其中非国家工作人员构成受贿共犯的规定。我国刑事立法的这一发展变化过程表明，非国家工作人员在新刑法施行以后，已排除了构成受贿共犯的可能性。（3）新刑法之所以规定非国家工作人员不构成受贿罪的共犯，是因为非国家工作人员不存在职务廉洁性的问题，也不能在受贿中起主要作用。第一，贪污罪侵犯的客体除了国家工作人员职务行为的廉洁性以外，还侵害国家财产所有权，非国家工作人员参与贪污活动，也必然直接侵害国家财产所有权；受贿罪侵害的客体只是国家工作人员职务行为的廉洁性，非国家工作人员参与受贿不发生职务行为廉洁性问题。第二，在以盗窃等方式表现出来的共同贪污犯罪中，非国家工作人员可能经常起到主要作用；而受贿罪发生的前提离不开国家工作人员拥有的相应职权，非国家工作人员参与受贿活动不能起根本性的作用。①

我们认为，依照我国现行刑法，非国家工作人员可以与国家工作人员一起构成共同受贿，那种认为非国家工作人员不能构成受贿罪共犯的观点是很难站住脚的。其理由主要是：

1. 刑法总则对共同犯罪的规定是一般性的规定，它适用于任

---

① 邓祥瑞：“非国家工作人员不构成受贿罪共犯——兼谈新刑法废除受贿罪共犯条款的立法理由”，载《湖南师范大学社会科学学报》2000 年第 3 期；谭孝敖：“非国家工作人员不构成受贿罪”，载《中国律师》1999 年第 2 期。

何共同犯罪。刑法总则规定：共同犯罪是指“二人以上共同故意犯罪”，而没有对共同犯罪的主体作出任何限制。可见，共同犯罪既可以是都具有特定身份的人的共同，也可以是都不具有特定身份的人的共同，还可以是有特定身份的人与不具有特定身份的人的共同。就受贿共同犯罪来说，由于受贿罪是身份犯罪，故其既可以是有特定身份的人的共同，也可以是有特定身份的人与没有特定身份的人的共同。故不能因为刑法分则没有规定非国家工作人员可以构成受贿罪的共犯，就对刑法作限制性解释，认为非国家工作人员不能构成受贿罪的共犯。

2. 刑法对无身份者构成贪污罪、保险诈骗罪的共犯的规定是一种注意规定。① 刑法第 382 条第 3 款规定，非国家工作人员与国家工作人员以及受国家机关、国有公司、企业、事业单位、人民团体委托管理、经营国有财产的人员相勾结，伙同贪污的，以共犯论处。刑法第 198 条第 4 款规定，保险事故的鉴定人、证明人、财产评估人故意提供虚假的证明文件，为他人诈骗提供条件的，以保险诈骗的共犯论处。刑法之所以这样规定，并不意味着只有在这两类犯罪中不具有特定身份者可以构成共犯，在其他犯罪中不具有特定身份者就不能构成共犯，而是因为在这两类犯罪中一般主体的行为还触犯了其他罪名。非国家工作人员参与贪污活动时，其盗窃、诈骗、侵吞行为还构成盗窃罪、诈骗罪、侵占罪，刑法分则以专款规定这种情况下非国家工作人员构成贪污共犯，是为了提请司法人员注意，此时非国家工作人员构成的是贪污共犯而不是其他犯罪。同样地，保险事故的鉴定人、证明人、财产评估人一般是各种中介组织的人员，当中介组织人员对保险事故进行鉴定、财产评估、作出证明时故意提供虚假的证明文件

① 注意规定是指在刑法已作相关规定的前提下，提示司法人员注意，以免司法人员忽略的规定。张明楷：“非国家工作人员伙同受贿的共犯认定”，载《检察日报》2001 年 11 月 1 日第 3 版。

为他人诈骗提供条件，其行为还构成中介组织人员故意提供虚假证明文件罪，刑法规定此时保险事故的鉴定人、证明人、财产评估人与保险人、被保险人或受益人构成保险诈骗罪的共同犯罪，同样也是出于提请注意的目的。认为刑法的这两个规定不是注意规定，而是特别规定，别的类似情况不能构成共犯的观点，既有悖于刑法的共同犯罪理论，又将破坏整个刑法本身的内部协调一致性。

3. 现行刑法保留了《关于惩治贪污罪贿赂罪的补充规定》中非国家工作人员可以构成贪污共犯的规定，而舍弃了非国家工作人员可以构成受贿共犯的规定，并不意味着排除非国家工作人员构成受贿罪的共犯。因为与贪污罪、保险诈骗罪不同，非国家工作人员伙同国家工作人员受贿时，其行为不构成其他性质的犯罪，从要求立法语言简洁的立法技术角度出发，在受贿罪的法律条文中完全没必要像贪污罪与保险诈骗罪那样加上注意规定。

4. 前种观点所持的非国家工作人员不构成受贿罪共犯的所谓立法理由不能成立。在非国家工作人员伙同国家工作人员受贿的案件中，非国家工作人员的行为是整个受贿犯罪的有机组成部分，离开了非国家工作人员的行为，受贿犯罪就不会发生，对国家工作人员职务犯罪的廉洁性也就不可能造成侵害。正是由于非国家工作人员的参与，才与国家工作人员一起，共同对国家工作人员职务的廉洁性造成了侵害。故那种认为“非国家工作人员受贿不会发生职务行为廉洁性问题”的观点是站不住脚的。至于非国家工作人员在伙同国家工作人员受贿罪中能否起主要作用的问题，则与非国家工作人员能否构成受贿共犯的问题没有关系，因为即使非国家工作人员只起次要作用，也可以从犯论处。更何况在司法实践中，不具有国家工作人员身份的妻子教唆、鼓动甚至威胁担任领导干部的丈夫进行受贿的案件也屡见不鲜。

总之，刑法总则关于共同犯罪的规定对分则具有一般适用性，分则对贪污罪、保险诈骗罪共犯的规定只是一种注意规定，这种

规定并不意味着一般主体不能构成其他以特定身份为要件的犯罪共犯，非国家工作人员完全可以构成受贿罪的共犯。

依此分析案例 1，在主体上，作为非国家工作人员的刘某可以构成受贿罪的共犯没有法律上的障碍；在主观方面，刘某与武某有明确的共同犯罪故意，表现在共同商定由刘某出面以帮助转制企业解决有关事宜为名索取贿赂，由武某利用职权为请托人解决有关事宜；在客观方面，二人共同实施了受贿行为，表现为由刘某收钱，武某利用职权为他人谋利，收受了两家企业的贿赂 3.9 万元。因此，二人的行为属于典型的共同受贿。

（二）公司、企业人员与国家工作人员共同受贿应否认定为受贿罪的共犯

随着国有企业改革深入，不少企业的管理人员中既有国家工作人员，又有不具有国家工作人员身份的公司、企业人员，故国家工作人员伙同公司、企业人员受贿的案件就屡有发生，迫切需要明确公司、企业人员能否构成受贿罪共犯的问题。司法实践中，公司、企业人员伙同国家工作人员受贿，主要有以下几种情形：(1) 公司、企业人员与国家工作人员勾结，利用国家工作人员的职权为他人谋利，收受他人财物；(2) 公司、企业人员与国家工作人员勾结，利用公司、企业人员的职权为他人谋利，收受他人财物；(3) 公司、企业人员与国家工作人员之间存在犯意联络，分别利用各自的职权为他人谋利，收受他人财物。在第一种情形下，由于犯罪主体相互之间有共同的犯罪故意，且利用的都是国家工作人员的职权，其性质无疑是共同受贿犯罪。在第二种情形下，由于利用的是公司、企业人员的职权，侵犯的是公司、企业人员职务的廉洁性，故应统一定公司、企业人员受贿罪。[①] 对于

---

① 根据“两高”《关于执行〈中华人民共和国刑法〉确定罪名的补充规定(三)》的规定，公司企业人员受贿罪已修改为非国家工作人员受贿罪。本文发表时，该修正案和司法解释尚未颁布。

第三种情况，应怎样定罪处罚，则存在不同意见。

［案例2］

被告人苟某，原系某县百货公司经理，不具有国家工作人员身份。

被告人毕某，原系某县百货公司副经理，具有国家工作人员身份。

被告人苟某某，原系某县百货公司党支部副书记，具有国家工作人员身份。

被告人刘某，原系某县百货公司副经理，具有国家工作人员身份。

1993年1月至1995年8月，被告人苟某经与毕某、苟某某、刘某共谋，分别利用各自担任某县百货公司经理、党支部副书记、副经理等职务之便，索取、收受他人现金；采取收入不入账和虚开发票等手段，侵吞公共财产。其中，苟某伙同他人或单独索取、收受他人现金14次，个人分得赃款6.8万元；伙同他人或单独侵吞公款现金6次，个人分得赃款1.9万元。苟某某伙同他人索贿受贿8次，个人分得赃款4.9万元；伙同他人贪污6次，个人分得赃款1.3万元。毕某伙同他人索贿受贿5次，个人分得赃款2.69万元；伙同他人贪污7次，个人分得赃款1.5万元。刘某伙同他人索贿受贿4次，个人分得赃款1.75万元；伙同他人贪污7次，个人分得赃款1.6万余元。案发后，四人均退清全部赃款。

1996年8月21日，巴中地区中级人民法院作出判决，四被告人的行为都构成受贿罪和贪污罪。一审宣判后，被告人苟某、毕某向省高级人民法院提出上诉。1998年11月11日，省高级人民法院作出终审判决，撤销巴中地区中级人民法院一审判决，判决被告人苟某犯商业受贿罪和贪污罪，判决其余三被告人犯受贿

罪和贪污罪。①

该案牵涉的问题就是：在公司、企业人员与国家工作人员存在犯意联络的情况下，分别利用各自的职权为他人谋利、收受他人财物，应如何定罪，对公司、企业人员是否应以受贿罪的共犯论处？对于这个问题，理论上主要有主犯决定说、分别定罪说和从一重处断说三种不同观点。

1. 主犯决定说认为，对具有不同特定身份者分别利用各自职务便利实施的共同受贿犯罪，应当按照主犯的犯罪性质定罪，即以主犯的身份确定共同犯罪的罪名。主犯是国家工作人员的，应认定为受贿罪，对其他共同犯罪人也按受贿罪处罚；主犯是公司企业人员的，应认定为公司企业人员受贿罪，对其他共同犯罪人包括国家工作人员也按公司企业人员受贿罪定罪处罚。2000 年 6 月最高人民法院《关于审理贪污、职务侵占案件如何认定共同犯罪的几个问题的解释》采纳主犯决定说，规定“公司、企业或者其他单位中，不具有国家工作人员身份的人与国家工作人员勾结，分别利用各自的职务便利，共同将本单位财物占为己有的，按照主犯的犯罪性质定罪”。

主犯决定说认为按照主犯行为性质定罪的观点，虽有其合理的因素，但总的来说不够科学。根据刑法理论，主犯与从犯的区分，反映的是同一犯罪活动中各被告人的地位和作用，它解决量刑问题，而不解决犯罪的性质问题，不是定罪的根据。根据主犯行为定罪，无法反映全案犯罪的基本特征，而且，一个共同犯罪中可能存在几个主犯，如果主犯的身份不同，其中既有国家工作人员，又有公司企业人员，如何定罪又会出现困扰。1985 年最高人民法院和最高人民检察院《关于办理经济犯罪案件中具体适用法律的若干问题的解答（试行）》对内外勾结共同贪污案件如何

① 最高人民法院刑事审判一庭编：《刑事审判参考》（合订本第 1 卷），法律出版社 2000 年版，第 170～172 页。

定性采用了主犯决定说，但是受到刑法学界的广泛质疑和批评，因此1988年《补充规定》对该规定进行了修正，对内外勾结犯罪采取按照有特定身份者职务行为定罪的原则。虽然该规定并未解决不同特定身份者共同实行犯的定性问题，却能够从一个侧面反映主犯决定说的不科学性。

2. 分别定罪说认为，对具有不同特定身份者分别利用各自职务便利实施的共同受贿犯罪，应当按照他们各自的职务便利和身份构成的不同犯罪定罪量刑。是国家工作人员的，以受贿罪定罪量刑，其他参与共同犯罪的公司企业人员，以公司企业人员受贿罪定罪量刑。最高人民法院公布的第30号案例，即采用了分别定罪说。分别定罪说的理论根据是，身份犯是刑法对具有特定身份的人构成犯罪所作出的特殊规定，由于身份不同，直接影响到犯罪行为的社会危害性大小，既然法律对不同身份的人所构成的犯罪已作出规定，就应当严格依照刑法的规定处罚。受贿罪和公司企业人员受贿罪是刑法规定的两种不同的身份犯，对国家工作人员的处罚较重，对公司企业人员的处罚相对较轻，分别定罪符合立法精神；共同犯罪在一般情况下应当定一个罪名，但不是绝对的，在承认共同犯罪的故意、共同犯罪的行为的同时，根据法律规定的主体身份要求，分别确定不同的罪名，给予不同的刑罚，既体现了共同犯罪人对自己参与的犯罪行为负责的原则，也体现了罪刑相适应的要求。①

我们认为，分别定罪说存在明显的缺陷。（1）共同犯罪是二人以上共同故意犯罪，主观方面各个共同犯罪人的犯罪都出自共同故意，客观方面不管具体分工如何不同，他们的犯罪活动是在同一犯罪目标下，彼此联系、互相配合而实施，从而形成一个主

① 高憬宏："荀兴良等贪污、受贿——具有两种不同特定身份的人共同实施侵吞企业财产、收受他人财物的行为应如何定罪处罚"，载最高人民法院刑事审判一庭编：《刑事审判参考》，法律出版社1999年第4辑，第34页。

客观相统一的不可分割的整体——共同犯罪行为发生在同一犯罪构成内，对同一个共同犯罪行为只能有一个罪名。“共同犯罪只能是共同犯一罪的关系，罪质互异的犯罪之间无所谓共同犯罪。”① 根据各共同受贿人的不同身份分别定罪，人为地割裂了各共同犯罪人之间主客观上的内在联系，从而就使共同犯罪的理论失去了意义。（2）有些共同犯罪的构成不同于单独犯罪的构成，需要对分则规定的基本犯罪构成进行修正。虽然“身份犯是刑法对具有特定身份的人构成犯罪所作出的特殊规定”，但当适用于共同犯罪时，就必须对特殊规定作出修正。就共同受贿来说，虽然刑法分则规定受贿罪的主体必须是国家工作人员，但在认定共同犯罪时，就须对刑法分则规定的受贿罪的基本犯罪构成进行修正，如果非国家工作人员与国家工作人员共同受贿，则非国家工作人员也可构成受贿罪。分别定罪说所持的“既然法律对不同身份的人所构成的犯罪已作出规定，就应当严格依照刑法的规定处罚”观点，实际上并未真正理解修正的犯罪构成基本理论。（3）分别定罪说在实际操作中也存在困难。比如，国家工作人员、公司企业人员分别利用各自职务便利实施的共同受贿犯罪中有其他不具有特定身份的人员参与，如果按照分别定罪说，国家工作人员定受贿罪，公司企业人员定公司企业人员受贿罪，那么对该不具有特定身份的人员如何定性处罚就存在困难。

3. 从一重处断说认为，对具有不同特定身份者分别利用各自职务便利实施的共同受贿犯罪，应当按照其中的重罪定罪量刑，无论国家工作人员还是公司企业人员都应以受贿罪论处。从一重处断说认为，具有不同特定身份者相互勾结，分别利用各自职务便利实施的共同受贿犯罪，国家工作人员和公司企业人员实际上都属于想象竞合犯，即同一行为同时触犯共同受贿罪和公司企业人员共同受贿罪两个罪名，在这种一行为触犯两个罪名的情况下，

① 陈兴良：《共同犯罪论》，中国社会科学出版社1992年版，第77页。

按照以重罪论处的原则，应以受贿罪定罪处刑。

我们认为，从一重处断说科学地反映了共同犯罪的基本特征，符合共同犯罪理论，同时具有可操作性，应当作为不同特定身份共同实行犯的定罪原则。（1）从一重处断说科学地反映共同犯罪的基本特征。国家工作人员和公司企业人员勾结，分别利用自己的职务便利共同受贿，虽然主体身份性质不同，但各共同犯罪人主观上具有共同的犯罪故意，客观上共同实施了犯罪行为，各种行为融为一体，密不可分。从一重处断说首先肯定同一个犯罪构成下只存在一个犯罪事实，即国家工作人员和公司企业人员的共同犯罪行为是同一个行为，然后对该共同行为的性质进行分析，认为该共同行为同时侵犯了两个客体，成立两个罪名，系刑法理论的想象竞合犯，指出一个犯罪构成下的行为只能有一个犯罪性质的认定，反映了国家工作人员和公司企业人员共同受贿犯罪的基本特征。（2）从一重处断说符合我国刑法理论关于想象竞合的处断规则。想象竞合犯“是指一个犯罪行为同时触犯数罪名的情况”。① 我国刑法理论认为，对于想象竞合犯，应采取“从一重处断”的原则定罪，即按其行为同时触犯的数罪名中最重的罪名定罪。从一重处断说认为国家工作人员和公司企业人员共同受贿犯罪同时触犯受贿罪和公司企业人员受贿罪两个罪名，提出应以其中重罪——受贿罪定罪处罚，是符合刑法理论的。（3）从一重处断说符合我国刑罚平衡的内在要求。② 共同犯罪较之个人单独犯罪具有更大的社会危害性，历来是刑法打击的重点。在共同受贿犯罪中，不论是国家工作人员还是公司企业人员，其相互勾结，共同作案，行为都具有同一性，共同造成犯罪结果，共同侵犯同

① 苏惠渔主编：《刑法学》（修订本），中国政法大学出版社 1999 年版，第 257 页。

② 潘泊华：“混合主体勾结职务犯罪处断原则探讨”，载《人民检察》2000 年第 2 期，第 19 页。

一客体，行为的社会危害性是同质的，理应以同罪惩处。如果在同一个犯罪构成下，对共同犯罪人定罪不一，就会导致罪行和刑罚的不对等，有违罪刑相适应原则。（4）从一重处断说具有较强的操作性。适用从一重处断原则处理共同受贿案件，只要掌握以下思路，即可对共同受贿案件作出正确认定：不具有特定身份者与国家工作人员共同受贿，公司企业人员与国家工作人员共同受贿，凡利用国家工作人员职务便利或者分别利用各自职务便利实施共同受贿犯罪的，以受贿罪定罪处罚；国家工作人员没有利用本人职务便利，而是利用公司企业人员职务之便实施共同受贿犯罪的，以公司企业人员受贿罪定罪处罚。这样，既避免了其他各种观点给司法实践带来的困惑，又保证了执法的统一性、严肃性。

因此，公司、企业人员与国家工作人员之间存在犯意联络，分别利用各自的职权为他人谋取利益，收受他人财物的，属于共同犯罪，对公司、企业人员应认定为受贿罪的共犯，以受贿定罪处罚。案例2中法院以受贿罪和公司、企业人员受贿罪分别定罪是不妥当的。

三、共同受贿故意的认定

共同受贿的犯罪故意，是指各共同犯罪人通过意思联络，明知其共同实施的受贿行为会产生危害社会的后果，仍决意参与共同受贿，并且希望或放任该后果发生的心理态度。共同受贿的犯罪故意不是“共同一样的犯罪故意”，而是强调共同犯罪人之间的意思联络。“共犯的主观要件是意思联络。由于甲的意思与乙的意思互相联络，其两者的行为，才产生法律上同一观察的结果。”[①] 所谓意思联络，就是共同犯罪人之间犯罪故意的沟通、协调，是共同犯罪人明示或暗示愿意参与实施犯罪。只要共同犯罪

---

① ［日］牧野英一：《刑法研究》，有斐阁1928年版，第34页。转引自马克昌主编：《犯罪通论》，武汉大学出版社2000年版，第510页。

人之间的犯罪故意彼此沟通、协调，就应算具备共同犯罪的要件。受贿共犯的意思联络，集中体现为共同犯罪人对共同受贿犯罪故意内容的双重性：一是共同受贿人明知其本人参与实施的受贿行为（包括实行和组织、教唆、帮助行为）会产生危害后果，并且希望或放任该后果的发生；二是明知与他人共同实施的受贿行为会发生危害后果，仍然希望或者放任该后果的发生。可见，在认识因素方面，共同犯罪人意识到不是自己一个人实施犯罪，而是和别人一起共同实施犯罪的前提下，不仅对本人参与实施的行为所产生的结果有认识，而且对与他人共同实施的行为所产生的危害结果也有认识；在意志因素方面，不仅对本人行为的后果持希望或者放任的态度，而且对共同行为的后果也抱希望或者放任的态度。根据受贿故意性质的不同，共同受贿的犯罪故意大致可以分为实行的故意、组织的故意、帮助的故意和教唆的故意。下文以共同犯罪故意的一般理论为基础，结合受贿罪的具体特征，分析共同受贿犯罪案件中共同故意的认定问题。

（一）国家工作人员与非国家工作人员共同受贿故意的认定

前文已经论证，非国家工作人员可与国家工作人员构成共同受贿，其主体身份并不影响受贿罪的成立。因而在办理非国家工作人员与国家工作人员涉嫌共同受贿的案件时，最关键的问题是看行为人之间有无共同的受贿故意与行为。

在非国家工作人员与国家工作人员共同受贿案件中，最主要的是家属与国家工作人员共同受贿。在现实生活中，国家工作人员的家属参与收受贿赂的形式多样，什么情况下家属参与收受贿赂与国家工作人员构成共同受贿而在什么情况下又不构成共同受贿，实践中司法人员对此把握不一，情况相同处理相异的并不鲜见。这种现象的存在，是因为对法律理解与事实认定的不统一。这种事实上的司法不公，有损于法律面前人人平等的法治原则。因此，需要分析家属在什么情况下与国家工作人员具有共同的受

贿故意，构成共同受贿。

现实中家属涉嫌与国家工作人员共同受贿大致有五种情形：(1) 家属收受他人财物后，要求国家工作人员利用职务上的便利为他人谋取利益；(2) 家属与国家工作人员共谋，利用国家工作人员职务上的便利收受他人财物，为他人谋取利益；(3) 家属教唆国家工作人员利用职务上的便利收受他人财物，为他人谋取利益；(4) 家属在明知他人送财物是因为国家工作人员为他人谋取了利益的情况下，收受他人财物；(5) 家属收受了他人财物，但并未要求国家工作人员去利用职权为他人谋取利益。

1. 家属收受他人财物后，要求国家工作人员利用职务上的便利为他人谋取利益的，应认定具有共同受贿的故意。

[案例 3]

被告人高某，原系某市建筑材料工业局副局长兼某市水泥公司筹建处主任。

被告人周某，系高某之妻。

1993 年 5 月至 10 月间，姚某为承建某市水泥公司工程，先后四次去被告人高某家，送给周某“松下 M25”录像机一台及人民币 8 万元，共计价值人民币 9 万余元，高某从周某处得知姚某送上述财物到他家后，即叫周某将钱退回。周某于 1993 年年底经高某要求，将现金及存款共 9 万元退还给姚某。1992 年 2 月，姚某先后两次将退回的现金及存折 9 万元通过周某之弟周某某转交给周某。事后，高某从周某处得知姚某将退回的钱又送回来的情况。

1995 年五六月间，姚某为承接该市水泥公司工程，把装有 10 万元现金的燕窝礼盒送至高某家，高某、周某明知姚某的目的是为承接水泥公司工程，遂决定退回该款，但一直未成。后姚某又到高某家，周某要退款，经姚某劝说，周某同意收受。为了稳妥，周某授意由姚某之妻写了一份“聘请预算工程师协议”，将该 10 万元作为聘请定金。事后，周某将此事告诉了高某。

周某收受上述财物后，曾多次要求高某为姚某在承接工程及拨付工程进度款等方面提供方便。在高某的帮助下，姚某先后承接了该市水泥公司的部分工程。

1996 年五六月间，姚某得知该市水泥公司要购买商品房，就向被告人高某、周某提出由其去联系，周某在明知为姚某联系购房有好处的情况下，在高某的面前要求高促成此事，后高某同意到姚某联系的天一房产公司购房 24 套。姚某在天一房产公司获购房差价 19.2 万元。随后，姚某在被告人高某家送给周某现金 3 万元，周某将姚某送购房差价的情况告诉了高某。

对于此案，一审判决被告人高某和周某均构成受贿罪，属共同犯罪，判处被告人高某有期徒刑十年，判处被告人周某有期徒刑八年。二审判决撤销对被告人高某的量刑部分，维持其余部分，判处被告人高某有期徒刑八年。

在本案中，被告人周某的受贿故意非常明显，经过一番推辞以后将姚某所送财物收受了下来，并积极要求、督促被告人高某利用职权为姚某谋取利益。被告人高某在妻子要求、催促下，利用职务之便为姚某承包工程、联系购房提供了帮助，为其谋取了利益。因此，二人之间具有犯意联络，具有共同受贿的故意，二人的行为应构成受贿犯罪。

［案例 4］

被告人陈某，原系某市经济协作公司副经理。

被告人赵某，系陈某之妻，某市物资再生利用公司职工。

赵某的亲戚袁某与张某等人合股购买“浙定付机”173 号船后，通过赵某找到时任经济协作业务科长的陈某，要陈帮助介绍运输业务。赵某将此事告诉陈某，并积极与陈某一起策划。在陈某的促成下，“浙定付机”173 号船被市经济协作公司租用。1986 年 12 月至 1989 年 3 月，陈某利用担任该公司业务科长的职务之便，将公司的大量运输业务交由“浙定付机”173 号船承运。其间，陈某伙同其妻赵某先后两次收受船主袁某和张某的感谢费

5000 元。1987 年春节期间，袁某和张某为从经济协作公司得到长期运输业务，请陈某入股，陈某、赵某同意入股，但未交股金。1989 年 5 月，陈某、赵某收受袁某和张某以“入股分红”名义送的贿赂款 3.88 万元。赵某将上述赃款化名存入其亲戚办的塑料厂放贷。案发后赵某千方百计转移赃款，与陈某、袁某、张某等人订立攻守同盟。

该市人民检察院以被告人陈某、赵某构成共同受贿罪，陈系主犯，赵系从犯，向市中级人民法院提起公诉。该市中级人民法院作出判决，判处被告人陈某、赵某构成共同受贿罪，陈系主犯，赵系从犯。两被告人不服，提起上诉。省高级人民法院作出改判，判处陈某受贿罪，宣告赵某无罪。最高人民检察院依照审判监督程序，依法向最高人民法院提出抗诉后，最高人民法院作出改判：原审被告人陈某、周某共同犯受贿罪，陈系主犯，赵系从犯。

本案中，被告人赵某既有受贿的故意，又实施了积极的帮助受贿行为，表现为将案中行贿人的要求转达给被告人陈某，与陈某策划如何利用职权为他人谋取利益，出面收受他人财物，案发后千方百计转移赃物、订立攻守同盟以对抗侦查。因此，赵某构成受贿罪的共犯。

2. 家属教唆国家工作人员利用职务上的便利收受他人财物，为他人谋取利益，应认定具有共同受贿的故意。

[案例 5]

被告人赵某，原系某县法院审判员。

被告人李某，原系某纺织厂职工，系赵某之妻。

1989 年 6 月，某县银行干部徐某因挪用公款罪被依法逮捕，徐妻吴某找到李某，要求李某请其丈夫赵某帮忙，想办法将徐某放出来，并表示一定予以重谢。李某回家后对赵某讲了这件事，赵某拒绝，并说：“此案不在我手里，即使在我手里，也不是我一个人说了算。”李某听后很生气，骂赵某“没有用”、“死脑袋，送上门来的钱都不要，我在同厂职工面前没脸见人”。赵某仍不答应，说："不是我不想要钱，而是不能要，弄不好自己要坐牢的。"李某听后不依不饶，大哭大闹，声称要与赵某离婚，并给赵出主意："吴某与我很要好，他家犯了法，我们诚心帮忙，吴某不会说出去。在收钱时我们注意点，不让第三人在场。"这样，赵某才说："那就听你的，你去问一下吴，看他愿意出多少钱。"李某上班后，把吴某拉到一边说："昨晚我对他说了，起初他不愿接受，我跟他软硬兼施，他才勉强答应了。这事风险大，小赵不能一人说了算，还要去求人，开销很大。"吴当即表示："你放心，只要能放老徐出来，或者少判点刑，花多少钱我都愿意。"吴某回家后，拿出家中密藏的未经检察机关查出的现金5000元，又向同厂职工及邻居借了5000元，于当晚送到了赵家，赵某和李某收下了这1万元现金。被告人赵某拿到钱后，想方设法把徐某的案子争取到由自己办理，并在提审被告人徐某时支开同去的书记员，告诉徐某如何在法庭上回答问题。由于吴某借钱的职工中有一人与李某不和，写检举信给赵某所在法院的领导。院领导找赵某谈话，赵某如实交代了受贿事实。①

对于本案，一审法院以受贿罪判处被告人李某有期徒刑三年，以受贿罪判处被告人赵某有期徒刑二年六个月。一审判决后，李某不服，向上级法院提起上诉，二审法院裁定维持原判。

本案中被告人李某采取了要求与威胁两种手段教唆被告人赵某受贿，是比较典型的教唆犯，在李某的教唆下，赵某实施了利用职务便利为他人谋取利益的行为，并收受了他人的财物。赵某与李某的行为构成共同受贿犯罪。在此受贿犯罪中，赵某本无受贿的意思，只是在李某的要求与威胁下，才形成受贿的犯罪故意，李某在整个犯罪中所起的作用比赵某大，与共同受贿犯罪中非国家工作人员一般是从犯不同，李某在此受贿案中应属主犯。

3. 家属在明知他人送财物是因为国家工作人员为他人谋取了

① 赵秉志主编：《中国刑法案例与学理研究》，法律出版社2001年版，第124页。

利益的情况下，收受他人财物，应认定具有共同受贿的故意，但情节轻微的可不作犯罪处理。

［案例6］

犯罪嫌疑人余某，原系某区环南街道党委书记兼办事处主任。

犯罪嫌疑人刘某，系余某之妻。

1994年至1997年间，某区环南街道工作人员王某、个体户林某和原某气体压缩机厂厂长丁某，分别要求余某帮忙解决编制问题、环南街道的解放东路店面房租赁问题、某气体压缩机厂承包问题，先后共送给余某价值人民币3.2万余元的财物。上述行贿人行贿时，有几次只有刘某在场，刘某单独收受了财物，有几次余某、刘某都在场，刘某与余某一起收受了财物，这些钱都由刘某存入银行。对于这些财物是行贿人因余某利用职务之便为他们谋取了利益而送，刘某是明知的。最终检察机关未对刘某以受贿罪提起公诉。

本案在侦查与审查起诉阶段对刘某的行为是否构成受贿罪有两种意见。一种意见认为，刘某的行为构成共同受贿。因为刘某明知这些财物是其丈夫余某为他人谋取了利益所送的，仍然单独或与其丈夫一起予以收受，其收受财物的行为与余某利用职务之便为他人谋取利益的行为是一个统一的整体。在这个整体中，共同犯罪人存在犯罪活动的分工，每个犯罪人都直接实施了构成受贿罪所必不可少的行为之一。另一种意见认为，刘某的行为不构成受贿罪。因为刘某在整个行为中没有利用丈夫余某的职务之便为他人谋取利益，也没有积极的协助行为，而只是将其丈夫余某利用职权为他人谋利而他人因此行贿的款物予以收受，其行为不符合受贿罪的特征。如果仅凭共同收受他人财物这一点就以受贿罪的共犯论处，会不适当地扩大刑事责任范围。

我们认为，刘某在明知他人送财物是因其丈夫余某利用职务之便为他们谋取了利益的情况下，仍然予以收受，符合帮助犯的特征。帮助犯是指明知他人犯罪而予以各种形式的帮助，此案中刘某明知其丈夫余某受贿而仍然收受因此而得的财物，帮助丈夫完成犯罪，应属帮助犯。鉴于刘某没有转移赃物、订立攻守同盟、对抗侦查等行为，主观恶性也不大，并且就受贿罪的立法精神而言，主要是打击那些以权谋私，收受甚至索取贿赂的国家工作人员，其行为可以认定为属于刑法第 37 条规定的“犯罪情节轻微不需要判处刑罚”的情形，检察机关不对刘某提起公诉的做法是可取的。

4. 家属收受了他人财物，但并未要求国家工作人员利用职权去为他人谋取利益，应认定家属没有受贿的故意。

［案例 7］

犯罪嫌疑人刘某，原系某县劳动局局长、党委书记。

犯罪嫌疑人钱某，系刘某之妻。

1995 年春节期间，县劳动局所建的劳动大厦工程项目经理郑某为在施工中得到刘某的照顾，到刘某住处将人民币 2 万元送给钱某，钱某当场收受，并于事后告诉了刘某。没有证据证明，钱某事后实施了要求刘某利用职权为郑某谋利的行为。

对于此案，反贪部门认为，刘某利用职务上的便利，收受他人贿赂并为他人谋取利益，数额巨大，构成受贿罪。钱某与刘某勾结，帮助受贿，应以受贿共犯论处。起诉部门认为，在受贿罪这种需要身份构成的犯罪中，没有身份的人一般只能构成共同犯罪的教唆犯或帮助犯，本案中钱某要构成受贿共犯必须在客观上对刘某“收受他人财物、为他人谋利”起帮助作用，但案中钱某的帮助促进作用不明显，不宜以共犯论处。最终，检察委员会讨论时采纳了起诉部门的意见，只以刘某单独受贿向法院提起公诉，对钱某予以撤案。

要分析此案中钱某与刘某是否构成共同受贿，关键是看钱某与刘某是否有共同的受贿故意，是否具有犯意联络。在家属与国家工作人员共同受贿犯罪中，共同的受贿故意是指家属与国家工作人员都具有利用国家工作人员的职务之便收受或索取他人财物、

为他人谋取利益的故意。在本案中，钱某只有收受他人财物的故意，没有利用国家工作人员的职务之便为他人谋取利益的故意，因而其主观故意不是受贿罪所要求的故意；而刘某的主观故意是利用本人（国家工作人员）的职务之便收受他人财物、为他人谋取利益，即受贿的故意。同时，也没有证据表明二人之间具有犯意联络。因此，钱某与刘某所具有的故意内容不同，二人不具有共同的受贿故意，不能构成共同犯罪，对钱某作撤案处理是正确的。

还有这样一种情形：国家工作人员为他人谋取了利益，家属收受他人的财物，国家工作人员也知道家属收受了财物，但家属却并不知道他人为什么送财物。这种情况下，家属并无受贿的故意，只应认定国家工作人员单独受贿。

此外，还有这样的情形：就是国家工作人员为他人谋取利益后，指使家属收受他人财物。对于这种情形，要依具体案情具体分析，如果国家工作人员与家属之间有犯意联络，具有共同受贿故意，明确告诉家属自己利用职务之便为他人谋取了利益，那么其家属就明知丈夫要其收受的是贿赂款，在这种情况下，如果家属仍按丈夫的指使予以收受，则实施了帮助丈夫收受贿赂的行为。据此，应认定其为共同受贿。如果丈夫没有明确告诉他人系何原因会送来财物，则家属不知自己所收的财物的性质，她虽实施了帮助丈夫收受贿赂的行为，但不具有受贿的故意，故只能认定国家工作人员单独受贿，家属不构成犯罪。

国家工作人员与其他非国家工作人员共同受贿，同国家工作人员与家属共同受贿，在性质上是相同的，都是国家工作人员与非国家工作人员共同受贿，在主观故意的认定及处断上应遵循同样的原则。

（二）国家工作人员与国家工作人员共同受贿故意的认定

国家工作人员共同受贿，在犯罪主体与罪名的认定上都不存在问题，主要的问题也在于共同的犯罪故意怎么认定。因为犯罪嫌疑人往往都不会主动交代他们之间存在共同犯罪故意，需要通过具体的案情来认定共同的犯罪故意是否存在。

1. 事先无受贿共谋的共同受贿故意的认定

［案例8］

犯罪嫌疑人徐某，原系某市房地产产权监理处干部。

犯罪嫌疑人高某，原系某市房地产产权监理处干部。

犯罪嫌疑人洪某，原系某市城建档案馆干部。

犯罪嫌疑人钱某，原系某市滨江区土地管理局干部。

该市某丝织厂位于岳家湾45号的房产因无规划手续，通过正常途径不能办理产权证书。1996年7月，该厂有关人员找到当时在区土管局工作的犯罪嫌疑人钱某，请其帮忙，钱某答应负责办证。钱某遂找徐某、高某、洪某共同商议，策划如何办理此事。徐某、高某、洪某根据分工，利用各自职务上的便利，使用偷盖公章等手段，违规操作，为丝织厂非法办理了房屋产权证书。

事后，丝织厂为表示感谢，送6万元钱给钱某，请其“打点”。钱某拿到钱后，邀集其余各人在香格里拉饭店喝茶，言明贿款数额并分赃。徐某、高某、钱某各分得赃款1万元，洪某分得赃款2万元，其余1万元被4人用作“日常活动经费”挥霍。

本案牵涉的问题是，在没有共谋证据的情况下，能否认定存在共同受贿的故意？共同犯罪故意是指二人以上在对于共同犯罪行为具有同一性认识的基础上，对其所会造成的危害社会的结果的希望或者放任的心理状态。[①] 其中，共同实行犯的犯罪故意是指明知自己在和他人共同进行犯罪活动，明知自己的行为和他人的行为会造成危害社会的结果，希望或者放任这种结果发生的心理状态。[②] 是否具有共同犯罪故意，关键是看各犯罪人之间是否

① 陈兴良：《刑法适用总论》（上卷），法律出版社1999年版，第485页。

② 陈兴良：《刑法适用总论》（上卷），法律出版社1999年版，第487页。

具有犯意联络，而不论其犯意联络的表现形式如何。根据犯意联络表现形式的不同，可将共同犯罪故意分为明示的共同犯罪故意和默示的共同犯罪故意。明示的共同犯罪故意，指的是通过共同策划等外在方式表现出来的犯罪故意；默示的共同犯罪故意，指的是各犯罪人之间虽然没有共同策划等明示的共同犯罪故意，但是他们对共同犯罪已形成默契，在犯罪过程中相互配合，从而表现出来的犯罪故意。

对于事先无共谋但事后共同非法收受他人财物的情形，有的学者提出，由于在利用职务为他人谋取利益时尚未产生受贿的故意，没有共同受贿的犯意联络，因而不能认定为共同受贿。我们认为，根据行为人非法收受他人财物时间的不同，受贿罪可分为事先收受型和事后收受型。事后收受型又有两种情形：一种情形是行为人明知有贿赂仍然利用职权为他人谋取利益，事后予以收受；另一种情形是行为人事先并不知道会得到“好处”，在利用职权为他人谋取利益后，他人为表感谢而行贿，行为人予以收受。共同受贿亦然。事先是否知道会有“好处”、有多少“好处”不影响共同受贿的构成。行为人为他人谋取利益时虽不确切知道会有“好处”，但事后明知是行贿财物而共同予以收受，是以默示的方式所表达的共同犯罪故意，表明了收受者愿意参与共同受贿行为的主观意愿，共同收受者之间的犯意联络清晰，主观上共同追求危害后果的发生，无论是认识因素方面还是意志因素方面都完全具备了受贿的共同犯罪故意，且有共同的犯罪行为，符合共同受贿的犯罪构成，应当认定为共同受贿。在本案中，徐某等四人在利用职务为丝织厂谋取利益上有共谋，在收受财物上事先并无共谋，但是，当丝织厂送来钱款后，他们明知是贿赂款，仍然予以收受，这就具备了受贿故意，故应以共同受贿犯罪认定。

2. 分别收受财物的共同受贿故意的认定

［案例 9］

犯罪嫌疑人王某，原工商银行某市分行开元支行信贷科科长。

犯罪嫌疑人房某，原某市房地产产权监理处登记发证二科副科长。

犯罪嫌疑人梁某，原某市房地产产权监理处干部。

某市一建公司之江分公司经理应某，多年来一直为该市新丰塑料厂从事厂房维修和基建。1989年，应某未经厂里允许擅自在新丰塑料厂的一块闲置空地上搭建一座378.38平方米的二层楼房，数年来一直使用、居住至案发。1999年下半年，为了达到将这座违法建筑合法化为自己私有财产的目的，应某通过工商银行某市分行开元支行信贷科科长王某的介绍、联系，认识了该市房地产产权监理处登记发证二科副科长房某、科员梁某。应某邀请梁某、房某、王某一起到孔雀大厦吃饭，请求梁某、房某二人帮忙以自己私人名义办理产权证，并明确表示会支付“好处费”的。在得知确实无法以自己私人名义办理产权证后，应某与新丰塑料厂达成协议，即以厂里名义办证，一切费用自理，一切后果与厂里无关。后来房产证由梁某具体登记，由房某审核通过。事成后，为履行诺言，应某将9万元“好处费”交给王某打点，两人谈好给梁某、房某各2.5万元，其余4万元归王某。王某请梁某、房某一起在喜洋洋饭店吃饭，分给梁某、房某各2.5万元，梁某与房某对他们各自收受的2.5万元是为应某办证的“好处费”是明知的。侦查此案的某区人民检察院认为，梁某和房某之间并无明确的“密谋”或“商量”的过程，更多的是一种彼此之间心照不宣的默契与配合，以（单独）受贿罪分别对梁某、房某提起公诉；以介绍贿赂罪对王某提起公诉。

共同为他人谋取利益，事后分别收受他人贿赂，在实践中有两种情形：一种是行贿、受贿双方事先沟通，对“权钱交易”达成一致，在此犯意下，受贿方积极利用职务之便，为他人谋取利益，事后各共同受贿人分别收受他人财物；另一种是事先并不清楚有“权钱交易”，没有积极追求贿赂的意图，共同为他人谋取了利益，事后各共同受贿人分别收受财物。

对于第一种情形，各共同受贿人事先已有犯意联络，对本人与他人共同实施犯罪的性质、后果都有明确的认知，在实行中各方积极配合，互相协作，发挥作用，共同为他人谋取利益，收受财物虽然在形式上是分别收受，有时对他人收受财物的具体数额也不确知，但对于收受财物彼此之间早有沟通，互相知情，实质上是共同收受的另一种表现形式，只是不在同一时间、同一地点发生而已，故应以共同受贿论处。

对于第二种情形，需要区别情况，具体分析。(1) 共同为他人谋取利益，事后各人相互间知道都收受了财物，本人亦予收受的，应以共同受贿认定。因为共同犯罪的主观故意，强调共同犯罪人之间的意思联络，就是共同犯罪人之间犯罪故意的沟通、协调。在明知他人收受财物的情况下，本人予以收受，表明行为人以积极的行为表示愿意参与犯罪并付诸实施，行为人的故意符合共同犯罪故意的要求，即明知其本人与他人共同实施的受贿行为(包括实行和组织、教唆、帮助行为) 会产生危害结果，并且希望或放任该结果的发生，故对此种情形应以共同受贿定罪处罚。应当引起注意的是，行为人明知他人收受财物，是指行为人通过行贿人或收受财物者以及其他人的告知，或者通过其他途径获悉他人收受或可能收受财物，明知的内容是收受财物，不包含他人收受财物的数额。只要行为人知道（包括收受后知晓）其他共同犯罪人收受了财物，本人亦予收受的，即可构成。(2) 共同为他人谋取利益，事后分别收受贿赂，且不知他人亦有收受的，不能以共同受贿认定。行为人不知其他人亦收受财物的，虽有共同为他人谋取利益的共同行为，但在受贿的故意上彼此没有犯意联络，行为未连成同一的整体，既没有受贿的共同故意，也没有共同受贿的行为，属于同时犯，不构成共同受贿。

本案中，梁、房二人利用职务之便共同为他人谋取利益，事后在同一饭桌上虽分别收钱，但相互间都知道对方也收了钱，已构成共同受贿犯罪。检察院认为梁某和房某之间存在一种彼此之间心照不宣的默契与配合，却以（单独）受贿罪分别对梁某、房某提起公诉，明显不当。

3. 事后分赃案件的共同受贿故意的认定

［案例 10］

被告人夏某，原系某县盐业公司经理。

被告人黄某，原系某县盐业公司副经理。

被告人徐某，原系某县盐业公司党委委员兼办公室主任。

被告人陈某，原系某县盐业公司经理助理。

1989 年下半年，某县建材公司副经理郑某与夏某、黄某商量，与盐业公司拼船去铜陵做生意，双方商定：盐业公司垫付县建材公司的进货款，垫付资金以银行贷款利率结算，产生的利润共同分成。县建材公司为了不付利息及利润分成，由郑某送给黄某 2000 元，黄收受后经与夏某、陈某商量，三人分掉，黄某得 666 元，夏某、陈某各得 667 元。

1989 年春节前夕，盐业公司车队承包人郑某为感谢公司同意其承包并提供停车场地，便利今后工作，送给夏某 1500 元，夏某收受后，向黄某、徐某、陈某说明此款来源，由四人均分，各得 375 元。

1989 年，盐业公司在石浦建造精盐车间，由陈某主管基建，其间夏某收受工程承包人斯某贿赂 1000 元，夏某收受后与陈某言明此款来源，二人各分得 500 元。

1990 年年底，县工业供销公司为免除向盐业公司所借款的利息，由该公司经理黄某向夏某提出送给夏某等人好处费 1200 元，夏某答应，并叫徐某去领取，夏某与徐某、陈某言明此款来源，三人分掉，夏某得 600 元，徐某、陈某各得 300 元。

1990 年下半年，县新桥对虾饵料冷冻厂厂长林某通过夏某、黄某向盐业公司借款 15 万元。1991 年 2 月，林某送给黄某 2000 元，黄某收受后向夏某言明此款来源，分给夏某 600 元，自得 600 元，其余 800 元用于公司交际。

1991年上半年，县气象站承接了盐业公司安装高频电话的业务。同年9月，县气象站站长黄某、副站长张某经商量到盐业公司夏某办公室送回扣费3000元，夏某等四人商量后收受此款，四人均分，每人各得750元。

此案在办理过程中，存在两种不同意见。一种意见认为，共同犯罪是指两人以上共同故意犯罪，本案中被告人只有事后分赃的行为，没有证据证明他们事先存在共谋，主观上伙同受贿的故意不明显，也没有证据证明他们在受贿中存在相互配合与分工，很难认定存在共同的受贿故意。同时，除为主收受者外，其他人员没有明显的为他人谋取利益的行为，只是出于与主收受者共享利益的心理才参与分赃。因此，很难认定为共同受贿，只能认定为主收受者单独受贿。另一种意见认为，综合分析本案，足以认定四人有共同的受贿故意，共同参与实施了为他人谋取利益的行为，构成共同受贿。检察机关根据后一种意见，以共同受贿提起公诉，人民法院采纳了起诉意见，认定夏某、黄某、陈某、徐某四人多次利用职权共同或单独收受贿赂，构成共同受贿，夏某在共同犯罪中起主要作用，属主犯，黄某、陈某、徐某属从犯。该案上诉后，二审法院维持一审判决。

我们认为，对于这类受贿案件，不能机械地、相互割裂地进行分析，而应将整个案件的所有情节作为一个整体相互联系地进行分析。就本案而言，第六笔钱是四人经过商量后，决定收受并一起均分的，这一笔的共同犯罪故意明显。其余五笔，各犯罪嫌疑人既没有共谋受贿，也没有进行分工，通过相互配合来完成受贿，除为主收受者外，其他人员只是参与了分赃。但是，四犯罪嫌疑人分别是公司经理、副经理、党委委员兼办公室主任和经理助理，都是公司领导，共同行使公司的经营管理权。在为主收受者将款的来源告诉别的犯罪嫌疑人后，各犯罪嫌疑人一起进行分赃，这表明其他人员对受贿行为予以了认可，即既对请托人的利益要求予以认可，又对收受请托人的财物予以认可。这种认可是对为主收受者的行为的一种背书，使其个人行为变成了领导集体的集体行为；在认可的过程中每个人都实际利用了自己的职权，即利用了自身具有的对公司的部分经营管理权。更重要的是，本案中的犯罪嫌疑人一而再、再而三地共分为主收受者收下的贿赂款，表明各受贿人之间已达成这样一种默契：不论谁收下贿赂款，大家都予以认可，并进行利益共享。因此，各犯罪嫌疑人对其所参与分赃的每个受贿事实都有默示式的受贿故意，且都利用职权为请托人谋取了利益，构成共同受贿。

可见，在涉嫌国家工作人员与国家工作人员共同受贿的案件中，有些案件的犯罪嫌疑人没有交代相互之间存在共谋，或者确实没有进行共谋，对其不能一概认定不具有共同的受贿故意，而应根据具体案情，综合进行分析。如果犯罪嫌疑人之间对对方的行为互相知情，并互相配合为他人谋取利益，收受他人财物，应认定具有共同受贿故意；[①] 如果同一个单位的领导集体中的一员利用职务之便收受他人财物、为他人谋取利益，其他领导成员明知此事实，并参与分赃的，也应认定具有共同受贿的故意。

四、共同受贿客观方面的认定

犯罪客观方面是指犯罪活动的客观外在表现，包括侵犯某种客体的危害行为、危害结果以及危害行为实施的各种客观条件。对于共同受贿犯罪的客观方面，在理论上和实践中争议较大的主要有“为他人谋取利益”是否是受贿罪客观要件、共同受贿的既遂标准如何认定以及共同受贿的犯罪数额如何认定等问题。

（一）“为他人谋取利益”是否属于受贿罪的客观要件

我国刑法条文中，关于收受型受贿（即普通受贿）是这样规定的：“国家工作人员利用职务上的便利……非法收受他人财物，

① 这同样也适用于非国家工作人员与国家工作人员受贿的案件。

为他人谋取利益的，是受贿罪。”其中的“非法收受他人财物”无疑应是客观要件，但对其中的“为他人谋取利益”是主观要件还是客观要件，刑法学界存在两种观点。一种观点认为，“为他人谋取利益”是受贿罪的客观要件。他们认为，受贿罪“客观上表现为利用职务上的便利，索取他人财物，或者非法收受他人财物，为他人谋取利益的行为”。[①]“国家工作人员利用职务上的便利非法收受他人财物，必须同时具备‘为他人谋取利益的条件’，才能构成受贿罪。”[②] 另一种观点认为，“为他人谋取利益”属于受贿罪的主观要件。他们认为，“为他人谋取利益”可能有以下几种情况：（1）意图为他人谋取利益，尚未实际进行；（2）正为他人谋取利益，尚未获取成功；（3）已为他人谋取部分利益，还未完全实现；（4）为他人谋取的利益，全部满足了要求。如果把“为他人谋取利益”作为受贿罪的客观要件，则只有出现上述第四种情况，才可能成立受贿罪的既遂，这就缩小了受贿罪既遂的犯罪，不利于同这种犯罪作斗争。[③]“为他人谋取利益只是受贿人的一种心理态度，属于主观要件的范畴。”[④]“我们主张为他人谋取利益是受贿罪的主观要件的观点。为他人谋取利益，在受贿罪的构成要件中只是一种主观上的‘意图’，是受贿罪的动机，受贿罪是一种目的犯。”[⑤]

我们认为，对于刑法的理解应贯彻严格规则主义的解释原则。因为刑法是公法，关涉的是国家刑罚权的行使与公民的生命、人

---

① 何秉松主编：《职务犯罪的预防与惩治》，中国方正出版社 1999 年版，第 476 页。

② 何秉松主编：《职务犯罪的预防与惩治》，中国方正出版社 1999 年版，第 478 页。

③ 喻伟主编：《刑法学专题研究》，武汉大学出版社 1992 年版，第 508 页。

④ 王作富、陈兴良：“受贿罪构成新探”，载《政法论坛》1991 年第 1 期，第 24 页。

⑤ 陈兴良：“论受贿罪”，载《刑事法判解》（第 3 卷），第 40～41 页。

身、财产、政治等方面权利的限制甚至剥夺，根据国家权力不得推定也不得放弃的公权力运行原则，国家刑罚权应严格依法行使，既不应超越法律的规定行使也不应不履行法定的权力。如果对刑法作扩张性解释，必将导致出入人罪。因而，对于刑法应按照文义、语法和逻辑进行严格解释。据此，对“为他人谋取利益”的前一种理解是符合法律规定的，后一种理解与法律规定不相符合，“为他人谋取利益”是收受型受贿的客观要件，认为“为他人谋取利益”是收受型受贿主观要件的观点是不成立的。因为：

1. “为他人谋取利益”不是受贿罪的动机目的。受贿犯罪的动机目的非常明了，就是为了非法获取他人财物，只不过是通过利用职务之便为他人谋取利益的方式达此目的而已。也就是说，利用职务之便为他人谋取利益是达到受贿犯罪目的的手段，而不是受贿罪的动机目的。

2. 受贿罪不符合目的犯的立法惯例。在我国刑法中，对于目的犯一般都是先规定“以……为目的”，再规定具体行为；或者先规定“为……”再规定具体行为。而在收受型受贿的法律规定中，“为他人谋取利益”是规定在非法收受他人财物的行为之后。

3. “非法收受他人财物”与“为他人谋取利益”在刑法条文中是并列的两种行为。受贿者非法收受他人财物后，就已经达到犯罪目的，至于为他人谋取利益，是受贿者因他人送与财物而支付的“对价”，不是受贿罪收受财物的目的，“非法收受他人财物”与“为他人谋取利益”在刑法条文中是并列的两个行为。只有当收受财物与为他人去谋取利益相结合，权钱交易关系才正式成立。

因此，“为他人谋取利益”是收受型受贿的客观要件，其内容包括两个方面：一是非法收受他人财物；二是为他人谋取利益。同样地，“为请托人谋取不正当利益”也是斡旋型受贿的客观要件，而不是其主观要件。

（二）共同受贿的既遂标准如何确定

共同犯罪的既遂以共同犯罪人的整体行为完全符合犯罪的客观要件为标准，并不要求各共同犯罪参与人的行为全部符合犯罪客观要件，认定共同受贿犯罪的既遂亦然。

由于法律规定的不同，受贿者有四种不同的构成形式：(1）国家工作人员利用职务上的便利，索取他人财物；（2）非法收受他人财物，为他人谋取利益；（3）在经济往来中，违反国家规定收受各种名义的回扣、手续费，归个人所有；（4）利用本人职权或者地位形成的便利条件，通过其他国家工作人员职务上的行为，为请托人谋取不正当利益，索取请托人财物或者收受请托人财物。在理论与实践中，对于第一种受贿，以利用职务之便索要并收取了他人财物为犯罪既遂；对第三种受贿以在经济往来中违反国家规定收受了回扣、手续费归个人所有为犯罪既遂。但是对于第二种受贿（下文以“收受型受贿”代称）与第四种受贿（下文以“斡旋型受贿”代称）的犯罪既遂标准，则分歧较大。

1. 收受型受贿的既遂标准

[案例11]

被告人钱某，原系某市建设银行行长。

被告人李某，系钱某之妻。

1998年10月某建筑公司总经理代某因资金紧张，送给李某人民币10万元，要求李某请其丈夫钱某帮忙贷款人民币1000万元。李某将代某送钱一事告知钱某，并要求钱某为代某帮忙贷款，钱某答应帮忙。在钱某尚未为代某办理贷款手续之前，因建设银行职工的检举而案发。

对于本案，存在两种对立的观点：一种观点认为钱某与李某的行为已构成受贿罪既遂；另一种观点认为只是犯罪未遂。之所以存在不同认识，是因为在理论上对收受型受贿的既遂标准问题存在不同看法。

人们对收受型受贿的既遂必须实际收取了财物没有争议，但对是否必须同时为他人谋取利益则存在不同认识。第一种观点认为，在受贿人收取他人财物的同时，只要承诺为他人谋取利益就构成受贿既遂；第二种观点认为，在收取他人财物的同时，还必须具有为他人谋利的行为，至于有否实际谋取到利益不影响既遂的成立；第三种观点认为，构成受贿罪既遂不仅要实际收取财物，而且还必须为他人谋取利益。

我们认为，在确定收受型受贿的既遂与未遂的划分标准之前，需要明确收受型受贿的构成要件，尤其是收受型受贿的客观行为要件。因为犯罪既遂是指犯罪行为人故意实施的犯罪行为已经具备了刑法分则所规定的该种犯罪的全部构成要件，收受型受贿的既遂应以受贿人的行为是否完全符合刑法分则所规定的此种犯罪的全部构成要件为标准。因此，在犯罪主体、犯罪的主观要件与犯罪客体符合犯罪构成要件的前提下，收受型受贿的既遂标准问题实质上就是怎样界定其犯罪客观行为要件的问题。前文已经论证，“为他人谋取利益”是收受型受贿的客观要件，其内容包括以下两个方面：（1）非法收受他人财物；（2）为他人谋取利益。后者包括承诺为他人谋取利益、实施为他人谋取利益行为、实现他人的利益（为他人谋取到利益）三个阶段，以承诺为他人谋取利益为符合该要件的起点。因为行为人承诺为他人谋取利益，就与请托人形成了以权换钱的约定，请托人就会认为，公职人员的权力可以用钱收买的，因而受贿罪的客体即公职人员职务的廉洁性就受到了侵犯。据此，区分收受型受贿的既遂与未遂，也应以行为人是否具备“非法收受他人财物”和“为他人谋取利益”这两个客观要件为标准，如果行为人仅仅收受他人财物，而未为他人谋取利益，或者仅仅为他人谋取利益，而未收受财物，均未构成犯罪既遂。其中“为他人谋取利益”，仅要求行为人承诺为他人谋取利益为已足，如果行为人承诺为他人谋取利益，但尚未为他人谋取或尚未谋取到利益，均不影响受贿既遂的认定。

案例 11 中，钱某与李某共同收受了他人的财物，且承诺帮忙贷款，应认定为共同受贿既遂。

2. 斡旋型受贿的既遂标准

［案例 12］

被告人张某，原系某县人民法院副院长。

被告人陈某，系张某之妻。

1999 年 6 月，陈某的外甥刘某因涉嫌诈骗被逮捕，刘某的父亲便找到陈某，送给陈某人民币 3 万元，要陈某通过其丈夫张某帮忙，将刘某释放。陈某将此事告诉张某，在陈某的一再要求下，张某答应帮忙。同年 8 月，张某找到县公安局局长朱某，要求朱某帮忙撤销刘某一案，朱某未置可否。同年 10 月案发时，刘某尚未被撤案释放。

对于本案中被告人的行为属于受贿既遂还是未遂，也有不同意见，存在这种分歧的原因也是对斡旋型受贿的既遂标准问题有不同看法。

对于斡旋型受贿的既遂标准，同样有几种不同的观点。第一种观点认为，以受贿人索取或者收受了请托人财物为标准；第二种观点认为，以受贿人利用本人职权或者地位形成的便利条件，通过其他国家工作人员职务上的行为，为请托人谋取不正当利益为标准；第三种观点认为，以受贿人索取或者收受了请托人财物，通过其他国家工作人员职务上的行为，为请托人谋取到了不正当利益为标准。

要划定斡旋型受贿的既遂标准，同样需从分析其犯罪构成入手。对比斡旋型受贿与收受型受贿的犯罪构成，二者的主要不同点在于：（1）收受型受贿中为他人谋取的利益既可以是正当利益，也可以是不正当利益，斡旋型受贿中为请托人所谋取的必须是不正当利益；（2）收受型受贿是受贿人利用本人的职务之便为他人谋取利益，而斡旋型受贿是受贿人利用本人职权或者地位形成的便利条件，通过其他国家工作人员职务上的行为来为请托人谋取利益。因此，在斡旋型受贿中，请托人的不正当利益需要经过两个环节才能实现：第一步，受贿人利用本人职权或者地位形成的便利条件，要求其他国家工作人员帮助自己为请托人谋取不正当利益；第二步，其他国家工作人员利用自身职务上的行为为请托人谋取不正当利益。由此便引发了一个问题，在受贿人已经索取或者收受了请托人的财物后，是仅具备第一步行为就构成既遂，还是具备第二步行为才构成犯罪既遂？我们认为，应具备第二步行为才能构成既遂，因为受贿罪的本质特征是权钱交易，如果案件只具备第一步行为，则请托人的不正当利益永远不可能实现，权钱交易关系不可能达成，公职人员职务的廉洁性也未受到侵犯。因为仅凭第一个国家工作人员的职务不可能为请托人谋取利益。只有具备第二步行为，即第一个国家工作人员收受财物、第二个国家工作人员利用职务之便为请托人谋取不正当利益这两个行为的结合，才具备斡旋受贿罪既遂的全部客观要件。当然，跟受贿罪“为他人谋取利益”的认定相一致，当第一个国家工作人员要求第二个国家工作人员为请托人谋取不正当利益后，只要第二个国家工作人员予以承诺，就应认为具备了第二个行为要件，至于第二个国家工作人员是否实施了谋取不正当利益行为或是否谋取到不正当利益，均在所不论。

案例12中，张某已经利用本人职权或者地位形成的便利条件，实施了要求公安局长朱某撤销刘某诈骗一案的行为，且与陈某一起收受了请托人的财物，但由于朱某对张某的要求“未置可否”，未作承诺，张某与陈某只能构成共同受贿未遂。

（三）共同受贿犯罪数额的认定

犯罪数额是受贿罪的客观要件之一，在司法实践中，对犯罪数额的认定存在这样一些问题：共同受贿中犯罪数额应以个人所得为准，还是以参与共同犯罪数额为准；参与共同受贿，不确知所得财物的具体数额，也不明确表示反对的，应如何认定；超过

共同受贿故意范围的财物，应怎样认定。

1. 共同受贿中的犯罪数额应以所参与的共同犯罪数额为准。

［案例 13］

犯罪嫌疑人蒋甲，原系某炼化股份有限公司工程承包公司副总经理。

犯罪嫌疑人蒋乙，系蒋甲之子。

1993 年至 1996 年间，蒋甲经与蒋乙商量策划后，由蒋乙收受财物，由蒋甲利用职务上的便利为某市龙山建筑土石方机械施工公司在工程承包、转包以及工程管理、验收方面提供方便。龙山建筑土石方机械施工公司经理沈某为此先后二十余次通过蒋乙送给蒋甲人民币 11.7 万元。

1996 年，蒋甲经与蒋乙商量策划后，利用职务上的便利先后两次要求某交通工程实业总公司总经理项某为其无偿建造私房一处，价值人民币 20.5 万元，由蒋乙与项某签订委托项某造房的假协议。

在审查起诉阶段，对如何处理蒋乙有两种不同意见：第一种意见认为，蒋乙得赃不明显，难以认定犯罪；第二种意见认为，蒋乙与蒋甲构成共同犯罪，蒋乙是共同犯罪中的从犯，犯罪金额为人民币 32.2 万元。最终检察机关采纳了第一种意见，对蒋乙作撤案处理，以蒋甲单独受贿提起公诉。

本案牵涉的问题是：共同受贿中各犯罪嫌疑人的犯罪数额是以个人实际所得为准，还是以共同犯罪数额为准？在受贿罪中，受贿数额既是“收受财物”行为的组成部分，又是犯罪危害结果的重要体现。根据刑法的规定，受贿数额必须达到一定标准才构成受贿罪，故受贿数额是受贿罪犯罪构成要件中必不可少的组成部分。而共同受贿犯罪，是指二人以上共同故意受贿犯罪，既然是共同受贿犯罪，其刑事责任与刑罚都应基于其所参与的共同犯罪事实。共同犯罪事实既包括犯罪行为也包括犯罪的危害结果——共同受贿数额。以个人实际所得的受贿数额作为定罪量刑的标准，其实质是将一个统一的共同犯罪人为地分解为两个独立的犯罪，是与共同犯罪的性质与理论相矛盾的。因此，在共同受贿中，应将共同犯罪数额作为每一个共同受贿人定罪量刑的数额标准。同时，在量刑时应依法考量各人在犯罪中的作用及其他情节。

对照本案，犯罪嫌疑人蒋甲与蒋乙有着明确的共同受贿故意，并根据分工，相互配合实施了受贿犯罪行为，属于共同受贿犯罪无疑，虽然蒋乙没有直接得到财物，但由于其与蒋甲系父子关系，故不应影响其受贿罪的认定，且每人定罪量刑的数额标准都应是人民币 32.2 万元，只是对蒋乙应依据刑法规定的从犯量刑原则进行量刑，并适当考虑其没有实际占有受贿款的情节。

2. 参与共同受贿，不确知共同所得财物的具体数额也不表示反对的，应以实际受贿数额为犯罪数额。

［案例 14］

被告人孙某，原系某海洋渔业公司总经理兼党委书记。

被告人陈某，原系某海洋渔业公司计划处工作人员兼该公司荣盛贸易分公司负责人，孙某之妻。

孙某利用担任渔业公司总经理的职务便利，在其妻陈某的劝说、要求、督促下，于 1990 年至 1999 年间，在所在公司与有关单位业务往来及本公司干部提拔任用中，为他人谋取利益，而由陈某 45 次收受 10 多个单位及个人所送财物共计人民币 32 万余元。陈某供述，她收受上述财物后均告诉过孙某，但有些没有告诉具体数目。孙某辩称其不知大部分受贿钱物的具体数额。各种相关证据反映，孙某对陈某收受的有些钱物确实不知具体数额。

对于此案中孙某不知具体数额部分的钱物能否计入其受贿犯罪数额之中，一种意见认为可以，另一种意见则认为不可以。这种争论牵涉的一般性问题是，在共同受贿案件中，当一方只知道另一方收受了财物，而不知道该财物的具体价值与数额时，应如何确定其犯罪数额？

我们认为，在共同受贿中，当一方只知道另一方收受了财物，而不知道该财物的具体价值与数额时，要确定受贿人应否对这笔受贿财物承担刑事责任，关键是看受贿人在主观上是否具有收受这笔财物的直接或间接故意，即收受这笔财物是否符合其主观意愿。如果收受财物符合其主观意愿，则应对该笔财物承担刑事责任；如果不符合其主观意愿，则不对该笔财物承担刑事责任。就本案而言，陈某劝说、要求、督促其丈夫孙某在与有关单位业务往来及本公司干部提拔任用中为他人谋取利益，在孙某为他人谋取利益后，由她收受财物，在收受财物后均告知孙某，可见，他们既有共同的受贿故意，又有共同的受贿行为，构成共同受贿。对于陈某而言；受贿的具体数目她是一清二楚的，犯罪数额应认定为所有贿赂的总额。孙某对部分贿赂的数额是清楚的，这部分贿赂无疑应计入其犯罪数额中。其余的贿赂，孙某并不知道具体数额，但知道妻子陈某已经收受了下来，并且没有表示反对，只是没有去追问具体有多少，这说明这些财物无论价值多少他都是愿意接受的，收受这些他不知道具体数额的贿赂是符合其主观意愿的。更何况本案是夫妻二人共同受贿，凡妻子收受的财物，就成了家庭财物，丈夫就对其享有权利，故只要丈夫知道妻子收受了财物，就应视同其本人收受了财物，因而这些贿赂款都应该计入其犯罪数额之中。

此外，现实中还存在这样的情况：共同受贿人事先商量好收受或索取财物的具体数额，但直接收受或索取者却收受或索取了超过事先约定数额的财物，并将超过部分隐瞒归己。在这种情况下，其余受贿者对超过约定部分的财物并无受贿故意，对这部分财物只能计入直接收受或索取者的犯罪数额，而不能计入其他受贿者的犯罪数额。

因此，在共同受贿案件中，犯罪数额应以共同犯罪所得贿赂数额为准，而不应以各共同犯罪参与人的实际所得为准；当一人知道另一人收受了财物，并没有表示反对，但不知道该财物的具体价值与数额时，各共同受贿犯罪人的犯罪数额都应以共同犯罪实际所得的贿赂总额为准；当一人收受或索取了超过约定数额的财物并将其隐瞒归已时，对超过约定部分的财物只能算直接收受或索取者的犯罪数额。

五、共同受贿的立法与司法完善

对共同受贿犯罪查处不力的原因，除了对法律的理解不当，对事实的把握不准外，还有立法本身不明确、有漏洞，以及司法工作存在缺陷等因素，因而法律规定与司法工作的完善是加大对共同受贿犯罪打击力度的重要途径。

（一）共同受贿的立法完善

1. 共同受贿犯罪主体的立法完善

正如本文第二部分所言，许多人之所以认为，依据现行刑法非国家工作人员不能与国家工作人员构成共同受贿，主要是因为现行刑法保留了全国人大常委会《关于惩治贪污罪贿赂罪的补充规定》中非国家工作人员构成贪污共犯的规定，而没有保留其中非国家工作人员构成受贿共犯的规定，而且刑法总则也没有规定不具有特定身份者可以构成以特定身份为要件的犯罪的共犯。这种容易造成误解的立法，使得很多共同受贿犯罪最终以单独受贿进行处理。为此，需要通过立法使非身份者能够构成受贿罪共犯的法理明确化，以避免不必要的误解。为达此目的，有两种方案可供选择：一是像对贪污罪的规定一样，规定非国家工作人员与国家工作人员勾结，伙同受贿的，以受贿共犯论处；二是像德国、日本等国的刑法一样，在刑法总则中明确规定，非身份者与身份者勾结，共同实施因犯罪人身份而构成的犯罪的，也属共同犯罪。在现行刑法中，除了贪污罪与保险诈骗罪外，刑法分则对包括受贿罪在内的其他所有要求特定身份的犯罪都未明确规定非身份者能够构成共犯。也就是说，这些犯罪都存在类似的问题。因此采

取第二种方案更为合适，可以从总体上解决我国司法实践中面对的身份犯罪的共犯问题。

2. 共同受贿犯罪举证责任的立法完善

如前文所述，在办理涉嫌共同受贿案件中，司法机关经常面对这样的困境：虽然有充足的证据证明国家工作人员利用职权为他人谋取了利益，其家属收受了请托人的财物，但是家属与国家工作人员订立攻守同盟，家属坚持说没有将收受财物的情况告诉过国家工作人员，国家工作人员也坚称不知道家属收受了他人财物，致使一些案件包括一些收受了巨额财物的案件因无法证明犯罪嫌疑人具有受贿的故意而不能认定其构成受贿罪。

为防止受贿者以此种方式规避法律，严厉打击受贿犯罪，有必要在这种情况下对受贿罪规定一定范围的严格责任，实行有限的举证责任倒置。

在刑事诉讼中，由控诉方负举证责任是世界各国通行的证明规则，但在特定情况下针对特殊的犯罪法律规定由被控方负举证责任也是世界不少国家的实践。例如，在英美法系的证据规则中，“凡遇下列情形之一时，被告方也负有提出证据证明有关事项的义务：（1）如果被告方在辩护时提出被告人患有精神病或不适于受审，被告方应就此事实提出证据；（2）如果某个成文法规定，在没有合法授权、正当理由、特殊情况或例外情况下，某种特定的行为就是非法的，这时被告方就有责任举证说明存在合法授权、正当理由、特殊情况或例外情况；（3）如果被告方主张其行为曾取得同意、出于意外事故、由于受胁迫、激于义愤或目的在于自卫等，这时被告方负有举证责任；（4）如果被告方以推翻成文法对某些事实的推定，或以引用条文中的但书、例外或豁免，这时被告也应负举证责任。”日本刑事诉讼法也规定，“举证责任原则上由检察官承担，‘基于被告人在受到有罪判决前推定为无罪’及‘有疑时为被告人利益’的原则，当事实存在与否不能证明时，检察官要受到不利的裁判。但作为例外，有时被告要负举证责任。包括：（1）关于毁损名誉中指责事实真实的证明；（2）同时伤害罪中关于伤害结果是何人造成及伤害程度的证明”。在英国，法律规定在下列场合中，被告应负一定的举证责任：根据《1857 年淫秽出版物法》第 1 条，被告人有责任证明为什么出版物不应该被销毁；根据《1883 年爆炸物品法》，如果一个人夜晚被发现持有入室作案的工具，必须说明合法理由；根据《1916 年反贪污法》第 2 条，对贪污行为起诉时，被告人必须证明有关财产的合法性。德国《反有组织犯罪法》要求被告人在举证责任上对某些辩护举证，否则就被推定为有罪。各国的上述制度主要针对某些难以证实的犯罪或犯罪中某些难以证实的情节，在肯定无罪推定这一普遍原则的情况下，使被告承担某些方面、某种程度的举证责任。设立这一制度主要是基于以下两方面的考虑：其一是有利于打击犯罪，尤其是某些较为普遍、较为严重，同时又难以证实的犯罪，需要设置一种举证责任转移机制，实现既不冤枉无辜又不放纵犯罪的目的。其二是有利于节约国家司法资源。司法公正与效率是现代刑事诉讼的两大基本价值取向。虽然国家司法机关本身担负着证明并追究犯罪以维护法律秩序的责任，但国家的司法资源总是有限的，对某些难以证实的问题，投入较大的司法力量也会因条件的限制而难以奏效，实行适当的举证责任转移有利于司法资源的节省和合理配置，也有利于维护社会公平正义。

在受贿案件中，国家工作人员利用职务之便为他人谋取了利益，家属索取或收受了他人财物，按照现行法律规定，只有证明国家工作人员知道家属因此索取或收受了他人财物，才能认定国家工作人员与家属共同受贿。而要证明国家工作人员知道家属因此索取或收受了他人财物，则完全依赖于二者是否据实交代，如果犯罪嫌疑人拒不交代，即使司法机关花很大精力调查取证也很难证明其行为构成犯罪，这样将导致大量共同受贿案件无法查处。因此，从打击这种较为普遍、严重而又难以证实的犯罪，节约国家司法资源的角度出发，可以通过立法规定对这种犯罪实行一定

的举证责任转移。建议规定："国家工作人员违背职责为他人谋取利益，或利用职务上的便利条件为他人谋取不正当利益，国家工作人员家属收受财物的，可推定国家工作人员知道其家属收受了他人财物，但国家工作人员或者其家属能证明国家工作人员确实不知道，或国家工作人员能对自己的反常行为作出合理解释的除外。"作这样规定的理由是：国家工作人员作为有较高智商和丰富社会经验、善于权衡利弊的人，非因特殊的原因，如重大利益诱惑、特殊的人情压力等，一般不会违背职责去为他人谋取利益，或为他人谋取不正当利益。国家工作人员之所以会违背职责为他人谋取利益，或为他人谋取不正当利益，是因为他知道他人给其送了财物。如果他或家属能证明他对家属收受财物之事确实不知情（比如能证明夫妻经济分开且其妻因贪婪等原因而想私自占有所收受的财物），或国家工作人员能对自己违背职责为他人谋取利益，或为他人谋取不正当利益的反常行为作出合理解释，在这种情况下，认定其对家属收受财物之事知情则有客观归罪之虞。

3. 受贿罪客观要件的立法完善

按照我国现行刑法，普通受贿（即收受型受贿）的客观要件之一是"为他人谋取利益"。但从受贿罪本身的性质及世界各国贿赂立法来看，不再将"为他人谋取利益"作为受贿罪的客观要件，更为科学合理。

首先，国家工作人员收受他人财物，即使没有为他人谋取利益，其行为同样侵犯其职务的廉洁性。国家设立公务员职位，并给予较优厚的待遇，目的是保障国家管理活动的正常开展和国家工作人员职务行为的公正、廉洁。刑法规定受贿罪是防止国家工作人员因受贿而"破坏公务行为之纯洁"，"影响所及造成对于政府之不信赖与不满"。[①] 国家工作人员收受他人财物，即使没有为

① 蔡敦铭：《刑法分则论》，五南图书出版公司1984年版，第48页。

他人谋取利益，其行为同样侵犯其职务的廉洁性，同样损害了国家机关及其国家工作人员的形象和信誉，社会危害性甚至有过之而无不及。“被收买即使没有实施不正当行为，如果实施贿赂的收受，要求或期约，就会招致对职务公正的怀疑，因而有害廉洁性，所以，以此作为处罚的对象。”① 因此，为他人谋取利益不是判断行为是否侵犯国家工作人员职务廉洁性的标准。

其次，现实生活中长期经营型的行贿、受贿现象日渐增多。司法实践表明，随着犯罪向智能化、隐蔽化发展，受贿犯罪的表现形式也在发生深刻的变化，收受他人财物与为他人谋取利益行为之间的主观犯意联系日趋松散，以前为特定事项请托行贿的即期交易现象虽仍存在，但长期行贿、联络感情、建立关系，意在为以后办事打通关节、铺平道路的感情投资型贿赂大量出现，这种类型的贿赂主观犯意隐藏很深，国家工作人员收受他人财物与日后给予行贿方“帮助”的故意之间的联系并不十分密切，送钱的行为与为他人谋取利益的行为不一一对应，但其危害却比一一对应的行受贿更大，因为一一对应的行受贿所收买的仅是国家工作人员的一次行为，而长期感情投资型的行受贿所收买的则是国家工作人员的整个人和整个任职期间，因为他意在建立不分你我的密切关系，从而任何时间都能做到有求必应。

再次，将“为他人谋取利益”设置为受贿罪的客观要件将使那些收受他人财物却不为他人谋取利益的腐败分子逍遥法外。以国家工作人员利用职权收受他人财物与利用职权为他人谋利作为受贿罪的客观要件，就意味着国家工作人员利用职权收受他人财物后未应他人要求利用职权为其谋取利益的，不构成受贿。在现实生活中，这种行为比既收受财物又为他人谋取利益的行为的社会危害性更大，更严重地破坏了政府的形象。而且对这种行为不

---

① ［日］植松正：《刑法概论·各论》，经草书房1979年版，第69页。转引自马克昌、丁慕英主编：《刑法的修改与完善》，人民法院出版社1995年版，第260页。

作犯罪处理与一般公民对受贿的理解不一，在一般公民看来国家工作人员只要是利用职权收受他人财物就构成受贿。将“为他人谋取利益”作为受贿罪的客观要件，在实质上不恰当地扩大了受贿行为的内涵而缩小了其外延，从而放纵那些收受他人财物而未为他人谋取利益的腐败分子，且缺乏社会心理的认同，很不合理。

复次，证明国家工作人员“收受他人财物”与“为他人谋取利益”之间的牵连关系浪费了大量的司法资源。根据现行刑法的规定，司法机关必须证明国家工作人员“收受他人财物”与“为他人谋取利益”两个行为之间具有牵连关系，才能证明受贿罪成立。在被告人（犯罪嫌疑人）不承认两个行为之间的关系时，司法机关花费大量的人力、物力和财力，有时也很难证明“收受他人财物”与“为他人谋取利益”之间的牵连关系。

最后，不再将“为他人谋取利益”作为受贿罪的构成要件，不会混淆受贿与一般赠与的界限。受贿罪中的“收受他人财物”是以“利用职务上的便利”的方式非法收受的，而对一般赠与的收受则是基于情感等非职务原因，对二者的界限可通过国家工作人员与对方的关系等其他情节进行区分。另外，还可通过制定《国家工作人员接受馈赠管理办法》对国家工作人员接受馈赠的范围、最高限额及程序作出规定，规定接受正常馈赠与非法收受他人财物的界限。

因此，有必要修改受贿罪必须“为他人谋取利益”的要件规定。建议将刑法分则对受贿罪的规定修改为：“国家工作人员违反国家规定，利用职务上的便利索取或非法收受他人财物的，是受贿罪。”“国家工作人员接受馈赠的管理办法，由国务院另行制定。”“对犯受贿罪的，根据受贿犯罪的数额及情节，依照本法第三百八十三条的规定处罚。”“索取贿赂的，从重处罚。”“为他人谋取不正当利益的，从重处罚；构成其他犯罪的，数罪并罚。”

（二）共同受贿的司法完善

为准确有效地打击共同受贿犯罪，避免因司法工作本身的原因，轻纵受贿犯罪分子，从司法工作的角度，可以从以下几个方面进行改进：

1. 克服以人立案与以行政级别确定管辖对共同受贿查处工作的消极影响。贪污贿赂犯罪本身的特点，决定了在当今的侦查手段和司法体制下，以人立案的侦查模式及以行政级别确定管辖机关的管辖制度是必要的，但它们也确实给包括共同受贿在内的共同职务犯罪的查处带来了一定的消极影响。为此，可以通过制定这样一些内部工作制度来克服这种消极影响：（1）在有证据证明存在共同受贿时，应将分别立案的案件并案侦查或者并案移送审查起诉；（2）在有证据证明存在共同受贿时，应将分别立案的案件统一由级别最高的犯罪嫌疑人的侦查机关并案侦查或者并案移送审查起诉。

2. 禁止为提高立案、破案数而人为地将共同受贿案件分解为几个单独受贿案件。为提高立案、破案数而人为地将共同犯罪案件分解为几个单独犯罪案件现象的产生，与检察机关的考核评价制度有关。故建议完善有关考核评价制度：对于成功办理贪污、受贿等共同职务犯罪案件的，予以加分；对于将共同职务犯罪案件分解为单独犯罪的，予以减分。同时以办案纪律的方式规定，检察机关在查处国家工作人员共同职务犯罪时，应严格按照共同犯罪进行处理，不允许为提高立案、破案数而人为地将共同犯罪案件分解为几个单独犯罪案件。

3. 加强上级检察机关对下级检察机关的法律指导。为消除因对非国家工作人员能否与国家工作人员构成共同受贿问题上的分歧而给共同受贿案件查处工作带来的消极影响，使司法人员正确、全面地理解我国刑法关于身份与共犯的立法意旨，上级检察机关应通过加强对下级检察机关查处共同受贿案件工作的法律指导，使广大司法人员消除对刑法的错误理解。对于其他影响共同受贿案件查处的有关法律适用及事实把握方面的问题，上级检察机关同样应及时地进行业务指导。

4. 加大对检察干警的业务培训力度。司法实践中之所以会出现因对涉嫌共同受贿的案件在法律或事实上把握不准而以单独受贿处理或不作犯罪处理的情况，主要原因是有的检察干部业务素质有待提高。因此，要经常性地对检察干部进行业务培训，提高干部的法律适用水平和侦查办案水平。

5. 加强典型案例的宣传。上级检察机关应收集共同受贿的典型案例，进行分析、提炼，以案例参考的方式下发，供下级检察院学习借鉴。

（原载《中国检察》2003 年第 1 卷）

论回扣

1993年8月全国人大常委会通过的《反不正当竞争法》规定："经营者不得采用财物或者其他手段进行贿赂以销售或者购买商品。在账外暗中给予对方单位或者个人回扣的，以行贿论；对方单位或者个人在账外暗中收受回扣的，以受贿论。"至此，近几年来开展的对回扣利害功过问题的讨论，终于以法律的形式画上了重重的句号！

但是对回扣的不同认识，并不因法律作了明确规定而即行消除，而且这些不同认识还必将影响《反不正当竞争法》的贯彻实施。因此，对有关回扣的几个问题加以研究，明确其是非，是十分必要的。

一、回扣有利还是有害

在回扣利与害的讨论中，有利论者认为，回扣是商品流通的润滑剂，在采购原料、推销商品、疏通流通渠道、加快资金周转等方面都有积极的作用，因而主张对回扣松绑。有害论者认为，回扣使贿赂公行，假冒伪劣商品畅通无阻，扰乱社会主义经济秩序，因而主张严管。

必须指出的是，上述两种观点都主要是就账外暗中回扣而言，

而不是就“明示入账”的回扣而言，因为当前实际存在的回扣绝大多数是账外暗中的回扣，“明示入账”的回扣十分有限，且认识上也不存在多大的分歧，实践中谁也没有把它作为违法犯罪追究。

笔者认为，账外暗中回扣无疑是有害的，其危害性主要表现在：

（一）破坏公平竞争

公平竞争既是市场经济的法则，又是市场经济秩序得以维护的保障。商品竞争的基本内容一是产品质量；二是产品价格；三是服务质量。在产品质量、产品价格和服务质量面前应当人人平等，即任何生产经营者都必须靠优质产品、优质服务和适宜的价格取胜，而不是靠别的什么取胜，这就是“公平竞争”的基本内涵。只有实行公平竞争，才能实现优胜劣汰，促使社会劳动生产力和整个企业素质的提高。而账外暗中回扣，却扭曲竞争机制，其结果，一是假冒伪劣商品屡禁不止。因为回扣一方面促使造假，一些企业为了弥补高额回扣支出，就在假冒伪劣上下工夫。如医药工业目前平均利润为15%左右，而有的企业用于回扣就需20%。为避免亏损，且有赢利，就纷纷制造伪药、劣药。另一方面，回扣又促进了假冒伪劣商品的购销。销方往往以回扣开路，购方经办人则为个人获取回扣，不惜牺牲单位及消费者利益而予购买。一些地方因而出现名优产品销路不畅，假冒伪劣商品却畅通无阻的极不正常的现象。二是使国有企业处于不利境地。国有企业财务制度严格，开支需受税务、审计部门监督，无法支付回扣，故在市场竞争中往往不敌搞回扣的集体、私营企业，导致某些国有企业的萎缩和这些企业中工人阶级主人翁地位的动摇。三是严重影响社会劳动生产力和整个民族企业素质的提高。在回扣风影响下，各种回扣战迭起，商品竞争被扭曲为回扣竞争。如今年初召开的一次全国性医药交易会上，一些医药经销单位向客户亮出回扣明细表：订购100箱板蓝根回扣一台摄像机；订购600箱感冒通回扣奥迪100型轿车一辆，价值30万元；订购25万元药品奉送赴美国19天豪华考察名额一名，价值近4万元（见1993年6月的《钱江晚报》）。于是乎，回扣的高低成了购销商品的重要依据，它必然促使经营者把注意力放在打回扣战上，而不是放在提高产品质量、降低能耗和改进服务上。

（二）扰乱经济秩序

破坏公平竞争的结果必然扰乱经济秩序。但回扣对经济秩序的扰乱还不仅于此。例如，财务监督、照章纳税也是市场经济有序的必要条件，而账外暗中回扣却逃避了财务监督，虚增了开支，偷漏了税收。又如，"羊毛出在羊身上"，支付回扣必然导致商品价格上涨，从而损害消费者利益。

（三）败坏社会风气

回扣已成为不正之风和腐败的一个源头，它助长了一些人不靠真本事而靠歪门邪道、投机取巧发财致富的心理，推动损人利己思想和拜金主义的滋长和蔓延。

总之，账外暗中回扣不仅是个经济问题，而且是个政治问题，它是社会主义市场经济的大敌，社会主义精神文明的大敌，必须采取坚决而有力的措施加以禁止。

在回扣是利还是害的问题上，必须澄清以下模糊认识：一是片面标准论，即以局部利益作为评价回扣利与害的标准。就局部来说，回扣确是润滑剂，能疏导流通渠道，促进商品购销和生产发展。但就全局来说，其危害却十分明显。"三个有利于"标准是全局性的标准。那种对局部有利而对全局有害的行为是不符合"三个有利于"标准的。二是回扣自由论，即认为市场经济是自由经济，搞回扣是经营者的自由。其实，市场经济与计划经济的主要区别在于资源配置的方式，而不在于对经济活动的管理。在市场经济体制下，为了避免政府直接管理经济的功能弱化后可能

带来的混乱，必须采取经济、法制等手段强化对市场的管理，必须保障经营者的公平竞争。因此，对破坏公平竞争、扰乱经济秩序的回扣必须予以管束。那种认为“市场经济是自由经济”、“回扣自由”的观点是对市场经济的一种误解。三是客观必然论，即认为回扣是商品经济发展到一定阶段的产物，有其存在的客观必然性，当前回扣屡禁不止，愈演愈烈，皆由客观必然性使然。诚然，回扣是商品经济发展到一定阶段的产物，但它绝不具有规律性和必然性；它确是一种客观存在，但存在的未必都是合理的。在回扣盛行、竞争机制严重扭曲的情况下，谁不搞回扣，谁就有可能在商品竞争中失败，这是造成回扣愈演愈烈的根本原因。我们决不能因其大量存在而误认为具有客观必然性，更不能将其合法化。

二、收受回扣是否需“给国家、集体造成重大损失”才构成犯罪

根据全国人大常委会《关于惩治贪污罪贿赂罪的补充规定》的有关规定，在经济活动中收受回扣中饱私囊即属受贿。但去年以来，一些同志提出收受回扣需“给国家、集体造成重大损失”才构成犯罪，有些司法机关也作出类似规定，且该规定至今仍被一些司法机关所坚持和执行。笔者对这一观点不敢苟同，这除了本文第一个论题所述的回扣危害性外，还有以下理由：

（一）受贿罪侵犯的客体是公务活动的廉洁性，而非国家集体的经济利益

在经济活动中收受回扣中饱私囊，即对公务活动的廉洁性造成了侵犯，至于是否给国家、集体造成损失则在所不论。如果增加“给国家、集体造成重大损失”这一条件，就将受贿罪的危害从政治范畴降到了经济范畴。

（二）“重大损失”难以准确界定

因为“重大损失”存有歧义：如将“损失”理解为现有财产的减少，那不少回扣不会给国家、集体造成重大损失，因为从形式上看，回扣来自对方，而非来自收受人所在单位。如将“损失”理解为应得财产没有收到，那所有收受回扣中饱私囊的行为都给国家、集体造成了损失，因为它相对于将回扣交公入账来说，都减少了公家的应得收入。同时，“损失”仅指经济损失还是包括政治损失，也可有不同理解。此外，“重大损失”的标准很难界定，是五千元、一万元还是五万元、十万元？各自依据是什么？都值得研究。

（三）以“造成重大损失”作为定罪标准会放纵大批受贿犯罪

在近年来揭露和查处的收受回扣的案件中，明显给国家、集体造成损失的仅是少数。如“给国家和集体造成重大损失”的才能定罪，那多数受贿犯罪就会被放纵。

综上所述，认为收受回扣中饱私囊需“给国家、集体造成重大损失”才构成犯罪的观点，于法无据，于理不通。在强调严格执法、反腐倡廉的今天，是澄清这一模糊认识，剔除附加于法律之外的“条件”的时候了。

三、回扣对乡镇企业可否网开一面

党的十一届三中全会后，我国乡镇企业异军突起，在国民经济中占据了重要地位，这正为国人所公认。但对某些乡镇企业在经济活动中给予回扣行为，人们一直有不同认识。一种意见认为，该行为用行贿手段与国有企业争夺原材料与销售市场，扰乱经济秩序，同时，又拉人下水，是受贿犯罪的一个源头。如不予严肃查处，不仅难以有效地维护经济秩序，而且会出现“行贿的放鞭炮，受贿的坐监牢”的不公平现象，这无异于鼓励更多的人进行

行贿活动，促使受贿犯罪不断蔓延。只有标本兼治，既打击受贿，又打击行贿，既截“流”，又堵“源”，才能遏制受贿犯罪活动。另一种意见认为，我国十亿人口八亿农民，这是基本国情。要使广大农村实现工业化，既不能寄希望于城市提供大量资金并吸纳如此众多的劳动力，更不能走西方“圈地运动”和将农民赶入城市的剥夺之路，而必须依靠农村自身积累，使农民离土不离乡，就地成为工人，这只有依靠乡镇企业。因此，发展乡镇企业是中国农村工业化的必由之路。然而，在计划经济条件下，乡镇企业与国有企业是不平等的，其资金、技术、人才及原料来源、产品销售不像国有企业那样有计划保障，而全靠市场调节，这就迫使乡镇企业在经济活动中采取给对方回扣的手法去挖资金、技术、人才以及疏通供销渠道。这种现象主要是由计划经济体制造成的。解决这一问题的办法主要是深化经济体制改革，推进市场经济体制代替计划经济体制的进程，而一般不宜简单地以定罪处罚的办法去解决，否则，乡镇企业这一大块生机盎然的生产力就会窒息，中国广大农村的工业化也就无从谈起。

笔者认为，在计划经济条件下，后一种观点无疑是正确的，因为它体现了以经济建设为中心的思想与平等竞争的政策。在计划经济对乡镇企业与国有企业经济政策不平等的条件下，对乡镇企业在经济活动中的回扣问题网开一面，有利于实现乡镇企业与国有企业的公平竞争，有利于扶持乡镇企业的发展。从实际情况看，各地司法机关对于乡镇企业给予回扣行为也一般未以犯罪追究。

但是，随着经济体制改革的深化，计划经济体制正在转向市场经济体制，国有企业原所享有的计划给予的优惠条件正在失去，即无论是国有企业还是乡镇企业，都由市场配置资源。同时，我国乡镇企业的发展也已进入一个新的阶段，主要任务已不是量的扩张而是质的提高。随着上述情况的变化，对乡镇企业在经济活动中给予回扣的处理政策也要作相应调整。否则，如继续网开一面，就不仅破坏了公平竞争，而且还会保护落后，不利于乡镇企业素质的提高。据此，对乡镇企业为谋取不正当利益而在账外暗中给予回扣的行为，符合行贿罪构成要件的，要依法以行贿罪论处，绝不能为保护一个乡村、一个企业的局部利益而有法不依，放纵犯罪。上级司法机关要强化对回扣案件查处工作的监督，发现有法不依、执法不严或放纵犯罪的，要追究有关人员的责任。

（原载《人民检察》1994 年第 1 期）

也谈医生收受药品回扣的定性

《人民检察》2004年第8期刊发了《医生收取回扣是否构成受贿罪》一文，对医生收取回扣主要是药品（含医疗器材）回扣的定性问题进行了探讨，中国人民大学刑法学研究中心也专门就此召开学术座谈会进行研讨，主要有两种截然不同的意见：一种意见认为，临床医生不属于刑法规定的国家工作人员，医生处方行为是技术性的公共服务活动，而非职务性的公共管理活动，我国刑法也无关于医生利用处方权收受回扣购成犯罪的规定，因此，根据罪刑法定原则，不构成受贿罪。另一种意见则认为，医生开处方从表面上看是技术工作，但实质上是对药品的管理，因为医生不仅对药品的采购有建议权，而且对药品的使用有决定权，故应以受贿定罪。从报道情况看，多数的刑法学家持第一种观点。①

笔者认为，要对医生收受回扣行为正确定性，首先应搞清医院进药的流程及案件的基本事实。

从揭露的情况看，医院进药一般由药事委员会（各医院名称不尽相同）研究决定。药事委员会由院领导、药剂科领导、临床科室主任组成。药事委员会开会作购药决策时，一般先由科室主

① 赵秉志、廖万里：“医生利用处方权收回扣是否构成犯罪”，载中国刑事法律网。

任提出需购哪些药品（临床医生平时也可提出购药建议或购买临床特需药品的申请，并填写“临床特需药品申请表”），经集体研究后，由院领导决定。由于各科治疗的疾病不同，医院领导一般也仅专长于治疗某一方面疾病，而对治疗其他方面疾病不一定很懂，因而各临床科室及临床医生的购药意见一般会被尊重。至于购药的数量，则一般根据医院的销量而定。

为了将药品打入医院并多推销，厂商就千方百计与医院有关领导及医生搞好关系，商定药品购销中明示与暗中的回扣比例。其中给医生的回扣一般按其处方的用药量计算，医生主动提出购药建议或申请的，则回扣的金额就更高一些。

根据以上事实，笔者认为，医生收受药品回扣已构成受贿。

一、医生处方行为是医院药品购销活动的重要组成部分

应当承认，如果管理体制上医、药分开，病人看病后可凭医生处方到任何一地的任何一家药店配药，且医生处方时也不向病人推荐买哪家药店的药，那医院一般就不具有药品购销职能，医生的处方行为仅是运用自己的技术为病人治病的行为，而与药品购销无涉。但是，我们研究问题不能从抽象的概念出发，而必须从实际出发。当前的实际一是“医、药一体，以药养医”，即病人在哪家医院看病，就只能在这家医院配药；医院的药品利润和回扣（明扣）收入占医院总收入的大部分，较有名的医院则占绝大部分（根据典型调查，占85%以上），是医院生存发展和医生福利的主要经济来源。二是药品购销中回扣（包括明扣和暗扣）盛行。这是由于药品厂商多，有些药能被多个药厂生产、多个药商经销，有些病可用多种药治疗，替代药品很多，于是药品购销的竞争就十分激烈。为了在竞争中打败对手，许多厂商就使用回扣，特别是伪劣药品，厂商更是以高回扣为诱饵。在这样的大背景下，医院就具有药品购销的职能，管理人员和医生利用从事或参与药品购销活动之便收受回扣的情况较为普遍。与此相应，医

生的处方行为就既是运用技术为病人看病的行为，又是参与医院药品购销的行为，所行使的既是处方权，又是由处方权所派生的药品购销权。首先，医生处方行为是对药品进行选择的行为，所行使的是药品的选择权。[①] 由于医院工作的特殊性（后文论及），医院必须赋予医生一定的药品选择权，即赋予医生购药建议权，并在进药时对每类药一般都进若干品种（如感冒类药有“白加黑”、“康泰克”、“泰诺”、“板蓝根”等品种），以供医生选择。医生处方时选择药品，实际上就是参与医院的药品购销活动，对药品购销进行取舍，医生一旦选择了某一品牌的药品（如“康泰克”），就等于在该次临床业务上将购销活动的对象选择了生产经营该品牌药品（如“康泰克”）的厂商，并排斥了生产经营另外品牌药品（如“白加黑”、“泰诺”、“板蓝根”）的厂商。其次，医生的处方行为是对药品的销售行为，所行使的是药品的销售权。医院不是药品的最终消费者，其购药是为了销售给病人，以救死扶伤，实现社会效益，并产生利润，实现经济效益。而医生处方则是医院药品销售的必经环节。药剂科采购的药品，只有经过医生处方，才能销售给病人。医生处方时选择了某药品，就是为医院销售了一定数量的该药品。再次，医生的处方行为也是药品的采购行为，所行使的是间接的药品采购权。在医院药品购销中，购销二者是互为因果的：一方面，药房有哪些药，医生就开哪些药，即购决定销；另一方面，医生通过处方销出去了哪些药，医院就进哪些药，医生通过处方将哪些药销得多，医院就将这些药进得多，即销决定购。而在药品进入买方市场，销售竞争激烈的情况下，销更具有决定性意义，也就是说，医生通过处方销售药品的情况，是医院药事委员会购药和决策的最重要依据。因此，医生通过处方销药的行为，也是参与购药的行为，他们间接参与

① 严九闻：“医生收回扣应当以受贿论处”，载《浙江检察》2004 年第 7 期，第 11 页。

了药品的采购，间接行使了药品的采购权。至于提出购药建议或临床特需药品申请的医生，则更是直接参与了药品的采购，直接行使了药品的采购权。总之，在当前条件下，临床医生是医院药品购销链条中的重要一环，[①] 他们通过处方既直接决定着药品的销售，又间接（有的还直接）参与了药品的采购。正因为如此，医院厂商才千方百计地拉拢医生，给医生回扣，作为帮助推销药品的回报。

二、医生的药品购销行为属于公务行为

根据刑法第93条的规定，“从事公务”是国家工作人员的本质特征。而所谓“从事公务”，指的是代表国家对公共事务所进行的组织、领导、监督、管理等活动。据此，国有医院的领导人员、药事委员会成员、药剂科人员的药品采购活动属于对药品进行管理的公务活动，这在法学界当无异议。同理，国有医院医生的药品购销行为也应属于管理性的公务行为。

我们知道，医院的药品管理包括采购、保管、销售等环节。单就采购来说，它不像某些行业（如建筑）可以把物资采购权全部集中于管理人员，而必须将一部分权利授予医生，这是由医院的特殊性决定的。第一，疾病种类纷繁复杂，诊治工作专业性极强，医院管理人员不可能精通各种医术，通晓治疗各种疾病的应用之药，因而必须充分尊重各科医生的用药与购药意见；第二，药品的种类具有多样性，药品的性能具有差异性，而同种类药品的性能又具有某些相似性，医院必须给临床医生一定的选择空间；第三，医生用药治病，在不少情况下是个试探、纠错的动态过程，医生要根据用药后的病情发展变化决定后续用药；第四，医生用药关系重大，事关人的健康和生命。因此，医院必须授予医生用

① 严九闻：“医生收回扣应当以受贿论处”，载《浙江检察》2004年第7期，第11页。

药建议权、特需药品申购权和一定范围的用药选择权，并根据药品的实际销售情况来决定购药的品种和数量。因此，在现行医药管理体制下，临床医生既运用自己的一技之长为病人服务，又参与了药品管理，其工作是集公共服务与公共管理于一体的工作。

三、医生收受药品回扣所利用的不是处方权而是药品购销权

药品回扣究竟是与医生的处方权相联系，还是与医生的药品购销权相联系？

先看医、药分开体制下的情况。在医、药分开的体制下，医院一般不具有药品购销职能，病人凭医生处方可到任何一地的任何一家药店配药，医生处方所面对的是社会上不特定的众多药店，医生处方的结果虽与社会上众多药店的药品购销总量产生一定影响，但与某一特定药店的药品购销不发生必然联系。在这种情况下，医生的处方行为就不会派生出药品购销行为，其处方权也就不派生出药品购销权，因为权利的行使必须有具体对象，在没有具体对象的情况下，其药品购销的权利就不存在。就具体的任何一家药店来说，由于选择药店的权利在病人而不在医生，医生的处方结果与其药品的销售没有必然关系，不会必然地为其带来药品销售利润，因而药店不会也不可能给医生回扣。

再看医、药一体下的情况。在医、药一体的体制下，医生既有直接的药品销售权，又有间接或直接的药品采购权。但这是就一般而言，它也有少数例外，例如，在药品没有选择性的情况下，医生就不具药品购销权。因为在药品没有选择性的情况下，医生只要看这种病，就必须开这种药，也就是说，医生只有通过处方销售药品的义务，而无销售药品的权利，更无参与采购药品的权利。医生对药品没有选择权与购销权一般存在于以下两种情形：一种是某药品在医药市场上具有唯一性而无替代品，要治疗某种疾病就必须买该种药，而不能买其他药。在这种情形下，医院是否采购该种药，取决于医院是否收治这种病人，而不取决于医生

处方。由于厂商推销该药不具有竞争性，医生处方用药行为与厂商对该种药的销量没有关系，因而厂商无须给医生回扣。另一种是某药品在某医院里具有唯一性而无替代品（如某医院治感冒的药只有“康泰克”）。它说明，某药品厂商已成功地将自己的药品打入该医院，且成功地阻却了该医院进同类的其他药品（通常是重金收买医院药品管理人员所致）。在这种情形下，医生处方用药行为也与药品厂商能否推销该药品不发生影响，因而厂商也无须给医生回扣。相反，倒是其他同类药品厂商（如感冒药中的“白加黑”、“泰诺”、“板蓝根”厂商）有可能给医生行贿，以便医生向医院提出购药建议，从而使自己的药品打入该医院。

综上所述，药品回扣作为药品购销的回报，并不给予医生所有的处方行为。在医药分开的体制上，尽管医生天天开处方，但药商一般不会给予医生回扣；在医、药一体，以药养医的体制下，药品回扣也只给予那些能派生出药品购销权、参与医院药品购销并实际促进了药品厂商的药品销售、从而使厂商在激烈的竞争中带来较多利润的处方行为。再说，处方权的本质在于对症下药，至于用什么厂家生产的药则不属于处方权的范围，购销权的本质在于使用并购买有明确目标指向的生产厂家的药。当医生开处方时出于拿回扣的动机，有意地选用某一厂家的药时，已经不是处方权所能涵盖，而属于药品的购销权。因此，药品回扣并不与医生的处方权相联系，而与医生的处方权在特定条件下所派生出来的药品购销权相联系。医生收受回扣所利用的表面上似乎是处方权，而实际上是由处方权所派生的药品购销权。①

四、医生收受药品回扣以受贿定性有明确法律依据

一些学者认为，我国刑法中并无关于医生收受药品回扣以受

① 严九闻：“医生收回扣应当以受贿论处”，载《浙江检察》2004年第7期，第12页。

贿定性处理的规定，如以受贿定罪违反罪刑法定原则。笔者认为，刑法虽无关于医生收受回扣以受贿定性处理的直接规定，但对其以受贿处理并非没有法律根据。首先，医生作为国有事业单位的工作人员，利用其参与药品购销这一管理活动的职务之便，收受药品回扣，其行为完全符合受贿罪的特征。其次，暗中收受回扣归个人所有历来为我国法律所不允许，《刑法》第385条第2款规定："国家工作人员在经济活动中，违反国家规定，收受各种名义的回扣、手续费，归个人所有的，以受贿论处。"药品购销，是药品厂商与医院双方发生的经济活动，医院的药品购销活动，虽然有多环节组成，多人参与，但它总体上是作为药品的购方，与作为销方的药品厂商进行药品购销活动，这种活动当然属于刑法规定的"经济活动"。医生在参与药品购销的经济活动中收受回扣归个人所有，符合刑法的上述规定。再次，全国人大常委会于2001年2月28日修订通过、2001年12月1日起施行的《药品管理法》第91条第2款规定："医疗机构的负责人、药品采购人员、医师等有关人员收受药品生产企业、药品经营企业或者其代理人给予财物或者其他利益的，由卫生行政部门或者本单位给予处分，没收违法所得；对违法行为情节严重的执业医师，由卫生行政部门吊销其执业证书；构成犯罪的，依法追究刑事责任。"该法律修订于刑法修改之后，笔者理解，上述关于医师收受药品厂商财物"构成犯罪的，依法追究刑事责任"的规定，是刑法有关规定在药品管理领域的具体化。如若刑法本不蕴涵这一内容，那不能设想全国人大常委会会违反罪刑法定原则，作出以上规定。而国有医院医生收受药品厂商财物，构成犯罪的，在刑法中相应的罪名只能是受贿罪。

当然，由于医生收受药品回扣的情况较为普遍，且收受回扣较多的往往是医疗业务骨干乃至专家，因而在处理此类案件时，要注意运用多种手段，注重分化瓦解，以缩小打击面，扩大教育面。需要追究刑事责任的只能是收受回扣数额大的；明知药品伪劣，但为收受回扣而要求医院予以采购的；为收受回扣而给病人使用不对症药品，造成严重后果的；收受回扣造成其他严重影响的，等等。对收受回扣数额不大、情节一般，不是非定罪不可的，可在令其坦白交代、退出赃款的基础上，给予党、政纪等处分；情节较轻的，可令其具结悔过，或予批评教育。

（原载《人民检察》2004 年第 11 期）

略论介绍贿赂罪

介绍贿赂罪，是指在行贿人与受贿人之间进行穿针引线、勾通撮合，促使行贿与受贿得以实现的行为。介绍贿赂罪具有较大的社会危害性，应依法予以查处。但近年来被揭露和查处的行受贿案件不断增多，而查办的介绍贿赂案件却寥寥无几，有不少地方甚至从未查办过一起介绍贿赂案件。其原因之一，就是对介绍贿赂罪关注和研究不够。为了加强同介绍贿赂以至行受贿犯罪作斗争，必须加强对介绍贿赂罪的研究。笔者试就此略陈管见。

一

我国《刑法》[①] 第185条规定的贿赂罪，包含了受贿罪、行贿罪和介绍贿赂罪三个罪名。但1988年1月21日全国人大常委会通过的《关于惩治贪污罪贿赂罪的补充规定》（以下简称《补充规定》），仅对受贿罪和行贿罪作了补充，而对介绍贿赂罪未提及。据此，有观点认为：《补充规定》已取消介绍贿赂罪，之所以要取消，“是因为介绍贿赂可以分别作为行贿罪和受贿罪的教唆犯、帮助犯看待，没有必要规定独立的罪名”。

---

① 这里的《刑法》是指全国人民代表大会于1979年制定的《刑法》，而非现行《刑法》。

《补充规定》是否取消了介绍贿赂罪？回答应当是否定的。

首先，《补充规定》并不是对《刑法》的全面修正，而仅是对《刑法》有关贪污罪、贿赂罪的条文中规定得不够明确、合理或不适应新形势的部分作了补充和修改。在《刑法》和《补充规定》二者中，凡《补充规定》有补充或修改的，应以《补充规定》为准，《补充规定》未涉及和未被修改的部分，《刑法》的规定继续有效，而绝不能理解为被取消。

其次，介绍贿赂罪是一个独立于行贿罪和受贿罪的独立的罪名。因为：(1）从行为主体来看，介绍贿赂罪的主体既不属于行贿方，也不属于受贿方，而是独立于行受贿双方的第三者。而行受贿的教唆犯、帮助犯则分别与行贿方或受贿方结成一个统一的主体，属该统一主体中的一名成员，是共同行贿人或共同受贿人，而不是第三者。(2）从行为对象来看，介绍贿赂的行为对象是行受贿双方，而不是其中一方，而共同犯罪人的行为对象则只有行贿或受贿一方，各共犯之间不互成为对象。（3）从行为作用来看，介绍贿赂对行受贿双方都起帮助作用，他使有权者换到了钱，有钱者换到了权，双方都得利。而共同犯罪的帮助犯则只对主犯起帮助作用。(4）从行为后果来看，介绍贿赂使行受贿双方结成贿赂关系，而不是使自己参与其内的一方与他方结成行受贿关系。而教唆犯、帮助犯等共同犯罪的后果则是使自己参与其内的一方与他方结成行受贿关系，因为他们是共同行贿人或共同受贿人。总之，介绍贿赂人的性质类似于男女恋爱中的媒人，他既不属于男方，也不属于女方，而是一个独立的主体，他帮助男女双方结成夫妻关系，而不是使自己也参与结成夫妻关系。

二

如前所说，介绍贿赂罪，是指在行贿人或受贿人之间穿针行线、勾通撮合，使行贿和受贿得以实现的行为。根据这一概念，介绍贿赂罪有以下特征：

1. 介绍贿赂罪的客体是国家机关、企事业单位公务活动的廉洁性。很多人认为，介绍贿赂罪侵犯的客体是国家机关、企事业单位的正常活动。笔者以为不然。因为介绍贿赂罪的社会危害性主要是通过受贿人表现出来的，而受贿罪未必侵犯国家机关、企事业单位的正常活动。第一，有些受贿人获取贿赂后虽承诺行贿人的请托，但并未将承诺付之行动。在这种情况下，国家机关、企事业单位的正常活动并未受到破坏。第二，有的受贿人虽然利用职务之便为行贿人谋取利益，但并没有违反党和国家的有关政策、法律、规定。国家机关、企事业单位的活动仍按有关政策、法律、规定正常进行，并未因受贿而受到破坏。因此，侵犯国家机关、企事业单位正常活动的只有部分介绍贿赂罪，而不是全部介绍贿赂罪。而“国家机关、企事业单位公务活动的廉洁性”则恰当地反映了介绍贿赂罪的客体特征。

2. 介绍贿赂罪的客观方面表现为在行贿人和受贿人之间穿针引线、勾通撮合的行为。首先，介绍贿赂的行为对象是行、受贿双方，而非其中的一方，如行为人仅对其中的一方起帮助作用，则可成为行贿或受贿的共犯。其次，介绍贿赂的行为是多种多样的，如帮助行受贿中一方寻找、物色行为对象；将行受贿中一方的意图转达给另一方；组织行受贿双方见面、洽谈；说服、劝诱行受贿一方答应另一方的要求；当行受贿活动遇到某些障碍时进行调停、斡旋；帮行贿人转交财物给受贿人；等等。再次，介绍贿赂行为对行受贿的实现具有因果关系，不具有因果关系的不构成该罪。

3. 介绍贿赂罪的主体是一般主体，即一切有责任能力的人。单位不构成介绍贿赂罪，这有别于行贿罪和受贿罪。①

4. 介绍贿赂罪的主观方面是直接故意，且以促成行受贿实现

---

① 全国人大常委会于1988年1月21日通过的《关于惩治贪污罪贿赂罪的补充规定》规定，单位可以成为行贿罪、受贿罪的主体。

为目的。主观上不具有介绍贿赂故意，而是被蒙骗而介绍贿赂的，不构成介绍贿赂罪。至于介绍贿赂的动机，则可以多种多样，如有的为了非法取得财物或其他不正当利益；有的出于“情义”；有的为了讨好权势，等等。动机如何，不影响犯罪的成立。必须指出，1985 年最高人民法院、最高人民检察院《关于当前办理经济犯罪案件具体应用法律的若干问题的解答（试行）》将“为谋取非法利益”规定为介绍贿赂罪的主观要件。笔者认为是值得商榷的。因为《刑法》第 185 条关于介绍贿赂罪的规定，并无“为谋取非法利益”的要件，而“两高”《解答》却将它作为法定要件，已超越了司法解释的权限。况且，就社会危害性而言，不以谋取非法利益为目的的介绍贿赂案件，并不都比以谋取非法利益为目的的介绍贿赂案件小，如认为前者统统不构成犯罪，就会显失公平。因此，介绍贿赂罪的要件不应限于“为谋取非法利益”。当然，不同的情节，在处理时应予考虑。

三

认定和处理介绍贿赂罪，还应注意以下问题：

1. 要注意介绍贿赂的情节。《刑法》对介绍贿赂罪没有关于数额、情节等规定，[①] 但并不意味着只要实施了介绍贿赂行为就构成犯罪。而必须注意以下几个主要的情节：（1）介绍贿赂的数额。与受贿罪相适应，介绍贿赂罪也应将所介绍的贿赂的数额大小作为定罪的一个重要依据。由于介绍某一数额贿赂的危害性一般比收受同一数额贿赂的社会危害性小，因此，介绍贿赂罪的数领标准应以不低于受贿罪的数额标准为宜。（2）危害后果。这不仅指促成行受贿实现的后果，而且还包括介绍贿赂行为给国家、集体和公民个人利益造成的损失。对介绍贿赂数额虽未达定罪标准，但给国家、集体、人民利益造成严重损失的，也应追究刑事

---

① 现行刑法规定，介绍贿赂必须“情节严重”才能构成犯罪。

责任。(3) 在促成行受贿中所起的作用。介绍贿赂罪促成行受贿的实现，但在不同案件中所起的作用是有差异的。如有的行受贿双方本有行贿或受贿的意图，经介绍贿赂人的介绍“一拍即合”，而有的则由于介绍人竭力劝说、诱导后才得以促成；有的仅一般地牵线搭桥，有的则多次“游说”，并转交贿赂，等等。所起的作用越大，其社会危害性就越大。

2. 要注意行受贿人是否构成犯罪。介绍贿赂罪在有些情况下并不以行受贿人都构成犯罪为前提。例如，如果行贿人不是为了谋取不正当利益，或者因被勒索而行贿，没有获得不正当利益，则行贿人不构成犯罪，但介绍人有可能构成犯罪。但是，在某些情况下，介绍贿赂罪要受行受贿人是否构成犯罪的制约。主要表现在：(1) 在行受贿双方均因情节显著轻微，不构成犯罪的情况下，介绍贿赂人也不构成犯罪。而如果介绍人多次为多人介绍贿赂，其数额之和，达到或大大超过定罪标准，即使行受贿人均构不成犯罪，对介绍人也应以介绍贿赂定罪。(2) 在行贿人不构成犯罪、受贿人构成犯罪的情况下，如果是行贿人首先产生行贿决意，然后通过介绍人找到受贿人的，则介绍贿赂人不构成犯罪；但如果是受贿人首先产生受贿决意，然后通过介绍贿赂人的活动找到了行贿人，则介绍贿赂人可能构成犯罪。总之，应看介绍贿赂人主要帮助的一方是否构成犯罪，主要帮助的一方不构成犯罪的，介绍人也不构成犯罪；主要帮助的一方构成犯罪的，介绍人则一般可构成犯罪。提出上述观点的主要理由在于：介绍行为的社会危害性，总比他所主要帮助的行贿人或受贿人行为的危害性小，如受主要帮助的一方不构成犯罪，则帮助他的介绍贿赂人自不构成犯罪；受主要帮助的一方若构成犯罪，则帮助他的介绍人则可能构成犯罪。

3. 要注意划清几个界限：一要划清介绍贿赂与教唆贿赂的界限。主要看贿赂的故意是谁先产生的。是行贿人或受贿人自己产生的，则行为人是介绍贿赂；是行为人首先引起的，则是教唆贿赂。有的案件的行为人，既首先引起了行贿或受贿人的贿赂决意，后又帮助介绍贿赂，对其可按“从一重”原则，以教唆受贿（或行贿）罪从重处罚。二要划清介绍贿赂和诈骗的界限。有的行为人在答应他人介绍贿赂后，并未去实施介绍贿赂行为，却谎称“关系已打通，对方要好处费”，向行贿人骗取“贿赂”占为己有。由于行为人的目的不是为介绍贿赂，而是为借机骗取钱财，因而应以诈骗定罪。对于既介绍贿赂，又从中占有部分财物，构成犯罪的，应以介绍贿赂罪和诈骗罪并罚。三要划清介绍贿赂和居间活动的界限。居间活动，是指居间人在经济交往中居间介绍，帮助双方建立经济关系，从中取得报酬的行为。居间活动如纳入管理，则是合法的，应当予以保护。介绍贿赂与居间活动的区别，主要在主观目的和行为后果上。在主观方面，介绍贿赂明知所勾通撮合的是行受贿关系，而居间活动则明知所介入的是正常的经济关系。在行为后果上，介绍贿赂所促成的行受贿关系，所体现的是权和钱的肮脏交易，它不依据经济活动的“等价、有偿”原则，双方法律地位是不平等的。而居间活动促成的关系是平等主体间根据等价有偿原则所建立的经济关系。

（原载《法学》1990 年第 2 期）

略论巨额财产来源不明罪的科学性

自1988年2月21日全国人大常委会通过的《关于惩治贪污罪贿赂罪的补充规定》（以下简称《补充规定》）规定“巨额财产来源不明罪”以来，刑法学界和法律实务界都对该罪名的设立褒贬不一。这种认识上的分歧导致了司法实践上的裹足不前。因此，在经历了1989年动乱、全党全国进一步重视廉政建设和反腐败的今天，加强对巨额财产来源不明罪的研究，阐明其科学性，发挥该罪名在反腐败斗争中的作用，实为刑法理论界和法律实务界的共同任务。

一

马克思主义认为，立法“只是表明和记载经济关系的要求而已”。[①] 要研究、判断巨额财产来源不明罪是否科学，首先要看它是否反映和适应了经济关系的要求和社会发展的需要。

近年来，我国由于种种原因，贪污、受贿、投机倒把等经济犯罪十分严重。其中有些人“工资几十块，楼房高高盖”，“装饰超豪华，家具高档化，抽烟大中华”。他们利用职权，非法获取巨额不义之财，采取的是“天知、地知、你知、我知”的手法，

① 《马克思恩格斯全集》（第4卷），人民出版社1957年版，第122页。

因而“发现难、取证难、侦破难、定案难”。对这些案件，司法机关往往通过千方百计调查也无法查明其财产是用何种违法犯罪行为获取，因而无法追究其法律责任。同时，这一不正常状况又对其他人产生“示范效应”，刺激和推动更多的人去进行经济犯罪活动。经济犯罪严重扰乱国家公共管理秩序和经济秩序，破坏党和政府与人民群众的联系，危害社会政治稳定，而且成为敌对势力用来攻击我们党和政府的口实和依据，1989 年夏天的动乱，就是极少数别有用心的人，以反腐败为借口而实施的，对此，人们至今仍记忆犹新。同时，对经济犯罪难以给予有力惩治的严重事实说明，原有的法律手段已不能完全适应同这些经济犯罪作斗争的需要，不适应廉政建设和稳定大局的需要。它呼唤着共和国的权力机关创制一种法律制度——它不是通过查明当事人非法获取财物的具体方式来认定犯罪，而是通过查明当事人财产或支出明显超过合法收入这一财产状况来认定犯罪。这就是创制巨额财产来源不明罪的基本动因。因此，创制巨额财产来源不明罪，是强化惩治经济犯罪功能，加强廉政建设的需要；是密切党与人民群众联系，稳定大局的需要；也是纯洁国家公务员队伍，防止党和国家“自我毁灭”的需要。

需要指出的是，巨额财产来源不明罪并非我国内地首创。世界上不少国家和地区有类似立法的先例。以我国香港为例，该地区在 60 年代以前，贪污、贿赂盛行，警察部门尤甚，社会普遍不满。为此，政府于 1971 年颁布了《防止贿赂条例》，其中规定“任何人士，如属政府雇员或曾为政府雇员，所维持之生活标准，高于与其现在或过去薪俸相称之标准者，或所支配之财富或财产，与其现在或过去之薪俸不相称者，除非能向法庭作出圆满解释，说明其如何能维持该生活标准，或如何能支配该财富或财产，否则即属违法”，可判“罚款 50 万元及监禁 10 年”。该法律制度的建立，加上廉政公署的认真实施，政府公职人员贪污、贿赂的严重现象得到了较大程度的遏制，犯罪率连年下降，从而得到了香

港市民和国际舆论的好评。

总之，评价巨额财产来源不明罪的设立是否科学，必须以马克思主义法学为指导，必须紧密联系经济犯罪严重性及其危害的实际，必须倾听广大人民群众反腐败的强烈愿望和要求。否则，就难以得出正确的结论。

二

巨额财产来源不明罪的证据证明是否科学，这是争议较多的又一个问题。笔者认为，巨额财产来源不明罪的证据证明是科学的。

（一）财产或支出明显超过合法收入，差额巨大，是一种不依人们意志为转移的客观事实

以该客观事实定罪，符合“以事实为根据，以法律为准绳”的基本原则和“实事求是”的证据证明原则。

（二）当事人财产的来源除合法者外，只能是非法的

因为“合法”与“非法”这两个概念，属矛盾关系的概念，它们的外延互相排斥，构成了非此即彼、非彼即此的关系。当国家工作人员的财产或支出明显超过合法收入，差额巨大，本人又不能说明合法来源时，其差额部分的来源只能是非法的。这是科学的逻辑推论。

（三）对“非法”的认定是建立在确实、充分的证据之上的

毋庸讳言，认定巨额财产来源不明罪区别于认定其他犯罪的一个重要特征，就是当事人负有证明责任。有观点认为，刑事诉讼中证据证明的基本原则是控方负举证责任，而该罪却将举证责任倒置，由嫌疑人负举证责任，这违反了刑事诉讼证据证明的基本原则。笔者认为，首先，巨额财产来源不明罪由被告人负举证责任是有前提的，这个前提就是其存在着财产或支出明显超过合法收入、差额巨大的客观事实。如前所说，根据逻辑学常识，财

产不是来源于合法，就是来源于非法，当发现其财产或支出明显超过其合法收入且差额巨大，因而涉嫌来源于非法时，法律要求其说明财产的来源，是合理的，要求其说明的目的是让其协助控方正确核查其财产，防止在计算其合法来源的财产时有所遗漏。其次，嫌疑人所承担的举证责任是有限的，主要的举证责任还是由控方承担。即使嫌疑人不说明或说不明其超过合法收入的巨额财产的来源，司法机关也不能凭此径行定罪，而必须认真查明并核实该嫌疑人财产或支出明显超过合法收入、差额巨大的事实。根据该罪的犯罪构成，控方必须查明以下事实：(1)查明嫌疑人财产或支出的总额；(2) 查明嫌疑人合法收入的总额；(3) 核查嫌疑人关于财产“合法来源”的说明是否真实；(4) 算出财产或支出超过合法收入的差额。因此，认定该罪的依据仍然是司法机关查明的嫌疑人财产或支出超过合法收入差额巨大的事实，而不是嫌疑人对巨额财产的合法来源是否作出说明或说明得是否真实、准确。最后，让嫌疑人承担一定的举证责任与有罪推定中嫌疑人的举证责任是根本不同的：有罪推定中嫌疑人举证责任的主旨是嫌疑人如不能证明自己无罪就是有罪；而在巨额财产来源不明中，即使嫌疑人不能说明其巨额财产的合法来源，或虽作了说明，但经查证是虚假的，司法机关也不能据此即予定罪，司法机关据以定罪的仍然是司法人员查明的该嫌疑人财产或支出明显超过合法收入且差额巨大的事实。

(四) 认定巨额财产来源不明罪所运用的“间接证明”方法，是逻辑证明的一种科学方法

不可否认，现行刑事法律所规定的犯罪，除巨额财产来源不明罪外，都是运用“直接证明”的方法加以证明的。但是，“直接证明”并非逻辑证明的唯一方法，除它之外，还有“间接证明”。“间接证明”的特点是：摆出与原论题相矛盾的反论题，用一定的证据证明该反论题是虚假的，然后根据排中律，进一步证

明原论题的真实。认定巨额财产来源不明罪所运用的证明方法是，通过排除其巨额财产来源于合法的可能性，确认其巨额财产来源于非法的必然性。间接证明和直接证明都是逻辑证明的科学的证明方法，我们不能因为认定其他犯罪都用直接证明的方法，而对认定巨额财产来源不明罪所运用的间接证明方法的科学性表示怀疑。

三

巨额财产来源不明罪是否有科学的犯罪构成，这是评判该罪是否科学的又一个方面。笔者认为，巨额财产来源不明罪有科学的犯罪构成。

（一）巨额财产来源不明罪的主体是国家工作人员

根据刑法的规定，国家工作人员是指一切国家机关、企业、事业单位的工作人员和其他依照法律从事公务的人员。集体经济组织的人员不构成该罪的主体。法律之所以规定该罪的主体必须是国家工作人员，并不意味着非国家工作人员来源不明的巨额财产是合法，更不意味着法律面前可以不人人平等，而是因为国家工作人员系代表国家行使职权，他们掌管的职责关系到国家的各个重要方面，只有坚决惩治这些人员中的腐败，使之保持廉洁，才能防止政权蜕变，并带动其他工作人员的廉洁和社会风气的好转。

（二）巨额财产来源不明罪的客体是国家工作人员公务活动的廉洁性

国家工作人员担负着代表国家进行组织、领导、监督、管理等重要职责，他们应当模范地遵守法纪，廉洁奉公，全心全意为人民服务。如果他们拥有来源不明的巨额财产，就违背了国家工作人员和公务活动应当廉洁的义务，玷污了党和国家的形象和声誉。由于犯罪主体是国家工作人员，因而他们攫取这些说不明合法来源的巨额财产一定是凭借手中的职权，其结果也必然使公务活动的廉洁性受到侵犯。

（三）巨额财产来源不明罪的客观方面是财产或支出明显超过合法收入，差额巨大，本人不能说明其合法来源

一方面，财产或支出明显超过合法收入，差额巨大，当事人必然说不明其合法来源；另一方面，只有当事人说不明财产的合法来源，才能证明当事人财产或支出明显超过合法收入。故后者（指说不明合法来源）既是前者（指财产或支出确实明显超过合法收入，差额巨大）的必然结果，又是前者的必要条件。同时，“财产或支出明显超过合法收入，差额巨大”的题中应有之义，除当事人说不明合法来源外，还应包括司法机关既查不明合法来源，又查不明具体的非法行为。因为如查明了合法来源，即使当事人说不明，也不能认定“财产或支出超过合法收入，差额巨大”；如果查明了具体的非法行为，则按该非法行为直接确定相应的罪名即可，而不必去查究和认定财产或支出是否“明显超过合法收入，差额巨大”了。

有观点认为，财产的保密权是财产所有权派生的一种权利，财产所有人有拒绝说明财产来源的权利，故法律不应该让财产所有人说明其财产的来源。笔者认为，诚如所言，公民享有对财产保密的权利，但当他成为公职人员后，就有义务放弃该权利，以便使公众对其财产状况进行监督。故目前世界上不少国家都对公职人员特别是官员规定了财产申报制度。因此，法律要求国家工作人员在其财产或者支出明显超过合法收入、差额巨大的情况下，说明合法来源，是有理论根据的。根据法律规定，当有权机关对嫌疑人作出说明财产合法来源的“责令”后，当事人就负有说明财产合法来源的义务，因为“责令”是有权机关根据法律规定代表国家作出的，是国家意志和法律强制力的一种表现形式，如被责令者拒不说明（不作为）或说而不明（作为），就违背了法律

规定的义务。

还有观点认为，该罪的客观方面是非法获取财物，但非法的手段未被查明的行为。笔者认为值得商榷。因《补充规定》并未将“非法获取财物”作为罪状和构成要件；该罪的最大特点是以巨额财产来源不明的状态事实定罪，而不是以非法获取财物的行为定罪。如将“非法获取的财物”作为客观要件，不仅不符合法律规定，也不符合该罪的最大特点。同时，“两高”将该罪的罪名确定为巨额财产来源不明罪，这是有法律效力的。将“不能说明巨额财产合法来源”作为该罪的客观方面，与罪名相符。

（四）巨额财产来源不明罪的主观方面是故意

故意的内容表现为明知自己明显超过合法收入的巨额财产或支出来自非法，却掩盖其非法性。

综上所述，巨额财产来源不明罪的创制、证据证明及构成要件都是科学的，巨额财产来源不明罪具有科学性。当然，由于国家工作人员财产申报等制度尚未建立，使得该罪的适用缺乏配套的法律制度。因此，尽快制定有关法律、法规，使得巨额财产来源不明罪的适用具有可操作性，也是立法机关的当务之急。

（原载《浙江司法》1990 年第 4 期）

关于私分国有资产罪的几个问题

根据刑法第396条第1款的规定，私分国有资产罪，是指国家机关、国有公司、企业、事业单位、人民团体，违反国家规定，以单位名义将国有资产集体私分给个人，数额较大的行为。当前，该罪适用中有以下问题需要加以研究：

一、如何理解“国有公司、企业”

私分国有资产罪的主体是国家机关、国有公司、企业、事业单位、人民团体。如何理解“国有公司、企业”（以下简称“国有企业”）？当前主要有两种意见：一种意见认为指财产全部属于国家所有的企业，包括国有独资企业和国有全资企业。另一种意见认为除国有独资、全资企业外，还应包括国有控股企业，其主要理由是：在市场经济条件下，国有资本已冲破所有制樊篱，进行流动组合和优化配置，国有独资、全资企业已经很少，如果将国有控股企业排除在外，就难以实现刑法设立私分国有资产罪旨在保护国有资产的目的。

笔者认为，国有企业应指资产全部属于国家所有的企业。其理由是：第一，无论是根据宪法关于“国有经济即社会主义全民所有制经济”规定的精神，还是顾名思义，“国有企业”都应当

是资产全部属于国家所有的企业。在国有控股企业中，国家只对其出资的部分享有终极所有权，对非由其出资的部分则不享有终极所有权。虽然，国有控股企业中的国有资本对本企业依法具有控制力，但控制力仅作用于本企业的法人财产权和经营权，而不作用于所有权。第二，国有控股企业在实践中往往很难界定。因为企业是要多级投资的，在一、二级投资的企业中，国有资产占多大比重、该企业是否由国有资本控投还算得清楚，但当多级投资后，就很难算清企业是否由国有资本控股，因为如要算清是否由国有资本控股，就必须对各股东或投资主体的经济成分追根溯源，这是既费时费力也没有必要的事。目前，由于国有企业改革的时间还不太长，哪些企业属国有控股企业可能还比较清楚，但随着时间的推移和企业投资级数的增多，国有控股企业的界定就会越来越困难。在现实经济生活中，多级投资而成的企业往往只知道自己由哪个企业控股，而不知道是否由国有资本控股。第三，国家有关规范性文件都将国有企业与国有控股企业、国有参股企业作为并列的关系加以规定，如2003年5月27日国务院《企业国有资产监督管理条例》第2条规定："国有及国有控股企业、国有参股企业中的国有资产的监督管理，适用本条例。"可见，国有企业不包括国有控股企业。第四，最高人民法院《关于在国有资产控股、参股的股份有限公司中从事管理工作的人员利用职务便利非法占有本公司财物如何定罪的批复》规定："在国有资本控股、参股的股份有限公司中从事管理工作的人员，除受国家机关、国有公司、企业、事业单位委派从事公务的以外，不属于国家工作人员。"也就是说，在国有资本控股、参股的股份有限公司从事管理工作的人员中，只有受国有单位委派人员才是国家工作人员，而根据刑法第93条的规定，国有公司、企业中从事公务的人员，都是国家工作人员。可见，国有控股、参股企业均不属于国有企业。

二、如何界定“国有资产”

私分国有资产罪所私分的必须是国有资产。正确界定国有资产，是正确适用本罪的又一个关键。

最高人民检察院《关于人民检察院直接受理立案侦查案件立案标准的规定（试行)》规定：“私分国有资产罪案中的国有资产，是指国家依法取得和认定的，或者国家以各种形式对企业投资和投资收益，国家向行政事业单位拨款等形成的资产。”据此，国有资产主要包括以下三个方面：(1）国家依法取得和认定的资产。如国家通过交换或接受捐赠等所取得的资产；矿产、水流、森林、山岭、草原、荒地、滩涂、城市土地等由国家宪法认定属于国家所有的财产。[①]（2）国家以各种形式对企业投资和投资收益。(3）国家向行政事业单位拨款等形成的资产。

一般来说，国家机关、全额拨款的事业单位、人民团体中国有资产的认定不很困难，而企业和实行企业管理的事业单位中国有资产的认定则比较复杂。根据国家国有资产管理局、财政部、国家工商行政管理局《企业国有资产所有权界定的暂行规定》和国家国有资产管理局《国有资产产权界定和产权纠纷处理暂行办法》的规定，国有企业和实行企业化管理的事业单位中的下列财产属于国家资产：

1. 有权代表国家投资的部门和机构以货币、实物和所有权属于国家的土地使用权、知识产权等向企业投资形成的资产；

2. 企业运用国家资本金及在经营中借入的资金等所形成的税后利润经国家批准留给企业作为增加投资的部分以及从税后利润中提取的盈余公积金、公益金和未分配利润；

3. 企业依据国家规定或经国家批准用于投资或归还投资贷款的减免税金；

---

① 根据宪法规定，有的森林、山岭、草原、荒地、滩涂属于集体所有。

4. 企业依据国家规定或经国家批准用于归还投资贷款的利润；

5. 以国有单位担保，或实际上由国家承担风险，完全用国内外借入资金投资创办的或完全由其他单位借款创办的国有企业，其收益积累的净资产；

6. 企业接受馈赠形成的资产；

7. 国家银行、国家投资公司及其他国有金融经营单位用财政拨款和留用利润转入的信贷基金、投资基金、财政周转金及其他经营基金和资本金；

8. 企业用国有资产兼并、购买其他企业单位所取得的资产；

9. 在实行《企业财务通则》、《企业会计准则》以前，企业留利中提取的职工福利基金、职工奖励基金和“两则”实行后用公益金购建的集体福利设施；

10. 企业中党、团、工会组织等占用企业的资产（不包括以个人缴纳党费、团费、会费以及按国家规定由企业拨付的活动经费等结余购建的资产）。

11. 其他依法应属国有的资产。

可见，国有企业的国有资产在来源上，既可以来自国家投入、国家对企业应上缴税利的减免或企业接受馈赠，也可以来自企业利润的提留和积累；在种类上，既可以是货币或实物，也可以是知识产权或土地使用权。

为了正确界定国有企业中的国有资产，上述文件还规定了两条原则：一是“谁投资，谁拥有产权”原则；二是“排除法界定”原则，即凡“没有法律依据归集体、个人或外国政府、法人、公民所有的资产均属国有资产”。因此，在办案中，对所分资产难以在上述列举的11个方面对号入座的，还可根据该两个原则加以界定。界定有困难的，可由国有资产管理部门作出界定。

三、如何区分私分国有资产罪与贪污罪及其他违纪行为的界限

私分国有资产罪与共同贪污犯罪有时较难区分。有的认为应主要看分得赃款人数的多寡，凡分给单位每一个人或大多数人的是私分国有资产，分给少数人的是共同贪污；有的认为应看分配赃款行为的特点，凡分配行为在单位内部相对公开的是私分国有资产，分配行为隐秘的是共同贪污；还有的认为，私分国有资产罪与贪污罪法定刑悬殊，根据罪刑相称原则，对为首者得赃数额大的（对照两罪法定刑档次，可掌握在5万元左右），由于其已超出私分国有资产罪最高法定刑所能容纳的范围，因而应以共同贪污追究，对为首者得赃数额不大的，则定私分国有资产罪。

笔者认为，私分国有资产罪确有分得赃款人数较多、分配行为在单位内部较为公开等特点，但是，该两个特点仅是区别该罪与共同贪污的重要方面，而非本质方面。私分国有资产罪与共同贪污的本质区别在于：第一，有权决定者是为大家谋取非法利益还是为自己或极少数人谋取非法利益。因为“集体私分”是私分国有资产罪的重要特征，它既指私分主体的集体性，更指私分行为得益者的集体性。前者是因为私分只有经过决策机构集体研究决定，才算得上“以单位名义”；同时，决策者为了分散风险，也必然会与决策机构中其他成员通气研究。后者是因为它是集体私分的题中应有之义。私分行为获益者的集体性既可以是单位全体成员或多数人，也可以是某一层面的人（如中层以上干部或员工），它除了私分的决定者外，肯定还有较多的人。同时，在获益者是“多数人”或“某一层面的人”的情况下，其“多数”和“层面”的划定一般根据某个客观标准，如某年之前进入单位、某一职务以上，等等。因此，私分国有资产罪是有权决定者为大家谋取非法利益，且其“大家”范围的划定一般依据某一客观标准。而共同贪污犯罪则不然，它是有权决定者为自己或极少

数人谋取非法利益，其有权决定者及参与策划者的范围往往与分得赃款者的范围一致，且其范围的确定并非依据一定的客观标准，而是根据其共同贪污犯罪的需要。第二，分得赃款者是否具有共同的犯罪故意和行为。私分国有资产罪的决定者具有私分国有资产的共同故意和行为，但决定者之外的占多数的分得赃款者却不一定具有私分国有资产的故意和行为，有些甚至连钱款的来龙去脉也不清楚，只是被动地分得钱款而已。而共同贪污则不然，各分得赃款者主观上都有共同贪污的故意，即都明知自己在与各共同犯罪人一起进行共同贪污犯罪，客观上都参与实施了作为共同贪污有机组成部分的行为。

至于以为首者得赃数额多少来区分私分国有资产罪与共同贪污犯罪的观点，则是难以成立的。一是因为该两罪并不存在可以“从一重罪处断”的竞合关系，私分国有资产罪的为首者不管得赃数额多大，也不会转化为贪污罪，而只能以私分国有资产罪定性处理。二是私分国有资产罪与贪污罪之所以法定刑悬殊，不是在于犯罪数额孰大孰小，而是因为如前所说的前者是有权决定者为大家谋取非法利益，其主观恶性相对较小，后者是有权决定者为自己或极少数人谋取非法利益，其主观恶性相对较大。因此，以为首得赃者得赃数额多少作为区分两罪界限的观点既不符合刑法理论，又不符合立法原理。

除了私分国有资产罪与共同贪污犯罪的界限外，私分国有资产罪与违反财经纪律滥发“奖金”、“福利”的界限有时也较难区分。当前，在分配上，一些地方不仅国有企业之间悬殊，而且国家机关之间也差异甚大，其中有的属于正常，有的是分配政策不合理，有的是违反财经纪律，有的则可能是私分国有资产，因而必须正确加以区分。

笔者认为，要区分私分国有资产罪与违反财经纪律滥发钱款的界限，一看所分发的钱款是否属于国有资产；二看分发钱款是否违反国家规定。如果所分发的不属于国有资产，自无构成私分国有资产罪的可能；如果分发的是国家资产，则还要看分发行为是否违反国家规定，因为有的资产虽然属于国有，但按有关规定可以在限额内分发，如有的地方规定机关经费年度包干，节余部分一半结转下年，作为干部年终福利；有的地方政府考虑到企业遇到的特殊困难，决定将应上缴的利润留企业用于发展生产和发放工资，等等。如果钱款属于国有资产，分发行为又违反国家规定，则属于私分国有资产；如果钱款不属于国有资产，但分发行为违反国家规定，则属于违反财经纪律。

（本文写于 2004 年 12 月，未投往报刊）

国企改制中隐瞒国有资产案定性处理研究

近几年来，国有企业改制中国有资产流失的情况十分严重，其中国有企业负责人在改制中隐瞒国有资产是造成国有资产流失的一个重要方面。总结众多的隐瞒国有资产案件，主要有以下特点：第一，行为人是国有企业的负责人，其中有的是主要负责人，有的是管理层。第二，作案的手法是在资产评估机构评估拟改制企业资产时，利用职务上的便利条件，采取虚报债务、隐匿、转移资产等手段隐瞒国有资产，并骗取资产评估机构确认。第三，隐瞒的国有资产往往数额巨大，少则数十万元，多则数千万元。第四，资产被隐瞒的程序一般是：（1）行为人在自报拟改制的国有企业（以下简称“原企业”）资产时隐瞒资产；（2）为隐瞒资产而自报的虚构事实被资产评估机构确认；（3）资产评估机构写出评估报告；（4）资产评估机构的评估报告被企业改制的主管部门认可；（5）改制后的企业（以下简称“新企业”）按资产评估报告认定的原企业国有资产数额向财政局缴纳资产购买款；（6）新企业向国有资产管理部门办理所购国有资产的所有权转移手续。第五，企业改制后，行为人一般任新企业的负责人（有的是基于主管部门规定，有的是基于竞争与选举），并占据主要股份或较大股份。第六，原企业的人员有的只有少数人（主要负责人或管理层）成为新企业的股东，有的是多数人成为新企业的股东。第七，被隐瞒下来的资产一般转到新企业，而不分给股东个人。例如，某市云台粮食管理所系国有企业，2000 年 5 月，经政府主管部门批准，该所转制为个人出资的有限责任公司，并委托一资产评估机构对该所资产进行评估，评估所需报表、资料由粮管所提供。粮管所长王某根据自己的业绩、威信及财力，估计自己成为改制后新企业的大股东、董事长没有问题，就与副所长陈某、财务科长连某研究，采取虚报债务、隐匿资产等手法，共隐瞒国有资产 300 万余元。资产评估中，评估人员对虚报的债务予以确认，对瞒报的事实未能发现。同年 9 月 1 日，评估机构上交了评估报告，认定云台粮管所资产为 700 万元。同年 9 月 20 日，市有关主管部门认可了该评估报告，并决定按该评估价出让该粮管所的国有资产。与此同时，粮管所经竞争和选举，王、陈成为新企业大股东，分别被选为董事长、副董事长。随后，粮管所向主管部门上报了企业改制实施方案，确定改制后的粮油食品有限责任公司由王某等 20 人出资，其中王、陈、连各占股份 30%、20%、10%。该方案被批准。11 月 20 日，有限责任公司向市财政局交清了国有资产购买款 700 万元。案发时，资产所有权转移手续尚在办理之中。

对企业改制中隐瞒国有资产案件如何定性处理，当前主要有以下五种意见：第一种意见认为应定贪污罪。主要理由是：行为人是国有企业的负责人，属国家工作人员，符合贪污罪的主体要件；行为人利用职务之便，采取虚报债务、隐匿资产等手法骗取资产评估机构确认，隐瞒国有资产，且数额巨大，其行为符合贪污罪的客观要件；行为人在新企业占有主要股份或较多股份，因而对隐瞒下来的资产占有主要或较多份额，主观上具有非法占有国有资产的故意。第二种意见认为应定私分国有资产罪。主要理由是：行为人隐瞒国有资产的目的是为企业改制中各股东减少购

买国有资产的货币支出，而减少货币支出等于私分了国有资产；同时，被隐瞒的国有资产事实上也不全归行为人个人所有，而归新企业所有股东所有，因而不符合贪污罪的特征，而符合私分国有资产罪特征。第三种意见认为应定妨害清算罪。因为妨害清算罪是指公司、企业进行清算时，隐匿财产、对资产负债表或财产清单作虚伪记载或者在未清偿债务前分配公司、企业财产，严重损害债权人或者其他人利益的行为。企业改制中对国有资产进行评估就是对企业国有资产的清算；行为人虚报债务、隐匿资产的行为属于“对财产清单作虚伪记载”；隐瞒国有资产的行为严重损害了国家这个国有资产所有人的利益。故完全符合妨害清算罪的特征。第四种意见认为应定国有公司、企业人员滥用职权罪。因为根据1999年12月25日全国人大常委会通过的刑法修正案，国有公司、企业、事业单位人员滥用职权罪是指国有公司、企业、事业单位的工作人员滥用职权，造成国有公司、企业、事业单位破产、严重亏损，致使国家利益遭受重大损失的行为。隐瞒国有资产案件的行为人在国有企业改制中为了新企业的利益以及个人利益，滥用国有企业负责人的职权，采取虚报债务、隐匿资产的手法，隐瞒国有资产，使国家财产遭受重大损失，其行为符合国有公司、企业人员滥用职权罪的特征。① 第五种意见认为不构成犯罪。因为无论是贪污罪还是私分国有资产罪，都要将所隐瞒的国有资产归个人所有，所不同的只是贪污罪是归个别人所有或少数参与隐瞒的各共同贪污人所有，私分国有资产罪则是归较多的个人所有，而隐瞒国有资产案所隐瞒下来的国有资产都转到了改制后的新企业，成为新企业资产的组成部分，归新企业所有，而没有归行为人个人或分给各股东，因而与贪污罪或私分国有资产罪的特征不符。同时，隐瞒国有资产案主观上纯粹是为了新企业

① 参见成鉴清：“在公司改制中隐瞒国有资产应定何罪”，载《人民检察》2004年第5期，第25页。

特别是个人的利益，客观上所采取的是贪污的手法，因而与主观上主要为所清算企业利益的妨害清算罪，与主观上徇私、客观上滥用职权为特征的国有公司、企业人员滥用职权罪的特征也不符。这属于改革中出现的新情况，刑法中尚无合适罪名，根据罪刑法定原则，难以定罪追究刑事责任。

在各地司法实践中，对此类案件分别以上述五种方式处理的情况都有，其中以贪污罪、公司、企业人员滥用职权罪和无罪处理的居多，可谓五花八门。

笔者认为，首先，隐瞒国有资产案件构成犯罪。国有企业负责人利用企业改制之机，为了改制后新企业股东特别是个人的利益，利用职务之便，采取虚报债务、隐匿资产等手法隐瞒国有资产，造成国有资产重大损失，其行为侵犯了国家对国有资产的所有关系，破坏了以国有经济为主导的社会主义经济基础，具有严重的社会危害性。同时，在这几年国有企业改制中，这种行为已成为造成资产流失的一个重要方面。如不对其以犯罪追究，而仅以退出非法所得了事，就无以遏制国有企业改制中的这股歪风，无以保护在社会主义经济中占主导地位的国有经济。因此，必须也应当以犯罪追究。

其次，隐瞒国有资产案不构成妨害清算罪。妨害清算罪是指公司、企业进行清算时，隐匿财产，对资产负债表或者财产清单作虚伪记载或者在未清偿债务前分配公司、企业财产，严重损害债权人或者其他人利益的行为。(1) 根据我国公司法的规定，妨害清算罪发生于公司、企业清算中，而公司、企业清算仅适用于公司、企业因不能清偿到期债务被依法宣告破产和因法定事由被解散这两种情形，而本案却发生于国有企业因改制而对资产进行评估的过程中，因而与妨害清算罪的适用范围不符。(2) 根据我国公司法的规定，在清算时，“公司财产能够清偿公司债务的，分别支付清算费用、职工工资和劳动保险费用，缴纳所欠税费，清偿公司债务”，公司财产在未按该规定清偿前，“不得分配给股

东”。据此，妨害清算罪中“严重损害债权人或者其他人利益”，是指严重影响债权人债权的清偿，清算费用、职工工资和劳动保险费用的支付以及所欠税费的缴纳等情形。因此，它所损害的是债权人、清算组、企业职工以及国家等多方面的利益。而企业改制中隐瞒国有资产行为所损害的却完全是国家的利益。(3) 妨害清算罪中隐匿财产或在清偿债务前分配财产的目的，一般是为了原企业的股东、职工或部分债务人的利益。而企业改制中隐瞒国有资产却不是为了原企业股东、职工的利益，而是为了改制后新企业股东特别是行为人个人的利益。因此，企业改制中隐瞒国有资产的行为不符合妨害清算罪的特征。

再次，企业改制中隐瞒国有资产的行为也不构成公司、企业人员滥用职权罪。(1) 公司、企业人员滥用职权罪不属于目的犯，即不属于以实现某种目的作为主观构成要件要素的犯罪。因此，行为人并不具有通过自己行为给公司、企业和国家利益造成重大损失的直接追求。而隐瞒国有资产案的行为人却以非法占有国有资产为目的，是典型的目的犯，使国有资产遭受损失是行为人的直接追求。(2) 公司、企业人员滥用职权罪的客观行为是滥用职权，它与国有资产重大损失间的关系是“造成”和“致使”的关系，即前者“造成”和“致使”后者，而不是把行为直接指向国有资产，对国有资产进行直接的侵犯。在因徇私而滥用职权的情况下，私利之所得与国有资产之所失并不等量，前者往往小于后者，而隐瞒国有资产案的行为人却把行为直接指向国有资产，对国有资产的所有关系实施直接的侵犯，并对其进行等量平行转移，即把国有资产等量地、平行地非法转到行为人个人或转制后的私营企业。(3) 公司、企业人员滥用职权罪以造成一定的危害结果为成立要件，即只有造成公司、企业严重损失，致使国家利益遭受重大损失才成立犯罪，因而不存在犯罪预备、未遂、中止的形态，而隐瞒国有资产案不以造成某一具体犯罪结果为条件，有可能存在犯罪预备、未遂、中止的形态，在情节严重的情况下，即使未遂也应予以处罚。(4) 公司、企业人员滥用职权罪侵犯的客体是公司、企业的管理秩序，而隐瞒国有资产案除侵犯公司、企业管理秩序外，更重要的是侵犯国家对国有资产的所有权。因此，本案不符合公司、企业人员滥用职权罪的特征。

那么，本案是否构成贪污罪或私分国有资产罪呢？要回答该问题，必须先搞清以下三个问题：

一、隐瞒的国有资产究竟是被新企业非法占有还是被行为人等股东非法占有？

一些人认为，隐瞒国有资产案件的行为人主观上以改变所隐瞒的国有资产所有关系为目的，客观上采取弄虚作假的手法隐瞒国有资产，实现转移该资产所有权的目的，其主、客观方面都与贪污罪、私分国有资产罪较为相似，但是，由于所隐瞒的国有资产转到了改制后的新企业，归该企业所有，而没有落入行为人等股东的腰包，因而难以贪污罪或私分国有资产罪定性，而只好以找出路的方法，改按其他罪名处理。可见，要明确该类案件能否定贪污罪或私分国有资产罪，搞清隐瞒下来的国有资产究竟是被新企业非法占有还是被行为人等股东非法占有是关键。

笔者认为，隐瞒下来的国有资产表面上是被新企业非法占有，实际上是被行为人等股东非法占有。这是因为：(1) 行为人等股东已按股份少交了被隐瞒资产的购买款。如前所说，当原企业上报的国有资产数额被资产评估机构确认并被主管部门认可后，行为人等新企业股东就要按各自在新企业中的股份，出资缴纳国有资产购买款，以便国家用该款进行再投资和原企业职工的社会保障。在部分国有资产被隐瞒的情况下，行为人等新企业股东在购买国有资产时就可以少付被隐瞒的那部分国有资产的价款。以本文开头所举案件为例，云台粮管所的资产如不被隐瞒，应是 1000 万元，改制时新企业股东购买国有资产就要出资 1000 万元。由于有 300 万元被隐瞒，资产评估机构评估为 700 万元，因而新企业

股东购买国有资产就只要出资700万元，从而少付300万元。行为人王某在新企业占有30%的股份，他购买国有资产时就少出资90万元。其他股东也都按所占股份少付了300万元中相应数额的价款。稍懂数学的人都会明白，新企业各股东少付出300万元与得到300万元，王某少支出90万元与得到90万元是否具有相同的意义。诚然，隐瞒下来的实物形态的国有资产仍在新企业，而未分给股东个人，但是，价值形态的该部分国有资产却已在支付国有资产购买款时被各股东占为己有。（2）即使隐瞒的资产归新企业，其股权也属于股东。因为改制后的新企业为有限责任公司，根据公司法规定，股东对公司财产享有资产受益、重大决策和选择管理者等权利，公司对公司财产享有法人财产权。因此，尽管隐瞒下来的实物形态的国有资产属于企业，但股东们按份额享有各自的股权，享有对这部分资产的受益权，而该权利并没有支付对价，因而是非法享有的。

当然，隐瞒下来的资产案发时也有尚未转入新企业的情况，如有的应收款尚未收回；有的隐匿后被以个人名义存入银行，或被转移、延宕在外。但是，案发时尚未转并不等于行为人不想转，改变所隐瞒资产的所有关系，是行为人一切行为的目的所在，只不过由于时间上来不及等原因而未转罢了。因此，要在查清行为人主观故意的基础上正确予以认定：对资产已在行为人掌握、控制之下，且有证据证明行为人意图个人占有的，应按行为人个人占有认定；对难以认定行为人个人占有的，一般可视为归新企业，按新企业股东占有认定。提出这一观点的理由是：（1）国家对该资产已完全失去控制；（2）新企业中除行为人之外的其他人对该资产均不知情，行为人如想个人占有较为容易；（3）行为人隐瞒国有资产不是为了个人，就是为了由自己持大股的新企业（为了新企业归根结底又是为了以自己为首的股东），二者必居其一，不可能存在既不为个人又不为新企业的情况。（4）企业改制时原企业债权、债务均由新企业承接，如果行为人不打算个人占有该

资产，以行为人为首的新企业完全有权主张该资产的权利并实际取得该资产。

二、如何划清共同贪污犯罪与私分国有资产罪的界限?

明确了隐瞒下来的国有资产总体上系归行为人等股东享有受益权，是否意味着对隐瞒国有资产行为均可按贪污罪定性？否。因为从犯罪特征看，私分国有资产罪以非法占有为目的，客观上为获取私分的钱款也会采用虚报债务、隐匿资产等手段；从案件实际看，隐瞒国有资产有的由个别人决定，有的则由单位领导机构集体决定，所隐瞒的资产有的被个别人或极少数人非法占有，有的则私分给较多的人。因此，隐瞒国有资产案件有的是贪污，有的则属私分国有资产，这就需要我们搞清在什么情况下是贪污，在什么情况下是私分国有资产，即划清共同贪污犯罪与私分国有资产罪的界限。

由于共同贪污犯罪与私分国有资产罪某些特征相似，因而当前对如何划清二者界限问题存在不同认识：有的认为应主要看得赃人数的多寡，凡分给少数人的是共同贪污，分给单位每一个人或大多数人的是私分国有资产。有的认为应看分配赃款行为的特点，凡分配行为隐秘的是共同贪污，分配行为在单位内部相对公开的是私分国有资产。还有的认为应看为首者得赃数额的大小，凡得赃数额大的（5万元以上）是共同贪污，得赃数额小的是私分国有资产，这是因为两罪法定刑悬殊，对照的两罪法定刑档次，得赃数额在5万元以上的，由于其已超出私分国有资产罪最高法定刑所能容纳的范围，根据罪刑相称原则，应认定为共同贪污。

笔者认为，共同贪污犯罪与私分国有资产罪的主要区别在于：第一，决策者是为自己或极少数人非法谋取利益还是为大家非法

谋取利益。[①] 因为“集体私分”是私分国有资产罪的重要特征，它既指决定私分主体的集体性，即私分经决策机构集体研究决定（从实际情况看，私分的决策者为了分散风险，避免个人承担责任，也往往会与决策机构中其他成员通气、研究），更指私分对象的集体性，即将国有资产私分给单位全体成员或多数人。因此，在私分国有资产罪中，私分对象除了私分决策者外，还有单位内部较多的人；同时，在私分对象是“多数人”的情况下，其“多数”的划定，必然根据某一客观事实，如某年之前进单位等。而共同贪污犯罪则不然，它是决策者为自己或极少数人非法谋取利益，其决策者及参与策划者的范围往往与分得赃款者的范围一致，且其范围的确定并非依据一定的客观事实，而是根据共同贪污犯罪的需要。第二，分得赃款者是否具有共同的犯罪故意和行为。在私分国有资产罪中，决策者之外占多数的分得赃款者未必具有私分国有资产的故意和行为，有些甚至连钱的性质和来龙去脉也不清楚，只是被动地发到单位的所谓“奖金”、“福利”而已。而共同贪污则不然，各分得赃款者主观上都有共同贪污的故意即明知自己在与其他人一起进行共同贪污犯罪，客观上都有共同贪污行为，即都参与实施了作为共同贪污有机组成部分的行为。第三，分配赃款行为在单位内部是隐秘还是相对公开。私分国有资产罪是“以单位名义”进行的，因而在单位内部较为公开，不仅私分对象知道单位发过钱，而且私分对象范围外的人也往往知道单位发过钱，只是由于自己不符合某种条件，因而未能发到。而共同贪污则必然偷偷进行，讳莫如深，除参与策划并分得赃款者外，绝不让外人知情。总之，根据上述三个方面，就不难划清二者的界限。

至于以为首者得赃数额多少来区分共同贪污犯罪与私分国有

---

① 参见黄祥青：“私分国有资产罪与贪污罪以及其他违纪行为的界限”，载《人民法院报》2004年1月12日第3版。

资产罪的界限的观点，则是难以成立的。这一是因为该两罪并不存在可以“从一重处断”的竞合关系，私分国有资产的为首者不管得赃数额多大，也不会转化为贪污，而只能以私分国有资产定性处理。二是贪污罪与私分国有资产罪之所以法定刑悬殊，不是在于个人所得数额孰大孰小，而是因为前者是决策者为自己或极少数人非法谋取利益，其主观恶性较大，后者是决策者为大家谋取利益，其主观恶性相对较小。

根据上述关于共同贪污与私分国有资产的三方面区别以及前述的隐瞒下来的国有资产一般转入新企业归股东所有的实际，可以得出如下结论：凡原企业中只有隐瞒国有资产的参与策划者、知情者等极少数人成为新企业股东的，应认定为共同贪污；凡原企业中所有人或者根据某一标准划定的多数人是新企业股东的，应认定为私分国有资产。

三、如何区分贪污罪、私分国有资产罪的既遂与未遂以及何种未遂应予定性处罚?

划清了共同贪污犯罪与私分国有资产罪的界限，就搞清了隐瞒国有资产案件何者定贪污罪，何者定私分国有资产罪。但是，贪污罪和私分国有资产罪作为以发生一定结果作为既遂要件的直接故意犯罪，都有可能存在犯罪未遂形态；同时，企业转制是一个过程，行为人将国有资产转为个人或一些人非法占有也有一个过程，很有可能由于意志之外原因而使犯罪呈现未遂状态。因此，要对隐瞒国有资产案件正确定性处罚，还需研究如何区分贪污罪和私分国有资产罪的既遂与未遂问题。

由于改制中采取隐瞒国有资产手法所实施的贪污罪和私分国有资产罪都以改变国有资产所有关系为目的，且其改变的手法和程序基本相同，因而该两罪既遂与未遂的区分标准并无二致，故笔者在这里侧重于讨论贪污罪既遂与未遂的区分。

由于贪污罪与盗窃罪主观目的的相似性，故研究贪污罪的既

遂与未遂的界限可以借鉴和移植盗窃罪。当前，对盗窃罪既遂与未遂的界限，主要有接触说、取得说、转移说、失控说、控制说、失控加控制说等多种观点，而以控制说为通说。结合贪污罪的特点，当前对贪污罪既遂与未遂的界限主要有两种观点：控制说与所有权转移说。控制说认为，应以行为人是否已经实际控制所贪污财物为标准判断贪污的既遂与未遂。所有权转移说认为，应以行为人所贪污的财物所有权是否已经转移为标准判断贪污的既遂与未遂。所有权转移说的基本理由是：贪污罪与盗窃罪都以非法占有为目的，而刑法中的“非法占有”与民法中的“非法所有”同义，即排除所有人对财物占有、使用、收益、处分的权利，而使这些权利为行为人自己享有。通俗地说，就是使行为人自己享有与财物所有人一样的权利。据此，盗窃罪可以控制说作为区分既遂与未遂的标准，因为行为人控制了财物，就排除了原所有人的所有权，自己就享有了所有权。而贪污罪则不然，因为有些财产原本就在行为人的合法管理之下，合法管理与非法控制有时较难区分，特别是贪污体积大的财物和不动产，其“非法占有”的故意往往较难认定，因此，当贪污需要经过登记才能转移所有权的财产时，必须经过登记即办理了产权转移手续，才能认定贪污既遂。

笔者认为，所有权转移说值得商榷。因为第一，办理所有权转移手续（如登记）是某些财产合法转移的必经程序，而贪污罪的行为人对财产所有权是非法转移，不能适用合法转移的标准。第二，非法转移所有权，往往难以办成登记等财产转移手续。例如，行为人贪污单位的房屋、汽车，其所有权转移手续就往往较难办成，因为行为人必须向登记机关提供原所有权证书和所有权据以转移的有效证明。如果以所有权转移作为区分贪污既遂与未遂的标准，就会使一些本属既遂的贪污犯罪难以认定为既遂。第三，刑法中的“占有”虽不同于民法中的“占有”，而与民法中的“所有”相近，[1] 但笔者认为，它与“所有”还存在一定的区别：刑法中的“非法占有”，行为人在主观上是想“非法所有”，即排除所有权人对财物占有、使用、收益、处分的权利，而将这些权利转归自己行使，但在客观上，却未必能全部享有所有权的四项权能。例如，贪污罪行为人想出卖贪污所得的房屋，由于其未能办出房屋的所有权证书，因而其出卖就会遇到一定的困难。易言之，其所有权特别是处分权的行使会受到一定的限制，而不可能像处分合法财产那样方便。因此，刑法中的“占有”，侧重于强调对财物的有效支配，即行为人能像支配自己所有的财物那样支配犯罪所得的财物，而不要求将犯罪所得的财物在客观上“占为己有”，并办理所有权转移手续。最高人民法院关于偷开汽车行为是否构成盗窃罪的司法解释的前后变化，就说明了这一点。1984 年和 1992 年的司法解释规定：对偷开汽车行为，以非法占有为目的，变卖或者留用的，应定盗窃罪；为进行其他犯罪活动，偷开汽车当犯罪工具使用的，可以按其实施的犯罪从重处罚；为游乐，多次偷开汽车，并将汽车遗弃，严重扰乱工作、生产秩序，造成严重损失的，可以扰乱社会秩序罪论处；为游乐，偶尔偷开汽车，情节轻微的，可以不认为是犯罪，应当责令赔偿损失。而 1998 年的司法解释则规定：为盗窃其他财物，盗窃机动车辆当犯罪工具使用的，被盗机动车辆的价值计入盗窃数额；为实施其他犯罪盗窃机动车辆的，除将偷开的机动车辆放回原处或者停放到原处附近，车辆未丢失者外，以盗窃罪和所实施的其他犯罪实行数罪并罚；为练习开车、游乐等目的，多次偷开机动车辆，并将机动车辆丢失的，以盗窃罪定罪处罚；偶尔偷开机动车辆，情节轻微的，可以不认为是犯罪。可见，前两次司法解释对“非法占

---

[1] 陈兴良教授认为，刑法中的“以非法占有为目的”与民法中的“以非法所有为目的”相同，不存在什么区别。参见陈兴良：《当代中国刑法新境域》，中国政法大学出版社 2002 年版，第 673 页。

有”限制较严，比较强调行为人对汽车是否“占为己有”，后一司法解释对“非法占有”限制较宽，[①] 侧重于强调行为人对汽车的有效支配，而不坚持是否“占为己有”。司法解释之所以有此变化，笔者理解是因为，在盗窃行为已使财物所有人失去对财物控制的情况下，所有人的合法权益已经受到侵害，社会危害性已经发生，在这种情况下，如对“非法占有”限制太严，就不利于对犯罪既遂的认定和对犯罪的打击。可见，将刑法中的“非法占有”理解为“非法占为己有”，并进而认为贪污罪的既遂要以办理了所贪污公共财物所有权转移手续的观点，并不一定符合法律精神。

笔者主张以控制说作为区分贪污罪既遂与未遂的标准。因为控制说符合刑法区分犯罪既遂与未遂的基本理论。我国刑法理论对犯罪既遂与未遂的区分标准主要有犯罪目的说、犯罪结果说、犯罪构成说三种观点，其中犯罪构成说为通说，所谓犯罪构成说，就是以犯罪构成要件是否齐备作为区分犯罪既遂与未遂的标准，犯罪构成要件齐备的是犯罪既遂，犯罪构成要件不齐备的，是犯罪未遂。因此，犯罪构成要件说又称犯罪构成要件齐备说，其显著的特点是强调主客观相统一。具体到贪污罪，其犯罪构成要件齐备就是行为人客观上完成了贪污行为并非法占有了公共财物，主观上达到了非法占有公共财物的目的。[②] 而控制说能够满足贪污罪在上述主客观方面的要求，因为控制说主张以行为人对所贪污的公共财物是否“实际控制”作为区分标准，“实际控制”所体现的是行为人对公共财物的实质性的占有，当行为人实际控制了所贪污的公共财物时，表明行为人在客观上已完成贪污行为并

---

① 对非法占有“限制较严”和“限制较宽”的观点，参见陈兴良：《当代中国刑法新境域》，中国政法大学出版社 2002 年版，第 675 页。

② 参见陈兴良：《当代中国刑法新境域》，中国政法大学出版社 2002 年版，第 697 页；熊选国、苗有水：“如何区分贪污罪的既遂与未遂”，载《人民法院报》2004 年 11 月 29 日第 3 版。

非法占有了公共财物，主观上已达到非法占有公共财物的目的，从而齐备了贪污罪主、客观方面的要件。

以“控制说”为标准，会不会影响对贪污罪行为人“以非法占有为目的”主观故意的认定？不会。诚然，作为贪污罪对象的有些公共财物本来就在行为人合法管理之下，要认定其是否已被行为人非法控制有时会遇到一定的困难，但是，只要综合分析行为人的言行特别是所实施的行为、其对该公共财物的支配、使用等情况，是不难作出正确判断的。

总之，区分贪污的既遂与未遂，应以行为人是否对所贪污财物实际控制为标准。看行为人是否已对某财物实际控制，主要看其是否对该财物有效支配，而不是看是否“占为已有”或办理了财产所有权转移手续。由于私分国有资产罪与贪污罪在犯罪客体、主观故意以及取得国有资产行为方面的相似性，因而区分私分国有资产罪的既遂与未遂也应按此理解和把握。具体到企业改制中隐瞒国有资产案件，以本文开头所举案例为例，王某与陈某、连某密谋隐瞒国有资产是犯罪的预备；向资产评估机构上报评估所需报表、资料时虚报债务、隐匿资产是犯罪行为的实行；评估机构基于虚假报表资料所作出的评估报告得到市主管部门认可，标志着国家对王某等人所隐瞒的国有资产失去了控制；改制后的公司向市财政局交清国有资产购买款，标志着王某等人已实际控制即非法占有了所隐瞒的资产，构成了犯罪既遂，因为此时王某等人以700万元购买实际价值为1000万元的国有资产的购买合同已成交并实际履行，王某等人已非法占有了隐瞒的300万元国有资产。至于案发时资产所有权的转移手续尚未办好，则不影响既遂的构成。而上述自犯罪行为开始实行之时起至国有资产购买合同履行前的任何时候，如果由于王某等人意志之外的原因而使犯罪未能得逞，则是犯罪的未遂。

明确了隐瞒国有资产案件中贪污或私分国有资产既遂与未遂的界限，还要研究对这两种罪的未遂犯是否都要定罪处罚的问题。

我国《刑法》第23条第2款规定："对于未遂犯，可以比照既遂犯从轻或者减轻处罚。"据此，似乎任何犯罪的未遂都应予以处罚，然而，事实并非如此，因为犯罪未遂的社会危害性总体上小于既遂，对社会危害性尚未达到应受刑罚处罚程度的未遂，不应定罪追究刑事责任。张明楷教授通过对刑法分则规定的各种不以犯罪结果为构成要件的具体故意犯罪进行实质性考察后发现：性质严重、起刑点高的犯罪的未遂，应当以犯罪未遂论处，如杀人未遂、抢劫未遂、强奸未遂等；性质一般、起刑点不太高的犯罪的未遂，只有情节严重时才能以犯罪未遂论处，如盗窃未遂，诈骗未遂等；性质轻微、法定最高刑不重的犯罪未遂，不以犯罪论处，如非法侵入他人住宅的未遂，侵犯通信自由的未遂等。[①]据此，贪污罪、私分国有资产罪应属于性质一般、起刑点不高的犯罪，对其中隐瞒国有资产的报表得到资产评估机构确认，并在此基础上作出资产评估报告的未遂犯，应当定罪追究刑事责任。因为资产评估机构如在审查报表、资料时发现了隐瞒国有资产的事实，尚可责令行为人作出说明并更正，而不必诉之刑罚，而当资产评估机构确认了隐瞒国有资产的虚假报表，且作出评估结论时，表明行为人的行为已对国有资产所有关系构成现实威胁，一旦评估结论被主管部门认可，国家对该部分国有资产就失去了控制。

通过以上三个问题的阐述，我们可以得出如下结论：对国有企业改制中隐瞒国有资产的案件，应根据其主客观情况予以定性处理：（1）对隐瞒下来的资产被行为人个人非法占有的，以行为人个人贪污认定。（2）对隐瞒下来的资产已转入或将转入新企业的，如果原企业中只有犯罪参与者、知情者等极少数人成为新企业股东，按共同贪污认定；如果原企业中有多数人成为新企业股

① 张明楷教授将其分为"性质严重"、"性质一般"、"性质轻微"三种情况，为便于掌握，笔者加上了"起刑点"或"法定刑"的条件。参见张明楷：《刑法学》，法律出版社2003年版，第284页。

东，则按私分国有资产认定。(3) 对隐瞒国有资产的虚假报表已经骗取资产评估机构确认与错误评估的未遂犯罪，应根据具体情况分别以贪污罪未遂或私分国有资产罪未遂定性处理。

（原载《人民检察》2005 年第 1 期）

略论惩治假冒商标犯罪的几个问题

第七届全国人大常委会第三十次会议通过的《关于惩治假冒商标犯罪的补充规定》(以下简称《补充规定》)对于加大对假冒商标犯罪的打击力度，维护国家商标管理制度，起了重要的作用。但是，人们对该《补充规定》中的一些问题，认识还不一致。笔者试就这几个问题谈点认识。

一、如何理解“相同商标”

《补充规定》第1条规定：“未经注册商标所有人许可，在同一种商标上使用与其注册商标相同的商标，违法所得数额较大或者有其他严重情节的，处……”而以前，刑法理论界和司法实务界都将擅自使用与他人注册相类似的商标，也作为假冒商标的一种形式。笔者认为，《补充规定》未将擅自使用与他人注册商标相类似商标规定为假冒商标，这绝不是立法者的疏忽，而是因为假冒商标一般属贪利型的违法犯罪，对其处理既要严肃，又要缩小刑事处罚面，而多使用经济处罚手段。“相类似”商标，由于其标准和度较难掌握，搞不好会扩大化，从而与上述宗旨相悖。

如何理解“相同商标”？从上述内容上讲，“相同商标”是指音、意、形均相同的商标。音同指两种商标的文字发音相同；意同指两种商标的含义或意义相同；形同指两种商标的构图、外部轮廓等形象方面相同。从范围上讲，“相同”可有狭义与广义两种理解：狭义的“相同”是指音、意、形完全相同；广义的“相同”是指音、意、形完全相同与基本相同。笔者认为，作狭义理解未免太窄，作广义理解较为妥当。因为第一，从哲学上讲，世界上完全、绝对相同的事物是没有的，所谓“相同”只是相对而言，总会在非本质、非主要方面存在某些差异。第二，从实际情况看，不完全相同但基本相同的商标较难区分，往往只有把两个商标放在一起进行对比观察才能区分，有的甚至只有内行人才能区分。例如，凤凰牌自行车商标中凤凰图案凤凰尾巴上的羽毛应为十二根，而有的假冒商标则为十一根或十三根；有的假冒商标与注册商标在图案的大小、笔画的粗细、某一笔画的部位等方面仅存在细微的差别，足以使人误认。消费者购买商品时，不可能先将有关商品的商标收集起来并随身携带，将它与欲购商品的商标进行对比审视。他们往往仅凭对某种商品商标图样的模糊记忆，或根据有关广告的印象进行选购。显然，这种基本相同的商标在对注册商标专用权的侵犯和对消费者利益的损害上，与完全相同的商标并无明显区别。因此，如将商标的“相同”仅理解为“完全相同”，那上述假冒者的行为就得不到惩治，注册商标专用权和消费者利益就得不到有效保护。

“基本相同”如何界定？笔者认为，应以是否“足以使人误认”为标准。虽有所区分但足以使人误认的，为基本相同；不足以使人误认的，则不能认定“基本相同”。至于“足以使人误认”的判定一般可有五条标准：（1）以普通消费者的知识经验为标准；（2）以普通消费者的普通注意为标准；（3）以隔离观察（即将两个商标分别观察，而非放在一起对比观察）为标准；（4）以整体观察为标准；（5）以商标主要部分观察为标准。

二、如何理解“违法所得”

最高人民检察院有关司法解释曾规定，假冒商标犯罪以“非法获利”和“非法经营”两个数额作为认定依据，而《补充规定》则仅规定以“违法所得”作为认定依据。如何理解“违法所得”？当前主要有三种观点：（1）指违法获利额；（2）指违法经营额；（3）指违法销售额。

据了解，立法者的本意是指违法获利额。之所以这样规定，一是此前公布的《中华人民共和国产品质量法》对违法行为的处罚是以“违法所得”为依据的，《补充规定》应与之一致；二是为了缩小刑事处理面。

笔者认为，立法者的上述初衷无疑是好的。但这样规定也有以下不足：（1）非法获利额较难准确计算和认定。因为不少生产经营者特别是个体、私营工商户无账目，商品的购买人又很难查找，无法向其取证，故假冒商标商品的销售额及成本都很难查证。（2）对无获利的假冒商标者无法定罪。任何生产经营者都既有获利的可能，也有无获利甚至亏本的可能，“常胜将军”是没有的。少数不善经营或遇有意外事件的假冒商标的生产经营者，无获利或亏本的可能性是存在的。如“违法所得”系指“违法获利”，那对无获利甚至亏本的假冒商标者，无论其生产、销售额多大，社会危害性多重，也无法追究其刑事责任，这是有悖于罪刑相适应原则的。（3）对尚在生产、运输、仓储等环节而未销售的假冒商标商品无法定罪，因为它尚未获利。但是在上述环节的假冒商标商品的生产经营者，既有假冒商标的故意，又实施了假冒商标的行为，侵犯了国家商标管理制度，具备假冒商标的主、客观要件。同时，商品的生产、运输、仓储、销售等环节是紧密联系、互相依存甚至互相交错的，在生产、运输、仓储中以至商店货架上的假冒商标商品如不被查获，销售的结果将会合乎规律地发生。因此，尚在生产、运输、仓储等环节而未销售的商品数额不作为定罪的依据，不仅有悖于犯罪构成理论，而且割裂了商品的生产、流通、交换诸环节的紧密联系，不利于震慑和遏制假冒商标犯罪。为此，建议立法机关将“违法经营额”也规定为处理依据，或由“两高”对“违法所得”作扩张解释，将“违法经营额”列入其内。

三、假冒商标数额巨大的可否以投机倒把罪定罪处罚

最高人民法院1988年12月26日《关于假冒商标案件两个问题批复》规定，假冒商标非法经营或非法获利数额巨大的，其行为既触犯了假冒商标罪，也触犯了投机倒把罪，应当按照重罪吸收轻罪的原则，以投机倒把罪定罪处罚。而《补充规定》则采取提高刑法法定刑的形式，规定假冒商标数额巨大的，处3年以上7年以下有期徒刑，并处罚金，而未有关于按投机倒把罪定罪处罚的规定。这就提出了一个问题：假冒商标违法所得数额巨大的，是否仍适用最高人民法院的上述司法解释，以投机倒把罪定罪处罚？有人认为，《补充规定》提高了假冒商标犯罪的法定刑，与司法解释中对严重假冒商标行为以投机倒把罪定罪处罚并不矛盾，并没有改变两个罪名的牵连关系，因此，对严重的假冒商标行为仍应以投机倒把罪定罪处罚，这样才不至于放纵犯罪。

笔者不赞同上述观点，认为在《补充规定》实施后，就应按该规定定罪处罚，而不能再以投机倒把犯罪定罪处罚。其理由是：(1)《补充规定》是在总结、检讨以往执行刑法和上述司法解释的经验和情况的基础上作出的，它已吸收了上述司法解释中弥补刑法第127条法定刑太轻之不足的合理部分，又摒弃了上述司法解释中处刑太重的不合理部分（7年以上有期徒刑、无期徒刑直至死刑）。不能设想，专门就惩治假冒商标犯罪问题所作的《补充规定》，会不全面考虑过去有关规定和解释之得失并分别加以吸收与摒弃。(2）刑法关于投机倒把犯罪的规定属普通法，《补充规定》属特别法，特别法应优于普通法。《补充规定》既已对

假冒商标犯罪作了特别规定，就不能再适用普通法所规定的罪名。以往司法解释规定“以投机倒把罪定罪处罚”，是因为原法定刑太轻，不足以惩治犯罪，是为了适应维护商标管理秩序的迫切需要；但同时，它又违反了特别法优于普通法的原则，故实属不得已而为之。如今，《补充规定》既已提高了法定刑，弥补了刑法条文的不足，那上述司法解释就不能再予适用。(3) 综观各国立法，对商标犯罪一般采用轻自由刑、重经济处罚的原则。《补充规定》的法定刑已不为轻。如以投机倒把定罪处罚，最高可处死刑实属太重。(4) 仅适用《补充规定》而不适用司法解释不会造成对严重假冒商标犯罪的打击不力。因为对既是假冒商标犯罪，又实属伪劣商品犯罪的案件，还可以假冒商标犯罪与伪劣商品犯罪数罪并罚（数罪并罚问题后文再论）。

四、假冒商标犯罪是否应与伪劣商品犯罪数罪并罚

假冒商标犯罪是否应当与伪劣商品犯罪数罪并罚？当前有两种意见：一种意见认为，假冒商标的商品必然同时是“伪劣商品”中的“伪”商品，假冒商标行为必然同时是伪劣商品犯罪行为，故属一行为触犯两个罪名，不应数罪并罚，按“从一重”原则处罚即可。另一种意见认为，有些假冒商标犯罪属严重伪劣商品犯罪，如仅按“从一重”原则处罚，就有放纵犯罪之虞，故应数罪并罚。

笔者认为，要研究是否数罪并罚，首先要搞清假冒商标的商品是否必然是伪劣商品。诚然，如望文生义，那假冒商标的商品必然是伪商品，因为假冒者，伪也！但是，法律规定的“伪劣商品”有特定的含义，它是指不符合《中华人民共和国产品质量法》所规定的质量要求的产品。例如，就生产者来说，伪劣商品主要是指违反该法第 14 条之规定，存在危及人身、财产安全的商品；不符合保障人体健康、人身财产安全的国家标准、行业标准的商品；不具备产品应当具备的使用性能的商品；不符合在产品

或其包装上注明采用的产品标准的商品；不符合以产品说明、实物样品等方式表明的质量状况的商品。而并非有“伪”的因素的商品即属伪劣商品。以假冒凤凰牌商标的自行车为例，假如自行车质量虽没有凤凰牌那样过硬，但符合自行车的各项质量要求，那该自行车不属伪劣商品；假如自行车存在明显瑕疵，如车架钢材不合格，焊接、电镀质量不符合要求，那该自行车则属伪劣商品。又如假冒娃哈哈商标的果奶，如果符合果奶的质量要求，那不属伪劣商品；如果不符合果奶的质量要求，甚至对人体有害那就属伪劣商品。

搞清了上述问题，是否数罪并罚的问题就不难解决。笔者认为，如假冒商标商品不属伪劣商品，那自然不存在数罪并罚问题。如假冒商标的商品属伪劣商品，且违法所得数额较大，则应当数罪并罚。后者的理由，一是从犯罪构成来看，行为人主观上既有假冒商标的故意，又有伪劣商品犯罪的故意；客观上既实施了假冒商标行为，又实施了伪劣商品犯罪行为；既侵犯了国家商标管理制度，又侵犯了国家产品质量管理制度。故属两个行为触犯两个罪名，符合两个独立的犯罪构成要件。二是从法律规定来看，《惩治伪劣商品犯罪的决定》（以下简称《决定》）并未把假冒商标规定为伪劣商品违法犯罪的范畴之内，可见二者不是属种关系，而是并列关系，在处理时，假冒商标违法犯罪适用《商标法》、《中华人民共和国商标法实施细则》和《补充规定》，伪劣商品违法犯罪则适用《中华人民共和国产品质量法》和《决定》。

（原载《法学》1994 年第 2 期）

盗窃科研葡萄、豆角案定性处理探究

北京四民工因嘴馋而偷摘了北京农林科学院林业果树研究所葡萄研究园科研葡萄47斤。据发案单位介绍，该葡萄系研究园投资40万元、历经10年研究的科研新品种，盗窃行为使该园100棵科研葡萄中的20余棵试验链条中断，损失无法估量。经北京市物价局有关部门估价，被盗葡萄直接经济损失11220元。后经该部门再次估价，被盗葡萄价值376元。哈尔滨一男子偷摘了该市农科院蔬菜花卉分院试验棚里的豆角，销售得款110元。据发案单位介绍，该豆角是该院投资数万元、经过4年培育，又经过太空育种后的CHC55号种子培育出来的，这样的种子一共才几十颗，极为珍贵。这些正处在种子成熟期的豆角被盗，使整个试验的完整性受到影响，并使试验数据失去了准确性，直接导致整个研究链条断裂，其损失难以用价格估算。后经哈尔滨市道里区价格认证中心估价，所盗豆角价值为24700元。①

对上述盗窃科研葡萄、豆角案的定性，主要有以下三种意见：一种意见认为应定盗窃罪。其理由是行为人主观上具有盗窃犯罪的故意，客观上实施了秘密窃取的行为，且所窃取的是价格昂贵

① 参见刘卉：“‘天价太空豆角案’考问刑法基本理论”，载《检察日报》2004年7月21日第3版。

的科研试验品，符合“数额较大”的法定条件。[①]至于行为人“是否知道盗窃的价值并不影响盗窃行为的性质”。[②]第二种意见认为应定破坏生产经营罪。其理由是破坏生产经营罪是指由于泄愤报复或者其他个人目的，毁坏机器设备、残害耕畜或者以其他方法破坏生产经营的行为，该罪主观上可以为了“其他个人目的”，行为人对破坏生产经营的后果可以持放任的态度，生产经营活动应当包括科研活动，故盗窃科研葡萄、豆角的行为符合该罪的特征。[③]第三种意见认为不构成犯罪。其理由是行为人主观上并不知道盗窃的对象是科研试验品，因而对其包含的巨大价值并不明知，况且所盗葡萄、豆角价值也只能按当时当地市场零售价的中等价格计算，而不能按投入的成本计算，因而不构成盗窃罪。行为人只有盗窃个别财产的故意，而无破坏生产经营的故意，因而也不构成破坏生产经营罪。[④]

笔者认为，要对盗窃科研葡萄、豆角行为正确定性，必须在理论上搞清以下三个问题：

一、盗窃罪的成立是否以对盗窃对象的明知为必要？

本案[⑤]行为人盗窃的是科研葡萄、豆角，在对其定性时是否有必要搞清行为人主观上是否明知所盗窃的是科研中含有较大价值的葡萄、豆角？这涉及一个刑法理论问题，即盗窃罪的成立是否以对盗窃对象的明知为必要？

---

① 参见贾学胜：“盗窃科研用葡萄是否构成盗窃罪”，载《人民法院报》2004年11月2日第B3版。

② 参见莫晓宇、刘建：“对‘天价’葡萄案的若干思考”，载《刑事法杂志》2004年第3期，第108页。

③ 参见尚晓宇：“刑法学家王作富求解‘天价’葡萄案定破坏生产经营罪符合法理和学理”，载《检察日报》2003年8月15日第3版。

④ 参见周光权：“偷窃‘天价’科研试验品行为的定性”，载华东司法研究网。

⑤ 本文讨论的是两个案件或一类案件，但为叙述方便，简称为“本案”。

笔者认为，包括盗窃罪在内的故意犯罪，都应以对犯罪对象（也称行为对象）的明知为必要。首先，从故意的内容来看。我们知道，刑法中故意的认识因素是“明知自己的行为会发生危害社会的结果”，据此，行为人明知的内容至少是：（1）明知自己的行为及其性质；（2）明知自己行为会发生的危害结果；（3）明知危害结果是自己行为所造成，即明知行为与危害结果之间的因果关系。在有犯罪对象的案件中，犯罪行为只有针对一定的对象才能实施；[①] 危害结果只有通过犯罪对象才能得到体现；犯罪行为与危害结果间的因果关系也只有通过犯罪对象才能得到链接。如果行为人不明知自己的行为对象，就不可能明知自己行为的性质、危害结果及因果关系。因此，犯罪故意所明知的内容除上述三个方面外，还应包括犯罪对象。例如，杀人罪的行为人必须明知自己所杀的是人；破坏交通设施罪的行为人必须明知自己所破坏的是交通设施；走私武器、弹药罪的行为人必须明知自己所走私的是武器、弹药；窝藏、转移、收购、销售赃物罪[②]的行为人必须明知自己所窝藏、转移、收购、销售的是赃物，走私、贩卖、运输毒品罪的行为人必须明知自己走私、贩卖、运输的是毒品，奸淫幼女罪的行为人必须明知自己奸淫的对象是幼女，[③] 等等。否则，如果行为人对行为对象不明知，就不知道自己行为的性质、后果和意义，因而就不构成该故意罪。其次，从主客观相统一原则来看。主客观相统一原则是我国刑法的一项基本原则。根据该

---

① 犯罪对象有特定与非特定之分，“针对一定的对象”，不同于针对“特定”的对象。

② 1997年刑法第312条规定的窝藏、转移、收购、销售赃物罪已被《刑法修正案（六）》修改为掩饰、隐瞒犯罪所得、犯罪收益罪。本文发表时，《刑法修正案（六）》尚未颁布。

③ 关于奸淫幼女罪是否以明知所奸淫的是幼女为条件的问题，刑法学界曾做过专题讨论，有些学者认为不必以明知为条件，但由于该观点不符合刑法基本理论，因而难以成为主流观点。

原则，故意犯罪不仅要求行为人的行为在客观上指向了该对象，而且要求行为人对自己行为所指向的对象是明知的。如前述的运输毒品罪，不仅要求行为人运输了毒品，而且要求行为人明知所运输的是毒品。如果行为人主观上不明知，仅凭所运输的在客观上是毒品就认定其犯了运输毒品罪，那就是客观归属。再次，从责任主义来看。我国刑法没有像英、美国家那样实行严格责任，而是实行责任主义。责任主义是指行为人对自己在自由意志下所作的选择承担责任，其基本机理是，人在自由意志下，可以选择为合法行为，也可以选择为违法犯罪行为，然而行为人却选择了为犯罪行为，这说明行为人主观上具有罪过（即故意或过失），因而必须对自己的选择负责。可见，“责任与自由意志不可分离；没有自由意志就没有选择，没有选择就没有责任”。“当人的意志能够选择为或不为该种行为时，意志的作用便是使人的行为受到称赞或者责难的唯一原因。”[①] 根据责任主义理论，在行为人对行为对象不明知的情况下，即使其行为指向了该对象，但由于其主观上未作意志选择，因而不能令其承担责任。

这里需要说明的是，在我国刑法分则中，有些条文对故意罪规定了包括行为对象在内的客观构成要素中必须“明知”的特定内容，而多数故意罪却未作规定。但这并不意味着对行为对象等作了规定的就应当以“明知”为要件，未作规定的就不要以“明知”为要件。因为分则关于“明知”的规定一般属于注意规定，即使没有“明知”的规定，也应根据总则关于故意的规定，确定必须明知的犯罪对象等客观构成要素。如刑法第 171 条规定：“出售、购买伪造的货币或者明知是伪造的货币而运输，数额较大的，处……”表面上看，运输假币时，才需要“明知是伪造的货币”，出售、购买假币时，则不需要明知是伪造的货币。但事实并非如此。该罪中假币这一行为对象作为客观构成素件之一，

① 张明楷：《刑法学》，法律出版社 2004 年版，第 213 页。

行为人必须明知。如果不明知是假币而出售或者购买，就不可能明知自己的行为会发生破坏金融管理秩序的危害结果，就不会存在犯罪故意。刑法第171条之所以这样规定，是因为在运输时不明知是假币的可能性较大，需要提醒司法工作人员注意，而出售、购买假币时，行为人通常明知是假币，没有必要特别提醒。尽管如此，司法人员仍需查明行为人在出售、购买假币时，是否明知是伪造的货币。①

既然故意犯罪都应以对犯罪对象的明知为必要，那么，作为故意罪之一的盗窃罪也必须对盗窃对象明知。盗窃罪对行为对象的明知，包括三个方面：(1) 明知是财物；(2) 明知是他人之财物；(3) 明知是相当价值之财物。②

为什么行为人必须明知所窃取的是"相当价值之财物"？因为盗窃罪以"窃取公私财物数额较大或者多次窃取公私财物"为客观要件，"数额较大"自然要求行为对象属于相当价值之物，"多次窃取"也并非小偷小摸的"多次"，根据最高人民法院的司法解释，特指"一年内入户盗窃或者在公共场所扒窃三次以上"，而无论是"入户盗窃"还是"公共场所扒窃"，都必然以相当价值之财物为目标。易言之，是以窃取较大或较大以上数额的财物为目的。可见，刑法规定的"多次盗窃"表面上仅是盗窃次数的概念，实际上还包含财物数额的概念。如果行为人不以"相当价值之财物"或"较大数额财物"为行为对象，也不明知自己窃取的是相当价值之财物，而仅是以小额财物为对象的小偷小摸，则不构成盗窃罪。

具体到本文讨论的案件，行为人盗窃的对象不是一般的葡萄、豆角，而是作为科研的组成部分、含有特殊价值的葡萄、豆角，根据前述原理，在对该案定性时，必须查明行为人对所盗葡萄、

① 参见张明楷：《刑法学》，法律出版社2004年版，第237页。

② 参见周光权："偷窃'天价'科研试验品行为的定性"，载华东司法研究网。

豆角性质的特殊性及由此所带来的价值的特殊性是否明知，如果对这两个“特殊性”明知，说明行为人以相当价值的财物为对象，因而具有盗窃犯罪的故意；如果不明知这两个“特殊性”，只是当做一般的葡萄、豆角，说明行为人不是以相当价值的财物为对象。或者说，不是为了窃取较大数额的财物——因为葡萄、豆角属水果、蔬菜之类，价值低廉，盗窃的数量也不大（葡萄47斤，豆角售款仅110元，数量也不会大），因而难以认定行为人具有盗窃犯罪故意，即使所盗窃葡萄、豆角的价值经鉴定属于较大或者巨大，也难以认定构成盗窃罪。

有人认为，在司法实践中，司法机关处理拎包案件往往是包内有多少钱就认定多少钱，而不管行为人对包内钱的数额是否明知。根据“拎包原理”，处理该案也应以所盗财物客观上所具有的价值为准，如果所盗科研试验品价值较大，就应以盗窃罪认定。笔者认为，以“拎包原理”处理拎包案件，并不违反主客观相统一原则，并不意味着司法机关就可以不查明行为人的主观故意。因为包者，多为存放金钱等贵重物品之处也。行为人盗窃时对包内财物的主观心理态度是“有多少，算多少”，“有多就多偷，有少就少偷”。故无论包内财物是多是少，都在行为人概括的认识范围之内。易言之，行为人对包内财物具有概括的故意。而葡萄、豆角则不同，在一般情况下仅是普通的农产品，单价也不高，不明情况的人是很难想象到区区几十斤所具有的“天价”的。

既然盗窃罪需要明知所盗窃的对象是“相当价值之财物”，那么，如何理解和判断行为人是否明知？首先，“明知”包括明知“肯定是”相当价值之财物与明知“可能是”相当价值之财物；同时，“明知”又包括“已知”和“应知”，[①] 即已经知道是相当价值之财物与应当知道是相当价值之财物。其次，“明知”

---

① 参见最高人民法院、最高人民检察院1992年12月11日《关于办理盗窃案件具体应用法律的若干问题的解释》第8条。

并非要求行为人知道财物的准确数额，而只要对财物是否有相当价值有概括的、大致的认识即可。因为要知道财物的准确数额，在有些情况下往往难以做到，有时专业人员经过反复审视、研究后还会认识不一，更何况有些盗窃对象在盗前还处于隐蔽状态，要求行为人知道其准确价值既有违情理，也不切合实际。最后，认定是否“明知”，不能以行为人口供为依据，而应以客观事实为依据。因为“明知”虽然是一种心理状态，但总要通过一定的客观事实表现出来，司法人员可根据财物主人对财物保管情况、行为人的认知能力及平时对所盗财物的了解程度等作综合分析判断。在本案中，可根据试验园及试验物是否有明显标记从而使外人了解，行为人对试验园、试验物是否了解及了解程度等情况进行综合分析判断。

二、如何计算所窃取的科研试验品的数额？

根据刑法规定，数额是区分盗窃罪与非罪、重罪与轻罪的基本依据。如果行为人对所窃取的葡萄、豆角价值的特殊性明知，那如何计算该葡萄、豆角的数额就成了正确定性的关键。

如何计算科研试验品的数额问题之所以需要研究，是因为科研试验品具有不同于一般财物的特点，其价值会高于甚至大大高于同类的一般财物，而其包含的较高价值又往往难以被非内行人所认识。本案 47 斤葡萄前后两次估价相差 1 万余元，区区豆角竟被估价为 2 万余元，就足见研究数额计算问题之重要。

根据最高人民法院 1997 年 11 月 4 日《关于审理盗窃案件具体应用法律若干问题的解释》规定的精神，对所窃取葡萄、豆角的数额，应按作案当时当地市场零售价的中等价格计算；[①] 价格

① 如果盗窃的葡萄、豆角是科研终极目标的种子，应按当时当地该种子在科技市场上的中等价格计算；如果盗窃的葡萄、豆角尚不是种子，由于科技市场上不可能有人购买，因而只能按当时当地同类商品在普通市场上零售价的中等价格计算。

难以确定的，应当委托指定的估价机构估价。

在计算数额中，要注意以下几点：

1. 注意分析所窃取财物与科研目标的关系。科研试验品与同类的一般物品相比具有特殊性，因而其价值有时也具有特殊性。这种特殊性的大小往往跟其与科研目标的关系相关。科研目标可分为终极目标与阶段性目标，终极目标所体现的成果为终极成果，阶段性目标所体现的成果为阶段性成果。科研成果的表现形式各不相同，如有的表现为种子，有的表现为配方，有的表现为流程，有的表现为数据，等等。科研的终极成果都具有价值；阶段性成果虽然都有科研价值，但未必都有刑法意义的可以被社会承认的价值。在计算所窃取的科研试验品的价值时，要注意分析所窃取的试验品与科研成果（包括终极成果与阶段性成果）之间的关系，如性质的差异、距离的远近、表现形式的异同，等等。一般来说，二者差异越小，距离越近，价值就越接近。例如葡萄、豆角的科研，一般是为了培育优良品种，其成果一般表现为果实与种子。如果有人偷摘了葡萄、豆角植物的叶子（假如叶子有价值），由于其与果实、种子的表现形式差异较大，距离较远，其价值的特殊性就会很小；如果偷摘了作为果实的葡萄、豆角，由于其与科研目标成果接近，其价值的特殊性就会大些；如果偷摘了已经成熟、可以收获作为优良品种的种子的葡萄、豆角，由于其与科研目标成果同一，其价值就会发生质的飞跃，从而比同类一般财物高得多。因此，在考虑所窃取财物较之同类一般财物的特殊性、计算所窃取财物的价值时，应当搞清该科研活动的目标（包括终极目标和阶段性目标）及其成果（包括终极成果和阶段性成果）的表现形式，成果的价值及其大小，进而分析所窃取试验品与该目标、成果的关系。在盗窃豆角一案中，如果科研目标是为了培育优良种子，那所盗豆角与科研目标已较为接近，但是，该豆角盗后被当菜卖，可见豆角尚未成熟到可当优良种子、从而根本不同于一般豆角的程度，因而其价值尚难以实现质的飞跃。

然而，该豆角竟被估价为2万多元，故其准确性和合理性似值得怀疑。

2. 只能计算行为人所窃取的葡萄、豆角本身的数额。最高人民法院前述司法解释规定："盗窃数额，是指行为人窃取的公私财物的数额。"本案行为人所窃取的是葡萄、豆角，因而只能计算葡萄、豆角本身的数额。要注意以下几点：第一，不能将投入科研的成本计算为盗窃数额。无论生产还是经营，成本与收益并不相等，多数的是收益大于成本，也有的是收益小于成本甚至"颗粒无收"或"血本无归"。至于科研试验，投入的成本往往较大，它既可能成功，也可能失败，其风险远大于正常的生产、经营；即使取得了预期成果，在该成果被转让或广泛推广前，也往往成本大于收益。因此，不能将投入科研的成本与所窃取的葡萄、豆角的数额混为一谈。当然，在计算盗窃所造成的损失时，有时也要计算投入的成本，[①] 但计算要实事求是，只能计算投入所盗试验品中的成本，而不能将投入的全部成本计算在内。例如，在盗窃葡萄一案中，该园种植了葡萄100棵，在十年时间里投入了400万元，照此计算，平均每棵葡萄每年投入为400元；行为人偷摘的是100棵葡萄中20多棵上的部分葡萄，如果该20多棵葡萄藤均被毁坏，则投入其中的成本为8000多元。然而，偷摘葡萄一般不会搞坏葡萄藤，这20多棵葡萄次年仍会继续结果，故投入所窃取葡萄中的成本就较为有限，而不是投入该20多棵葡萄的全部成本（8000元）。第二，不能将科研的整体价值和可期待价值计算为盗窃数额。科研活动往往由多部分、多环节、多程序有机组成，当其整体有效运转、活动正常进行时，其价值往往较高。但盗窃者所窃取的却往往仅是整体中的部分。计算盗窃数额时，只能计算所窃取的那部分财物的数额，而不能计算整体的数额。

① 投入成本的损失有的是科学试验风险所造成，有的是盗窃行为所造成，要注意加以区分。

在盗窃一般财物案件中，破坏性窃取和杀生窃取的案件，就会遇到这种情况。所谓破坏性窃取，是指采取破坏性手段，将处于某种附属状态或固定状态下的财物予以窃取。[①] 例如，行为人采取破坏冰箱的手段，将该冰箱中压缩机窃走。杀生窃取，是指采取杀死活体的手段将该活体组织的整体或部分予以窃取。杀死的活体既可以是动物，也可以是植物，前者如杀死大象后窃走象牙，后者如砍倒某名贵树木后盗走其树干。对破坏性窃取和杀生窃取的案件，盗窃数额只能按所窃取的那部分财物计算，而不能按被破坏财物的整体和被杀死活体的数额计算。至于其毁坏财物和杀生行为，可按罪数理论和有关规定处理。盗窃科研试验品的案件也要注意这一情况。以本案为例，处于科研中的活体植物葡萄有较高价值，但当盗窃者将果实葡萄从活体植物葡萄中分离出来并予窃取后，就自然不能将活体葡萄的整体价值计算为盗窃的数额，更不能将整个科研价值计算为盗窃的数额。科研工作往往充满希望和憧憬，某些科研活动的可期待价值可能很高。但是，盗窃的数额只能按作案当时当地所窃取财物的数额计算，而不能按科研的可期待价值计算。第三，不能将盗窃造成的损失数额计算为盗窃数额。盗窃的数额与盗窃行为给失主造成的损失数额有的案件一致或基本一致，有的案件如前述的破坏性窃取和杀生窃取的案件，则损失数额大于盗窃数额。盗窃科研试验品的案件损失数额往往大于盗窃数额。因为失主除了被盗的那部分财产损失外，还往往造成别的损失，如有的造成科研链条中断，有的造成活体损坏，有的致使数据失准，有的甚至使科研活动前功尽弃或功败垂成。根据最高人民法院前述司法解释的规定，盗窃给失主造成的损失大于盗窃数额的，损失数额可以作为量刑的情节；盗窃数额接近“数额较大”的起点，以破坏性手段盗窃造成公私财物损失

---

① 参见陈兴良：《当代中国刑法新境域》，中国政法大学出版社2002年版，第666页。

的，可以盗窃罪追究刑事责任；盗窃公私财物未构成犯罪，但因采取破坏性盗窃手段造成公私财物损毁数额较大的，以故意毁坏财物罪定罪处罚。此外，前述司法解释还规定：盗窃公私财物接近“数额较大”起点，又造成严重后果的，可以盗窃罪追究刑事责任。笔者认为，这里的“造成严重后果”主要是指由于财物被盗影响治病、引起精神病甚至自杀等后果。同时，也应包括“造成公私财物严重损失”这种后果，这一是因为将“严重损失”理解为“严重后果”的一种情形符合司法解释精神和情理；二是因为根据罪刑相适应原则，在盗窃公私财物接近“数额较大”起点的情况下，既然“以破坏性手段盗窃造成公私财物损失的”可以盗窃罪追究刑事责任，那么，盗窃“造成公私财物严重损失的”也应以盗窃罪追究刑事责任。[①] 由此可见，盗窃造成的损失一般只影响量刑，但在某些情况下也会影响定罪。

三、如何理解和适用破坏生产经营罪?

根据刑法第 276 条的规定，破坏生产经营罪是指由于泄愤报复或者其他个人目的，毁坏机器设备、残害耕畜或者以其他方法破坏生产经营的行为。要研究破坏生产经营罪的理解和适用，结合本案，需要研究两个层次的问题：一是盗窃科研试验品能否构成破坏生产经营罪？二是本案是否构成破坏生产经营罪？

盗窃科研试验品能否构成破坏生产经营罪？有论者认为不能，理由是：财产犯罪可以分为取得罪和毁弃罪两类，盗窃罪以非法占有为目的，是典型的取得罪，破坏生产经营罪不以非法占有为目的，而以泄愤报复或其他个人目的为目的，是典型的毁弃罪；[②]

---

① “以破坏性手段盗窃造成公私财物损失”，仅指以破坏性手段盗窃所造成的损失，而不包括窃走财物所造成的损失。故它与“盗窃造成公私财物严重损失”的社会危害性大致相当。

② 周光权：“偷窃‘天价’科研试验品行为的定性”，载华东司法研究网。

葡萄、豆角不是生产工具和生产资料，科研也不是生产经营。[1]故盗窃葡萄、豆角说不上破坏生产经营。因此，盗窃科研试验品与破坏生产经营罪的主客观特征不符。

笔者认为，盗窃科研试验品能够构成破坏生产经营罪。首先，科研活动总体上属于生产经营活动。生产经营活动是以创造财富或价值增值为目的，利用生产工具或通过一定的劳动方式改变劳动对象的活动。就全社会来说，自然科学的研究活动归根结底是为了创造社会财富。就某个单位来说，在市场经济条件下，特别是在科学技术日新月异的新形势下，科研和生产往往密不可分，二者互相依赖互相促进，企业既是生产的主体，又是科研（产品研发）的主体；即使是纯粹的科研单位，它作为经济独立核算的主体，其科研成果也往往要让渡出去，取得收益。其次，破坏生产经营罪的“其他个人目的”可以包括“以非法占有为目的”，“以其他方法破坏”可以包括以盗窃的方法破坏。实践中，有的盗窃案件会毁坏公私财物，有的盗窃案件会破坏生产经营，后者如盗窃已下种的较大面积的芋种，造成该面积土地上一熟农作物失收；盗窃某机器重要零部件，造成整个生产流水线较长时间停工停产；盗窃某科研试验品，造成科研活动难以继续进行，等等。在这种情况下，如果行为人明知自己的盗窃行为会造成破坏生产经营的结果，却仍然实施盗窃行为，就构成了盗窃罪与破坏生产经营罪的竞合。这时，如果行为人盗窃财物数额较大，可以盗窃罪追究，如果盗窃财物数额不大，而破坏生产经营的后果却较为严重，则只能以破坏生产经营罪追究。因此，将破坏生产经营罪中的“其他个人目的”理解为包括“以非法占有为目的”，将破坏生产经营罪中的“以其他方法破坏”理解为包括以盗窃方法破坏，不仅符合这类案件的实际，也符合法理。最后，取得罪在一定条件下可以转化为毁弃罪。财产犯罪中的取得罪与毁弃罪既相

① 刘闯等：“关于农民偷吃‘天价葡萄’是否构成犯罪的问题”，载搜狐网。

互区别，各有其独立的犯罪构成；又相互联系，在一定的条件下前者可向后者转化。这主要是因为二者在一定条件下存在竞合关系。最高人民法院前述司法解释第12条第（5）项关于“盗窃公私财物未构成犯罪，但因采用破坏性手段造成公私财物损毁数额较大的，以故意毁坏公私财物罪定罪处罚”的规定，就说明了这种转化关系。盗窃行为既然在一定条件下可以转化为毁坏公私财物罪，那在一定条件下也可转化为破坏生产经营罪。可见，否定盗窃行为可以触犯破坏生产经营罪的观点是缺乏理论依据的。

下面讨论第二个层次的问题，即本案盗窃科研葡萄、豆角的行为是否构成破坏生产经营罪？这需要从行为人主客观方面加以分析。本案行为人盗窃的是葡萄园和蔬菜棚里的部分果实，即个别的、局部的财物，而没有对活体葡萄和豆角作大面积的破坏。在这种情况下，如果行为人明知自己所盗窃的是科研试验品，明知自己的盗窃行为会造成破坏科研活动的严重结果，而且客观上的确破坏了科研活动，那么，即使盗窃财物未达“数额较大”的起点而不构成盗窃罪，也可以破坏生产经营罪追究刑事责任。但是，根据案例提供的材料，目前尚无证据证明行为人对自己所盗窃的是科研试验品、自己的盗窃行为会造成破坏科研活动的严重结果明知。如前所述，故意的明知内容包括明知自己行为的性质、对象、结果和意义。当行为人对犯罪对象的性质和自己行为会造成的严重结果不明知的情况下，就无法明知自己行为的性质和意义，因而就难以认定行为人具有破坏生产经营罪的故意。因此，凭现有材料，尚难以认定行为人构成破坏生产经营罪。

综上所述，要对盗窃科研葡萄、豆角行为正确定性，必须查明行为人对所盗窃的葡萄、豆角的特殊性、价值的特殊性以及危害结果的特殊性是否明知，必须正确计算所窃取的葡萄、豆角的数额以及盗窃行为造成的损失和危害。如果行为人主观上明知所盗窃的葡萄、豆角的特殊性及其价值的特殊性，客观上窃取的葡萄、豆角达到“数额较大”的起点，或接近“数额较大”起点并造成严重损失，则构成盗窃罪；如果行为人主观上明知盗窃行为会造成破坏科研活动的严重后果，客观上也破坏了科研活动并达到破坏生产经营犯罪的程度，则其行为即使不构成盗窃罪，也可以破坏生产经营罪追究。然而，根据案例的现有材料，尚难以认定行为人对所盗窃的葡萄、豆角的特殊性、价值的特殊性以及盗窃行为是否会造成破坏科研活动的后果明知；难以判断对所窃取的葡萄、豆角的数额计算是否科学合理；盗窃造成的财产损失数额以及是否破坏了生产经营也有待准确认定，因而尚难以认定行为人构成盗窃罪或破坏生产经营罪。为慎重起见，可由侦查机关对上述问题进一步搞清后再依法作出决定。

这里还需说明的是，如果该案不构成犯罪，失主可向法院提起请求民事赔偿诉讼，以补偿盗窃行为所造成的经济损失。

（原载《中国刑事法杂志》2005 年第 1 期）

对侵占他人遗忘物罪几个问题的思考

1986年，上海市发生了一起鲁××、朱××非法占有他人遗忘在瓜摊上拎包（内有财物价值18000余元）的案件（以下简称“鲁案”）。该案经最高人民法院核准，比照刑法第152条的规定，类推以“侵占他人遗忘物罪”作了判决。[①] 此后，不少同志对该罪作了有益的探讨，但对其中一些问题的认识却很不一致，很有进一步加以研究的必要。

一、关于区分遗忘物和遗失物的界限及意义

侵占他人遗忘物罪的对象是他人遗忘物。那么，什么叫遗忘物？它与遗失物的区别是什么？不少同志认为，遗忘物是指物主因疏忽而遗忘在某一特定地方，但未完全失去控制的财物，遗失物是指物主因过失而完全失去控制的财物。二者的主要区别，在于物主是否完全失去了控制。尚未完全失去控制，仅是控制关系一定程度松弛或减弱的，是遗忘物；完全失去控制的，是遗失物。

笔者认为，上述观点值得商榷。因为所谓“控制”，就是

① 当时，我国刑法尚未规定侵占罪和侵占他人遗忘物罪。当时的刑法第79条规定：“本法分则没有规定的犯罪，可以比照本法分则最相类似的条文定罪判刑，但是应当报请最高人民法院核准。”

“掌握”、“操纵”的意思。它是控制主体对控制客体的一种有意识的自觉的活动，具有主观意志性。例如，物主手里拿着财物是“控制”，将财物寄存于千里之外也是“控制”，将财物置于数十米外，眼睛不时地看着也是“控制”。但无论是“拿着”、“寄存”还是“看着”，都是物主有意识的自觉的活动。而“遗忘”则是一种无意识的非自觉的活动，是违背物主主观意志的，具有非意志性。否则，如果财物离开物主是基于物主的意志，那该财物就不是遗忘物而是遗弃物了。因此，“遗忘”和“控制”就物主的主观意识来说，是相矛盾的，它们不可能共存于同一物体之中。也就是说，遗忘的财物，就不可能还在物主的控制之下；物主还控制着的财物，就不可能已遗忘。例如，某甲乘北京至广州的列车在郑州下车，因匆忙而将一提包遗忘于列车行李架上，直至次日发觉时，列车早已抵达广州。该提包是遗忘物是显而易见的，某甲已对该提包失去了控制也是显而易见的。如果认为某甲尚未完全失去对该提包的控制，那么，试问：某甲凭什么在控制呢？莫非他有某种“特异功能”不成？

诚然，物主尚未完全失去控制，仅是控制关系一定程度减弱的财物是有的。如某乙路遇好友某丙，即将携带的小皮箱放在地上，半转过身去与之交谈，并时而顾盼皮箱。某丁见状，趁乙不备，将皮箱悄悄拎走。物主某乙对该皮箱尚未完全失去控制，而仅是控制关系有所减弱，但该皮箱不是遗忘物，而是控制物。某丁趁控制关系减弱之机将它窃走，应直接定盗窃罪。

那么，究竟什么是遗忘物，它与遗失物的主要区别是什么呢？笔者认为，所谓遗忘物，是指基于所有人或占有人（以下简称“物主”）的意思将其暂放于某一地方后忘记带走而失去控制的动产。所谓遗失物，是指不基于所有人或占有人（以下简称“物主”）的意思而偶然失去占有的动产。遗忘物与遗失物的共同点是：（1）都是动产；（2）物主对其都失去了控制；（3）物主对财物失去控制都是由于自己的疏忽大意；（4）物主对财物失去控

制都是不自愿的。

遗忘物与遗失物的区别在于：

1. 遗忘物放置的地点基于物主的意思，具有意志性。如在商店买商品时将提包放于柜台；在饭店吃饭时将财物放于餐桌边；在路边凉亭休息时将提包放于亭中，等等。由于放置的地点具有意志性，因而财物所在地点一般是物主曾驻足停留，即在物主由原来的动态变为相对静态的情况下，在经营、休息场所中比较适宜放置财物的地方。而遗失物失落的地点却不基于物主的意思，具有非意志性。物主失落财物时一般处于动态，因而财物所在地点一般在道路、广场、街道等人员流动场所。

2. 遗忘物的物主对遗忘的时间、地点可作准确的回忆，具有明确性。而遗失物遗失的时间、地点却不能作准确的回忆，物主只能根据自己去过的区域和发现遗失的时间，分析推断财物大概遗失于哪个范围和哪段时间，有的甚至根本无法知道失落于何时、何地，因而具有非明确性。

3. 遗忘物恢复占有的可能性较大；而遗失物恢复占有的可能性较小。

上述三点区别，最重要的是第一点区别。因为遗忘物放置地点的意志性，决定了失控时间、地点的明确性，从而又决定了恢复占有的较大可能性。遗失物遗失地点的非意志性，决定了失去控制时间、地点的非明确性，从而又决定了恢复占有的较小的可能性。因此，财物放置地点的意志性，是遗忘物区别于遗失物的最主要特征。

那么，区分遗忘物和遗失物的意义是什么呢？认为二者的区别在于是否完全失去控制的同志认为，遗忘物是物主尚未完全失去控制的财物，行为人加以占有时主观上有非法占有的故意，客观上要实施积极的违法行为，故应以犯罪论处。而拾得并占有遗失物，根据民法通则第92条所规定，属于不当得利，当事人只负返还之责，而不构成犯罪。因此，区分的意义在于区分罪与非罪。

笔者认为，当遗忘物、遗失物被某行为人误认为控制物（即发生认识上的错误），并窃为己有时，都可构成盗窃罪。同时，如果侵占遗忘物可构成侵占他人遗忘物罪，那侵占遗失物也可构成侵占他人遗失物罪（原因在第二部分论及）。也就是说，非法占有遗忘物和遗失物，都有可能构成盗窃罪或侵占他人遗忘物（遗失物）罪。因此，区分二者的意义，不在于区分罪与非罪，而在于：第一，由于遗忘物一般遗忘在某些特定场所，容易被行为人误认为控制物，因而不少案件的行为人取得遗忘物要避开其他在场人的视线，要实施积极的违法行为，因而构成盗窃罪的可能性较大，而遗失物被行为人误认为控制物的可能性较小，行为人大多不实施积极的违法行为，而仅仅是消极取利，因而构成盗窃罪的可能性相对较小。这就要求办案人员在办理有关遗忘物案件时，比办理有关遗失物案件更注意分析判断行为人对遗忘物有无发生认识上的错误，所实施的是积极的违法行为还是消极的取利行为。第二，由于遗忘物比遗失物恢复占有的可能性大，因而非法占有遗忘物所构成的犯罪，比非法占有遗失物所构成的犯罪的社会危害性大，因而处刑也相对较重。

二、关于“侵占”的含义

侵占他人遗忘物罪的客观行为是“侵占”，对“侵占”应如何理解？当前主要有两种观点：一种认为“侵占”就是“侵犯、占有”的意思（简称“侵犯、占有说”）。因此，凡非法占有他人遗忘物的均属侵占他人遗忘物的违法犯罪。另一种认为刑法上的“侵占”有特定的含义，它是指合法持有他人财物的人将该财物转为非法所有的行为。它必须以他人之物已归行为人合法持有为前提，只有预先持有，才称得上侵占。而侵占他人遗忘物，则是指特定场所（如商店、招待所、饭店等）的工作人员非法占有他人遗忘在该特定场所的财物的行为（简称“特定场所人员论”）。因为这些场所人员对遗忘在他们经营场所的财物负有保管的责任。

“保管”所反映的是一种合法持有状况。如果他们将遗忘物保管后拒不归还失主，就由原来的合法持有转为了非法所有，因而构成了侵占他人遗忘物罪。

笔者认为，“侵犯、占有说”值得商榷。因为任何侵犯财产罪都是对他人财产的侵犯、占有。如按此说，那所有侵犯财产罪都可定侵占罪了。“特定场所人员说”认为侵占是指“合法持有他人财物的人将该财物转为非法所有的行为”，是正确的，但对取得他人遗忘物何以会构成侵占他人遗忘物罪的理解却不全面。诚然，特定场所工作人员对遗忘在他们场所的财物有一定的保管责任。这种保管叫“无因保管”。将无因管理的他人遗忘物转为非法所有是一种侵占行为，但如把侵占他人遗忘物罪的范围的理解仅限于此，就会把非特定工作人员拾取遗忘物后转为非法所有的情况排除在外。

笔者把“侵占”理解为“合法持有他人财物的人将该财物转为非法所有”，其理由是：（1）我国刑法起草过程中，直至第33稿都还规定了侵占罪。其含义是指“合法持有公私财物的人非法地将该财物据为已有”。“修订中考虑到，国家工作人员，受国家机关、企业、事业单位、人民团体委托从事公务的人员利用职务上的便利侵占公共财物的，要按贪污论处，剩下的其他侵占公私财物，数量一般比较有限，可以不作犯罪处理，故将此条删除”。[①]（2）旧中国刑法中的侵占罪，也是指“意图为自己或第三人不法之所有，而侵占自己持有他人之物”。德国、法国、日本等国有关侵占罪的立法例，也都采此含义。（3）任何罪名，都应有区别于其他罪名的特定的内涵。取此含义，就能将侵占犯罪与侵犯不在自己合法持有下的财物而构成的盗窃、诈骗、抢夺、抢劫等罪严格区分开来。

---

① 高铭暄：《〈中华人民共和国刑法〉的孕育和诞生》，法律出版社1981年版，第213～214页。

考各国关于侵占罪的立法例，都把侵占他人遗失物作为构成侵占罪的一种情况。如中华民国刑法第37条“侵占脱离持有物罪”规定：“意图为自己或第三人不法之所有，而侵占遗失物、漂流物或其他离本人所持有之物者，处……”巴西联邦共和国刑法典第169条规定：“拾到别人遗失的财物，在十五天内不归还原主或合法持有者，或者不交给有关当局而全部或部分地攫为己有的，处……”拾取遗失物不还之所以构成侵占罪，是因为拾取遗失物属于“不当得利”，行为人持有不当得利，是合法的，但根据民事法律规定，要负返还之责，如果拒不返还，转为非法所有，就符合侵占罪的特征，因而应以侵占他人遗失物定罪。同理，拾取（不包括采取积极的违法行为取得）遗忘物，也属不当得利，合法持有不当得利后如果拒不归还，转为非法所有，即构成侵占他人遗忘物罪。

综上所述，“侵占”，是指合法持有他人财物的人将该财物转为非法所有的行为。侵占他人遗忘物罪中的“侵占”，是指基于不当得利或无因管理而合法持有他人遗忘物的人，将该遗忘物转为非法所有的行为。

三、关于上海“鲁案”的定性

在作了以上分析后，笔者认为，上海“鲁案”应定盗窃罪，而不宜定侵占他人遗忘物罪。为便于说明问题，现将法院判决书认定的事实录之于后：

“被告人鲁××、朱××在上海市四川中路126弄口纪某等人经营的水果摊上销售西瓜。傍晚6时许，顾客谢某的一只拎包遗忘在摊位上。朱××见包内露出两本经书，遂向摊主纪某索要。纪当即表示反对，同时接过拎包予以代管。鲁××乘隙翻看包内物品。当发现包内有黄金首饰品及大量现金后，鲁××、朱××遂起意共同侵占。鲁××将失主拎包套进自己的棉布花色拎包内加以伪装。失主谢某前来寻找遗忘的拎包时，朱××谎称没有看

到，鲁××则站在一旁将伪装过的拎包藏于身后。待失主离开后，鲁××、朱××乘车到鲁家，将价值总额为18246.75元的全部赃款赃物全部瓜分。"

根据上述事实，笔者认为"鲁案"应定盗窃罪的理由如下：

首先，侵占他人遗忘物罪的对象是遗忘物，而不是控制物。"鲁案"被非法占有的拎包，虽然是遗忘物，但已被摊主纪某代管，即已由原来的失控状态变为在纪某的保管、控制之下。因此，在鲁、朱二人实施犯罪行为时，拎包已是控制物，而不是遗忘物。根据刑法理论，决定案件的性质，应以行为人实施犯罪行为时财物的性质为准，而不应以实施犯罪行为前财物原先的性质为准。因此，鲁、朱二人将纪某管理、控制下的财物据为已有，显属盗窃犯罪。

其次，侵占他人遗忘物罪的主体是合法持有他人财物的人。若事先非合法持有，就不可能构成该罪。而"鲁案"的行为人原先根本没有合法持有过拎包，他们从一取得拎包时起，就是非法的。

再次，侵占他人遗忘物罪客观方面表现为将合法持有的他人遗忘物拒不归还，从而转为非法所有的行为。该罪行为人必须实施"取得财物"和"拒不归还"两个行为。其中"取得财物"的行为无论是基于无因管理还是不当得利，都不具有违法性。因此，作为犯罪的行为只有一个，即"拒不归还"。可见，侵占他人遗忘物罪不是构成于"取物"之时，而是构成于"拒不归还"之时。而盗窃罪则是"取物"本身就是非法的，其犯罪构成于"取物"之时，至于事后是否"拒不归还"，都不影响盗窃罪的成立。"鲁案"的行为人是乘拎包代管人纪某不备，将失主拎包套进自己的棉布拎包内加以伪装，从而秘密地据为己有的。行为人"取物"本身就是积极的违法犯罪行为，而不是消极取利的行为；其犯罪在窃取拎包时就已构成，而不是"谎称没有见到"、拒不归还时才构成。

综上所述，“鲁案”完全符合盗窃罪的特征，而不符合侵占他人遗忘物罪的特征，应以盗窃罪追究刑事责任。

最后必须指出，我国不承认判例法。最高人民法院核准对“鲁案”判侵占他人遗忘物罪，它只对该案具有法律效力，而不意味着设立了一个具有普遍法律效力、可供直接适用的新罪名，故不能将它作为判决其他案件的根据。同时，我国目前并无侵占他人遗忘物（遗失物）构成犯罪的法律规定，而最高人民法院所类推定罪是窃取已由他人代管的遗忘物的案件，而不是本文意义上的侵占他人遗忘物的案件。因此，在法律未作出新的规定前，对本文意义上的侵占他人遗忘物案件，仍应按民法通则有关规定处理，而一般不宜定罪追究刑事责任。否则，就与最高人民法院判例抵触太甚。即使个别情节严重，必须追究刑事责任的，也必须严格按类推程序，报最高人民法院核准。当前，不少地方直接以“侵占他人遗忘物罪”判案，不符合法制原则，应当予以纠正。

（原载《法学》1989 年第 11 期）

从销赃罪的二重性看销赃罪的认定*

销赃罪，是指明知是犯罪所得的赃物而代为销售的行为。它是由他人盗窃、诈骗、贪污等犯罪（姑且叫它们为“本罪”）所得的财物所引起、伴随着“本罪”而产生的一种犯罪，它以“本罪”的存在为条件，以“本罪”的犯罪对象为对象；通过给“本犯”销售赃物的行为来帮助“本犯”，妨害司法，危害社会。因此，销赃罪相对于“本罪”来说，具有从属性。但是，销赃罪与“本罪”毕竟有不同的犯罪构成；我国刑法不是把它依附于各“本罪”之中，而是单独列为一条；其处刑也并不随“本罪”而起落，而是规定了独立的刑罚。因此，销赃罪对于“本罪”来说，又具有独立性。可见，销赃罪相对于本罪来说，是从属性和独立性的统一。换言之，它具有二重性。

明确销赃罪的二重性，对于正确认定销赃罪，具有重要的意义。在当前的司法实践中，有两种不正确的观点：一种是只看到销赃罪的独立性，而看不到它的从属性，认为销赃罪应规定一个统一的数额标准，够上这一数额杠杠，就要定罪处罚，而不管其所从属于的“本罪”的数额标准是多少。这对于为某些数额标准

* 我国1979年刑法规定了窝藏、销售赃物罪，1997年刑法规定了窝藏、转移、收购、销售赃物罪，2006年《刑法修正案（六）》改为掩饰、隐瞒犯罪所得、犯罪收益罪。

较高的犯罪（如贪污）销赃的行为来说却有失妥当，出现了“本犯”尚够不上犯罪，而销赃犯却锒铛入狱的不正常现象。另一种观点则只看到销赃罪的从属性，而看不到销赃罪的独立性，认为只要“本犯”够上犯罪，销赃犯就够上犯罪；“本犯”够不上犯罪，销赃犯就够不上犯罪。例如，为多名未达到刑事责任年龄的盗窃者销赃。根据该观点，盗窃者不构成犯罪，销赃者也不构成犯罪。其实，未达到刑事责任年龄者盗窃，其行为已完全符合盗窃罪的客观要件，社会危害性也与盗窃罪无异，只是因为行为人年龄的原因难以定罪而已。给这样的盗窃者销赃，妨害司法的社会危害性同样存在，对其应以销赃罪论处。

明确了销赃罪的二重性，有助于我们克服以上两种片面性，正确地认定销赃罪。根据销赃罪二重性的原理，在认定销赃罪时，既要注意销赃行为本身的事实及有关情节，又要注意分析行为人所帮助销赃的是何种犯罪，具体地说，应注意和明确以下几点：

第一，既要重视销赃数额，又要重视其他情节。

销赃犯所帮助的犯罪，一般是财产犯罪或与财产有关的犯罪。这就决定了从属于这些犯罪的销赃罪必须重视数额。其次，从销赃罪的独立性来看，销赃犯正是因为销售了一定数额的财物，才发生危害社会的结果，从而成为销赃犯罪；反之，如果没有销售一定数额的财物，就不构成销赃罪。因此，无论是从销赃罪的从属性还是从销赃罪的独立性来看，认定销赃罪必须重视数额，如果数额较小，危害不大，就不应认为犯罪。基于这一认识，销赃罪应有一个数额标准供参考。另外，认定销赃罪又需注意其他情节。首先，要注意销赃犯所帮助的是什么样的犯罪。帮助了危害大的犯罪，其对社会的危害性就相对较大，帮助了危害性小的犯罪，其对社会的危害性就相对较小。其次，要注意数额对于为不同“本罪”销赃的行为，其重要性是不同的。有的“本罪”要以数额作为构成要件（如盗窃），认定从属于这些“本罪”的销赃罪时，数额的意义就大一些；有的“本罪”不以数额作为构成要

件，甚至不强调数额（如抢劫），认定从属于这些“本罪”的赃销罪时，数额的意义就相对小一些，其他情节的意义相对大一些。最后，要注意销赃行为本身的情节，例如，多次销赃与偶尔销赃、为成年人销赃与为未成年人销赃，其情节就不一样。对于那些经常为人销赃从中渔利的，帮助未成年人销赃的，以及情节恶劣、严重干扰司法机关正常活动的，尽管销赃数额不是很大，也应依法惩处。总之，不重视数额或死抠数额标准的观点都是不对的。

第二，销售不同犯罪的赃物，应有不同的数额标准。

由于销赃罪具有从属性，而不同销赃行为所从属的“本罪”的数额标准是不同的，因而，销售相同数额的赃物，对社会的危害性未必基本相同（暂撇开其他情节不论）。如果“本罪”的数额标准高，那销赃罪的数额标准就要高些；如果“本罪”的数额标准低，那销赃罪的数额标准就要低些。那种不考虑销赃罪的从属性，一律地用一个数额标准去“切”不同的销赃行为的做法，是不妥当的。

第三，销赃罪的数额标准一般可略高于各“本罪”的数额标准。

一般地说，“本罪”是直接对社会发生危害，销赃罪则通过为“本犯”销赃间接地对社会发生危害，销售某一数额赃物的行为，比同一数额“本罪”的社会危害性总要小些。销赃犯的数额标准略高于“本罪”的数额标准是必要的。至于不必以数额为条件的犯罪（如抢劫），对这些销赃罪的认定，就不能像抢劫等犯罪那样可以不强调数额，而同样需要规定一个大致的数额标准。笔者认为，其数额一般可参照数额标准较低的销赃行为（如为盗窃犯销赃）的定罪数额标准，并结合销赃犯对国家司法活动的妨害的严重程度、销赃犯对“本犯”犯罪行为的明知程度（如仅知该赃物属非法所得跟明知抢劫所得，就不一样）及其他情节，灵活掌握。

（原载《法学季刊》1987 年第 2 期）

法律适用与修改研究

论“三个有利于”标准与法律标准

是否有利于发展社会主义社会的生产力，是否有利于增强社会主义国家的综合国力，是否有利于提高人民的生活水平，是判断一切工作的根本标准。毫无疑问，也是判断司法工作的根本标准。同时，司法机关是国家执法机关，“以事实为根据，以法律为准绳”、“有法必依，执法必严，违法必究”是司法工作的基本原则。根据这一原则，一切司法活动必须遵循法律标准，严格依法办事。这就提出了一个问题：应如何正确理解和处理“三个有利于”标准与法律标准的关系？本文试就此作些探讨。

一、理论与实践的困惑

对“三个有利于”标准与法律标准的关系，当前主要存在两种片面认识：一是等同论，即认为在处理案件上，二者的作用是一样的，适用了前者就不必适用后者，适用了后者就不必适用前者。二是对立论，即认为二者在不少情况下存在着矛盾，主张以“三个有利于”标准排斥法律标准，或以法律标准排斥“三个有利于”标准。两种认识的共同点都是主张以一个标准代替另一个

标准，不同点在于，前一种认识是“可以”代替，后一种认识是“应当”代替。

造成上述两种认识的原因，主要有以下三个方面：（1）对“三个有利于”标准的理解不一。有的理解为经济标准、产值标准或“赚钱”、“赢利”；有的认为是综合标准，包括物质文明、精神文明、民主法制等多个方面的协调发展。（2）对法律是否存在滞后性及滞后的程度认识不一。有的认为，改革是对传统体制的否定，而现行法律大多是在计划经济条件下制定，以维护传统体制为己任的，因此已严重滞后，应予冲破与否定；有的认为，现行法律总体上是适应的，虽存在滞后性，但范围不大，程度较轻；还有的认为，滞后的法律都已被修改、补充或废止，故现行法律已不存在滞后性。（3）对“三个有利于”标准能否直接裁判法律所调整的社会关系认识不一。有的认为，“三个有利于”标准既然是判断一切工作的标准，就应直接裁判一切事物，包括由法律调整的社会关系；有的认为，“三个有利于”标准不是唯一标准，各个领域、系统还有其直接标准，故不能以“三个有利于”标准直接裁判法律所调整的社会关系。

于是，在司法实践中，常常遇到对同一行为有的认为有功、有的却认为有罪这两种截然相反的评价。这种反向评价又多发生于以下两种情况：

1. 行为人利害共存。如对于能人犯罪，有的认为，善于办厂经营的能人往往关系到一个企业的兴衰存亡，乡镇企业尤为如此。他们在经济建设中起着重要作用，是国家从事经济建设的宝贵财富。其经济问题与搞活经济的潜能相比是次要的，因此这种人总体上是符合“三个有利于”标准的，应对其“网开一面”让其继续为社会创造财富。否则，机械执法，予以治罪，就扼杀了生产力，影响了经济建设，这恰恰是违反“三个有利于”标准的。有的则认为，根据法律面前人人平等的原则，任何人犯了罪，都应该依法处理，能人也不例外。况且，这种人所取得的经济效益仅是局部的，而对经济秩序、社会秩序的破坏却是非局部的，以“三个有利于”的标准来衡量也是不符合的。

2. 行为人的行为利害共存。如科技人员利用职务技术行为收受贿赂即属此。它一方面利用职务收受贿赂，违反了职务活动的廉洁性，对社会造成了危害；另一方面其技术行为创造了经济效益，对社会产生了益处。对此，有的认为这种行为促进了科学技术与生产的结合，符合科技体制改革的大方向。同时，其收受贿赂的数额也往往比所创造的经济效益小得多，因此，总体上是符合“三个有利于”标准的，不应治理。有的则认为，这种行为虽创造了局部的经济效益，但破坏了科技服务管理秩序和职务活动的廉洁性。在更大范围造成了危害，违反了“三个有利于”标准和法律标准，故应依法治理。

可见，如何正确理解和处理“三个有利于”标准与法律标准的关系，确是一个需要认真研究的问题。

二、应当如何正确理解“三个有利于”标准

正确理解“三个有利于”标准，是正确理解和处理“三个有利于”标准与法律标准关系的一个前提。

我们知道，“三个有利于”标准是邓小平同志针对一些人姓社姓资的困惑而提出的，它从历史唯物主义的理论高度，为澄清扭曲的社会主义观念所造成的思想混乱，正本清源，提供了锐利的思想武器。它不仅是区分姓社姓资的标准，而且是“各项工作总的出发点和检验标准”。它是生产力标准与人民利益标准的统一，经济发展与社会全面进步的统一，全局发展与局部发展的统一，长期发展与短期发展的统一。

（一）“三个有利于”标准是生产力标准与人民利益标准的统一

发展生产力是人类社会永恒的主题，也是历史唯物主义社会

基本矛盾学说与我国现阶段主要矛盾的必然要求。在“三个有利于”标准中，生产力标准居于关键的和基础的地位。只有生产力的发展，增强综合国力和提高人民生活水平才有物质基础，人民利益标准才能实现。同时又要看到：（1）人是生产力中最重要最活跃的因素，马克思、恩格斯在考察社会历史进步时，历来将物质财富的增加与人本身的发展作为两个紧密联系的尺度。离开人的发展、离开劳动者素质的提高和积极性的发挥，经济也难以进一步发展。这也是当前世界上许多国家的企业管理从过去的以物为中心转变为以人为中心的原因。（2）我国发展生产力的目的归根结底是为了满足人民生活需要。从这个意义上说，人民利益标准是“三个有利于”标准的归宿。因此，既要十分重视生产力标准，又不能把“三个有利于”标准仅理解为生产力标准或经济标准、产值标准。只有既有利于生产力发展，又有利于人的发展和人民生活水平提高的行为，才符合“三个有利于”标准。

（二）“三个有利于”标准是经济发展与社会全面进步的统一

生产力的发展最重要的表现为经济的发展。离开了经济的发展，生产力发展只是一句空话，“社会全面进步”也无从谈起。因此，经济建设是中心，是基础。同时，经济发展又不是唯一目标，它必须与社会全面进步相统一。（1）一手抓物质文明，一手抓精神文明；一手抓建设，一手抓法制；一手抓开放搞活，一手抓打击经济犯罪。是邓小平同志建设有中国特色社会主义理论的重要内容，也是党和国家坚定不移的方针。一方面，精神文明建设、民主法制建设和打击经济犯罪必须为经济建设服务；另一方面，经济建设又必须依靠精神文明建设、民主法制建设和打击经济犯罪。否则，经济建设既不能坚持正确的方向，也难以顺利进行。正如邓小平同志所说：“风气如果坏下去，经济建设搞成功又有什么意义？会在另一方面变质，反过来影响整个经济变质，发展下去会形成贪污贿赂横行的世界。”（2）社会是政治、经济、文化等多种要素的有机组合体。人的需求也是多方面的，只有社会全面进步，各方协调发展，社会才能协调有序，人的各方面需求才能满足。(3) 一些资本主义国家发展史证明，经济增长固然是解决社会问题的物质基础，但它不可能自动带来社会全面进步，不可能自动解决现代化进程中的各种社会问题。相反，片面强调经济发展，还会带来生态破坏、环境污染、拜金主义、享乐主义和极端个人主义蔓延、道德沦丧、社会丑恶现象丛生等恶果。因此，否定片面强调经济的发展观，主张经济、政治、社会、文化等综合协调发展，已开始成为当今世界的一个趋势。我国是社会主义国家，更应重视综合协调发展。因此，只有既有利于经济发展，又有利于社会全面进步的行为才符合"三个有利于"标准。

（三）"三个有利于"标准是整体发展与局部发展的统一

生产力是指整个社会的生产力，但社会生产力的整体发展要以各个地区、部门、单位生产力的局部发展为基础，离开了各个局部的发展，整体发展就不可能实现。同时，生产力的局部发展必须受整体发展的制约，纳入整体发展的轨道。当局部发展与整体发生矛盾时，应当服从整体发展，而不能各行其是，为了局部发展而损害整体发展。正像江泽民同志多次强调的，中国这艘大船是一个整体，只有全体船员同舟共济，才能达到胜利的彼岸。

（四）"三个有利于"标准是长期发展与短期发展的统一

社会是分阶段长期发展的，长期由各个小阶段构成，但又不是简单相加。只有短期的发展，才谈得上长远的发展。但短期发展又要受长期发展规划的制约，纳入长期发展的轨道。这就不仅要看到眼前，努力实现短期的发展；又要顾及今后，为长期发展奠定基础，留足后劲，以保证生产力持续、稳定发展。

根据以上原则可知，把"三个有利于"标准简单理解为经济标准、产值标准甚至"赚钱"、"赢利"的认识，为了局部经济利益而容忍、宽恕违法犯罪，置其对社会秩序、社会风气、干群关

系的危害于不顾的认识，为了眼前、局部利益损害长远、全局利益的行为，等等，都是不符合“三个有利于”标准的。必须指出，经历了长期贫穷后急于想把经济搞上去的迫切愿望，当前地区经济格局和地区、部门利益的刚性，某些地方选拔任用干部实际存在的偏重产值的倾向，等等。使得把“三个有利于”标准等同于经济标准、产值标准的认识具有普遍性，且在短期内难以消除。这是值得我们注意和防止的。

三、现行法律是否滞后

明确我国现行法律是否滞后及其滞后的程度，这是正确理解和处理“三个有利于”标准与法律标准关系的又一个前提。

现行法律是否滞后，既指法律是否还存在空白，需要补充立法；也指现行法律是否落后于形势，阻碍了改革开放，需要加以修改或废止。就前者而言，当无异议，因为适合市场经济需要的社会主义法律体系尚未形成，许多法律制度还付之阙如；就后者而言，则应加以具体分析，我认为，现行法律总体上是适应新形势的。（1）现行法律基本上是在党的十一届三中全会以后制定、颁布的，它与改革开放几乎是在同一时期登上历史舞台，并在邓小平同志建设有中国特色社会主义理论指引下相互促进发展的。一些法律虽在计划经济条件下所制定，但它贯彻了党的路线、方针、政策，贯彻了改革的精神和市场的取向，许多法律本身就是改革的方针、政策及经验的定型化。（2）法律制定时既要为有关行为设定一定的界限与范围，又要为今后的改革留下一定的空间，使其不至于成为新的改革的羁绊，这是改革时期立法工作必须遵循的原则。现行法律的制定是认真贯彻了这一原则的。（3）法律是客观规律和统治阶级意志的反映，作为反映客观规律部分的法律，并不随形势的变化而变化。（4）随着形势的发展，国家最高权力机关和有关部门已对过去的法律作了大量的修改、补充、废止和司法解释工作。因此，现行法律总体上是适应改革开放后的

新形势的。这是基本的方面。如不这样估计，认为总体上阻碍了改革开放，就难以理解党和国家关于“严格依法办事”的反复指示，难以理解改革开放十几年司法工作能取得如此巨大的成就，也不能设想最高权力机关对这么多滞后法律竟如此“宽容大度”，让其长期阻碍改革开放而不予废止。但同时又要看到，稳定性是法律的特性，变动性是改革的特性。从计划经济体制到市场经济体制的改革是一场根本性的变革。法律制定时虽贯彻了改革的精神，并为新的改革留下了空间，但由于我国改革在相当长时间内不是先有蓝图后有实践，而是“摸着石头过河”，走一步看一步，因而伴随改革进程所进行的立法工作也具有走一步看一步的特点，难免存在“始料不及”的情况。同时，当客观事物变化后，权力机关不可能立即对法律不适应的部分作出修改或废止。也就是说，法律的不适应与法律的修改、废止存在时间差。因此，法律的某些内容存在滞后性。总之，总体上的适应性与某些内容的滞后性并存，是现行法律的一个特点。我们既不能只看到其适应性而否定某些内容的滞后性，也不能随意扩大滞后性或只看到滞后性而否定总体上的适应性。同时，某法律条文是否滞后的判定，只能由立法机关或最高司法机关根据“三个有利于”标准作出，而不能由其他人随意作出，以防止法律效力被随意否定。

四、“三个有利于”标准与法律标准的关系

对“三个有利于”标准与法律标准的关系，需要把握以下几点：

（一）二者既相统一又相区别

二者的统一性表现在：它们都是评价事物的标准；都是客观规律和统治阶级意志的体现；在法律具有适应性的前提下，凡符合“三个有利于”标准的行为必然符合法律标准；反之，凡符合法律标准的行为也必然符合“三个有利于”标准，二者统一于建

设有中国特色社会主义的理论与实践之中。二者的相异性表现在：它们各有其质的规定性；“三个有利于”标准是最高层次的根本标准，是一切工作的出发点和检验标准，法律标准则是调整特定社会关系的直接标准；“三个有利于”标准不具有强制性，违反了固然要给以否定的评价，但这种否定评价并不都以国家强制力作后盾，而法律则具有强制性，它以国家强制力保证实施，因而更具刚性；“三个有利于”标准高度原则概括，法律标准明确具体，易于操作。总之，二者的统一性决定了它们是互相依存并行不悖的；相异性决定了它们各有其存在的价值，不能互相代替。

（二）“三个有利于”标准是法律标准的灵魂，指导和检验法律标准

由于“三个有利于”标准是最高层次的标准，因而作为子系统的法律标准要受“三个有利于”标准的指导和检验，并服从和统一于“三个有利于”标准。“指导和检验”主要体现在以下几个方面：(1) 以“三个有利于”标准检验法律标准的有效性。凡符合的要继续执行；不符合的要修改或废止；有空当的要补充或制定。(2) 以“三个有利于”标准指导司法解释。要通过解释，使法律更好地体现“三个有利于”标准；在法律条文具有某些滞后性时，要在法律意蕴所允许的范围内作出符合“三个有利于”标准的解释，以弥补法律滞后性所带来的不足。(3) 以“三个有利于”为指导，准确理解和把握法律精神；在处理案件时，既要认真对照法律条文，正确适用法律，又要在此基础上，将案件置于大局之中，以“三个有利于”标准加以审视和检验，以便把案件办得更准更好。(4) 以“三个有利于”标准指导和检验整个执法活动。要把“三个有利于”作为整个执法活动的出发点和归宿，注意讲究办案艺术和方法，结合办案做好为经济建设服务的各项工作，使执法活动在取得良好法制效果的同时取得良好的政治效果、经济效果和社会效果。

以“三个有利于”标准指导和检验法律标准具有重要意义。就司法工作来说，司法部门作为国家全局中的一个部门，必须在全局的指导下开展工作；就具体案件来说，任何案件都是宏观和微观的结合体：一方面，案件是一定社会矛盾的产物，它植根于社会之中，其根源是宏观的；另一方面，案件本身作为社会矛盾的结果又是微观的。这就要求司法人员善于在宏观和微观的结合上把握和处理案件。但是，由于呈现在司法人员面前的案件本身是微观的，执法工作又是一项艰苦细致复杂的工作，司法人员往往埋头于微观案件的事实调查和证据收集甄别之中，这就有可能使司法人员对宏观的大局关注不够，因而就法论法，就案办案。以“三个有利于”标准指导和检验法律标准，就为在全局指导下开展部门工作，在宏观和微观的结合上正确处理案件提供了科学的机制。它有利于把司法工作与全局工作紧密联系起来，使之与全局合拍，防止部门工作的局限性；有利于把案件办得更准，取得更好的社会效果。

（三）法律标准是“三个有利于”标准的具体体现

我国法律是在党中央领导下，在总结党的路线、方针、政策的基础上，按照民主集中制的原则，由全国人民代表大会制定的。它“既代表了全国人民的利益和意志，也集中反映了党的政策和主张”。毫无疑问，也必然集中反映了作为最高标准的“三个有利于”这一重大政策，它是“三个有利于”标准在特定行为规范上的具体化。“执行法律，就是服从全国人民的意志，就是服从党的领导，就是维护人民的利益。”毫无疑问，执行了法律，也就是执行了“三个有利于”标准；违反了法律，就是违反了“三个有利于”标准。以能人与科技人员犯罪为例，他们尽管能带来局部的一时的经济效益，但破坏公共管理秩序、社会秩序和经济秩序，败坏社会风气，挫伤广大群众的劳动积极性，其最终必然危害经济建设。同时，贿赂等经济犯罪侵犯的客体主要的不是经

济关系，而是政治关系，它会从根本上瓦解社会主义制度，危及国家政权。我们绝不能仅用经济标准去衡量，为了有限的经济利益而置严重的政治危害于不顾。因此，应依照法律规定予以实事求是的处理。当然，办理这类案件更应坚持“一要坚决，二要慎重，务必搞准”的原则，更要讲究工作的艺术和方法，尽量减少对局部经济可能造成的影响，注重社会效果。但是，这与“网开一面”是两码事。如果法律允许对某些人犯罪“网开一面”，就会产生严重的后果：一是违反法律面前人人平等的原则，破坏法律的统一性，并引导更多的人以其所具有的特殊性如“有一技之长”、“过去有贡献”、“是名人”等，作为要求“网开一面”的理由。二是模糊是非界限，混乱人们思想，并产生反面示范效应，推动更多的人群起仿效，去实施类似犯罪，从而更加严重地破坏社会秩序和经济建设。古今中外的大量事实证明，是非界限的模糊，人们思想和社会秩序的混乱，社会风气的堕落，其危害比单纯的经济上的危害要大得多，纠正这种危害也比单纯挣几个钱要难得多。因此，坚持法律标准，维护法律权威，是“三个有利于”标准的内在的必然的要求，也是司法机关贯彻“三个有利于”标准的实际措施和行动。

（四）“三个有利于”标准不能代替法律标准，作为直接处理案件的标准

第一，社会是由多个领域构成的，各个领域又有依次隶属的一系列层次，各领域多层次的情况千差万别，十分复杂，不可能都用“三个有利于”一个标准去衡量和裁判，而必须依靠各自特有的直接标准。这些直接标准在各自领域的权威作用，是“三个有利于”标准所不能代替的。法律标准是调整特定社会关系的直接标准，具有强制性，它比其他直接标准更具权威性和不可替代性。第二，“以事实为根据，以法律为准绳”是司法工作的基本原则，该原则赋予法律以“准绳”的地位，它要求司法机关处理

案件必须以法律为准绳，而不能以别的什么为准绳。第三，法律调整的社会关系纷繁复杂，这就要求调整它的标准明确、具体、严谨而没有歧义，“法律是肯定的、明确的、普遍的规范”，具备这种属性，而“三个有利于”标准却高度原则概括，因而不具有直接调整这些社会关系的功能。如果勉为其难，不仅会因对“三个有利于”标准的不同理解而增加办案的随意性，而且也降低了其作为最高标准的地位。这不是维护而恰恰是损害了“三个有利于”标准。第四，“三个有利于”标准是政治概念，而法律调整的某些对象却并不具有鲜明的政治属性，它们在“三个有利于”标准面前很难“对号入座”，从而作出正确的裁判。第五，法律的生命在于实施，法律对“三个有利于”的服务作用也必须通过实施来实现。如将其虚置，法律的功能就无法实现，最高权力机关的立法活动也就失去了意义。“法律虚置，国将不国”，这个以血换来的教训必须深刻地记取。第六，不以“三个有利于”作为直接处理案件的标准，并不影响其作为“标准”的属性，这同党不直接处理属政府、司法范围的具体事务、具体案件但仍不失其领导地位同属一理。因此，绝不能用“三个有利于”标准代替法律标准，作为直接处理案件的依据。

总之，“三个有利于”标准与法律标准既互相依存，又不能互相代替。离开“三个有利于”标准，法律标准就失去了灵魂；离开法律标准，“三个有利于”标准就无法在由法律调整的社会关系领域落实。我们既要反对以“三个有利于”标准代替法律标准，又要反对以法律标准代替“三个有利于”标准。我国是有悠久封建历史的国家，法制观念淡薄，长官意志、特权思想根深蒂固；革命战争年代和计划经济条件下形成的重政策不重法、重言不重法的习惯尚未根本改变；地方经济格局和地方、部门利益刚性导致的根据本地本部门利益决定对法律态度的偏向；等等。使得当前有法不依、执法不严、以言代法、以权压法的情况尚相当严重，法律虚无主义和实用主义具有深刻根源。因此，在建立被

称为“法制经济”的市场经济体制的今天，反对以“三个有利于”标准特别是误解、歪曲了的“三个有利于”标准代替、否定法律标准的错误倾向，强调严格执法，就更具重要意义——这就是本文的结论。

（原载《中国检察报》1995 年 10 月 5 日、10 月 7 日第 3 版）

认真准备　迎接修改后律师法的实施

第十届全国人大常委会第三十次会议对律师法作了较大修改，且全国人大法工委刑法室负责同志已明确表示：律师法的有关内容将于2008年6月1日起在刑事诉讼中自动生效，而不必再经刑诉法修改。[①] 由于律师法与检察工作特别是检察机关在刑事诉讼中的工作关系密切，故我们必须高度重视，未雨绸缪，为实施好修改后的律师法认真做好各项准备工作。

---

① 新律师法对刑诉法的一些内容作了修改，对此，法学界有三种观点：第一种观点认为，刑诉法是全国人民代表大会制定的，律师法是全国人大常委会制定的，二者位阶不一，全国人大常委会无权修改全国人民代表大会制定的法律，现全国人大常委会对全国人民代表大会制定的刑诉法中的一些内容加以修改，已构成违宪。第二种观点认为，全国人大常委会有权对全国人民代表大会制定的同一法律加以修改，但在修改同一法律时又对另一法律加以修改则应慎重，确需修改的，所修改的内容不能随所修改的法律同时生效，而只有当全国人大常委会对另一法律也加以修改后，才能产生效力。据此，全国人大常委会在修改律师法时对刑诉法修改的内容，不应与修改后的律师法同时生效，只有当全国人大常委会对刑诉法也加以修改，并将律师法所修改的内容都吸收到刑诉法修改之中时，律师法对刑诉法修改的内容才能在刑事诉讼中生效。第三种观点认为，全国人大常委会有权对全国人民代表大会制定的除宪法之外的法律加以修改，在修改某一法律时，可以对其他法律的有关内容一并加以修改，且后法优于前法，故律师法对刑诉法修改的内容，应随律师法一起生效。全国人大常委会法工委刑法室持第三种观点。

一、以正确的态度对待律师法的修改

修改后的律师法（以下简称“新律师法”）与刑诉法有关规定相比，其修改主要表现在赋予或更充分地赋予律师四方面的权利：(1) 会见权。刑诉法及最高人民法院、最高人民检察院、公安部、国家安全部、司法部、全国人大法工委《关于刑事诉讼法实施中若干问题的规定》规定：对于涉及国家秘密的案件，律师会见在押的犯罪嫌疑人的，应当经过侦查机关批准。对于不涉及国家秘密的案件，律师会见犯罪嫌疑人，侦查机关应当在48小时内安排会见，对于组织、领导、参加黑社会性质组织罪，组织、领导、参加恐怖活动组织罪或者走私犯罪、毒品犯罪、贪污贿赂犯罪等重大复杂的共同犯罪案件，应当在5日内安排会见。律师会见在押的犯罪嫌疑人，侦查机关根据案件情况和需要可以派员在场。而新律师法则规定：犯罪嫌疑人被侦查机关第一次讯问或者采取强制措施之日起，受委托的律师凭律师执业证书、律师事务所证明和委托书或者法律援助公函，有权会见犯罪嫌疑人、被告人并了解有关案件情况。律师会见犯罪嫌疑人、被告人，不被监听。(2) 调查取证权。刑诉法规定：辩护律师经证人或者其他有关单位和个人同意，可以向他们收集与本案有关的材料。辩护律师经人民检察院或者人民法院许可，并且经被害人或者其近亲属、被害人提供的证人同意，可以向他们收集与本案有关的材料。而新律师法则规定：律师凭律师执业证书和律师事务所证明，可以向有关单位或者个人调查与承办法律事务有关的情况。(3) 阅卷权。刑诉法规定：辩护律师在审查起诉阶段可以查阅、摘抄、复制本案的诉讼文书、技术性鉴定材料。而新律师法则规定：受委托的律师自案件审查起诉之日起，有权查阅、摘抄和复制与案件有关的诉讼文书及案卷材料；自案件被人民法院受理之日起，有权查阅、摘抄、复制与案件有关的所有材料。(4) 法庭上言论豁免权。刑诉法并无关于律师在法庭上发表言论不受法律追究的

规定，原律师法也仅规定“律师在执业活动中的人身权利不受侵犯”。而新律师法则规定：律师在法庭上发表的代理、辩护意见不受法律追究，但是发表危害国家安全、恶意诽谤他人、严重扰乱法庭秩序的言论除外。

律师法的上述修改对于完善律师及其犯罪嫌疑人的权利保护，促进民主法制建设，维护社会公平正义，推进依法治国，具有重要意义。与此同时，也进一步增强了侦查活动的公开性、侦查和审查起诉活动中检察机关与犯罪嫌疑人及律师的对抗性；同时，由于律师可以通过行使会见权、调查取证权和阅卷权而获悉侦查机关获取的证据，而律师通过调查取得的证据律师法却未规定应当向检察机关开示，从而使得检察机关与律师双方对案件证据信息的知悉具有不对称性。上述“三性”难免给检察工作增加以下四方面的难度：（1）增加取证难度。律师通过有关权利的行使，不仅有利于保障犯罪嫌疑人和证人的合法权利，而且有利于稳固犯罪嫌疑人的心理防线，强化拒供心理和证人特别是污点证人的避证、拒证心理，从而增加取证的难度。（2）增加固定证据的难度。在案件侦查和审查起诉中，一些犯罪嫌疑人和证人由于不了解侦查机关在侦查活动中对哪些人采取了哪些措施，获取了哪些证据，因而不敢轻易翻供翻证（特指违背客观事实的翻供翻证，下同）。而新律师法赋予了律师更充分的会见权、调查取证权和阅卷权，律师通过这些权利的行使，可以知悉案件的全部证据及证据的薄弱环节。少数素质不高的律师如果对犯罪嫌疑人、证人稍加“点拨”，犯罪嫌疑人、证人就有可能翻供翻证。职务犯罪特别是贿赂犯罪往往主要靠言词证据定案，言词证据本就稳定性差，犯罪嫌疑人、证人如果翻供翻证，必然增加固定证据的难度。（3）增加拓展线索、扩大战果的难度。拓展线索是侦查的重要措施，它不仅可能使小案发展为大案，而且可能使单个案件发展为窝案、串案。而律师通过有关权利的行使，不仅有可能使犯罪嫌疑人拒供、少供，而且有可能泄露案件的某些信息，从而给侦查

中拓展线索、扩大战果增加困难。(4) 增加审查起诉和出庭公诉的难度。律师通过会见权、调查取证权、阅卷权的行使，对案件的证据和犯罪嫌疑人的心理状态有较全面、充分的了解和掌握，而公诉人员对律师所获取的证据却不一定了解，从而有可能使公诉工作因律师的证据“突袭”而发生意外和产生被动。

可见，挑战显而易见。但是，挑战就是机遇，压力就是动力。上述“三性”、“四难”有利于促使检察机关苦练内功，严格公正执法，提高工作能力、水平和案件质量。同时，在现有法律框架内我们仍有回旋的余地，而且还可建议人大加强应对性立法。我们要以正确的态度对待律师法的修改，既要防止怨天尤人、畏难消极，又要防止盲目乐观、被动应付。要高度重视，认真准备，积极应对，不折不扣地实施新律师法。

二、用好法律有关规定

新律师法赋予了律师会见权，并规定会见犯罪嫌疑人时不被监听，但是，刑诉法第 96 条关于“涉及国家秘密的案件，犯罪嫌疑人聘请律师，应当经过侦查机关批准”的规定未作修改。司法部部长吴爱英在第十届全国人大常委会第 28 次会议上作《关于〈中华人民共和国律师法（修订草案）〉的说明》时也说：“犯罪嫌疑人被侦查机关第一次讯问或者采取强制措施之日起，除涉及国家秘密的案件外，受委托的律师凭律师执业证书、委托书和律师事务所介绍信，可以与犯罪嫌疑人、被告人会见并了解有关案件情况。”可见，律师法只是修改了律师会见的批准问题，而未修改涉密案件犯罪嫌疑人聘请律师的批准问题。检察机关侦查的职务犯罪案件，有不少涉及国家秘密。凡涉及国家秘密的，检察机关可以事先告知看守所，让其把好律师会见关，当有律师要求会见时，让看守所告知律师：案件涉及国家秘密，犯罪嫌疑人聘请律师须经检察机关批准。

三、苦练内功，提高侦查和公诉等工作水平

证据是诉讼的依据。新律师法对检察工作的影响主要体现在证据的收集、固定、拓展等方面，故检察机关的应对措施也应放在提高证据的收集、固定、拓展和分析运用的能力水平上。(1)前移侦查重心，强化初查工作，并提高第一次讯问的成功率。因为犯罪嫌疑人在被第一次讯问或者采取强制措施之日起，律师就可会见，故前移侦查重心，强化初查工作，提高初查和第一次讯问的成效是必然的选择。(2)继续改革侦查方式，关键时刻集中力量同步取证。发挥侦查一体化机制的作用，在较大范围统筹优势侦查资源，在第一次讯问犯罪嫌疑人时，同步进行讯问同案犯罪嫌疑人、询问证人、搜查、扣押冻结款物等工作，争取赶在律师介入案件前取得最主要证据。(3)全面、依法收集证据。要全面收集证明犯罪嫌疑人有罪、无罪、罪重、罪轻的各种证据，严格依法收集证据。因为无罪、罪轻的证据我们不收集，律师会收集；不依法收集证据，律师就会在法庭上揭露你，这都会招致被动。(4)强化证据的完善、固定工作，防止翻供翻证。及时发现并堵死证据中的空隙、漏洞，完善证据；坚定不移地推进讯问全程同步录音录像；把讯问（询问）与全面获取证据结合起来，使之供证结合；深挖犯罪嫌疑人犯罪动机和走上犯罪道路的根源教训；让犯罪嫌疑人、证人自书供述、证词。(5)强化案件动态监控。及时掌握案件动态，注意收集串供、转赃等再生证据，发现并反证律师介入后出现的翻供翻证及其他不正常情况。(6)加强侦诉配合。及时互通情况信息；对重大复杂案件，公诉部门要提前介入，提示侦查部门补强完善证据。(7)提高分析、运用证据能力，提高出庭公诉水平。(8)强化科技手段的配置和运用，发挥科学技术在揭露证实犯罪中第一生产力的作用。(9)加强监所检察工作。监督看守所加强对律师会见犯罪嫌疑人情况的管理，防止发生律师法禁止的行为。

四、建议完善立法，强化侦查措施和手段

在刑事诉讼中，惩治犯罪与保障人权是一对矛盾，法律应当兼顾这二者的平衡，防止顾此失彼。我国刑诉法中的侦查措施总体上是根据普通刑事犯罪的特点来设计的，对职务犯罪的特殊性考虑得不够，因而本就难以适应揭露和惩治职务犯罪的需要。在实践中，职务犯罪“黑数”过大、查处时过于依赖口供、查处涉及领导干部的犯罪案件往往依赖于纪委，等等，都与现行刑诉法对职务犯罪侦查措施和手段赋予得不够有直接关系。律师法的修改则更增加了揭露和惩治职务犯罪的困难。为此，要继续积极建议立法机关统筹惩治职务犯罪与保障人权这二者的平衡，赋予必要的侦查措施和手段。其内容主要是：（1）赋予检察机关对关联案件的侦查管辖权。现行刑诉法之所以将主体不属于国家工作人员的行贿、介绍贿赂案件划归检察机关管辖，是因为它与受贿案件紧密关联。在实践中，不少职务犯罪是与其他犯罪交织或关联的，如贪污贿赂犯罪与偷税、制售伪劣商品、非国家工作人员侵占、挪用、贿赂犯罪，徇私舞弊犯罪与“前案”等。为有利于检察机关发现线索、获取证据、提高侦查成效，应当有限度地赋予检察机关对这些关联案件的管辖权，并明确关联管辖的范围、条件和程序。（2）将技术侦查、诱惑侦查等措施规定入刑诉法，明确其使用的范围、条件、程序及效力，并明确侦查职务犯罪可以依法使用这些侦查措施。（3）完善侦查强制措施。借鉴“两规”、“两指”，设置一种强制力介于取保候审与拘留之间、有利于犯罪嫌疑人交代问题的强制措施，并明确这种措施的条件、程序和期限。（4）针对职务犯罪侦查中言词证据地位突出的特点和证言的重要性，增设强制证人作证制度，同时规定证人保护制度和证人豁免制度。（5）规定律师向检察机关开示证据制度，防止庭审中“突袭”。此外，还应建议有关部门完善存款实名、财产申报、限制大额现金流通以及监控财产转移等制度。

五、加强与司法行政部门及律师协会的联系

检察机关既要支持和保障律师依法执业，又要加强与各级司法行政部门及律师协会的联系，及时通报情况，建议并督促它们加强对律师的管理，规范律师行为，防止和及时惩戒律师的违法行为，发现犯罪的应及时移送有关部门依法追究刑事责任。

（原载《检察日报》2008年2月28日第3版）

在企业中划分国家工作人员质疑

全国人大常委会《关于惩治违反公司法的犯罪的决定》（以下简称《决定》）第12条规定，国家工作人员犯该《决定》第9条、第10条、第11条规定之罪（分别指商业受贿罪、侵占罪、挪用资金罪）的，依照《关于惩治贪污罪贿赂罪的补充规定》（以下简称《补充规定》）的规定处罚。这一规定的指导思想，是为了体现对国家工作人员从严的精神，其用意无疑是好的。但是，在建立社会主义市场经济体制，深化企业改革的新形势下，这一规定值得商榷。

一、新形势下在企业人员中划分国家工作人员不科学

我国刑法规定："国家工作人员是指一切国家机关、企业、事业单位和其他依照法律从事公务的人员。"全国人大常委会《关于严惩严重破坏经济的罪犯的决定》规定："本决定所称国家工作人员，包括在国家各级权力机关、各级行政机关、各级司法机关、军队、国营企业、国家事业机构中工作的人员，以及其他各种依照法律从事公务的人员。"据此，"依照法律从事公务"，是国家工作人员的本质特征。那么，如何理解"依照法律从事公务"？它有什么特征？笔者认为，"依照法律从事公务"，是指从

事国家管理职能的事务。因为根据法律规定，国家工作人员由两部分人构成：第一部分是国家权力机关、行政机关、司法机关、军队、国营企业、国家事业机构中从事公务的人员；第二部分是“其他依照法律从事公务的人员”，它一般是指党、团、工、青、妇、人民团体中依法从事公务的人员，以及依照有关法律代表国家从事某项国家职能的公务活动，但不属于上述机关的编制。根据法律规定经人民群众选举或上述机关任命从事国家公务性工作的人员，如当选为法院人民陪审员的普通公民在执行职务期间即属此类国家工作人员。上述第一部分国家工作人员从事的都是国家管理职能的事务，这是显而易见的；第二部分国家工作人员中，中国共产党机关的工作人员由于共产党是执政党，在国家中处于领导地位，因而从事的属国家管理职能的事务；各民主党派都是致力于社会主义建设事业的政党，是与共产党通力合作的参政党，所体现的也是国家管理职能；团、工、青、妇等群众团体则是根据共产党的意图，团结和组织某一方面人员，贯彻党和国家的方针政策，投身社会主义建设事业，从而实现稳定社会、调动积极因素的目的，所体现的也是国家管理职能。著名刑法学家高铭暄指出，刑法第83条所说的从事公务，是指办理国家政治、法律、财政、经济、外交、国防、文化、教育、科学技术等事务，它基本上是国家管理活动。因此，“依照法律从事公务”理解为从事国家管理职能的事务是恰当的。“依照法津从事公务”有两个特征：一是国家性。法律在“机关、企业、事业单位”前冠以“国家”一词，既是对这些单位范围的限定（如将“企业”限定在国有企业范围，而排除了非国有企业），又是对这些单位性质的界定。所谓国家性，就是体现国家的职能，即国家管理社会、政治、经济、文化、国防、外交等职能，而不是个人或集体的职能。二是管理性。这是“公务”的必然属性，即从事组织、领导、监督、检查等管理性的工作，而不是劳务性的工作。上述两个特征必须同时具备，离开了国家性，其管理就不是国家职能的管理，

其人员就不是“国家”的工作人员；离开了管理性，国家性就无从体现，其人员就不属公务人员。

根据以上分析，我们再来研究国有企业管理人员的属性。在高度集中的计划经济体制下，国家既是国有资产的所有者，又是国有资产的管理经营者，国营企业作为国家的代表，直接代表国家组织生产经营，所体现的是国家直接管理经济的职能，故其管理人员与机关人员一样，具有国家性和管理性。因此，刑法将国营企业中从事公务的人员规定为国家工作人员是完全正确的。但是，在市场经济条件下，国有企业必须以独立的主体和法人资格进入市场、参与竞争、享受权利、承担义务。为此，必须进行一系列改革：在与政府关系上，从原来的政企合一，企业是政府的附属物，改为政企分开，企业是自主经营、自负盈亏、自我约束、自我发展的独立的主体；在产权上，企业财产的所有权、占有权、经营权、使用权、处分权和收益权由原先的诸权合一，均归国家所有，改为国家享有终极所有权，并据此享有收益权，而财产的占有权、经营权、使用权、处分权则归企业拥有，并据此形成法人财产权；在管理上，国家对财产由原先实物形态的直接管理改为价值形态的间接管理，而将实物形态的直接管理完全交由企业负责；在经营上，产、供、销从原先由国家计划决定改为企业根据市场需求自行安排；在分配上，由原先国家统一规定的八级工资制改为企业在国家宏观指导下根据效益自主分配。因此，在新形势下，承担国家管理经济职能的是国有资产管理局、计划与经济委员会以及物价、工商、税务、人民银行等经济管理部门，而不包括国有企业。国有企业已不代表国家，而仅代表作为市场主体的企业本身；所体现的已不是国家的职能，而仅是企业的职能，因而其管理人员已不属国家工作人员。至于非国有企业的管理人员，则更不在国家工作人员之列。《中华人民共和国公司法》第58 条、第 123 条规定，国家公务员不得兼任股份有限公司、有限责任公司的董事、监事、经理。这一规定也说明了从公司人员中划分国家工作人员这一规定的非合理性。

二、新形势下企业中的国家工作人员难以界定

由于企业中的国家工作人员这一命题本身不科学，因而予以界定自然是个难题。“两高”对《决定》第12条所说的国家工作人员都作过司法解释。最高人民检察院的司法解释规定，国有企业中的管理工作人员，公司、企业中由政府主管部门任命或者委派的管理人员，国有企业委派到参股、合营公司、企业中行使管理职能的人员，属于国家工作人员。而最高人民法院的司法解释则规定，国有公司、企业或者其他公司、企业中行使管理职权，并具有国家工作人员身份的人员，包括受国有公司、国有企业委派或者聘请，作为国有公司、国有企业代表，在中外合资、合作、股份制公司、企业中，行使管理职权，并具有国家工作人员身份的人员，属于国家工作人员。“两高”解释的共同点是都强调职责（是否从事管理），不同点是最高人民检察院的解释强调单位的成分（是否国有企业或者国有资本），最高人民法院的解释强调工作人员是否具有国家工作人员身份。

上述解释中有两个问题值得研究：

1. 关于“政府主管部门任命的人员”。最高人民检察院的司法解释规定，公司、企业中由政府主管部门任命的人员属国家工作人员。据此，由乡镇政府及其所属工业办公室任命的乡镇企业的厂长经理属国家工作人员。但是，第一，根据刑法和《关于严惩严重破坏经济的罪犯的决定》的有关规定，属国家工作人员范围的企业人员仅指国营企业管理人员，而不包括集体企业管理人员；第二，《补充规定》将国家工作人员与集体经济组织工作人员作并列规定，说明前者并不包容后者；第三，集体经济组织工作人员从事的是集体公务而非国家公务，因而不具备“国家性”的特征。因此，由政府主管部门任命的人员不一定是国家工作人员。

2. 关于“国家工作人员身份”。最高人民法院的司法解释规定，《决定》第12条所说的国家工作人员，是指在国有公司、企业或其他公司、企业中行使管理职权，并具有国家工作人员身份的人员。另据法院系统传达，所谓国家工作人员身份即国家干部身份。笔者认为，这个解释和内部传达都有商榷的必要。一是持之无据。没有哪个法律或理论观点将国家工作人员解释为国家干部。二是同语反复，即以“国家工作人员身份”来解释“国家工作人员”。三是违背改革方向。在市场经济体制下，为了优化资源配置，就必须优化作为资源之一的劳动力的配置，这就需要打破劳动力身份及所在单位性质的界限，以利其流动。一些企业实行全员劳动合同制或打破干部、工人界限就基于此。判断某人员是否国家工作人员，不应看其身份，而应看其现行工作是否从事国家管理职能的活动。以身份界定主体，违背了改革方向和市场经济发展规律。四是破坏了国家工作人员概念的统一。在法律中，国家工作人员的概念应该是统一的，而不应是多元的，在同一法律中更应如此，不能设想《决定》中的国家工作人员同其他法律中的国家工作人员可以有不同的内涵和外延。五是易导致轻重错位。例如，大学毕业生分配到乡镇企业当一般管理人员，其侵吞企业财物行为因其具有国家干部身份应定贪污，而农民出身的该企业厂长侵吞财物因其不具有国家干部身份而只能定侵占，如此轻重错位，是不公平的。因此，最高人民法院的这一解释是很难站得住脚的。

作为最高司法机关的“两高”，其司法解释上的差异都如此之大且存争议，可见在企业人员中正确界定国家工作人员之难。

三、第12条规定造成同罪异罚，改变了某些犯罪构成

在市场经济体制下，企业虽有国有、集体、私营、个体、合资之分，但都是市场经济主体，其工作人员均为企业工作人员。当他们在企业中处于管理人员的职位时，其行为都表现为对企业

的经营管理，并不因企业所有制或人员身份不同而有所区别。当他们实施同类经济犯罪后，其社会危害性也是相同的，并不因所在企业所有制和本人身份的不同而存在差异。同类主体实施的社会危害性相同的同类犯罪，理应以相同的罪名定性处罚，这是法律面前人人平等原则在刑法中的必然要求。然而，《决定》第12条却规定企业中的国家工作人员犯商业受贿罪、侵占罪、挪用资金罪分别按受贿罪、贪污罪、挪用公款罪处罚，而二者定罪数额标准又很悬殊（例如侵占罪为5000元至20000元，贪污罪为2000元），如此同罪异罚，是有违法律面前人人平等和公平原则的。

同时，《决定》第12条还改变了某些罪的构成。例如，贪污罪侵犯的对象是公共财产，侵占罪侵犯的对象是公私财产；受贿罪必须以为请托人谋取利益为要件，商业受贿罪不以此为要件；挪用公款罪所挪的必须是公款，且必须挪归个人使用，挪用资金罪所挪的不一定是公款，也不以挪归个人使用为要件。二者客观要件不同，当侵占、商业受贿、挪用资金的主体为国家工作人员时，其行为并不一定符合贪污、受贿、挪用公款罪的构成要件。但《决定》第12条却不注意客观要件的上述区别，规定国家工作人员犯侵占罪、商业受贿罪、挪用资金罪的，依照《补充规定》的规定处罚，这就改变了这一部分贪污罪、受贿罪、挪用公款罪的构成要件。还有，非企业中的贪污罪、受贿罪、挪用公款罪的主体，除国家工作人员外，还有“其他经手、管理公共财物的人员”或“其他从事公务的人员”，而企业中贪污罪、受贿罪、挪用公款罪的主体则只有国家工作人员，这也违反了犯罪构成的统一性。

综上所述，市场经济体制是对传统的高度集中的计划经济体制的重大改革，在市场经济体制下，为了优化资源配置，必须使企业成为独立的市场主体，必须使生产要素冲破不同所有制的樊篱进行自由流动和优化组合，从而使很多企业成为不同所有制经

济成分的混合体，企业人员队伍成为不同身份人员的结合体。如果我们囿于传统的观念和思路，试图以企业的所有制性质或人员身份来区分主体和犯罪行为的性质，路只能越走越窄直至走不通。

那么，《决定》应如何修改呢？笔者认为，我国对经济犯罪的处罚，应当确立对国家公务人员特别是党政机关公务人员在公务活动中的犯罪从严，对企业人员在经济活动中的犯罪相对从宽的原则，这是因为国家公务人员特别是党政机关公务人员在国家政治、经济生活中居于重要地位，担负着重要职责，其职务活动能否防止经济交换关系的渗透，维护公务廉洁而不被收买，直接关系到党和国家的形象、关系到政权的性质、关系到社会的稳定和国家的长治久安。而企业人员在经济活动中的犯罪的社会危害性则相对较小。因此，在刑法未作系统修改，国家工作人员的概念未作适应新形势的修改或界定的情况下，凡企业人员实施侵占、受贿、挪用行为构成犯罪的，均以侵占罪、商业受贿罪和挪用资金罪追究即可，而不必在企业人员中划分一部分人员作为国家工作人员，并以较重的罪名定罪处罚。换言之，就是将《决定》第12条删除。这样，既适应了新形势，避免了正确界定国家工作人员之难，又解决了同罪异罚等矛盾。至于以后的立法，可分别规定公务人员贪污罪、受贿罪、挪用资金罪和非公务人员贪污罪、受贿罪、挪用资金罪；在案件侦查管辖上，由于这两种犯罪行为特征和侦查方法完全相同，故可根据管辖统一性原则，都由同一个机关负责侦查管辖。

（原载《人民检察》1996年第6期）

略论行贿罪主观要件的修改

《关于惩治贪污罪贿赂罪的补充规定》规定：“为了谋取不正当利益，给予国家工作人员、集体经济组织工作人员或者其他从事公务的人员以财物的，是行贿罪。”据此，“为了谋取不正当利益”，是行贿罪的法定主观要件。这一要件，曾经适应过经济基础的需要，促进过经济的发展，然而在建立社会主义市场经济体制、实行“两个根本转变”① 的今天，其作用正在走向反面，故有必要予以废除。

一

我国对行贿罪主观要件的立法有一个发展的过程。1952 年《惩治贪污条例》和 1979 年刑法，都根据行贿、受贿系“对合犯”的刑法理论来规定行贿罪，而无“为了谋取不正当利益”这一主观要件。如 1979 年刑法规定：“向国家工作人员行贿的，处三年以下有期徒刑或者拘役。”这样规定，对于遏制行贿犯罪，促进廉政建设具有积极作用。但是，在计划经济体制下，却不利

① 党的十四届五中全会提出：“要实行两个具有全局意义的根本性的转变：体制上从传统的计划经济体制向社会主义市场经济体制转变；经济增长方式上从粗放型向集约型转变。”

于非国有经济特别是作为中国农村经济支柱的乡镇企业的起步和发展。因为乡镇企业与国有企业的最大区别就是，原材料的采购和产品的销售不纳入国家计划，全靠自找门路，因而难免出现以送财物的方法去挖资金、技术、人才、信息，疏通供销渠道的消极现象。如何对待这一消极现象？如以行贿违法犯罪予以打击，固然有利于减少受贿犯罪，净化社会风气，但是，乡镇企业这一大片生机盎然的生产力就会被窒息，中国农村经济发展进程就会延缓。同时，乡镇企业中的这一消极现象是国家计划对不同所有制企业不平等的政策所致，而非乡镇企业所固有，因而宜“导”不宜“堵”，应主要通过深化改革、加快经济体制市场化进程去解决，而不应主要靠打击、惩办的方法去解决。基于这一认识，为了把乡镇企业为求生存、发展而送财物这一消极现象及类似行为从行贿罪中解脱出来，同时也考虑到某些为谋取正当利益而不得已送钱送物情况的存在，1988 年《关于惩治贪污罪贿赂罪的补充规定》对行贿罪作了重要修改，增加了“为了谋取不正当利益”的主观要件。根据这一要件，企业为生存、发展以送财物的手法疏通关系，所谋取的一般不属不正当利益，因而不构成行贿罪。因此，增加这一要件，是在计划经济条件下，针对非国有企业特别是乡镇企业难以跟国有企业平等竞争这一不合理状况，而在法律上对乡镇企业的一种倾斜。这一决策，是利弊相权的结果，因而必然是利弊共存的：一方面，它适应了当时经济基础特别是中国农村发展战略的需要，有利于扶持作为农村经济支柱的乡镇企业的起步和发展；另一方面，它对经济秩序和社会风气又有明显的消极作用，因为这一要件无异于在法律上默认甚至纵容了在经济活动中大多数送钱送物的消极行为。

二

随着形势的迅速发展，“为了谋取不正当利益”这一要件得以合理存在的客观依据已基本失去，要件的正面作用已越来越小，反面作用却越来越大，需要予以废除。

首先，废除这一要件是实现“两个根本转变”的需要。党的十四届五中全会提出了我国社会经济发展“九五”时期和今后十五年的奋斗目标，并指出，实现这一目标的关键在于实行两个具有全局意义的根本性的转变：体制上从传统的计划经济体制向社会主义市场经济体制转变；经济增长方式上从粗放型向集约型转变。既然两个转变“具有全局意义”，那么，一切政策、法律都必须有利于实现这两个转变。

我国从中央决定将建立社会主义市场经济体制作为经济体制的终极目标后，国民经济市场化的进展十分迅速。1994 年市场调节的比重，在工业消费品中已占 95% 以上，在农副产品收购中已占 80% 以上，在生产资料销售总额中已占 85% 以上，[①] 资金、劳动力、技术、信息等生产要素市场也在建立之中。国有企业已基本上失去了往日国家计划的优惠，除关系国计民生的垄断性企业外，国有企业已基本上与非国有企业一样进入了市场、一样面对平等的竞争条件。因此，在计划经济条件下为了扶持乡镇企业而设立的“为了谋取不正当利益”要件已成了多余和祸害，因为它使原本平等的竞争变为不平等，使得经济活动中送财物的行为一般不能以行贿查处，其结果必然扭曲市场竞争机制，扰乱社会主义市场经济秩序，并使国有企业在竞争中处于不利地位。

“为了谋取不正当利益”要件也有害于经营方式的转变。因为转变经营方式，就必须加大科技投入，降低能耗和价格，提高质量和效益，使商品以优良的质量、低廉的价格和良好的售后服务在竞争中取胜。由于“为了谋取不正当利益”要件默认了经济活动中大多数送财物行为，使得商品竞争扭曲为回扣竞争，不少企业供销人员购销商品的决定性依据是回扣的高低而不是商品质量和价格的高低，因而常常出现质优价廉商品销不出去，而假冒

① 参见《求是》杂志，1995 年第 21 期，第 3 页。

伪劣商品却畅通无阻的怪事。这必然促使企业把注意力放在以钱铺路和打回扣战上，而不放在降低能耗、提高质量和改进服务上。

其次，废除这一要件是转变社会风气，加强廉政建设的需要。经济活动中送钱送物行为已成为不正之风和腐败的一个源头，而且随着时间的推移，送的“行情”不断提高，由原先的小额金钱、土特产转为大额金钱和高档电器。它败坏社会风气，腐蚀公务员队伍，破坏廉政建设，使一批又一批国家公务员及其他从事公务的人员被拉下水。而对送财物的人，却往往由于难以认定其“为了谋取不正当利益”，而难以行贿治罪，这就使反腐败工作只打受贿，不打行贿，只堵“流水”，不堵“源头”，甚至出现行贿的放鞭炮（庆贺企业的发展和自身的荣誉）、受贿的坐监牢这一极不公平的现象。这一现象已引起广大干部群众的强烈不满。一些有识之士指出，只堵“流水”，不堵“源头”，只查受贿，不查行贿，是消极的惩办主义，反腐败必须从源头抓起，对行贿犯罪必须严肃查处。

有人认为，有些人所谋取的是依照法律、法规或政策应当得到的利益，但由于国家工作人员办事拖拉或故意拖着不办，当事人不得不给国家工作人员送些财物。如果取消行贿罪“为谋取不正当利益”要件，就会把这种情况也当做行贿罪来打击，从而扩大打击面。笔者认为，为得到依照法律、法规或政策规定应得利益而给国家工作人员送财物的，其数额一般都比较有限，因而难以达到定罪的标准，故担忧取消“为谋取不正当利益”要件会扩大打击面的顾虑是没有必要的。当然，为了彻底消除这些同志的顾虑，法律也可以在取消“为谋取不正当利益”要件的同时，规定“为得到依照法律、法规或政策应当得到的利益而给国家工作人员送财物的，不是行贿”。

再次，“不正当利益”很难准确界定。有的认为，“不正当利益”是指违反法律、法规和政策的非法利益；有的认为是指违反法律、法规、政策的非法利益和违反社会主义道德的不应当得到的利益。而对所谓“违反社会主义道德”则又有不同的理解，有的认为用送财物的不正当手段取得的利益均属违反社会主义道德的不正当利益；有的则认为，手段的不正当性不等于目的的不正当性，手段违反社会主义道德不等于所谋取的利益违反社会主义道德。此外，对于用送财物手段竞争不确定利益是否属于不正当利益则更有争议。

三

废除“为了谋取不正当利益”要件，是为了有力打击行贿，并进而减少受贿；但加大对行贿的打击力度，却有可能使行贿人与受贿人抱成一团，拒不交代行贿事实，从而影响对受贿犯罪的发现和查处。为此，修改行贿罪时，必须贯彻区别对待和分化瓦解的政策策略。具体要注意以下几点：

1. 把主动行贿与被动送财物区别开来。拟规定：被勒索而给予财物，没有获取利益的，不是行贿。

2. 对为了谋取非法利益而行贿的从重处罚，规定较重的法定刑。

3. 对投案自首的，从宽幅度要更大一些。拟规定：行贿人在被追诉前投案自首，罪行较轻的，可以不作为犯罪处理；罪行较重的，可以免除处罚。

4. 对坦白交代的，予以宽大处理。拟规定：行贿人在司法机关第一次讯问时坦白交代行贿行为，罪行较轻的，可以免除处罚；罪行较重的，可以减轻处罚。

（原载《法学》1996 年第 8 期）

对诉讼法修改的若干意见*

修改和完善诉讼制度，推进民主法治建设，是维护社会公平正义，进一步落实“执法为民”宗旨，构建社会主义和谐社会的需要。根据中央司法体制改革领导小组《关于司法体制和工作机制改革的初步意见》的有关精神，我就诉讼法修改中与检察机关有关的几个问题，谈点意见。

一、关于遏制刑讯逼供

新中国法律历来禁止刑讯逼供，并且采取了不少措施予以防治。但在司法实践中，刑讯逼供仍然屡禁不止，一些地方还较为严重。今年在社会上引起强烈反响的佘祥林等几起错案，都与刑讯逼供有着直接的关系。刑讯逼供屡禁不止，其原因很多，但与刑事诉讼法中某些制度的缺失不无关系。为此，建议在刑事诉讼法中建立以下四个方面的制度：

（一）讯问全程录音录像制度

该制度是指在侦查机关讯问犯罪嫌疑人时，对其讯问全过程

---

* 本文系作者在2005年9月24日召开的中国法学会诉讼法学研究会2005年年会上的发言。

进行同步录音录像的制度。讯问全程同步录音录像，不仅有利于规范讯问行为，防止刑讯逼供，而且有利于固定口供，有利于提高侦查人员讯问水平，有利于防止当事人诬告，有效保护侦查人员。目前，我国一些地方的检察机关已经实行直接受理立案侦查案件讯问全程同步录音录像并随案移送录音录像资料的制度。最高人民检察院也已要求全国检察机关逐步实行直接受理立案侦查案件讯问全程录音录像。鉴于当前案多人少、装备落后的实际，这一制度可分步实施，可先对某些重大、特殊的案件，如命案等重大案件，强奸、贿赂等主要靠言词证据定案的案件等，实行全程录音录像。以后随着条件的改善，再逐步扩大适用范围。

（二）律师在看得见但听不见的地方查看讯问情况的制度

在有些国家，侦查人员讯问犯罪嫌疑人时允许律师在场。鉴于我国当前的侦查水平和相关人员素质，实行律师在场的制度尚不具备条件，但可以允许律师在看得见但听不见的地方查看讯问情况（从广义上说，这也是一种“在场”的方式）。这既有利于防止刑讯逼供，又不致讯问内容泄密。当然，由于当前客观条件所限，这一制度要逐步实施。

（三）举证责任合理分担制度

按照现行刑事诉讼法的规定，刑讯逼供的举证责任由指控方承担，而不由被指控方承担。如果被讯问人控告侦查人员刑讯逼供，就应当提供证明刑讯逼供的一定依据，以便调查机关调查取证。但是，被讯问人被刑讯逼供时，其人身自由受到限制，有的甚至手脚被捆，眼睛被蒙，因而无法收集、固定并提供依据，也无法及时行使控告的权利。加上刑讯场所特殊，一般没有除讯问人员之外的目击证人，刑讯人又有充分的时间和条件伪装现场、毁灭证据，故调查机关也往往难以取到有力的证据，从而严重影响对刑讯逼供的揭露和查处。因此，对刑讯逼供的举证责任应当进行合理的分担。具体地说，就是指控方承担存在刑讯逼供合理

根据的举证责任，被指控方承担排除其根据合理性的举证责任。如果指控方以被讯问人身上伤痕等合理根据证明存在刑讯逼供时，被指控方就应当提供排除根据合理性、证明没有实施刑讯逼供的证据。否则，法庭就可以认定存在刑讯逼供。与此相适应，要建立对犯罪嫌疑人讯问前包括犯罪嫌疑人进看守所时的身体检查制度，如果犯罪嫌疑人在被侦讯期间身上出现新的伤痕，就可成为控告刑讯逼供的一个依据。

（四）非法证据排除制度

我国刑事诉讼法明文规定“严禁刑讯逼供和以其他非法方法收集证据”，但是对于刑讯逼供和以其他非法方法收集的证据应当如何处理，却没有明确的规定。“两高”的司法解释建立了非法言词证据排除规则，如《人民检察院刑事诉讼规则》第165条第1款规定：“严禁以非法的方法收集证据。以刑讯逼供或者威胁、引诱、欺骗等非法的方法收集的犯罪嫌疑人供述、被害人陈述、证人证言，不能作为指控犯罪的根据。”最高人民法院《关于执行〈中华人民共和国刑事诉讼法〉若干问题的解释》第61条规定：“严禁以非法的方法收集证据。凡经查证确实属于采用刑讯逼供或者威胁、引诱、欺骗等非法的方法取得的证人证言、被害人陈述、被告人供述，不能作为定案的根据。”建议在刑事诉讼法修改时吸收上述司法解释的精神，在法律上建立非法证据排除制度。

二、关于职务犯罪侦查措施的完善与侦查监督的强化

对任何犯罪的侦查，法律都应当做到两点：一是授权要充分，即侦查措施要满足侦查犯罪的需要；二是监督要有力，即要以制度切实防止侦查权的滥用。对职务犯罪侦查亦然。为了保证检察机关有效地履行职务犯罪侦查职责，并防止侦查权的滥用，有必要完善职务犯罪侦查的有关措施，同时加强对职务犯罪侦查的

监督。

（一）关于职务犯罪侦查措施的完善

职务犯罪是国家公职人员利用职务或亵渎职责，以破坏国家管理职能为特征的犯罪。与普通犯罪相比，职务犯罪具有许多特点，如犯罪主体高智能；犯罪行为有职务行为作掩护，因而高度隐秘；大多没有直接的被害人，一般不会自行暴露；物证少，言词证据在诉讼证明中地位突出；侦查工作干扰、阻力大等。根据特殊问题特殊处理的原则，法律对职务犯罪应当规定一些特殊的侦查措施。然而，我国现行刑事诉讼法规定的侦查措施总体上是根据普通犯罪的特点来设置的，基本上没有考虑职务犯罪的特点，因而难以适应揭露和证实职务犯罪的需要，致使侦查工作常常陷入困境。为了适应我国职务犯罪侦查的需要，提高侦查能力，推进惩治职务犯罪和反腐败斗争的深入，有必要从以下三方面完善职务犯罪侦查措施：

1. 完善职务犯罪侦查管辖的规定。

职务犯罪往往与普通违法犯罪有千丝万缕的联系，加上侦查职务犯罪通常要从外往内查、从下往上查，故侦查工作往往要从查普通违法犯罪、低层次人员违法犯罪入手，就职务犯罪查职务犯罪，切入口太小，往往难以奏效。例如，要查某领导干部受贿问题，一般要从查行贿入手，而行贿一般没有物证、书证可资证明，加上行贿人员往往因行贿而得到了好处，因而往往拒不提供行贿证据。为此，一般要从查该行贿嫌疑人赌博、嫖娼、偷税、制售伪劣商品等普通违法犯罪入手，通过查明这些问题，促使行贿人交代行贿事实。而根据现行侦查管辖的规定，普通违法犯罪都属公安机关管辖，检察机关无法通过一定的途径“过渡”到职务犯罪上，只能就职务犯罪查职务犯罪，从而造成了侦查管辖上的“孤岛现象”。行贿罪和介绍贿赂罪的主体大多不是国家工作人员，但现行法律之所以规定该两罪也归检察机关管辖，是因为

它们与受贿罪有关联。为此，建议参照这一精神，赋予检察机关一定的“关联管辖权”，即当某一违法犯罪与职务犯罪密切关联，检察机关必须以查该违法犯罪为途径侦查职务犯罪时，检察机关对该违法犯罪可以开展调查。当然，对关联管辖的范围、条件等，法律可作出具体界定，以防关联管辖权被滥用。

2. 完善职务犯罪侦查的取证措施。

参照外国刑事诉讼立法和《联合国反腐败公约》的有关规定，刑事诉讼法有必要赋予职务犯罪侦查三方面的措施：一是麦克风侦听、电话监听、电子监控、秘密拍照或录像等技术侦查措施；二是特情、耳目、卧底、控制下交付等特殊侦查措施；三是强制取证措施，即以追究刑事责任为后盾，强制证人作证，强制犯罪嫌疑人提供证据。当然，使用前两种侦查措施，都要加以严格规制，要坚持“最后手段”的原则，并在事先履行严格的审批手续。

3. 完善职务犯罪侦查的强制措施。

职务犯罪的特点决定了职务犯罪特别是贿赂犯罪的认定在相当程度上依赖言词证据，而侦查经验表明，绝大多数职务犯罪嫌疑人只有在其与外界隔绝一段时间之后，才会交代犯罪事实。这是因为：第一，心理规律使然。犯罪心理学的研究表明，犯罪嫌疑人从被讯问到交代犯罪事实，一般要经过抵触→试探→动摇→交代四个心理阶段。从一个阶段过渡到另一个阶段，都需要一定的时间，有时还会出现反复，因而要使犯罪嫌疑人走完这四个心理变化周期，往往需要若干天的时间。第二，趋利避害权衡的需要。职务犯罪嫌疑人如果交代了犯罪事实，就意味着职位的丧失，从“人上人”沦为“阶下囚”，这是其绝对不愿意的，因而其策略总是能拖就拖、能顶就顶，绝不会轻易交代。只有在他与外界被隔绝一段时间，当他不知道外面情况的变化，如有关人员是否已经交代、赃款赃物等证据是否已经被查获，并对种种情况进行综合分析，认为侦查机关已经掌握了其相当的犯罪证据，如果不

交代就会陷入被动，交代才能赢得主动的情况下，才会在趋利避害心理的驱使下交代犯罪事实。而要作出这种分析权衡与艰难抉择，也需要相当的时间。总之，职务犯罪侦查的特殊性表明，需要有一种能够有效控制职务犯罪嫌疑人一定时间，以防止其与外界进行信息交流，从而为突破案件创造必要条件的强制措施。

但是我国现行法律规定的五种强制措施都很难满足职务犯罪侦查的上述需要。其中逮捕一般需要在犯罪嫌疑人的行为基本构成犯罪之后才能使用；取保候审和监视居住则难以有效防止职务犯罪嫌疑人串供以及指使他人串供、毁证；拘传的最长时间为12小时，往往只能起到双方互相摸底的作用，犯罪嫌疑人一般不可能在12小时内交代问题；拘留对职务犯罪嫌疑人较难适用，因为拘留后如果犯罪嫌疑人拒不交代犯罪事实，侦查机关又未能取到其他的有力证据，就会遇到很大的风险和压力。由此可见，我国现行法律规定的强制措施，难以为侦查机关讯问并获取言词证据创造必要的条件，因而极不适应职务犯罪侦查的需要。这种立法状况在实践中导致两种后果：一是职务犯罪案件的突破往往依赖于“两规”、“两指”措施，致使非侦查机关承担了限制人身自由的风险，也导致侦查机关侦查功能的萎缩。二是有的侦查机关为了有效打击腐败犯罪，搞超时限拘传、讯问或违法适用监视居住，这不仅违反了法律，而且侵犯了犯罪嫌疑人的合法权益。

鉴于上述情况，有必要对现有的监视居住措施作如下改造：(1) 扩大监视居住的适用地点。除了在犯罪嫌疑人住所执行监视居住外，还可以在指定地点执行监视居住。该“指定地点”不应当是看守所、拘留所等羁押场所，而应当是既能有效防止其串供、毁证，又能保证被监视居住人较正常生活的居住场所。(2) 规定可以对监视居住场所进行电子监控或电话侦听，以实现其应有的监视作用。(3) 缩短监视居住的期限。监视居住的期限一般以15日为宜，必要时经过批准，可以延长5日。

（二）关于职务犯罪侦查监督的强化

职务犯罪侦查关系到国家公职人员的权利以至前途命运，因而必须严格依法谨慎进行。为此，检察机关非常重视对职务犯罪侦查的监督，采取了许多措施，建立和完善了许多制度。近年来，检察机关建立或正在建立以下几项制度：

1. 人民监督员制度。

为了加强对职务犯罪侦查的社会监督，最高人民检察院报经中央和全国人大常委会同意，自 2003 年 8 月起开展了人民监督员制度试点工作。其主要内容是：对检察机关拟作撤案、不起诉处理和犯罪嫌疑人不服逮捕决定的职务犯罪案件，一律提请人民监督员审查，接受人民监督员的监督。截至 2005 年 8 月底，全国共有 2789 个院开展了人民监督员制度试点工作，试点院的总数占全国检察院总数的 86%。共监督上述“三类案件”719 件，其中，人民监督员同意检察机关拟处理意见的 6404 件，占全部监督案件的 95.3%；不同意检察机关拟处理意见的 315 件，占全部监督案件的 4.7%，其中，检察机关经过研究采纳人民监督员意见的 155 件，占人民监督员不同意拟处理意见案件的 49.2% 。

试点工作两年的实践证明，实行人民监督员制度，有利于促进检察权的谨慎行使，提高职务犯罪案件质量；有利于排除对侦查办案的干扰，促进检察机关依法独立行使检察权；有利于提高检察机关查办职务犯罪案件的透明度和公信度，因而得到了社会各界的普遍好评。因此，建议在刑事诉讼法修改时将其作为监督职务犯罪侦查的一种措施加以规定。

2. 职务犯罪案件立案、逮捕备案审查制度。

该制度是指省级以下检察机关对职务犯罪案件决定立案、逮捕犯罪嫌疑人的，应当报上一级检察机关备案审查。上一级检察机关经过审查，如果认为下级检察机关的立案或者逮捕决定错误的，应当通知下级检察机关纠正。

3. 职务犯罪案件撤案、不起诉报批制度。

该制度是指省级以下检察机关对职务犯罪案件侦查终结后拟决定撤案或者不起诉的，应当报请上一级检察机关审查批准。上一级检察机关经过审查后，应当在规定的时限内予以批复。下级检察机关接到批复后，应当按照批复意见作出撤案、不起诉或者继续侦查、提起公诉的决定。我建议将该制度规定到刑诉法之中。

三、关于暂缓起诉

暂缓起诉或附条件不起诉是指，对于应当依法起诉，但情节较轻的刑事案件，如果不提起公诉更有利于感化、矫正犯罪嫌疑人，更符合社会公共利益的，人民检察院可以要求犯罪嫌疑人在规定的考验期内履行一定的义务，暂时不予起诉的制度。被暂缓起诉人在考验期内履行规定的义务的，检察机关不再对其起诉；不履行规定义务的，检察机关依法提起公诉。

在刑事诉讼发展史上，起诉制度经历了由起诉法定主义向起诉便宜主义发展的历程。在19世纪中叶前，由于有罪必罚的报应刑罚思想占主导地位，因而起诉法定主义被广泛采用。20世纪以来，随着目的刑、教育刑理论和经济分析法学的兴起，犯罪高涨的压力与司法资源有限性之间矛盾的加剧，起诉便宜主义的合理性日益为社会所认可，许多国家和地区纷纷赋予检察机关一定的起诉裁量权。暂缓起诉，就是体现起诉便宜主义的一种制度。

在刑事诉讼中规定暂缓起诉制度，一是有利于贯彻刑罚个别化和区别对待、“轻轻重重”的刑事政策，使犯罪嫌疑人早日回归社会，避免监狱交叉感染，并促使其在定罪处刑与免予追究的选择中积极履行义务，悔过自新，实现刑罚特殊预防的目的。二是有利于缓解犯罪高涨和司法资源紧缺的矛盾，节约司法资源，实现诉讼经济。三是有利于被害人在物质方面得到补偿，使被侵害的权益得到修复。建议在刑事诉讼法修改时，除适当扩大不起诉范围外，增设暂缓起诉制度。

根据我国试点单位对部分案件的试点，参考德国、日本和我国台湾地区的立法，暂缓起诉的适用范围以主观恶性小、认罪态度好、依照刑法可能判处三年以下有期徒刑、拘役、管制的犯罪嫌疑人为宜。同时，应规定对犯罪情节恶劣、认罪态度差以及累犯等不适用暂缓起诉。总之，具体适用时要根据犯罪性质和情节、犯罪后的态度、犯罪嫌疑人的一贯表现及其家庭状况、被害人的态度等情况进行综合分析。此外，法律还应对暂缓起诉的考验期、暂缓起诉人在考验期内应履行的义务、暂缓起诉的救济等问题作出规定。

四、关于强化刑事诉讼活动的法律监督

刑事诉讼法规定，人民检察院依法对刑事诉讼法实行法律监督。但是，在具体程序中，在监督的范围、途径、效力等方面都规定得过于原则和笼统，可操作性差，从而影响了法律监督工作的开展和法律监督职能的发挥。具体表现在以下几个方面：一是监督范围存在盲区，使某些诉讼活动游离于法律监督之外。法律既然规定检察机关对刑事诉讼实行法律监督，就应当在具体程序上加以体现，使具体的监督内容与总体的监督范围相一致。但是现行法律却未将某些诉讼活动纳入监督的范围。如立案监督，法律只规定对“应当立案而不立案”的监督，而未规定对“不应当立案而立案”的监督，而后者往往是侦查机关擅权的结果。又如强制措施监督，五种强制措施除逮捕须经检察机关批准外，其他强制措施既无制约，又无救济渠道。又如撤销案件，法律未规定对其进行监督，致使有些侦查机关对检察机关监督立案的案件表面上立了案，却立而不侦，事后以撤案了事，使得立案监督失去意义。二是知情渠道有限。监督的前提是知情，知情就必须有渠道。但是，现行法律赋予检察机关对刑事诉讼知情的渠道有限。如侦查监督，检察机关只能通过审查批捕、审查起诉以及“参与公安机关对重大案件讨论”来发现侦查中的违法行为，而实际

上，侦查中的违法行为大多是不会在案卷材料和案件讨论会上反映出来的。又如减刑、假释，它不须检察机关审查，检察机关也无从知道有关部门决定减刑、假释的依据，致使对减刑、假释的监督举步维艰。三是监督措施缺乏。要监督就必须查明情况，要查明情况就要有措施。但是，现行法律规定的监督措施缺乏，使检察机关经常陷入过河无桥的尴尬。例如，无论是侦查监督还是执行监督，法律都没有赋予检察机关对违法嫌疑问题进行调查、核实的权力，也未规定有关部门配合检察机关查明情况的义务，当有关方面向检察机关控告、举报诉讼中的违法问题后，检察机关很难依法调查核实，并判明是否存在违法行为。四是监督效力缺乏刚性。检察机关作为国家的法律监督机关，作出的监督决定和提出的监督意见应具有法律效力，但现行法律对监督效力有的没有规定、有的则缺乏刚性。如法律规定，人民检察院发现执行机关执行刑罚的活动有违法情况，应当通知执行机关纠正，但没有规定执行机关收到纠正违法的通知后应当怎么办。又如，有的执法机关或办案人员拒不执行检察机关的监督决定，法律对此也未作出惩戒的规定。如某地检察机关对一应当立案而未立案的案件先后18次通知侦查机关立案，侦查机关却置法律关于“应当立案”的规定于不顾，坚持拒不立案，对此，检察机关只能徒叹奈何。

针对以上问题，提出如下完善立法的建议：

（一）充实监督内容

将不应当立案而立案、强制措施、撤销案件等目前尚未列入监督范围的某些诉讼活动和措施纳入监督的范围，并规定相应的监督方式和程序。

（二）增加知情渠道

如赋予检察机关对重大案件介入侦查的权力，从而为检察机关发现侦查中的违法行为提供可能。对监外执行的监督，批准暂

予监外执行的机关在将批准决定抄送检察机关时，应当同时抄送批准暂予监外执行的依据材料。有的要将报请检察机关审查作为必经程序。如减刑的监督，由于减刑涉及刑罚的变更，减刑的提请权本质上属于求刑权，减刑的决定权本质上属于刑罚权，因此，根据求刑权属于检察机关、检察机关对确有错误的裁判有权提出抗诉这一原理，建议规定：刑罚执行机关认为服刑人员应当减刑的，应当提请检察机关审查，由检察机关决定是否提请人民法院裁定；检察机关认为法院裁定确有错误的，应当依法提出抗诉。

（三）完善监督措施

建议规定检察机关在诉讼监督中有权进行调查，如调取有关的诉讼材料、向有关的办案人员了解核实情况、询问有关证人或被害人等，有关单位和个人应当予以配合。

（四）增强监督刚性

一是规定检察机关向有关机关提出纠正违法意见的，有关机关应当纠正，并将纠正情况通知检察机关。二是对拒不执行检察机关监督决定或监督意见的单位和个人，检察机关有权向有关单位提出更换办案人、对主管人员和直接负责的责任人员予以行政处分等建议，有关单位应当将处理结果通知检察机关。

五、关于简化某些案件的刑事诉讼程序

当前和今后一个时期，我国都将处于人民内部矛盾凸显、对敌斗争形势复杂、各类犯罪高发期。统计资料显示，1993 年全国检察机关起诉的刑事案件总数是 1994 年的 1. 59 倍，其中东南沿海地区增加更多，如浙江省是十年前的 2. 74 倍，广东省是十年前的 2. 55 倍，而公安司法机关的办案人员却由于机构改革而有减无增。与此同时，司法工作越来越注重对人权的保障，越来越强调诉讼程序的正当性和合法性，工作要求大大提高。在这种形势下，司法资源的有限性与案发数量不断增长的矛盾相当突出，办案人

员尤其是基层办案人员长年处于高强度、超负荷、疲于应付的工作状态，难免给程序的正当性和案件的质量带来消极影响。从某种意义上说，当前一些地方超期羁押等违法现象屡禁不止，与案多人少矛盾突出不无关系。为使公安司法机关能够集中人力、物力办理重大、复杂案件，对案件作进一步繁简分流成为必然的选择。另一方面，诉讼效率是公正的一项基本要素，诉讼期限冗长不仅加重了当事人物质、精神上的负担，而且影响民众对司法的信任，最终也影响正义的实现。实践中一些本应判处较轻刑罚的被告人，由于审前羁押时间过长，法院直接按实际羁押期限决定刑期，影响了公正的实现。

实行繁简分流、简化诉讼程序，是许多国家解决案多人少矛盾的普遍选择，如美国的辩诉交易，德国的处罚令程序和速审程序，日本的略式程序和简易公审程序，意大利的简易审判、快速审判程序、立即审判程序和处罚令程序等。1989 年维也纳国际刑法大会决议也提出："对简单的案件，可能采取、也应该采取简易程序。"外国的这些做法和国际会议的精神值得我国借鉴。

基于以上理由，提出以下两点建议：

（一）简化某些案件的程序，缩短诉讼期限

建议在刑事诉讼法修改时，对案件实行繁简分流，分别适用不同的诉讼程序。对于案情简单、犯罪嫌疑人认罪并且供述稳定等案件，可以根据具体情况，在审查批捕和审查起诉时适用简易程序，简化审查文书制作以及规定较短的审查期限。江苏省苏州市人民检察院及所辖基层检察院推行的"简易案件流程提速"工作机制，以审查逮捕为核心，辐射侦查、起诉环节，实现了简易案件侦、捕、诉的全程提速，大大缩短了办案的时间。其中张家港市人民检察院与公安、法院联合推行全程提速机制，公安机关认为可以适用提速流程的，在提请批捕时向检察机关提出提速批捕的建议；检察机关批捕后认为可以适用提速流程的，向公安机

关提出侦查期限建议，并向公诉部门提出审查起诉期限建议；公诉部门在将简易案件向法院起诉时提出审结期限建议。张家港市办理的简易案件，批捕期限平均为 1.7 天，公安机关捕后侦查时间平均为 11 天，审查起诉期限平均为 4.7 天，法院适用简易程序的简易案件平均审结时间为 9 天。这些探索在确保办案质量的同时，提高了办案效率，降低了诉讼成本，值得刑事诉讼法修改时借鉴。

（二）扩大简易审判程序适用范围

刑事诉讼法规定，简易审判程序的适用范围包括两类自诉案件和依法可能判处三年有期徒刑以下刑罚的公诉案件。其中公诉案件适用简易程序的范围已越来越不适应形势发展的需要，为此，最高人民法院、最高人民检察院、司法部于 2003 年联合发布了《关于适用普通程序审理“被告人认罪案件”的若干意见（试行）》，对不符合简易程序的适用条件但被告人自愿认罪的第一审公诉案件，实行简化审理，取得了较好的效果。建议在刑事诉讼法修改时吸取其成功的经验。至于简易程序的适用范围，应以事实清楚、情节简单、被告人认罪的案件为宜。

六、关于检察机关提起公益诉讼

公益诉讼，即以保护国家和社会公共利益为目的的诉讼。我国 1954 年《人民检察院组织法》曾规定，地方各级人民检察院对于有关国家和人民利益的重要民事案件有权提起诉讼或者参加诉讼。1979 年开始起草的《中华人民共和国民事诉讼法（试行）》草案本已写入了人民检察院参与民事诉讼的条款，但由于检察系统内部意见不统一，认为检察机关刚刚恢复重建，人力不足，无暇顾及民事监督，故 1982 年通过《民事诉讼法（试行）》时删除了有关内容。当前，随着市场经济的逐步确立和法治的不断发展，迫切需要建立由检察机关提起公益诉讼的制度。主要理由是：

（一）侵害国家和社会公共利益的重大案件时有发生，而起诉主体却经常缺位

随着我国逐步从计划经济体制转为市场经济体制，利益主体越来越多元化。现实生活中，侵害国家和社会公共利益的重大民事、行政案件时有发生，如非法处置国有资产、环境污染、破坏生态资源、破坏文化遗产、地方保护和部门保护、垄断、不正当竞争等问题。在这些案件中，起诉主体却时常缺位，有的当事人互相串通、规避法律而不起诉，有的当事人出于个人目的而不愿诉、不敢诉、不能诉或怠于起诉，还有的案件因为侵害地域广、涉及人数多，如严重的河流污染、大气污染案件往往影响多个行政区域，受害者个体无力提起诉讼或者无人组织提起诉讼，使得国家利益和社会公共利益得不到有效的法律保护。

传统观点认为，民事案件侵害的是公民、法人或者其他组织的个体权益，公权力不得干预。实际上，在现代社会，一些重大民事案件侵害的是国家利益和社会不特定主体的利益，而不纯粹是当事人的个人利益。因此，当事人处分原则不再是绝对的，而需要国家干预。检察机关提起公益诉讼，就是实行国家干预的一种方式。

（二）检察机关作为法律监督机关，是提起公益诉讼的适格代表

检察机关作为国家的法律监督机关，负有维护国家和社会公共利益的职责，最有资格代表公共利益提起诉讼。同时，我国《刑事诉讼法》第 77 条规定，“如果是国家财产、集体财产遭受损失的，人民检察院在提起公诉的时候，可以提起附带民事诉讼。”这说明我国法律已经确认人民检察院有权代表国家提起民事诉讼。这里需要指出的是，人民检察院提起公益诉讼，并不是追求自身的利益，而是为了启动诉讼程序，维护社会的公平与正

义。因此，提起公益诉讼与检察机关法律监督性质之间并不矛盾，提起公益诉讼是检察机关行使法律监督权的一种方式。

（三）检察机关提起公益诉讼是市场经济条件下政府职能缩减、司法职能扩张的必然结果，符合诉讼发展的历史规律

市场经济就是法治经济，市场经济体制下，政府的行政管理职能在某些领域逐步淡化和退出。与此同时，司法职能需要相应扩张和跟进。否则，就可能出现国家职能覆盖的空白和盲区。由检察机关提起公益诉讼并由法院进行裁判，意味着检察和审判功能的同时拓展，是法治社会的必由之路。

（四）检察机关提起公益诉讼是世界不少国家的通行做法

如法国在 18 世纪大革命后创立了检察机关参与民事诉讼制度。随后，德国、日本、美国等国家都以保护公益和维护法律为依据，规定了检察机关提起公益诉讼制度。法国民事诉讼法规定："检察院得作为主当事人进行诉讼，或者作为从当事人参加诉讼。于法律规定之情形，检察院代表社会。"德国民事诉讼法规定："检察机关作为社会公共利益的代表，对涉及国家、社会公共利益的重大案件可提起民事诉讼。"美国区法院民事诉讼法规定，在法定情况下，保护别人利益的案件也可以用美利坚合众国的名义提起。美国的反欺骗政府法、环境保护法也体现了这一精神。美国《谢尔曼反托拉斯法案》规定："检察官依司法部长的指示，可提起民事诉讼，以防止和限制托拉斯行为。"美国各司法区检察长对反托拉斯、保护资源环境等涉及国家和公共利益的案件均有权提起诉讼。

综上所述，建立由人民检察院提起公益诉讼的制度，是当前我国形势发展的需要，也具有理论上和实践上的可行性。当然，检察机关提起公益诉讼，有许多相关问题需要具体规定，如检察机关提起公益诉讼的身份、提起的案件范围、诉讼费用的负担、诉讼后果的承担等。这些都可以在制定法律时具体研究论证。

七、关于对民事判决、裁定执行活动的监督

我国民事诉讼法规定，人民检察院有权对民事审判活动实行法律监督，但未将民事判决、裁定的执行列入监督的范围。我认为，法律应当将民事判决、裁定的执行列入监督的范围，其理由是：第一，执行是民事诉讼的关键环节。对需要执行的案件来说，执行是整个民事诉讼的落脚点和归宿，民事判决、裁定只有通过执行，才能落到实处，权利人的民事权利也只有通过执行，才能得到实现，否则，判决、裁定只不过是一纸空文。正因为执行如此重要，因而容易成为受腐蚀的重点，造成执行不公。根据不受监督的权力必然导致腐败的原理，有必要将执行列入法律监督的范围。第二，从实际情况来看，当前一些地方“执行难、执行乱”的情况比较突出，近年来的司法人员职务犯罪中，民事执行人员犯罪占有一定比例。第三，执行属于国家的公权力，检察机关对其实施监督是对公权力的监督，而并非介入私权利。第四，检察机关对执行进行监督在国外也有先例。如法国 1991 年民事执行程序改革法规定，共和国检察官监督判决与其他执行名义的执行。俄罗斯联邦民事诉讼法规定，检察机关对法官中止执行、终结执行、对执行判决费用等裁定可以提出抗诉。这些规定对我国具有很强的借鉴意义。因此，建议在修改民事诉讼法时，增加规定人民检察院有权对民事判决、裁定的执行活动是否合法实行监督。

（原载《人民检察》2005 年第 11 期）

论沉默权制度

联合国《公民权利和政治权利国际公约》第 14 条规定：任何人不被强迫作不利于自己的证言或被强迫承认犯罪（简称“反对强迫自证其罪”）。我国自从 1998 年签署该公约以来，法学界引起了研究沉默权热，不少学者主张：为了履行已签署的《公民权利和政治权利国际公约》，必须在我国刑事诉讼法中规定沉默权制度。为此，笔者也试图“跟风”，对沉默权制度做些研究，并对我国是否应当规定沉默权制度发表管见。

一、沉默权与不被强迫自证其罪制度的沿革

人类社会的司法证明方法，经历了神证、人证、物证这三个发展阶段。在以神证为司法证明主要方法的人类社会早期，被告人只有按照“神”的旨意进行宣誓和协助“神”调查、证明的义务，而不可能有沉默的权利。以人证为主的证明方法取代以神证为主的证明方法后，在相当长的历史时期，世界上许多国家如中世纪的欧洲大陆国家和封建社会的中国，由于视口供为“证据之王”，“断狱必取输服供词”，因而被告人也不可能有沉默的权利，因为被告人如果想沉默，司法官员就会用刑讯的手段逼取口供。

正是这种口供主义的诉讼制度，导致了刑讯逼供的泛滥。[1]

沉默权与不被强迫自证其罪制度是英国资产阶级反抗封建司法制度的产物。据考证，英国在12世纪时已经形成教会法院系统和世俗法院系统这两套法院系统，从神判法废除后的13世纪起，这两套法院系统分别适用纠问式诉讼程序和弹劾式（又称对抗式）诉讼程序。教会法院在审判中除刑讯逼供外，还有权依照教会法的规定要求被告人忠实地回答其提问并作“如实供述宣誓”，如被告人不从，就会被以藐视法庭罪定罪判刑。除教会法院外，代表王室权力的星座法院和处理严重宗教案件的高等委员会法院也适用“如实供述宣誓”程序进行审判。14世纪末，英国开始了信仰斗争，“如实供述宣誓”就成了教会法院迫害异教徒的工具。其后，随着资本主义生产方式的发展、资产阶级力量的逐渐强大和国内阶级矛盾的激化，这一宣誓程序又越来越多地用做镇压和打击新兴资产阶级的工具。与此同时，新兴的资产阶级则以欧洲“文艺复兴”时期的“人文主义思潮”中关于自由、平等等思想为理论武器，同以刑讯逼供和强迫宣誓为代表的封建司法制度开展斗争。[2]

学界一般认为，不被强迫自证其罪制度始于英国的李尔本案。1637年，李尔本被指控从荷兰运送煽动性书籍到英国而受到星座法院的审判。在审判中，李尔本断然否认所指控的事实并拒绝作“如实供述宣誓”。由于李尔本拒绝宣誓，星座法院于1639年以藐视法庭罪判处其枷刑和鞭打500下的鞭刑。李尔本在受到鞭刑后，向众多在场公民控诉纠问和宣誓程序的不公正和不人道。于是，议会和异教徒就用李尔本这样的典型案例向封建王国发动进攻，并较快地使反对宣誓的观点得到大多数人的赞同。资产阶级

① 参见何家弘、杨迎泽:《检察证据教程》,法律出版社2002年版,第472~473页。

② 参见孙长永:《沉默权制度研究》，法律出版社2001年版，第22页；何家弘:“沉默权制度及刑事司法的价值取向”，载《国家检察官学院学报》2000年第4期。

革命胜利后，英国议会于1641年裁决星座法院对李尔本的判决违法，予以撤销，并以该案为突破口，废除了高等委员会法院和星座法院，禁止教会法院强迫嫌疑人作出自陷于罪的宣誓，还确立了“反对强迫性自我归罪的证言特免权”制度（简称“反对强迫自证其罪”制度）。

英国的不被强迫自证其罪的制度对属同一法系的美国产生重要影响。18世纪，随着北美殖民地人民的觉醒和同英帝国之间冲突的加剧，殖民地人民要求受到普通法保护的呼声日益高涨，并且将接受陪审团公正审判的权利作为其他所有权利的保障，以期限制英帝国迫害政治异端的君权和议会立法权，制衡英属政府和法院的权力。在这样的背景下，不被强迫自证其罪的特权纷纷被写入一些州的宪法，至18世纪80年代，在9个州的宪法里明确规定了不被强迫自证其罪的特权。美国独立后，于1791年以宪法修正案的形式将该特权与其他一系列程序法权利一起写入《人权法案》，其中，第五修正案规定：“任何人……在刑事案件中，都不得被强迫成为不利于自己的证人。”据美国学者研究，该修正案“着重于阻止以不适当的方法从被追诉者处获取信息，但并没有确认被追诉者沉默的权利”。[①]

沉默权的提出稍迟于不被强迫自证其罪制度。1688年，英国国王詹姆斯二世起诉7个主教违抗他关于取消所有反对极端主义的法律、命令，大主教圣克莱夫特在拒绝签发一份请愿书时，诉诸这样一句名言：“我有权拒绝回答任何可能使我自证其罪的问题。”[②] 从而使被追诉者不自证其罪的权利由“不被强迫”发展为“拒绝回答问题”。但沉默权被法律文件所确认则是其后200多年的事。英国1912年制定的《法官规则》明确要求警察在讯问犯

① 孙长永：《沉默权制度研究》，法律出版社2001年版，第38~39页。

② 刘根菊：“在我国确立沉默权原则几个问题之研究”，载《中国法学》2000年第2期，第44页。

罪嫌疑人前，必须先告知其有沉默权，其告知语为：“你有权保持沉默，你可以不说任何话。”如果警察不履行告知义务而径行讯问嫌疑人，那所取供词就有可能被法庭以手段不合法而排除于证据之外。①

1966年，美国联邦最高法院在米兰达诉亚利桑那州一案的判决中确立了“米兰达规则”（也称“米兰达忠告”），要求追诉者在对被追诉者讯问前告知该规则，其基本内容是：（1）你有保持沉默和拒绝回答问题的权利；（2）你所说的一切都有可能在法庭上用来反对你；（3）你有权会见律师，并且在讯问你时由律师陪同在场；（4）如果你没钱请律师，又希望有律师代表你，我们将免费为你提供一名律师；（5）我向你告知的这些权利每一项都理解了吗？知道这些权利，你愿意在现在没有律师在场的情况下回答问题吗？米兰达规则不仅把沉默权推向了极端，而且明确规定审讯时要先告知被追诉者享有沉默的权利，否则被追诉者的供述是“毒树之果”应予排除。

在英、美等国的影响下，英美法系的加拿大、澳大利亚，大陆法系的法国、德国、意大利、日本等国都在法律中规定了沉默权或不被强迫自证其罪的制度。联合国《公民权利和政治权利国际公约》第14条也规定：“任何人不被强迫作不利于自己的证言或被强迫承认犯罪。”所不同的只是联合国和上述各国有的同时规定了两个权利，有的则只规定两个权利中的一个权利；有的规定沉默权适用于诉讼的各个环节，有的则只规定适用于审判环节。

然而，20世纪70年代以来，由于恐怖犯罪、有组织犯罪等犯罪活动呈严重化的趋势，一些国家对沉默权加以了限制。如美国一是对沉默权的一些内容作出了适应新形势的解释，如对警方违反“米兰达规则”所取证据的排除上，最高法院通过判例裁

---

① 崔敏：“沉默权问题论纲”，载陈光中主编：《沉默权问题研究》，中国人民公安大学出版社2000年版，第6页。

定："如果警方在没有告知沉默权的情况下获得的口供在其他方面看来是真实可靠的，那么它虽然不是能直接用做证明被告人有罪的证据，但可以用做对被告人在法庭上作出的与先前供述相矛盾的陈述进行质疑的证据。"对第五修正案规定的"任何人……在刑事案件中都不得被强迫成为不利于自己的证人"中"证人"的范围，解释为"仅指证言，不包括物证"，意指警方用强迫的方法取得的被告人的供述不能采用，但根据供述取得的物证则可以采用。二是规定适用"米兰达规则"的若干例外，其中最重要的是"公共安全"和"紧急状态"的例外，确认警察在"公共安全"或"紧急状态"的要求下可以不遵守"米兰达规则"。①

爱尔兰1922年的《特别权力法》对于恐怖犯罪嫌疑人的权利（包括沉默权）作了限制；1931年通过的宪法修正案确认了在押的恐怖犯罪嫌疑人在某些特定情形下如实回答的义务；1939年的《国事罪法》规定，被拘留的涉嫌参与非法组织的人有义务向警察当局全面报告与正在侦查的恐怖犯罪有关的特定时期的活动，拒绝回答相关提问或作出虚假陈述时，以犯罪论处；1984年的《刑事审判法》规定，不论嫌疑人是否被逮捕，对其人身、衣服或持有物上黏附的可疑物品或痕迹，或者对其为什么于特定的时间出现在特定的地点，没有在警察讯问过程中作出解释的，法院可以作出不利于他的推论；凡无正当理由没有或拒绝向警察提供如何获得火药或弹药的信息，或者提供虚假信息的，以犯罪论，可以判处罚金或监禁。②

1988年，英国为了打击恐怖犯罪，制定了仅适用于北爱尔兰的《刑事证据（北爱尔兰）法令》，对沉默权作了具体的限制，规定在以下四种情形下，法院可以就嫌疑人和被告人的沉默作出

① 何家弘："沉默权制度及刑事司法的价值取向"，载《国家检察官学院学报》2000年第4期，第36页。

② 孙长永：《沉默权制度研究》，法律出版社2001年版，第59页。

适当的推论：(1) 被告人在审判中就其在警察侦讯时保持沉默的事实突然提出解释，但是可以合理地期待他早在警察讯问时就作出相应解释时；(2) 在控方举证结束并且案件表面上成立的情况下，经法庭警告被告人有权提供证据而被告人拒绝提供时；(3) 嫌疑人没有或者拒绝向警察就其身体上或衣服上或嫌疑人被发现时的场所存在的某些可疑物品或痕迹作出解释时；(4) 嫌疑人没有或者拒绝向警察解释他为什么出现在犯罪场所附近时。1994 年，又通过《刑事审判与公共秩序法》，把上述有关北爱尔兰的规定略加修改后适用于不列颠本土。1998 年，又对恐怖犯罪案件中行使沉默权增加了可以作出不利推论的两种情形：(1) 在提出指控以前的任何时候，嫌疑人在经警察提出警告并被允许会见或咨询律师后接受警察讯问时，没有提到有关被控犯罪的一项重要事实，但可以合理地期待他提到该项事实的；(2) 在已经提出指控或者经警察告之可能对他提出起诉，并且已经允许其会见或咨询律师之后，被告人没有提到有关犯罪的一项重要事实，但可以合理地期待他提到该事实的。①

除英、美等国外，法国、德国、日本、加拿大、新加坡、荷兰、葡萄牙等国也都根据该国惩治犯罪的需要，对沉默权的适用作了一定的限制。

沉默权与不被强迫自证其罪制度的产生与发展变化的过程说明：(1) 沉默权与不被强迫自证其罪制度是人类社会发展到资本主义阶段的产物，是刑事诉讼制度文明与进步的结果，其目的在于保障被追诉者的权利；(2) 沉默权与不被强迫自证其罪制度可以为不同国家所吸纳，在具备一定条件的情况下具有普适性；(3) 各国对沉默权制度容许的“度”，都要根据平衡惩治犯罪与保障人权二者关系的需要来把握。

① 孙长永：《沉默权制度研究》，法律出版社 2001 年版，第 60 ~ 62 页。

二、沉默权的基本理论问题

（一）沉默权与不被强迫自证其罪的关系

对沉默权与不被强迫自证其罪的关系，学界有不同的认识：有的认为二者系同一意思，所不同的仅是文字表述而已；有的认为二者都属于沉默权范畴，所不同的是前者明确使用了“沉默权”字样，后者则未明确使用；还有的认为二者既有明显区别又有联系。笔者赞同最后一种观点。

1. 沉默权与不被强迫自证其罪的区别。

（1）二者的权利属性不同。不被强迫自证其罪的本质是反对强迫被追诉者供述犯罪事实、提供有罪证据，简言之，就是反对不文明办案。故它所保障的主要是被追诉者的人身权利。这从据以提出“不被强迫自证其罪”的李尔本案件就可得到证明。英国星座法院就是以“你如不作‘如实供述宣誓’，就会被判处藐视法庭罪”相威胁，来强迫李尔本宣誓的，当李尔本拒绝作供述宣誓后，法院并非以其涉嫌的“运送煽动性书籍”判刑，而是以因拒绝供述宣誓而触犯的“藐视法庭罪”判刑。英国议会就是针对星座法院以判刑为后盾、强迫讯问对象作如实供述宣誓这种严重侵犯人身权利的制度，提出不被强迫自证其罪的。可见“强迫自证其罪”的原始含义是以追究刑事责任为后盾，强迫嫌疑人作如实供述宣誓并如实供述；“不被强迫自证其罪”的关键词是“不被强迫”，如果被追诉者在未被强迫的情况下自证其罪，则不仅不违反不被强迫自证其罪的原则，而且应当提倡。而沉默权的本质是被追诉者在刑事诉讼中的言论自由权，而言论自由权则主要属于“民主权利”的范畴。

（2）二者的权利刚性不同。人身权利是民主权利的基础。不被强迫自证其罪制度所保障的人身权利的刚性大于沉默权制度所保障的民主权利。在当代社会，“不被强迫自证其罪”是必须要保障的权利，而“沉默权”则可根据各国一定时期平衡惩治犯罪与保障人权的需要，暂时不作规定或加以减损。也正因为如此，一些国家在某些犯罪猖獗的形势下，对不被强迫自证其罪制度未作限制，而对沉默权则作了不同程度的限制。

（3）二者的权利保障途径不同。不被强迫自证其罪与沉默权制度都旨在保障被追诉者权利，但不被强迫自证其罪制度通过反对自证其罪的强迫来保障被追诉者权利，而沉默权制度则通过抵制追诉者的讯问来保障被追诉者权利。

（4）二者在我国法律中的体现不同。“不被强迫自证其罪”在我国刑事诉讼法中已有明确体现。我国不仅不存在如果犯罪嫌疑人不供述犯罪事实就以藐视法庭等罪追究其刑事责任这种原始意义上的“强迫自证其罪”的规定，而且《刑事诉讼法》第43条关于“严禁刑讯逼供和以威胁、引诱、欺骗以及其他非法的方法收集证据”的规定，以及“两高”司法解释中关于以刑讯逼供或者威胁、引诱、欺骗等非法的方法收集的犯罪嫌疑人（被告人）供述、被害人陈述、证人证言，不能作为指控犯罪（定案）的证据的规定，已经体现了“不被强迫自证其罪”的内容。而对沉默权，我国刑事诉讼法虽已蕴涵了其部分内容，如刑事诉讼法吸收了无罪推定的基本精神，确立了公诉方承担证明责任的原则；规定“对一切案件的判处都要重证据，重调查研究，不轻信口供。只有被告人供述，没有其他证据的，不能认定被告人有罪和处以刑罚；没有被告人供述，证据充分确实的，可以认定被告人有罪和处以刑罚”。但是，就总体上说，我国刑事诉讼法还没有规定沉默权。

2. 沉默权与不被强迫自证其罪的联系。

（1）二者互为保障。一方面，沉默权制度有利于保障不被强迫自证其罪制度的落实，因为犯罪嫌疑人、被告人既然享有沉默权，就当然享有不被强迫作供述的权利，追诉者也就没有法律理由和依据强迫被追诉者供述。另一方面，不被强迫自证其罪制度

又有利于沉默权制度的实现，因为只有有效地排除自证其罪的“强迫”，沉默权制度的实现才有可靠的保证。

（2）二者的最终目的，都是为了从制度上保证犯罪嫌疑人、被告人在自由意志支配下说话，所不同的是，沉默权制度是直接保证犯罪嫌疑人、被告人在自由意志支配下说话，而不被强迫自证其罪制度则是通过排除对人身的“强迫”，保障人身权利来保证犯罪嫌疑人、被告人在自由意志支配下说话。

综上所述，沉默权与不被强迫自证其罪既相互联系又相互区别，因而本文所研究的沉默权，没有也不应把不被强迫自证其罪包括在内。

（二）沉默权的概念与内容

明确了沉默权与不被强迫自证其罪的关系，就为研究沉默权的概念奠定了基础。

沉默权是指刑事诉讼中被追诉者对追诉者的讯问享有缄口不语的权利。① 这一概念可以从以下几个方面来理解：

1. 沉默权的主体是刑事诉讼中的被追诉者，它包括侦查和审查起诉阶段的犯罪嫌疑人、审判阶段的被告人。当然，有些国家的刑事诉讼法没有将沉默权适用于刑事诉讼的全过程，而仅适用于审判阶段，在这种情况下，沉默权的主体就仅限于被告人，而不包括犯罪嫌疑人。

2. 沉默权的义务主体是刑事诉讼中的追诉者，包括侦查人员、检察人员和审判人员。与上述的沉默权不同的适用范围相适应，有些国家沉默权的义务主体仅包括审判人员。

3. 沉默权的行为对象是追诉者的讯问，即沉默权只能针对追诉者的讯问行使。至于讯问的内容主要是犯罪事实的有无和轻重，这个“犯罪事实”既包括直接构成犯罪的事实本身，也包括作为

① 参见刘根菊：“在我国确立沉默权原则几个问题之研究”，载《法学研究》2000 年第 2 期，第 46 页。

发现犯罪事实线索的事实。但是，有的国家（如大陆法系国家）不包括被追诉者姓名、地址等事实；有的国家（如美国）仅限于证明犯罪事实的言词证据，而不包括实物证据。也就是说，被追诉者不能针对关于其姓名、地址等讯问保持沉默，不能拒绝提供实物证据。

4. 沉默权的行为方式是对追诉者的讯问有权缄口不语。沉默权的表达方式是语言上的消极的不作为。当然，缄口不语作为一种权利，被追诉者可以放弃，变为张口回答问题，即在语言上积极的作为，但这是被追诉者放弃沉默权的结果，而非沉默权本身的行为方式。

5. 沉默权的内容包括回答讯问的沉默和申辩的沉默两个方面，即既有权对追诉者的讯问保持沉默，又有义务放弃申辩权利。如果犯罪嫌疑人选择了行使沉默权，同时也就放弃了为自己申辩的权利。

上述五个方面，既是沉默权的概念，又构成了沉默权的内容。

（三）沉默权的价值

自沉默权制度问世之日起，对其价值的不同认识就相伴而生，赞成者有之，反对者有之。可以说，沉默权是在不同认识的争论中发展和变化的。这也从一个侧面说明了沉默权是利弊共存的“双刃剑”。

综合对沉默权价值的不同评价，主要观点如下：

1. 沉默权的积极价值

（1）沉默权制度有利于保障人权，遏制刑讯逼供。沉默权是被追诉者的权利保障机制，是维护其人格尊严的一道防线。确立沉默权，给侦查机关的侦讯活动设定了一定的界限，防止在缺少证据的情况下随意启动追诉程序，防止把取证的希望建立在获取口供上，为获取口供而不择手段，从而遏制刑讯逼供等非法取证行为的蔓延。

（2）沉默权制度有利于实现控辩平衡，实现司法公正。控辩平衡既是查明案件真实情况的需要，又是实现司法公正的保障。司法机关以国家权力为后盾，享有广泛的司法资源，力量十分强大；而被追诉者却力量弱小，加上人身自由受到限制，无法收集和提供有力的证据来抵御司法机关的攻击。因此，必须赋予被追诉者包括沉默权在内的法定权利，以便增强被追诉者的防御功能，强化司法机关的举证和证明责任，实现控辩平衡和司法公正。

（3）沉默权制度有利于贯彻无罪推定原则，提高侦查工作的能力和水平。一方面，沉默权是无罪推定原则的内在要求，因为无罪推定的基本要素，就是司法机关承担证明被追诉者犯罪的全部责任，而被追诉者却没有证明自己无罪的责任或义务，因而被追诉者对讯问就自然具有沉默的自由。另一方面，沉默权又是贯彻无罪推定原则的重要保障，因为被追诉者享有沉默权，必然促使追诉机关全力在被追诉者之外全面获取各种证据，全面地承担起证明犯罪的责任，从而促进无罪推定原则的落实。同时，赋予被追诉者沉默权既会使侦查工作遇到严峻挑战，又会给侦查工作的发展提供难得的机遇，它必将迫使侦查机关增加经费投入，改善装备设施，转变侦查模式（从由供到证转为由证到供），增强自身素质，提高侦查工作的能力和水平。

2. 沉默权的消极价值

（1）沉默权制度会影响侦查效率，不利于打击犯罪。讯问是收集证据的重要途径和手段，特别是像我国这样侦查经费短缺、侦查装备落后的国家，讯问不得不在侦查中唱主角。赋予被追诉者沉默权，就会使讯问这一侦查措施失去应有的作用，从而使大量确凿的证据丧失，办案难度和诉讼成本显著增加，严重犯罪得不到应有的打击。

（2）沉默权制度所保护的是犯罪分子。[①] 设立沉默权的初衷

① 这里的“犯罪分子”是指事实上的犯罪分子，而非法律上的犯罪分子。

是保护无辜和弱者，但是，真正无罪的人并不需要沉默，而需要陈述和辩解，只有犯罪分子特别是惯犯、累犯、重罪案犯、职业罪犯等严重犯罪分子才需要沉默。因此，规定沉默权无助于保护弱者和无辜，而是保护了严重犯罪分子。

（3）沉默权制度会在一定程度上损害被害人权利。在刑事案件中，犯罪分子与被害人是对立统一的两个方面，二者的权利保护此消彼长，即一方权利之所得，必然是另一方权利之所失。如果一方的权利得到了不适当的保护，则另一方的权利必然被损害。因此，刑事诉讼的“保障人权”应当是保障被追诉者和被害人两个方面的人权，而不能只保护被追诉人的人权。如果沉默权所保护的是犯罪分子的合法权利，那也无可非议，但如果不适当地保护了其非法利益，使本应受到法律追究的行为逃避了法律追究，那被害人的权利就必然遭受损害。如前所述，规定沉默权不利于惩治犯罪，而有利于保护犯罪分子，其结果必然在一定程度上损害被害人的权利。

（4）沉默权制度会影响公众对法律的信任。执法必严、违法必究可以使犯罪分子增强对法律的敬畏，使广大公众增强对法律的信任，从而为法治奠定基础。沉默权制度有利于保护犯罪人而不利于保护被害人，必然有损于法律的公正性和权威性，它一方面会强化犯罪分子的侥幸心理和蔑视法律心理，从而引发更多的犯罪；另一方面会使公众丧失对法律的信任，并从反面“教育”被害人与其信任法律，不如信任自己，从而采取自行报复的办法以弥补损失。其结果必然是法治基础的毁坏。

（四）沉默权的保障

赋予被追诉者沉默权的国家，一般从以下方面保障沉默权的实现：

1. 权利告知。

追诉者在讯问前先告知被追诉者享有沉默权以及放弃沉默权

所作供述的法律后果，并记录在案。有些国家（如美国）还要一并告知律师帮助权。之所以要权利告知，美国当代著名法学家英博教授认为“完全不是基于保护无罪人的考虑”，而是“寻求平等主义哲学的产物”。因为“富有的、受过教育的或智力高的嫌疑人很可能从外界得知他有沉默的权利；反之，贫穷的、未受过教育的或智力低的嫌疑人则不知道这种特权”。①

2. 律师帮助。

规定自侦查阶段起，一般允许被追诉者与律师会见交流，但某些特定情况或不符合一定条件的除外。英美法系国家一般还允许律师在侦查人员讯问时在场。规定律师自侦查阶段起提供帮助，主要是使被追诉者充分理解沉默权等诉讼权利的意义，指导其回答追诉者的提问，并对追诉者的讯问进行监督，防止出现不应有的强迫。

3. 禁止不利结果。

禁止因被追诉者行使了沉默权而导致对其不利的结果。一是禁止不利推论和评论。所谓“不利推论”，是指根据沉默而将其作为认定有罪的证据；所谓“不利评论”，是指就沉默而发表不利于被追诉者的意见，从而对裁决者施加影响。但20世纪70年代以来，一些国家由于对沉默权加以限制，因而允许因沉默而对某些法定情况作出不利推论和评论。二是禁止从重处罚，即禁止因被追诉者沉默而对其判处较重的处罚。

4. 排除非法证据。

对没有告知沉默权或违反“自愿性标准”所作的陈述，予以排除，不能作为认定案件的依据。当然，各国规定不尽一致，有的是强制排除，有的是斟量排除；有的对陈述和按照该陈述所收集的物证一律排除，有的则只排除陈述本身，而不排除按照陈述

① 转引自何家弘：“沉默权制度及刑事司法的价值取向”，载《国家检察官学院学报》2000年第4期，第39页。

所收集的物证。

三、沉默权与我国立法

如前所说，我国刑事诉讼法体现了不被强迫自证其罪制度，蕴涵了沉默权的部分内容，但未明确规定沉默权。现在需要研究的是，我国法律要不要明确规定沉默权。

笔者认为，沉默权作为保障人权的一项诉讼制度，在我们考虑是否将其引入我国法律时，必须首先明确我国的人权观。根据《中国的人权状况》、《中国人权事业的进展》白皮书、《中国人权发展50年》白皮书等有关人权的文件，我国发展人权应当坚持以下原则：(1) 从国情出发原则。“人权状况的发展受到各国历史、社会、经济、文化等条件的制约，是一个历史发展过程”,①“我国是一个历史悠久、人口众多、资源和财富相对短缺的东方发展中国家，在这样一个国家促进人权，既不能照搬西方发达国家的人权发展模式，也不能因袭其他发展中国家的做法。而只能从中国的国情出发，探索具有自身特点的发展道路”。② (2) 将生存权、发展权放在首位、全面推进原则。生存权是一切人权的前提和基础，发展权对经济文化相对落后的我国来说，也极为重要。因此，享有生存权与发展权，是中国人民最迫切的要求。“在促进人权的轻重缓急上，强调生存权、发展权的首要地位，同时兼顾公民的政治、经济、社会、文化权利和个人、集体权利的全面发展。”③ (3) 以改革、发展、稳定为条件原则。“在促进和保障人权的方式方法上，强调稳定是前提，发展是关键，改革是动力，

---

① 中华人民共和国国务院新闻办公室：《中国的人权状况》。

② 《中国人权发展50年》白皮书。

③ 孙长永：《沉默权制度研究》，法律出版社2001年版，第22页。何家弘：“沉默权制度及刑事司法的价值取向”，载《国家检察官学院学报》2000年第4期。

法治是保障。”①

根据人权发展的上述原则和我国实际，笔者认为，我国目前还不宜明确规定沉默权。

（一）规定沉默权会严重影响惩治犯罪

刑事诉讼的目的是惩治犯罪与保障人权相统一，因此，在研究是否规定沉默权时，必须首先考虑若规定沉默权能否实现惩治犯罪与保障人权的统一。笔者认为，规定沉默权势必严重影响对犯罪特别是某些严重犯罪的惩治，从而使惩治犯罪与保障人权二者严重失衡。

1. 从讯问在刑事诉讼中的地位、作用来看。

讯问作为一种侦查措施，在刑事诉讼特别是侦查中具有重要的地位和作用，这是由于被追诉人对自己有无实施犯罪和怎样实施犯罪最清楚，以及讯问所得的口供是直接证据这一特点决定的。首先，讯问是查清犯罪事实的重要途径和手段。讯问不仅可以获取被追诉人口供（包括供述和辩解），而且可以获取其他证据线索，并进而收集到物证、书证、视听资料、证人证言、被害人陈述等证据。侦查人员通过讯问，可以较快地查清犯罪事实。可以说，在我国目前侦查资源还十分有限的情况下，讯问是查清犯罪事实的一条捷径，它比抛开讯问、另辟途径去分析案情、查找线索、收集核实口供之外的证据，其侦查效率要高得多，所耗费的侦查成本要少得多。其次，讯问是扩大案件线索、深挖余罪漏犯的重要途径和手段。特别是对共同犯罪案件、群案、窝案、串案，讯问更具有“辐射”和“扩张”效应。再次，讯问是侦查某些犯罪案件的必经途径，离开了讯问，就难以揭露和证实犯罪，或难以查清犯罪事实。如贿赂等无物证犯罪，这类犯罪主要靠言词证据定案，口供是言词证据的重要组成部分，离开口供，往往难以

① 孙长永：《沉默权制度研究》，法律出版社2001年版，第22页。何家弘：“沉默权制度及刑事司法的价值取向”，载《国家检察官学院学报》2000年第4期。

定案；流窜等身份不明者的犯罪，由于身份不明，离开讯问，往往难以查清全部犯罪事实；盗窃、赌博、贩毒、走私、涉税、假冒伪劣等连续犯特别是其中的惯犯，这类犯罪如离开讯问，那抓住一次就只一次，难以查清全部犯罪事实。综上，如果说定案可以离开口供的话（刑事诉讼法第46条规定，没有被告人供述，证据充分确实的，可以认定被告人有罪和处以刑罚），查案则是离不开口供的。因此，如果赋予犯罪嫌疑人以沉默权，那讯问这一侦查措施就会失去应有的作用，其结果必然是：一些原可查清的案件难以查清，大量原可按照口供提供的线索收集到的证据难以收集，从而使侦查效率降低，诉讼成本增加。而打击的乏力、揭露概率的低下、犯罪风险的减少，更使犯罪分子觉得犯罪有利可图，从而刺激他们进一步犯罪，并使犯罪率上升。目前，我国刑事案件破案率不到50%，每年有几百万起案件未能侦破，从而对社会稳定构成极大威胁。如果规定了沉默权制度，破案率还会进一步降低。这样，公安、司法机关惩治犯罪、保护人民、维护稳定的职能就难以实现。

2. 从沉默权的需求主体来看。

规定沉默权的初衷之一是保护无辜，但是，真正无罪的人决不会选择沉默，他所需要的是辩解。只有犯罪分子特别是职业犯罪分子、高隐秘性犯罪分子和某些胆大心狠、奸诈狡猾的严重犯罪分子，才会选择沉默，并善于运用沉默权制度来逃避法律追究。正像美国著名法学家庞德所说：沉默权不能帮助无罪的人，倒是职业罪犯通过律师滥用这一权利。① 一些学者说，规定了沉默权的国家选择沉默权的人并不多。据英国内务部研究报告，行使沉默权的人占被讯问者的总数，英国占4.5%，美国占4.7%，日本占7.7%，因而不必担心不供认犯罪的人会大大增加，并以此为

① 孙长永：《侦查程序和人权》，中国方正出版社2000年版，第299页。

依据，论证我国规定沉默权的可行性。[①] 笔者认为，该论证具有一定的道理，但有三点必须指出：(1) 被追诉者决定是否行使沉默权，是根据趋利避害的原则反复权衡的结果，它取决于国家揭露犯罪的能力和水平、嫌疑人所犯罪行的隐秘程度及被揭露的可能性等变量，如果国家揭露犯罪的能力水平高而自己所犯罪行隐秘程度低，他就会选择供述；如果国家揭露犯罪的能力、水平低而自己所犯罪行隐秘程度高，他就会选择沉默。一些资本主义国家的司法工作已在沉默权的制度下运作多年，加上其经费投入、科技装备、人员素质等方面都与我国不可同日而语。因而其揭露犯罪的能力和水平也自然高于我国。因此，不能因为他们国家选择沉默的比例不高，就认为我国规定沉默权后选择沉默的比例也不会高。我国假冒伪劣充斥而一些发达国家鲜有所见，我国实行增值税制度后虚开税票犯罪猖獗，而一些发达国家闻所未闻等事实，就是很好的例证。(2) 美国有90%左右的案件是通过辩诉交易处理的，在其余的10%左右的重罪案件中，有4.7%即一半左右的重罪案件选择了沉默，这是极高的比例。(3) 退一步说，就算我国与上述国家选择沉默的比例相当，那也应看到，其比例虽不高，但绝对数却很大，且这些人基本上是严重犯罪分子。[②] 据公安部统计，我国2002年立刑事案件433万多件。如按日本的7.7%计算，[③] 选择沉默的就达34万多件，这不仅会增加大量的诉讼成本，而且会使大量的严重犯罪案件难以侦破，从而对社会造成极大的危害。

(二) 我国目前还不具备规定沉默权的条件

沉默权制度会增加诉讼成本，影响打击力度。但如果我国能

---

① 参见刘根菊："在我国规定沉默权原则几个问题之研究"，载《中国法学》2000年第3期，第39页。

② 这里讲的也是事实上的严重犯罪分子，而不是法律上的严重犯罪分子。

③ 我国与英美的法律文化差异较大，与日本差异相对较小，故以日本的比例加以计算。

够承担这增加的诉讼成本，并通过其他措施弥补受影响的打击力度，那也能予以规定，然而，由于历史、社会、经济、文化等原因，我国当前还不具备这样的条件。

1. 我们目前还不具备转换司法证明方法的条件。

德国刑法学家拉德布鲁赫说：口供之所以在刑事诉讼中衰落，与刑事诉讼中证明方法的进步有着很大关系。[①] 规定沉默权，标志着口供在刑事诉讼中地位的降低和以“人证”为主的司法证明方法的瓦解，代之以“物证”为主的司法证明方法。然而，以物证为主的司法证明方法的建立是需要一系列条件的，而我国目前则还不具备这些条件。从一些发达资本主义国家司法证明方法的发展历程看，建立以物证为主的司法证明方法需要以下条件：(1) 科学技术的发展并广泛用之于侦查。首先是法医学的发展，它为判断人死亡的时间、原因并进而分析作案者的基本情况提供了重要依据。其次是人身识别技术的发展，如笔迹鉴定技术、人体测量技术、指纹技术、足迹鉴定技术、牙痕鉴定技术、声纹鉴定技术、唇纹鉴定技术、遗传基因鉴定技术（DNA）等，从而为通过对现场及人身所留物证的鉴定来判断作案者提供了重要依据。此外还有侦查记录技术、痕迹勘验技术、枪弹检验技术、夜视技术、激光技术、计算机技术等也被广泛运用于侦查活动的发现、收集、鉴别证据之中，从而提高了通过物证等口供之外的证据侦查破案的能力。(2) 侦查装备的现代化。侦查装备是侦查技术的载体，侦查技术只有通过侦查装备才能用之于侦查并发挥作用。因此，上述各种现代化的技术必须有现代化的侦查装备。(3) 较高素质的侦查队伍。以人证为主的司法证明方法在侦查活动中表现为由供到证的侦查模式，这种模式比较单一，也比较容易掌握和操作，因而一些素质不高的侦查人员也能勉强适应。而以物证为主的司法证明方法却要求侦查人员在口供之外寻找案件线索，

① 陈兴良主编：《法制的界面》，法律出版社2003年版，第25页。

确定侦查思路，其难度要比由供到证的侦查模式大得多，需要侦查人员有较高的侦查能力和水平。同时，现代化的侦查装备，只有具有现代化科技知识的人才能操作，这也对人员素质提出了更高的要求。（4）国家经费的巨额投入。上述科学技术的研发，科技装备的购置，人员素质的提高，都必须以巨额经费为支撑，而这必须以巨大的生产力为前提，正像有的学者所说，沉默权制度是以美元和欧元为支撑的一种制度。①（5）侦查手段的拓展。如针对犯罪智能化、隐秘化、组织化的新特点，许多国家在侦查活动中除运用常规的侦查措施外，还允许采取监听、秘取等技术侦查手段，以弥补沉默权给侦查取证带来的困难。（6）诉讼制度的变革。如规定强制证人作证制度和证人保障制度，以提高通过证人查明案情的可能性。又如美国通过规定辩诉交易制度，以从轻从速处理为优惠条件，换取了90%左右刑事案件的被告人供认犯罪，这不仅使口供在规定沉默权的情况下仍能取得，而且大大减轻了以物证证明犯罪的压力，降低了诉讼成本。而上述技术、装备、素质、经费、制度等方面的条件，我国目前都不具备或不完全具备。如技术装备落后，特别是基层还主要靠两条腿、一张嘴、一支笔办案；国家经费投入有限，不少地方连办案经费都难以保证，干警出差费都难以及时报销；侦查、司法人员素质总体上不高；封建社会重人情轻法制的文化积淀使得公民一般不愿出庭作证，从而影响了现代证人制度的建立；由于思想观念、文化传统、意识形态等方面的原因，使得某些侦查手段和诉讼制度缺乏必要的制度条件；等等。因此，在我国，以物证为主的司法证明方法还一时难以到来。当然，就国家和侦查机关来说，应当努力促进其到来，但其真正的到来毕竟还要相当的时间，因而建立在口供基础上的以人证为主的司法证明方法还难以退出历史舞台，这就如同轮流站岗，在接岗人难以到来的情况下，原站岗人还只好继

① 陈兴良主编：《法制的界面》，法律出版社2003年版，第413页。

续站下去。

有人说，我国现在公安机关的装备早已远远超过17世纪英国规定沉默权时的水平，因此，所谓我国尚不具备规定沉默权的条件的观点不能成立。笔者认为，首先，英国17世纪确立的是不被强迫自证其罪制度，而并没有确立沉默权，确立沉默权是20世纪初的事。其次，我国目前大城市公安机关的装备可能超过当年英国规定沉默权时的水平，但由于发展的严重不平衡，因而基层和广大农村特别是西部地区的基层和广大农村则肯定未达到更不可能超过当年英国的水平。再次，我国当前犯罪的严重、复杂程度，特别是隐秘性犯罪、有组织犯罪、高科技犯罪、跨国犯罪等犯罪，以及犯罪工具、犯罪手段逃避打击手段不断翻新等情况，肯定远远超过当年的英国。因此，不能得出我国目前规定沉默权的条件已优于当年英国的结论。

2. 体制转轨期犯罪高发，维护稳定任务十分艰巨。

我国处于并将长期处于社会主义初级阶段，人口多、底子薄、资源短缺、经济社会发展很不平衡是我国的基本特点。在社会主义初级阶段，特别是在体制转轨的条件下，不安定因素甚多。如国外敌对势力颠覆渗透；国内各种思想冲突激荡；利益调整所带来的矛盾很多而管理却跟不上；农村富余劳动力、城市下岗人员以及部分大学毕业生就业困难；国家工作人员腐败严重；金融资产质量不高，潜伏着金融危机；等等。对这些不安定因素如消解不力或处置不当，随时都有可能酿成刑事犯罪，且会进一步呈现犯罪隐秘化、智能化、科技化、组织化的特点。社会发展的规律也说明，人均GDP在1000美元至3000美元之间的时期，是社会不稳定期。我们目前正处在这一时期。因此，在今后相当长的时间内，我国仍将处于犯罪高发期。但另一方面，人心思安，人心思稳，改革建设也需要稳定的环境，因而稳定压倒一切，维护稳定是国家的大局，也是广大人民群众根本利益所在。犯罪高发与强烈的稳定需求之间的矛盾，迫切需要刑事诉讼制度在惩治犯罪

与保障人权的平衡中不因脱离实际地强调保障人权而影响对犯罪的惩治。

3. 更新诉讼理念是一个渐进的过程，不宜操之过急。

我国脱胎于封建社会的时间还不长。加强民主法治建设、建立有利于民主法治成长的市场经济体制的时间则更短。此前的几千年间，我国政治上实行的是高度集权的封建主义专制制度，法律文化上重国家和社会利益，轻个人权利保护，诉讼中实行的是纠问式的模式，被追诉人毫无享受诉讼权利可言。全国解放后，党和政府十分注重保护国家、集体利益和公民个人利益，但更注重保护国家、集体利益；在惩治犯罪与保障人权的关系上，更注重惩治犯罪；强调实事求是的诉讼原则，实行职权主义的诉讼结构，以追求实体真实为目标。这种法律文化和诉讼理念与沉默权制度所蕴涵的诉讼理念相去甚远。1996 年刑事诉讼法修改后，更新诉讼理念的工作取得了明显成绩，但要彻底改变几千年形成的旧观念也非易事，它是一个渐进的过程，且要受社会稳定与文明进步程度的制约。我们既要有特殊的紧迫感，又不能操之过急。而当旧的思想观念还广泛存在时，它必然要顽强地表现自己，并影响和指导人们的行动。特别是像我国这种缺乏法制传统的国家，指导人们行为的往往是深藏于人们思想观念之中的“潜规则”，而非见之于书面的“显规则”；制度经济学理论也告诉我们，深藏于人们思想观念之中的非正式制度的作用，往往大于见之于法律与规章的正式制度。当人们的思想观念和诉讼理念尚未接受沉默权时，即使勉强规定了沉默权，也会“水土不服”，出现“南橘北枳”、“东施效颦” 等事与愿违的结果。各种制度，从抽象意义上来说，固然有先进与落后之分，但具体到某一国家，还有一个是否适合的问题，只有适合该国当时实际的制度，才是好的制度。

（三）不规定沉默权并不违反国际公约

我国引起沉默权讨论热的直接起因，是我国于 1998 年签署了联合国《公民权利和政治权利国际公约》，该公约第 14 条规定："任何人不被强迫作不利于自己的证言或被强迫承认犯罪。"我国已签署的国际公约理当遵守，而一些人又认为不被强迫自证其罪与沉默权同义，因而直接引发了我国应否规定沉默权的讨论。

如前所说，公约第 14 条关于"任何人不被强迫作不利于自己的证言或被强迫承认犯罪"的规定，其关键词是"不被强迫"，其基本精神是不准以刑讯逼供等非法手段获取口供等证据，而不是赋予沉默权。因此，我国目前不规定沉默权并不违反国际公约，因而也就没有必要因上述国际公约的签署而勉强地去规定沉默权制度。

（四）不规定沉默权并不等于不推进诉讼制度的文明与进步

加强民主和法治建设，是我们党和国家坚定不移的方针，推进诉讼制度的文明与进步，既是民主法治建设的重要内容，也是政治文明的题中应有之义。而推进诉讼制度的文明与进步，不唯规定沉默权这一途径。目前不规定沉默权，并不等于不推进诉讼制度的文明与进步。我们要用推进诉讼制度文明与进步的实际行动，加强民主法治建设和政治文明建设。具体可从以下几个方面入手：

1. 转变诉讼观念。

转变重打击轻保护的观念，树立打击犯罪与保障人权相统一的观念；转变重实体轻程序的观念，树立实体法与程序法并重的观念。

2. 遏制刑讯逼供。

一些人主张规定沉默权制度的主要理由就在于认为它能有效地遏制刑讯逼供，因为被追诉者一旦主张沉默，追诉者就不能继续讯问，这样，刑讯逼供自然就不会存在。但是，刑讯逼供既有深刻的历史根源，又有复杂的现实原因，因而遏制它必须多管齐

下。诚然，规定沉默权肯定有利于遏制刑讯逼供，但也并非唯一途径。我们也不要寄希望于法律一写上“沉默权”几个字，刑讯逼供就会销声匿迹。在不规定沉默权的情况下，可采取以下措施遏制刑讯逼供：（1）加强文明执法教育，增强文明执法观念。（2）加强对讯问的监督。规定讯问过程全程录音录像，音像要录制双份，每次讯问完毕在录音录像盒上写明讯问人、被讯问人、讯问起讫时间等内容，由讯问人与被讯问人签字，一份封存备查，一份随案移送。从目前一些地方实践的情况看，效果很好。（3）完善非法证据排除规则。在刑事诉讼法中明确规定凡刑讯逼供取得的口供，一律不得作为证据使用。（4）对刑讯在押犯罪嫌疑人的案件，实行举证责任倒置制度。这是因为刑讯逼供是在犯罪嫌疑人无助的情况下（与外界隔离，失去人身自由，无第三者在场）发生的，要求犯罪嫌疑人控告时提供刑讯的证据的确勉为其难。举证责任倒置后，当被害人有一定的依据（如伤痕）控告办案人员曾对其刑讯时，办案人员要承担证明自己没有刑讯、犯罪嫌疑人身上的伤痕非因办案人员造成的责任，如办案人员不能证明，就要承担不利的后果。（5）坚决惩处刑讯逼供违法犯罪。一旦发现刑讯逼供，坚决依法查处，该党政纪处分的党政纪处分，该定罪判刑的定罪判刑。除追究行为人的责任外，还要追究主管领导的责任。

3. 加强装备建设。

只有当侦查模式从“由供到证”转变为“由证到供”后，沉默权制度才有实行的基础。而加强装备建设是推进侦查模式转变的关键环节，因为只有加强装备建设，提高收集、固定、鉴别各种证据特别是物证的能力，转变侦查模式才有可靠的保证。为此，必须加强侦查工作的经费投入和科技投入，加强刑事技术研究开发，加强科技装备建设，提高侦查工作的科技含量。

4. 完善证人制度。

我国法律虽然规定了证人作证的义务，但由于重人情轻法制传统思想的影响，由于人情观念的干扰、法律保障的乏力以及对不作证行为惩戒措施的缺失，因而证人大多不愿作证。要想逐步降低口供在司法证明中的地位，除上述重视物证的收集、固定和鉴别外，重视证人证言的收集是一项重要措施。因此，必须建立证人强制作证制度和证人保障制度，对经通知不到场的证人可以实施拘传，对拒不作证的可以依法追究刑事责任；同时，给作证证人的安全和权利以有力的保障。

5. 提高队伍素质。

公安、司法人员是刑事案件的承办者，也是刑事诉讼程序的主要参与人，只有提高他们的素质，才能推进诉讼程序的文明进步。为此，要大力提高干警的学历层次，优化专业结构，强化技能训练，加强岗位培训，提高人员素质，努力打造高素质、专业化的公安、司法队伍。

（原载《中国刑事法杂志》2004 年第 1 期）

侦查讯问时律师在场之我见*

近年来，针对侦查阶段对犯罪嫌疑人刑讯逼供屡禁不止并造成若干冤假错案的情况，法学界一些专家提出要对侦查讯问程序进行改革，建立侦查阶段讯问犯罪嫌疑人（以下简称“侦查讯问”）律师在场、录音录像制度，并对该制度进行了试验和实证研究。笔者高度赞赏法学家直面现实、大胆探索的精神和深入实际进行实证研究的方法，同时认为，由于侦查讯问时律师在场与侦查讯问录音录像对侦查工作具有不同的影响，因而对它们应持不同的态度。

对侦查讯问录音录像，我国有些检察院如浙江省人民检察院早在1997年刑诉法修改后就已着手探索，后逐步完善，并取得了较好的效果。① 实践证明，它有利于固定证据；有利保护犯罪嫌

---

* 2006年3月30日，中国政法大学诉讼法研究中心在北京举办了“侦查讯问程序改革国际研讨会”，围绕侦查讯问时实行律师在场、录音、录像三项制度进行研讨。笔者在会上表示赞同实行侦查讯问录音录像制度，但对侦查讯问时律师在场制度则提出了“如全面推行或进入立法，则应持慎重态度”的意见。本文是该意见的论证稿。

① 浙江省检察机关对这一工作分三步实施：第一步，对第一次讯问职务犯罪嫌疑人的头12个小时同步录音录像；第二步，对侦查讯问全程同步录音录像；第三步，在案件提请批捕、移送起诉时随案移送侦查讯问全程同步录音录像带，以接受审查批捕、审查起诉工作部门的审查和监督。

疑人的合法权益，促进依法文明办案；有利于提高侦查人员讯问水平；有利于保护侦查干部，防止被诬陷。因而最高人民检察院在2005年开展的“规范执法行为、促进执法公正”活动中，总结推广了浙江等地的做法，决定从2006年3月1日起，在全国检察机关逐步实施侦查讯问全程同步录音录像制度。可见，侦查讯问全程同步录音录像对于检察机关来说，已经不仅仅是设想，而是实实在在的行动了。

而对于侦查讯问时律师在场问题，虽然它有利于促进侦查讯问人员依法文明办案，防止刑讯逼供，减少犯罪嫌疑人翻供，但笔者认为不可与上述的录音录像同日而语，应持慎重态度。

一、侦查讯问时律师在场不利于犯罪嫌疑人如实供述犯罪事实

侦查阶段讯问犯罪嫌疑人的目的主要是为了听取其陈述，即听取辩解、获取供述。一般而言，“听取辩解”的目的比较容易达到，因为犯罪嫌疑人如果无罪或者罪轻，必然会努力辩解和陈述；而“获取供述”的目的却不容易实现，需要侦查人员与犯罪嫌疑人进行博弈甚至激烈的较量，犯罪嫌疑人也要经历是抗拒还是供述的艰难选择。首先，从供述对犯罪嫌疑人[①]的后果来看。供述会给犯罪嫌疑人带来非常不利的后果，如自由的丧失、声誉的败坏、前途的毁灭、家庭的灾难等。因此，想让犯罪嫌疑人供述，无异于与虎谋皮，其过程必然十分艰难。其次，从犯罪嫌疑人侥幸与趋利避害心理来看。侥幸是犯罪分子的共同心理，趋利避害是人的本能。犯罪分子作案就是侥幸心理使然，如不心存侥幸，多数犯罪分子就不会去作案；接受讯问时，又必然心存侥幸，如有的自恃作案手段高明，有的迷信攻守同盟，有的低估侦查人

① 在犯罪嫌疑人中，有的可能是无辜，大多数则是作案者。这里及本文有些地方所称的“犯罪嫌疑人”，指的是作案者。

员本领等，加上趋利避害的本能，因而总是精心构筑心理防线，能不供述就不供述，能少供述就少供述，能翻供就翻供。只有当他意识到犯罪证据已被侦查人员掌握，不供述非但不能逃避追究反而会招致更重的处罚时才会供述；意识到少供述难以蒙混过关时才会如实供述；意识到翻供无济于事时才不翻供。因此，犯罪嫌疑人在接受讯问时是否如实供述，主要的不是取决于其素质和觉悟，也不是感动于侦查人员的诚恳态度和勤勉敬业的精神，而是取决于其对己方犯罪证据的暴露情况和侦查方掌握其犯罪证据情况的分析判断。其中对侦查方掌握其犯罪证据情况的分析判断，主要依据其被讯问时的所见所闻，如侦查人员的神态、语言、动作、所出示的证据等。有时，侦查人员数小时甚至数天不得法的讯问，可能对其毫无触动，而得法的寥寥数语，却有可能对其产生强烈震撼。因此，侦查人员在讯问前总是要对讯问计划、场景、氛围、路径、突破口、策略、方法等作精心设计，并在讯问时随着主客观情况的变化及时加以调整，以便瓦解犯罪嫌疑人的心理防线，促使其如实供述。因此，讯问是心理战和智能战，是双方面对面的激烈较量，也正因为如此，讯问才成为一门科学，成为高技能的侦查活动。再次，从犯罪嫌疑人被讯问时的心理变化规律来看。犯罪嫌疑人从接受讯问到供述犯罪事实一般需要经过四个阶段：一是抵触对抗阶段。犯罪嫌疑人从自由人一下子成为讯问对象，心理落差大，对现实一时难以接受，因而或再三表白，或缄默不语，或百般狡辩，或激烈对抗，从而常使讯问陷入僵局。二是试探摸底阶段。通过若干时间的僵持，犯罪嫌疑人开始适应讯问环境，并慢慢冷静下来进行思考分析，全力对付讯问。由于讯问直接关系其前途命运，因而他们既想抗拒讯问，守住可守的“每一寸土地”，又从被讯问的现实中估摸出已经东窗事发，侦查人员已经掌握了一定的证据，但又不清楚在哪个环节上出了问题，侦查人员已经掌握了哪些证据，因而便千方百计向侦查人员试探摸底，以便决定对策。三是犹豫动摇阶段。犯罪嫌疑人随着据以抗拒的主客观基础的逐步瓦解和谎言狡辩被戳穿和驳斥，判断侦查人员已经掌握了相当多的证据，因而心理开始动摇，天平开始由拒供向供述一方倾斜。四是交代供述阶段。犯罪嫌疑人经过前三个阶段的较量，确认侦查人员已掌握了证据，拒供已无济于事时，就开始供述，但由于侥幸心理作祟，因而往往避重就轻甚至时供时翻。只有当其认为少供、翻供都无济于事后，才作如实供述。

从以上分析可知：讯问的过程，是侦查人员与犯罪嫌疑人双方博弈和较量的过程，也是犯罪嫌疑人心理防线逐步被瓦解、由拒供向供述转化的过程。而犯罪嫌疑人能否实现这种转化，主要依据于其犯罪证据的暴露程度和被讯问时的所见所闻。因此，他们对讯问场所一切人员的言谈举止、神态动作都会十分敏感。侦查讯问时律师在场，除起到保护犯罪嫌疑人合法权益作用外，在客观上还必然起到为犯罪嫌疑人撑腰壮胆，从而稳定其心理，延缓以致妨碍其由拒供向供述转化的作用；如果律师有意识地施以帮助，则其一个暗示性的表情、眼神、动作，一句暗示性的插话或问语，都能被犯罪嫌疑人读懂，从而使犯罪嫌疑人拒供、少供或翻供。

二、我国目前尚不具备以物证证明为司法证明主要方式的条件，口供在诉讼中仍占有重要地位，特别是贿赂等主要以言词证据定案的案件，口供的地位更为突出

侦查讯问时律师在场制度是与沉默权制度紧密关联的。当口供在诉讼中所居位置不重要以至可有可无时，确立沉默权制度与侦查讯问时律师在场制度就水到渠成、顺理成章了。而当口供在案件侦破中还处于重要地位时，能否确立沉默权和侦查讯问时律师在场制度就必须慎重考虑。

根据一些学者的观点，人类社会的司法证明方式经历了神证、人证、物证这三个发展阶段，每一发展阶段都与国家的经济、政

治、文化、历史等因素有密切关系。德国法学家拉德布鲁赫说："口供之所以在刑事诉讼中衰落，与刑事诉讼中证明方法的进步有着很大关系。"① 规定沉默权，标志着口供在刑事诉讼中地位的降低和以"人证"为主的司法证明方法的瓦解，代之以"物证"为主的司法证明方法。发达国家的经验表明，以"物证"为主的司法证明方法的建立一般需要以下条件：(1) 科学技术的发展并广泛用之于侦查。因为物证自身不会说话，必须通过科学技术去发现、收集、识别和解读。(2) 侦查装备的现代化。侦查装备是侦查技术的载体，侦查技术只有通过侦查装备才能用之于侦查并发挥作用。(3) 较高素质的侦查队伍。以物证为主的司法证明方式在侦查中表现为由证到供的侦查模式，它要求侦查人员在口供之外寻找案件线索，确定侦查方向、范围和重点，其难度要比以人证为主的司法证明方式在侦查中所表现的由供到证的侦查模式大得多，需要侦查人员有较高的侦查能力和水平。同时，现代化的侦查装备，也只有具有现代科技知识的人才能操作，这也对侦查人员的素质提出了更高的要求。(4) 国家经费的巨额投入。上述科学技术发展、侦查装备的购置、人员素质的提高，都必须以巨额经费为支撑，而这必须以巨大的生产力为前提。(5) 侦查手段的拓展。为针对犯罪智能化、隐秘化、组织化的新特点，许多国家除采用常规侦查措施外，还允许采用技术侦查、秘密侦查等特殊侦查措施，以便减少对口供的依赖。(6) 诉讼制度的变革。如规定强制证人作证制度和证人保障制度，以提高通过证人查明案件的能力；有些国家还通过规定辩诉交易制度，以从轻从速处理为优惠条件，换取多数刑事案件被告人供认犯罪，以弥补规定沉默权和讯问时律师在场对获取口供所带来的消极影响，减轻以物证证明犯罪的压力，降低诉讼成本。

但从我国目前情况来看，我国处于并将长期处于社会主义初

① 陈兴良主编：《法制的界面》，法律出版社 2003 年版，第 25 页。

级阶段。生产力不发达、经济社会发展不平衡、民主法治水平还不高，这些都是初级阶段的重要特征，因而上述技术、装备、素质、经费、诉讼制度等方面的条件，我国目前还不具备或不完全具备。如技术装备落后，特别是基层还主要靠两条腿、一张嘴、一支笔办案；国家经费投入有限，不少地方连办案经费都难以保证，有些连出差费也难以及时报销；侦查人员素质总体上还不高；封建社会重人情轻法制的文化积淀使得公民一般不愿出庭作证，从而影响了现代证人制度的建立；特殊侦查措施未在诉讼法中规定，影响了对其的使用和规范。总之，我国现阶段还不具备以物证证明为司法证明主要方式的条件，口供在侦查和诉讼证明中仍居于重要地位。至于贿赂等物证很少而主要靠言词证据定案的案件，口供的地位就更显突出。[①] 在这种情况下，法律是否规定侦查讯问时律师在场这一会对获取供述带来较大影响的制度，就需要慎重加以把握。

有人认为，联合国《公民权利和政治权利国际公约》第14条规定："任何人不被强迫作不利于自己的证词或被强迫承认犯罪。"我国已于1998年签署了该公约，故不应在法律上继续允许通过讯问来获取犯罪嫌疑人自证其罪的供述，既然如此，律师在场也就不存在对获取犯罪嫌疑人供述带来消极影响的问题。笔者认为，如果上述观点成立，那今后我国侦查中讯问犯罪嫌疑人就只能听取其辩解而不能让其供述了，这显然是一种误解。因为"不被强迫承认犯罪"的关键词是"不被强迫"，其基本精神是不准以刑讯逼供等强迫性手段获取犯罪嫌疑人的供述。1641年英国就是针对李尔本因拒绝承认所指控的"运送煽动性书籍"的事实

① 不少国家对贿赂等高智能、高隐秘、无直接受害人的案件，规定了一系列特殊侦查措施、侦查保障措施和诉讼制度，而我国总体上还付之阙如，使得对其侦查不得不特别依赖口供。参见朱孝清："职务犯罪侦查措施研究"，载《中国法学》2006年第1期，第128页。

和拒绝作“如实供述宣誓”而被判“藐视法庭罪”这一强迫他人供述的典型案例，而最先确立反对强迫自证其罪制度的。[①] 况且，即使是规定了沉默权的国家，讯问仍是获得证据的一个重要侦查措施，正像美国大法官福兰科福特所说：“尽管现代社会在犯罪侦查技术方面不断取得进步，但是犯罪常常是秘密实施的。如果无法找到该犯罪的普通证人，那么——假如警察调查不想原地踏步不动的话——除了寻找有罪的证人并讯问他们别无他法。这里有罪的证人是指那些正是因为他们被怀疑涉嫌了犯罪而被怀疑对犯罪情况有所了解的人。”[②] 因此，依法讯问犯罪嫌疑人并获取其在意志自由情况下所作的供述，并不违反“反对强迫自证其罪”规则。故不能因我国签署了《公民权利和政治权利国际公约》，就认为不能通过讯问来获取犯罪嫌疑人供述。

三、侦查讯问时律师在场不利于实现控制犯罪与保障人权的平衡

控制犯罪与保障人权的平衡应当包含两个层次：一个是个案中二者的平衡；另一个是整个社会中二者的平衡。这两个层次的平衡互相依存、互相促进。只重视前一个平衡而忽视后一个平衡是不对的，只重视后一个平衡而忽视前一个平衡也是不对的。我们应当树立全面的平衡观，而不能有失偏颇。同时，保障人权既包括保障犯罪嫌疑人人权，还应包括保障被害人以至广大人民群众的人权。连人们一般认为在刑事诉讼中比较偏重于保障人权的英国，其上议院在一起强奸案（侦查该案的警方强制提取强奸犯罪嫌疑人的唾液样本做DNA鉴定，检察长就该鉴定是否合法、能否采用的问题而将案件上诉至上议院）的判文中都认为：“刑事

① 参见孙长永：《沉默权制度研究》，法律出版社2001年版，第38~39页。

② 参见宋英辉、吴宏耀：《刑事审判前程序研究》，中国政法大学出版社2002年版，第149页。

司法的目标是要让每一个人在日常生活中免除犯罪对人身或财产的侵害或由此带来的恐惧。而且严重犯罪应该受到有效的侦查和起诉，这是符合每个人利益的。（司法）对各方都必须是公正的，在一个刑事案件中，它要求法官考虑三角型利益关系，包括被告人、被害人或其家庭以及公众的利益定位。”西方一些国家刑事诉讼制度和社会管理制度发展变化的情况说明，任何诉讼制度和社会管理制度的立、改、废，都是在一定的历史条件下对控制犯罪与保障人权进行动态平衡的结果。以沉默权制度为例，20 世纪 70 年代以来，由于恐怖犯罪、有组织犯罪等犯罪呈严重化趋势，为了实现新的历史条件下二者的平衡，原实行沉默权制度的国家如美国、英国、爱尔兰、法国、德国、日本、加拿大、新加坡、荷兰、葡萄牙等，都对沉默权作了一些限制，如有的规定了适用“米兰达规则”的若干例外，确认警察在“公共安全”或“紧急状态”的要求下可以不遵守“米兰达规则”；有的规定在某些情形下法院可以就被告人的沉默作出不利于被告的适当的推论，有的甚至规定强制犯罪嫌疑人提供证据制度，如果犯罪嫌疑人拒绝回答相关提问或作出虚假陈述，则以犯罪论处等。[①] 又如，“9·11”后，美国为了加大对恐怖组织的打击力度，强化对社会面的控制和入境人口的管理，其对外政策和某些社会管理制度都作了较大的调整，从而进一步推行其强权政治，不惜侵犯他国主权和他人人权，也是一个生动的例证。

联系我国实际，我国目前已进入社会转型期。这既是发展的重要战略机遇期，又是矛盾凸显期。社会矛盾凸显、刑事犯罪高发、对敌斗争形势复杂，是该阶段的重要特点。维护重要战略机

---

① 参见何家弘：“‘诚信原则’之刍议”，载《证据学论坛》（第 3 卷），中国检察出版社 2001 年版，第 6 页；“沉默权制度及刑事司法的价值取向”，载《国家检察官学院学报》2004 年第 4 期，第 36 页。孙长永：《沉默权制度研究》，法律出版社 2001 年版，第 59 ~ 62 页。

遇期的社会稳定，既是国家的大局，也是人民群众的根本利益所在。在研究是否建立侦查讯问律师在场制度时，必须将它置于这一历史大背景下去审视和考量，全面考虑是否有利于实现控制犯罪与保障人权在两个层次上的平衡，是否有利于维护重要战略机遇期的稳定。

四、侦查讯问时律师在场制度并没有被发达国家普遍规定

有人认为，规定侦查讯问时律师在场制度，是世界各国的普遍做法。其实不然。资料显示：在侦查讯问时律师是否在场的问题上，各国的法律规定可分三种情况：第一种是没有要求律师在场。如日本刑事诉讼法规定侦查阶段被疑人有与其委托的辩护人会见的权利，但未规定讯问时律师在场的权利。[①] 第二种是警察讯问时没有要求律师在场，而预审法官讯问时律师可以在场。如法国刑诉法对警察、检察官讯问时没有要求律师在场，而仅规定“在拘留20小时之后，被拘留人可以要求会见律师”，“被指定的律师可以在秘密得以保守的条件下会见被拘留人”，“会见不得超过30分钟”。[②] 但在预审法官讯问时，“除非双方当事人的律师在场或者已经合法传唤，不得听取当事人的陈述，讯问当事人或者让其对质，除非当事人公开放弃此项权利”。[③] 又如，德国刑事诉讼法也没有规定警察讯问时律师在场，而仅规定法官或者检察官讯问时允许律师在场，但又规定通知律师在场“如果会影响调查的，可以不予通知”。[④] 此外，荷兰等国的刑事诉讼法也有类似的

① 《日本刑事诉讼法》，宋英辉译，中国政法大学出版社2001年版，第9页，以及该国刑事诉讼法第39条。

② 法国刑事诉讼法第63条4，见《法国刑事诉讼法典》，余叔通、谢朝华译，中国政法大学出版社1997年版，第32页。

③ 法国刑事诉讼法第114条，出处同上。

④ 德国刑事诉讼法第136条、第163条a、第168条a，见《德国刑事诉讼法典》，李昌珂译，中国政法大学出版社1995年版，第62、80、85页。

规定。第三种是规定侦查讯问时律师可以在场。如美国联邦最高法院通过一系列判例确立了以下规则：在警察讯问时必须告知犯罪嫌疑人有权会见律师，并在讯问时由律师陪同在场。如果犯罪嫌疑人要求律师在场，则讯问必须中止，直至律师到场。其间，除非犯罪嫌疑人主动开口与警察交谈，否则，不得进行讯问。意大利刑事诉讼法典规定，司法警察官从被调查人那里获取有助于侦查工作的概要情况，应当在辩护人参与下进行。根据具体的地点和紧急情况，司法警察官可以在辩护人未出席的情况下向被调查人了解有助于立即开展侦查工作的消息和情况，但是，由此而获得的材料，禁止纳入档案并作为证据使用。律师不在场时，司法警察官可以听取被调查人的自动陈述，但所获得的有关材料除用做弹劾被告证据外，不得在审判中使用。①

可见，很多国家并未赋予律师在侦查讯问特别是警察讯问时的在场权。有的虽赋予律师在法官、检察官讯问时的在场权，但又规定了“如果会影响调查的，可以不予通知”的例外（如德国）；有的虽规定警察讯问律师可以在场，但律师不在场也并非不能讯问，仅是讯问所获材料不具有证据效力（如意大利）；有的虽明确规定只要犯罪嫌疑人有要求，律师就必须在场，但在实际执行中却大打折扣，如美国哈佛大学肯尼迪学院 Chris Stone 教授说：“实际情况并不是这样，并不是所有案件都有律师在场。”②甚至口供在侦查中的地位已大为降低、已经赋予犯罪嫌疑人沉默权的某些国家（如日、法、德、荷兰等）也未赋予或未完全赋予侦查讯问时律师在场权。

为什么很多国家包括已经赋予犯罪嫌疑人沉默权的国家在侦

---

① 宋英辉、吴宏耀：《刑事审判前程序研究》，中国政法大学出版社 2001 年版，第 399 页。

② 蒋安杰、刘天泉：“中国侦查讯问三项制度改革研究”，载《法制日报》2006 年 4 月 6 日第 9 版。

查讯问特别是警察讯问时未赋予或未完全赋予律师在场权？这是因为侦查活动具有根本不同于庭审活动的特点。在庭审时，案件的侦查取证已基本结束，庭审的主要任务是通过示证、质证、认证，查明案件事实，确定案件性质和应处刑罚，因此，庭审公开是世界各国的通行规则。而侦查活动却不然，侦查方虽然在力量上比犯罪嫌疑人方具有明显的优势，但在犯罪事实和证据的知悉、掌握上，却处于明显的劣势：侦查人员实施侦查时，犯罪事实业已成为过去，侦查人员需要通过对犯罪现场的勘验，运用分析推理的方法，去确定侦查方向、范围和重点；需要通过收集到的证据去“回复”和“再现”犯罪事实。这种逆向思维、逆向证明的活动和从零开始的取证活动，是一种非常困难、复杂的劳动，它要受犯罪分子作案的技能和水平，作案的时间、地点、天气、能见度，作案与案发间隔时间的长短，证人的感知能力、记忆力、表达能力、品格及他与犯罪嫌疑人的关系，侦查人员的逻辑推理能力，综合分析能力，收集、固定、鉴别、分析、判断证据能力及客观公正性等多种因素的制约，特别是在侦查人员与犯罪分子之间，一方要发现并收集、固定证据，查明事实真相，一方要掩盖、毁灭、转移证据或制造假证，掩盖事实真相，双方围绕证据斗智斗勇，展开激烈的攻防，因而侦查活动的一般原则是保密，而不是透明和公开。在侦查讯问特别是警察讯问时，案件往往还处于突破阶段，律师过深介入就使本应该保密的侦查活动“打开了一扇窗”，成为公开或半公开，并难免会对犯罪嫌疑人供述的获取和案件的侦破带来消极影响。至于一些已经赋予犯罪嫌疑人沉默权的国家也没有允许侦查讯问特别是警察讯问时律师在场，是因为犯罪嫌疑人如果选择了沉默，也就同时放弃了辩护的权利，因而有些犯罪嫌疑人经过权衡利弊，不选择沉默；同时，选择了沉默的犯罪嫌疑人也不排除作自愿供述的可能。法律不赋予律师在侦查讯问时在场权，有利于侦查人员取得不选择沉默的犯罪嫌疑人的供述和已选择沉默的犯罪嫌疑人的自愿供述。这些国家在该问题上的立法也说明，规定侦查讯问时律师在场给侦查工作带来的消极影响，比规定沉默权给侦查工作带来的消极影响还要大。这也从一个侧面说明我国对建立侦查讯问时律师在场制度持慎重态度的必要性和正确性。

五、侦查讯问时律师在场的正面作用可以通过其他创新措施来达到

主张侦查讯问时律师在场主要是为了防止侦查讯问人员不依法文明讯问，从而保护犯罪嫌疑人的合法权益。如果这一目的能够通过其他替代性措施来达到，那就可以不走建立侦查讯问律师在场制度的路，从而兴利除弊，既能防止侦查讯问时不依法不文明的行为，又能防止设立律师在场制度对侦查取证带来的消极影响，实现控制犯罪与保障人权的平衡。笔者认为，这种替代性措施可以通过制度创新来建立：(1) 实行侦查讯问全程录音录像制度。音像录制要由不是直接从事侦查工作的技术人员负责；录像上要有讯问时间（时、分、秒）的动态显示；音像要同时录制两份，每次讯问完毕要在录音录像盒上写明讯问人、被讯问人姓名、起讫时间等内容，由讯问人与被讯问人签字，一份封存以备查对，一份随案移送。(2) 改革刑讯逼供案件的举证责任制度，实行合理分担。根据现行的举证责任制度，刑讯逼供案件的举证责任全由侦查刑讯逼供的检察机关承担。但是，刑讯逼供是在犯罪嫌疑人与外界隔离、失去人身自由的情况下发生，犯罪嫌疑人往往很难固定并提供证据；刑讯逼供案发往往已时过境迁，刑讯逼供的行为人有充分的时间和条件伪装刑讯现场，销毁刑讯证据，致使检察机关很难收集到确实充分的证据，从而使一些刑讯逼供的犯罪分子逃避法律追究。为此，有必要对刑讯逼供案件的举证责任制度进行改革，加以合理分担，除由检察机关承担举证责任外，让刑讯逼供的嫌疑人承担一定的举证责任，即在犯罪嫌疑人提出刑讯逼供控告且其身上又有新的伤痕证明的情况下，案件的侦查

讯问人员就要承担证明伤痕非刑讯所致、自己没有刑讯逼供的责任。如果讯问人员不能证明，则要承担不利后果。为此，还要建立犯罪嫌疑人被传唤或拘留时进行体检的制度。(3) 完善非法证据的排除规则。在刑事诉讼法中明确规定："以刑讯逼供或者威胁、引诱、欺骗等非法方法收集的犯罪嫌疑人供述、被害人陈述、证人证言，不能作为指控犯罪的根据。"(4) 建立侦查讯问时律师间接在场制度。允许律师在看得见但听不见的地方监督侦查人员对犯罪嫌疑人的讯问，或者让律师在侦查讯问时观看经过消音处理的同步录像。

（原载《人民检察》2006 年第 10 期）

检察队伍建设研究

试论高层次检察人才队伍建设*

一

当今世界，知识就是财富，而掌握知识的人才是最宝贵的资源。资源分物质资源和人力资源两大类。人力资源区别于物质资源的最大特点：一是取之不尽、用之不竭；二是富有创造；三是主体对自身资源的发挥程度具有可控性。① 我国历代有不少爱才、惜才的佳话，如“萧何月下追韩信”促成刘邦建汉；刘备三顾茅庐成就三国鼎立伟业。但总体上说，在相当长的时期里，人类比较重视物质资源，而对人力资源却有所忽视。20 世纪 80 年代以来，西方学者开始把“人力资源”当做“资本”。认为人力资本投资是效益最佳的投资，而人力资本中的智力资本是人力资本中的核心。90 年代中期开始，在全球范围迅速兴起的知识经济，更

---

* 本文根据 2003 年 9 月 18 日在浙江省高层次检察人才培训班上的讲话摘录、整理。

① 即人力资源主体对自己积极性、聪明才智和潜能的发挥程度可由自己的主观意志来掌握和控制，典型的例子如三国时杰出军师徐庶，当其辅佐刘备时，连打胜仗，干得有声有色；当被曹操骗去曹营后，“身在曹营心在汉”，“终生不出一计”。

使人们清醒地认识到，处在人力资本最高层次的人才资本，是能够在更高数量级上创造利润的最宝贵的资本。美国钢铁大王卡耐基世家靠产业资本成为百万富翁，用了近百年；美国石油大王洛克菲勒家族靠自然资源资本成为千万富翁，用了50年；而电脑奇才比尔·盖茨靠高层次的人才资本成为百亿富翁，只用了十几年。这就是人才资本的魔力！跨进新世纪，展现在我们面前的是一个以数码、网络技术为先导、以创新为动力的经济全球化大潮，国际竞争日趋激烈，人才在经济社会发展和综合国力竞争中的地位和作用更显突出。1996年12月，联合国有关机构预测，认为人类将在21世纪的下半叶全面进入知识经济时代，到那时，创造性的智力劳动，将成为人类社会劳动的主体和领衔力量。知识对于竞争和发展越来越具有决定性意义，而知识是由人来掌握的，人是知识的载体。因此，制定并实施人才战略，培养和吸引人才特别是凝聚和争夺优秀人才，已成为世界各国发展战略的首要一环。

美国是一个拥有丰富人才资源的经济、科技大国，一直坚持通过高报酬、高待遇、高职位和优厚的工作条件等措施，吸引各国的人才。“二战”后，世界各地迁移到美国的高级人才超过50万人，其中有43人是诺贝尔奖获得者；近10年间，更是每年平均吸收约10万名世界各国各个领域的技术人员。美国还积极鼓励吸收留学生，始终在留学市场上稳居霸主地位。近10年间，每年平均在美国求学的留学生约有58万人，占全世界留学生总数的1/3。美国名牌大学理工科专业的博士研究生中，外国留学生的比例甚至超过了70%，一半以上的理工科博士拿到学位后都会先在美国工作至少5年。

为了争夺人才，世界其他各国也纷纷制定人才吸引政策。英国、加拿大、澳大利亚等国相继多次修改移民法，优先批准各国科技人才入境入籍；法国驻美使馆每年举办一次“美国论坛”，鼓励在美留学的法国学子回去报效祖国；德国对其整个大学体系进行全面整改，使其对年轻的研究人员和技术人员更具有吸引力。

一些东亚国家和地区为解决经济发展同人才严重不足的矛盾，也纷纷制定优惠政策，面向国际市场吸引、招揽人才。韩国政府制定了一系列特殊政策，一方面在美国、日本和欧洲成立引进人才协会，积极做好引进海外学者的工作；另一方面设立科学和工程基金会，给回国的学者提供较好的工作环境、生活条件和较高的工资待遇。新加坡政府也专门成立了常设机构，负责在海外建立联络网，广泛招募高层次的管理人才。

现代化建设的实践，逐步改变了中国人的资源观。江泽民同志多次深刻指出：当今和未来的世界竞争，从根本上说是人才的竞争。人才资源是第一资源，是创造和使用其他资源的资源。综合国力的竞争说到底是人才的竞争，谁拥有人才优势谁就会在竞争中取得主动权。要求各级领导“真正把培养和使用好各类人才作为党和国家兴旺发达的大事来看待、来落实”。并且带领第三代中央领导集体作出大力实施人才强国战略的决策，把人才问题提升到了国家战略的层面。以此为标志，我国人才工作进入了一个新的发展阶段。2002 年 6 月，中共中央办公厅、国务院办公厅又印发实施《2002—2005 年全国人才队伍建设规划纲要》，提出了今后几年我国人才队伍建设的指导方针、目标任务和政策措施。以胡锦涛同志为总书记的新一代中央领导集体，全面继承了第三代中央领导集体的人才政策，并且多次召开中央政治局常委会和中央政治局会议，就进一步加强人才工作进行研究部署。2002 年底，更是提出党管人才的原则，强调要着力建设党政人才、企业经营管理人才、专业技术人才三支队伍，努力造就数以千万计的专门人才、一大批拔尖创新人才和一大批善于治党治国治军的优秀领导人才，从而进一步突出了人才工作的重要性，体现了党对人才工作的高度重视。

国与国之间是这样，省与省、市与市、县与县之间也如此。上海市为吸引高新技术人才去沪创业，推出了十大举措，并从 2002 年 6 月开始对合格外来人士发放与美国绿卡类似的居留证，

持有者无论国籍，都能在上海市内居住和工作，并能将子女送到学校就读，享受与当地孩童同等的教育待遇。广东省为建设一支高素质的专业技术人才队伍，2002年出台《关于加强专业技术人才队伍建设的决定》，制定了一系列吸引人才政策。

浙江省从1998年北大一名研究生给当时的省委书记张德江同志写信开始，采取了一系列积极有效措施加强人才工作。省委省政府专门作出了关于实施人才工程的决定，相继出台了大力引进国内外人才的若干规定，制定了人才资源发展“十五”规划，确定“十五”期间要以培养、引进高层次急需人才为重点，全面实施人才工程，到2005年，全省人才资源总量要达到240万人，年均增长5%左右，享受政府特殊津贴的专家要达到2280人，国家和浙江省有突出贡献的专家要有300人。为吸引高层次人才到浙江工作，浙江省推出了一系列优惠政策：鼓励人才以各种要素参与分配；硕士以上学历的公务员引进“先定位，后下派”；本科以上毕业生可先落户，后找工作；高层次人才可以工作在浙江，落户在全国任何城市；鼓励国内外各类人才尤其是高层次人才采取柔性流动方式来浙江发展和创业，各类高层次专业技术和管理人才可以不改变身份、不转移人事关系和档案、不迁户口来浙江从事其专业服务等。还制定了《关于进一步做好党政机关高学历人才引进培养和使用工作的意见》，规定引进高学历人才到基层锻炼，发现有发展潜力的高层次人才，及时列入党政后备干部名单，进行重点培养。对特别优秀的高学历人才，可以小步快走，破格提拔。在公开选拔领导干部时，对高学历人才在地域、任职资格等方面可适当放宽。要求到2005年，全省各市党政领导班子争取配有2名研究生，县（市、区）党政领导班子争取配有1名研究生，省级机关处级以上领导职务中高学历人才要有一定的数量。经过几年努力，我省人才工作取得了明显的成效，仅2002年，就从海外引进高层次人才165名，从外省引进各类人才31563名，其中高级职称（硕士以上学历）2721名，全省各地也

大力加强了人才工作。杭州市是较早实行“先落户，后找工作”的省会城市之一，凡是具有全日制普通高校本科以上学历者，均可先进杭州落户，后落实就业单位。宁波市颁发了《关于大力引进人才和智力实施办法》，给引进的人才给予优厚待遇。经济相对落后的衢州也大力加强了引进、使用高层次人才的力度，去年从北京引进的三名高学历人才现均已在副县长领导岗位上。

为什么各地都这样重视人才？因为人才特别是高层次人才在经济社会发展中具有极其重要的作用：一是创造作用。创造性是人才的一个根本特点，人才区别于一般人的重要特点，就是不满足于简单的重复，而是不断地破解难题，创新发展。特别是智力在劳动中的含量不断提高的今天，一个地方、单位工作的好坏，不在于这个地方、单位所拥有人员数量的多少，而在于这个地方、单位所拥有人员的质量即人才的数量。在今后越来越激烈的竞争中，一个地方、单位如果拥有足够的人才特别是高层次人才，构筑起人才高地，必将占尽优势，相反，则只能被逐渐淘汰。二是标杆作用。一个地方、单位的水平，不是取决于这个地方、单位所有成员的水平，而是主要取决于这个地方、单位有没有一批人才特别是高层次人才，是这一批人才的水平代表了这个地方、单位的水平。中国共产党之所以是成熟的党，主要是因为党的领导集体成熟，而不是每个党员都成熟。北大之所以是全国最好的高校之一，是因为北大拥有一大批全国知名、处于各个学科带头人位置的专家教授，而并不是说北大每个教师都是全国最好的。浙大近几年之所以舍近求远，向全世界公开招聘一些学院的院长，并不是因为这些学院院长的官有多大，或者这些学院的管理工作有多难做，而是力求聘任全国甚至世界在相关学科一流的人才，以此来提升浙大的水平。三是引领作用。人才特别是高层次人才不仅自身能够发挥重要作用。而且能够充当“带头羊”、“领头雁”，给人以示范，影响和带动身边更多的人“见贤思齐”，从而产生“羊群效应”。

作为法律监督机关的人民检察院，在我国民主法制建设中肩负着神圣的使命。必须适应时代要求，跟上时代步伐，走人才兴检、人才强检之路，努力构筑检察人才高地，为新世纪检察事业的发展提供强有力的智力支持和人才保障。特别是党的十六大，把社会主义法制更加完备、依法治国方略全面落实，确定为小康社会的奋斗目标，把推进司法体制改革，加强司法队伍建设，加强对执法活动的监督，确定为建设政治文明的重要内容，对检察工作提出了新的更高的要求。检察工作不仅需要一批能够总揽全局、协调各方的领导人才，而且需要一大批以能言善辩的公诉人才、能征善战的侦查人才为重点的政治坚强、业务精通、类型齐全、数量充足、适应需要的各种业务人才特别是高层次人才。但是，从现实情况看，当前我省检察队伍的整体素质还不能完全适应形势发展的需要，主要表现在，人才总量不足，尤其是高层次人才匮乏，人才结构不尽合理，至2002年底，全省检察机关本科以上学历的2940人，其中研究生110人，计算机、司法会计等检察工作急需的非法律专业人才474人，分别只占干警总数的48%、1.82%和7.64%；一些检察院对人才兴检、人才强检的战略意义认识不足，领导不够重视，行动缓慢，措施不力；人才工作的制度和机制不够健全，人才的积极性、主动性、创造性还没有得到充分发挥，等等。这些已成为制约检察顺应形势发展的重要因素。面对艰巨的工作任务，检察事业才兴则兴、才强则强。全省检察机关特别是领导同志一定要从新时期检察事业发展的战略高度，深化人才价值的认识，增强人才战略意识，牢固树立人才兴检、人才强检新理念，切实增强做好高层次人才工作的责任感和紧迫感。

二

根据面临的形势和任务，结合我省实际，今后一个时期全省检察机关高层次人才工作的总体要求是：以邓小平理论和“三个代表”重要思想为指导，认其贯彻党的十六大精神，把高层次人才工作摆到更加重要和优先发展的战略地位，加大人才资源开发力度，努力营造惜才、聚才、育才、用才的良好环境。造就一支数量充足、素质优良、结构合理、梯级齐全的高层次人才队伍，为推动新时期检察事业的全面发展提供坚实的智力保障和强劲的人才支持。

今后四年，全省检察机关高层次人才培养目标是：至2005年，基本实现原定的“一五三”人才培养目标；[①] 然后，再确定一批新的对象进入第二轮竞争、培养。

高层次人才工作要把握以下原则：

1. 干部公认、注重实务能力原则。

检察机关高层次人才必须是检察干部公认的权威，其中专家型人才必须是全省干部公认的权威；高层次复合型人才必须是全市公认的权威；业务尖子必须是全院公认的权威。同时，检察机关高层次人才不同于高校科研单位的专家教授，其不一定是某一学科的学术权威，但必须是某一方面或某几方面检察实务的权威，必须具备较高的检察实务能力和水平。因为只有是检察实务的权威，具有较强的实务能力和水平，才能在检察工作中发挥标杆和引领作用，推动检察工作创新发展，也才能在社会上叫得响、立得住、起作用，不至于成为三流、四流教授学者的翻版。强调检察机关高层次人才必须是检察实务的权威，并不是说检察机关的高层次人才不需要理论学习和研究，相反，只有重视理论学习和研究，才能融会贯通知识，探求工作规律，提高理论水平，并在理论指导下不断地提高实务能力和水平，从而成为真正的实务权威，但检察机关高层次人才的理论研究，主要不是纯学术、基础性的研究，而应是应用性研究，其目的是为推动检察工作的发展。

---

① 指至2005年，在全省培养10名左右全省专家型人才、50名左右高层次复合型人才、300名左右检察业务尖子。

当然，如果检察干警能写出高水平的基础理论文章，那当然值得肯定和鼓励，但在目前条件下，还不能作为对高层次人才的一般要求。干部公认和检察实务能力是高层次人才相辅相成、不可分割的两个方面，检察实务能力是前提、是核心，干部公认是结果、是表象，只有具备较高的检察实务能力，才能获得干警的公认；也只有获得干警的公认，才能称得上是某一方面或某几方面检察实务的权威。

2. 组织培养和个人努力相结合原则。

人才需要组织培养，更需要个人努力。组织培养只能为个人成才提供平台和“赛马场”，而最终能否真正成才，关键还在于个人努力，看你能否在“赛马”中脱颖而出。因此，组织培养只能是外因、是条件，个人努力是内因、是决定性因素，外因最终要通过内因起作用。现在，在座的各位都被确定为全省检察机关高层次人才培养对象，这是大家自己努力的结果，也是组织上给大家创造的一个极为有利的条件。组织上为了使大家早日成才，采取了一些培养措施，这次又专门举办培训班，邀请专家教授给大家上课，以开阔视野，拓宽思路。希望大家珍惜被列入培养对象的机遇，认真学习，刻苦磨炼，以不辜负组织的希望。

3. 分级负责、各司其职原则。

高层次人才工作是一个系统工程，涉及选拔、培养、使用等方方面面工作。必须分级负责，各司其职，充分发挥全省各级检察机关的积极性和主动性。这里重申，省院负责对高层次人才工作进行统一规划，制定统一的选拔培养标准和考核评定标准，并具体负责培养全省专家型人才，各市院和培养对象所在院负责协助培养；各市院负责培养高层次复合型人才，各培养对象所在院负责协助培养；各县级院负责培养业务尖子。各级院对自己负责的高层次人才工作必须切实负起责任。政治部门是各级院高层次人才工作的职能部门，要充分发挥职能作用，为各级院党组和检察长当好参谋助手。同时，要充分调动其他内设部门特别是检察实务部门的积极性和主动性，因为高层次人才的培养对象多选拔自检察实务部门，培养的目的也在于提高检察实务能力，促进检察实务工作。检察机关各部门特别是检察实务部门要把高层次人才工作作为自身的一项重要工作，齐抓共管，共同把这项工作做好。

4. 严格标准、动态管理原则。

高层次人才的水平在很大程度上反映着检察机关的总体水平，必须严格标准，确保质量。省院要制定高层次人才的评审标准，完善评审程序，确保被评出的高层次人才素质优、能力强、业务精、权威高，能真正代表浙江检察人才队伍素质和水平的高级层次。要对高层次人才实行动态管理，发现培养对象达不到标准的要予以淘汰，并及时补充新的人选；对被评定为高层次人才的，也一律不搞终身制，发现不再符合标准的要予以淘汰。要通过定期考核评估，使高层次人才及其培养对象始终有紧迫感、危机感，始终保持与时俱进、不断进取的精神状态。

三

我们这期培训班的学员，都是经过各市院严格选拔、由市院党组专门研究推荐，并经省院审核后确定下来的全省高层次人才培养对象，组织上对你们寄予厚望。在这里，我向大家提几点希望。

1. 志存高远。

作为全省检察机关的高层次人才培养对象，我们每位同志都众望在负、重任在肩。要树立远大的理想和高雅的志趣，努力使自己成为合格的高层次人才，为推进新时期检察事业的发展作出应有的贡献。“自古英雄出少年”，江泽民同志在中国科学院第九次院士大会和中国工程院第四次院士大会上深刻指出，在任何一个时代中，青年都是社会上最富有朝气、最富有创造性、最富有开拓精神的群体。纵观世界科学技术发展史，许多科学家的重要

发现和发明，都是产生于风华正茂、思维最敏捷的青年时期。这是一条普遍性的规律。哥白尼提出日心说时是38岁。牛顿和莱布尼茨发明微积分时分别是22岁和28岁。达尔文开始环球航行时是22岁，后来写出了著名的《物种起源》。爱迪生发明留声机时是29岁，发明电灯时是31岁。贝尔发明电话时是29岁，居里夫人发现镭、钍、钋三种元素的放射性时是31岁，由此得了诺贝尔奖，后来又由于发现钋和镭，并提炼出纯镭，第二次获得诺贝尔奖，时年44岁。爱因斯坦提出狭义相对论时是26岁，提出广义相对论时是37岁。自然科学是如此，许多杰出的社会科学家和政治家，他们的杰出功业也大都是在年轻时期就基本创立了。《共产党宣言》发表时，马克思是30岁，恩格斯是28岁。《共产党宣言》发表11年以后，马克思写出了《〈政治经济学批判〉序言》，也不过41岁。中国共产党第一次代表大会召开时，毛泽东同志是28岁；陈独秀当选党的中央局书记是42岁，此前他早就是北京大学的著名教授了。新中国成立时，毛泽东同志也只有56岁，邓小平同志是45岁。再说，我国历史上许多文人学士，也都是在青春韶华之时就已功成名遂。唐代诗人杜甫，7岁学诗，15岁扬名。写出《兵车行》、《丽人行》、《前出塞》、《后出塞》这样的不朽名篇和“朱门酒肉臭，路有冻死骨”这样的警世之句时，只有三十七八岁。西汉的贾谊死时32岁，毛泽东同志称赞他的《治安策》是“西汉一代最好的政论”。王勃在去南方探望父亲途经南昌时写下了千古名篇《滕王阁序》，后在途中溺水身亡，死时才27岁。人的思维创造活动的最好年龄，一般是二十几岁到三十几岁。年轻人不但思维敏捷，精力旺盛，而且对知识、经验的积累和掌握也最为快捷，又最少包袱，敢想敢干，再加上其他的有利条件，所以新的发现、新的创造出在青年时期居多。当然，大器晚成的事例也有，比如，摩尔根创立基因学说的年龄，是在四十九岁至六十岁之间，这可以说属于特殊现象。江泽民同志当年之所以要列举上述事例，是要说明一个基本道理，就是科学技术的发展，社会各项事业的进步，都要靠不断创新，而创新就要靠人才，特别要靠年轻的英才不断涌现出来。在座的各位同志，绝大部分30多岁，最小的只有27岁，都正处在建功立业的黄金年龄，务必要志存高远，珍惜光阴，力争早日成才。我相信，在全面建设小康社会的伟大时代，必将是法律监督不断加强、检察事业不断发展的时代，必将是百舸争流、人才辈出的时代。

2. 认真学习。

高层次人才必须以高素质为基础、作保证。如果没有高素质，就根本谈不上高层次，谈不上干警公认和有较强的实务能力。而要有高素质，就必须认真学习，不断充实自己。当前，知识更新异常迅速，科学技术日新月异，终身教育体系正在构筑。学习型社会、学习型单位正在各地创建。如不认真学习，不要说高层次人才，连跟上形势都有困难。首先要认真学习政治，要认真学习马克思主义基本原理，掌握正确的立场、观点和方法。要深入学习贯彻十六大精神，坚持用“三个代表”重要思想武装头脑，不断增强政治敏锐性和鉴别力，坚定政治立场，在任何时候、任何情况下都坚定不移地与党中央保持高度一致，真正做到政治过硬。同时要认真学习业务，要认真学习专业知识和专业理论，追踪理论前沿，充分吸收、借鉴国内外的理论成果，夯实专业理论功底，提高专业理论素养，真正做到业务精通、理论精深。要改善知识结构，认真学习社会科学知识、计算机知识、信息科学知识以及其他现代科技知识，不断扩大知识面，改善知识和能力结构，真正做到素质复合。学习是个苦事，“书山有路勤为径，学海无涯苦作舟”，要耐得住寂寞，静得下心神，挡得住诱惑，坐得住冷板凳。著名学者王国维论述治学有三种境界：一是“昨夜西风凋碧树，独上高楼，望尽天涯路”；二是“衣带渐宽终不悔，为伊消得人憔悴”；三是“众里寻他千百度，蓦然回首，那人却在灯火阑珊处”。我们学习也要有这三种境界：首先，学习上要有“望尽天涯路”那样志存高远的追求，有耐得住“昨夜西风凋碧

树”的冷清和“独上高楼”的寂寞，静下心来通读苦读；其次，学习上要勤奋努力，刻苦钻研，舍得付出，百折不挠，下真工夫、苦工夫，即使是“衣带渐宽”也“终不悔”，“人憔悴”也心甘情愿；再次，学习贵在独立思考，学用结合。学有所悟，学有所得，要在学习和实践中“众里寻他千百度”，最终“蓦然回首”，在“灯火阑珊处”领悟真谛。

3. 刻苦磨炼。

人才既是认真学习的结果，更是刻苦磨炼的结果，高层次人才必须是某方面或几方面公认的权威，而“公认的权威”如同知名企业的品牌和驰名商标，是群众信任感多年累积的结果，而绝非一日之功，绝非心浮气躁、投机取巧所能奏效，因而必须下苦功夫，必须有十年磨一剑的决心和毅力，刻苦地磨炼。为此，一要勇于实践。要投身检察实践，在实践中摔打，在实践中破解难题，在实践中提高能力，在实践中取得实绩，在实践中树立权威。二要注重创新。要从不适应形势的观念、做法中解放出来，跳出习惯思维和做法，创新本职工作的新途径、新方法。三要善于总结。要重视实践经验的总结积累，并把它上升到理论；要重视对实践中遇到的问题的研究，寻找解决的办法；要重视检察工作规律的探求，以提高工作的预见性和水平。

4. 甘于奉献。

磨炼的过程往往也是奉献的过程。权威要靠奉献才能树立，公认度要靠奉献才能提高，自己的精神境界也会在奉献中得到提升。希望大家甘于奉献，少计较个人得失。要以更高的标准严格要求自己，时刻牢记肩负的使命，弘扬无私奉献的职业精神，努力工作，恪尽职守。要强化职业责任，以对党和人民高度负责的精神，以严谨扎实的工作态度，行使好手中的权力，做好每一项本职工作。要不断提高自律能力，廉洁从检，洁身自好，做清正廉洁的模范。

四

要切实加强对高层次检察人才队伍建设的领导。各级检察机关特别是各级检察长一定要树立人才战略意识，充分认识高层次人才工作对新时期检察事业发展的极端重要性，从战略高度对待这项工作，切实增强抓好这项工作的责任感和紧迫感。要有强烈的爱才之心（思想上重视人才、感情上贴近人才）、识才之智（善于发现人才、准确识别人才）、容才之量（以开阔的眼光和宽广的胸怀选用人才）、用才之艺（掌握用才规律，知人善任，拴心留人），真正做到求贤若渴、爱才如命、惜才似金、唯才是用。要把建设高层次人才工作摆上党组重要议事日程，明确任务，落实措施，加强检查督促，把建设高层次人才工作落到实处。同时，省、市院要加强对高层次人才工作的指导，通过上下共同努力，在全省检察机关形成“尊重知识，尊重人才”的良好氛围，形成优秀人才脱颖而出、人尽其才的良好局面。要对高层次人才培养对象制定具体的培养计划，落实培养措施。要关心培养对象的健康成长，为他们提供必要的学习条件，鼓励和支持攻读硕士、博士学位，在有机会时优先选派出国学习考察，采取下基层挂职锻炼、压担子等形式加以培养，对符合条件的要及时提拔，特别优秀的要破格提拔，以使他们扩大视野、增长才干。

第三部分　检察理论研究

检察理论研究30年的回顾和展望

检察机关恢复重建以来的30年，是中国特色社会主义检察事业不断发展、与时俱进的30年，也是中国特色社会主义检察理论不断繁荣、渐趋完善的30年。值此检察机关恢复重建30周年之际，回顾检察理论研究的历程，盘点成绩，总结经验，展望未来，对于进一步繁荣我国检察理论，促进我国检察事业的科学发展，具有重大意义。

一、历程

中国特色社会主义检察理论研究是伴随着检察机关的恢复重建而重新起步、伴随着中国特色社会主义检察事业的发展而发展的。回顾这30年的检察理论研究历程，大致可以分为三个阶段，并呈现出不同的特点。

（一）重新起步阶段（1978—1988）

这一阶段，我国在解放思想、“拨乱反正”、平反冤假错案、公开审判“两案”[①] 的同时，开启了波澜壮阔的改革开放和加强社会主义民主法制建设的伟大历程。全国人大修改了宪法

① 指林彪反革命集团案、江青反革命集团案。

(1978)，颁布了刑法、刑事诉讼法、人民检察院组织法等法律(1979)。而后，针对改革开放后在思想战线、经济领域、社会秩序方面出现的问题，党中央提出了四项基本原则，先后部署开展了打击严重经济犯罪和严重刑事犯罪的斗争。在这一大背景下，各级检察机关迅速全面恢复，并根据中央的决策部署开展了各项工作。这一时期的检察理论研究主要有以下特点：

1. 在理论上进行拨乱反正，正本清源。

王桂五同志在政法系统率先发表的“政法战线也要冲破禁区”（1978）一文，标志着政法系统拨乱反正的开始。而后，一些文章针对所谓法律监督是“矛头对内”、“找碴子”、“束缚专政手脚”、“干扰对敌斗争”，依法独立行使检察权是“向党闹独立性”、“以法抗党”，检察机关上级领导下级是“排斥党的领导”等错误观点，在理论上进行了拨乱反正，并从国家政治制度与司法制度这两个层面论述了法律监督的地位和功能，论证了法律监督与人民民主专政、依法独立行使检察权与党的领导、法律监督职能与诉讼职能的统一性。

2. 法律应用研究。

围绕刑法、刑事诉讼法的实施和打击严重刑事犯罪、严重经济犯罪活动进行应用研究。在法条理解、罪名适用、法律政策界限的把握等方面涌现了一批成果。

3. 检察理论开始了系统化的进程，检察学开始破土。

1982 年，王桂五的《人民检察制度概论》出版，该书阐述了检察制度的一些基本问题，分析了新中国成立后检察工作“三起三落”的经验教训，是检察制度理论的奠基之作。1984 年，王洪俊教授率先在西南政法学院开设了检察学课程。1985 年，傅宽芝的《检察机关比较研究》在《法学研究》发表。1986 年，沈阳市检察学会和市检察院在沈阳市召开了“检察学理论研究问题座谈会”，专门就建立检察学的理论根据、检察学的研究对象和学科地位进行了讨论，一致认为检察学应当成为一门独立的学科。

会后编印的《检察学研究论集》编入了王桂五、孙国华、王洪俊、王舜华、徐益初、黎国智、任振铎、王然冀等专家、学者论证检察学的文章，这是检察学拟制阶段代表性的论著。1987年至1988年，李士英主编的《当代中国检察制度》，柯汉民的《检察机关参加民事诉讼的探讨》，张弢的《论人民检察院的侦查监督》，徐益初的《论全面充分发挥检察机关法律监督职能的作用》，丁慕英、袁其国的《检察机关实行民事诉讼监督几个问题的探讨》先后出版或在《法学研究》、《中国法学》发表。为了满足检察人员培训的需要，最高人民检察院组织编写的《检察业务教程》（1988）和《检察业务概论》（1989）相继出版。

（二）发展深化阶段（1988—1998）

这一阶段，我国经济领域在经历治理整顿后，随着邓小平同志南方谈话的发表进入了新一轮高速发展期；思想政治领域在经历1989年“六四动乱”后加强了思想政治教育，同时，针对贪污、贿赂、投机倒把等犯罪明显增多的实际，加大了打击力度；法制建设方面制定了检察官法（1995），修订了刑事诉讼法（1996）和刑法（1997），并在1997年党的十五大上提出了“依法治国、建设社会主义法治国家”的重大战略任务。在这一大背景下，检察工作的显著特点是把反贪污贿赂摆到了突出位置，作为检察工作的重点，并取得了巨大成绩。其间，各级检察院都成立了“举报中心”和反贪污贿赂局，“两高”于1989年发布了《关于贪污、受贿、投机倒把等犯罪必须在限期内自首坦白的通告》，最高人民检察院还于1995年在北京主办了国际反贪污大会，交流各国反贪污经验。这一阶段检察理论研究得到了发展和深化，其特点是：

1. 加强了理论研究和宣传的组织建设。

1988年成立了中国检察学会和最高人民检察院检察理论研究所，1989年创办了中国检察出版社，1991年成立了中央检察官管理学院（后改名为国家检察官学院）和《中国检察报》（后改名为《检察日报》）。

2. 对检察制度和检察学的研究更加系统。

赵登举等主编的《检察学》（1988），王然冀主编的《当代中国检察学》（1989），周其华著的《中国检察学》（1998），张穹、谭世贵著的《检察制度比较研究》（1990），孙谦主编的《检察理论研究综述》（1990）和《职务犯罪监督论》（1994），张培田著的《中国检察制度考论》（1997）相继出版。最高人民检察院组织编写了一套《检察业务系列教材》，共 14 部，分别由梁国庆、曾宪义、程荣斌、索维东、柯汉民、程味秋、张凤阁等一批领导同志或专家主编，成了理论与实务相结合、科研与教学相结合的系统的学科群。王桂五主编的《中华人民共和国检察制度研究》（1992），在我国检察理论发展史上具有里程碑意义。此外，王桂五还组织翻译出版了《外国检察制度丛书》，分别介绍了原苏联、东欧社会主义国家和日本、美国、英国、法国等国的检察制度，为开阔视野，了解外国检察制度，借鉴人类司法文明成果提供了便利。

3. 加强了对贪污贿赂犯罪侦查业务和适用法律的研究，保证了把反贪污贿赂作为检察工作重点的需要。

4. 加强对刑事诉讼法、刑法修改和适用的研究。

修改前认真研究，提出修改意见；修改后在职务犯罪侦查思路的转变、出庭公诉适应庭审制度改革、不起诉的理解和适用、国家工作人员的范围、贪污贿赂渎职侵权犯罪罪名的理解和适用等方面，产生了一批较有价值的研究成果。

（三）加强提高阶段（1998—2008）

这一阶段，大力加强了党的理论建设，在对邓小平理论加以系统的概括、阐述之后，党中央又先后提出了“三个代表”、科学发展观以及加强党的执政能力建设等重要思想。经济领域深入

进行了国有企业改革。提出构建社会主义和谐社会的目标和西部大开发、振兴东北老工业基地、中部崛起等战略。在法治和政法工作方面，党的十六大将依法治国确定为治国的基本方略，党中央于2004年部署了司法体制改革，2006年5月下发了《关于进一步加强人民法院、人民检察院工作的决定》。在这一大背景下，检察理论研究进一步加强，特别是中央政法委着手研究司法体制改革和2005年第一次全国检察理论研究工作会议暨第六届年会之后，检察理论研究进入了全面加强期。这一阶段的检察理论研究主要有以下特点：

1. 在研究内容上，除研究如何贯彻科学发展观、贯彻宽严相济刑事政策、构建社会主义和谐社会等问题外，重点围绕司法体制改革、刑事诉讼法、民事诉讼法的修改、检察学的学科建设这三个方面进行研究。

在司法体制改革研究方面，针对一些人对检察制度的质疑特别是取消检察机关的法律监督性质和批捕权、职务犯罪侦查权、司法解释权的主张，以及不同意检察机关对死刑复核进行监督的观点，着重就设立中国特色社会主义检察制度的必然性、合理性和优越性，我国检察制度与西方“三权分立”政体下检察制度的本质区别，批捕权、公诉权、职务犯罪侦查权、司法解释权与法律监督的一致性，检察改革的目标、原则和内容，检察机关对死刑复核实施监督的必要性，我国检察机关是国家司法机关以及建立人民监督员制度、强化对职务犯罪侦查的内部制约监督等问题进行了较为深入的研究，并对质疑、否定我国检察制度的观点作了有理有据的回应。在刑事诉讼法和民事诉讼法修改研究方面，着重就刑事诉讼中充实监督范围、增加监督手段、细化监督程序、增强监督刚性、强化职务犯罪侦查措施和手段、设立附条件不起诉制度、扩大简易程序范围、落实宽严相济刑事司法政策、规定死刑复核法律监督程序，以及民事抗诉的范围、民事抗诉案件的审级、民事执行监督等问题进行了研究，并向立法机关提出了完善立法的意见、建议。在检察学学科建设研究方面，中国法学会检察学研究会于2007年11月在上海召开了“检察学理论体系学术研讨会”，会议围绕检察学的研究对象、学科性质和地位、基本框架、基本范畴和主要内容进行了研讨，会后出版了《检察学的学科建设》论文集，书中收入了樊崇义、龙宗智、谢鹏程、张培田等专家学者的论文。这次研讨会标志着在最高人民检察院领导下检察学研究的再次发动。

2. 在研究工作的管理上，把检察理论研究作为检察机关的一项重要工作，全面加强了组织领导。

如加强工作部署，每年召开检察理论研究年会，并对理论研究工作提出要求。其中，2005年还召开了首次全国检察理论研究工作会议，贾春旺检察长就检察理论研究的重要性、必要性、检察理论研究的任务、原则和措施等问题作了长篇讲话。该讲话成了最高人民检察院抓检察理论研究工作的一个里程碑；成立检察理论研究领导小组，作为协助党组抓这项工作的领导机构；每年拨出专款作为课题研究经费；建立年会制、课题制、论坛、专题研讨等理论研究平台和考评、激励机制；加强与法学界交流、合作；建设理论研究队伍、建立人才库、评选研究类的检察业务专家等。在此过程中，最高人民检察院作出了一系列决定和规定，如《关于加强检察理论研究的决定》（1999）、《关于进一步加强检察理论研究的意见》（2003）、《检察基础理论研究成果奖励办法》（2005）、《检察应用理论研究成果奖励办法》（2006）、《检察理论研究课题管理办法》（2005）、《全国检察理论研究人才评选办法》（2005）、《检察理论研究工作绩效考评办法》（2006）等。多数地方检察院也参照最高人民检察院的做法规定了本地的制度，从而极大地调动了检察系统内外人员参与检察理论研究的积极性。

3. 在研究成果的数量和质量上，不仅数量大幅度增加，超过以往任何时期，而且产生了一批有较高质量和较大影响的成果。

2000年，国家检察官学院组织龙宗智、朱孝清、姜伟、陈兴良、宋英辉、何家弘、杨立新、于萍等专家、学者分别著的《检察制度教程》、《检察机关侦查教程》、《公诉制度教程》、《刑法理念导读》、《刑事诉讼原理导读》、《检察证据实用教程》、《民事行政检察教程》、《检察官管理制度教程》等用于高级检察官培训的系列教材，是当时最高水平的检察教材，标志着对中国检察制度学科研究的深化。特别是此后涌现的一批关于检察制度的论著，在法学界、法律界产生了较大影响，如贾春旺的《加强检察理论研究，构建中国特色社会主义检察理论体系》（《求是》，2005年）、张耕的《具有鲜明中国特色的社会主义检察制度》（《人民日报》，2008年）、陈光中的《司法、司法机关的中国式解读》（《中国法学》，2008年）、邱学强的《中国检察制度改革》（《中国法学》，2003年）、朱孝清的《中国检察制度的几个问题》（《中国法学》，2007年）、孙谦的《中国的检察改革》（《法学研究》，2003年）和由其主编的《中国检察制度论纲》（2004年）、张智辉的《法律监督三辨析》（《中国法学》，2003年）、《法律监督机关设置的价值合理性》（《法学家》，2002年）和《检察权研究》（2007年）、石少侠的《检察权论纲》（2006年）、韩大元主编的《中国检察制度宪法基础研究》（2006年）、万春的《死刑复核法律监督制度研究》（《中国法学》，2008年）、陈正云的《法律监督与检察职能改革》（《法学研究》，2008年）、甄贞等的《法律监督原论》（法律出版社2007年版）等。这些论著在传承检察理论的基础上，通过理论创新，深入论证了检察理论中的一系列重大问题，使检察理论向纵深发展，有力地促进了中国特色社会主义检察制度的巩固和完善。

综观上述三个阶段即检察机关恢复重建30年来的检察理论研究，主要有以下特点：（1）始终坚持以马克思主义中国化的最新理论成果为指导，在中国共产党领导中国人民探索中国特色社会主义道路特别是大力推进改革开放和社会主义民主法制建设的时代背景下，与中国特色社会主义检察制度的伟大实践互动开展。(2) 始终紧紧围绕党和国家工作大局和法制建设进程，围绕坚持、发展、完善中国特色社会主义检察制度，围绕检察机关重点工作和领导决策进行。(3) 致力于回答什么是中国特色社会主义检察制度、为什么要建立这一制度、怎样发展完善这一制度以及怎样促进检察工作深入开展等一系列重大而基本的问题，构建中国特色社会主义检察理论体系。(4) 经历了并继续经历着工作管理由自发到有组织有领导，工作机制和措施由零星到系统，研究视野由部门到国家全局乃至世界，研究方式由检察机关封闭式研究到检察机关与法学界相结合开放式研究，研究成果由偏重数量到数量、质量、效果并重更注重质量与效果的转变。

二、成效

30 年的检察理论研究取得了显著的成效，对于指导中国特色社会主义检察制度的坚持、发展、完善和检察工作的深入开展，促进和完善国家立法，争取社会各界特别是法学界对检察事业的理解和支持，促进检察人员整体素质的提高，都发挥了重要作用。

(一) 产生了一大批研究成果

据不完全统计，1978 年至 1998 年的 20 年间，全国共出版检察理论著作 120 多部，发表论文 8000 余篇。2003 年以来的 5 年间，全国检察人员共发表检察理论文章 12528 篇，出版检察理论专著 87 部。1998 年至 2008 年的 10 年间，最高人民检察院共立项检察理论研究课题 255 个；召开了九届全国检察理论研究年会，共收到征文 5397 篇；举办了三届高级检察官论坛和一系列理论研讨会。最高人民检察院自 2000 年建立检察应用理论研究成果奖励制度和 2006 年建立检察基础理论研究成果奖励制度以来，分别对 718 项应用理论研究成果和 88 项基础理论研究成果给予了奖励。

（二）基本回答了什么是中国特色社会主义检察制度，为什么要建立这一制度，怎样发展、完善这个制度和深入开展检察工作的问题

1. 揭示特质，基本回答了什么是中国特色社会主义检察制度。

中国特色社会主义检察制度是中国特色社会主义政治制度和司法制度的重要组成部分，具有鲜明的中国特色：在制度本质上，检察制度是政治属性、人民属性、法律监督属性的有机统一；在权力来源上，检察权来源于人民，服务于人民；在宪法地位上，人民检察院是并列于行政机关和审判机关的国家法律监督机关，由人民代表大会产生，对它负责，受它监督；在职责任务上，人民检察院以保证国家法律统一正确实施、维护社会公平正义为己任；在职权配置上，人民检察院依法履行审查批准和决定逮捕、公诉、职务犯罪侦查以及对诉讼活动实行监督等职能，这些职能统一于检察机关的法律监督属性；在职权行使上，人民检察院依法独立行使检察权，又接受党的领导、人大监督和社会各界的监督；在职权运行方式上，坚持专门机关工作和群众路线相结合；在组织体制上，最高人民检察院领导地方各级人民检察院和专门人民检察院的工作，上级人民检察院领导下级人民检察院的工作；在决策机制上，各级人民检察院设立检察委员会，实行检察长统一领导与民主集中制相结合。中国特色社会主义检察制度具有明显的优越性：它坚持党的领导、人民当家做主和依法治国的有机统一，实行党对检察工作的领导和人大对检察机关的监督，这就为检察工作的发展提供了坚强的政治保证；它规定检察机关是国家法律监督机关，担负着维护法律统一正确实施、维护社会公平正义的职责，并赋予其一系列具体职能，这就为检察机关在国家政治、经济和社会生活中充分发挥作用提供了广阔的空间和必要的手段；它明确检察机关在国家机构体系中并列并独立于行政机关和审判机关，强调行政机关、社会团体和个人不得干涉检察活动，这就为依法独立公正行使检察权提供了制度保障；它规定检察机关上下级的领导关系，并接受同级人大监督。这既有利于检察机关整合全国资源，形成纵向指挥有力、横向协作紧密、反应迅速灵敏、运转高效有序的工作机制，有效地同各种违法犯罪作斗争，又有利于检察机关坚持人民属性，实现执法为民；它实行检察长领导与检察委员会民主集中制相结合的领导体制，这既有利于提高决策效率，又有利于防止个人专断，保证重大决策的慎重和正确。这些都表明，中国特色社会主义检察制度具有科学和先进的内在品质。

2. 阐释原理，基本回答了为什么要建立中国特色社会主义检察制度。

我国检察制度是以人民民主专政理论、人民代表大会制度理论、对权力制约监督理论等为理论基础，根据我国国情，借鉴其他国家检察制度的基础上逐步形成和发展起来的，是马列主义基本原理同中国实践相结合的产物。首先，建立这一制度是在我国宪政制度下对权力制约监督的必然要求。权力不受制约和监督必然导致腐败。为了防止权力腐败，资本主义国家一般是通过党派对立竞争和“三权分立”来实现权力制衡的。我国是人民民主专政的社会主义国家，同这种国体相适应的政权组织形式是人民代表大会制度。人民代表大会作为国家最高权力机关，有权对由其产生的诸权力实施监督，但这种监督是宏观的监督和对国家、社会重大事项的监督，而不可能是经常的具体的监督，这就需要在人民代表大会下设立专司法律监督的检察机关，根据法律的授权，对国家权力运行中违反法律、构成犯罪的行为和有关机关执法、司法活动中的违法行为实施监督，以保障国家权力运行的合法性。其次，建立这一制度是在我国国情下维护法律统一正确实施的需要。“徒法不足以自行。”法律监督即护法是保障法律运行不可或缺的构成性机制，也是保证法律统一正确实施、维护法律权威和

尊严的重要环节。我国有两千多年封建社会的历史，人治、等级、特权思想和重权轻法、重言轻法、重情轻法的观念至今仍有广泛而深刻的影响，轻视规则、注重“关系”、讲究“变通”的“潜规则”在一些地方盛行，加上经济文化不发达且发展很不平衡，以及实际存在的地方和部门保护主义等，都会严重侵蚀国家法治的肌体，影响法律的统一正确实施。因而必须设立专司法律监督的检察机关，以保证法律的统一正确实施。再次，建立这一制度是总结我国正反两方面经验教训得出的结论。我国检察机关与我国民主法制建设乃至整个国家具有同兴同衰的命运，建国后近60年的经验教训说明，法律监督是加强民主法制建设、实现国家长治久安的重要保证。“文化大革命”期间“无法无天”所造成的恶果就是生动例证。也正因为如此，我们党和全国人民在总结了“文化大革命”血的教训后，认为“鉴于同各种违法乱纪作斗争的极大重要性”,[①] 纷纷要求并最终决定重新设立检察机关。[②] 总之，正如周永康同志所说，“我国宪法规定设置人民检察机关，并把检察机关确立为法律监督机关，专门承担法律监督的职能，是我们党和国家为加强社会主义民主法治建设而采取的重大举措。检察机关的这一宪法定位，对于维护社会主义法制的统一、尊严和权威，对于保证司法、执法机关严格、公正、文明、清廉执法，对于维护社会公平正义，具有十分重要的意义，我们要毫不动摇地坚持我国检察机关的职能定位”。[③]

---

① 这是叶剑英委员长1978年在五届人大一次会议上作《关于修改宪法的报告》中，对为什么要重新设置作为法律监督机关的人民检察院所作的说明。

② “文化大革命”结束后的1977年，中共中央在征集宪法修改意见中，全国有19个省、自治区、直辖市和人民解放军8大军区，35个中央直属机关、国家机关及军事机关，都提出了“重新设立人民检察院”的建议。在中央修改宪法小组召集的各地区、各部门领导人和民主党派负责人、社会知名人士的座谈会上，各方面也纷纷要求重新设立人民检察院。

③ 参见周永康：“在深入贯彻党的十七大精神，全面加强和改进检察工作座谈会上的讲话”，载《检察日报》2008年7月10日第1版。

3. 探求规律，基本回答了怎样发展、完善中国特色社会主义检察制度，怎样深入开展检察工作。

要发展、完善检察制度，深入开展检察工作，必须坚持以中国特色社会主义理论体系为指导，警惕以西方国家的司法理念和检察模式来评判、否定我国的检察制度；必须坚持党对检察工作的统一领导，确保检察工作坚定正确的政治方向；必须坚持检察机关依法独立行使职权与自觉接受人大和人民群众的监督相结合，确保严格、公正、文明执法；必须坚持检察机关的宪法定位，确保国家法律监督机关的职能得到充分发挥；必须把人民满意作为检察工作的根本标准，确保人民群众对检察机关的新要求和新期待不断得到满足；必须坚持深化改革，保证检察职能充分发挥和检察权依法独立公正地行使；必须加强检察理论研究，为检察制度的发展、完善和检察工作的深入开展提供有力的理论支撑；必须坚持用社会主义法治理念武装检察人员的头脑，确保检察队伍建设这一根本得到加强。

（三）初步建立了中国特色社会主义检察理论体系

中国特色社会主义检察理论体系，是关于中国特色社会主义检察制度系统化的理论，其基本内容包括检察制度发展史理论、检察制度原理、检察机关组织结构理论、检察权理论、检察活动理论、检察管理理论等方面。检察制度发展史理论是运用历史唯物主义的方法揭示检察制度的历史渊源和发展规律、明确当今检察制度历史方位和阶段性特征的理论，它是检察制度的历史性基础；检察制度原理是关于我国检察机关性质、地位、功能、价值、法律监督理论基础和历史必然性的理论，它是检察制度的理论基石；检察机关组织结构理论是关于检察机关的设置、领导体制、检察官制度等问题的理论，它研究的是行使检察权的主体；检察权理论是关于检察权配置的原理，检察权的性质、特征、构成及相互关系的理论，它研究的是检察制度的核心；检察活动理论是

关于检察权行使的基本原则、决策机制和监督制约机制的理论，它研究的是检察权的运行；检察管理理论是关于检察业务管理、检察队伍管理和检务保障的特点和规律的理论，它研究的是检察权的协调与保障。上述几个方面的理论相互联系，形成了一个完整的理论体系。这个理论体系具有科学性、民族性、综合性和开放性等特点。这个理论体系是科学的，它以科学的世界观和方法论作指导，以检察制度及其发展规律为研究对象，是马克思主义法学思想和中国特色社会主义法制理论在中国检察领域的具体化；这个理论体系是民族的，它根植于中华民族沃土和国情，既继承了古代政治法律制度精华，又借鉴了世界优秀的司法文明成果，与中国特色社会主义政治、司法制度相适应；这个理论体系是综合的，它属于法学的一个分支，但又与政治学、管理学、社会学等有密切的联系，是以法学为主、多学科交叉的综合性的科学；这个理论体系是开放的，它具有与时俱进的品格和开放包容的气度，充分吸收世界各国检察制度的优秀成果，在检察实践和检察改革中不断积累理论新成果，开拓理论新境界，从而不断地发展和完善。

（四）指导和促进了检察制度的发展、完善和检察工作的深入开展

为检察制度的发展、完善和检察工作的深入开展服务，这是检察理论研究的主要目的。30年来，伴随着我国经济社会迅速发展和民主法制建设深入推进，检察机关职能不断拓展，法律监督的范围从刑事诉讼扩大至民事审判、行政诉讼领域；检察组织体系不断健全，先后组建了举报中心、反贪污贿赂局等内设机构和事业单位，在一些地区设置了派出检察院；检察工作机制不断完善，建立了内部制约、讯问职务犯罪嫌疑人全程同步录音录像、检务公开、检务督察、专家咨询、特约检察员、人民监督员、执法规范化、检察工作一体化等一系列机制和制度，促进了执法的

规范、透明和公正；各项检察工作全面深入开展，特别是职务犯罪侦查使法律监督由“软”变“硬”，促进了法律监督全面加强和法律监督权威的树立；检察队伍建设不断进步，基层基础建设不断巩固和加强；检务保障水平不断提高，检察工作科技含量明显增加。这一切都包含了检察理论研究所提供的理论支持。

（五）促进和完善了立法

围绕立法进行研究是检察理论研究的一个重点。30 年来，全国人大及其常委会制定、修订了一大批法律，一些地方人大及其常委会也制定了一些地方性法规。在很多法律的草拟、论证过程中，检察机关根据人大常委会的要求进行研究或主动开展研究，及时提出立法建议或修改意见。特别是对与检察机关关系密切的法律，如立法法、监督法、刑法、刑事诉讼法、民事诉讼法、行政诉讼法、人民检察院组织法、国家赔偿法、检察官法、监狱法、律师法、治安管理处罚法、引渡法等一系列法律的制定、修订中，检察机关都在深入研究论证的基础上，提出意见、建议及其理由。这些意见、建议大多被立法机关采纳，从而为国家和地方立法作出了应有的贡献。

（六）赢得了法学界对检察事业的理解、支持，借鉴了世界优秀文明成果

30 年来特别是近些年来，我们倡导检察理论研究“融入法学界，加强与法学界的交流与合作”，采取检察机关与高等院校、科研机构互派人员挂职，共建教学科研基地，共同举办各类研讨会与论坛，合作研究课题，在高等院校开设检察课程，鼓励和支持检察人员在法学会任职、参加法学界学术活动和科研成果评奖等措施，与法学界开展了广泛的交流与合作。据不完全统计，目前全国有 66 名法学专家、学者在检察机关兼任领导职务，其中北京市就有 16 名；2007 年，全国有 18 个省（区、市）选派了 59 名法学专家到检察机关挂职，有 258 名检察官到高等院校任兼职

教授，有61名检察官在全国多所高等院校开设检察课程，其中北京市人民检察院已在清华大学、中国政法大学、北京师范大学开课；检察机关与高等院校共建教学科研基地125个。有20个省级检察院与法学专家共同承担检察理论研究课题。在近8年最高人民检察院招标的233个课题中，有137个课题系法学专家单独或与检察人员共同申报的，占课题总数的58.8%，其中法学专家单独作为课题负责人的有85个，占36.5%。最高人民检察院目前在中国法学会各研究会担任领导职务的有36人，其中担任会长、副会长的有13人。[①] 上述交流合作活动，对于检察机关与法学界之间增进了解、扩大共识、建立感情、深化友谊，对于优化检察理论研究环境，赢得法学界对检察事业更多的理解和支持，提高检察机关的工作水平和检察人员素质，都具有重要作用。

我们还加强了国际交流与合作，通过考察互访、参加国际检察官联合会、国际反贪局联合会、举办专题性国际研讨会等形式，了解外国司法、检察制度，开展学术交流，汲取文明成果，借鉴有益经验，开阔理论视野，促进了我国检察制度和检察理论的发展、完善。

（七）提高了检察人员素质

检察工作的监督对象是国家工作人员，其中大多是领导干部或熟悉法律的执法司法人员，这就需要检察人员有很好的政治素质、很高的法律水平、很强的业务能力。开展检察理论研究是提高检察人员政治、业务素质的重要途径。因为理论上成熟是政治上成熟的基础。坚持用中国特色社会主义理论体系武装全体检察人员，用中国特色社会主义检察理论指导工作，才能在纷繁复杂的情况下明辨是非，增强政治敏感性和鉴别力，坚持正确的政治方向。同时，检察理论研究促使检察人员学习相关知识，掌握正

① 该数据不包括在中国法学会检察学研究会任职的人数。

确理论，探求工作规律，加强调查研究，破解工作难题，从而提高业务能力和水平。此外，检察理论研究对于培养检察人员不畏艰难、奋力探索的精神，对于引领良好风气、培养高雅志趣、增强严格文明公正执法的自觉性，都发挥了积极作用。

（八）积累了丰富的检察理论研究经验

30 年的检察理论研究工作，使我们深切地体会到，要繁荣检察理论，就必须把它作为发展和完善中国特色社会主义检察制度、推动检察工作深入开展、建设高素质专业化检察队伍的重要措施来抓，切实加强领导；必须以中国特色社会主义理论体系为指导，坚持正确的政治方向；必须理论联系实际，从中国国情和检察工作实际出发，并借鉴世界各国先进的司法文明成果；必须解放思想，勇于创新，不断开拓理论新境界，取得新成果；必须建立、完善研究平台和机制，推动检察理论研究广泛深入开展；必须内外结合，专兼结合，建立宏大的检察理论研究队伍。

三、展望

当前，检察理论研究站在了一个新的历史起点上，既面临极好的机遇，又面临新的任务和挑战。改革开放 30 年来的经济社会发展和民主法制进步，为检察制度的完善和检察理论的发展奠定了雄厚的物质基础和坚实的法制基础；党的十七大关于高举中国特色社会主义伟大旗帜，坚持中国特色社会主义道路和中国特色社会主义理论体系的精神和中央领导同志关于中国特色社会主义政治发展道路、中国人民代表大会制度、中国特色社会主义司法制度和检察制度的一系列重要论述，为检察理论研究进一步指明了方向，创造了很好的理论环境；检察机关恢复重建 30 年来的伟大进程为检察理论研究提供了丰富的实践基础和不竭的思想动力；新中国成立以来特别是检察机关重建以来的理论研究成果为检察理论的繁荣发展打下了坚实的理论基础；检察人员学历不断提高，

理论研究队伍已初具规模；检察理论研究的路子和机制已经形成；法学界众多专家、学者认同中国特色社会主义检察制度，热情支持检察理论研究。与此同时，我们又面临新的任务和挑战："在发展社会主义民主政治、建设社会主义法治国家的新的历史条件下，广大群众对维护社会公平正义的要求越来越强烈，社会各界对严格、公正、文明、清廉执法的要求越来越迫切，检察机关加强法律监督、保证宪法和法律统一正确实施的任务越来越艰巨"，[①] 它迫切需要检察理论予以指导，使检察工作正确有效地开展。在检察系统内部，一些同志对检察理论研究重视不够，检察理论研究工作的开展很不平衡，有深度、有影响的精品力作和水平高、法学界公认的理论研究人才还不够多；检察理论体系虽已初步建立，但对有些问题的研究还不够深，说服力和影响力还不够强；与法学界的交流合作还需要进一步加强。西方国家凭借经济、科技上的强大实力，采取接触与打压相结合的手段，加紧对我国进行思想渗透和文化输出，在这一大背景下，以西方政治观点和司法制度模式评价我国政治、司法制度，否定中国特色社会主义检察制度、主张取消法律监督的思想和理论观点还将不同程度地长期存在。总之，检察理论研究依然任重而道远。

根据党的十七大精神和中央领导同志关于政法、检察工作的一系列重要指示，根据曹建明检察长在全国检察长会议上的部署和张耕副检察长在"检察制度和检察理论创新发展论坛"开幕时的讲话，结合上述形势，当前和今后一个时期检察理论研究工作的总体思路和要求是：高举中国特色社会主义伟大旗帜，以邓小平理论和"三个代表"重要思想为指导，深入贯彻科学发展观，紧紧围绕党和国家工作大局和法治建设进程，紧紧围绕坚持、发展、完善中国特色社会主义检察制度，紧紧围绕检察机关重点工

---

① 参见周永康："在深入贯彻党的十七大精神，全面加强和改进检察工作座谈会上的讲话"，载《检察日报》2008 年 7 月 10 日第 1 版。

作和领导决策，坚持基础理论研究和应用理论研究“两手抓”的格局，着力推进检察理论体系建设和检察学的创立，着力促进检察改革，着力回答检察工作中遇到的重大问题，为发展、完善中国特色社会主义检察制度，全面开创检察工作新局面，提供有力的理论支撑。

在建设检察理论体系和创立检察学方面，由于检察理论体系与检察学相辅相成，检察学学科地位的确立要以检察理论体系的建立为前提，而检察理论体系的最终建立又有待检察学学科性质的明确与学科地位的确认。[①] 因此，要将二者结合起来，同步推进。要进一步深化对检察理论体系中重点问题特别是法律监督的基本理论和法律监督体制、机制及其规律的研究，进一步阐述中国特色社会主义检察制度的必然性、合理性和优越性，检察机关诸权能与法律监督的一致性，提高理论的深度，增强理论的说服力和影响力；要跟踪检察实践进行理论创新，不断丰富和发展检察理论体系；要进一步深化对检察学研究对象、学科定位、基本范畴和主要内容等问题的研究，出版检察学论著，并使学科定位得到有关主管部门的确认。

在促进检察改革方面，要加强对检察改革重点、方向、内容和具体措施的研究，从理论和实践的结合上解决检察制度和检察工作存在的突出问题，保证检察体制和工作机制改革顺利进行；要加强对相关法律修改特别是人民检察院组织法、三大诉讼法、国家赔偿法等与检察制度、检察工作密切相关的法律修改的研究，积极提出完善立法的建议，把检察改革成果用法律的形式固定下来。

在回答检察工作中遇到的重大问题方面，要着力研究并回答以下四个问题：一是如何高举旗帜，坚持“三个统一”，牢记

---

① 参见龙宗智：“论在中国法学学科体制中检察学的定位”，载《检察学的学科建设》，中国检察出版社2008年版。

"三个至上"，注重"三个效果"，[①] 坚持正确的政治方向；二是如何贯彻科学发展观，坚持解放思想、实事求是、与时俱进，坚持改革创新，实现检察工作的科学发展和创新发展；三是如何准确把握宪法定位，全面忠实履行法律监督职能，突出法律监督特色，敢于监督，善于监督，突出重点，务求实效，切实完成"首要政治任务"，实现"首要价值"，更好地为党和国家工作大局服务；四是如何以更高的标准、更严的要求和更加有力的措施全面加强检察队伍建设，确保检察队伍忠于党、忠于国家、忠于人民、忠于法律，树立可亲、可信、可敬的良好形象，具有更高的法律水平、更强的业务能力，做到严格、公正、文明执法。

根据以上总体思路和要求，需要从以下五个方面加以努力：

（一）遵循原则，明确方向

首先，要坚持中国特色社会主义理论体系的指导地位。"要理直气壮地坚持我国的检察制度"，"毫不动摇地坚持我国检察机关的职能定位"，"坚决抵制各种错误思潮的影响"，[②] 防止以西方国家的司法理念、检察模式来构建我国检察理论体系。同时，要借鉴世界先进文明成果；要在坚持检察机关宪法定位的前提下，尊重差异，包容多样，在尊重差异中扩大社会认同，在包容多样中形成思想共识。其次，要立足我国的基本国情。要根据我国的国体、政体、司法制度、历史文化传统和社会主义初级阶段实际，开展检察理论研究，同时积极借鉴世界各国的司法文明成果，使构建的检察理论体系和检察学符合中国实际。再次，要坚持理论

---

① "三个统一"是指我国政治发展道路中的"党的领导、人民当家做主与依法治国的有机统一"，政法机关的"党性、人民性与法律性的有机统一"，检察制度的"政治属性、人民属性、法律监督属性的有机统一"。"三个至上"是指政法机关要坚持"党的事业至上、人民利益至上、宪法和法律至上"。"三个效果"是指"法律效果、政治效果、社会效果的有机统一"。

② 参见周永康："在深入贯彻党的十七大精神，全面加强和改进检察工作座谈会上的讲话"，载《检察日报》2008年7月10日第1版。

联系实际。要在检察实践中研究新情况，回答新问题，总结新经验，提出新见解，使检察理论具有指导性、针对性和生命力。最后，要坚持创新。要以理论创新促进体制、机制创新和工作创新，通过体制、机制创新和工作创新促进理论创新，从而使检察理论与时俱进。

（二）提高认识，加强领导

要把检察理论研究提高到坚持和丰富中国特色社会主义理论体系、巩固和完善中国特色社会主义检察制度、推动中国特色社会主义检察事业科学发展、建设高素质专业化检察队伍的高度来认识，进一步统一思想，加强领导。各级检察长要进一步增强责任感和使命感，做好出主意、提要求、明思路、搭平台、建机制、育人才、促协调、抓保障等工作，并带头进行理论研究。要强化各级检察院理论研究领导小组的功能，完善相关工作程序和制度，协助党组做好领导和协调检察理论研究工作。各级检察院的研究室、办公室和学会、协会要充分发挥参谋助手、组织协调、对外联络、对下指导、带头攻坚等职能作用。

（三）拓展平台，完善机制

各级检察院都要运用课题制、理论年会、专题研讨、研究成果汇报交流等载体或平台，开展理论研究。中国法学会检察学研究会作为检察理论研究、交流和宣传的平台，既是研究检察理论的重要基地，又是汇集法学界智力资源的重要纽带，要热忱欢迎有志于检察理论研究的专家学者和骨干加入研究会，并积极开展学术研究活动。各级检察院要加强与当地法学会的联系，尽快建立地方法学会检察学研究会，并以此为平台广泛凝聚研究力量。与此同时，要完善理论研究机制。一要完善绩效考评机制。合理确定考评的内容、范围和分值，使其更加科学、合理、公正。二要完善激励机制。各级检察院都要建立检察理论研究稿酬奖励制度和优秀成果奖励制度，并把理论研究列入个人和部门考核，把

理论研究能力作为选拔检察官、业务部门负责人和检察业务专家的一个重要条件，以激励广大检察人员钻研业务，研究理论，并形成良好风气。三要完善与法学界交流合作机制。要继续创造条件，实行检察人员与高等院校、科研机构互派人员挂（兼）职的制度；鼓励、支持检察人员融入法学界，积极参加法学界的有关学术活动；推荐检察人员担任当地法学会及其所属研究会的职务，鼓励、支持检察人员参加各种法学成果和法学人才的评选活动；继续与高等院校共建各种形式的教学实验基地，增加共建数量，充实共建内涵，提高共建质量和实效；继续在高等院校开设检察课程，定期与法学科研机构举办形式多样的研讨活动。要通过与法学界的交流合作，增进理解，扩大共识，建立感情，深化友谊，凝聚各方力量参与检察理论研究。

（四）打造精品，加强转化

要正确认识理论研究成果的数量与质量、一般成果与精品的辩证关系，在努力增加研究成果数量的同时，着力提高研究成果的质量，打造精品，以增强成果的说服力和影响力，提高决策参考价值。要实施精品战略，选好选准攻关的课题，采取组建专门团队、面向社会招标、吸纳法学专家共同攻关、对精品给予重奖等过硬措施，有计划地推出检察理论研究精品。同时，要加强研究成果的转化运用，做好优秀研究成果的推介、摘编、报送等工作，使有关领导和主管部门能够看到有价值的检察理论研究成果，从而使优秀成果影响立法、进入决策、推动工作。检察机关各级领导要重视研究成果，认真阅读有关报刊杂志和论著，在研究成果中采撷观点，汲取营养，提高决策的科学化水平。此外，还要加强对优秀研究成果的宣传，争取更多的理论认同和思想认同，进一步创造有利于检察制度发展和完善的理论环境和舆论氛围。

（五）培养人才，建设队伍

加强检察理论研究，人才是根本。要加强检察理论研究队伍的思想政治建设，深入学习中国特色社会主义理论体系，牢固树立社会主义法治理念，增强政治意识、大局意识和责任意识，坚持正确的政治方向。要加大理论研究人才培养吸纳力度，建立健全培养、选拔、考核、激励、吸纳机制，通过广泛发动广大检察人员参与检察理论研究、建立检察理论研究人才库、加强对高层次研究人才培养使用、加强与法学界交流合作等形式，建立一支以法学专家和检察业务专家为引领、业务尖子和理论研究骨干为主体、广大检察人员参与的宏大的研究队伍。要积极支持研究人才参加有关学术活动，改善研究条件，营造良好氛围，鼓励他们潜心研究，多出高质量的研究成果。检察理论研究不仅是检察人的事业，也是法律人的事业，我们鼓励广大检察人员参与检察理论研究，也热切地欢迎广大法律人特别是法学专家投身检察理论研究，共同为建设中国特色社会主义检察理论大厦奠基立柱，添砖加瓦。

伟大的时代和创新的实践呼唤着理论的大发展大繁荣。让我们在以胡锦涛同志为总书记的党中央的坚强领导下，高举旗帜，继往开来，再接再厉，开拓创新，不断推进检察理论的与时俱进，为促进检察制度的完善和检察工作的发展，服务中国特色社会主义伟大事业作出新的更大的贡献！

（原载《检察日报》2008 年 8 月 28 日、29 日）

法学研究要立足于中国实际

理论联系实际，是辩证唯物主义的一个基本原理，是马克思主义学风的重要内容，也是理论研究工作的重要指针。作为理论研究重要组成部分的法学研究，应当立足于中国实际，与中国的实际相结合。

“立足于中国实际”，就是要从中国现阶段的实际出发，研究解决依法治国进程中的重大问题，为推进中国特色社会主义法治建设提供理论支撑和决策依据。

一、法学研究要立足于我国的宪政制度

宪法是我国的根本大法。宪法所规定的宪政制度是宪法的核心内容，事关国家的根本。维护宪法尊严、树立宪法权威，首先要维护宪政尊严、树立宪政权威。根据我国宪法规定，维护宪法尊严、保证宪法实施，是全国各族人民的职责，法学研究人员知法懂法，更应以维护宪法特别是宪政尊严、保证宪法特别是宪政实施为己任，立足于中国宪政制度开展法学研究，并以研究的成果教育和影响广大干部群众维护宪法尊严，保证宪法实施。而决不能以“宪法可以研究与修改”、“政治体制可以改革”为由，有意无意地以西方某些国家的宪政制度为参照系，质疑甚至非议我

国的宪政制度，也不能以三权分立体制下的语意来解释我国的宪政制度下的某些词语。例如，各国都认为，权力不受制约、监督必然导致腐败。但在防止腐败的方法上，各国不尽相同：西方一些国家采取分权制约（制衡）的办法；我国封建社会采取监督的办法；新中国则采取分工制约与监督相结合的办法。一些人片面地比较分权制约与监督，认为分权制约的效果要好于监督，因而提出中国也应当搞分权制约而不应搞监督，并进而主张取消承担监督职能的纪检监察机关和检察机关。这种观点明显背离了我国的宪政制度。因为中国宪政制度的最大特点：一是中国共产党领导；二是人民代表大会制度，行政机关、审判机关、检察机关、军事机关都由人民代表大会产生，并对人民代表大会负责，而不像西方某些国家那样搞政党轮流执政和三权分立。根据这一宪政制度，中国共产党的领导权和人民代表大会代表人民行使国家权力的权力是不容分割的。因此，我国的分权，只能也必须是在坚持共产党领导和人民代表大会制度下的职责分工。毋庸讳言，这种权力架构在权力制约方面显得有些不足。为了弥补这一不足，设立并坚持监督制度就十分必要。因为如果权力制约不充分，监督机制又不跟上，权力异化和腐败就难以避免。既然中国实行共产党领导和人民代表大会制度是历史的必然，是现实唯一正确的选择，那么，中国设立并坚持监督制度同样具有历史的必然性和现实的合理性。可见，法律监督制度是根据我国国情设立的与共产党领导和人民代表大会制度相配套的必不可少的重要制度，它构成了我国宪政制度的重要内容和一大特色。实践已经证明并将进一步证明，中国实行分工制约与监督相结合的办法，能够解决权力异化和腐败的问题，而且可以比单纯分权制约的国家解决得更好些。既然宪法规定我国的检察机关是人民代表大会下面与行政机关、审判机关相并列的法律监督机关，而不像西方某些国家那样仅是政府系列的公诉机关，因而就不应以西方某些国家的权力架构为参照系，来研究和设计中国诉讼中的权力配置，认为西

方诉讼程序中没有法律监督，中国就不应该有，检察机关不应对诉讼实施法律监督。又比如，说“司法权具有被动性、中立性、终局性”，这对三权分立国家可以这样说，因为上述特性实际上是审判权的属性，在它们那里，司法权仅指审判权。但如将它套用到中国，就不对了，因为在中国，司法机关不仅仅指人民法院，司法权也不等于审判权。总之，只有立足于中国的宪政制度，法学研究才能坚持正确的方向。当然，“立足于中国宪政制度”，并不是说我国现行宪法就不能研究修改。宪法应当适应形势，与时俱进，但坚持共产党领导与人民代表大会制度，走社会主义道路，实行人民民主专政，以马列主义、毛泽东思想、邓小平理论和“三个代表”重要思想为指导思想等一系列属于立国之本的制度是必须坚持而不允许丝毫动摇的。这就要求我们在研究宪法时正确认识和处理变与不变的关系。

二、法学研究要立足于中国当前所处的社会发展阶段

中国当前处于并将长期处于社会主义初级阶段。“社会主义”和“初级阶段”，都是我国的基本国情。生产力不发达，社会主义制度不完善，是初级阶段最基本的特点，因而经济社会发展状况、民主法治水平、政法干警的业务素质、政法机关的物质装备与经费保障等，都与发达国家存在较大的差距。法学研究必须从我国处于并将长期处于社会主义初级阶段这一实际出发，既看到初级阶段民主法治建设特殊的紧迫性，从而坚定不移地推进民主法治进程，又看到初级阶段民主法治建设的渐进性，从而在研究和设计民主法治进程时把握好力度和分寸，坚持循序渐进；既防止安于现状，又防止急于求成，更防止片面强调“与国际接轨”，不加分析地以西方某些发达国家关于民主法制和人权保障的法律规定来要求我国。况且，西方某些发达国家的法律制度与实际执行情况存在较大差距，如某国虽然自我标榜是民主国家，很重视保障人权。但实际上，该国在遵守国际法方面，常常视强权为公

理，不经任何程序、不需要任何理由就攻打其他主权国家；在人权保障方面，设秘密监狱、随意长期关押嫌疑人、虐囚等丑行被连续披露，连去该国旅游的中国女性公民赵某也无辜遭该国警察殴打。故不要认为某些发达国家写在纸上的法律挺漂亮，就认为它们实际上也是这样。我国社会主义建设的经验教训表明：社会发展阶段是不可逾越的，经济建设是如此，民主法治建设同样是如此，逾越了，就会受到惩罚，其结果必然欲速而不达。

三、法学研究要立足于中国的法律文化

一个国家的法律文化是在漫长的历史发展进程中逐渐形成的，它不随法律的修改而及时变迁，具有相对的独立性。法律文化对法律的制定和执行具有能动的反作用，直接或间接、有形或无形地影响着社会主体的法律实践和法律行为，进而在很大程度上制约着一个国家的法律模式及其发展走向。从某种意义上说，法律文化是扎根于人们头脑中无形的法律，而法律文本则是写在纸上的有形的法规条文。德国法学家萨维尼说：“法律深深地根植于一个民族的历史之中，而且其真正的源泉乃是民族的普遍的信念、习惯和共同意识。”孟德斯鸠认为：“如果一个国家的法律竟能适合于另一个国家的话，那只是非常凑巧的事。”各国法律之所以不同，世界上之所以出现不同的法系，就是因为各国国情、法律传统、法律文化不同。法律只有与一定的法律文化大致相适应，才能得到较好的执行，并取得较好的效果。例如，英美法系的法律制度和大陆法系的法律制度由于分别适应各自的法律文化，因而在本国都是适用的法律制度，但如硬把它们搬到对方的国家，就有可能“水土不服”，成为不适用的法律制度。这也是英国的苏格兰、加拿大的魁北克省、美国的路易斯安那州虽身处英美法系国家，但仍“顽固”地坚持自己原有的大陆法系法律制度的根本原因。尽管当前两大法系存在互相借鉴和融合的趋势，但其本质差异可能并非数年数十年所能消除。因此，法学研究必须立足

中国的法律文化。

立足中国法律文化，并不是不要剔除其封建糟粕和明显不符合时代要求的法律理念，也不是不要面向世界。我们要批判地继承传统法律文化，吸取其精华，抛弃其糟粕，防止不加分析地全盘否定或继受。要研究外国的法律制度，吸纳人类社会的一切先进的文明成果包括法治文明成果，但在研究时，必须分析该法律制度的历史背景和文化土壤，进而分析它是否适合我国国情包括法律文化，再决定是否建议移植到我国。否则，如果不加分析，简单照搬，就会产生南橘北枳的结果。比如，由于长期封建思想影响，中国人普遍重人情、轻法制，不愿抛头露面出庭作证，刑事诉讼制度如果照搬西方某些国家的庭审制度和证人制度，其结果势必严重影响对犯罪的打击和对社会秩序的维护。又比如，凡实行当事人主义的国家，案件的无罪判决率大多很高，有的甚至高达百分之三四十，对此，这些国家的老百姓也没有什么意见。究其原因之一，就是它们的法律文化在国家与个人的关系上强调个人至上，在打击犯罪与保障人权的关系上更注重保障人权，在实体公正与程序公正的关系上更注重程序公正。我们在研究和设计我国刑事诉讼方式是否有必要进一步引入当事人主义时，就必须考虑其是否符合我国的法律文化，老百姓对高无罪判决率是否能够容忍和承受。还有，当事人主义的诉讼方式，其诉讼效率往往很低，诉讼资源非常耗费，有的案件光开庭审理就达几个月甚至几年，为此，大部分案件就只好通过辩诉交易来解决。资料表明，美国通过辩诉交易处理的案件达90%以上。而辩诉交易也是与当事人主义的法律文化相适应的，是当事人主义的法律文化赋予了控辩双方对定罪处罚进行协商和讨价还价的合理性。如果认为我国要进一步引入当事人主义，就必须考虑是否引入辩诉交易这种配套的法律制度以及辩诉交易是否符合中国的法律文化。总之，学习和借鉴外国的法律制度必须考虑中国国情，符合中国法律文化。此外，学习借鉴外国，还要正确区分依法治国的规律与实现规律的方式，依法治国有一些共同的规律，但实现规律的方式可以多种多样，各国完全可以根据本国国情包括法律文化来设计，这就是规律的共同性和实现方式的多样性。例如，如前所说，权力必须受到制约、监督，这是规律，但究竟是实行制约还是监督，抑或二者结合，则可以有不同的方式；又如起诉与审判分离，这是现代刑事诉讼规律，但究竟如何分离，权力如何配置，侦查与起诉之间是侦诉一体还是侦诉分立，同样可以有不同的方式。实现规律方式的多样性，就为各国根据本国国情包括法律文化制定不同于他国的法律制度，并为各国法律制度的绚丽多彩提供了可能。我们要防止把某些国家具体的法律制度误认为规律，认为规律只能遵循不能抗拒而不顾我国国情和法律文化照抄照搬。邓小平同志曾说，无论是革命还是建设，都要注意学习和借鉴外国经验，但是，照抄照搬别国经验、别国模式，从来不能得到成功，而必须从中国实际出发。我想，革命和经济建设是如此，法治建设同样是如此。

四、法学研究要着眼于解决中国依法治国进程中的重大问题

法学研究的目的是为了指导实践、服务实践。法学研究的成果也要接受实践的检验，并在实践中发展。脱离实际、对实际没有指导意义的理论，再高深、再完美、再纯粹也是没有用的。当前，我国正处于体制转换的社会变革期，无论是立法、执法还是法律监督，都遇到了大量新情况新问题；依法治国作为基本方略，与社会主义政治、经济、文化、社会建设关系十分密切。加强对依法治国进程中重大问题的研究，提出解决的思路和办法，对于指导立法、执法和法律监督，促进社会主义政治、经济、文化和社会建设，具有重大的意义。我们要发扬理论联系实际、求真务实的作风，走出机关和书斋，深入基层，深入实际，调查研究，深切了解实务部门及其工作人员之所思所虑所盼所愿，从中国国情出发，从现阶段的实际出发，研究提出解决依法治国进程中重

大问题的思路和办法，为进一步做好立法、执法和法律监督等实务工作，推进中国特色社会主义法治建设，提供强有力的理论支撑和科学的决策依据。

（原载《求是》2006 年第 6 期，《检察日报》2006 年 5 月 11 日第 3 版转载）

推进检察理论体系建设
服务检察事业科学发展

中国特色社会主义检察制度是中国特色社会主义政治制度和司法制度的重要组成部分；植根于中国特色社会主义检察制度的伟大实践又反过来指导这一伟大实践的中国特色社会主义检察理论体系，是中国特色社会主义理论体系的重要组成部分。在检察机关恢复重建30周年之际，阐发检察制度原理，总结检察工作规律，推进检察理论体系建设，是促进中国特色社会主义检察事业科学发展的理论保证，也是高举中国特色社会主义伟大旗帜、坚持中国特色社会主义道路和中国特色社会主义理论体系的必然要求。

一、推进中国特色社会主义检察理论体系建设的重要意义

推进中国特色社会主义检察理论体系建设，是坚持和丰富中国特色社会主义理论体系的需要。中国特色社会主义理论体系是全国各族人民团结奋斗的共同思想基础，是建设中国特色社会主义的行动指南。坚持以中国特色社会主义理论体系为指导，推进中国特色社会主义检察理论体系建设，澄清在检察制度上的重大理论是非，用中国特色社会主义理论体系牢固地占领检察理论阵

地，并以正确的检察理论指导检察实践活动，是检察机关坚持中国特色社会主义的一项重要措施。同时，中国特色社会主义理论体系是不断丰富发展的开放的理论体系，推进中国特色社会主义检察理论体系建设，使之立足国情、符合规律、适应时代要求、充分体现中国特色社会主义理论的基本精神，又是丰富中国特色社会主义理论体系的一个重要方面。

推进中国特色社会主义检察理论体系建设，是巩固和发展中国特色社会主义检察制度的需要。中国特色社会主义检察制度与资本主义国家的检察制度具有本质区别，因而不能用资本主义的政治理论和检察理论来说明和评判，而必须从中国检察制度的实践出发，努力构建中国特色社会主义检察理论体系，对涉及检察制度的重大问题作出全面、系统的理论回答，对中国特色社会主义检察制度作出科学的理论概括。建国以来，我国检察制度屡经曲折甚至一度被撤销，其主要原因是“左”的思想影响，但与没有科学完备的理论体系不无关系。检察机关恢复重建后，检察制度不断完善，法律监督职能得到切实发挥，为保障法律的统一正确实施，维护社会和谐稳定和公平正义，促进改革开放和经济社会发展，作出了重要贡献，其原因主要是党的路线方针正确，同时与重视检察理论研究、注意发挥检察理论的指导作用也是分不开的。在当前乃至将来相当长的时期内，中国特色社会主义检察制度仍会面临来自理论和实践的新挑战，受到西方政治思潮和法学思潮的影响；检察工作在新形势下也会遇到许多新的情况和问题。我们只有加强检察理论研究，全面认识检察制度和检察工作发展的规律，不断地破解检察工作和检察改革中的难题，回应各种质疑和挑战，才能使检察制度建立在坚实的理论基础之上，始终坚持正确的政治方向，进一步提高工作的主动性和预见性，充分发挥职能作用，从而巩固和发展中国特色社会主义检察制度。

推进中国特色社会主义检察理论体系建设，是强化和提高检察队伍的政治素质和专业素质的需要。检察理论体系建设是加强检察队伍思想政治建设的重要工程。理论上成熟是政治上成熟的基础。坚持用中国特色社会主义理论体系武装全体检察人员，用中国特色社会主义检察理论指导工作，才能在纷繁复杂的情况下明辨是非，增强政治敏感性和鉴别力。检察理论体系建设又是建设高素质、专业化检察队伍的重要途径和基础。检察人员参与建设中国特色社会主义检察理论体系的过程，既是进一步认识检察工作规律、科学解释法律监督原理、掌握正确理论的过程，也是掌握实情、加强理性思考、解决履行职责和执行法律政策中疑难问题的过程。因此，推进检察理论体系建设，不仅有利于提高检察人员的理论素养，提高执法能力和水平，而且有利于引领良好风气，培养高雅志趣，增强严格、文明、公正执法的自觉性。

二、中国特色社会主义检察理论体系的基本内容、特点和研究原则

进一步明确中国特色社会主义检察理论体系的基本内容。中国特色社会主义检察理论体系，是关于中国特色社会主义检察制度及其发展规律的系统化的理论，其基本内容包括检察制度发展史理论、检察制度原理、检察机关组织结构理论、检察权理论、检察活动理论、检察管理理论等方面。检察制度发展史理论是运用历史唯物主义的方法揭示检察制度的历史渊源和发展规律、明确当今检察制度历史方位和阶段性特征的理论；检察制度原理是关于我国检察机关性质、地位、功能、价值以及法律监督理论基础的理论；检察机关组织结构理论是关于检察机关的设置、领导体制、检察官制度等问题的理论；检察权理论是关于检察权配置的原理、检察权的构成及相互关系的理论；检察活动理论是关于检察权行使的基本原则、决策机制和监督制约机制的理论；检察管理理论是关于检察业务管理、检察队伍管理和检务保障的特点和规律的理论。上述几个方面的理论相互联系，形成了一个完整的理论体系。

进一步明确中国特色社会主义检察理论体系的特征。中国特色社会主义检察理论体系，是马克思主义法学和中国特色社会主义法制理论中的一个分支学科，具有科学性、民族性、综合性和开放性等特点。这个理论体系是科学的，它以科学的世界观和方法论作指导，以检察制度及其发展规律为研究对象，是马克思主义法学思想和中国特色社会主义法制理论在中国检察领域的具体化。这个理论体系是民族的，它根植于中华民族沃土和国情，既继承了古代政治法律制度精华，又借鉴了世界优秀的司法文明成果，与中国特色社会主义政治、司法制度相适应。这个理论体系是综合的，它属于法学的一个分支，但又与政治学、管理学、社会学等有密切的联系，是以法学为主、多学科交叉的综合性的科学。这个理论体系是开放的，它具有与时俱进的品格和开放包容的气度，充分吸收世界各国检察制度的优秀成果，在检察实践和检察改革中不断积累理论新成果，开创理论新境界，从而不断地丰富和完善。

进一步明确中国特色社会主义检察理论体系建设的原则。首先，要坚持中国特色社会主义理论体系的指导地位。检察理论体系建设只有以中国特色社会主义理论体系为指导，才能科学认识检察制度的发展规律，全面反映人民群众对检察工作的要求和期待，坚持检察理论体系建设的正确方向，理直气壮地抵制各种错误思潮的影响，防止以西方国家的司法理念、检察模式来评判甚至否定我国的检察制度，防止以西方错误的政治观点、法学观点来研究构建我国检察理论体系。其次，要立足我国的基本国情。要根据我国的国体、政体、司法制度、历史文化传统和社会主义初级阶段实际，开展检察理论研究，使构建的检察理论体系富有中国特色，符合社会主义初级阶段实际，既不落后于时代，又不超越历史发展阶段。再次，要坚持理论联系实际，服务检察事业。检察理论来源于检察实践又指导检察实践，只有在检察实践中研究新情况，回答新问题，总结新经验，提出新见解，才能使检察理论具有指导性、针对性和生命力，才能使检察理论在不断发展的检察实践中得到丰富和发展。最后，要坚持创新。创新是理论研究的生命，中国特色检察理论根本不同于外国，更应坚持创新。要以理论创新促进体制、机制创新和工作创新，通过体制、机制创新和工作创新促进理论创新，从而使检察理论不断深化，与时俱进。

三、切实推进中国特色社会主义检察理论体系建设

检察机关恢复重建以来特别是近些年来，全国检察机关认真贯彻最高人民检察院有关加强检察理论研究工作的部署，按照“提高认识、加强领导、构建平台、强化激励、建设队伍、深化合作”的思路、“三贴近”、“五转变”的要求以及检察基础理论和应用理论研究“两手抓”的格局，加强了检察理论研究工作，取得了一大批研究成果，对中国特色社会主义检察制度作出比较系统的理论概括，初步建立起中国特色社会主义检察理论体系，基本上回答了什么是中国特色社会主义检察制度、为什么要坚持这个制度以及怎样发展和完善这个制度的问题，为提高队伍素质、服务领导决策、巩固和完善中国特色社会主义检察制度、指导检察工作的科学开展作出了重要的贡献。但是，检察理论研究工作的开展还很不平衡，有深度、有影响的精品力作还不够多，有中国特色社会主义检察理论体系尚需发展完善，检察理论研究依然任重道远。

为此，要认真贯彻党的十七大精神和周永康同志最近在“全国政法系统学习贯彻党的十七大精神和胡锦涛总书记重要讲话专题研讨班”、“深入贯彻党的十七大精神，全面加强和改进检察工作座谈会”上的重要讲话精神，根据曹建明检察长在全国检察长座谈会上的部署，在新的历史起点上，进一步采取措施，推进中国特色社会主义检察理论体系建设。一要增强机遇意识，加大检察理论研究的力度。当前，检察理论研究的形势很好：党的十七

大关于高举中国特色社会主义伟大旗帜，坚持中国特色社会主义道路和中国特色社会主义理论体系的精神和中央领导关于中国特色社会主义政治发展道路、中国人民代表大会制度、中国特色社会主义司法制度和中国特色社会主义检察制度的一系列重要论述，为检察理论研究进一步指明了方向，创造了很好的理论环境；检察机关恢复重建30年来的伟大实践为理论研究提供了丰富的资源；检察理论研究队伍已初具规模；检察理论研究的思路和机制已经形成；法学界众多专家、学者认同中国检察制度，热情支持检察理论研究；新中国成立以来特别是检察机关重建以来的理论研究硕果为理论体系的构建打下了坚实的基础；等等。要抓住机遇，乘势而上，进一步加大检察理论研究力度，推动检察理论的繁荣和发展。二要增强责任意识，加强对检察理论研究的领导。各级检察长要进一步增强责任感和使命感，充分发挥在理论研究中的政治导向、组织保障、垂范攻坚作用。要强化各级检察院理论研究领导小组功能，完善相关工作程序和制度，协助党组做好领导和协调检察理论研究工作。各级检察院的研究室、办公室和学会、协会要充分发挥参谋助手、组织协调、对下指导、带头攻坚等职能作用。要通过各方努力，形成检察长负总责、分管检察长具体抓、各领导同志和各部门各负其责，职能部门组织协调、广大检察人员积极参与的检察理论研究工作格局。三要增强改革意识，完善检察理论研究工作机制。要完善绩效考评机制，使其更加科学、合理。要拓展研究平台，以检察学研究会为平台广泛凝聚检察理论研究力量，并运用课题制、评奖制、专题研讨、理论年会、研究成果汇报交流等载体或平台，开展理论研究工作。要落实激励机制，把理论研究列入个人和部门考核，把理论研究能力作为选拔任用检察干部的一个重要条件，推动检察理论研究稳步持续发展。四要增强精品意识，提高检察理论研究质量和水平。要实施精品战略，选好选准攻关的课题，采取组建专门团队、面向社会招标、吸纳法学专家共同攻关、对精品给予重奖等过硬

措施，有计划、有目的地推出检察理论研究精品。五要增强合作意识，优化检察理论研究的资源环境。要继续创造条件，实行检察人员与法学院校、法学研究机构互派人员挂（兼）职的制度；鼓励、支持检察人员参与有关学术活动；推荐检察人员担任当地法学会及其所属研究会的职务，支持和鼓励检察人员参加各种法学成果和法学人才的评选活动；继续与法学院校共建各种形式的教学实验基地，增加共建数量，提高共建质量和实效；定期与法学科研机构举办形式多样的研讨活动。要通过与法学界的交流合作，增进理解，扩大共识，凝聚各方力量参与检察理论研究工作。六要增强人才意识，加强检察理论研究队伍建设。要通过广泛发动广大检察人员参与检察理论研究、建立检察理论研究人才库、加强对高层次研究人才培养使用、加强与法学界交流合作等形式，建立一支以法学专家和高层次研究人才为引领、以业务尖子为骨干、以广大检察人员为主体的宏大的检察理论研究队伍，动员和吸引各方人才为建设中国特色社会主义检察理论大厦添砖加瓦。我们坚信，有中国特色社会主义理论体系指导，有广大检察人员和法学专家、学者的共同努力，中国特色社会主义检察理论体系就一定能屹立于中国法学之林。

（原载2008年7月20日《法制日报》，
《检察日报》2008年7月21日转载）

检察理论研究要正确认识和处理的几个关系

检察理论研究必须坚持贾春旺检察长去年在全国检察理论研究工作会议暨第六届年会上提出的三个基本原则，即坚持马克思主义的指导地位，坚持立足中国国情，坚持理论联系实际、服务检察工作。在具体工作中，还要正确认识和处理好以下六个关系：

一、正确认识和处理组织与个人的关系，坚持组织主导

贾春旺检察长指出："加强检察理论研究，是发展完善中国特色社会主义检察制度的必然要求，是推动检察工作深入发展的客观需要，是建设高素质、专业化队伍的重要途径，是积极应对检察制度和检察理论面临的各种挑战的迫切任务。""它关系检察制度的前途，关系检察工作的全局，关系检察事业的根本，是我们必须高度重视、着力抓好的一项重要工作。"既然检察理论研究是检察机关的一项重要工作，就不能仅靠干部个人的兴趣和积极性，而必须坚持组织主导，靠组织的力量去领导、组织、协调和推动。否则，个人的兴趣和积极性既不可能持久，更不可能形成全单位开展检察理论研究的声势、规模和风气。我们既要努力调动和保护检察人员进行检察理论研究的兴趣和积极性，更要坚

持组织主导。为此，一要进一步提高认识，统一思想。要通过重温贾春旺检察长去年在全国检察理论研究工作会议暨第六届年会上的重要讲话、分析当前检察理论研究面临的形势、学习兄弟单位好的做法、经验等方式，解决“理论研究是软任务，可搞可不搞”、“办案都忙不过来，没有时间搞”、“理论研究是最高人民检察院和省级院的事，基层院无能为力”等模糊认识，进一步提高对检察理论研究重要性、必要性的认识，统一思想，形成各级院广大检察人员都重视、支持并积极参与检察理论研究的良好氛围。二要加强领导。各级检察长都要做好出主意、提要求、明思路、搭平台、建机制、育人才、促协调、抓保障等工作，并带头进行研究，发挥好模范带头作用。最高人民检察院检察理论研究所和法律政策研究室要分别加强对全国检察基础理论研究和应用理论研究的指导。各级院研究室（办公室）和检察官协会（学会）作为职能部门，要充分发挥参谋助手、组织协调、示范带头、窗口平台的作用。研究类的检察业务专家要充分发挥标杆作用、引领作用和示范作用，带头创造出精品，并产生应有的“羊群效应”。三要进一步构建平台、完善机制。要建立理论研究年会制、课题制、专题研讨、研究成果汇报交流等平台。要建立检察长统一领导、职能部门组织协调、各部门广泛发动、广大检察干部和法学专家学者积极参与的检察理论研究组织领导体制。要把检察理论研究列入岗位目标和考核，省级院和有条件的市级院要把理论研究的能力和水平作为选拔业务干部、晋升业务职务的重要依据或必要条件。要对各地在权威报刊和知名期刊上发表检察理论文章的数量提出明确具体的要求。要鼓励和支持干部融入法学界，积极参加与检察工作关系密切的学术活动，加强与学术界的沟通、交流，扩大学术共识。要建立、完善检察理论研究成果奖励制度或执行上级院规定的奖励制度。要进一步完善与高等院校、科研机构和知名法学专家交流与合作的机制，在进一步做好挑选法学专家到检察院挂职和选派优秀检察官到高等院校兼职任教工作的

基础上，采取联合承担课题、建立实验基地、设立合作项目、联合举行专题研讨、请法学家作专题论证或专题讲座等形式，进一步扩大交流与合作，有条件的省级院要主动联系当地法学院校系开设有关检察课程。要积极主动地推荐干部去各级法学会与有关分会任职，鼓励、支持、推荐干部参加各层次的杰出法学人才（如中青年法学家等）的评选和研究成果评选，使检察干部在法学界、杰出法学人才中占有一席之地。要在研究经费、书刊资料、网络查阅、参加学术活动、职务研究所需时间等方面为检察理论研究提供必要的保障。四要加强检察理论研究队伍建设。要建立国家、省、市、县四级检察理论研究人才队伍，并采取组织学习培训、参加重大学术活动、外出考察等方式，加强检察理论研究人才的培养。对检察理论研究做出突出成绩的，该记功表彰的要记功表彰，该提拔重用的要提拔重用；争取通过若干年的努力，从中培养一批学术水平高、研究能力强、在法学界有较大影响的知名专家来。

二、正确认识和处理检察理论研究与其他法学理论研究的关系，突出检察理论研究

检察理论与其他法学理论都很重要，都需要进行研究。但是，需要检察机关花大力气去抓的则主要是检察理论研究。因为检察理论事关检察机关的前途和根本，需要我们自己去研究；同时，检察人员洞悉检察工作的情况、问题和规律，掌握相关信息资源，也有条件、有优势进行研究。而其他的法学理论则往往是法学专家的研究重点，也是他们的优势所在。我们固然应当采取多种措施、吸引尽可能多的法学家来从事检察理论研究，但是基点必须放在自己身上。

三、正确认识和处理检察基础理论研究与检察应用理论研究的关系，坚持量力而行、分层要求

检察基础理论研究和检察应用理论研究相互联系、互相促进，二者都很重要。鉴于中国检察制度独树一帜，其发展历经曲折，一些人以西方三权分立的模式为参照系来评价、质疑我国检察制度，而当前检察基础理论研究又比较薄弱的实际，应当把检察基础理论研究摆上更为重要的位置，下大力气抓出成效。但这并不意味着各级检察院所有检察人员都要去搞检察基础理论研究，而是要区别对待，从各地、各人的研究优势和实力出发，坚持量力而行、分层要求。在力量安排上，高层次的理论研究人才要侧重于检察基础理论研究，其他检察人员可侧重于检察应用理论研究；在单位层级上，最高人民检察院和省级检察院应当坚持检察基础理论研究和检察应用理论研究并重，市、县级检察院可侧重于检察应用理论研究。

四、正确认识和处理长远规划与现实需要的关系，坚持在长远规划指导下，重点研究现实中迫切需要解决的问题

检察理论研究既要长远规划，又要立足现实，重点研究解决检察实际工作中的紧迫问题。离开长远规划，检察理论研究就会迷失方向，也难以形成整体合力；离开现实问题，检察理论研究就会脱离实践，缺乏生命力，也难以实现长远的目标。因此，要坚持在长远规划指导下，重点研究解决现实中的紧迫问题。要做到“三个紧贴”：紧贴党和国家工作大局和国家法治建设进程；紧贴检察机关重点工作；紧贴领导决策。贾春旺检察长在全国检察理论工作会议暨第六届年会上提出的需要重点研究的五个方面问题，即中国特色社会主义检察制度合理性和必然性、检察权配置、检察工作实践经验的理论概括、强化法律监督职能、检察工作与构建社会主义和谐社会的关系，都是现实中迫切需要解决的

重大问题，要继续作为重点，下决心研究出成效。此外，今年将召开全国第十二次检察工作会议，将对中国特色社会主义检察制度的一些基本问题进行研究和总结。为此，还要对中国检察制度和中国政治制度的内在联系、中国检察制度的基本内容、主要特色和优越性、法律监督的概念与特征、法律监督在我国社会主义监督体系中的地位与作用、中国检察制度的发展与完善等问题进行认真研究。

五、正确认识和处理精品与一般研究成果的关系，重点抓精品

检察理论研究的成果可分为精品和一般研究成果。精品是指有理论深度、能在社会上和法学界产生较大影响、有较大决策参考价值的研究成果。一般研究成果是指除精品以外的其他研究成果。精品与一般研究成果也是互相依存、互相促进的。一般研究成果是精品的基础，离开千千万万干部参加的群众性的研究活动，离开相当数量和规模的一般研究成果，精品就难以产生，即使一时产生了，也会失去不竭的源泉；精品是一般研究成果的提升，离开了精品的引领，理论研究就只能是低水平的重复，也难以产生其应有的作用。因此，两种研究成果都有其自身的价值，我们都应当予以支持和鼓励。但是，需要我们下大力气抓的是精品。最高人民检察院对精品给予重奖，其目的就是要鼓励多出精品。要实施精品战略。要改变理论研究大多单打独斗的状况，整合力量包括检察系统内部的和外部的力量，围绕重点课题联合攻关。任何精品都是理论创新的结果，因此，要想多出精品就必须加强理论创新。要从中国检察理论与中国宪政理论、中国特色社会主义理论、中国监督理论的结合研究中，从中外宪政制度、中外检察制度、中外监督制约制度等方面的对比分析中，从检察工作规律的探求总结中，从检察工作实践经验的理论概括中，进行理论创新，进一步从理论上阐述我国检察制度的必然性和科学性，检

察机关在国家政治、经济生活和和谐社会建设中的地位作用，强化法律监督的必要性、途径和措施等问题，为完善中国特色检察制度提供理论支撑。广大研究人才特别是检察业务专家和其他高层次研究人才，不论是进行检察基础理论研究还是进行检察应用理论研究，都要有精品意识，力求把自己的研究成果锤炼成精品之作。

六、正确认识和处理自身与外部的关系，坚持立足自身，内外结合，互相融合

检察理论研究必须把基点放在自身上，主要靠检察人员来进行，而不能依赖检察系统以外的人去研究。如果自身做得不好，也很难争取到外部的支持，内外结合就将成为空话。同时，我们也要尽最大努力、采取各种措施，争取外部的专家、学者研究检察理论，以发挥他们理论功底深厚、通晓古今中外、在学术界影响大的优势，从而提高研究质量，扩大研究成果的影响。社会科学的理论研究成果即学术思想要想发挥作用，首先必须使人看到或者听到，其途径主要有三：一是直报领导同志；二是出版发表；三是在学术活动中交流。其中通过第一个途径的只是少数，而多数的则要通过出版发表和学术交流这两条途径，而报刊和学术活动的层次，又决定了受众的层次和数量。因此，研究成果在报刊上和学术活动中交流的数量，以及报刊、学术活动的层次，是评价社会科学研究成效大小的几个基本尺度。去年以来，我们开始重视文章的发表，但对参加学术活动还重视不够。法学界的学术活动是法学研究的重要阵地，也是法学家活动的重要舞台，还是法学家以自己的观点影响立法和领导决策的一种方式。在强调民主立法和科学决策的今天，法学家对立法和决策的作用不可低估。我们想以自己的学术思想影响立法，首先就要使自己的学术思想得到专家、学者的认同和支持。检察人员参加学术活动，既是扩大视野、提高自己的重要途径，也是展示自己研究成果，使自己

的学术思想在相互争鸣中取得他人的理解、支持的重要渠道。如果我们游离于学术活动之外，就等于放弃了这一重要阵地和该阵地上的话语权，这不仅提高不了自己，而且自己的研究成果也不可能被人了解，更不可能被人接受。因此，我们必须融入法学界，融入学术活动特别是高层次的学术活动，在相互融合与频繁接触、交流中建立感情、增进互信、扩大共识、取得支持，从而改善检察制度的理论环境，服务高层次的领导决策。在融入法学界的过程中，要正确对待各种不同的学术思想。要坚持百花齐放、百家争鸣的方针，以海纳百川的胸怀吸收各种不同的意见，但对个别以西方三权分立权力架构和司法制度为范式，来质疑我国检察制度、否定以至取消检察机关法律监督地位的观点，则应敢于争鸣、据理回应。

（原载《人民检察》2006 年第 9 期）

增强六个意识　推进检察理论研究

当前，检察理论研究面临着前所未有的有利环境和条件。党的十七大以高举中国特色社会主义伟大旗帜为主题，作出了“高举中国特色社会主义伟大旗帜，最根本的是坚持中国特色社会主义道路和中国特色社会主义理论体系”的论断。在党的十七届二中全会上，胡锦涛总书记指出：“发展社会主义民主政治是我们党始终不渝的奋斗目标，但选择什么样的发展道路和体制模式，必须从我国国情出发，充分考虑我国的社会历史背景、经济发展水平、文化发展水平等重要因素。”“坚持中国特色社会主义发展道路，关键是要坚持党的领导、人民当家做主、依法治国有机统一。”“我们发展社会主义民主政治，需要借鉴人类政治文明有益成果，但绝不照搬西方政治制度模式，绝不放弃我国社会主义政治制度的根本。”在十一届全国人大一次常委会上，吴邦国委员长也明确指出：“要充分认识实行人民代表大会制度的必然性，坚定不移地走自己的路。一个国家实行什么样的政治制度，归根结底是由这个国家的国情和性质决定的。世界上没有完全相同的政治模式，即使社会制度相同的国家，也存在着差异，根本没有也不可能有一种放之四海而皆准的政治发展道路。我们国家实行人民代表大会制度，是人民的选择、历史的必然。”“要充分认识

人民代表大会制度的本质特征，理直气壮地坚持自己的特色。人民代表大会制度作为我国的根本政治制度，体现了国家一切权力属于人民，体现了中国共产党的领导地位和执政地位，体现了我国社会主义国家性质。这就决定了我国人民代表大会制度与西方资本主义国家政体有着本质的区别：一是人民代表大会与西方议会有着本质的区别；二是人大和‘一府两院’的关系与西方国家机关之间的关系有着本质的区别；三是人大代表与西方议员有着本质的区别。”“我们要积极借鉴人类社会创造的文明成果包括政治文明的有益成果，但绝不照搬西方那一套，绝不搞多党轮流执政、‘三权鼎立’、两院制。”周永康同志在全国政法工作会议上也明确强调：“社会主义司法制度是优越的，是符合我国国情和人类发展进步方向的。”“要深刻认识社会主义法治的本质，准确把握建设社会主义法治国家政治方向和基本原则。”“要积极借鉴人类法治文明的优秀成果，但决不以西方的法治模式来评判我国的政治制度和法律制度，更不能照搬西方的法律制度和政治制度。”党的十七大和中央领导的重要论述，为我们坚持和完善中国特色社会主义检察制度，加强检察理论研究进一步指明了方向，提供了强有力的思想武器。坚持中国特色社会主义道路，首要的是要坚持中国特色社会主义政治制度，该制度的最主要特征，一是共产党的领导，二是人民代表大会制度。在人民代表大会下设立与行政机关、审判机关、军事机关并列的检察机关，是中国特色社会主义政治制度的组成部分和重要特色，也是中国特色社会主义司法制度的重要组成部分和重要特色；与此相适应，中国特色社会主义检察理论，也是中国特色社会主义理论体系的重要组成部分。

党的十七大和中央领导同志的重要论述，对于回应对中国检察制度的某些质疑，从理论上正本清源，促进中国特色社会主义检察制度的完善和发展具有重大意义，也无疑为中国特色社会主义检察理论研究创造了更为有利的环境和条件。我们一定要抓住机遇，乘势而上，坚持以中国特色社会主义理论体系为指导，坚持“提高认识、加强领导、构建平台、强化激励、建设队伍、深化合作”的思路、“三紧贴”和“五转变”[①] 的要求以及基础理论研究与应用理论研究“两手抓”的格局，进一步加强检察理论研究，认真从理论上破解检察制度和检察工作发展中遇到的重大问题，对中国特色社会主义检察制度作出更为科学的理论概括，以完善中国特色社会主义检察理论体系、促进检察事业进一步发展的实际行动高举中国特色社会主义伟大旗帜。

一、强化责任意识，不断加大检察理论研究的领导力度

近几年的实践证明，领导的重视和支持是检察理论研究工作稳步发展的关键。具体来说，就是一把手重视不重视，主管领导抓得实不实，其他领导支持不支持，职能部门工作有力不有力，一句话，就是有没有把检察理论研究作为事关检察事业全局的重要工作来抓，有没有为丰富完善中国特色检察制度殚精竭虑的责任感和使命感。因此，要推进检察理论研究工作持续深入并保持良好的发展势头，就必须牢固树立和强化责任意识。

要落实各级院领导在检察理论研究中的职责。院领导的职责，一是政治导向。要坚持立足国情与面向世界相统一，坚持理论与实践相统一，坚持百花齐放、百家争鸣方针与坚持马克思主义在法治意识形态领域的主导地位相统一，保证检察理论研究正确方向。二是组织保障。既然检察理论研究是检察机关的一项重要工作，就不能仅靠干部个人的兴趣和积极性，而必须坚持组织主导，靠组织的力量去领导、组织、协调和推动。因此，各级领导要把

① “三紧贴”是指检察应用理论研究要紧贴党和国家工作大局和法治建设进程、紧贴检察机关重点工作、紧贴领导决策。“五转变”是指检察基础理论研究主体由少数人研究转变为多数人参与；研究政策措施由个别、分散转变为系统、整体；研究方式由个人自发转变为有组织有领导；研究成果由在检察机关报刊发表为主转变为在检察机关报刊与外部报刊发表并重；与法学界关系由松散、单一转变为紧密、多样。

检察理论研究工作列入重要议事日程，作出具体部署；要建立、完善检察理论研究的各种机制，加强检察院内部和外部的沟通协调，并在研究力量、经费等方面提供必要的保障。三是垂范攻坚。榜样的力量是无穷的，不管是一把手、主管院领导还是分管其他工作的院领导，对检察理论研究工作都要身体力行，积极参与，带头研究理论课题，积极撰写和发表有分量的理论研究论文，用榜样的力量推动检察理论研究的繁荣发展。

要强化各级院检察理论研究领导小组功能。检察理论研究领导小组是院党组领导和协调管理检察理论研究工作的载体。据了解，凡是检察理论研究工作突出的单位，都与领导小组的组织协调分不开，对抓好工作部署，落实各部门、各类人员的研究任务和要求发挥了重要作用。要加强各级院检察理论研究领导小组建设，没有建立的要尽快建立，已经建立的要完善相关工作程序和制度，以更好地发挥作用。要增强检察理论研究职能部门的力量，保证有专门的人员集中精力组织协调理论研究工作。各级研究室、办公室和学会、协会要认真履行职责，充分发挥参谋助手、组织协调、对下指导、带头攻坚等职能作用。为了加强对各地检察理论研究情况的掌握和指导，最高人民检察院将完善数据统计上报制度，各地要如实统计按期上报。要通过各方努力，真正形成各级检察长和院党组负总责、分管检察长具体抓、各领导同志和各部门各负其责，职能部门组织协调、广大检察人员积极参与的检察理论研究工作格局。

二、强化改革意识，不断完善检察理论研究工作机制

检察理论研究作为一种以检察制度为研究对象，涉及多学科、多领域的学术活动，从某种意义上说是一项复杂的系统工程。要保证这项工作的顺利开展，就要以改革的精神，强化措施，完善机制。一是完善绩效考评机制。最高人民检察院从2006年开始制定并实施了“检察理论研究工作绩效考评办法”，各省级院也相

应建立了这一制度。两年的实践证明，这一机制是调动各级院积极性的有效措施，但也发现有些地方尚需要进一步完善。比如，对各省级院在权威知名期刊发表文章数量的档次，就需要根据形势发展作适当的调整；对确定的全国知名法学期刊，也应在进行学术测评的基础上合理调整范围；对各省级院完成全国检察理论研究课题情况，与法学界及法律院校交流合作的情况，完成最高人民检察院交办的有关检察理论研究的重要事项等，都应纳入绩效考评，使这一考评机制更加科学、合理、公正，更好地发挥其在检察理论研究中的导向作用。二是拓展研究平台。为适应检察理论研究深入发展的需要，最高人民检察院于去年五月成立了中国法学会检察学研究会。研究会作为检察理论研究、交流和宣传的平台，既是研究检察理论的重要基地，又是汇集法学界智力资源的重要纽带。我们热忱欢迎有志于检察理论研究的专家学者和检察理论骨干加入研究会。各省级院要积极协助做好组织发展工作。与此同时，各级院要加强与当地法学会的联系，尽快建立地方法学会检察学研究会，并以此为平台广泛凝聚研究力量，把法学界、法律界及其他关心检察事业、热心检察学研究的同志凝聚起来，不断壮大研究力量，引领各方人才在繁荣检察学研究、发展检察事业的伟大实践中建功立业。此外，各级院都要运用课题制、评奖制、专题研讨、理论年会、研究成果汇报交流等载体或平台，开展理论研究工作。三是落实激励机制。要实现理论研究的长期发展，就必须依靠激励机制的推动作用。近年来，绝大多数省级院先后制定了不同层次的激励机制，对激发研究热情、推进研究深入发挥了重要作用。但是，也有一些检察院包括省级院尚未建立检察理论研究的激励机制。因此，要在落实机制上下工夫。经费再紧张，也要舍得花这点钱，因为它能发挥“四两拨千斤”的作用，即通过评比奖励，树立良好的导向，引导广大干部钻研业务、研究问题，并形成良好风气。各级检察院都要把建立健全激励机制作为推动检察理论研究稳步持续发展的重要措施，

舍得花本钱。要建立检察理论研究稿酬奖励制度和优秀成果奖励制度，并把理论研究列入个人和部门考核，把理论研究能力作为选拔检察官、业务部分负责人和检察业务专家的一个重要条件。

三、强化精品意识，不断提高检察理论研究质量和水平

精品是指有理论深度、能在社会上和法学界产生较大影响、有较大决策参考价值的研究成果。任何精品都是学术能力积累到一定程度的结晶，检察理论研究精品的多少，是衡量我们研究能力和水平的重要标志。离开了精品的引领，理论研究只能是低水平的重复，难以产生应有的效应，就不能使检察学在法学学科群中占有一席之位，更不可能使检察理论屹立于社会科学之林。因此，各省级检察院要强化精品意识，实施精品战略，紧密结合本地区实际，用好用足各项激励措施，积极搭建平台，选好选准攻关的课题，集全省之优势，列出要重点攻关的题目，排出时间表，采取组建专门团队、面向社会招标、吸纳法学专家共同攻关、对精品给予重奖等过硬措施，有计划、有目的地推出本地区的检察理论研究精品。

强化精品意识并不意味着可以忽视一般研究成果。精品与一般研究成果相互依存、相互促进。一般研究成果是精品的基础和前提，没有一定数量的一般研究成果的积累，就很难产生精品力作，即便偶尔产生，也会因没有一般成果的支撑而失去其基础和生命力。“一枝独秀不是春，百花齐放春满园”，任何学术精品只有在广泛研究的基础上才能诞生，也只有在众多研究成果的陪衬下才能引领学术研究的风骚，形成检察理论研究的浓厚氛围。因此要更广泛地发动检察人员参与检察理论研究，注重研究成果量的再积累再提升，特别是没有完成绩效考评任务的省份，要力求在研究成果的数量上打翻身仗。

四、强化合作意识，优化检察理论研究的资源环境

建立和完善中国特色检察理论体系离不开开放的研究环境，离不开法学理论界乃至整个社会科学界的支持、参与和认同。因此，加强与法学界的交流合作，是优化检察理论研究资源环境，推进中国特色检察理论体系的建立和检察制度完善的战略措施。

加强与法学界的交流合作，要有具体的措施和载体。一要继续创造条件，与法学院校互派人员挂（兼）职。检察机关要物色优秀法学专家来院挂职，并为他们开展工作、研究检察理论创造必要的条件；检察机关也要继续选派有较深法学理论功底的检察人员到法学院校任教或授课。二要鼓励、支持检察人员参加与检察工作关系密切的学术活动，通过参加学术活动特别是高层次的学术活动，使更多的检察人员有机会融入法学界。三要推荐检察人员担任当地法学会及其所属研究会的职务，支持和鼓励检察人员参加各种法学成果和法学人才的评选活动。四要继续与法学院校共建各种形式的教学实验基地，进一步增加共建数量，提高共建质量和实效。要推广北京等地的做法，凡有法学院校的省份，当地省、市级院要逐步在法学院校开设检察学（检察制度、检察实务）课程，以宣传检察制度，培养青年学生对检察机关的兴趣和感情。五要定期与法学科研机构举办形式多样的研讨活动，通过合作研究、共同调研、联合申报研究课题等方式，与法学界建立良好的合作关系，增进相互的理解与支持，聚集各方面的力量把检察理论研究工作搞好搞活。

加强与学术界的交流合作，要注意尊重不同的观点，在兼容并包中获得发展的契机和动力。对于不同的学术观点，不能只看到对立和冲突，还要看到各种观点之间相互补充的一面。对于质疑检察制度的观点，要具体分析，区别对待，只要不是否定我国政治法律制度、鼓吹三权分立那一套，都要予以包容，要摆事实，讲道理，平等对话。求同存异，对于不同观点包括完全对立的观

点，既不要反应迟钝，也不要反应过激。应当看到，对现行的检察制度和现有的检察理论提出批评性的观点，有助于我们更加冷静、更加理智地思考和研究检察工作中存在的问题和检察理论中的缺陷，客观全面地进行检察理论研究，促进检察制度完善。

五、强化人才意识，进一步加强检察理论研究队伍建设

理论研究是高智能的创造性的工作，要在检察理论研究中有所作为，就必须锻造一支政治坚定、思想敏锐、研究能力强、在法学界有较大影响力的研究队伍。近年来，检察机关招录了一大批高学历法学人才，最高人民检察院先后评选出了全国检察业务专家、全国检察理论研究人才。各省级院也在评选本地区的检察业务专家和检察理论研究人才，一些地方还建立了本地区的检察理论研究人才库，从而为建立宏大的检察理论研究队伍奠定了基础。今后，检察理论研究队伍建设要处理好“两点论”和“重点论”的辩证关系，把重点培养与普遍发动结合起来。不重视高层次研究人才的培养，就不能培养和产生一流的检察大家；而如果没有广大检察人员的积极参与，就会使高层次专业研究队伍建设失去了后备力量，最终会因为缺少群众的普遍支持和参与而失去发展的后劲和生命力。因此，既要广泛发动和激励广大检察人员研究理论，又要培养和使用高层次研究人才，依靠他们研究重点课题和重大问题。要把组织上布置任务与政策激励结合起来，适时给高层次研究人才布置研究课题，明确在知名期刊上发表检察理论文章的数量，并努力为他们搞研究、出成果创造条件、提供保障。对在检察理论研究中作出突出贡献的，要在研究经费、学习培训、记功评奖、提拔重用上多加考虑，以此吸引更多的检察人员参加检察理论研究，不断壮大检察理论研究队伍。

六、强化协调发展意识，促进检察理论研究全面协调发展

从近几年对各省（区、市）和最高人民检察院各厅检察理论

研究绩效考评情况看，各地、各单位很不平衡。以对各地考评为例，去年总分最高的省份达579.1分，最低的却只有个位数的分数甚至零分，全国有18个省级单位总分在100分以下，其中10个在50分以下。这固然有各地经济社会发展存在差异的原因，但也与各地领导是否重视、职能部门是否得力、是否建立一系列机制和措施紧密相关，因为经济社会发展状况相似但检察理论研究绩效差异很大的情况并不鲜见。据了解，一些基层检察院对最高人民检察院数年来提出的一系列要求至今无动于衷，没有把检察理论研究作为一项工作来抓，更没有采取什么像样的措施。我们应当承认合理的差距，但不能原谅不正常的差距。因此，这次会议之后，各地都要把本地检察理论研究绩效及名次向党组汇报，并对本地近几年来开展检察理论研究的情况进一步回顾分析，认真检查一下本地各级检察院所采取的措施，找出薄弱环节，明确进一步加强的措施。一要根据换届后新任检察长较多、分管检察长有所变动的实际，对检察理论研究工作进行一次再汇报、再宣传、再发动，使各级院领导和广大检察人员进一步提高对检察理论研究重要性、紧迫性的认识，把它作为检察机关的一项重要工作来部署、安排和开展；二要不折不扣地落实最高人民检察院近年来提出的思路、机制和措施，在狠抓落实上下工夫；三要加强分类指导，表彰先进，督促后进，抓两头，带中间。通过采取以上措施，推动检察理论研究全面协调发展。

（原载《人民检察》2008年第12期）

第四部分 域外考察

香港法律、司法制度见闻

德国司法、刑事诉讼制度考察录

澳大利亚的监督制度

香港法律、司法制度见闻

1992年8月，我随中国检察学会代表团去香港考察现行法律、司法制度，我们访问了香港法院、律政署、警务署、廉政公署、惩教署和香港大学法学院，参观了西区警署和警察训练学校，观摩了东区裁判署的开庭，从而对香港的法律、司法制度有了初步的了解。现将所见所闻介绍于后，并对有的问题略作评价。不当之处，请同仁指正。

一、香港法律

香港主要适用英国法律。《英国法律适用条例》规定，英国的普通法和衡平法，凡适用于香港的情况或居民的，并在需要时经酌情修改后，必须在香港施行；英国的《1361年太平绅士法令》、《1679年人身保护法令》等法令，也适用于香港。

普通法与衡平法是英国的主要法律，也是香港的主要法律。所谓普通法，也叫习惯法，它是上升为法律的通行于英国的习惯。公元11世纪前，英国各地就盛行习惯法，但这些习惯法很不统一。1066年，法兰西的诺曼底人威廉公爵征服英国后，促进了王权的强大和政治上的中央集权化。国王的“封建主代表大会”经常派遣巡回法官到各地审理案件。巡回法官对案件所作的判决排挤了地方上的某些习惯法，并促进了各地习惯法的逐步统一。这就产生了通行于全国的习惯法即普通法。至14世纪，英国的经济关系有了明显的发展变化，出现了一些普通法中没有规定的情况，同时，普通法的某些陈旧规范也与新的经济关系不相适应。为了解决法律落后于经济基础的矛盾，国家就建立了一种特殊的法院叫“衡平法院”。该法院根据所谓“公平”、“正义”的原则，专门审理那些因普通法中没有规定而不能根据普通法加以判决的案件。衡平法院的判决所形成的法律原则就是衡平法。因此，衡平法是在经济关系发展变化情况下对普通法的补充。

普通法与衡平法主要见诸11世纪特别是15世纪以来英国、加拿大、美国、澳洲、中国香港等普通法适用地区的上级法院的判决书，它们均由盈千累万的案例所构成，其表现形式是判例，而不是成文法。

除普通法和衡平法外，香港还有许多成文法。这些成文法大多是英国的，也有些是香港总督会同行政局制定的仅适用于香港的附属法例。另外中国的某些习惯法也被香港所承认，如香港的《新界条例》有关新界土地方面的条文规定，法庭可承认中国习俗或在习俗上所享权利，并可实际执行；《无遗嘱者遗产条例》规定，无遗嘱的新界土地产权，根据中国习俗由后人继承。

然而，香港法律的主要表现形式是普通法、衡平法的判例。这是香港法区别于以成文法为主要表现形式的“大陆法系”的最主要特征。因此，香港与英国一样，同属“普通法系”，或叫“英美法系”。

不同的法系，根源于不同的社会历史条件，分别适应于不同国家、地区的需要和习惯，各有其利弊。笔者认为，英美法系的判例法与大陆法系的成文法相比，适用比较灵活，从而使案件的判决更能适应统治阶级的需要。其不足之处有：第一，英美法系立法者是法官，大陆法系立法者是议会，在立法程序的严格程度和法律的成熟程度上，有时会不如大陆法系；第二，判例浩如烟

海，有的精神不尽一致，有的甚至相互矛盾，以判例作为判案根据，有时会使法律精神走样；第三，容易增加公民学习、掌握法律的难度和法官判案的随意性，同时，也为某些律师玩弄诉讼、施展讼棍伎俩提供了条件，因为从数百年的浩繁案例中不难找出矛盾和种种理由来为当事人辩护。

二、香港执法机构

香港执法机构有法院、律政署、惩教署、警务署、廉政公署等，在此仅介绍对法院、律政署、惩教署的见闻。

（一）法院

香港法院有三级：最基层的是裁判法院（也叫裁判司署或裁判署），负责审理判处二年以下监禁和罚款1万港元以下的案件。如数罪并罚，最高监禁期不得超过三年。大部分刑事案件（约80%）由裁判法院审理。裁判法院的法官有两种，一种是“常委法官”，一种是“特委法官”。常委法官必须具有律师资格；特委法官则无律师资格，仅有一定的法律事务经验，只能审理罚款1万港元以下的轻微案件。若案件需判监禁，则必须由常委法官审理。

其次是地方法院，负责审理判处七年以下监禁的案件。地方法院的法官均具律师资格，且有不少为资深律师。

最高的为最高法院，负责审理七年以上监禁直至死刑的案件及所有上诉案件。故最高法院又叫上诉法院。

最高法院审案设陪审团，人数通常为7人，在特殊情况下经首席法官决定可为9人。法官与陪审团在审判上的分工为：法官主要管法律上的问题，陪审团主要管事实上的问题。被告是否有罪，由陪审团决定。若法例规定犯人可被判处死刑，则必须陪审团所有成员意见一致；其他案件，则必须以5∶2或7∶2的多数票通过。根据“陪审团条例”规定，“任何人年龄在21岁至65岁之间，精神健全而无失聪、失明或其他虚弱的情况，在香港居住而行为良好并有充分能力，且其英语知识足以明白证人的证供、律师的陈词及法官的总结者，均有资格及责任担任陪审员”。因此，当陪审员，既是权利又是义务。最高法院开庭前数天，法院用电脑抽签的方式确定并通知一定数量的陪审员到庭。对无正当理由不到庭的，法院可以藐视法庭罪判刑。到庭的陪审员如确有充分理由，经法官同意，可不作为该案陪审员；辩护律师根据某陪审员的外表、气质、衣着等，可以“不喜欢”为由（不需说明“不喜欢”的具体理由），不要其当该案陪审员（“不喜欢”的总数不能超过5人）。因此，开庭审理一个案件，法院往往要通知数十名陪审员到庭，以备挑选。

法院判案实行法官负责制，强调“法官独立”，某案判什么罪、判多少刑，均由承办的法官决定，法院领导不得干预。领导即使发现某法官对某案判决不当，也无权制约，更无权在本院纠正。为此，我们问最高法院按察司（即首席法官，相当于大陆的院长）：按察司的职权如何体现？答曰：主要负责行政管理。笔者认为，“法官独立”制度，有利于排除对司法的不当干预，也有利于增强法官责任心，但也易生徇私擅断之弊。同时，发现了错案，也不能像我们这样可以由本院以“审判监督程序”及时予以纠正。

最高法院大法官和首席大法官由香港总督根据英皇制诰，遵照英女皇经由外交及联邦事务大臣颁发的训令委任。地方法院法官和裁判司署常委法官则由总督分别以加盖公玺的委任状及授权令委任。法官除身体或精神健康欠佳以致不再胜任，或因行为不检点撤销其职务者外，不能被撤职，一直任职至退休。

香港各级法院均无法警，审案过程中押解、看管犯人均由惩教署负责。

（二）律政署

香港律政署是政府的一个机构，主要职能一是负责对刑事案

件的检控；二是充当政府的法律顾问及诉讼代理人，在所有控告政府的民事诉讼案件中，以被告身份参与诉讼，在法庭上代表政府和公众利益。

律政署不与法院对应设置，全港仅一个律政署，下设6个科，即刑事检控科、民事检控科、国际法律科、法律政策科、法律草拟科、行政科。

刑事检控科是律政署最大的科，在律政署250名在编的工作人员中，刑事检控科有103人。地方法院、最高法院审理的案件以及裁判法院审理的涉及重要的法律论点的案件，均由该科负责检控（裁判法院审理的不涉及重要法律观点的案件，可由警署直接向法院控告，而不需经律政署检控）。刑事检控科根据案件罪行的轻重，确定向哪级法院起诉。该科分11个组，即投诉警察组、恶习赌博组、人事管理组、引渡组、贩毒收益组、商业罪案组、出入境走私罪案组、上诉案件组、出庭专家组、策划出庭组、培训组。前8个组分别负责各类罪案的检控；出庭专家组负责特别严重案件的检控；策划出庭组负责研究案件，如发现警署移送的案件存在欠缺（如漏传证人、证据不足等），即指导警察补做；培训组负责对科内人员培训。

刑事检控科还有一批编外的工作人员，叫“检控主任”，负责裁判法院所辖部分案件的检控工作。检控主任无律师资格，但曾参加刑事检控科的专门培训。他们不是检察官。

法律政策科的职责是根据律政署的职责，向本署领导人作律政署工作要点汇报，并就政策问题提供意见，以及就政府当前的事务提供法律意见。

法律草拟科负责草拟香港所有条例、法规，提交行政立法两局通过。

民事检控科负责在民事法的事项上向所有政府部门提供法律意见，并代表政府处理一切涉及政府的民事诉讼、民事仲裁事宜，此外，还为修订民事法例、拟订指示方面提供意见。

国际法律科负责就与香港前途有关的法律问题提供意见。

行政科负责财政及行政事务，包括财务管理、行政管理、人事管理、翻译服务、办公设备管理等事务。

律政署最高领导人叫律政司长。律政司长由英外交及联邦事务大臣经咨询香港政府后委任。律政司是总督、政府及各政府部门的主要法律顾问，也是立法两局的当然议员以及慈善事业的保护人，在为强制执行慈善信托而进行的诉讼中，律政司必须为其中一方当事人。

律政署的工作人员大部分为检察官或高级检察官，还有部分为文职人员。

（三）惩教署

香港惩教署相当于大陆的劳改机关和看守所。现有工作人员7400人，其中穿制服的有6000人，文职人员1400人，负责管理19个惩教中心约11000名犯人的惩教工作。惩教人员同犯人之比例甚高，为1:1.49。

香港惩教署有以下特色：

1. 根据案犯情况及罪行轻重分别关押惩教。未判刑的押于收押中心。已判刑的根据罪行轻重，送入不同程度设防的监狱，其中判处5年以上监禁的进“高度设防监狱”，6个月至5年监禁的进“中度设防监狱”，6个月以下监禁的进“低度设防监狱”。不同程度的设防，其惩教方法有所不同。对14岁至20岁、被判6个月至3年监禁的年轻男犯，送入教导所，半天上课以继续原学业，半天学职业技术。对好逸恶劳导致犯罪的轻刑年轻男犯，则送入劳役中心从事劳动强度较大的劳动改造，时间为1个月至1年不等。另外，有精神病和需戒毒的犯人，也分别送到精神病中心和戒毒所进行治疗。分别关押的好处在于有利于对不同的犯人施以不同的惩教，防止犯罪手段和罪犯恶习的交叉感染。

2. 对某些犯人释放后施以善后监管、辅导。如对教导所的年

轻犯人，获释后要作3年“善后监管”（即考察探访），期间如有重新犯罪，不需经法院审判即可收监惩教；对劳役中心的犯人获释后要作1年的考察探访。对戒毒者获释时需施以一定期限的善后辅导。

3. 对表现不好的犯人可径自加刑（每次可加刑1个月），而不需经法院审判。

香港惩教署虽采取了上述有利于犯人改造的措施，但由于其社会制度等原因，案犯重新犯罪率甚高。据惩教署人员介绍，释放后3年内重新进监的高达40%左右。

大陆的检察院需对劳改、看守所的监管改造活动是否合法进行检察，香港则无此制度。犯人对惩教人员的违法行为可向惩教人员的上司或定期来巡狱的太平绅士（由香港总督委任）投诉。

三、香港律师

香港的律师首先是一种资格。取得法学学士学位（即大学毕业），再念一年法律专业训练课程（即法律深造文凭），考试合格后，还需完成两年的见习律师期（其中大律师的见习期为一年），方可取得律师资格。律师的审批程序是经律政署、律师公会（或大律师公会）同意后，由最高法院批准。只有取得律师资格，才能当执业律师，也才能当检察官、法官。

香港律师有“律师”与“大律师”两种。“律师”与“大律师”并非等级上的区别，而仅是职责范围的不同。“大律师”是单单上法庭的律师，可出席任何一级法院的法庭，而“律师”则只能出席较低级的法院（裁判法院、基层法院）的法庭，“律师”可直接接见“人客”（即当事人），会晤证人，收集证据，直接向人客收取报酬，而“大律师”在“律师”不在场的情况下则不得接见人客、会晤证人、收集证据，也不能直接向人客收取报酬；“律师”可单独或合伙执业，而“大律师”则必须单独执业。市民如需找律师请求法律帮助，必须找“律师”，“律师”如认为需

要请“大律师”出庭更有利于被告，则转聘一名“大律师”（最高法院管辖的案件则必须转聘“大律师”）。“大律师”完全依赖“律师”提供的“案情指示”出庭。由于“大律师”是单单上法庭的律师，因此需具口才。

访问中，我们问为什么要将律师区分为“律师”与“大律师”，这样区分有何好处？答曰：此承英制，不知其所以然，也无甚好处，徒增人客费用耳！然我认为，作如此区分可能与英国法院开庭审理案件实行当事人主义的诉讼模式有重要关系，在当事人主义诉讼模式下，原、被告双方激烈对抗，法官居中审判，辩护律师的口才和辩护技巧、水平跟官司输赢关系较大，而从律师中独立出单单上法庭的“大律师”，有利于出庭辩护的专业化。

执业不少于十年，且有相当表现和获得公认成就的“大律师”，可申请当“御用大律师”，御用大律师经最高法院按察司（即首席大法官）同意后报英女皇批准并任命。御用大律师通常受聘处理一些较复杂的案件。

执业律师均私人开业，律师收费标准除房地产买卖的法律服务有统一规定外，其余业务均无规定，由律师自定。律师收费昂贵，一律师行的一位律师告诉我，他收费一般按花在该案件上的时间计算，一般是工作一小时收费1000港元。还说，在香港，水平高一点的律师，年收入200万港元没问题。因此，一般人是不大请得起律师的。

执业律师以人客立场为立场，必须维护被告权益，被告如有未被控方发现的犯罪事实，律师必须为其保密，而不允许将其告知检控官或法官。如被告认为自己有罪，律师不能说其无罪；被告认为自己无罪，律师不能说其有罪。据说，大陆一报纸有次登载了律师教育某被告认罪服法的消息，香港一些律师及市民对此大惑不解。

香港现有执业“律师”2400多人，执业“大律师”400多人，分别由律师公会和大律师公会管理。

香港律师会推行了电话法律咨询服务和免费法律辅导计划。所谓电话法律咨询服务，就是对60个常见的法律问题，以电话提供粤语及英语咨询服务。咨询者只要拨通该电话，提出自己要问的问题，电话即会作出回答。所谓免费法律辅导计划，就是律师为在裁判法院提堂审判的少年案犯和犯某些罪的成年案犯免费出庭，提供法律协助。该工作由执业大律师及律师轮流负责。出庭律师可获得酬金。所需资金由政府拨款资助。

四、香港刑事诉讼程序

香港刑事诉讼以“无罪推定”作为基本原则。无罪推定原则也叫“假定无罪”原则，意即任何被告人在由控方依法证明，并经独立的法庭宣判有罪之前，均假定无罪。设此原则的理论依据是：（1）任何人的生命都只有一次，每一个人的生命都是不可替代的，因而拥有不可言喻的价值。由于判罪是重大的事，故审讯应力求审慎公平，不能轻率从事。（2）没有人或制度是全知、完美的，都有可能犯错误，即使有高尚的动机、善良的意图，也不能避免差错。而刑事诉讼中的错误，对被告人的损害可能是永远无法弥补的。（3）个人与国家力量对比悬殊。政府（控方）力量强大，资源丰富，要求被告自证无罪是困难的、不公平的，由控方证明被告有罪则较自然而合理。

根据无罪推定原则，又推导出“控方举证”原则、“无合理疑点”原则、“疑案从无”原则等。

由于英美法系的刑事诉讼程序特别重视对犯罪嫌疑人权益的保护，因而律政司署检控的案件，被法院宣告无罪的案件的比例极高，据介绍，达30%左右。

香港庭审采英美法系的“对抗式”的诉讼模式。控、辩双方互相辩论反驳，法官主持庭审，但一般不主动提问，仅以中立者的身份作出裁决。由于“对抗式”诉讼模式主要由当事人双方（律师是当事人的代表）推进诉讼程序，因此，又叫“当事人主

义”，它与大陆法系法官主动行使职权的“职权主义”具有很大区别。

对抗式诉讼模式有利于防止法官先入为主，体现法官中立和审判公正，其对法官素质的要求也相当高，因为法官判案的过程，就是对案件证据材料精心审查、鉴别、判断的过程。不少案件是很复杂的，需要精心审断。而控、辩双方辩论的言词却是一晃而过、快速流逝的，法官仅凭当庭对控、辩双方辩论的听取，就需立即对所有证据的真伪及证明力的大小作出正确的鉴别和判断确非易事，况且，检察官和律师辩论技巧的高低、鼓动性的大小、感染力的强弱都有可能影响法官对证据的正确分析与采信。故庭审中，法官注意力应高度集中，且需具有高超的去粗存精、去伪存真和分析、归纳本领。同时，笔者也窃以为，他们的法官也是人而不是神，法官庭审时走神也难以完全避免，受当事人双方辩论技巧及煽动力的影响也难以完全排除，这都很难保证不影响其判决的准确和公正。当然，法官们也有一个基本的办法，这就是，经庭审后觉得心里不是很踏实的，就宁纵毋错，判决无罪。这也是他们无罪判决率高的一个重要原因。

根据“对抗式”诉讼模式，实行“直接言词”原则，所有证据都需经庭审示证质证，方能作为定案的根据。因此，所有证人均需出庭作证。如果案件是警察发现并将被告抓获的，那该警察须以证人身份出庭。证人出庭首先要手捧《圣经》宣誓，教徒与非教徒誓词有别，例如，非教徒的誓词为：“本人（姓名）谨以至诚，据实声明及确认，本人所作之证供，均属真实及为事实之全部，并无虚言。”证人作证虽经宣誓，但据香港检察官介绍，作伪证的并不少见。因为在金钱万能的社会里，一本《圣经》是不可能约束贿证、伪证行为的。

香港拘捕仅是一种强制措施，而不像大陆是两种强制措施（拘留、逮捕）；拘捕人犯由警察决定，而不像大陆逮捕需经检察院批准。人犯拘捕后，警察一般需在 48 小时内将其带到法院，并

将案卷移送给律政署，或直接移送法院（不需经律政署检控的轻微案件）。如48小时未能侦查终结，可将被告保释候审，在有数罪的情况下，也可查清一个罪先提出控告，然后继续收集其他罪的证据。如因案情严重不能保释，警察可向法院申请“押后”（意即延长时限予以羁押）。

警察将被告带到法院后，法院决定过多长时间审理，该段时间即为律政署检控科审理的时间。如时间不够，检察官也可向法院申请“押后”。因此，香港刑事案件的诉讼时间有的很短，有的则很长，达数年。

被告申请保释需经法院批准，严重案件被告人的保释需经最高法院批准（一般不批准）。法院在审批时需考虑保释是否会妨碍侦查、审判活动。如律政署检控科认为某被告不能保释，可向法院提出反对意见，最终由法院决定。一般来说，商业罪案因被告有巨额资产，故保释不难批准。当然，这种案件保释金数额往往很大。如被告人本人财产不够交保释金，可请社会贤达以其财产取保。

香港刑事责任年龄为7岁。刑法调整范围很宽，连乱扔香烟头、随地吐痰、乱倒垃圾也构成犯罪，盗窃罪、贪污罪无起点数额的规定，盗窃一盒饮料、一枝铅笔即可构成犯罪。被定过罪叫有“案底”，法院将其输入电脑，以备就业、出境及再犯罪审理时检索。有案底的人，就业、迁移、出境等有可能受到影响。

由于刑事责任年龄低，刑法调整面宽，加上制度等原因，故香港罪案多，法院审案任务重。因此，不少案件适用简易程序审判。笔者曾旁听了东区裁判署第一庭的审理，该庭法官一般先问被告“认不认罪”，如被告回答“认罪”，法官即作判决；如被告对指控提出异议，不认罪，法官即宣布押后移送第二庭审理（据了解，第二庭需调查事实，进行辩论，所需时间较长）。因此，半天时间，一个法官即可审判六七个案件。据介绍，轻微案件（如乱扔烟头、随地吐痰等案件）的被告人一般会认罪，因为这些罪一般仅判一百港元或数百港元罚款，而香港劳动工资较高，被告人如确实犯了罪，一般不愿把时间空耗在诉讼上，宁可认罪早点被判决。

一审判决后，被告如不服，最多可上诉两次，第一次上诉后，案件由最高法院审理，最高法院判决后如仍不服，可向英国枢密院上诉。但据介绍，向枢密院上诉的极少，因为旅途往返花费极大；请律师费用昂贵。故一般的人是打不起这种官司的。

香港仍保留死刑，但自1966年10月以后，一个也没有执行，赤柱监狱现还关押着32个死刑犯。这些死刑犯被判决后，分别向香港总督求情，港督批准他们不执行死刑，予以终身监禁。这也说明了香港标榜的“司法独立”的局限性。

（原载《浙江省政法管理干部学院学报》1992年第1期）

德国司法、刑事诉讼制度考察录

今年4月，我随最高人民检察院代表团去德国参加“中德司法研讨会”，为期六天。现将所见所闻的德国司法和刑事诉讼制度有关情况书之于后。因考察时间所限，谬误恐难避免，伏望同行指正。

德国实行司法独立原则，“司法权”属“三权”中之一权，故严格意义上的“司法”仅指法院。但在刑事诉讼中，由于检察院、司法部、警察局、监狱和法院有紧密的关系，故本文权将这些机关的有关情况也包括于内。

一

德国有普通法院、行政法院、财政法院、劳工法院、社会福利法院五种法院。普通法院负责审理刑事、民事案件，它分四级：初级法院、州法院、州高级法院和联邦法院。刑事案件可按其性质由一个法院受理初审；民事案件则由初级法院或州法院受理初审，另外两个审级是上诉和复审。行政法院负责审理行政方面的纠纷，它分初级行政法院、高级行政法院、联邦行政法院三级。财政法院负责处理税收与捐税方面的事务，它分初级财政法院和联邦财政法院二级。劳工法院负责审理劳资关系中的私法性质纠纷以及劳资谈判双方之间的纠纷和根据企业法的企业章程中出现的纠纷，它分初级劳工法院、州劳工法院、联邦劳工法院三级。社会福利法院负责审理所有社会福利保险方面的纠纷，它分初级福利法院、州福利法院和联邦福利法院三级。

除上述五种法院外，还有联邦宪法法院，它不仅是联邦的最高法院，同时也是宪法机构。它裁决有关宪法问题的诉讼。同时，公民因基本权利受到法律侵犯，而上述五种专业法院均无法解决的情况下，可向联邦宪法法院起诉，以此作为对专业法院保护的一个补充。

普通法院对刑事案件的级别管辖，主要根据罪刑轻重来划分。他们把刑事案件分为微小的犯罪、轻微的犯罪和严重的犯罪。初级法院管辖微小的犯罪案件和部分轻微的犯罪案件（最高刑为2年监禁）；州法院管辖部分轻微犯罪案件和严重犯罪案件；州高级法院管辖由联邦总检察长交由州检察长起诉的叛国罪、间谍罪、恐怖活动罪和重大的抢劫罪、杀人罪等案件；联邦法院管辖重大叛国罪、压制国会罪等案件。

法院的审判权作为“三权”之一，享有很大的权力，它既能监督立法（如宪法法院发现某立法违宪，可予撤销），又能监督行政（如通过行政诉讼判决）。但是，它又受行政机关主要是司法部的制约。一是法院的经费由司法部确定；二是法官的选举和任命要通过司法部：法官的产生需经过法官选举委员会面试和选举，该选举委员会成员有34人，其中议员17人，司法部长17人（联邦司法部长1人，各州司法部长16人），选上的法官，由司法部长任命。因此，德国司法部官员坦言：司法独立是相对的。

德国有2.2万名法官，其中四分之三以上在普通法院任职。法官实行终身制，依法独立行使职权。法官均为专职。该国《基本法》规定，所有法官除可兼任高等学校法律教师外，不得兼任其他职业。考察期间，该国法兰克福州高级法院院长因兼职取薪而正在被纪律法院审查。

各级法院都有司法公务人员（初级法院民事调解案件的任务

大部分由司法公务人员承担），初级法院和州法院还有陪审法官，司法公务人员和陪审法官不属于法官。

二

德国检察院属行政系统，故检察官属行政官员，但在参与司法活动中，又属司法人员。

检察院分三级：州检察院、州高级检察院、联邦检察院。联邦检察院对州的两级检察院没有隶属关系，而州的两级检察院间则有隶属关系。

检察院的职能主要在刑事方面，有四项：一是侦查职能。刑事诉讼法规定，“当检察官通过报告或其他方式知悉一种可疑的犯罪行为的时候，就要去探查确实情况，以便决定是否应当提起公诉”。检察院既有自行侦查权，又有指挥侦查权，即将案件交付并指挥警察机关侦查的权力。二是控诉职能。除自诉案件外，均由检察院提起公诉并出庭。三是审判监督职能。检察官在法庭上不是当事人，而是站在客观公正立场，既指控犯罪，又有责任保护当事人合法权益的公平正义的维护者。对法院不当判决，检察院可以上诉或申请复审。四是执行监督职能。可根据案件具体情况，对判决提出少执行或不执行的意见。

检察院在维护国家安全方面负有重要责任。近几年来，德国恐怖组织活动加剧，检察院不得不把反恐怖活动作为工作重点；恐怖组织也往往把检察官作为作案的重点目标。考察中我们看到联邦检察院门口的草坪上也插着许多钢管，据当地检察官介绍，这是为了防止恐怖组织的直升飞机在此降落。因此，检察官是个危险的职业。

检察院归司法部主管，在司法部监督下工作，要接受司法部指示，但又有相对的独立性。司法部的“指示”一般不是简单地命令，而是协商办事，否则，就可能搞僵关系。据介绍，某州司法部长命令检察长停止对一案件的侦查，该检察长说：我不停止，否则，我就辞职不干。此事被新闻曝光后，弄得该司法部长很尴尬。但是，在必要的情况下，司法部长也可采取强硬措施，包括将检察长撤职。据介绍，前任联邦女司法部长因与前总检察长政见不合，而于1993年将总检察长撤职。

德国检察长由执政党提出建议人选，经议会批准后由司法部长任命。检察官不像法官那样独立行使职权，而要接受领导指示和指挥。检察官与法官一样均属终身制。

三

德国警察局归属内务部。州的警察局一般分三级：县警察局、区警察局、州警察局。联邦有联邦警察局。联邦警察局与州警察局没有隶属关系。警察官员属行政职务，而非司法职务。

警察局的职权和任务有二：一是维护社会治安秩序。这是最重要的任务，工作量占警察局的二分之一至四分之三。为此，要24小时随时准备出警。据波恩警察局介绍，公民有事可打110电话报警。警察局接报后，重要案件5至7分钟内，一般案件12分钟内能赶到现场，少数路途较远或路况不好的也不超过20分钟。局里有信息调度中心进行指挥。我们参观了该中心，发现设备较为先进，通过操作电脑，重点保卫对象（如外国在德的元首等）的所在方位及警卫力量配备、各路警察的活动状况等非常清楚。中心有6至7人在值班，每人都在不停地收接电话，发出指令。二是侦查案件。在维护社会治安秩序方面，警察局独立行使职权；在侦查案件方面，警察局要服从检察院指挥。

德国有秘密情报机构，它与警察局互不隶属。间谍案的调查由该机构负责，发现需要追究刑事责任的移送警察局。

四

德国司法部为司法行政机关，其职能主要有两个方面：一是立法，即制定法规，特别是刑事、民事、商事方面的行政法规。

其他行政部门要制定法规，均须经司法部审查把关，以便把德国的法律统一起来。二是司法行政管理，主要管普通法院、财政法院、行政法院的人员、经费预算等（劳工法院、社会福利法院则归劳动部管理）。联邦司法部最高领导为部长和2名副部长，其中1名副部长兼任联邦议会国务秘书，另一名副部长兼任司法部国务秘书；下设7个司，为宪法行政法司、刑法司、经贸法司、公民权利法司、欧洲法国际法司、司法司、司法行政司。司下设处。

联邦司法部有720人，其中司法专业人员480人，其余为行政管理人员。专业人员不少是向各州借用的法官和检察官。这些被借用人员工作二至三年后回到原单位，工作优秀而司法部又需要的则留下工作。此举的目的是因为上下级官员各有优势，通过上下交流一可提高官员素质，二可促进工作。

五

德国监狱归司法部管理。我们参观了科隆市的一个监狱，该监狱关押着1234名人犯，其中男犯989名，女犯245名；女的50%、男的30%左右为吸毒犯；来自外国的占45%。

该监狱有以下特点：

1. 关押的人犯未决犯、已决犯均有。所关人犯中，多半是拘捕后羁押的未决犯，少数是已决的轻刑犯。但未决犯和已决犯分开关押和管理。

2. 监管人员比例高。全监狱有监管人员550人，几近人犯数的一半。在监管人员中，监狱长和各部门负责人为司法人员，其他管理人员为行政官员。

3. 重视对人犯权利的保护。监狱条件较好，一般一人一间，每间约6平方米，内有床、桌、椅、坐便器，窗户较大，通风采光良好。人犯每天放风一小时，放风场地较大。狱内建有教堂，信徒可每周两次去教堂做礼拜，每次不超过一小时。该监狱关有一中国籍犯人，我们向监狱有关负责人询问该犯基本情况及所涉罪名，被该负责人谢绝，称：此系人犯的个人秘密，我们有义务为其保密，不得告诉他人。

4. 重视对人犯个人经费的管理和刑满后再就业技术的培训。人犯亲属探望时所给的现金，不由个人保管而由监狱代为存入银行（人犯可取出购买所需物品）。人犯劳动可获得一定的报酬，但1/3以上要存起来，直至存够四个月的生活费用（4500马克，未决犯不一定存够这笔钱，已决犯必须存够），以供刑满出狱后就业前的“过渡期”生活开支，以防因生活无着而重新犯罪。对人犯根据不同情况予以培训，学习专业技术，如电脑、裁缝、理发、洗烫衣服、建筑、美术等，以利再就业。

六

在德国，要成为法官、检察官、律师，首先要取得法官资格证明。法律大学毕业后，要参加国家统一考试（不由学校出题），以检验毕业生质量。考试要求高，难度大，题目涉及八至十个领域，笔试5小时，口试5小时。该考试对考生压力很大，不少人宁可在学校多学一段时间，但国家只为大学生提供四年的贷款（每月可贷1200马克），故有些学生就去打工以维持学业开支。考试通过者，在初级法院实习两年，期满后，参加第二次统一考试，通过者，即取得了法官资格证明。

取得法官资格证明后，可申请谋求司法职业。如法官（检察官）席位空缺需要增补，会定期公布，予以招收。招收要经法官（检察官）选举委员会交谈（即面试），然后由该委员会投票决定，通过的，报司法部确定，由司法部长任命。

任命后，还要试用三年，试用期满后，由评审委员会决定能否成为正式法官（检察官），确定为正式法官（检察官）的，国家给予证书，终身任职。

由于法官、检察官职业诱人，故法学是热门专业。每年法律

大学有1.1万毕业生，但能成为法官、检察官的只占约5%，故多数毕业生从事律师职业。律师人数不断增加，但案件数不可能不断增加，故律师收入并不怎么好，因而不少人又只得去从事其他职业。因此，法律大学学习的内容必须非常广泛，以适应毕业后从事多方面工作的需要。

德国有两个法官学院，负责法官、检察官的进修。每校每期招120人，每期学习一至二星期。

法官、检察官违纪，由纪律法院审判处理。

七

1990年东、西德统一（官方资料称“德意志民主共和国加入联邦共和国”）后，原东德法律及司法制度即被废除（法院结构曾有个过渡期），原西德的法律及司法制度施行全国。据介绍，由于种种原因，原东德的法官、检察官大约分别只有50%和40%继续留用。留用者，曾被送去进修，学习原西德法律。原东德的4个州，司法工作曾经历一个磨合、适应期，现这一过程已经过去。

八

德国是典型的大陆法系国家，刑事诉讼实行职权主义的结构模式。所谓职权主义，就是注重发挥侦查机关、检察机关、法院在刑事诉讼中的职权作用，特别是法官在审判中的主动指挥作用。职权主义的理论依据主要是，定罪量刑应根据案件的事实和证据，而不应受控辩双方水平和技能的影响，而当事人主义的结构模式则容易受控辩双方口才、辩论水平和技巧的影响。

刑事诉讼较有特色的主要有以下几点：

1. 检察院在侦查中领导诉讼程序。在侦查中，每一步都由检察官决定，故称“检察院领导诉讼程序”或“组织、策划诉讼程序”。对检察院的指挥，警察必须服从。波恩警察局一位负责人对我们说：侦查中权力在检察官、法官，我们只是执行。

2. 凡涉及犯罪嫌疑人权利的侦查措施，如搜查、逮捕、窃听等都须由检察官报法官批准。例如逮捕，警察拘传犯罪嫌疑人不得超过次日（即48小时），如要超过，就必须转逮捕，逮捕需检察官提出申请报法官批准，发出逮捕令。当然，在紧急情况下，警察、检察官也可先行逮捕，但必须在三天内报告法官。逮捕羁押期限不能超过六个月，如遇特别情况需要延长，须经法官批准。又如电话窃听，对重要案件的重大嫌疑人，警察如要窃听其电话，也由检察官报法官批准，至于该嫌疑人的身份和级别则在所不论。

3. 被告人可以在诉讼程序的任何阶段选定辩护人，帮助其辩护。律师可以从犯罪嫌疑人被首次询问或采取强制措施之时起介入诉讼。犯罪嫌疑人有权随时和自己所选定的律师进行商谈。警察讯问时律师在场需经警察同意。检察官讯问时则律师必须在场。

4. 被告有沉默权。

5. 起诉以公诉为主，自诉为辅。对自诉案件，检察官也可提起公诉，但以为了公共利益为限。除检察院自行决定起诉外，还有些案件先由检察院提交管辖法院进行预审调查，看是否符合起诉条件。法院在预审调查时可以讯问起诉人、证人、鉴定人。这种程序对于保证公诉的质量，防止错误的起诉，保护犯罪嫌疑人的合法权益，具有积极意义。

6. 审判原则。主要有六项：一是直接和言词原则。法官必须以口头方式亲自了解被告人陈述、证人证言、物证、书证，听取法庭辩论。需要一提的是，录音录像资料原则上不能作为证据使用，只有事关公众重大利益的案件，经宪法法院同意，才能作为证据使用。二是法官独立审判原则。本级法院院长如发现某判决有误，也无法干预和纠正。三是审判公开原则。四是不告不理原则。五是自由心证原则。六是无罪推定原则。

7. 庭审程序。法院审阅检察院移送的案卷材料后决定是否开庭。庭审中，一是法官主持法庭，指挥审判，在庭审中起主导作

用。二是法官主动调查证据。三是法庭调查与法庭辩论在程序上截然分开，作为两个诉讼小阶段。法庭调查程序为：（1）审判长讯问被告人个人情况；（2）检察官宣读公诉内容；（3）审判长讯问被告人，公诉人和辩护人向被告人提问；（4）讯问证人、鉴定人及调查其他证据，公诉人、被告人及其律师对证人、鉴定人及其他证据提出问题和意见。在法庭调查结束后开始法庭辩论。辩论先由检察官后由被告人发言，被告有最后陈述权。

除上述庭审程序外，还有无须庭审程序（速决程序）和简易程序。无须庭审程序限于案件事实清楚、罪行很轻且被告供认不讳的案件。法官可不经庭审直接判决。简易程序适用于仅处以罚金或二年以下监禁的案件，由独任法官审理。适用上述两种程序，由检察官提出建议，法官决定。据介绍，在初级法院，有90%的案件以无须庭审程序和简易程序审判，因此，据介绍初级法院法官年人均能审判370件左右案件，而州法院年人均只审判12件左右。

除普通程序外，还有特殊程序，如青少年案件诉讼程序（14岁至18岁的人犯罪由青少年法庭按照该程序审理），强制医疗案件诉讼程序等。

8. 二审与复审。二审与复审不是审级高低的区别，而是适用条件的不同。上诉适用于对认定事实和适用法律均有不同意见的案件，而复审只适用于对认定事实没有异议仅对适用法律有不同意见的案件，同时，复审还必须是严重犯罪案件。不服一审判决，可提起上诉，也可要求复审。一般案件二审终审，严重犯罪案件也可三审。

据介绍，联邦法院和联邦检察院在刑事方面的主要工作，是对州高级法院判决的部分案件的复审。联邦检察院受理当事人复审的申请后，经严格的程序对案件进行全面的审查，提出维持或变更原判决的意见，然后由总检察长向联邦法院申请复审（检察院认为应维持判决的也要提交法院决定），联邦法院受理后，大部分案件书面审理，少部分案件口头审理（1995 年联邦法院复审刑事案件 3500 件，其中书面审理占 92%，口头审理占 8%），审理后，约 80% 维持原判，20% 改判。

（原载《人民检察》1997 年第 7 期）

澳大利亚的监督制度

今年四月，我随团去澳大利亚访问，觉得其监督制度颇具特色，特书之于后，并略发议论。因访问时间和占有资料有限，浅薄、谬误恐难避免，伏望同行指正。

一

澳大利亚在三权分立的政体下，设立专门的监督机构，负责对公职部门和公职人员的监督。如澳大利亚联邦的执法公正委员会和冤情大使办公室（或称行政申诉专员），昆士兰州的反犯罪及渎职公署、反腐败委员会，新南威尔士州的廉政公署、警察廉政公署，维多利亚州的警察反腐败办公室、冤情大使办公室，西澳洲的廉政公署等。下面，以机构设置较为典型、人口约占澳大利亚三分之一的新南威尔士州为例，来说明澳大利亚监督制度的特点。

新南威尔士州的监督制度主要有以下特点：

1. 分工细密。该州除在各行业、部门设立申诉专员外，还设有多个监督机构，这些机构主要是：负责监督公职人员腐败行为的廉政公署（或称独立反腐败委员会），负责监督警察腐败行为的警察廉政公署（或称皇家警察反腐败委员会），负责监督廉政公署及其工作人员渎职行为的廉政公署督察办公室，负责处理对公职部门及其工作人员投诉的冤情大使办公室（或称行政申诉专员），负责审计公职部门财务的审计署，负责处理公职部门泄露公民隐私行为的私隐专员，负责处理公职部门各种歧视行为的反歧视局等。在这些监督机构中，有的是一重监督，即直接对一般公职机构、公职人员的监督，有的则是二重监督或多重监督，即对监督机构及其工作人员的监督，如负责监督廉政公署及其工作人员的廉政公署督察办公室，其制度设计大有“螳螂捕蝉，黄雀在后”的意味。这些监督机构根据所分工的职责实施监督，他们与新闻舆论监督等非权力监督一起，构成对公职部门及其工作人员严密的监督网络。

2. 职权广泛。监督机构大多具有较广泛的职权，如廉政公署，其监督对象除公职部门及其议会议员、政府各部部长、法官等公职人员外，还监督任何企图使公职人员腐败或作出不公正决定的非公职人员；在职能上，负责对腐败的侦查、预防和对公职部门、社会的廉政教育；在侦查手段上，可以使用侦查机关的一切侦查措施，包括公开或秘密调查措施以及跟踪监视、电话监听、窃听、秘搜秘取、控制下交付、诱惑侦查、卧底等技术侦查措施或特殊侦查手段，对于涉及公共利益的案件，必要时还可以进行公开听证，即将讯问嫌疑人、询问证人的实况即时向公众和媒体公开，让嫌疑人、证人接受廉政公署关于案件事实的公开讯（询）问和公众对其道德、人格的评价。廉政公署经侦查后如果认为涉嫌犯罪，则移送公共起诉部门向法院起诉。又如负责处理投诉的冤情大使办公室也有较广泛的调查权，如要求有关部门提供文件和其他物品，并对提出的问题书面作答；进入机关内部进行检视并取走文件和其他物品；要求有关人员前来在宣誓的情况下作证等。必要时，还可采取某些强制性调查措施。如果有关人员不协助调查，如抵制或阻挠调查、拒绝合作、对投诉人实施报复等，则可追究其刑事责任。

3. 程序特殊。即采取有别于刑事诉讼程序的侦查方法。澳大

利亚是英美法系国家，刑事诉讼中实行当事人主义的诉讼程序，犯罪嫌疑人享有沉默权。但是，对公职人员腐败案件的侦查，则一改英美法系的诉讼特点，采取大陆法系职权主义的侦查程序；对侦查人员的讯问，犯罪嫌疑人必须回答，而不享有沉默权，只不过讯问所获口供只能作为分析案情、深入侦查的依据，而不能在法庭上作为指控其犯罪的证据。[①] 之所以作此规定，是因为他们认为，腐败犯罪的主体特殊，犯罪行为有职务作掩护，是高智能、高隐秘型犯罪，如适用英美法系当事人主义的侦查程序，则因其过分注重对当事人权利的保护而不利于查明案件事实真相，难以有效地揭露和遏制腐败。

4. 地位独立。即监督机构独立于行政，不对行政首长负责和报告工作，行政首长也无权对其作任何指示。监督机构直接对议会负责，向议会报告工作。澳大利亚之所以将监督公职人员腐败犯罪的机构独立于行政，是因为行政机关及其工作人员占公职机构、公职人员的大多数，如将监督公职机构、公职人员腐败的机构依附于行政，就难以防止行政机关的不当干涉，难以保证监督工作的客观公正。

二

澳大利亚之所以重视专门监督机构的设置，并赋予其广泛的职权和特殊的办案程序，其原因主要是：

1. 囚犯后代不信任政府的心理。

澳大利亚是移民国家，当年的开发者大多是英国殖民者发配到该地的囚犯。据记载，从 1787 年 5 月至 1868 年的 80 年时间里，被发配到澳洲的囚犯约有 16 万人。因此，澳大利亚人又被称

① 新南威尔士州，警察侦查普通刑事犯罪适用英美法系的侦查程序，讯问时犯罪嫌疑人享有沉默权，从而呈现两种侦查程序并存、侦查不同性质的犯罪适用不同侦查程序的状况。

为“囚犯的后代”。囚犯对政府具有强烈的不信任心理，加上在当年发配的囚犯中，有些是被错判或轻罪重判的，如有的因饥饿而偷吃了一个饼，也被判罪发配，因而他们对政府天然地不信任。随着时间的推移，当年发配的囚犯虽已去世，但对政府不信任的心理却继承了下来，成为要求强化对权力监督的思想根源。

2. 公职人员腐败严重。

新南威尔士州的监督机构是适应监督公职人员腐败的需要而逐步建立、完善起来的。20 世纪上中叶，该州公职人员腐败较为严重，为此，于 1975 年设立冤情大使办公室。1980 年，该州发生了涉及议会、司法和行政官员的腐败丑闻，它严重降低了公众的信心，并造成了经济的低迷。公众强烈要求设立强势机构对公职人员实施监督，于是，该州借鉴香港的做法，于 1988 年成立了廉政公署。1994 年皇家调查委员会主席伍德进驻新南威尔士州警队，进行了三年的深入调查，发现警察中的腐败问题非常严重，有些甚至是内外勾结有组织的腐败犯罪，认为有必要单设监督机构，专门负责查处警察的腐败行为。经向议会报告，警察廉政公署于 1997 年成立。据介绍，该州警察 19000 人，而负责监督警察的警察廉政公署就达 200 多人，这说明当年警察腐败之严重和议会反腐决心之大。进入 21 世纪后，社会上对廉政公署的批评逐渐增多，于是又于 2005 年成立了廉政公署督察办公室，负责监督廉政公署工作人员职务上的违法犯罪。设立专门监督机构，全面赋予其教育、惩治、预防腐败的职能，不仅有利于惩治腐败，而且有利于预防腐败，从而有利于较有效地遏制腐败。因此，公职人员腐败的严重情况，是设立多个专门监督机构的现实原因。

三

通过考察了解澳大利亚的监督制度，进一步明确了以下几点认识：

1. 对权力的监督可以有多种方式，各国应当根据本国的实际

采取适合本国的有效方式。

权力必须受到监督，没有监督的权力必然导致腐败，这是政治学的基本原理和规律，各国必须遵循。但由于各国国体、政体、各阶级（党派）力量对比关系、制度传统等不同，因而对权力的监督可以有多种方式，如通过分权制衡的办法实施监督的分权制衡式；通过设立专门监督机构实施监督的专门监督式；把上述二者结合起来实施监督的分权制衡与专门监督结合式；等等。我国一些同志认为，三权分立国家主要靠三权之间的制衡来防止权力的腐败，而不设立专事监督的机构。其实这是一种误解，三权分立制衡，充其量只能防止行使国家层面的重大权力时的腐败，而不可能解决一切国家机关和公职人员的腐败问题。要解决后者的腐败问题，往往还需要专门机构和人员，从而把三权间固有的制衡与专门机构的监督结合起来，澳大利亚的监督和制约机制就是这样，其他还有不少国家也是这样。例如在瑞典，该国在 1809 年创建了议会监察专员制度，根据瑞典宪法中政府组织法第 12 章第 6 条的规定，议会应选出一名或数名监察专员，根据议会的指示对公务员执行法律与其他法规的情况实施监督。监察专员有权出席任何法院或行政机关的审议会，有权查阅任何法院或行政机关的会议记录和其他文件，有权采取一切调查手段开展调查。任何法院或行政机构以及国家或市政当局的公务员都应向监察专员提供其所需要的情况和报告。对查实的问题，监察专员可以根据问题的性质，建议有关部门处理，或者要求公诉机关起诉或自行起诉。瑞典监察专员制度后为芬兰、丹麦、挪威、新西兰、英国等近 60 个国家所仿效。[①] 又如美国，其国会除赋予两院常设委员会和特别调查委员会行使监督权和调查权外，还在 1978 年通过了《监察长法》，在近 60 个内阁各部和联邦独立机构设立监察长一

① 参见［瑞典］本特·维斯兰德尔：《瑞典的议会监察专员》，程洁译，清华大学出版社 2001 年版。

职。监察长由总统提名、参议院批准，负责审计、调查其所在部门的舞弊、浪费、低效和滥用职权等问题，提出改进该部门工作、增强效益的建议。监察长每半年向国会递交一份监察报告，使国会充分而及时地了解联邦政府部门和机构的活动、存在的问题以及项目实施情况，由此成为国会监督政府的“看门狗”。[①] 因此，各国完全可以根据本国的国情及反腐败的需要，采取适合本国的有效方式对权力实施监督，而没有必要照搬别国的模式。

2. 三权分立政体未必比设立专门的监督机构更有利于遏制腐败。

有观点认为，以多党政治和三权分立为特征的民主政体可以降低一个国家的腐败水平。还有观点认为，中国历代监督制度如此发达却难以产生廉明高效的政府，而没有监督制度的欧美法治国家却不必像我们这样担心政治权力的膨胀，其原因就在于分权制衡政体比设立专门监督机构更有利于遏制腐败，故我国应以分权制衡代替专门监督机构的监督。笔者认为，上述观点值得商榷。因为一国腐败的多少，是由该国经济和社会发展阶段、民主和法制发展水平、资源配置市场化的程度等多种因素决定的。民主政治体制并不必然是腐败的绝缘体，也不必然带来社会的公平和公正。例如，在实行民主政体的英美，都曾有过腐败严重期。在英国，曾出现过被学者称为“寻租社会”的时期，在这一时期，腐败行为普遍存在于政府机构的各个层次和部门之中，出现了全面而具有系统性的腐败，甚至蔓延到它的北美洲诸殖民地。[②] 如18世纪到19世纪初，英国议员选举中贿选盛行，几乎每一个议员都是靠花钱买到的。议员进入议会后，又指望政府再花钱收买他们。

① 参见唐晓、王为、王春英：《当代西方国家政治制度》，世界知识出版社2005年版，第211、213页。

② 参见李友梅、汤艳文：“廉政建设评估的国际比较”，载《理论动态》第1742期，第16页。

而政府也靠封官晋爵、行贿收买议员，从而控制议会多数。[1] 在19世纪中后期的美国，随着工业化、城市化以及移民的加速，发生了大规模的“机器政治腐败”。尤其是新移民的大量涌现，他们急切需要摆脱卑微的身份而纷纷参加到当地的选举这一权力或利益分配过程。一些职业政党活动家随即利用移民的这一心理，以提供就业机会、住房、公民证为诱饵收买选民，并借此使自身执政地位得到维持和巩固，而且通过出售特许经营权获取利益，从而使政党、市政权力和大企业形成了利益共同体，一些原本无党派的组织迅速蜕变成政党分肥的操作机器。又如在冷战后“第三波”民主化浪潮中转型过渡的许多“新兴民主国家”，它们不但没有因实行“民主制”而摆脱腐败和贫困，实现经济增长和社会发展，相反，大多数国家还出现了经济凋敝、社会动荡、政府功能萎缩和腐败更加猖獗的现象。国外透明国际组织在过去8年中所公布的世界各国行受贿指数排行榜上，最腐败的国家中丝毫不罕见所谓民主国家。[2] 澳大利亚的腐败也是在民主政体下日趋严重，而在建立专门的监督机构后逐步得到遏制的。我国回归前的香港地区也是在设立专事监督的机构即廉政公署后遏制住腐败的。因此，那种认为设立专门监督机构的反腐败成效差于分权制衡，因而主张改革我国政体，以三权分立取代人民代表大会制度，并取消专门监督机关的观点是缺乏根据的，也是站不住脚的。

3. 不同法系的侦查制度并无优劣之分，只有适合于本国国情和社会发展阶段、能满足惩治犯罪与保障人权需要的侦查制度才是好制度。

凡需治理国家，都需要法律制度，并实行依法治理。但法律

---

① 参见郝铁川：“当代中国法制的阶段性与超越性——与19世纪英美法制之比较”，载《中国法学》2007年第2期，第31页。

② 参见李友梅、汤艳文：“廉政建设评估的国际比较”，载《理论动态》第1742期，第14、16页。

制度可以有不同表现形式和特点，这就是法律制度的统一性和多样性。法系是一定区域在漫长的历史发展进程中逐渐形成的，它深刻地影响着人们的法律观念和法律文化，因此，不同的法系之间只能相互借鉴，很难互相跨越。例如，英国的英格兰、美国的路易斯安那州、加拿大的魁北克省，他们虽然身处英美法系国家，被英美法系所“包围”，但由于具有大陆法系的历史传统，因而仍然坚持其大陆法系的法律制度。同时，不同的法系都是人类法制文明的成果，它们各有特色，适应于各自的区域，但无所谓优劣。当一国在法治现代化进程中需要重新审视本国原有的法律制度、借鉴外国的法律制度时，不存在哪个法系好、哪个法系不好的问题，只存在对本国国情和社会发展阶段适合不适合的问题。只有那些适合本国国情和社会发展阶段的法律制度，才是需要加以坚持或需要予以借鉴的法律制度。否则，如果不适合本国国情和社会发展阶段，那无论该法律制度多么“先进”和“完美”，也是没有用的。[①] 澳大利亚作为英联邦国家，继受了英国的法律制度，但在监督部门查处腐败案件的法律制度上，他们根据腐败犯罪是智能型、高隐秘型犯罪、侦查工作难度大的特点，认为英美法系的诉讼制度不利于揭露和查处腐败犯罪，因而放弃了原来英美法系当事人主义的侦查制度，大胆引入了大陆法系职权主义的侦查制度，并对沉默权的适用作了明显的限制。这种既立足本国实际又借鉴外国有益经验，以本国平衡惩治犯罪与保障人权需要作为法律制度取舍标准的做法，值得我们借鉴。我国在研究刑事诉讼法修改时，少数人片面地认为只有英美法系的法律制度才符合现代法治精神，英美法系的法律制度优于大陆法系的法律制

---

① 法系没有好坏之分，但某个具体的法律制度则在科学、民主、文明程度上可能存在区别。然而，无论是借鉴某一法系还是借鉴某一法律制度，都必须适合本国国情和社会发展阶段，如果借鉴的是侦查制度或刑事诉讼制度，则必须适应本国现阶段平衡惩治犯罪与保障人权的需要。

度，不顾中国国情和当前所处的历史发展阶段，主张对我国现行的刑事诉讼法进行“大刀阔斧地改造”，全面地引入英美法系当事人主义的诉讼制度。这种脱离中国实际的思想方法和研究方法，实不足取。

（原载《人民检察》2007 年第 13 期）

图书在版编目（CIP）数据

中国检察若干问题研究/朱孝清著．—北京：中国检察出版社，2008.12

ISBN 978－7－5102－0014－4

Ⅰ．中…　Ⅱ．朱…　Ⅲ．检察机关－工作－研究－中国

Ⅳ．D926.3

中国版本图书馆 CIP 数据核字（2008）第 164228 号

中国检察若干问题研究

朱孝清　著

出 版 人：袁其国

出版发行：中国检察出版社

社　　址：北京市石景山区鲁谷西路 5 号（100040）

网　　址：中国检察出版社（www.zgjccbs.com）

电子邮箱：zgjccbs@vip.sina.com

电　　话：(010)68658767(编辑)　68650015(发行)　68636518(门市)

经　　销：新华书店

印　　刷：保定市中画美凯印刷有限公司

开　　本：720mm×960mm　16 开

印　　张：40.5 印张　　插页 4

字　　数：524 千字

版　　次：2008 年 12 月第一版　　2008 年 12 月第一次印刷

书　　号：ISBN 978－7－5102－0014－4/D·1994

定　　价：80.00 元